U0920809

珍藏本
纪念版

汉译世界学术名著丛书

摹仿论

西方文学中现实的再现

〔德〕埃里希·奥尔巴赫 著

吴麟绶 周新建 高艳婷 译

2017年·北京

Erich Auerbach

MIMESIS

Dargestellte Wirklichkeit in der abendländischen Literatur

本书根据蒂宾根和巴塞尔弗朗克出版社 1994 年德文版译出

汉译世界学术名著丛书
（120 年纪念版·珍藏本）
出 版 说 明

2017 年 2 月 11 日，商务印书馆迎来 120 岁的生日。120 年前，商务印书馆前贤怀揣文化救国的理想，抱持“昌明教育，开启民智”的使命，立足本土，放眼寰宇，以出版为津梁，沟通中西，为中国、为世界提供最富智慧的思想文化成果。无论世事白云苍狗，潮流左右激荡，甚至战火硝烟弥漫，始终践行学术报国之志，无改初心。

逐译世界各国学术名著，即其一端。早在 20 世纪初年便出版《原富》《天演论》等影响至今的代表性著作，1950 年代后更致力于外国哲学和社会科学经典的译介，及至 1980 年代，辑为“汉译世界学术名著丛书”，汇涓为流，蔚为大观。丛书自 1981 年开始出版，历时三十余年，迄今已推出七百种，是我国现代出版史上规模最大、最为重要的学术翻译工程。

丛书所选之书，立场观点不囿于一派，学科领域不限于一门，皆为文明开启以来，各时代、各国家、各民族的思想与文化精粹，代表着人类已经到达过的精神境界。丛书系统译介世界学术经典，引领时代思想，为本土原创学术的发展提供丰富的文化滋养，为推动中国现代学术和现代化进程做出了突出的贡献。

为纪念商务印书馆成立120周年，我们整体推出“汉译世界学术名著丛书”120年纪念版的珍藏本，寄望既利于文化积累，又便于研读查考，同时向长期支持丛书出版的译者、编者和读者致以敬意。

两甲子后的今天，商务印书馆又站在了一个新的历史时间节点上。我们不仅要铭记先辈的身影和足迹，更须让我们的步伐充满新的时代精神。这是商务人代代相传的事业，更是与国家和民族的命运始终紧密相连的事业。我们责无旁贷，必须做好我们这代人的传承与创造，让我们的努力和成果不仅凝聚成民族文化的记忆，还能成为后来人可以接续的事业。唯此，才能不负前贤，无愧来者。

商务印书馆编辑部

2017年10月

五十周年纪念版导论*

爱德华·W. 萨义德

人们并非在他们母亲分娩的那一天就此降生了，而是生活迫使他们赋予自己生命。

——加布里埃尔·加西亚·马尔克斯

文艺批评著作的影响和持续的声誉，对于撰写它们并且希望过了一个季节之后还有人阅读它们的批评家来说，短暂得令人气馁。第二次世界大战以来，以英语面世的全部图书卷册已经达到了一个巨大的数目，因而更加可以肯定，一本书纵然不是朝生暮死，也只能有较为短暂的生命，而且几乎毫无影响。文艺批评著作通常涌现于学术潮流的波浪起伏，由于趣味和时尚的更迭转变，或真正的知识发现，其中绝大部分很快就被取代。因此，只有少量著作一直留存下来，与绝大多数同类著作相比，具有一种令人惊异的持久力。毫无疑问，埃里希·奥尔巴赫的皇皇巨著《摹仿论——西方文学中现实的再现》正是如此。整整五十年前，该书以特拉斯克(Willard R. Trask)通畅可读、令人满意的英语译

* 本文是爱德华·W. 萨义德为《摹仿论》英译本五十周年纪念版撰写的导论。

本，由普林斯顿大学出版社出版。

从该书的副标题即刻就能断定，奥尔巴赫这本书的视野和抱负远远大于过去半个世纪以来所有的重要批评著作。它涵盖了从荷马和《旧约》直至弗吉尼亚·伍尔芙和马塞尔·普鲁斯特的文学名著，虽则奥尔巴赫在书的结尾抱歉地说，由于篇幅原因，他只能遗漏了大量中世纪文学，以及一些重要的现代作家如帕斯卡和波德莱尔等。后来，他对前者的研究是他的最后一部著作，在他身后出版的《拉丁语时代晚期和中世纪的文学语言及其公众》(*Literary Language and Its Public in Late Latin Antiquity and in the Middle Ages*)，而对后者的研究则是各种报刊文章和一部文集，《欧洲文学戏剧场景》(*Scenes From the Drama of European Literature*)。在所有这些著作中，奥尔巴赫都保持着同样的随笔式的批评风格，每一章开头是从某一部具体作品以其原文引用的一大段引文，紧接着是一段便于阅读的翻译(1946 年在波恩出版的《摹仿论》初版中是德语，在后来的著作中大都是英语)，然后用一种从容不迫、沉思默想的语调，展开细致的文本阐释(*explication de texte*)；它继而又发展成为一系列令人过目难忘的评论，涉及这段文字的修辞风格与社会—政治语境之间的关系。奥尔巴赫勉力完成了这项了不起的工作，绝无些许小题大做，而且实际上没有什么研究资料。他在《摹仿论》收尾一章里解释说，他即使想要，也没法使用可以用于这本书的学术资源，首先，写这本书的时候，他身在战争时期的伊斯坦布尔，没有西方的科研图书馆可以供他查阅，其次，倘若他能够使用卷帙浩繁的二级文献作为参考，这些材料就会把他淹没了，他也绝写不出这本书了。因此，

除了他手边的第一手文本之外，奥尔巴赫主要依赖记忆以及看来准确可靠的解释技巧，来阐明这些作品与其所属的世界之间的相互关系。

即使在英语译文中，奥尔巴赫的风格特征也是一种沉着的，有时甚至高傲而极度冷静的语调，传达出从容淡定的博学，以及与之结合在一起的，作为学者和语文学家的使命所具有的一种压倒一切的耐心和一往情深的自信。但是，他是个什么样的人？他有着什么样的背景和训练，使他能够写出这么一部真正具有显著影响并且流传久远的著作？《摹仿论》以英语面世的时候，奥尔巴赫已经61岁了。1892年，他出生于柏林的一个德国犹太家庭。众口一词的说法是，他接受了标准的普鲁士教育，毕业于那个城市有名的 Franzosisches Gymnasium，或称为“重点中学”(elite high school)，在那里，德国和法国—拉丁传统以一种非常特殊的方式结合在一起。1913年，他在海德堡大学获得法学博士学位；第一次世界大战期间，他在德国军队服役；后来，他放弃法学，在格赖夫斯瓦尔德大学(University of Greifswald)获得拉丁系语言博士学位。一部关于奥尔巴赫的重要著作的作者杰弗里·格林(Geoffrey Green)推测，可能是战争经验中的“暴力和恐怖”促成其事业从法学转向文学研究，即从“庞大而冷漠的社会法律制度……到[投身于]冷僻而变化不定的语文学研究模式”(《文学批评与历史结构：埃里希·奥尔巴赫与利奥·斯皮策》，林肯，内布拉斯加大学出版社，1982，第20—21页)。

1923年到1929年间，奥尔巴赫在柏林的普鲁士国家图书馆任职。正是在此期间，他加强了对于语文学专业的掌握，并完成

了两部重要著作，一部是维柯《新科学》的德语翻译，一部是关于但丁的开创性研究专著，题为《但丁，世俗世界的诗人》(*Dante als Dichter der irdischen Welt*)——这本书于1961年以英语面世时，题为*Dante, Poet of Secular World*，原题中关键性的*irdischen*一词，或称为"尘世的"("*earthly*")，只是不完全地翻译成具体性相差甚远的*secular*。奥尔巴赫终其一生对这两位意大利作者全神贯注，这突显了他的注意力明确、具体的特征，由此不同于那些当代批评家，他们更注重文本隐含的东西，而不是文本实际说出来的东西。

首先，奥尔巴赫的著作固守拉丁系语文学的传统，有意思的是，对于那些出自罗曼语族的文学作品的研究，要是没有道成肉身的基督教教条(以及由此而来的罗马教会)和神圣罗马帝国的世俗基础，在意识形态上就让人难以理解。另一个因素是从拉丁语到各种通俗语言——从普罗旺斯语到法语、意大利语、西班牙语等等——的发展。对于奥尔巴赫以及诸如卡尔·沃斯勒(Karl Vossler)、利奥·斯皮策、恩斯特·罗伯特·库尔提乌斯(Ernst Robert Curtius)等杰出的同时代人来说，语文学远不是干巴巴的关于词语起源的学院式研究，实际上是沉浸在所有可能得到的、以一种或几种拉丁系语言写成的文献资料，从钱币学到铭文学，从文体论到档案研究，从修辞和法律到一种无所不包的、基本的文学观念，包括编年史、史诗、布道书、戏剧、故事和随笔。在本质上与之相当的是，20世纪早期的拉丁系语文学的主要程式观念主要源自德国阐释学传统，这个传统始于弗雷德里希·奥古斯特·沃尔夫(Friederich August Wolf)的荷马评论，经过赫尔曼·施莱尔马赫(Herman Schleiermacher)的圣经评论,也包括尼采(他从专业上来说是个标准的语文学家)的一些最重要的著作,最后在威廉·狄尔泰通常是勉强表达清楚的哲学中达到顶点。

狄尔泰认为,已经书写完成的文本世界(具有审美趣味的名著是其中的核心支柱)从属于生活经验领域(*Erlebnis*),阐释者试图通过结合其学识和对于作品内在精神(*Geist*)的一种主观直觉(*eingefühlen*),重新获得那种生活经验。狄尔泰的知识观念基于自然世界(以及自然科学)与精神客体世界之间的最初区分,他把知识的基础界定为客观和主观因素的混合(*Geisteswissenschaft*,按即"精神科学"),或者说是对心智或精神产品的知识。虽然在英国和美国都没有真正与之对等的东西(尽管文化研究大体近似),"社会科学"在德语国家却是一个得到认可的学术研究领域。在他后来的一篇文章"《摹仿论》附论"(1953 年;本纪念版首次从德文译出)中,奥尔巴赫明确地说,他的工作"源自德国的心智史(intellectual history)和语文学的主题和方法;它只有在德国浪漫主义和黑格尔的传统中才能得到更好的理解"。

虽然奥尔巴赫的《摹仿论》对于那些独特的、有时晦涩难懂的文本那种精致而引人入胜的阐释足以令人激赏,还是有必要清理它的各种各样的先例和组成部分,其中很多东西现代读者非常陌生,而奥尔巴赫有时会在此书行文之际顺便提到,并且总是想当然地认为如此足矣。奥尔巴赫终身关注 18 世纪的那不勒斯人,拉丁修辞和法理学专业教授詹巴蒂斯塔·维柯,这对于他作为批评家和语文学家的工作来说极其重要。在维柯身后,于 1745 年出版的巨著《新科学》第三版中,他阐述了一个革命性的发现,力

量惊人，光彩夺目。这完全是他的创见，也是针对笛卡尔式的抽象——非历史的、脱离语境的、非同寻常的观念——作出的反应。维柯认为，人类是历史的产物，而这正是因为他们创造了历史或他所说的“各民族的世界”。

既然我们只能知道我们制造的东西（正如只有上帝知道自然，因为他创造了它），那么，只是因为“人创造了它”，理解或解释历史才是可能的。维柯说，以文本的形式传达给我们的有关过去的知识，只有从过去的创作者的观点，才能得到恰当的理解，而在类似荷马这样的古代作者那里，过去是原始的、野蛮的、诗意的。（在维柯的个人词汇里，“诗意”一词意味着原始和野蛮，因为早期的人类不会理性思考。）维柯以当时的、创作者的视角来考察荷马史诗，驳倒了历代解释者，他们曾经猜想，荷马因其伟大史诗而备受崇敬，所以他一定也是像柏拉图、苏格拉底或者培根那样的睿智的圣哲。相反，维柯证明，就其野性和任性而言，荷马的心智是诗意的，并且，他的诗是粗野的，而不是睿智的或哲学的，也就是说，充满了不合逻辑的幻想，其中的诸神根本不像神灵，而像阿喀琉斯和帕特洛克罗斯这些人都粗鲁无礼，极其暴躁。

这就是维柯的巨大发现的基本思想。它深刻影响了欧洲浪漫主义及其对于想象的狂热崇拜。维柯也阐明了一个关于历史一致性（historical coherence）的理论，表明各个历史阶段如何分享语言、艺术、形而上学、逻辑、科学、法律和宗教形象等等，它们都是共通的，并且合乎它们的表象：原始的时代产生原始的知识，是粗野的心智的投影——基于敬畏、罪恶和恐惧而幻想出来的诸神形象——而这接着又产生了诸如婚礼和葬礼之类的风俗制度，

它们维系人类种族，形成一个持久的历史。巨人和野蛮人的诗意时代之后是英雄时代，其后又逐渐发展成为人类的时代。人类的历史和社会就是这样创造出来的，通过一个艰苦的过程，包括显露、发展、冲突，而最有意思的是再现(representation)。每个时代有自己的方法或眼光，用来观察然后表现现实：柏拉图正是在荷马以极其具体的诗意形象进行言说的阶段之后(而不是在其同时)发展了他的思想。诗的时代让位于更大程度的抽象和理性推论成为主导的时代。

所有这些发展形成一个圆圈，从原始到进步和退化的时期，然后又回到原始，维柯说，这取决于人类心智的修正(modification)，也就是人类心智创造自己的历史，然后又能从创造者的视角来重新审视这段历史。对于维柯来说，这是主要的方法论观点，对奥尔巴赫也是如此。为了能够理解一个人文主义的文本，必须尽力把自己当作那个文本的作者，生活在作者的现实之中，经历内在于作者生命的生活经验，等等，而且始终凭借学识与同情之结合——那是语文学解释学的标志。因此，在维柯那里，真实事件和一个人在自己头脑中反省深思的修正之间的界线便模糊不清了，受他影响的很多作家，比如詹姆斯·乔伊斯，也是如此。但是，这或许是人类的知识和历史的缺憾，它属于人文主义自身未尝解决的矛盾之一，其中，思想在重建过去中的作用既不能排除在真实之外，又不能跟“真实”相符。因此就有了《摹仿论》副标题中的“现实的再现”一说，以及书中在学识和个人洞见之间的摇摆不定。

到19世纪早期，维柯的著作对于欧洲历史学家、诗人、小说

家和语文学家，已经变得极具影响力，从米什莱（Michelet）和柯勒律治到马克思，乃至后来的乔伊斯。奥尔巴赫对维柯的历史决定论（historicism）——有时称为历史主义（historism）——的迷恋支持着他的解释学的语文学，并且让他因此从作者的观点来阅读诸如奥古斯丁或但丁的文本，而这些作者与其时代之间的关系是一个有机的、整体性的关系，在社会发展过程中的某个恰当时刻，自行生成于特定的动态的语境之中。再者，读者－批评家与文本之间的关系也改变了形态，从时隔久远的一个截然不同的头脑对历史文本进行单向的考问，转变成两个灵魂跨越时代和文化，展开一场情投意合的对话，他们本着友好、敬重的精神努力理解对方，从而得以相互交流。

显然，这样一种方法要求大量学识；尽管同样清楚的是，20 世纪早期德国的罗曼语族语文学家在语言、历史、文学、法律、神学和总体文化等方面具备令人敬畏的训练，在他们说来，仅仅博学是不够的。显然，如果你在德语和英语之外，没有掌握拉丁语、希腊语、希伯来语、普罗旺斯语、意大利语、法语和西班牙语，你就不能进行基本的阅读。如果你不了解当时的传统、主要的经典作家、政治、风俗习惯和文化，当然还有相互关联的所有艺术，那么，你还是不能。一位语文学家的训练必须历经多年，然而，就奥尔巴赫的情形而言，给人留下的一个引人注目的印象是他并不急于进行这种训练。他于 1929 年找到了第一份教学工作，在马尔堡大学谋得教席；这是凭他关于但丁的书得到的，我想，从某些方面来说，这本书是他最令人激动、最严谨的著作。但是，对于学者来说，除了学习和研究之外，解释学事业的核心在于，经过若干年

后，形成对来自不同年代和不同文化的文本的一种非常特殊的同情。对于一个拉丁文学专业的德国人来说，考虑到在普鲁士和法兰西——它的最有竞争力的邻居和对手——之间曾经有过长期的历史仇恨，这种同情呈现出一种近乎意识形态的特性。作为一位拉丁系语言专家，这位德国学者必须选择：要么，为了普鲁士国家主义的利益应征入伍（如奥尔巴赫在第一次世界大战中投笔从戎），以才能和洞见研究“敌人”，成为还在进行中的战斗的一部分；要么，就像战后的奥尔巴赫及其某些同侪，对人文知识采取一种欢迎、热情的态度，旨在把相互争斗的各种文化重新结合在一种亲密、互惠的关系之中，以此克服好战情绪，或者我们今天所说的“文明的冲突”。

此外，这位德国罗曼语族语文学家主攻文学，遍及法语、意大利语和西班牙语，尤以法语为甚。构成《摹仿论》一书之主线的历史轨迹是这样一个过程：从古典时期各种风格的分离，到它们在《新约》中的混合，到它们在但丁《神曲》中达到第一个伟大巅峰，以及它们在司汤达、巴尔扎克、福楼拜等19世纪法国现实主义作家，然后在普鲁斯特那里，臻于至高典范。现实的再现是奥尔巴赫的主题，因此，他必须作出判断，在哪里，在哪些文学作品中，现实得到了最成功的再现。在《附论》里，他解释说，“在大多数历史阶段，较之其他语言比如德语，罗曼语族文学在欧洲更具有代表性。在12、13世纪，法兰西毫无疑问占据领先地位；在14、15世纪，意大利接了过去；到了17世纪，法兰西再度领先，并且在18世纪绝大部分时间，乃至19世纪的一部分时间保持领先，19世纪的那段时间正好是现代现实主义的兴起和发展阶段（就像在绘画

方面那样)”。我想,奥尔巴赫全然忽略了英语文学的重大贡献,这也许是他视野中的一个盲点。奥尔巴赫继而强调这些判断并非来自对德国文化的厌恶,而毋宁是一种遗憾的感觉,因为德国文学“表达了……19世纪的……景象中的某种局限性”。我们接着就会看到,他并没有像在《摹仿论》主体部分所做的那样,具体说明这里指的是什么,而是补充说,“为了愉悦和消遣”,他还是更愿意阅读歌德、斯蒂夫特(Stifter)和凯勒(Keller),而不是他所研究的法国作家,乃至在对波德莱尔做了一番出色的分析之后说,他根本不喜欢他。

今天的英语读者主要把德国跟反人类的骇人罪行和国家社会主义(奥尔巴赫在《摹仿论》里有几次小心谨慎的影射)联系在一起,对他们来说,作为罗曼语族专家的奥尔巴赫所体现的解释学语文学传统,显示了古典德国文化的两个真实方面:它在方法论上的宽容大度,以及看似矛盾的,它极其关注其他文化和语言的微小的、局部的细节。这种极其宽宏、实际上近乎利他主义态度的伟大先驱和阐明者是歌德,他在1810年之后的十年里,迷恋伊斯兰诗歌,尤其是波斯诗歌。就是在这个阶段,他创作了他最精美、最亲密的爱情诗《西东胡床集》(1819)。他在伟大的波斯诗人哈菲兹(Hafiz)的作品和《古兰经》的诗句中,不仅发现了一种新的抒情的灵感,使他得以表达关于肉身之爱的一种重新苏醒的感觉,而且,就像他在给好友策尔特(Zelter)的一封信中所说的,他发现自己在对上帝的绝对服从中,摇荡于两个世界之间,一个是他自己的世界,一个是穆斯林信徒的世界,他们与欧洲的魏玛相距遥远,甚至隔着几个世界。在1820年代,这些较早时期的思想致使他确信,民族文学已经被他所说的世界文学(Weltliteratur)取代了,这是一个普遍主义概念,把世界上所有的文学看成形成一部宏伟交响乐的整体。

对于很多现代学者包括我自己来说,歌德宏伟的乌托邦愿景被认为是后来的比较文学领域的基础,后者潜在的、也许是无法实现的基本原理是对跨越国界和语言的世界文学作品的大规模综合,而又绝不抹消其组成部分的个体性和历史具体性。1951年,奥尔巴赫写了一篇成熟时期的反思文章,题为《语文学与世界文学》,文章的语调有些悲观,因为他感到,随着第二次世界大战之后更大程度的知识分工和专业化,他曾经接受其训练的教育和专业机构的解体以及"新"的非欧洲文学和语言的出现,歌德式的理想可能已经变得无效或站不住脚了。不过,在身为罗曼语族语文学家的大部分学术生涯里,他是一个负有使命的人,那是一个欧洲(和欧洲中心主义)的使命,这是毋庸讳言的。但是,由于他的使命强调人类历史统一性,他深信现代文化和民族主义尽管争强好斗,却也有可能理解不友好、甚或怀有敌意的他者;他还深信那种乐观主义,就是让人藉此能够进入一个遥远的作者或历史时期的内在生命,即使与此同时也对个人的眼界之局限和知识之匮乏有着健全的意识。

然而,如此高尚的意愿并不足以在1933年之后保全他的事业。1935年,他被迫放弃马尔堡的教职,成了纳粹种族法和在褊狭、仇恨掌控之下日益高涨的沙文主义大众文化氛围的一个牺牲品。数月之后,有人向他提供了一个在伊斯坦布尔国立大学教授拉丁文学的职位,若干年前,利奥·斯皮策也曾在那里教书。奥

尔巴赫在《摹仿论》结尾告诉我们，正是在伊斯坦布尔期间，他写作并完成了这本书，后来，战争结束一年之后，它在瑞士出版。尽管这本书从很多方面来说，对于欧洲文学在其所有多样性和活跃性之中的统一和尊严作出了冷静的肯定，它也是一本反潮流、反讽甚至矛盾重重的书，而要准确阅读和理解这本书，就得考虑到这一点。这种对于特殊性、细节和个体性严格挑剔的关注，说明了《摹仿论》这本书为什么基本上不是给读者提供有用的概念，实际上，譬如文艺复兴、巴洛克、浪漫主义等等，这些概念都是不准确、不科学，最终也是无用的。他说，作为语文学家，“我们的准确性与特殊性相关。过去两个世纪以来历史技艺的进步，除了发掘新材料，在个别研究中大大改进研究方法，以及形成一种使得历史技艺的假设和观点有可能符合不同时代和文化的富有洞察力的判断之外，首先是致力于历史发现，并且，把对外来现象的每一种绝对评价都视为非历史性的、一知半解的而予以摒弃。”

因此，尽管具有令人敬畏的学识和权威，《摹仿论》也还是一部个人著作，它固然具有学术素养，但并不独断，也不卖弄。尽管《摹仿论》是极其完整的教育的产物，浸润着对欧洲文化无与伦比的灵性和熟稔，首先应该想到，它是一个流亡者的著作，是一个切断了他的根和本土环境的德国人写的。奥尔巴赫似乎从未动摇他对普鲁士教养或情感的忠诚，他总是盼望回到德国。“我是个普鲁士人，信仰犹太教”，他在 1921 年如此描述自己；即使后来过着流散的生活，他似乎也从未怀疑自己真正属于何处。据美国的朋友和同事说，直到最终一病不起，于 1957 年去世之前，他都在寻求以某种方式回到德国。然而，在伊斯坦布尔的那些年之后，他在美国开始了一段新的战后生涯，在普林斯顿大学高等研究所待了一段时间，在宾夕法尼亚州立大学担任教授，然后，于 1956 年到耶鲁担任罗曼语族语文学的斯特林讲座教授。

奥尔巴赫的犹太人身份是只能加以猜测的东西，因为在《摹仿论》里，他以惯常的含蓄的方式，从未直接涉及这一点。譬如，关于大众现代性(mass modernity)，以及它与 19 世纪法国现实主义作家(龚古尔兄弟、巴尔扎克和福楼拜)的破坏性力量及其产生的“巨大危机”之间的关系，有各种断断续续的动人评论，遍布在这本书里；有人设想，这些评论意在令人有所触动地提示险恶的世界，以及这个世界如何影响着现实、最终影响着风格的转变［由耶稣的形象引起的神圣之凡俗(*sermo humilis*)的发展］。当他描述基督教在古代社会的出现，作为使徒保罗，一个皈依基督的流散的犹太人，所承担的不可思议的传教工作的成果，我们不难发觉一种骄傲和疏远的结合体。保罗的工作与他自己的情形——作为一个非基督教徒在阐释基督教的成就——之间的相似之处是显而易见的；但是，反讽的是，在这么做的同时，他离他自己的根越来越远。然而，最重要的是，在奥尔巴赫以令人惊惧的力量和令人惊奇的熟稔，对伟大的基督教徒、托马斯主义诗人但丁——他作为西方文学史上影响深远的人物出现在《摹仿论》里——所作的描述中，读者不可避免会碰上一个悖论：一名普鲁士犹太学者，在土耳其、穆斯林、非欧洲人流放地，处理(甚或是玩弄)一系列引起强烈争论、在很多方面无法调和的矛盾，尽管他把矛盾安排得温和一些，不至于彼此敌对，它们也从未消除彼此的对立。奥尔巴赫坚信历史的动态转化和深度沉积：是的，犹太教

通过保罗,使基督教的出现成为可能,但是,犹太教继续存在,并保持着与基督教之间的差异。奥尔巴赫在《摹仿论》一个忧郁的章节里说,集体情感也会这样保持不变,不管是在罗马天主教时代,还是在国家社会主义统治之下。而使得这些思虑如此痛切的是对人文主义使命的盛期已过而又明白无误、确实可信的感觉,它既是悲剧性的、又是充满希望的。后面我将回到这些问题。

我想,突出《摹仿论》中的一些更为个人的方面是完全适合的,因为从很多方面来说,这本书是、而且应该当作一本异乎寻常的书来阅读。当然,它显然具有重要著作应有的分量,但是,如前所述,除了有关西方文学之文学风格(literary style)的主要议题相对简单之外,它无论如何也不是一本老套、刻板的书。奥尔巴赫说,在古典文学中,高贵的风格用来表现贵族和诸神,他们可以做悲剧性的处理,低级的风格主要用于滑稽和世俗、甚或牧歌式的主题,但是,在基督教诞生之前,普通人或世俗生活可以用某种适当的风格来加以表现,这种观念一般是闻所未闻的。例如,塔西佗是一个优秀的历史学家,却对谈论或表现日常生活简直毫无兴趣。如果我们回到荷马,就像奥尔巴赫在《摹仿论》一书非常著名、被编入多种选集的第一章里所做的那样,风格就是并列的,那就是,它把现实处理成一系列"完整的、面面俱到的说明,时间地点明确,互相紧密联系的各种事件无一疏漏地出现在画面的前景,充分表达的内心思想和感情,从容而悠闲地表述所发生的事情,少有引人入胜的故事情节"。所以,当他分析奥德修斯回到伊萨卡时,奥尔巴赫注意到,作者只是叙述了奥德修斯受到接待,并被老奶妈欧律克勒娅认了出来;她在给他洗脚的时候,通过他小

时候留下的伤疤认出他来：过去和现在处于同一个基点，没有任何悬念，给人留下的印象是什么也没隐瞒，尽管这段插曲具有内在的危险性，因为那些横行霸道追求佩涅洛佩的人在四处游荡，等着杀死她即将归来的丈夫。

另一方面，奥尔巴赫考察了《旧约》里的亚伯拉罕和以撒的故事，完美展示了"这个旅途如同在不确定和暂时之中默默穿行，令人屏气凝神……呈现出令人窒息的紧张局面……圣经故事里也有对话，然而与荷马史诗不同的是，对话不是用来表述内心所思所想，而是恰恰相反：它说明的是一种没有说出来的观点，……另一篇只突出对于行为目的有用的现象，其余的一切都模糊不清；唯一强调的是情节的重要高潮，各高潮之间的事件无关紧要；地点和时间都不明确，需要进行解释；内心思想和情感没有表达出来，只能从沉默和断断续续的谈话中加以推想；整个文章朝着一个目标发展并充满了引人入胜、连续不断的紧张气氛，因此更显得一气呵成、神秘莫测而又难以捉摸。"再者，可以从对人的表现中看到这些对照，荷马的那些英雄人物，"他们每天早上醒来的时候，仿佛那是他们生命中的第一天"，而在《旧约》中的人物形象，包括上帝，都有着深厚的含义，延伸至时间、空间和意识的深处，因而也延伸至人物性格深处，所以要求读者付出更加集中、更加紧张的注意力。

奥尔巴赫作为批评家的魅力没有一点笨拙和学究气，他显露出一种探究和发现的精神，谦逊地与读者分享快乐和不确定性。他在耶鲁的年轻同事小纳尔逊·洛利（Nelson Lowry Jr.），在一篇纪念文章里恰如其分地描述了奥尔巴赫著作中的自我指导

(self-instructing)的性质:"他是他自己最好的老师和学生。那个过程发生在一个人的头脑之中,这个人可能公开意识到这一过程,以至于再现了这一过程最初的戏剧性呈现。关键在于你经由什么样的危险、差错、意外遭遇、头脑的沉睡或疏忽,经由付出大量时间和激情而获得的什么样的洞见,最终如何达到来之不易的面对历史的系统表述……奥尔巴赫有能力毫不扭捏造作地从单个文本开始,加以清新饱满——可能被误认为是天真——的详细解释,避免作出仅仅大而无当或武断的联系,而是在一个若隐若现的景象上编织出丰富的图案。"("埃里希·奥尔巴赫:纪念一位学者",《耶鲁评论》,第69卷,第2期,1980年冬,第318页)不过,1953年的《附论》证明,奥尔巴赫在反驳对其主张的批评时非常坚决(如果不也是激烈的话);他跟学识渊博的拉丁语同事库尔提乌斯有过一场特别尖锐的交锋,表明这两位令人敬畏的学者是在争强好胜地一决高下。

我想,这样的说法并非夸大其词:跟维柯一样,奥尔巴赫实际上是一位自学者,他用一些深思熟虑、错综复杂的主题指引着多种多样的钻研,他用这些主题编织成一个内容丰富的结构,这一结构既非天衣无缝,也不是轻而易举就编造出来的。在《摹仿论》中,他毫不动摇地坚持他从互不相连的片段出发开展研究的做法;这本书每一章不仅评阅一位新作家,他与前面那些作家几乎没有什么明显的联系,而且,可以说,在作者的视角和风格面貌上,也是全新的开始。按照奥尔巴赫的理解,现实的"再现"意味着一种活泼泼的、戏剧化的呈现,即每个作家实际上如何认识现实,如何赋予人物生命,如何阐明他或她自己的世界;这当然也就解释了为什么在读这本书的时候，我们强烈地感受到奥尔巴赫给予我们的一种振聋发聩的感觉，他依次重新认识和解释作品，并且，以他平易的方式，演示一个粗糙的现实如何进入语言和新的生命的转变过程。

这本书的第一章就已经出现了一个重要主题：道成肉身，当然，这是一个核心的基督教观念。奥尔巴赫创造性地把它在西方文学中的史前史置于荷马和《旧约》之间的对比。荷马的奥德修斯与《圣经》的亚伯拉罕之间的差异在于，前者是直接呈现的，无需阐释，无需借助寓言或者复杂的解释。亚伯拉罕的形象截然相反，体现了"教义和应许"并且沉浸其中。与这些故事"融为一体"，并且，"正因为如此，这些故事才是'背景化的'，不明晰的，隐含着另一层意义"。而这另一种意义只有通过一种非常特别的解释才能恢复原貌。在《摹仿论》于 1946 年出版之前，奥尔巴赫在伊斯坦布尔写了一篇重要文章，他称这种解释为喻象解释(figural interpretation)。(我这里指的是奥尔巴赫相当专业的长篇论文《喻象》[Figura]，发表于 1944 年，见于《欧洲文学戏剧场景：六篇论文》[Meridian Books Inc. 1959；Peter Smith，重印，1973]。)

还有另一个例子，奥尔巴赫似乎在调和他身份中的犹太人和欧洲人(因而是基督教徒)成分。从根本上说，由于德尔图良(Tertullian)和奥古斯丁等早期基督教思想家感到有必要调和《旧约》和《新约》，喻象解释就发展起来了。《圣经》这两个部分都是上帝之言，但是，鉴于在犹太教旧教规和源于基督教道成肉身的新启示之间有着相当大的差异，它们如何联系，可以说是如何才能放在一起阅读？

在奥尔巴赫看来，解决办法是形成一个看法，即《旧约》预示了《新约》，《新约》又反过来可以理解为《旧约》的形象性——他又加上肉体性（因而是具体的、真实的、现世的）——的实现或解释。第一个事件或喻象是“真实的、历史性的东西，这也就宣告了同样真实和历史性的其他东西”（《欧洲文学戏剧场景》，第 29 页）。最终我们开始看到，就像解释本身，历史并不只是向前发展，也向后倒转，在各个时代之间的每一次振荡中，完成一种更大的现实主义，一种更加充实的“厚度”（thickness，借用当代人类学描述的一个术语），一种更高程度的真实。

在基督教里，核心的教义是具有神秘逻各斯的教义，道成肉身（the Word made flesh），神化身为人，因此名副其实地成为化身（incarnated），但是，前基督教时代可以视为后来实际到来的一切的一个模糊喻象（*figura*），这个新观念何等完满！奥尔巴赫援引 6 世纪一位教士的话说：“‘那个形象［《旧约》中的一个人物或一段情节，它预示了《新约》里的某个与之类似的东西］——要是没有它，《旧约》里的任何一个字都不会存在——现在终于领悟到《新约》的要旨’；［奥尔巴赫继续说］就在同一时期，维埃讷的阿维图斯主教（Bishop Avitus）著作的一段话……说到了最后的审判；正如在埃及杀戮头生子的上帝赦免涂抹了血迹作为标记的房屋，他也可能根据圣餐的标记辨认并且赦免虔诚的信徒：*tu cognosce tuam salvanda in plebe figuram*［从将要获救的人们中间辨认出你自己的形象］”（《欧洲文学戏剧场景》，第 46—47 页）。

这里需要指出 *figura* 最后的也是相当困难的一个方面。奥尔巴赫坚持认为，*figura* 的确切定义也起到了一个居间术语的作用，一方面是文字—历史的维度，另一方面，对于基督教的作者来说，是真实的世界即 *veritas*。因此，*figura* 并非只是传达一个无生命的含义，表示过去的一个事件或人物，在第二层也更有趣的意义上，它是智识和精神的能量，在过去和现在、历史和基督教的真理之间建立实际的连接，这个解释如此重要。“在这种联系中”，奥尔巴赫宣称，“*figura* 大致等同于 *spiritus*［精神］或 *intellectus spiritalis*［知性精神］，有时也可以用 *figuralitus*［象征］来代替”（《欧洲文学戏剧场景》，第 47 页）。由此，我相信，奥尔巴赫乃是以其论述之全部复杂性，以其所呈现的通常神秘难解的证据之细微，带领我们回到那对于信徒来说是核心的基督教教义的东西，而且，那也是人类知性力量和意志中的关键要素。在这一点上，他追随了维柯，后者看着整个人类历史，说：“头脑造就了这一切。”这个断言大胆重申了、但也在一定程度上削弱了相信上帝（the Divine）的宗教维度。

奥尔巴赫在他对基督教的象征和教义之错综复杂非同寻常的博学和敏感，他坚定的世俗主义（secularism），也许还有他自己的犹太背景，与他毫不动摇地关注赋予《摹仿论》一种丰富的内在张力的尘世性（the earthly）、历史性、世间性（the worldly）之间摇摆不定。当然，《摹仿论》是我们所拥有的关于上千年来基督教对文学再现的影响的最好描述。但《摹仿论》也颂扬和鼓励个人的力量和个人天才，这在关于但丁、拉伯雷和莎士比亚精湛的语言技巧那几章里尤为明显。我们马上就会看到，他们的创造力与上帝有得一拼：把人类设置在一个永恒的或短暂的背景之中。然而，奥尔巴赫通常把表达这样的观念作为他在此书中展开解释性探索的必不可少的一部分。所以,他并未抽出时间来从方法论上解释他的观念,而是在逐渐增加密度和扩大范围时,让它们从表现现实的历史中浮现出来。我们知道,在他开始分析的出发点(在后来的一篇文章里他称之为 *Ansatzpunkt* 并加以讨论),奥尔巴赫总是回到文本,回到作家用来表现现实的风格手段。这种对语义学意义的挖掘最为鲜明地呈现于《喻象》一文中,同样也出现在他一些才华横溢的短论中,譬如,他对诸如 *la cour et la ville* [宫廷与城市]之类单个短语所进行的成果丰硕的考察,这类短语包含了阐明 17 世纪法国社会和文化的全部含义。

在《摹仿论》的发展轨迹中有三个重要环节,应该在此详细辨识。其一,见于此书第二章《芙尔奴娜塔》("Fortunata"),开头引了古罗马作家佩特罗尼乌斯(Petronius)的一段文字,随后是引塔西佗的一段文字。两个人都从一种片面的视点处理他们的主题,作者的视点关注的是保持严格的上下层社会秩序。富人和重要名流备受关注,下里巴人则沦为无足轻重的平头百姓的命运。奥尔巴赫阐明了传统上对风格做高下之分的不足,然后,提出了一个绝妙的对比:《马可福音》里那个折磨人心的夜晚,大祭司府邸的庭院里挤满了女佣和士兵,西蒙·彼得站在那里,否认了他与被拘捕的耶稣之间的关系。《摹仿论》的一段特别雄辩的文字值得在此引用:

> 人们一眼就可以看出,这里还谈不上什么文体分用规则。对于地点和行为人的描述——请特别注意人物卑微的社会地位——完全是一个写实的场景,具有深刻的问题性和

> 悲剧性。彼得与被塑造成无赖和骗子的士兵维布廉奴斯和佩尔策尼乌斯不同，他不是用来“表演”的陪衬角色，而是个地地道道最具悲剧色彩的人物形象。当然，这种不同文体的混用并没有什么艺术意图可言，不过它从一开始就是犹太—基督教文献的特点。上帝化身为地位卑微的人物，他在人间变形，与平民百姓和最普通的人交往，按照尘世的观点，上帝受尽了耻辱和苦难，通过以上的一切，这种文体混用的特点变得更加明显，更加突出，并且随着圣经在以后时期的流传及影响，当然也就极大地影响了人们关于悲剧和崇高的观念。按照彼得本人的报道写成的故事，彼得是加利利的一个渔夫，出身普通，所受教育普通……彼得被从普通的日常生活中召唤去担当这一重要角色。在罗马帝国的世界历史中，彼得的出现就像与耶稣被捕相关的一切一样，比一个外省发生的事件的影响还要小，不过是一个毫无意义的地方事件，除了他周围的人以外，谁也不会去理会这件事。但与一个靠加利利海打鱼为生的渔夫的生活相比，这又是多么重大的一件事……

奥尔巴赫接着又从容不迫地细述了彼得的灵魂在崇高与恐惧、信仰与怀疑、勇敢和溃败之间摇摆，由此表明，这些体验与“古代的经典文学的崇高风格”根本无法调和。这依然留下一个疑问：考虑到在传统文学中，这样一段情节只能以闹剧或喜剧形式呈现，为什么它却打动了我们？“因为这里所叙述的是古典诗歌和古典时代史书中从未描绘过的事情：在最基层的平民百姓中间

所产生的精神运动，它产生于当时的日常事件中，这种事件因此也获得了在古典文学中从未获得的意义。这件事在我们面前唤醒了‘新的心灵和新的精神’。这里所说的不仅指彼得的否认，而且指《新约》所讲的所有事情。”这里，奥尔巴赫让我们看到的是这么一个世界，“一方面，它完全是真实的，日常的，地点、时间和环境是可辨认的，另一方面，又是个在基层动荡、在我们面前不断变化、不断更新的世界”。基督教摧毁了高级与低级风格之间的传统平衡，正如耶稣的生命打破了崇高与日常之间的分野。结果，由此得以推动的是寻求作者和读者之间的一种新的文字约定，在风格与阐释之间的一种新的综合或混合，这将适用于基督的历史性呈现所开启的一个宏大背景，人间事件令人不安的无常。就此而言，圣奥古斯丁的巨大成就——与他所受教育的古典世界有关——他第一个认识到古典时代已经被要求一种新的神圣之凡俗(*sermo humilis*)不同的世界所取代，或如奥尔巴赫所言，“出现了一种新的低级表达方式，一种低级的、本来只用于喜剧和讽刺剧的文体，它现在大大超出了最初的应用范围，进入了深邃和高雅，进入了崇高和永恒”。那么，问题就变成了在这种新的(它决定性地战胜了原先的)喻象分配体系之中，把人类历史上相继发生的散乱的事件相互联系起来，然后，一旦在罗马帝国衰落之后，拉丁语不再是欧洲的通用语言(*lingua franca*)，就要找到一种能够胜任这一任务的语言。

奥尔巴赫选择但丁来代表西方文学史上第二个重要环节，这个选择看来惊人的恰当。细读慢品，一边慢慢读来，《摹仿论》的第八章《法利那太和加发尔甘底》(Farinata and Cavalcante)乃现代文学批评中的重要篇章之一。它是奥尔巴赫自己关于但丁的思想的一种高超的、几乎令人眩晕的体现：由于但丁的天才，《神曲》综合了永恒和历史，而但丁对日常（或通俗）的意大利语言的使用，在某种意义上，使我们所谓的文学之诞生成为可能。我不想概括奥尔巴赫对《地狱篇》第十歌里的一个段落的分析，在那个段落里，两个佛罗伦萨人来跟但丁这位朝圣者及其向导维吉尔搭话，他们曾经在佛罗伦萨就认识但丁，如今被送进地狱，而那个城市中的圭尔夫党和吉伯林党两个派系之间的相互攻讦也延续到了后世。读者真是应该亲自体会这段光彩夺目的分析。奥尔巴赫指出，他关注的那七十行做了令人吃惊的压缩，包含着至少四个相互独立的场景以及比《摹仿论》至此所讨论过的任何段落都更为丰富的材料。特别让读者信服的是，奥尔巴赫断言，从这段诗句看，但丁的语言“几乎是一种无法理解的奇物”，诗人用它来“重新发现了世界”。

首先，这里的语言“按古典标准来衡量，……是崇高与低等的混杂”。其次，这些诗句具有无限的力量，按照歌德的说法，“它那讨厌且常常令人厌恶的伟大”，由此，诗人使用方言来表现“古典主义的文体分用传统和基督教时代的文体分用两种传统之间的对立……在这强有力的气质中比任何地方都显而易见，它既着力于古典方向，却又无法放弃另一方向；文体混用在这里比任何地方都更加接近文体破坏。”再次，它有着丰富的材料和风格，而所有这一切都用但丁所主张的“随意的日常大众语言”来加以处理，因而允许一种现实主义来完成对古典世界、圣经世界和日常世界所做的描绘，“并非活动于一个情节之中，而是活动于大量分属不

同格调等级并相互交叉的情节里”。最后，但丁通过他的风格实现了过去、现在和未来的结合，因为这两个从燃烧的坟墓里出来，不由分说就跟但丁搭话的佛罗伦萨人实际上已经死了，但是看起来好像以黑格尔所说的某种“永恒不变的存在”方式继续活着，显然没有历史，也没有记忆和真实性。法利那太和加发尔甘底因其罪恶受到判决，在受诅咒的领域，置身于烈火燃烧的棺材里，他们出现在我们“离开了尘世世界”的那一时刻，“我们到了一个永恒的处所，我们在此处遇到了具体的显现和具体的事情。这与尘世间的显现和事情完全不同，却显然与其处在一种必然和固定的关系之中”。

最终“[在但丁的风格和想象中]出现了一个巨大的储藏库。一个拔得很高的、在极大范围内已永远定型的从前本性的形象显现出来，好像在以往的尘世中从未见它如此纯洁鲜明”。最让奥尔巴赫着迷的是但丁的诗里不断增强的张力，受到永恒谴责的罪人提出他们的申述，表达实现他们野心的渴望，即使他们继续被固定在上帝的审判指定给他们的地方。因此，地狱里的“尘世的历史性”同时散发出徒劳和崇高的感觉，它总是在最后指向“天堂”的白玫瑰。那么，“彼世是永恒的，现象是无时的而又是无时不在的，是充溢着历史的”。所以，对于奥尔巴赫来说，但丁的伟大诗篇示范了喻象阐释方法，过去实现于现在，现在预示着、也扮演着一种永恒的救赎，所有事情都为朝圣者但丁所见证，他的艺术天才把人类的戏剧浓缩成神圣戏剧的一个方面。

奥尔巴赫自己论述但丁的篇章之精炼，读起来真是赏心悦目，这不仅是由于他复杂的、充满悖论的洞见，而且，如这一章结尾所示，也是由于尼采式的勇猛，经常贸然接近难以言说、无法形容的东西，超越常规甚至于突破神圣设定的界限。确立了但丁的宇宙的系统性之后（在阿奎那的神权宇宙论框架之中），奥尔巴赫提出他的想法：《神曲》相比于在永恒、不朽方面的全部投入而言，它在表现以人类为主的现实方面更为成功。在这部宏大的艺术作品中，“人的形象比上帝的形象更为重要”。尽管在但丁的基督教信仰里，世界的创造与系统的宇宙秩序是一致的，“已在上帝安排中建立的完整的、个体的、历史的人的不可摧毁性抗拒着上帝的秩序，它让这个秩序为自己服务，使这个秩序黯然失色”。奥尔巴赫的伟大先驱维柯曾经发挥过一种思想，就是人类的头脑创造了神，而不是相反，但是，由于生活在教会庇护下的18世纪的那不勒斯，维柯使用各种各样的陈词滥调来隐匿他的离经叛道的命题，好像是为神圣的上帝而不是为人类的创造力和天才保存历史。奥尔巴赫选择了但丁来提出激进的人文主义论题，他小心谨慎地完成了这位伟大诗人的天主教本体论，作为后来被基督教史诗的现实主义所超越的一个阶段；那种现实主义表现为“个体发生的”（ontogenetic），那就是，“我们在无时的存在中经历着内在历史的形成”。

不过，要不是但丁沉浸于他从古典文化继承的东西，他的基督教和后基督教的成就也不可能实现：那就是清晰、戏剧化、强有力地描绘人类形象的能力。在奥尔巴赫看来，但丁之后的西方文学仿效他的榜样，但是在多样性、生动的现实主义和完全的普遍性等方面，很少具有像他那样强烈的说服力。《摹仿论》在此之后的几个章节探讨了中世纪和早期文艺复兴的一些文本，它们背离

了但丁式的标准，其中的某些文本，比如蒙田的随笔，强调个人经验而牺牲了交响乐般的整体，而另一些文本，比如莎士比亚和拉伯雷的作品，洋溢着语言的活力和机巧，对现实的表现淹没于对语言本身的兴趣。像福斯塔夫或庞大固埃这样的人物虽也在一定程度上得到了栩栩如生的描绘，但与他们的生动性一样吸引读者的是作者的风格中前所未有的狂欢(riotous)效果。如果说，要不是这一时期人文主义的出现和地理大发现，也不可能产生这种作品，这并非自相矛盾：两者都有助于扩展人类活动的可能范围，而又继续把它奠基于现世环境。譬如，奥尔巴赫说，莎士比亚的戏剧，隐约勾画出"这个世界的根源，(这根源在不停地编织着自己，更新着自己，与它的各个部分都有着关联)，这一切都源出于这个观念，这个观念使一件事或一种文体不可能被孤立起来。但丁那种界线分明的共同象征不复存在：而在使用这种象征手法时，所有的一切都在彼世，在神的永恒帝国里得到裁定，人身在彼世才能达到其完全的真实"。

从此以后，现实完全是历史性的，与彼岸相比，它更是只能按照缓慢演化的规则来阅读和理解。喻象阐释把它的起点设立在圣言或逻各斯，它们在现世世界的具体化身只有通过实际上就是组织经验和理解历史之核心的基督形象才有可能。随着但丁的诗所预示的神性的遮蔽，一种新的秩序慢慢开始生效。因此，《摹仿论》的后半部分煞费苦心地追踪历史主义的成长，那是一种多视角的、动态的、整体的表现历史和现实的方法。让我完整引用他有关这个问题的文字：

无论是历史题材还是现代题材，观察人类生活和人类社会的方法基本上是一样的。观察历史方法的变换必然会很快影响到对现实状况的观察。当人们认识到，评价各个时代及其社会不能按自己崇尚的理想模式，而应按它们各自的前提条件；当人们不再只是将诸如气候、土地等自然条件，而是将包括精神和历史条件视为前提条件；当人们意识到历史力量的作用，历史现象的不可比拟性及其内在的持续运动；当人们看到这些时代的生活单元，乃至每个生活单元都以整体出现，其本质体现在它们各自的表象中；当人们接受重大事件不是源于抽象或一般的认知这一理念；那么，他们就不会只在上层社会、重要事件或国家事件中寻找素材，而会在艺术、经济、物质和精神文化中寻找，深入到日常生活和百姓中去寻找，因为只有在那里，他们才能够抓住独特的、由内在力量驱动的东西，抓住具体的并且具有普遍有效深刻意义的东西，因此，人们必然期望将这些认知运用于当代，那么，当代也就表现为一个无与伦比的、有内在力量推动的不断发展的时代，也就是说，成为历史长河的一段。这段历史的日常生活深层以及整个内部结构，无论是其形成过程还是发展方向，都会令人感兴趣。

奥尔巴赫从未忘记他关于风格之分离和混合的原创观念，比如，法国的古典主义重新回到古代样式和高级风格的潮流，而 18 世纪晚期的德国浪漫主义在充满感伤和激情的作品中反其道而行之，颠覆了这些标准。然而，在一个少有的严厉评判的时刻，奥

尔巴赫表示,19 世纪早期的德国文化(马克思除外)完全没有利用历史主义的优势来表现降临在当代现实中的复杂性和社会变革,而是出于对未来的恐惧,拒绝了历史主义,在德国人看来,未来似乎总是以革命、市民骚乱和颠覆传统等等方式,对文化造成冲击。

歌德受到了最严厉的对待,尽管我们知道奥尔巴赫喜爱他的诗歌,阅读歌德常常带给他极大的愉悦。我想,如此解读并非过分:从《摹仿论》第十七章(《乐师米勒》)多少有些审判的语调中可以看出,在对歌德的严厉指责——他不喜欢剧变甚至变化本身,他对贵族文化感兴趣,他的强烈愿望是消除正在欧洲各地发生的"革命事件",他无法理解大众历史潮流——中,奥尔巴赫所讨论的不仅仅是认识上的失误,而是德国文化整体上的一个重大的错误转向,它导致了现在的恐怖状态。也许让歌德来代表的东西太多了。但是,要不是他在现实面前退缩,否则他所做的事情就有可能把德国文化带入一个充满活力的现状,奥尔巴赫猜想,德国本有可能整合入"德国为顺应欧洲和世界正在形成的新现实的准备过程也许会变得平静一些,少一些不安和暴力因素"。

20 世纪 40 年代初,奥尔巴赫写下了这些令人遗憾的,实际上有所保留的话,当时,德国已经对欧洲发动了一场席卷一切的风暴。在那之前,歌德之后的重要德国作家陷入了地方主义和一种视为天命的不可思议的传统生活观。现实主义从未作为一种总体风格在德国出现。在 1901 年托马斯·曼的《布登勃洛克一家》问世之前,除了冯塔纳(Fontane)之外,德语中几乎没有什么严肃的、普遍的、综合的力量来表现当代现实。大致可以认为,尼采和雅各布·布克哈特与他们自己的时代保持着较密切的联系,但

是，他们都不是“反映当代现实的现实主义作家”。针对最终由国家社会主义那种背离时代的社会思潮所代表的混乱的非理性，奥尔巴赫转而在以法国小说为主的现实主义中找到了另一种选择，在法国小说中，诸如司汤达、福楼拜以及普鲁斯特等作家都在现代主义小说的异常结构中，寻求通过展现阶级斗争、工业化以及伴随着道德困境的经济扩张来整合支离破碎的现代世界。这些取代了曾经使但丁的想象成为可能的那种永恒与历史之间的一致性，而这种一致性如今已经完全被历史的现代性（historical modernity）的分裂和脱节的潮流压倒了。

于是，与前面的章节相比，《摹仿论》最后几章似乎有一种不同的音调。奥尔巴赫在这里讨论他自己时代的历史，既不是中世纪和文艺复兴的历史，也不是相对遥远文化的历史。从19世纪中期法国的现实主义（还有英国的现实主义，虽然他对它谈得很少）对事件和人物的敏锐观察中慢慢演进，呈现出一种直接渲染肮脏和美丽的审美风格特征，虽然在其演进过程中，像福楼拜这样的大师巨匠不愿介入充满社会动荡和革命性转变的迅速变革的世界，但仍然构想了一种客观观察的伦理规范。尽管现实主义的实践通常关注来自下层，或者，最多也是中产阶级生活的人物形象，但已足以看到和表现正在发生的一切。那么，这如何转变成普鲁斯特根据记忆创作的作品那种华美的丰富性，或者转变成弗吉尼亚·伍尔夫和詹姆斯·乔伊斯的意识流技巧，这个问题引出了奥尔巴赫后面几段给人印象最深刻的文字，尽管我们应该再次提醒自己，奥尔巴赫也描述了他自己作为语文学家的工作如何摆脱现代性而存在，并成为再现现实的整体的组成部分。因此，

奥尔巴赫所示范的现代罗曼语族语文学，借助与自己时代的现实主义文学之间有意识的联系，要求获得它特殊的知识身份；而那种现实主义文学主要是法国文学的独特成就，超越地方立场，普遍带着一种欧洲人的特殊使命来处理现实。《摹仿论》的字里行间承载着自己对演化的风格和观点进行分析的丰富历史。

为了有助于理解奥尔巴赫的追求在文化和个人意义上的重要性，我想回顾托马斯·曼的战后小说《浮士德博士》中费尽心思组织起来的叙述结构。这部小说（在奥尔巴赫著作之后出版）远比《摹仿论》更明确，是关于这场现代德国灾难并且试图理解这场灾难的故事。阿德里安·莱韦库恩，一个天赋惊人的作曲家，跟魔鬼订约，探究艺术和心灵的最深处，这个惊心动魄的故事是由他的发小、资质较差的塞雷纳斯·蔡特布洛姆（Serenus Zeitblom）来叙述的。尽管阿德里安无言的音乐领域使他成为进入非理性和纯粹的象征，并且一路陷入最终的疯狂，作为人文主义者和学者的塞雷纳斯还是努力跟随着阿德里安，把他的音乐旅程改写成连续的散文，竭力弄清是什么在公然挑战正常的理解。曼暗示，这两个人代表着现代德国文化的两个方面，一方面表现在莱韦库恩目中无人的生活和他独辟蹊径的音乐，这种音乐带着他超越了平常的感觉，进入非理性的魔境，另一方面呈现在蔡特布洛姆有时笨拙、张口结舌的叙述之中，这些叙述出自一个关系亲密的朋友，他见证着他无力阻止或预防的一切。

这部小说的结构实际上由三条线索组成。除了阿德里安的故事，蔡特布洛姆试图与之搏斗的努力（后者也包括蔡特布洛姆自己的故事，他的生活和他作为学院派人文主义者和教师的职业

生涯)之外,也经常暗示战争的进程,结束于 1945 年德国最终战败。《摹仿论》没有提及那段历史,当然,其中也没有任何激发托马斯·曼这部伟大小说的戏剧冲突和人物塑造。但是,《摹仿论》暗示了德国文学无法面对当代现实的失败,而奥尔巴赫在他的书里努力要呈现欧洲(凭借文体分析而感知的欧洲)原本可能经历的另一种历史,由此看来,《摹仿论》也是想从现代性碎片中挽救感觉和意义的一种尝试。在土耳其流亡时,奥尔巴赫就从这种现代性碎片中看到了欧洲尤其是德国的衰落。像蔡特布洛姆一样,他也肯定了进行弥补和救赎的人类事业,为此,在其细致的语文学的展开之中,他的书就是一个象征;此外,也像蔡特布洛姆一样,他知道,学者跟小说家一样,必须重新建构他自己时代的历史,以此作为他对自身学术领域的个人担当的一部分。不过,奥尔巴赫明确抛弃了线性的叙事风格,而那种风格尽管有众多插话和插曲,却对蔡特布洛姆及其读者产生了如此强大的效果。

因此,把自己跟诸如乔伊斯和伍尔夫——他们从偶然的、通常是琐碎的片段中重建一个完整的世界——这些现代小说家相比,奥尔巴赫明确拒绝一种严格的计划,一种持续不断相继发生的举措,或者作为研究手段的一些固定概念。他在临近结尾时说:“相反,我倒是觉得应该顺着几个在无意中逐渐梳理出的主题写下去,用我在从事语言工作中所熟悉的大量生动文章来验证它们,这样的方法才是有益、可行的。”他之所以有信心顺从这些没有特定意图的主题,首先在于他认识到没有一个人可能综合整个现代生活,其次,有一种永恒的“梳理和解释生活的问题,但这是生活自己的事情;也就是说,这种梳理是那些被描写的人物自己所做的事情;这种梳理和解释都在人物的意识中,在他们的思想中,也隐蔽在他们的言行中;因为我们每个人都处在不断表达和解释的过程中,即我们自己就是这个过程的对象"。

我认为,这份自我理解的证词感人至深。可以说,其中有一些认识和断言在起作用甚至争执不下。其一当然是雄心勃勃地判定西方表现现实的历史,而他所凭借的不是一种先在的方法,也不是一种提纲挈领的时间框架,而只是个人的兴趣、学识和实践。其二,这也说明,阐释文学作品是"在不断表达和解释的过程中我们自己就是这个过程的对象"。其三,不是形成对主题的一种完全一致、干净利落、无所不包的观念,而是"这不是一种而是多种整理和解释,不论是对多个人还是对同一个人,在不同时刻的整理和解释都是如此。于是,纵横交错、互为补充和互相矛盾中就产生了一种类似于对世界的综合认识的东西,或者至少可以说,读者可以提出综合解释的要求"。

因此,它整个可以明白无误地归结为个人的努力。对于他呈现在我们面前的西方文学表现现实的历史,奥尔巴赫并未提供任何体系,任何捷径。从当代立场来看,有些东西之单纯,如果不说无法容忍,也是难以想象,譬如像"西方"、"现实"和"再现"等引起激烈争论的术语——其中每一个近来都引发批评家和哲学家连篇累牍的论辩——依然不加修饰、不加限制地继续独立使用。奥尔巴赫似乎有意把他个人的研究,必然也包括他的失误,暴露给可能嘲弄其主观性的那些批评家或许不无轻蔑的眼睛。但是《摹仿论》的巨大成就,以及它不可避免的悲剧性缺陷,乃人类心智研究历史性的世界之文学表现所能够达到的结果,无论哪位作者,

从自己的时代和自己的工作所形成的有限视角来做这项工作，都只能如此。倘若不是这位伟大学者始终以学识、献身精神和道德目标支撑他的想象，不可能有更加科学的方法或更少主观性的眼光。正是从这种结合，这种风格的混合，产生了《摹仿论》。在我看来，在英译本面世五十年之后，《摹仿论》依然是一部令人无法忘怀的人文主义的典范。

（朱生坚 译）

假如我们有足够的天地和时间……

——安德鲁·马韦尔

目　录

第一章　奥德修斯*的伤疤 5

读过《奥德赛》的人一定记得第十九卷那个经充分酝酿的、激动人心的场面：曾是奥德修斯奶母的老女仆欧律克勒娅从腿上那块伤疤认出了远行归来的奥德修斯。这位陌生人获得了佩涅洛佩**的好感，她按照奥德修斯的愿望吩咐女仆给他洗脚，在所有古老故事中，这通常是向疲惫的浪游者表示好客的第一道礼节；欧律克勒娅打了凉水，兑上热水，她伤心地说起了一去不归的主人，说他与客人年纪相仿，也许此时同他一样，正在可怜地浪迹天涯——这时，她发现客人和自己的主人惊人地相似——此时奥德修斯记起了自己的伤疤，于是把身子转向暗处，他知道已经藏不住了，但还是不愿意现在就与家人相认，起码不愿让佩涅洛佩认出他来。老女仆碰到了他的伤疤，又惊又喜地一松手，奥德修斯的脚便掉进盆里；洗脚水溢了出来，她还没有来得及高兴地叫出声，奥德修斯便轻声地对她又哄又吓，不让她出声。老人克制住自己，强压住自己的激动。佩涅洛佩的注意力正被雅典娜事先采

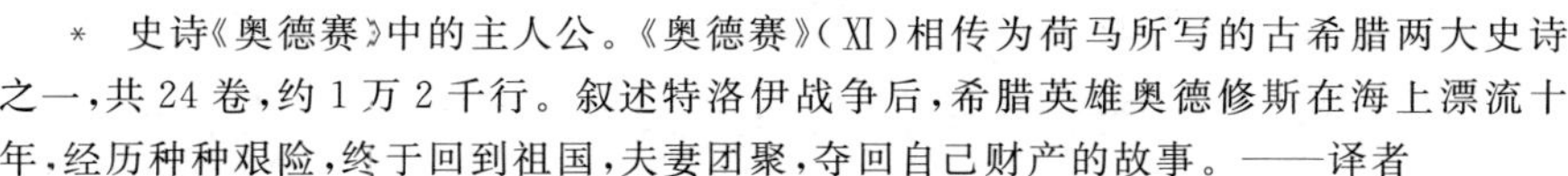

* 史诗《奥德赛》中的主人公。《奥德赛》(Ⅺ)相传为荷马所写的古希腊两大史诗之一，共 24 卷，约 1 万 2 千行。叙述特洛伊战争后，希腊英雄奥德修斯在海上漂流十年、经历种种艰险，终于回到祖国，夫妻团聚，夺回自己财产的故事。——译者

** 佩涅洛佩是奥德修斯的妻子。——译者

取的行动所吸引，什么也没发觉。

这一切描绘得细致入微，讲述得不慌不忙。详尽流畅的直接引语表达出两个女人的感情；尽管这种感情掺进了对人类命运的最为一般的观察，但各部分语句结构之间的联系仍然十分明了，毫不含糊。用具的摆放，手部动作和人物表情的说明性描写也都安排得十分得体，地点和时间交代得清清楚楚；甚至在最富于戏剧性的相认场面，也没有忘记告诉读者，奥德修斯用右手按住老女仆的喉头不让她说话，用另一只手把她拉近身边。在一览无余的场景中，人和物的位置及活动表述明确，着墨均匀。同样，人物的感情及心理活动也都表达得十分明确，毫无保留。

6 在对这一过程的复述中，我一直都未提到好几十行诗句，它们将这一事件拦腰截断。它们是 70 多行诗句——描写事件的诗句在中断前约有 40 行，中断之后约有 40 行。中断描写出现在女仆认出伤疤的紧要关头，接着插入对伤疤来历的描述，那是年少的奥德修斯去看望外祖父奥托吕科斯时在一次猎猪中受的伤。这样一来，首先就得使读者对奥托吕科斯有所了解，得知道他住在什么地方，他的亲属关系、他的性格，书中既详细又感人地描述了外孙出生后他的表情举止，然后又交代了长成少年的奥德修斯的来访，写了对他的欢迎，为他洗尘的宴会，就寝和醒来，一大早启程行猎，发现野兽踪迹，搏斗，野猪的獠牙刺伤了奥德修斯，包扎伤口，痊愈，返回伊塔卡，父母忧心如焚的询问，他向他们讲述事情的经过，把所有的事件和与之有关的细节详情都交代得清清楚楚。在这之后，史诗作者才又回过头来接着讲述佩涅洛佩的寝房，而在叙述中断之前便已认出伤疤的欧律克勒娅在中断之后才在惊喜之中松开了手，让那只抬起的脚掉进了水盆之中。

现代读者会觉得，这里应该出现紧张的高潮，这种想法虽然不完全错，但对于解释荷马的写作技巧来说，这无论如何并不是最重要的。因为在荷马史诗中，情节高潮的因素是微不足道的，史诗的总体风格并非要紧紧扣住读者或听众的心弦，那样的话，首先就要运用写作手法使读者或听众“紧张”，而不是“轻松”起来，而后一种情形却经常出现，上面所讲述的故事也是如此。这个娓娓道来、让人感到惬意、细致描述的狩猎故事以其所有的温馨和田园诗般的画面所要做的，就是抓住凝神谛听的听众——让他们忘却刚才洗脚时所发生的一切。要用插入法来渲染紧张的气氛，所插入的叙述就不应该完全占据现实空间，不应让人在焦急地期待着危机得到解决时忘却危机，以致破坏了“紧张”气氛，应该保持住这种危机和紧张气氛，使其有意识地保留在背景中。
只是荷马不懂得什么背景故事，这一点我们以后还要谈到。他每 7
次叙述的都是目前发生的事情，他的讲述完全占据了活动场所和人的意识。这里也是如此。当年轻的欧律克勒娅（第 401、402 及 403 行）在宴庆之后把新生婴儿奥德修斯放在外祖父奥托吕科斯膝上时，这位在这几行诗句前还抚摸着浪游人脚的老女仆便完全从活动场所和读者意识中消失了。

歌德和席勒在 1797 年 4 月底的通信中虽然没有提到这里所说的插曲，却论及了荷马诗篇中的“延缓法”，他们直截了当地指出，这种方法与制造紧张气氛的写作方法全然不同，他们虽然没有使用“紧张气氛”这个词，但其意思却十分明确。这种延缓法本来属于史诗，它与悲剧截然不同（见 4 月 19、21 和 22 日的通信）。

我也觉得荷马诗篇中这种通过插入故事情节而“推前和推后”的延缓法与为了某一目的渲染紧张气氛根本不同，席勒显然认为荷马的处理是正确的，他“仅仅是按照事物的本来面貌给我们描述事物的平静状态和作用”；他的目的“已然存在于他的动作的每个点中”。歌德和席勒两人将荷马的这种延缓法上升为叙事诗的准则，上面引用的席勒的那番话应针对叙事诗作者而言，是与悲剧作者相对而言的。然而，无论是古代还是近代，都有那么些重要的叙事作品，它们并未采用这种意义上的延缓式叙述手法，而的的确确制造了席勒认为悲剧作者才会制造的、完全“剥夺了我们感情自由”的紧张气氛。此外，说荷马诗篇之所以运用延缓法主要是出于美学考虑，或仅仅是歌德和席勒所认为的美学方面的感受，我觉得这种看法没有根据，也不大可能。当然，这种方法的作用确如同歌德与席勒所描写的那样，并且叙事诗这个概念也的确是从荷马作品中引申出来的，歌德和席勒自己及所有受古典主义文学影响的作家也都接受了这个概念。但我仍然觉得这种延缓现象的存在另有别的原因，这就是荷马文体的需要，这种文体要求凡是提到的事情就不能模模糊糊，不能不加表述。那段关于伤疤来历的说明与许多段落都大致相同：要么是描述新出现的人物、事物或器具的种类或来源，哪怕是正在进行最激烈的酣战，要
8 么就是讲述什么地方出现了一位神灵，他最后待在什么地方，做了什么，从哪条路上来等等，我甚至觉得，就连修饰语的运用也是由于需要对这些现象进行感性描述。在这里，伤疤出现于情节的展开之中，而对于荷马的情感来说，仅仅让伤疤浮现于若明若暗的往事中是不能容忍的，应该让伤疤明朗化，与它相关的是主人

公青年时代的一段经历——在这一点上，《奥德赛》与《伊利亚特》* 并没有什么不同。在《伊利亚特》中，当第一艘战船已经燃烧起来，密耳弥多人终于奉命赶去救助时，书中不仅有足够的时间将米尔密多人与野狼做一番精彩的对比，不仅有足够的时间描绘米尔密多人的阵形，而且还有足够的时间细致地描述几个下级军官的来历（参阅《伊利亚特》第 16 卷，第 155 至 157 行）。这样一来，读者当然肯定会感觉到、进而探寻所取得的美学效果，不过荷马文体最感人、更地道的大概是下面几个方面：所描述的事件的每一部分都摸得着，看得见，可以具体地想象出各种情况发生的时间和地点。内心的活动也是如此：没有可以隐瞒的、不可表述的事情。人物的情绪也处理得很好。荷马笔下人物的言谈话语毫无保留地表达出自己的内心世界。他们要是不说给别人，便在心里说给自己听，因此读者知道他们在想些什么。在荷马史诗中发生了许许多多可怕的事情，但这些事情从来都不是悄然发生的；波里芬和奥德修斯侃侃而谈，奥德修斯动手杀自由民时也与他们交谈；战前和战后黑克托及阿喀琉斯都有十分详细的道白；没有一个人说话时因心惊胆战或怒气冲天而缺乏语言逻辑或语无伦次。对话如此，作品的整个叙述也是如此。各个事件的环节之间联系得十分清楚；使用大量连词、副词、小品词和其他句法修辞手段意义明确、层次分明地将人、物和事件区分开来，同时又将它们置于一种不间断而通畅的联系之中；如同各个事件本身一

* 与《奥德赛》并称为古希腊两大史诗，相传为荷马所作，共 24 卷，15693 行。主要叙述特洛伊战争最后一年的故事。——译者

样，它们之间的联系，它们在时间、地点、原因、目的、结果、比较、让步、对照以及有条件的限定上，都表达得十分完备，这样一来，
9 所有事件都呈现出一种连续不断的、有节奏的动态的过程，任何地方都不会留下断简残篇或不明不白的表达方式，任何地方都不会有疏漏和裂缝，不会有可以继续深究的地方。

这些现象的进展总是处在主要位置，就是说，始终处在地点和时间的现时性中。人们会以为，那许多插入的情节，即提前推后叙述的故事，一定会形成一种时间和地点的视角；然而荷马文体却从未给人以这样的印象。如何避免视角影响的方式可以从插入情节的方式来观察，这是任何荷马史诗的读者都很熟悉的一种构句方式。这既能在我们的引文中看到，也能在短得多的插入情节中看到。紧接着“伤疤”这个词（第 393 行）的首先是一个定语从句（“那是野猪用白牙咬伤的……”），这个从句又扩展成一个范围广泛的框式结构，它里面又出现了一个主句（第 396 行：“为大神所赐……”），它从整个构句的从属地位悄然而出，一直延伸到第 399 行为止，而这句诗又非常自由地连接上了新的内容，于是又一个新的现在时开始了，这一用现在时讲述的故事一直讲到第 467 行（“老女仆伸开双手，手掌抓着那伤疤……”）*，才又回到前面中断的地方。要从构句上安排这么长一段插入情节本来是不大可能的；用以此为目的来安排内容的方法将视角切入重要情节似乎要简单得多，就是说，如果把伤疤故事作为此时在奥德修

* 三段译文摘自《奥德赛》，荷马著，王焕生译，人民文学出版社，2003 年。——译者

斯意识中复苏的回忆讲出来要容易得多，这样就简单极了，只需在此两行诗句之前，即在第一次提到“伤疤”这个词时讲述伤疤的故事就可以了，此时，“奥德修斯”和“回忆”这两个主题已然为这个故事做好了铺衬。然而，这种制造前景和背景，先讲一大段往事之后再讲现在的现时主观性视角的写作技巧，在荷马文体里是找不到的。荷马只懂得运用前景，只会运用着墨均匀的客观现在时；因此，插入的故事就只能在欧律克勒娅发现了伤疤后两行才开始——这样，视角切入的可能性不复存在了，于是，伤疤的来历便只能是一个独立、完整的现时故事了。

如果将一个同为古典、同为叙事作品的另一种形式的文章与
荷马的作品相对照，后者独特的风格便更加一目了然。我试着用
以撒献祭的故事来与之进行比较，这是一个所有文学原始资料里 10
都记载的故事。* 路德译文的开头是：发生了这许多事情之后，上帝想试探试探亚伯拉罕，于是对他说：亚伯拉罕！亚伯拉罕说：我在这儿！——如果我们读了荷马的作品，再看看这个开头，就会感到震惊。这两个说话的人身在何处？文中没有交代。然而读者却知道，这两个人并不是随时随地都处在尘世间的同样一个地方，读者知道，两人之中的一个必定是上帝，他要对亚伯拉罕说话，于是便从某处而来，从某高山或低谷来到人间。上帝来自何方？他站在哪个地方对亚伯拉罕说话？对此未作交代。上帝不

* 典出于《创世记》：上帝想考验一下亚伯拉罕的虔诚，吩咐他把爱子以撒作为祭物燔祭上帝。——译者

像宙斯*或波塞冬**来自举办祭典盛宴的埃塞俄比亚。文中也没有说明他对亚伯拉罕进行可怕试探的原因。他不像宙斯那样，在与诸神议事的大会上有条有理地说明他行为的原因。上帝心中有何打算我们也不得而知。他突然而神秘地就从不知名的高山或低谷来到世间喊道：亚伯拉罕！有人会立刻说，这可以从犹太人对神的独特想象中得到解释，他们与希腊人对上帝的想象全然不同。这么说是对的，但这并不是异议。因为，犹太人对神的理解又该如何解释呢？他们从前所信奉的沙漠神就是身无定型、居无定所的孤家寡人，说到底，与前亚细亚地区直观得多的众神相比，犹太神的无形、无处和孤独形象不仅保留了下来，甚至还给人以更深刻的印象。犹太人对神的想象不仅仅是一种原因，而且更是他们理解和表现方式的标志。如果我们再来看看对话的另一方亚伯拉罕就更明了了。他在什么地方？我们不知道。他虽然说：我在这儿——然而这句希伯来语的意思仅仅是“看着我”，或者如贡克尔所译的“我听着呢”，起码这句话并不是表明亚伯拉罕所处的真实地点，而是表明他与呼唤他的上帝之间的一种道德关系：我在这儿等待你的训喻。但他的确切所在，究竟是在贝尔谢巴还是在其他什么地方，究竟是在屋里还是在屋外，这些都没有交代；作者无意说明，读者无从知晓。再有，当上帝呼唤亚伯拉罕时，他正在做什么，文中也没有说。为了理解这一区别，可以想想赫尔墨斯***对卡吕普索的造访，那里用了许多诗句详述来访者的

* 宙斯(Zeus)，古希腊神话中的主神。——译者

** 波塞冬(Poseido)，古希腊神话中的海神，宙斯的兄弟。——译者

*** 赫尔墨斯(Hermes)，古希腊神话中宙斯之子，神使。——译者

任务、旅行、到达及对来访者的接待、被访者的地位和工作；即便是众神突然出现的时候——不管是去帮助自己最钟爱的一个弟子，还是为了迷惑或者毁灭一个他们最痛恨的凡人——在众神显 11
现的那段很短的时间里，他们的形象总是被描写得十分具体，在大多数情况下连到达和离去的方式都交代得一清二楚。而在这里，上帝从某个地方出现时是无形的（然而他毕竟是“出现”了），我们只闻其声，这声音呼唤的只是名字；没有形容词，也没有荷马式的谈话中常用的对谈话对方的描写。而亚伯拉罕回答上帝说：我在这儿，除此以外，也没有说出什么有意义的话来——当然，可以想象他说这番话时的表情一定是真切的顺从和情愿——然而这种想象是读者自己的事。除了简短的、不连贯的、突如其来的、硬邦邦的几句话以外，两个说话的人没有说什么明确的话语；最多可以想象出后者顺从的表情；其余的一切都是模模糊糊的。此外，两个说话人并不是站在同一个地方：可以设想亚伯拉罕位于前景之中，可以想象他的形象，或匍匐在地，或双膝下跪，或伸展双臂，或仰望上方，而前景中并没有上帝：亚伯拉罕的话语神情为心中的形象而发，或是朝着上面一个不确切的、模糊的、绝对不属前景中的地方，向他发出上帝声音的地方而发。

就这样，在这个开场白之后，上帝发出了他的训喻，故事本身就开始了；这个故事人人皆知；它没有任何插入情节，是在几个句法上联系极少的主句中展开的。很难想象这里会描绘使用的工具、走过的田野风光及护送一列人马的仆人或驴子，比如用赞扬的口气描写这些人所得到的机会，他们的出身，用具的质地、外表或用途，这里甚至连一个形容词都没有使用。就是仆人、驴子、燔

柴和刀子，再无其他，没有任何修饰；这一切都服从于上帝所定的目的；他们其他情形如何，他们的过去或将来如何，这些都不得而知。将要走上一条路，因为上帝告诉了燔祭的地点；但对这条路却什么也没有讲，只说需要走三天，并且采用的叙述方式也颇令人费解：亚伯拉罕带着他的一行人马“一大清早”上了路，前往上帝告诉他的那个地方；第三天他举目远望，看见了远处的那个地
12 方。举目远望是唯一的神情，甚至是关于旅途报道中绝无仅有的神情，虽说可以认为那个地方位置很高，他得抬眼才能看见，但正因为是绝无仅有的唯一，因此这种神情还是加深了旅途空寂的印象；好像亚伯拉罕在这之前的途中既没有向右也没有向左看过，好像他压制住自己和旅伴的一切生命迹象，人们听见的只有他们的脚步声。如此说来，这个旅途便如同在不确定和暂时之中默默穿行，令人屏气凝神，是一个没有现在、介乎过去和眼前之间的过程，它如同一个未完成但却可以衡量的长度：三天！这三天在招呼着它们后来获得的象征性含义。这三天是从“一大清早”开始的。但是亚伯拉罕是在第三天的什么时候抬眼看见了他的目的地的？文中对此没有说明。显然不会是“很晚”，因为看来还有时间走上山的路，还有燔祭的时间。因此“一大清早”不是为了划分时间界限，而是出于道德上的意义；它表达的应是受到如此重大打击的亚伯拉罕那种刻不容缓、准点守时及仔细认真的顺从。对他来说，一大清早就给驴子备鞍、叫上他的仆人和儿子以撒上路是很痛苦的事情，但他顺从了，他一直走到第三天，到那时抬眼看见了那个地方。他从哪儿来，我们不知道，但他的目的地却很清楚：摩利亚地区的耶鲁伊勒。它指的是什么地方并不明了，尤其

是“摩利亚”，也许后来改成了另一个名字——不管怎么说，它已经被说明，不管怎么说，由于和亚伯拉罕的燔祭联系在一起，它便成了一个特别庄严的圣地。如同“一大清早”并非用来限定时间一样，“摩利亚地区的耶鲁伊勒”也不是用来限定地点的；两种情形都没有做出相对的限定，就像我们不知道他什么时候抬眼远望一样，我们也不了解亚伯拉罕的出发地在什么地方——耶鲁伊勒这个地方之所以很重要，不仅因为它与其他地方的地理关系而作为世间旅行的一个目的地，而且也因为它与上帝的关系，即被上帝不同寻常地选中作为这次燔祭行动的场所，因此必须说出这个地名。

在这个故事中还出现了第三个主要人物以撒。上帝、亚伯拉罕、仆人、驴子和用具等等都被直呼其名，既没有提到他们的性格特点，也没有给他们冠以其他的名称，而以撒却有一个同位语。
上帝说道：带上你唯一的爱子以撒。然而除了和父亲的关系，除 13
了这个故事以外，这个同位语并没有说明以撒到底是怎样的一个人，这不是一种对描述对象的转移及话题的中断，因为它并不是对以撒的一个界定，不是对其存在的性格刻画；他长得美或丑，聪明或愚蠢，高大或矮小，惹人喜爱或招人讨厌——这些在这里都没有说。只有此时此地，只有在他的行动范围之内必须让人知道的事情才做了交代——为的是突出亚伯拉罕所受的考验有多么可怕，而上帝对此知道得一清二楚。从这个相反的例子可以看出，荷马史诗中起修饰作用的形容词和偏离主题的情节插入有着什么样的意义；它们指的是其他的、没有完全被现状裹挟的、仿佛是绝对存在的东西，这些形容词和离题的叙述可以阻止读者将注意力单方面地集中在眼前的一种危机上；即便在最可怕的事件中，它们也可以阻止令人窒息的紧张局面出现。而在亚伯拉罕献祭时，则存在着这种令人窒息的紧张局面；席勒认为只有悲剧作家才会做到的——剥夺我们情感的自由、将我们内心的力量（席勒称之为“我们的行动”）集中到唯一的一个方面——在这个确实应该称为叙事性的圣经故事中做到了。

如果对文中所用的直接引语进行比较，也可以看出同样的区别。圣经故事里也有对话；然而与荷马史诗不同的是，对话不是用来表述内心所思所想，而是恰恰相反：它说明的是一种没有说出来的观点。上帝用直接引语发出了命令，但他并没有明说他的动机和意图。亚伯拉罕得到命令时一声未吭便奉命行事。亚伯拉罕和以撒在前往燔祭地途中的对话只不过是悲伤沉默的一个中断，它使沉默变得更加令人难以承受。以撒和亚伯拉罕“二人同行”，以撒拿着燔柴，亚伯拉罕拿着火把和尖刀。以撒犹犹豫豫地问道，火和柴都有了，祭祀的羊羔在哪里，亚伯拉罕做出了人所共知的回答*。接着，文章重复写道：“于是二人同行”，其他什么都没有说明。

将这两篇同样是古典叙事作品之间的写作风格加以区分是非常容易的。一篇是完整的、面面俱到的说明，时间地点明确，互
14 相紧密联系的各种事件无一疏漏地出现在画面的前景，充分表达的内心思想和感情；从容而悠闲地描述所发生的事情，少有引人入胜的故事情节。另一篇只突出对于行为目的有用的现象，其余

* 《圣经》上说，亚伯拉罕回答道：“我的孩子，上帝会自己准备羊羔的。”——译者

的一切都模糊不清；唯一强调的是情节的重要高潮，各高潮之间的事件无关紧要；地点和时间都不明确，需要进行解释；内心思想和感情没有表达出来，只能从沉默和断断续续的谈话中加以推想；整个文章朝着一个目标发展并充满了引人入胜、连续不断的紧张气氛，因此更显得一气呵成、神秘莫测而又难以捉摸。关于这最后一个词我还想再详细地说几句，以免引起误解。我上面曾说过，荷马风格是使事件展现在画面的前景，他的诗里虽然有大量的前后跳跃，但他每次都把正在讲述的事情作为目前的唯一而不与其他事情相混淆，没有讲述人视角的出现。对于文学原始资料的研究告诉我们，“难以捉摸”这个词还可以用得更广泛更深入，甚至一个人都可以用“难以捉摸”来表述：上帝总是存在于圣经之中，他不像宙斯，出现时近在咫尺；所出现的总只是上帝的“一部分”，上帝总是深不可测。与荷马作品相比，甚至连圣经故事里的人也都显得更为“难以捉摸”；他们在时间、命运和意识上都更有深度；虽然他们几乎总是只局限在需要他们出现的一个事件之中，但他们却没有完全拘泥于这一事件，以至于始终意识不到自己以前在其他某处都经历了哪些事件；这些人物的思想和感情具有更多的层次，更加错综复杂。亚伯拉罕的行为方式不仅可以从正在他身上发生的事情、从他的性格中得到解释（正如可以从勇敢和骄傲解释阿喀琉斯的行为方式，从机警和精明可以解释奥德修斯的行为方式一样），而且还能从他以前的作为上得到解释；他时刻没有忘怀，他始终铭记上帝对他所作的预言，铭记着上帝已经在他身上实现了什么——他的内心深处充满了绝望的愤怒和希望的期待；他的那种沉默的顺从是多层次的，难以捉摸

的——而荷马作品中的人物却不可能有如此复杂的内心世界，他们的命运总是一清二楚，他们每日早上醒来时都像是开始了新的一天，他们的感情虽然强烈，但却简单，一旦有了感情便会突然迸发。与之相比，扫罗或大卫的性格多么难以捉摸，大卫和押沙龙、
15 大卫和约押之间的人际关系又是多么复杂和多变啊！押沙龙之死的故事及其后续故事中(《撒母耳记下》第 18 章及耶和华故事第 19 章)其意会的意思比言传的意思还要多，这种“难以捉摸”的心理状态在荷马的作品中是不可想象的。圣经故事涉及的不仅是令人捉摸不透乃至深不可测的性格的心理过程，而且也涉及一个纯地点的背景。大卫虽然未在战场上出现，但他意志和情感的魅力还发生着长久的作用，甚至还对奋起反抗、毫无顾忌行动的休伯产生着影响；在会见两位报信人的精彩场面中，地点背景及心态表达得十分贴切——但文中却没有一句关于大卫内心活动的话语。与此相反，阿喀琉斯先是派帕特洛克勒斯探听消息，然后又派他去打仗，只要他身不在现场，就几乎失去了所有对现时的影响。而在圣经故事中，最重要的是表达每个人内心的多层次心理活动；这一点在荷马的作品中几乎没有，最多是以对两种可能行为的有意怀疑的方式来表现的；此外在荷马作品里，丰富的内心活动只是前后表现出来的，是在感情的交替中表现出来的；然而犹太作家却能够成功地展现互相交织的思想感情及冲突。

荷马诗篇在感官、语言，尤其在句法文化上的品位似乎要高出许多，但在人物的造形方面却显得较为简单；它们与所描绘的生活真实的关系也更是如此。对于荷马诗篇来说，感官生活的愉悦就是一切，其最高追求就是让我们体验这种愉悦。在战斗与情

欲之间，在冒险与险境之间，这些诗篇也给我们讲述了狩猎和庆宴、宫殿和牧羊人的小屋、赛事和洗浴场面，从而使我们能够真切地观察到主人公的生活，边观察边品味他们是如何享受自己醇美的、植根于风俗、景色和日常生活所需之中的现实生活。就这样，只要我们听到或读到这些诗篇，它们就会使我们陶醉，讨我们欢心，使我们共同经历他们生活的真实——至于我们是否知道这一切只不过是传说，是“虚构”，那倒是无关紧要的。人们常常谴责荷马是个骗子，但这种谴责丝毫无损于他的影响；他无须坚持自己作品的历史真实性，他的真实已经足够了；他诱惑我们，使我们沉浸在其现实之中，对他来说，这就足够了。在这种使我们沉迷其中的“真实”的自在世界里，除了这真实的世界本身以外，其他
什么也没有展现。荷马诗篇什么都不隐瞒，在这些诗篇中没有什 16
么大道理，没有隐藏第二种含义。人们可以像我们在这里所做的尝试那样去分析荷马，却不能对他的作品进行诠释。后来那些寓意流派也曾试图将他们的诠释本领运用到荷马作品上来，但是没有成功。荷马抗拒这样待他。对他作品的种种诠释是牵强附会、稀奇古怪的，它们根本不能形成一个完整的理论。有时一般的观察——如我们上文所引用的情节中第 360 句诗里说的：“因为人们身陷患难，很快会衰朽”* ——表明人可以平静地接受生活中的现实，而没有必要对此进行苦思冥想，更没有必要做出心血来潮的冲动之举——无论是反对，还是心悦诚服，结果都是如此。

这一切在圣经故事中全然不同。感官性的魅力不是圣经的

* 此译文摘自王焕生所译的《奥德赛》，人民文学出版社，1997 年。——译者

意图所在，然而即便如此，在感官方面它也颇具活力，之所以如此是因为圣经所关注的道德、宗教及人们的内心活动，都具体地表现在感官性的生活材料之中。然而，这一宗教目的决定了对历史真实的绝对需要。亚伯拉罕和以撒的故事并不比奥德修斯、佩涅洛佩和欧律克勒娅的故事更具说服力，二者都是传说。但圣经故事的讲述者，即史料作者自己必须相信亚伯拉罕献祭故事的客观真实性——生活神圣秩序存在的基础便是这类故事以及类似故事的真实。故事的讲述者必须对这些故事笃信不疑——或者如某些启蒙派诠释者过去、或许现在仍然认为的那样，讲述者必定是有意说假话，他不像荷马那样，说假话是为了取悦于人，而是一个怀有某一目的的政治骗子，是为了统治的需要在说谎。我认为启蒙派的观点在心理学上是荒谬的，但即便我们对这些观点进行观察，那么与荷马相比，圣经故事的作者与其故事真实性之间也是一种更为强烈的、更为明确的关系。他必须详细地写出他所相信的传说的真实性，或者如启蒙派的观点所说的，是他对传说真实性的关心要求他这样做——不管怎么说，他的自由的、杜撰的、生动的想象力被紧紧地限制住了；他的行为必然限定在成功地编辑颂神的传说故事的范围内。他所表现的首先不是为了“现实性”，而是为了真——即便他成功地做到了这一点，那也仅仅是一
17 种手段，不是目的。不相信这些的人就走着瞧吧！你可以对特洛伊战争和奥德修斯的漂流持历史批判态度，但在阅读荷马作品时，你仍会感受到他意欲发挥的作用。一个不相信亚伯拉罕献祭的人，不会使用这个因需要而写出的故事。是的，仅此还不够。圣经对真的要求不仅远比荷马作品迫切，而且这种要求也很专

横；它将所有其他要求一概排除在外。圣经故事的世界不满足于历史真实的要求——它还认为自己是唯一真实的、负有专制使命的世界。所有其他的场所、过程和秩序都无权脱离圣经而存在，它并且预言，要把一切，甚至所有人的历史，都统统纳入自己的范围，受自己的管辖。圣经故事不像荷马作品那样竭力取悦于我们，讨好我们，使我们陶醉其中——它们想征服我们，如果我们拒绝屈从，我们就是反叛。不要以为这样说太过分，提出统治要求的并不是故事，而是宗教学说。因为那些故事与荷马作品不一样，不只是一个被讲述的“真实”。在这些故事中，学说和预言已经具体化，它们已与这些故事融为一体；正因为如此，这些故事才是背景化的，不明晰的，隐含着另一层意义。在以撒的故事里，上帝的参与不仅仅在故事的开头和结尾，而且表现在行为和心理上，这种干预是模糊的，仅是有所触动，是背景型的；因此它要求深入的冥思苦想和进行说明，它需要诠释。上帝以最可怕的方式对最虔诚的人进行试探，在他面前唯一的态度就是绝对服从，即使上帝的意旨招致怀疑和绝望，上帝对他的预言也是不可动摇的——这也许就是以撒故事所包含的最重要的道理——然而这些道理却使这篇文章变得如此厚重，其内容如此丰富，它本身还有许多有关上帝本性以及笃信上帝的人所应有的态度的暗示，因而它会使信徒一再苦苦钻研，在所有的细节中找寻可能隐藏于其中的上帝的启示。由于事实上圣经里有着许多模棱两可和未说明之处，也由于信徒知道上帝是个隐藏的上帝，因此他的释意努力总能够得到新的收获。圣经的教义和寻找启示的努力与圣经 18
故事的感性密不可分——这比单纯的“现实”含义更多——自然

这也始终存在着失去自身真实的危险，不久后发生的事也的确如此，当诠释变得漫无边际的时候，真实便分化瓦解了。

如果说圣经叙述文因其本身的内容而需要诠释的话，那么它那一统天下的要求便使它在这条道路上走得更远。与荷马不同，它不仅要求我们将自己的现实忘掉几个钟头，而且要使我们的现实服从它的安排；我们应该把自己的生活纳入它的世界之中，应该感到自己是它整个世界历史的组成部分。我们自己的生活世界离圣经的生活世界越远，做到这一点也会越困难，尽管如此，如果圣经世界仍然坚持其一统天下的要求，那么它自己就必须用说明诠释来改头换面以适应这一要求；这在很长时间内是比较容易做到的；在欧洲中世纪里，还有可能将圣经里所发生的事情描绘成当时社会的日常事情，诠释的方法便为此提供了基础。但如果由于生活世界发生了巨大变化，由于批判意识的觉醒，诠释变得不合时宜，圣经世界一统天下的要求便陷入了危机；诠释的方法便受到轻视而被放弃，圣经故事便成了古老的传说，从这些故事中归结出的教义就成了没有身形的形象，它既不能再渗透到感官性的生命之中，也不能悄然变成个人的狂热信仰。

由于这种一统天下的要求，诠释的方法不只运用在犹太传说之中，而且也扩散到其他传说之中。荷马诗歌给出了一个已定的、地点和时间上限定了的事件的前因后果，可以想象，在这事件之前、同时和之后存在着与其无关的其他事件，它们没有冲突，没有困难。与此相反，《旧约》描绘的是世界历史，它从时间初始写起，从创世写起，并且试图以世界末日收笔，以实现预言收笔，而这世界则以预言实现为自己的终点。世界上发生的其他一切仅

仅可以理解为与此相关的一个环节；有关这一环节的已知部分，
或是深入到犹太史中的那部分，都应该作为神的安排的组成部分
纳入这个内在联系之中；由于只有通过对新汇入的材料的诠释才
能做到这一点，因此诠释的需要也就扩展到最初的犹太—以色列
以外的现实范围，即扩展到亚述、巴比伦、波斯、罗马历史之中；用
特定的含意去阐释便成了理解现实的一个普遍方法；每一次在视 19
野中新出现的陌生世界往往完全不适合在犹太—宗教范围内部
运用，必须对这新世界进行诠释，使之符合该范围的需要。但是，
这种诠释也几乎总是对需要扩大和更改的范围起着反作用。这
种令人难忘的诠释工作发生在基督教产生的最初几百年是由于
传教的需要，是通过保罗和早期基督教父进行的。他们把整个犹
太传说都重新解释为一系列预示着耶稣出现的人物，规定了罗马
帝国在上帝救世计划内的位置。一方面，《旧约》中的真实性作为
全部的真理有着它一统天下的要求，但另一方面，这种一统天下
的要求又迫使全部的真理对自身内容进行不断变换的解释；几千
年来，这种解释的变换和欧洲人的生活同处在永无止境的、动荡
的发展之中。

世界历史的需要，与独一无二、且隐且现、以预言和要求的方式操纵着世界历史的上帝始终纠缠不清的关系，与上帝不断处于矛盾和冲突的关系，赋予旧约故事以全然不同的视角，一个荷马不可能有的视角。从结构来看，《旧约》比荷马诗歌的整体感要少得多，它显然是由各个部分组成的——但每一个组成部分都与世界历史及对世界历史进行的诠释有关。即使书中包含有个别并非无来由的插入部分，那也得到了诠释。这样，读者便会每时每

刻感受到宗教—世界历史的视角，赋予每个故事以整体意义和整
体目标的视角。与《伊利亚特》和《奥德赛》的故事相比，这些故事
和故事组合之间的联系越是凌乱，平行联系越少，它们之间整个
立体的联系便越强。这种立体联系将所有故事都连缀在一个标
志下，它在荷马的作品中根本不存在。《旧约》的每一个重要人物
身上，从亚当直到那些先知，都体现了周密的立体联系的特征。
为了体现自己的本质和意志，上帝为自己选中和塑造了这些
人——然而，选中和塑造并未同时进行；因为塑造过程是渐进的，
是以历史的形式在选中人物的尘世生活中进行的。塑造过程如
20 何，这类塑造要经受哪些可怕的考验，都可以从我们引用的亚伯
拉罕献祭故事中看出。因此我们要说，《旧约》中的伟大人物比荷
马作品中主人公的发展过程更加完善，承载的自己生活的历史更
多，更具有个性。许多优美的语言把阿喀琉斯和奥德修斯描写得
十分出众，在这些人物身上用了许多修饰语，他们的言谈话语及
手势姿态毫无保留地将其内心情感一一呈现——但这些人物都
没有发展，他们的生活历史都是一目了然。荷马作品很少介绍主
人公的成长和成长过程，因而他们中的大多数，如涅斯托尔、阿伽
门农和阿喀琉斯，出场时的年龄都是事先确定好的。奥德修斯经
历了漫长的时间，在这漫长的时间内经历了诸多事件，它们都是
展示成长过程的机会，但作品对此却几乎没有任何表述。这期
间，特勒马科*当然长大了，就像其他孩子都要长大成人一样，在
关于伤疤的插入情节里，以田园牧歌式的笔调讲述了奥德修斯的

* 特勒马科，指特勒马科斯（Telemachos），奥德修斯之子。——译者

孩童和少年时代。但是，佩涅洛佩在这二十年内几乎毫无变化；而奥德修斯身体方面的衰老被掩盖起来，因为雅典娜不断进行干预，根据具体情况的需要让他变老或变少。除了身体上的变化以外，其他变化也未提及，哪怕连暗示也没有，最后，当奥德修斯归来时，还与二十年前离开伊塔卡时一模一样。但是，那个骗取了长子祝福的雅各和那个被野兽吞食了爱子的老人之间的道路和命运又是多么不同——扫罗王一直又爱又恨的弹竖琴的大卫和那个被阴谋诡计包围的老国王的人生道路和命运又是怎样的啊！书念城的亚比莎与老国王同床共枕，为他焐暖身子，而老国王却没有认出她来！我们知道这个老人如何变成了他所变成的那样，他比年轻的大卫王给人留下的印象更深，更具有个性；因为只有历经坎坷的人才具有与众不同的个性；《旧约》展现的这种个人历史就是对上帝选作示范的人的塑造。这些人都历经磨难，有的直到风烛残年仍然命运多舛，他们都表现出荷马作品的主人公所全然没有的个性特征。时间只能给荷马的主人公留下纯外表的印记，而就连这样的印记展现出来的也是少而又少。与此相反，《旧约》中的人物始终处在上帝的强烈干预之下，上帝不仅创造、挑选了他们，而且自始至终培育他们，在不摧毁本性的情况下将他们千锤百炼，把他们造就为青年时期难以预见到的人物。那种认为 21
《旧约》中的生活故事多数是由各种传说人物共生而成的见解并不能影响我们；因为这种共生同样可以产生文章。《旧约》中人物命运的起伏跌宕要比荷马作品主人公的大得多！他们是上帝意志的承载者，但同时又有缺陷，他们经历了不幸和屈辱——而正是在不幸和屈辱之中，他们的行为举止和言谈话语才显示出上帝

的崇高。他们中几乎没有一个人不像亚当那样备受屈辱——几乎所有的人都没有辱没与上帝的交往和灵感。比起荷马作品来，《旧约》中的人物所受的屈辱和荣耀要大得多，屈辱和荣耀原则上是相辅相成的。可怜的乞丐奥德修斯只不过是装扮的，而亚当的确遭受了放逐，雅各真的成了流浪汉，约瑟真的掉入泥潭，后来又成了可买卖的奴隶。然而他们从屈辱中升华的伟大几乎是超出常人的，是上帝的伟大的写照。人们肯定可以感受到，人物命运的跌宕与个人生活历史的张弛是互相关联的——正是那些使我们感到完全被抛弃和万分绝望的外部境地，正是那些使我们感到格外幸福和振奋的外部环境，一旦被我们所征服，就会赋予我们一种个人的特性，一种人们认为是经历丰富、命运多舛产物的特性。这种人物的发展变化常常、或者说几乎处处都赋予《旧约》的故事一种历史特色，甚至在纯传说故事中也是如此。

荷马作品的整个素材始终是传说性的故事，而《旧约》的素材则随着故事的进展越来越接近历史。在有关大卫的那些故事中，历史报道已占大多数。不过那里也还有许多传说的东西，如关于大卫-歌利亚的故事。不过许多故事，甚至可以说大多数故事都是报道者讲述的亲身经历或有直接证据的报道。大多数情况下，一位有些经验的读者可以很容易地发现传说和历史的差别。如果说从历史报道中去伪存真或防止片面异常困难，需要细致周密的历史—语言学修养的话，那么把传说和历史区分开来一般来说则
22 很容易。传说和历史的结构各不相同。即便传说故事没有通过神奇的力量、没有一再重复已知的主题，没有忽略地点时间条件或类似的情况马上显露出自己，那也大都可以从其结构上很快辨

认出来。传说故事的发展十分平缓。所有的错综复杂,所有的摩擦阻力,其他所有混杂在主要事件及主要动机中的次要东西,所有干扰情节明晰发展和人物行动的简捷方向的优柔、中断和动摇都被去掉了。我们亲身经历的历史,我们从亲身经历的人的证言中得知的历史,它的进展则支离破碎,矛盾重重,纷繁复杂。只有某个地区的历史有了结论时,我们才能借助于这些结论将其理出一些头绪来,而我们自以为已经理出来的头绪又是那样频频地使我们重又感到困惑,我们不得不常常自问,眼下得出的结论是否会导致我们对真正发生的事情的认识过于简单!传说将素材以明确果断的方式梳理得一清二楚,将这些素材从世界的其他关联中提取出来,因而其他的关联不会插进来造成混乱。传说故事只有明确定位的、受少数简单动机制约的人物,这些人物感情和行动始终如一,不受任何影响。在关于殉道者的传说故事中,顽固而狂热的被迫害者面对的是一个同样顽固而狂热的迫害者。任何一个传说故事都不会采用一个如此复杂的环境,如真正的历史的环境,如"迫害者"普林尼*在他那封著名的致图拉真**的讨论基督徒的信件中描述的他所处的复杂的历史环境,任何一个传说故事都不需要如此复杂的真正的历史环境。可以想一想我们自己正置身其中的历史;只要想一想每个人及每个人群在德国出现国家社会主义时的态度,或者想一想各个民族和国家在战前和目前

* 普林尼,指小普林尼(Gaius Plinius Caecilius Secundus 61—约 113),古罗马作家。曾任执政官和总督。著《书信集》十卷,其中致图拉真帝讨论如何处理基督教徒的信件尤具史料价值。——译者

** 图拉真(Marcus Ulpius Trajanus 53 - 117),古罗马皇帝。——译者

(1942 年)战争中的态度,就会体验到叙述历史事件是多么困难,
体验到历史题材不能用于传说故事。在每个人身上,历史包含着
许多互相矛盾着的题材,在各个人群中,则包含着动摇不定和模
棱两可;只有在少数情况下(如现在由于战争)才可能有一目了然
的、比较容易描述的情况,而且,就连这种情况也常常被偷偷地改
动,这种改动甚至几乎不断地破坏着一目了然的情况。在所有的
历史参与者身上,动机真可谓五花八门,因此只能用简而化之的
23 办法制定出宣传口号——其结果是,很多情况下,敌对双方可以
使用同一个口号。书写历史是如此之难,以至于大多数历史作家
不得不退而采用传说的写作方法。

显然,《撒母耳记》* 的很大一部分是历史而不是传说。如在叙述押沙龙的愤怒或大卫生命最后几天的场面时,每个故事及总体安排上矛盾重重和互相交织着的题材表现得如此具体,以至于人们对报道的历史真实性不会产生丝毫的怀疑。至于这个过程可能被人为歪曲,那是另一个问题,我们在这里不必理会。不管怎么说,传说向历史报道的转变在这里开始了,而后者在荷马史诗中是全然没有的。这样,《撒母耳记》历史部分的作者基本上也就是编辑古老传说的人。总之,我们上文试图描绘的历史人物的宗教观在历史作者看来是很奇特的,这种宗教观决不会使他们把发生的事情简化成传说故事,因而《旧约》的许多传奇篇章也都具有史料成分便很自然了。当然,这并不意味着可以用科学—批评

* 《撒母耳记》,《旧约》中的两卷书,是第二法律历史著作的组成部分,主要写骑士时代的终结、扫罗史及大卫统治时期。——译者

的方式对传说进行可信性检验，这仅仅表明，平静而和谐的事件，主题简单化，人物性格稳定化，避免冲突、起伏和发展，这些倾向只是传说故事结构的特点，它们在《旧约》的传说世界中不占据主导地位。比起荷马世界的人物来，亚伯拉罕、雅各甚至摩西都更具体，更亲切，因而更具有史料价值，这并不是因为对他们在感官性上描写得更出色——恰恰相反，这是因为反映真正历史的内心和外部事件的纷繁复杂性在表述中没有被抹掉，而是更加清楚地保留下来。之所以如此，原因首先在于犹太教关于人的观念，其次也可能与《旧约》的编者不是传说作者而是史家有关，而他们对于人类生活结构的观念的形成与历史密切相关。同时，这也清楚地表明，由于宗教自上而下体系的一致性，《旧约》根本不可能有意识地与文学种类脱离。它们都属于同一总类。凡是通过诠释仍不能纳入这一总类的东西，就没有任何地位可言。这里首先令
我们感兴趣的是，在关于大卫的故事中，传说是如何不留痕迹地 24
转化为历史的——这一点到后来才被科学评论界所认识；我们还感兴趣的是，在传说故事中，人类事件的排列和诠释问题是如何被抓住的，这个问题后来突破了书写历史的界线。在先知的预言里，诠释更是大大多于历史事实。因此，只要是涉及人类历史时，《旧约》总是具备三个方面的特性，即传说、历史报道及阐述性的历史神学。

与以上论述密切相连的是，即使在描述行动着的人及其政治活动方面，希腊作品也显得更加拘谨，更为平静。在我们一开始所提到的那个相认场面中，除了奥德修斯和佩涅洛佩以外，出场人物还有女仆欧律克勒娅，她是奥德修斯的父亲拉埃尔特斯所买

的女奴。如同放猪娃欧迈奥斯一样，欧律克勒娅一辈子都在为拉埃尔特斯一家服务；和欧迈奥斯一样，她与这家人的命运紧紧相连，她爱这家人，与他们休戚与共。然而她并没有自己的生活，没有自己的感情，有的只是她主人的生活和感情。欧迈奥斯虽然还能记得自己曾是自由人，甚至出身名门（他是被掳掠的儿童），但他不仅实际上，而且在感情上也全然没有自己的生活，他的命运完全依附于主人的命运。然而他们却是荷马生动描写的唯一不属于统治阶层的两个人物。我们知道，荷马史诗所描写的只是统治阶级的生活——所有其他出场人物不过是从属部分。统治阶级的宗法制度如此强大，他们在日常经济生活中应付自如，以至于人们竟然有时会忘记他们的等级出身。然而他们毕竟还是地地道道的封建贵族，男人的生活内容就是打仗、狩猎、市场咨询和狂饮欢宴，而女人则在家里管理奴婢。作为一个社会的组成部分，这个世界完全是静止不动的；战斗只是在统治阶层的不同集团之间进行；下层人绝无参与的可能。即便能把以特尔西特斯插曲为结局的《伊利亚特》第二首颂歌中的事情看作是一场民众运动——我很怀疑这在社会学意义上能否行得通，因为这里的斗士都有议事资格，尽管地位较低，但终究还是统治阶层的成员——然而，这些人在全民大会上表现出的只是依附性和没有独创能力。《旧约》的父辈故事中同样充斥着宗法观念，然而由于所述的都是游牧民族或半游牧民族个别首领的故事，整体社会形象仍然不大稳定；人们感觉不到阶级的形成。一旦整个部族出场，就是说从出埃及之后，就一直能感受到他们的活动，他们时常处于动荡不定之中，他们既以整体形式，又以团体和个别杰出人物的形式参与历史事件；预言的渊源似乎就存在于部族的不可遏制的政治—宗教自发性之中。人们有这样的印象，以色列—犹太民族的下层运动肯定与后来希腊罗马时代的民主全然不同，要比它剧烈得多。

最后，与《旧约》故事更深刻的历史性及下层社会动荡相关联的还有一个重大区别：与荷马作品相比，《旧约》关于崇高文体和崇高另有一种见解。荷马作品对崇高—悲剧之中表现日常和现实毫无顾忌，这种顾忌不是它的风格，与之毫无共同之处。从我们引用的关于伤疤的故事中可以看到，洗脚这一祥和的家庭场景是怎样嵌进伟大、重要、崇高的返乡情节之中的。它与文体分用规则还相距甚远，这一规则后来几乎得到普遍遵循，也就是说，用现实手法描述日常生活与崇高不相符，它只在喜剧中占有一席之地，充其量可用在细致地描述田园景色上。不过它比《旧约》更接近这个规则。因为在荷马诗篇中，那些伟大而崇高的事件更多、更明显地发生在统治阶层的成员之中，与《旧约》那些更注重自己尊严的人物形象——如亚当、挪亚、大卫及约押——相比，这些人的英雄伟业更加完美无缺。最后的区别是，家庭生活写实，日常生活的描述在荷马作品中始终是田园牧歌式的，祥和安宁的，而在旧约故事中，崇高、悲剧和问题从一开始就展现在家庭和日常生活中：该隐和亚伯之间的故事，挪亚和他的儿子之间的故事，亚伯拉罕、撒拉及夏甲之间的故事，利百加、雅各和以扫之间的故事等等，它们在荷马风格中是不可想象的。从其全然不同的冲突形 26
成方式中便可得出这一结论。在《旧约》故事里，家庭里、田野上及灶台边每日的平静总是由于嫉妒被选中的人、嫉妒祝福的预言

而受到破坏，于是便产生了各种纠纷，若放在荷马的主人公身上则是不可理解的纠纷。荷马的主人公所需要的是一个具体的、能清楚表达的、足以产生冲突和敌视的理由，他们在自由战斗中发挥着作用；而在《旧约》中，不断郁结着的妒火，经济与精神的结合，父辈的祝福与上帝的祝福的交织，使日常生活充满冲突的因素，并经常导致日常生活的恶化。上帝的伟大作用在这里深深影响着日常生活，从而崇高与日常生活不仅在实际上紧密相连，而且也根本不可能分开。

我们对两篇文字，接着又对其代表的两种文体进行了比较，试图获得欧洲文化以文学形式对现实进行再现的出发点。这两种文体表现出完全不同的基本类型：一个是详尽的描述，着墨均匀，各部分连接紧密，表述自如，发生的一切均在幕前，一目了然，在历史发展及人类问题方面有局限；另一个是突出几个部分，淡化其他部分，支离破碎，未完全表达的东西具有强烈的作用，后景化，含义模糊，需要诠释，世界历史的要求，历史发展观念的形成及问题的深化。

荷马作品的写实主义不能与古典写实主义相提并论，因为到后来才形成的文体分用在崇高的框架内，绝不允许平静从容地描写日常生活事件，尤其是悲剧中没有这种描写的位置。另外，希腊式的文化修养很快便对历史发展现象及人类问题的多样性表示关注，并以其自己的方式对此进行研究；最后，在罗马现实主义中又出现了新的自成一家的认识方式。我们将在必要的时候探讨古典写实主义后来的变化。总的来说，我们探讨的荷马文体基本倾向的影响一直持续到古典后期，并且占据着主导地位。

由于我们将荷马和《旧约》这两种文体作为起点，因此，我们
是将它们作为文中所展现的成形文体来进行分析的。我们根本 27
没有涉及这两种文体起源于何处，也就是说，它们的独特之处是
本来有之，还是可以全部或部分追溯到外来影响，可追溯到哪里，
这些问题均未涉及。我们认为考虑这个问题并不必要，因为这两
种文体早在它们形成的时候便对欧洲的写实主义产生了非同寻
常的影响。

第二章　芙尔奴娜塔

28 下面这段文字[*]出自佩特罗尼乌斯[**]的小说，此书如今完整保留下来的只有一段插曲，即成为富翁的被释放奴隶特里马尔奇奥家举行盛宴那一段。这里引用的是第 37 章及 38 章的一部分。书中人物恩科尔皮乌斯在宴会上向邻座打听那个在大厅里走来走去的女人是谁，下面我试着尽量依照原文的风格把他得到的回答用德文表达出来：

> 那是芙尔奴娜塔，特里马尔奇奥的妻子，是个日进斗量的女人。您知道她从前是干什么的么？可别怪我说话不客气，您别想从她手上拿走一块面包。可现在，她却无缘无故地走运上了天，成了特里马尔奇奥的一切。我这么跟您说
> 29 吧，如果她大白天对特里马尔奇奥说天黑了，他也信。他根本不知道自己到底有多少钱，他真是富得流油；可她，这个不要脸的女人，却一直提防着别人，哪怕是别人根本想不到的地方。她不喝酒，会省钱，什么时候都有主意；不过她可有一

---

* 本章一开始是拉丁语原文，所以作者这样说。——译者

** 佩特罗尼乌斯（Gaius Petronius Arbiter，?—66 年），古罗马作家。——译者

张刻薄的嘴，是个地地道道的饶舌妇。她喜欢谁就喜欢谁，不喜欢谁就是不喜欢谁。特里马尔奇奥的土地成千上万，鹰能飞多远他的地盘就有多大。他门房地窖里的钱比别人的财产都多。他有多少奴隶！我想十有八九都未见过他的面。这么说吧，除了他能待在这儿，别人都得滚蛋。您别以为，他需要买什么东西，一切都是他自家产的：毛线、蜡、胡椒粉——就是您想要喝鸡奶他都有。我跟您说，要是他自家产的好毛线不够，他就买塔连特的公羊，把它们都塞到自己的羊群里去……您看，这儿有多少软垫，里面装的不是紫色毛就是大红色的毛：您可以看出，这是一个多有福气的男人。就连那些和他一起被释放的奴隶也都不可小看。他们个个都生活得无忧无虑。您看见坐在最后的那个人了吗？他今天就挣了八万多。他是白手起家。他拉木头的日子才过去不久。但正如人们所说的——我只是道听途说而已——他真是有贵人暗中相助，于是得到了一个宝贝。跟您说，要是上帝愿意善待某人，我并不妒忌。——再说，他前不久才被释放.还有一脑袋的怪念头(?)。前不久他刊登了一则出租房屋的广告："C. 彭佩乌斯·狄奥根尼七月一日开始出租房屋，因为他买了一栋房子(也许可以说一套漂亮的住房)"。那位坐在被释放的奴隶位置上的人，从前他的日子过得多美！我并不想说他的坏话，他曾经有过一百万，可他破产了，我相信现在他已经一文不名了……

回答以这种方式还持续了一段，但已经相当详细了。这里不仅说到了恩科尔皮乌斯打听的那个女人，而且还谈到了盛宴的男主人和好多客人，此外说话人也谈到了自己。从他的语言及他使用的评判标准可以清楚地了解他本人的情况。他使用的是一个文化水平不高的城市商人粗俗的、有点絮絮叨叨的行话，充斥了陈词滥调（“日进斗量，别怪我说话不客气，您别想从她手上拿走一块面包。我这么跟您说吧——几乎得把所有的一切都抄在这
30 儿”）。——这种语言有着爽朗活泼的腔调，表达着快乐而浅薄的情绪：惊奇，赞叹，保证，耸肩，装腔作势——简而言之，语言形式明确无误地显示出使用的是粗俗的闲话，虽然这种闲话的内容可能大部分都是真的；同时这种语言也表明了说话人的身份，也就是说，这是一个完全适应他所描述的生活圈子的人。他的评判标准也能说明这一点。因为他所说的一切显然都完全出自这样的信念，即财富就是一切，财富越多越好，生命的财富不外乎是更多地占有最好的商品并以最下流的方式享受这些商品，从这个意义上来说，每个人都自然而然地按照自己的物质利益行事。尽管如此，他本人只不过是个对阔佬真心实意敬佩的中等或小人物。就这样，这个善人不仅描述了芙尔奴娜塔、特里马尔奇奥和宴会上的客人，而且同时在不知不觉当中也描述了自己。正如我们看到的那样，虽然他的观点有些片面，说话也常常感情用事，联想多于逻辑，但他说的话很具体，很形象，他实话直说，说的也都与事情本身有关。他什么都不隐瞒，什么都说，如同在荷马作品中一样，对于人和物的处理明朗，着墨均匀；和荷马一样，他也有足够的描述的才能；凡是他说的均清清楚楚，没有在背景中隐藏着未言之物。

当然，这与荷马方式还是有很大区别。首先，描述完全是主观的；因为展现在我们面前的特里马尔奇奥的社交圈子并非客观现实，而是主观画面，是那位同属于这个交际圈的、侃侃而谈的邻座头脑中闪现的画面。佩特罗尼乌斯并没有说：情况就是如此。他让某一个“我”将目光投向参加宴会的人，这个“我”既非佩特罗尼乌斯本人，又不仅是虚构的讲述人恩科尔皮乌斯——这是一种极具艺术性的远景透视法，一种双重的反映，在保留下来的古典文学中，我不敢说它绝无仅有，但确实十分罕见。虽说这种透视法的外部形式并非全新，因为所有古典文学中当然都是人物在叙说自己的经历和印象，然而这或者仅是一种展示形式，是完全客观的——就像奥德修斯在费埃克斯人[*]那里的故事，或埃涅阿斯[**]

在狄多[***]那里的故事——，或者说这是某人在对人或事表态，在 31
这一情节中，这种表态受到人和事的影响，难免带有主观性，但它又是一种无任何修饰的自然表述。一方面，这里表达的是因富于个性的语言而显得更为突出的极端的主观感受，另一方面是一种客观意图，因为这意图就在于，借助主观方法客观描述包括说话者本人在内的宴会客人。这种方法能使人产生一种更具感官性、更加具体的生活幻想——这位邻座在描述自己从内心到外表都属于其中一员的宴会客人时，视点便被置入画面，这画面便有了深度，光好像是从画面被照亮的地方出来的。一些现代作家，如普鲁斯特也是这样写作的，只不过他们在表现悲剧和问题所在时

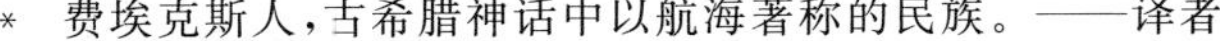

* 费埃克斯人，古希腊神话中以航海著称的民族。——译者

** 埃涅阿斯，希腊、罗马神话中人物，希腊英雄。——译者

*** 狄多(Dido)，古罗马神话中人物，蒂洛斯城的公主。——译者

更彻底，关于这方面我们随后还会谈到。佩特罗尼乌斯的手法具有非凡的艺术表现力，可说是前无古人，出神入化——宴会客人被自己的尺度一一量过，这种尺度就是他们自己说出的话。此外，在他们自己的餐桌上谈论自己，这个事实已把这些新贵的卑劣下贱暴露无遗。也许在古典时代的讽刺文学中也有类似手法的萌芽——然而除了这篇以外，我还没有见到过同样成熟、同样成功的例子。

下面要说的是这篇文章与荷马文章手法的另一个重大区别。对这位邻座来说，很重要的一点是讲述时强调这些人曾经如何，现在又怎么样。他在讲到芙尔奴娜塔时说“您知道她从前是干什么的么?”在讲到另外两位宴会客人时说“他是白手起家，从前他的日子过得多美!”我们前面已经注意到，荷马也爱插写书中人物的身世、出生及以往的经历，不过他的介绍完全是另一种方式。这种介绍并没有使我们知道将要发生的事情和正在变化着的情况，相反，会使我们获得某个固定的看法。在神话—家谱学方面训练有素的希腊听众应该辨别出说话人的出身和门第，能够采用这种方式将他们定位，这恰恰就像在现代社会封闭的贵族或旧资产阶级社交圈子里，人们是通过说明父亲或母亲的家庭背景来确定一个新来乍到的人的。这样一来就很少给人以历史变迁的印象，人们得到更多的是一种错觉，觉得社会状况一成不变有其固
32 定的理由，与这种社会状况相比，人物及其命运的变化便显得无足轻重了。不过我们这位邻座的确意识到了历史的变迁和人的命运无常(在这方面，像他说的所有话一样，他的感觉与他的同类一模一样)。对他来说，世界处于不断的变动之中，什么都不保

险，舒适的生活和社会地位更是变幻无常。他的历史意识是片面的，因为他想的只是钱，但是他的这种意识是真实的。（其他客人也一再谈到人生无常这个话题。）他最关心的切身问题就是财富的聚散，他和他的同类所受的教育就是不相信任何稳定不变。刚才还是奴隶、苦力和小丑——刚刚还任人痛打、买卖和遣送——须臾之间就变成了一个享尽荣华富贵的阔地主和投机商——明天这一切又都不复存在了。他自然会问："您知道她从前是干什么的么？"他说的并不是或并不仅仅是妒忌和猜忌——总体来说他的心肠还算不坏——而是真正的切身利益所在。众所周知，在古典文学里，福祸无常毕竟占据着非常重要的地位，就连哲学伦理学也常常以此为依据。不过令人奇怪的是，祸福无常却很少在其他地方传达历史生活的印象。它要么出现在悲剧之中，表现一种罕见的、不同寻常的命运；要么出现在喜剧中，表现特殊情境以不寻常的方式聚合的结果。无论是早先发出的咒语在其身上应验并饱受苦难的国王俄狄浦斯也好，还是可怜的姑娘或奴隶也好，他们都是富人子女，或遭掳掠，或在海难中失踪，因而这两人才能如愿以偿立即成婚，在这两种情况下发生的事非同寻常，特别离奇，脱离一般事物的发展规律，因而只能发生在一个或少数几个人身上，而其他人则毫发未伤，他们在这场非同一般的事件中仿佛只是个旁观者。在古典时期的摹仿文学中，福祸变化的形式几乎总是从外部突然降临某个范围，而不是世界历史内部运动的结果——当然，在通俗哲学的格言警句式的文学中，福祸变化可以发生在任何个人身上，可以发生在任何情形之中，然而它仅仅是以理论形式出现的。即使在特里马尔奇奥家的盛宴上也常 33

有对人间命运无常的警句格言式的思索，另一方面，在邻桌梦魇般的暗示里，也还有把福祸无常归结为特别的外部干预的意思。但在佩特罗尼乌斯这部作品中，占主导地位的还是最实际、极世俗的福祸转化观，即某一阶层内部命运变化莫测的历史观——特里马尔奇奥以最实际、最世俗的方式讲述他如何发家致富，讲到其他事情时情况也大致如此，尤其是连续不断出现的情况在这里会给人以这样的印象，似乎它们之间有着历史性的联系。不是一个或少数几个人被非同一般的命运所左右，其他人则相安无事，而是仅邻座的讲话中就提到了四个人，他们都属同类，都以同样的方式追逐变幻莫测的命运，他们虽然命运相似，但每个人的命运又不尽相同，尽管变幻莫测，但他们的命运却又极普通，甚至极卑微——从这四个被描写的人身上，可以看到所有参加宴会的人，可以想象出他们每个人都过着同样的生活，可以用同样的语言描述出来——从宴会客人身上又可以想象出整个一类人物的命运，这样一来，人们面前会浮现出一幅生动的经济一历史画面，追逐物质财富和愚蠢生活享受的人在圈子内不停沉浮的画面。人们可以很容易地理解，这种表达方式，这种看待事物的眼光，特别适用于描写出身卑微的商人社会——这个社会再清楚不过地表现事物的不断变化，没有什么固定不变的东西可以与之抗衡；因为这些人内无传统，外无依靠，没有钱他们什么都不是。从这种意义上来说，在古典文学中，没有一部作品能像这部作品这样如此强烈地表达出这种内部的历史运动。

现在我们要谈到这部作品与荷马史诗风格的第三点区别，大概也是最重要的区别，即谈一谈佩特罗尼乌斯家盛宴的最重要的特点：该作品比古典文学留给我们的东西更接近现代人的写实主义叙事方式的观念；就是说，首要原因绝不是素材的卑微，而是对社会环境准确却不格式化的确定。在特里马尔奇奥家聚会的人都是公元一世纪南意大利释放奴隶出身的暴发户；他们都具有这类人的观念，说着他们几乎没有任何文学修饰的语言。这在别处 34
几乎是找不到的。喜剧反映社会环境的方式要一般化得多，程式化得多，地点和时间更不确切；几乎没有表达人物个性的语言；在讽刺作品中也许有一些此种倾向，然而其所描写的范围并不那么广阔，而是更注重道德，更注重对某些不良或可笑的品德进行批评。最后说到小说，古典小说，情爱故事(fabula milesiaca)，佩特罗尼乌斯的作品也许就属于这一类。我们从保留下来的小说及小说片段中可以强烈地感受到，它们充满着奇异、历险、神话及大量的色情描写，因此不能把小说当作当时日常生活的摹仿——至于非现实性的、修辞学上的语言风格就更谈不上了。最早出现的对现实日常生活的广泛描写是埃及亚历山大式文学中的某些东西，如忒奥克里托斯[*]对阿多尼斯[**]节日中两位妇女的描写，或者赫罗达斯对妓院老板诉讼的描写等等。然而即便是这两部作品——它们都是诗体文学——也在写实方面和表现社会底层方面比佩特罗尼乌斯更为浮华，语言上的修饰也更加明显。佩特罗尼乌斯就像现代现实主义作家那样，把艺术家的雄心抱负都用于不加任

* 忒奥克里托斯(Theokritos，约前 310 至前 250)，古希腊诗人。写有各种体裁的诗歌。——译者

** 阿多尼斯(Adonis)，希腊传说中爱神阿芙罗狄蒂(Aphrodite)所恋的美少年，也是每年死而复生的植物的象征。——译者

何雕琢地再现当时随意一个日常生活环境及其社会基层人物，让这些人各说各自的语言。由此他达到了古典现实主义所能达到的最大限度。至于他是否是第一位及唯一一位做到这点的人——如罗马古代滑稽戏在他之前达到了何种程度——在这里可以暂且不论。

如果说佩特罗尼乌斯达到了古典现实主义所能达到的最大限度——那么，从他的作品中也可以看出，这种现实主义不能或者不愿表现什么。特里马尔奇奥家的盛宴是一部具有纯喜剧特色的作品。所有出场的个人和整体的联系，都有意识地保持在最低等的文体中，不管是在语言表达上，还是在人物处理上，都是如此；与此紧密相连的是，所有的问题，不管是心理上还是社会上的问题，只要能使人想起严肃的悲剧性的纷繁复杂的，统统不能出现——否则太沉重的内容会破坏这种文体。我们可以在这里想一想19世纪的现实主义作家，如巴尔扎克或福楼拜，托尔斯泰或陀思妥耶夫斯基。老葛朗台（《欧也妮·葛朗台》）或者费多尔·
35 帕夫洛佐维奇·卡拉玛佐夫并非如特里马尔奇奥那样是漫画式人物，他们是活生生的现实，是应该严肃对待的，是纠缠在悲剧之中的人物，甚至他们本人就是悲剧型的，尽管他们也是荒谬的。在现代文学中，每个人物，不管他具有何种性格及何种社会地位；任何事件，不管涉及的是传说的、高度政治性的还是狭小的家庭，都可以用摹仿艺术写成严肃的、问题型的和悲剧作品，并且大多数作品也的确如此。然而这在古典文学中却绝对行不通。虽然牧羊人诗歌和情歌中有些介乎其中的中间形式，但从整体上看，起作用的还是我们在这部探讨之作的第一章里涉及的文体混用规则：一切平庸的现实，一切日常事物，只能以喜剧形式出现，不

表现任何问题的深度。然而这却给现实主义限定了狭窄的界线。如果把现实主义这个词理解得更为深刻一些的话，那就得说：所有的日常职业和社会等级，如商人、匠人、农民及奴隶，所有的日常生活地点，如家庭、作坊、商店和田地，所有的日常生活习惯，如婚姻、孩子、劳作、养家餬口，简言之，所有小人物及其生活，都不可能对其采用严肃的文学形式。与此相关联的还有，在古典写实作品中，对作为被描述的各种关系的基础的社会力量描写得不够清楚；只有在严肃的问题型作品中才会出现这种情况。然而由于这些人物没有脱离喜剧范围，他们与平凡的关系要么是巧妙的适应，要么是荒唐而遭人指责的脱离；在后一种情形中，以现实手法所描写的个体在社会中总处于无理的地位，而社会则是作为现存机构出现的，它的产生和影响无需解释，永无变化地存在于各个事件的背景之中。这一点在近代也有了很大的变化。对于古典写实文学来说，社会不是作为历史问题而存在，它顶多是作为道德问题而存在，另外道德更多的是针对个人，而不是针对社会而言。尽管有那么多人被描写为品行不端或十分可笑，但对于罪恶和弊端的批评只涉及个人问题，因而对社会的批评从未导致揭示推动社会的力量。因此在佩特罗尼乌斯给我们描述的整个热闹场面的背后，我们感受不到任何能使我们从经济—政治关联中理解的事物。我们上文谈到的历史运动也只不过是一个表面运动。当然我们并不认为佩特罗尼乌斯应该在他的盛宴作品中加入对于国民经济的研究。他根本用不着像巴尔扎克那样走得那么远。
上文提到的巴尔扎克的小说《欧也妮·葛朗台》通过对葛朗台发 36
家致富的描述，反映了从革命到复辟的整个法国历史。佩特罗尼

乌斯如能在作品中对当时发生的大事以及时代关系做些非系统性的、但始终如一和有意识的联系便足够了。现代的佩特罗尼乌斯们会把对黑市商人的描述与第一次世界大战之后的通货膨胀联系在一起，或与其他有名的危机时期联系在一起。尽管萨克雷*的作品与其说以历史为主线倒还不如说以道德为主线，但他的巨作却是以拿破仑时代和后拿破仑时代为背景的——而这在佩特罗尼乌斯的作品中却毫无踪影。如果说书中提到了食品价格（第 44 章），提到了城市的其他社会景况（44 章、45 章及其他几章），提到了宴会宾客的生平及发财史（除了我们的引文以外，尤其是第 57 章及 75 章、76 章）的话，那么可以说，却找不到任何关于具体地点、具体时间、具体政治经济环境的暗示。虽然这本书明确写的是第一任国王统治时期一个意大利南部城市的故事，这一点我们可以很容易地确定，现代经济历史学家可以把书中所描写的情况作为资料，同时代人自然也会看出这一点，甚至可能比我们看得更准——但是佩特罗尼乌斯对于作品的时代性显然毫不重视。如果他重视，他就会把各种关系和事件与第一任国王执政时期的具体政治经济形势联系起来，读者眼前便会出现能够补充记忆的历史背景，这部作品便会达到一种历史深度（与这种深度相比，我们上文谈到的佩特罗尼乌斯的远景透视法显得十分肤浅），人们就不是相对而言，而是切切实实可以谈历史运动了。不过那样一来，便会突破佩特罗尼乌斯所试图保持的风格，而没有

* 萨克雷（Wiliam Makepeace Thackeray，1811—1863），英国小说家，著有《名利场》等。——译者

一种他无法理解的观念，即关于历史“力量”的观念，这也是不可能的。像现在这样，他的作品虽然生动传神，但运动只在画面里，画面背后死水一潭，那里的世界静止不动。这固然是一幅时代画卷，然而这时代似乎永远不变：就像此时此地：老爷们给为其随心所欲支配的性奴隶留下自己财产的大部分，人们可以在经商中大发横财等等——不论是佩特罗尼乌斯，还是他的古罗马时代的读者，对这一切时代的制约性或历史性都丝毫不感兴趣，只有我们这些人才发现了这一点，只有现代经济历史学家才从这本书中得出了他们的结论。

这里，我们不可避免地要遇到一个根本性的并且相当困难的 37
问题。古典文学在描述日常生活时是非严肃性的，是非问题型的，是不交代其历史背景的，而只是运用低级文体，是喜剧式的，最多是牧歌式的，毫无历史连续性，静止不动，其原因不仅在于古典写实主义的局限性，而且首先也与其历史意识的局限性有关。因为作为历史运动基础的各种力量恰恰是在日常生活的精神及经济关系中显示出来的，而这种历史运动，不管它们是关系到战争和外交，还是关系到国家的内部情况，都只不过是日常生活深度变动的结果或最终结果。

让我们来看看与此有关的古典时代历史记载中的一篇文字。我这里选的是与那场盛宴时间相距不太遥远、其本身就是一篇叙述革命深刻变革的文字，这是塔西佗*的《编年史》第一卷第 16 章

* 塔西佗(Publius Comelius Tacitus，约 55－120)，古罗马历史学家，著有《编年史》(16 卷)及《历史》(约 14 卷)。——译者

的开头，描写的是日耳曼军团在奥古斯都*死后的反叛。他是这样写的：

罗马的情形是，帕诺尼**军团发生了哗变，之所以如此并没有什么其他原因，而是因为王位的更迭为起义提供了机会，一场可能爆发的内战会带来好处。在同一个夏季营地驻扎着三个军团，其司令官名叫尤尼乌斯·布来苏斯，他得到奥古斯都的死讯和蒂伯利乌斯继承王位的消息之后，因为参加葬礼和庆典活动让士兵中断了日常勤务。这样一来军队乱了套，不听指挥；军队内部开始听到有人散布反叛言论，士兵希望过上舒适安逸的生活，他们违反军纪，拒绝干活。军营里有个名叫佩尔策尼乌斯的人，以前曾被戏院雇来专门领头喝彩捧场，此人是个兵痞，能说会道，从以前的行当中又掌握了一套驾驭会议的本领。于是他利用夜间聚会的机会，一点点地煽动那些在奥古斯都去世之后担忧士兵出路而又毫无经验的人，他还在黄昏时分，当那些有头脑的人都走了之后，把恶人聚在自己的身边。最后，佩尔策尼乌斯身边有了许多追随者和一大批助手，于是他便像一个司令官那样召集了一个大会，会上他向士兵提出了下列问题：为什么他们像奴隶一样听命于少数百夫长和人数更少的副将？如果他们

* 奥古斯都（Augustus，前 63－后 14），罗马帝国皇帝（前 27－后 14）。奥古斯都后来成为罗马及西方帝王习用的头衔。——译者

** 帕诺尼（Pannonien），古罗马的一个省，位于阿尔卑斯山东麓至多瑙河一带。——译者

现在不向新的、其地位还不大稳固的罗马皇帝提出要求，不
通过武力威胁施加压力，他们还敢在什么时候改善自己的处
境？由于自己的胆怯，人们已经忍耐得太久，以致不得不在
军中服役三十年或四十年之久，直到年老体衰，多数人还受
伤致残。即便退役之后军役也没有到头，而是变成了预备
役，得在另一个人手下干同样的活儿。就是吃尽千辛万苦，
最后也只是被人发配到偏远省份去开发沼泽地或荒山。这
样的军役本身也令人压抑苦闷，并且所得无几：每人每天只
得十个阿斯，其中还包括军服、武器、帐篷的用费，还得花钱
贿赂上司，以免受队长的虐待，可以得到休假。此外不是挨
打便是受伤，不是严冬就是酷暑，不是残酷的战争就是无益
的和平。除了服军役的固定条件之外没有任何补偿：每日的
军饷只能是一个第纳尔，服役时间限定在十六年，除此之外
务须保留预备役，而在营地里的吃住都得用现金支付。禁卫
军的步骑兵可拿到两个第纳尔的军饷，十六年之后不再服 38
役，他们经历的危险难道更多？当然，他并不是要小看罗马
设防的巨大意义，不管怎么说他都生活在野蛮人中间，从他
的军营里就可以看到敌人。

人群中响起了热烈的掌声；每个人都想起了自己的苦处；这个指指自己身上皮鞭抽打的印记，那个指指自己的满头白发，大多数人都是破衣烂衫、衣不遮体……*

* 原文为拉丁语。——译者

39 首先要指出是，这段文字通过对实际日常题材、经济背景及爆发过程中真实事件的准确描述，极严肃地表现了下等阶层的运动。佩尔策尼乌斯在讲话中提到的士兵的抱怨，如服役时间过长过苦，军饷不足，老无所养，贪污腐化及对处境较好的禁卫军的妒忌等等，是用生动而富有表现力的语言表达出来的，这一点甚至连现代历史学家都很少做到——塔西佗是个伟大的艺术家，在他的笔下，事物变得具有说服力并且生动逼真。若是现代历史学家则会更加注重理论（并且很可能是枯燥无味的）；在这种情况下他大概就不会让佩尔策尼乌斯开口说话，而是对军饷及供应情况做一番求实客观、以可靠文件为依据的探讨，或是让人参阅他本人及同行在另一本著作所作的类似研究；接着他会讨论那些要求的合理性，对政府过去在这方面的政策进行回顾，对今后的政策做出展望等等。塔西佗却不是这样。现代的古历史学家必须对古典时代的史书作者所提供的素材重新进行整理，通过碑文、出土文物及所有其他间接证据进行补充，以便使他的研究方式得以利用。塔西佗则只把士兵对其现实日常生活状况的抱怨和要求用反叛头目佩尔策尼乌斯的语气表达出来；他认为无须对此进行讨
40 论，无须过问这样的抱怨和要求是否有理，有多少道理，无须去解释自成立共和国以来罗马士兵的情况有了何种改变等类似问题，他认为这一切都无须处理，显然他也估计到读者对此类事情并无兴趣。情况还不止于此。他通过反叛头目之口客观说明了反叛的原因，后来也没有再对此进行探讨，其实他早已对起义做出了判断，认为它一钱不值。文章一开头便以纯道德的方式说明了起义的真正原因：“之所以如此并没有什么其他原因，而是因为王位

的更迭为起义提供了机会。”不能有比这更轻蔑的话语了。按照他的观点，这一切都只不过是小人得志以及纪律松懈；其责任在于日常勤务中断（他们游手好闲，因此才喊叫，法老在谈到犹太人时这样说）。不要从“其他”二字中得出这样的结论，以为一再抱怨便有其合理性；塔西佗最想避免的就是这种认可了；他一再强调只有最无赖的家伙才是挑头闹事的人；对于曾在戏院专门领头喝彩捧场的反叛首领佩尔策尼乌斯，作者则是轻蔑至极。

如此看来，塔西佗在描述士兵的抱怨和要求时使用的极为生动的手法完全不是因为他理解这些要求。这一点当然可以从作者特殊的、保守的贵族思想中得到解释；对他来说，一支反叛军团只不过是一群无法无天的刁民，一个兵痞成为反叛头目简直违反任何国家法律规定，尤其在罗马历史上的革命时期，甚至最激进的暴动者也只能通过当官来实现自己的目标；此外，军队势力早在内战时便已构成了威胁，后来又毁坏了整个国家机构，这种势力的增长很可能令塔西佗忧心忡忡。然而这种解释还不够。因为作者对那些要求不仅不予理解，甚至连丝毫的兴趣都没有；他并没有提出什么事实上的根据对此进行反驳，他根本就不屑于去证明这些要求的不合理性，认为一些纯道德方面的考虑（不受约束、放肆、带来好处、兵痞、无赖的家伙等词）便足以彻底驳斥这些要求。如果在他生活的时代存在着一种与其相左的意见，如果这种意见能更好地从社会—历史发展角度看待人类行动的话，那么作者就得详细探讨这些人提出的问题了——这就如同我们时代 41
的前一个阶段，连最保守的政治家都认为有必要考虑其社会主义敌对者的政治态度，起码应与之进行论战，这就常常要求对对方

做深入的研究。塔西佗却用不着这样做。因为当时不可能有这样的对手。古典时代没有对社会及精神运动发展进行深入的历史学方法论的研究。当代研究者时常在他们的著作中附带地指出这一点，如诺登*在他的《古代艺术散文》(第 2 章第 647 页)中写道："……我们必须考虑到，古代历史学家从未对一般的推动历史的思想进行过阐述，他们甚至从未对此做过努力。"——罗斯托夫采夫在他的《论罗马帝国社会及经济》(德文版第 2 章第 78 页)一书中说："历史学家对帝国的经济生活不感兴趣。"乍一看，这随意选出的两种见解之间似乎没有多大联系，但它们都谈到了古典时代历史观的同一个特点：它看到的不是力量，而是恶习与美德，成就与错误；不是从历史发展的角度提出精神及物质方面的问题，而是从道德方面提出问题。这又与一种普遍观点有着密不可分的关系，即表现在悲剧—问题剧及现实主义之间文体分用上的观念。两者的根本原因就在于贵族对发生在底层的变化抱有恐惧心理，认为这种变化不仅低级而且是毫无章法的恣意妄行。不过，由于题目及认识所限，我们只能在这里对与我们的意图有重要关系的地方做一些人文科学方面的说明。从道德的角度书写历史的方法，而且在多数情况下严格按照时间顺序书写历史的方式、是以一成不变的秩序标准为依据的，这样的方式不可能产生我们今天所运用的综合性的—有活力的概念。有的概念如"工业资本主义"或"种植经济"，既能表明实际特征的综合性，同时也特

* 指爱德华·诺登(Eduard Norden，1868 - 1941)，德国古典语言学家，主要从事罗马文学、修辞学及宗教的研究。1898 年发表作品《古代艺术散文》。——译者

别适用于某些特定时期，另有一些概念，如文艺复兴、启蒙运动、浪漫主义等，最初表示的是时期，不过它们也具有实际综合性，有时也被用于与原来的时期不同的时期，它们在各自的运动中形成了自己的形式；概念的特征起初是零散的，后来零散的特征越来越多，聚合在一起出现，最后这些特征逐渐减少、变化和消失，对 42
所有这些概念的形成尤为重要的是，它本身就包含着形成和变化，即其自身之中已存在着一种发展观念。与此相反，古典时代的道德或乃至政治概念的形成（如贵族统治、民主等等）是固定不变的先验模式，从维柯[*]到罗斯托夫采夫，所有现代研究者都在不遗余力地解读这同一概念，竭力得出切实有效、我们的思维可以理解的形式，那隐藏于其后的、我们只能通过感觉和重新整理特征才能获得的形式。我为验证上述引文而打开的罗斯托夫采夫著作的那一页的第一句话是这样写的："然而问题在于，我们应如何解释意大利相当多的无产者的存在。"这样一个句子，这样一种提问方式，在古典时代的作者来说是不可想象的。它触及前景运动的后面，探究它觉得重要的、在历史发展过程中的变化，而这些都是古典时代的作者注意不到或者根本不可能进行综合考虑的。如果翻开修昔底德[**]著作看一看，我们便可以发现，除了对重大事件的连续记载以外，只有对于静止的—先验的—道德内容的考虑，如关于人的性格或命运的思考，这些思考虽然都针对某种特

* 维柯（Giovanni Battista Vico，1668－1744），意大利历史学家、哲学家。——译者

** 修昔底德（Thukydides，生于公元前460至前455年间，死于约公元前400年），雅典历史学家。——译者

定情况，然而其本身是绝对有效的。

我们再回到塔西佗的那篇文章去。如果说他对士兵的要求完全不感兴趣，根本无意进行客观的论述，那么他为什么要如此生动地把它们插进佩尔策尼乌斯的讲话里呢？这完全是出于美学上的原因。加入多为虚构的长篇讲演是历史巨著的风格，其目的是对历史过程进行生动的渲染，有时也用来表达重要的政治及道德思想，在这两种情况下，演说都应是表述的最精彩部分。感受说话人的思想，在演讲中也可以使用一些写实手法，但总体来说，演说是某一文体传统的产物，而这种传统是在演说学校培育的；任何人就任何一个重大历史事件发表议论是当时很流行的一种练习。塔西佗是位大师，他书中的演讲不仅有华美的词句，而且真实表现了虚构的说话人的性格和处境；不过这些演讲也首先是一种雄辩。佩尔策尼乌斯说的不是他自己的语言，而是塔西佗

43 式的语言，也就是说，他的语言简明，结构严谨，慷慨激昂。毫无疑问，从他的讲话里——顺便说说，他用的是间接引语——听得出反叛士兵及其头目的确是亢奋激昂至极；即便我们假设佩尔策尼乌斯是个天才的民众演说家，但任何革命宣传鼓动演说都不可能如此精练、尖锐和有条理，演说里没有丝毫士兵行话（塔西佗在第 23 章里提到过一个通俗的绰号 Cedo alteram）。第 22 章中士兵维布廉奴斯说的话也是如此，在下一章中他的话就被贬为谎言；这些话十分蛊惑人心，但又非常讲究修辞；J. B. 霍夫曼在《拉丁语日常用语》一书（海德堡，1926 年版第 63 段）中写道，这里经

常使用的首语重复法*在民间很常用。情况可能的确如此，不过这里说的也是崇高文体的修辞变化，不是士兵语言。这就是古典时代历史作品的第二个不同特点：语言讲究修辞。道德说教及修辞赋予古典时代的史书以高度的规范性、明确性及扣人心弦的效果；除此以外，罗马人还具备对政治军事事件的大场所做高度概括介绍的能力。除这些特点以外，大作家还有一种写实的、基于经验的、清醒而又决不狭隘的对人心的认识；有时书中甚至还有对人物性格发展的解释，如萨卢斯特所刻画的卡提利纳斯的性格，尤其是塔西佗对悌伯里乌斯性格的描述。但这里已是极限。道德论及修辞学与真实把握发展的力量不能同日而语。古典时代历史编纂学既未给我们留下民族史，又未留下经济史，也未留下思想史，我们只能从流传下来的事实中间接地了解这些历史。不管这里所分析的两段文字，即佩特罗尼乌斯所写的宴会上邻桌的讲话及塔西佗所写的帕诺尼士兵反叛有多么大的区别，它们都显示了古典时代写实主义的局限，因此也显示了古典时代历史意识的局限。

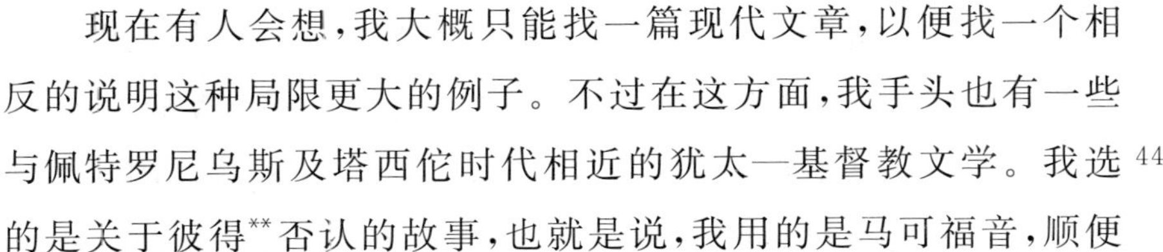

现在有人会想，我大概只能找一篇现代文章，以便找一个相反的说明这种局限更大的例子。不过在这方面，我手头也有一些与佩特罗尼乌斯及塔西佗时代相近的犹太—基督教文学。我选 44
的是关于彼得**否认的故事，也就是说，我用的是马可福音，顺便

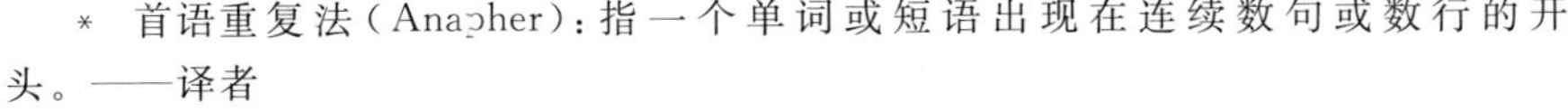

* 首语重复法（Anapher）：指一个单词或短语出现在连续数句或数行的开头。——译者

** 彼得（Petrus），耶稣的十二个门徒之一。——译者

说一句，对观福音书* 作者之间的差别只是次要的。

耶稣被捕之后——人们只逮捕了耶稣而让他的门徒逃走了——彼得远远地跟着押解耶稣的人，一直跟到犹太教大祭司官邸的院子里，在那儿他装作是一个与此事无关的好奇者，混在仆人中间在火塘边站着。他以此显示出比其他人更大的勇气，因为他是被捕的耶稣最亲近的人之一，因此被人认出来的危险非常之大。事实上也是如此。他一站到火塘旁边，就有一个使女对他说，他是同耶稣一伙的。他否认这一点，并且试图乘人不备时从烤火的人群中溜走，然而使女可能已经发觉了，于是她追着他走到前院，并且重复了她的指责，这样一来，烤火的人都听见了，彼得又一次否认自己是耶稣的同伙，可这一次人们注意到他那加利利地区**的口音，情况开始变得对他极为不利。他如何摆脱了那个使女的纠缠，书上并没有说。若说人们对他的第三次发咒起誓的相信程度大于前两次，这似乎不可能，也许人们的注意力被周围的什么事给转移了，也许有人下了命令，只要耶稣的门徒不再抵抗就饶了他们，只把这个可疑人赶走了事。

人们一眼就可以看出，这里还谈不上什么文体分用规则。对于地点和行为人的描述——请特别注意人物卑微的社会地位——完全是一个写实的场景，具有深刻的问题性和悲剧性。彼得与被塑造成无赖和骗子的士兵维布廉奴斯和佩尔策尼乌斯不同，他不是用来“表演”的陪衬角色，而是个地地道道最具悲剧色

---

* 对观福音书，指马太、马可及路加三福音书。——译者

** 加利利地区(Galiläa)在以色列北部。——译者

彩的人物形象。当然这种不同文体的混用并没有什么艺术意图可言，不过它从一开始就是犹太—基督教文献的特点。上帝化身为地位卑微的人物，他在人间变形，与平民百姓和最普通的人交往，按照世俗的观点，上帝受尽了耻辱和苦难，通过以上的一切，这种文体混用的特点变得更加明显，更加突出，并且随着圣经在以后时期的流传及影响，当然也就极大地影响了人们关于悲剧和崇高的观念。按照彼得本人的报道写成的故事，彼得是加利利的
一个渔夫，出身普通，所受教育普通，其他夜间出现在大祭司院子 45
里的人也都是使女和战争奴隶。彼得被从普通的日常生活中召唤去担当这一重要角色。在罗马帝国的世界历史中，彼得的出现就像与耶稣被捕相关的一切一样，比一个外省发生的事件的影响还要小，不过是一个毫无意义的地方事件，除了他周围的人以外，谁也不会去理会这件事，但与一个靠加利利海打鱼为生的渔夫的生活相比，这又是多么重大的一件事，彼得内心钟摆的摆幅（哈纳克*在谈到彼得否认这一情节时曾用过这个词）该有多么巨大啊！他离乡背井，放下打鱼的营生不干，追随他的老师前往耶路撒冷，他第一个认出耶稣是救世主。大难临头之际，他比别的人都勇敢，他不只是那些试图反抗的人中的一员，而且当他一心期待的奇迹未能出现时，又是他带头追随耶稣。不过这也仅是个开头罢了，是一次半心半意、心惊胆战的追随，可能是因为他模模糊糊地希望现在能够发生奇迹，救世主能通过奇迹把他所有的敌人打得

* 哈纳克（Adolf von Harnack，1851－1930），德国著名的宗教历史学家。——译者

落花流水。由于他的追随只是半心半意、疑虑重重的行动，既心里害怕又偷偷摸摸，因此他比别人承受的苦难更多，其他人起码没有落到一再否认自己是耶稣门徒的地步。他之所以遭遇这些是因为他比别人信念更深，但深的程度还不够，这是让刚才还是虔诚信徒的人最为恼火的事情；他害怕丢掉自己可怜的性命。完全可以相信，正是这件亲身经历的可怕事件使他内心的钟摆重新摆动起来——这次是向另外一方摆动，摆动的幅度要大得多：他对自己无可救药的不中用既绝望又悔恨，于是从心理上做好了预见未来的准备，这种预见是对基督教的创立具有决定性的贡献。经历这件事之后，彼得才知道耶稣显现和基督受难的意义。

一位如此出身的悲剧人物，一位有着如此弱点的英雄，他正是从他的弱点中获得了最大的力量，钟摆的这种来回摆动与古典时代的经典文学的崇高风格是不协调的。同样，冲突的方式及地点也完全超出了古典时代经典文学的范围。从表面上看，这里讲的是一次警察行动及其后果——它完完全全发生在平民百姓之
46 中——这种冲突方式在古典时代最多被看作闹剧或喜剧。但为什么这里不是，为什么它会引起严肃而巨大的关注？因为这里所叙述的是古典诗歌和古典时代史书中从未描绘过的事情：在最基层的平民百姓中间所产生的精神运动，它产生于当时的日常事件中，这种事件因此也获得了在古典文学中从未获得的意义。这件事在我们面前唤醒了“新的心灵和新的精神”。这里所说的不仅指彼得的否认，而且指《新约》所讲的所有事情。《新约》讲的总是同一个问题，同一种冲突，这种冲突从根本上来说会涉及每一个人，因此它也是一个开放型的、永无终结的冲突——这个冲突使

整个人类世界处于运动之中。然而，因希腊罗马古典文学所熟悉的命运和情感所产生的纠葛总是仅仅与个人和相关者有直接关系，仅仅是因为最一般的关联，即由于我们自己也是人，也受着命运和情欲的支配，因此我们也具有“恐惧心理和同情心”。而《新约》中的彼得及其他人处于下层的一般运动之中，并且该运动暂时也几乎完全局限在这些人之内，以后才慢慢地进入了历史的前台（这在《使徒行传》* 中已初露端倪）——然而现在，从一开始，它就要求作为一种开放性的、涉及每个人的运动，包容所有只涉及个人的冲突的运动。这里所出现的世界一方面是完全真实的、日常的、地点时间及环境是可辨认的，另一方面又是个在基层动荡、在我们面前不断变化、不断更新的世界。这种在日常生活中发生的事件对于《新约》的作者来说都是革命性的世界大事，而且后来对每个人来说也都是如此。一再通过随意的人来描写耶稣教导、人格及其命运的作用，从这一点便可以清楚地看出这种大事已成为一种运动，一种在历史上起着作用的力量。在还没有完全理解及表达这一运动究竟要达到何种目标的时候（因为就其本质来说，这场运动的界定及解释还不那么容易做到），已有无数的事例描写这个运动的推动作用，描述它在民众中掀起的巨大浪潮，而任何一位希腊或罗马作家都从未考虑过要把这作为创作对象进
行细致的处理。希腊或罗马作家描写一个民众运动只是对待某 47
个实际事件的态度，比如修昔底德对雅典人的描写就是对去西西里岛探险计划表明态度；总的来说在描写中有同意，有拒绝，有把

* 《使徒行传》是《新约》中的一篇。——译者

握不定，也有一点乱糟糟和闹哄哄，就像观察者仿佛站在高处看到的那样，但他们决不会把那么多平头百姓对此事的非同一般的反响当作描述的主要对象。《福音书》、《使徒行传》以及《保罗书》中着力描写的也完全是底层民众运动的兴起及历史力量的发展过程。在这个过程中出现众多的随意性人物是至关重要的，因为只有众多随意性人物才能生动体现汹涌澎湃地推动历史的力量。所描写的随意性人物来自各个阶层，从事各种职业，处于各种生活状态。这些人物在书中占有一席之地仅仅是因为环境，他们仿佛是偶然被历史运动所裹挟，从而不得不以某种方式对此运动进行表态。在这个过程中，古典文学的文体传统便会自行消失，因为除了极严肃的风格，任何其他方式都不可能表现各有关的人物态度。随便一个渔夫、税吏或有钱的小青年，随便一个乐善好施的女人或通奸妇，这些人都以他们日常—随意的生活状况直接出现在耶稣面前，他们此刻的态度是严肃认真，并且常常是悲剧性的。用现实手法进行摹仿，对日常生活中的随意性事件的描写只能是喜剧性的（最多是田园牧歌式的），这种古典文学的文体规则与对历史力量的描述不协调（一旦这种描述试图具体表现事物时，因为如果要具体表现事物，就必须深入民众生活的日常—随意的深处，必须严肃对待那里所出现的事物——与此相反，只有放弃具体表现历史力量时，或者根本就没有表达这种力量的欲望时，这种文体规则才有立身之地）。不言自明的是，福音书有意识地表现历史力量完全是“不科学的”。它禁锢在具体之中，不能转而将经验系统地整理成为概念。不过，无论是对时代而言还是对内部状态而言，秩序的概念完全会自发地形成，它要比希腊罗马史书所划定的范畴更自由，其本身也更具活力。比如，时期就可以划分为法律或犯罪时期、赦免时期、信仰及公正时期，概念可划分为“爱”、“力量”、“精神”等等。甚至抽象和静止的概念，如真理 48
或公正，也都具有辩证的行动（《约翰福音》第 14 章第 6 节，《罗马书》第 3 章第 21、22、23 节），从而使这些概念有了新的意义。表示内心更新及变化的一切都与此相关联，这时像罪恶、死亡、公正等词不再仅仅表达行动、事件和特点，也表达内心历史变化的各个阶段。当然不应该忘记，这条变化之路源于历史，通向永恒或任何时刻，即通向上方，它不像科学的历史发展概念的形成滞留于横向历史之中；这是一个重要的区别。但不管福音书引入历史观察的运动是何种方式，其本质的东西是：在古典时代观察者那里，平静的底层已处于动荡之中。

无论是古典意义上的道德家还是修辞家，都不可能有这种观察方式。通过同一个人内心钟摆的巨大摆动，像彼得不认主这样一个事件便避免了用静止方式去进行评价。对于一种不在作品而在信仰中寻找其存在理由的思想来说，道德学说已经失去了其主导地位。修辞学也同样如此。当然新《新约》的影响非常之大，先知书和诗篇的传统在《新约》中起着作用，在由多少受过希腊文化熏陶的作者写成的那几部作品中也有希腊式的演说修辞手段。但是按照种类划分题材，像照其特点罩上外衣一样给每个题材规定其应有的文体形式，这种修辞思想不能控制文体形式，因为这种题材不能归入已知的任何种类。像彼得不认主这一场景就不适于归入任何古典文学类型属性。对于喜剧来说它过于严肃，对于悲剧来说它太日常化，时代感太强，对于历史学来说它的政治

意义又太微不足道——而且它的直接表达方式是古典文学所没有的。这一点可以从乍看起来似乎不起眼的特征，即直接引语的
49 运用上看出来。使女说：你素来也是拿撒勒人耶稣一伙的！彼得说：我不知道，也不懂你的意思。接着使女对旁边站着的人说：这也是他们一伙的。彼得再一次否认，于是旁边的人也插了话：你当然是他们一伙的，你是地道的加利利口音！——我不相信哪位古典时代的史家的作品会为简短的面对面的对话这样运用直接引语。几个人之间的对话在他们的作品中本来就少而又少，顶多会出现在生平轶事的历史书中，而且差不多总是用在有名的画龙点睛式的回答上，这种回答的价值并不在于它的现实—具体意义，而在修辞—道德的说教上，这就是后来人们在13世纪意大利中篇小说里所说的一种“优美的语言”：克罗伊斯[*]和梭伦[**]的著名的轶事传说故事就有这种情况。不过古典时代的史家一般都把直接引语用在向元老院、民众或士兵做长篇大论的演讲上——读者一定还记得上文所谈到的佩尔策尼乌斯所做的那番讲话。而在彼得不认主的故事里，面对面的质问一下子将扣人心弦的紧张气氛表达出来了，除此之外，就连古典时代悲剧的对话（对话和反驳！）也都是很讲究文体修辞的——喜剧、讽刺及与之类同的文章连与之相比的资格都没有，不过即便在悲剧中也得好好找找是否有相同的直接表达方式。在福音书里，人们有时可以找到面对面

---

* 克罗伊斯（Krösus，约前560－前546），吕底亚的末代国王。曾统治小亚细亚西部地区。——译者

** 梭伦（约前638－前559），古雅典政治改革家和诗人。传为古希腊“七贤”之一。——译者

的对话。我希望我已经讲明了关于直接引语用于生动的对话和福音书与古典修辞法之间关系的特点，这样我就不用再费时间概括这个经常谈到的问题了（我指的是上文中已经提到过的诺登《古代艺术散文》那本书）。

最后一点，古典文学和最早的基督教文献的文体区别还在于，两者写作的角度不同，读者也不同。尽管佩特罗尼乌斯和塔西佗在很多方面不一样，但他们看问题的角度却是相同的，都是从上向下看。塔西佗概述地写出了大量事件和行动，他作为一个出身高贵、富有教养的人对这些事件及行动进行了归纳和评价。他的文章写得不枯燥、不呆板，其原因不只是因为他是天才，而且还因为古典文学是具有感性—生动性的无与伦比的文化——不过他为之写作的同类人要求的是由长期传统形成的审美观范围 50
之内的感性和生动性——塔西佗的作品中已经出现了这种审美观变化的迹象，即有着突出阴森可怕气氛的倾向，我们下面还要谈到这一点。佩特罗尼乌斯也是从鸟瞰的角度看待他所描写的那个世界：他的作品是高雅文化的产物，他期望读者也具有同等高度的社会地位和文学素养，期望他们能够立即自然而然地理解表达社会冲突、粗俗语言及低级审美情趣的所有细微之处。虽然描写对象如此卑微可笑，但作者的表述却与民间喜剧粗俗的滑稽不可同日而语。那些诸如邻座讲话或特里马尔奇奥与芙尔奴娜塔之间的争吵固然再现了他们俗不可耐及卑劣下流的头脑，但以如此高超的技巧处理纷繁交错的题材，确立如此丰富多彩的社会和心理的前提条件，这是任何一个普通读者都不能理解的。其次，语言的低级风格并不是为大众提供笑料，而是为那些从容不

迫并以欣赏的姿态俯视这些事物的社会—文学精英的审美观准
备的鲜美调料。这一点可与普鲁斯特小说《追忆逝水年华》中的
旅馆经理艾梅和与其气味相投的人的闲聊相比，这种与当代现实
主义作品进行的比较不完全合适，因为当代作品包含着更多的严
肃问题。佩特岁尼乌斯也是居高临下，也是为博学而有教养的阶
层写作——这个阶层当然在帝国初期很可能为数不少，但后来便
逐渐消失了。而与此相反，彼得的否认故事以及几乎整部《新约》
写的都是正在发生的事情，是直接写给每一个人的，这里既没有
合理布局的概述，也没有任何艺术意图。这里出现的感官性—生
动性并非是有意识的模仿，因此很少是全面的。它的出现是因为
它附着在被报道的事件上，是从内心激动的人物的表情和言语中
显露出来的，作者没有为表现它花费一点力气。就连有意识做出
综述的塔西佗也是既刻画了人物的外表，又描写了人物的内心，
他生动而形象地写出了种种情况——《马可福音》的作者没有那
种注重实际的客观描写，比如描写一下彼得的性格等等。作者置
身于重大事件之中，只注重和宣扬与耶稣出现及奇迹有关的大
51 事，这样一来，在上述彼得不认主的故事里，他根本没有想到过要
向我们交代事情结局如何，没有告诉我们彼得究竟如何脱身。塔
西佗试图为我们感性而生动地描述历史事件，佩特罗尼乌斯试图
为我们感性而生动地描述一个特定的社会阶层，两人的描写都在
某一特定的美学范围之内，而《马可福音》的作者则既没有这种意
图，也不知道有这种传统，他在展现时仿佛没有添加任何东西，纯
粹来自于他所报道的事物对其内心的感动，因而报导变成为了见
解。这一报道是写给每个人的，而每个人都要求和必须对此做出

赞成或反对的决定。对此毫无反应也是一种表态。虽然对于报道的影响还存在着实际上的阻力；根据其语言形式以及特殊的信仰和生活前提，福音的宣扬最初只适用于犹太人。然而它却被耶路撒冷上层人物及大多数民众所拒绝，这种拒绝推动了传教活动大规模开展，最具典型意义的就是那位散居在外的犹太人使徒保罗所开始的传教活动。这就要求福音的宣扬顺应更广泛的福音接受者，要求摆脱犹太教的种种特殊前提，这种顺应和摆脱使用的是犹太传统已有的诠释方法，但这次却用得要大胆得多。《旧约》蜕变为一部民族史和犹太法典，演变成一系列“形象”，即预告和象征耶稣显现及与此有关的各种事件。关于这些我们已经在第一章中简单地谈到过。圣经的整个内容都被诠释了，这种诠释常常使所讲述的事件与其感观性基础相去甚远，读者或听众必须使自己的注意力远离感官性过程，集中到故事的意义上去。在意义的密网之中，过程的生动性会僵化或完全消失，这种危险是存在的。在这方面的例子很多。上帝从熟睡的亚当身上取下一条肋骨造了第一个女人夏娃，这是一个感官性生动的过程；同样，一个士兵用长矛去戳十字架上死去的耶稣，致使血和水从胸口流出也是如此。然而，如果用诠释的方法将这两个过程联系起来的话，就会这样说：亚当沉睡就是基督死时的形象，正如从亚当胸前的伤口诞生了人类的肉身始母夏娃一样，从耶稣侧胸的伤口诞生 52
了活着的人的精神之母教会——血和水是圣体的象征——就这样，感官性过程渐渐消失，被形象的意义所占据，听众或读者，甚至于造型艺术的观赏者所获得的感官印象是很少的，他们所有的注意力都被引导到故事的意义关联上。与此相反，希腊—罗马的

写实表述虽然不这样严肃和问题重重，并且其历史运动的观念极为有限，但它们却在感官表述方面很是自信，他们不了解感观现象和意义之间的斗争，这种斗争就是早期基督教甚至整个基督教的现实观。

第三章　彼得鲁斯·瓦尔弗梅勒斯的被捕

阿米阿努斯·玛尔采里乌斯是公元 4 世纪的一位高级军官 53
和史书作者，在留传给我们的作品中，他给我们描绘了公元 350 年至 380 年间发生的事件，在第 15 卷第 7 章里，他讲述了罗马发生的一次下层民众暴动。原文如下：*我谨呈译文如下，该译文力图摹仿原文那特别的巴洛克风格：

> 在此期间，这群骗子制造了这场破坏一切的灾难，不朽之城罗马的最高行政长官列奥提乌斯表现出一位称职法官
> 的许多性格特点，他审得快，判得公正，天生一副好心肠，某 54
> 些人觉得他在极力维护自己的权威，又过分好色。针对他发生的暴动的第一个原因不足为道，并且也是愚蠢的。那是因为所有的乌合之众都追随按照他的命令逮捕起来的赛车手菲罗科姆斯闹事，好像在保护一件无价之宝，他们闹哄哄地拥向行政长官吓唬他，可他一点都不怕，纹丝不动，他命令警察出动，逮捕了几个人，给他们一顿鞭子，将他们驱逐出境，于是谁也不敢再吭一声，谁也不敢进行反抗。几天之后，这

* 原文以下是拉丁文引文。——译者

帮刁民又以酒类紧缺为由聚在最热闹的西普特姆策迪姆广场闹事，马尔库斯皇帝修建的最豪华的纽芬姆斯宫就在那儿；行政长官正要动身去看个究竟，这时全体官员和军官都恳请他不要惹那些被上次暴动所激怒的刁民；可他不是轻易被吓倒的，仍义无反顾地前往，虽然他身赴险地，可他的一部分随从还是丢下他自顾逃命去了。他坐在车上，神态自若，目光炯炯地与四周狂呼乱吼的人那蛇蝎般的目光对视，从容不迫地听着不绝于耳的叫骂声。他认出了一个比他高出一头的人，身材高大，一头红发。他问此人是不是叫彼得鲁斯，外号是不是叫他曾听说的瓦尔弗梅勒斯，当那人满不在乎地说他就是此人时，列奥提乌斯说，他早就知道他是闹事的头头，于是下令把彼得鲁斯双手反剪吊起来拷打，这时许多人大叫着表示抗议。当人们看到被吊打的彼得鲁斯向鞭打者求情无果时，刚才还挤作一团的人便如鸟兽散，这个嚣张至极带头闹事的家伙像被关进一个行刑室，两只胳膊都快折断了，接着人们把他放逐到皮茨尼什地区，后来因为他竟然胆敢强暴一个出身名门的姑娘，按照执政官的判决被处决了。

我们在上一章中评论塔西佗描述士兵起义时说的一些话也适用于这段文字，甚至可以说在这里表现得更为明显。比起塔西佗来，阿米安*更不注重严肃而实事求是地说明起义的原因及罗

* 阿米安，即阿米阿努斯·玛尔采里乌斯（Ammianus Marcellinus，约 330－395），罗马历史学家。——译者

马居民的情况。在他看来，驱使罗马下层民众暴动的原因就是厚颜无耻。即便他言之有理——这很有可能，因为几个世纪以来，被历届政府所败坏并教唆得无所事事的这些都市民众，的确是乌 55
合之众——那么，一位现代的历史学家也会探讨或起码重视这样的问题：民众究竟怎么会堕落成这个样子。然而阿米安却对此毫无兴趣，他的态度远远不如塔西佗。后者毕竟还理性明确地介绍了士兵提出的要求以及司令官和当局对这些要求所持的态度，双方对此进行了谈判，双方之间存在着就事论事的、甚至很有人性味的关系，这一点可以从第18章末布莱苏斯的讲话或第41章阿格力皮纳斯出发时的情景中看出。虽说塔西佗对于士兵的描写前后不一并且颇有迷信色彩，但人们却毫不怀疑他们也是人，他们也有教养和自尊心。但在阿米安所描述的场景中，当局和暴动者之间根本不存在客观—理性的关系，更不用说建立在互相尊重基础上的人与人之间的关系：他们之间仅仅是感官的、神秘的和武力的关系。一方是聚众闹事，像一群脱缰野马似的半大小子打群架，既愚蠢又无耻，另一方是咄咄逼人的权威，镇定自若，毫不犹豫，大打出手。暴动的民众一旦看到怎样处置他们中的一个，觉得这种处置也会落到自己头上，于是便变得缩手缩脚，如鸟兽散去。如同塔西佗一样，阿米安也对这部分民众的生活情况未做什么介绍——甚至还不如后者，因为他的作品中没有佩尔策尼乌斯讲话那样的内容，没有任何让我们能够了解人们内心的东西。他不给百姓说话的机会（他只提过瓦尔弗梅勒斯这个绰号，就像塔西佗曾提到的策多·阿尔特拉姆一样），而把一切都饰以朦胧晦色、与大众语言风马牛不相及的修辞。不过，他所描述的过程

仍给人留下强烈的、甚至会使某些读者不快的感官性印象。阿米安完全按照姿态的需要来描写过程：聚集的人群和以强力统治他们的执政官之间的对峙。通过所选用的词汇和描述的场面（下面我们还会谈到这一点），感官性的姿态从一开始就在酝酿之中，并在西普特姆策迪姆广场场景中达到了高潮，在此场景中，目光炯炯、驯兽人般的列奥提乌斯坐在车里，民众发出“蛇蝎般”的责骂，后来又很快四处逃散，两者之间誓不两立。一场暴乱，一个试图用目光制服这场暴乱的人，然后描写的是几句尖刻的话语，暴乱
56 头目的强壮，高人一头的身材，最后是鞭笞的响声：接下来是一片寂静，最后还写了强奸以及紧接着的死刑。

与塔西佗相比，可以看出这里无论是人性还是客观-理性的东西要少得多，而神秘及感官性的东西则多得多。早在帝国时期的第一世纪末，作品里的生活气氛就令人压抑，沉重而阴暗，且饰以华丽的修辞，在塞涅卡*作品中这一点已非常明显，而塔西佗史书中那种朦胧冥晦的气氛则是人们经常提到的话题。而阿米安作品已经形成一种神秘的、感官性的、人性败坏的格调。特别令人奇怪的是，人性的这种僵化有利于突出事件的感官性。也许有人会指责我用一场刁民暴动，而不是用士兵起义来与塔西佗的文章进行对照。唯一能谈得上是士兵起义的只有第20卷开头的那部分，说的是起义导致尤利安宣称自己是奥古斯都大帝，不过对这点我很怀疑。那里似乎根本不是发生了一场自发的士兵运动，

* 塞涅卡（Lucius Annaeus Seneca，约前4－65），古罗马哲学家、戏剧家，新斯多葛主义的主要代表之一。曾任尼禄帝大臣，后被勒令自尽。宣扬宗教神秘主义和宿命论，认为听天由命就是美德。有悲剧《美狄亚》、《俄狄浦斯》等九种传世。——译者

而是一场有意挑起的、巧妙利用士兵天性的群众示威活动，对此我们从现代历史中已有足够的认识。这段内容不适用于我，因此我只得选择罗马的民众起义。不过我们一眼就能看出的阿米安的文体特征可以在他的所有著作中得到印证。他的所有作品中，明显的人性及理性的东西消失了，随处可见的是神秘、阴郁的感官性和呆板僵化的图像式—姿态式的描述。诚然，塔西佗笔下的悌伯利乌斯已经足够阴郁的了，但他毕竟还保留有许多内心的人性和尊严。而在阿米安那里只剩下神秘、怪诞而恐怖的激情，人们感到惊奇的是，一位从事具体行动的、严肃的高级军官怎能具有这样的才能，如果想使这类位居要位、有如此生活经历的人（显然他的大部分生活是在艰苦劳顿的行军中度过的）发挥出这样的才能，社会环境的影响该有多么强烈啊！不妨读一读加尔卢斯的死亡之旅（第 14 卷第 11 章），尤利安尸体的运送（第 21 卷第 16 章）或是普罗科普宣布称帝的那部分（第 26 卷第 6 章）：“他像个半腐的、从坟墓里爬出来的人一样站在那里，未穿皇袍（人们找不到），像个宫廷仆人似的，身着绣金短袖束腰内长袍，下身穿得像个小学生……；右手拿着一支长矛，左手挥动着一块紫布……”人
们会以为戏院幕布图案上的人物突然走出画面，要不就是一出荒 57
诞喜剧的角色现了原形……他低声下气地讨好抬举他的幕后人，保证给他们高官厚禄……他走上讲台时，所有人都惊得目瞪口呆，大家都沉着脸不吭一声，他觉得，正像他所担心的那样，他气数已尽；他哆哆嗦嗦，好长时间说不出话来，最后才像快咽气的人一样断断续续地说道：按他的出身他有权继承王位……这里突出的仍是神情和图像。阿米安的作品可说是一座完整的恐怖、怪

诞、极端感官性画面式的人物肖像陈列馆：从不转动脑袋、从不擤鼻涕或吐唾沫的康斯坦悌努斯皇帝，他“仿佛是座雕像”（第16卷第10章及第21卷第16章）；打败了阿拉曼人的了不起的尤利安，长着山羊胡子，老是挠头，挺起狭窄的胸脯以便让它显得宽大一些，迈着与他那小个子极不协调的大步（第17卷第11章及第21卷第14章）；有两眼笑眯眯、人高马大的尤维安（“比大树还高”），他在一次远征途中出人意料地当选为皇帝，人们费了好大的劲才给他找来了皇服，此人当了皇帝不久，才三十三岁就不明不白地死了（第25卷第10章）；总是板着脸盯着地面、郁郁寡欢的阴谋策划者普罗科普，他出身高贵，被人无端怀疑，长久隐身在民众败类之中。正如阿米安笔下的其他许多人物一样，他之所以打算做皇帝，是因为除此之外找不到别的法子挽救自己的性命，当然用这种方法他也没能成功（第26卷第6—9章）；还有那位机密文书，后来成了皇帝宰相府秘书的列奥，是个“盗尸贼及强盗，吸血鬼，其兽行令人发指（凶残至极，冷酷无情）”（第28卷第1章）；算命先生或者说“数学家”海里奥多是个职业告密者，他发迹做了大官，于是又讲吃又讲喝，在妓女身上大把大把地花钱，他总是板着阴沉沉的脸在城里溜达，谁见了他都害怕，他常常公开逛窑子——他毕竟是皇帝寝宫的要人嘛，“内侍长官”——他宣布，亲爱的国父的命令也会使许多人倾家荡产，这句话所包含的可怕的讽刺意义使人略微想起塔西佗《编年史》第6卷第5章所写的“我的悌伯利乌斯的智慧”，不过比那句话还要可怕得多；当海里奥多
58 暴死时；整个宫廷的人都得参加他的隆重葬礼，他们光着头，赤着脚，双手合十（第29卷第2章）；瓦连悌尼安皇帝曾是个著名的侯

爵，长得很帅气，不过他老爱斜眼看人，目光阴沉，有一次他发起脾气来命人把一个马夫的右手砍掉，因为马夫在帮他上一匹胆小的马时笨手笨脚的（第30卷第9章）；瓦连斯皇帝曾是哥特士兵，黑皮肤，一只眼用白兽皮遮住，肚子微挺，两腿罗圈（第31卷第14章）。还可以开出长长一串这样的人物肖像的名单，可以通过事件及习俗的描述毫不逊色地补充这种荒诞恐怖的名单，这一切的背景是：所有提到的人始终生活在嗜血成性和对于死亡的恐惧之间。在阿米安看来，上层人物的世界就是荒诞暴虐，阴森恐怖而又迷信，争权夺势而又不停地暗暗咬牙切齿。另外还应该指出的是他那少见的幽默感——可以读一读对上等人的描述，他们高傲得拒不接受通常的问候亲吻，他们像"受了惊的牛一样把脑袋转向一旁（什么表情！），只露出膝盖或伸出手来供人谄献触吻，以为这样就足以使那些人生活得幸福。他们认为异邦人有着丰富的人类文明，因此如果他们偶遇异邦人，就会问他，他洗的是何种浴，用的是何种水，往来的是何种人"（第28卷第4章）——或者读一读作者对基督教内部教义之争的评论：一大群神职人员穿梭在所谓的教会代表会议之间，每个人都试图把自己对宗教的解释强加于人，其结果只落得身心疲惫，交通瘫痪（第21卷第16章）。这种幽默总有种辛酸荒诞，也常有怪诞恐怖和非人性及使人拘束的东西。阿米安的世界是昏暗的：迷信、嗜杀、过度劳累、对于死亡的恐惧、狂怒和以神秘方式僵化的神态充斥着这个世界，与之相应的是同样阴暗激昂的决心，要完成日益艰巨且日益无望的任务的决心：保住外受威胁、内部离析的帝国。这种决心使行为人中的最强者具有一种毫不妥协、竭尽全力、不容喘息的超人力量，

就像尤利安临死时说的："对我来说，唯有热病才可夺走我的生命。就像一个统帅那样，在履行了职责之后，我将怀着对生命的蔑视，独自一人义无反顾地死去"(第 24 卷第 17 章)。

我们希望上述如此众多的例子能够说明，阿米安具有一种非
59 凡的感观性表达能力，要是他的拉丁语不那么晦涩难懂和难以翻译，他也许已跻身于古典文学中最有影响的作家之列。不过他的手法并不是摹仿性的，因为他并非依照人物自己的条件在我们眼前和耳边塑造人物，没有让人物仿佛按照自己的本性思考、感觉、行动和说话；他根本不让书中人物用自己真实的语言说话，完全采用了古典时代崇高文体历史学家的传统手法，居高临下进行观察，从道德方面加以评价。这样的人绝不会有意识地运用写实主义的摹仿艺术手法，因为他们鄙视这种手法，认为它是低级的喜剧文体。这种传统在古罗马后期似乎备受青睐，它的特点早已体现在萨卢斯特*，尤其是塔西佗的作品中，他们在渲染恬淡寡欲的气氛时，特别喜欢选用表现伤风败俗的阴暗题材，将这些题材与心目中真正的俭朴、纯洁及美德的典型进行强烈的对比。阿米安作品中有多处把早先时期的言行作为道德的参照物，这表明他似乎愿意囿于这个框架。不过人们一开始就可以从这个传统中感觉得到，并且在阿米安作品中很明显地看到，素材越来越比文体意图更重要，它迫使讲究含蓄崇高的文体去适应内容，这样一来，阴郁内容的现实与非现实的高雅文体意图之间便产生了重重矛盾，遣词造句不得不改变，开始变得不谐调、累赘而刺目，所使用

* 萨卢斯特(Gajus Sallustius Crispus，前 86－前 35)，罗马历史学家。——译者

的词汇矫揉造作，句子仿佛开始变形扭曲，优美的对称与平衡被破坏，优雅含蓄变成了阴郁的华丽，表述仿佛违背了意愿，不再与原来所承载的内容相一致，具有更多的感官性，所表述的承载内容不仅没有丝毫流失，反而变得更加沉重。高雅文体变得激昂恐怖，形象而直观。这在萨卢斯特的作品中已初露端倪。在这方面有过重大影响的是塞涅卡。他虽不属于传统历史学家之列，但却有着普遍影响。这里也可以提到卢坎[*]的名字。在塔西佗的作品中，史书文体的凝重和昏暗维系于所报道事件的昏暗，充满了恐怖感，使人的心灵常常突发强烈的感官体验。当然高雅而又十分精练的文体会很快使人回过神来，使这种突发的感官体验不至过多。(《编年史》第5卷第9章所描写的塞阳[**]的孩子们被处决就 60
是众多例子中的一个。)

阿米安的作品充斥着感官性形象的东西，开辟了高雅文体的先河。这倒不是由于他使用了民间或喜剧性的俗语，而是由于让高雅文体超出了限度：语言开始用华丽的词藻和夸张失真的句子来表现扭曲、血腥、阴森恐怖的现实。高雅、平和、感官表达只是一带而过，只从道德方面进行暗示的语言被描绘神态的语言所取代：如在描述罗马暴动时，代替从道德角度表达坚不可摧的语言是："神态自若，目光炯炯地……对视"，用"从容不迫"代替"未停止前进"；在说到"鞭笞"时用了华丽的描述和感官性的表达"两只

---

* 卢坎(Marcus Annaeus Lucanus，39－65)，罗马诗人，哲学家塞涅卡的侄子，曾参与谋反，后遵从尼禄命令自杀。——译者

** 塞阳(Lucius Aelius Seianus，约前20－31)，罗马皇帝悌伯利乌斯的宠臣，后因谋反被捕并被处死。——译者

胳膊都快折断了";"胆敢"也起着同样的作用;在塔西佗说"告密者们一天天地变得更猖狂,更有害的威力在游荡"(见《编年史》第4卷第66章)的地方,阿米安却说:这群骗子制造了这场破坏一切的灾难。所有这些(以及许多类似例子)说明,这种手法,这种所谓的夸张,不仅仅是由于作者偏爱不同一般的表达方式,而首先是为了强调感官性,不得不形象地描述过程。此外,还有许多以动物喻人的比喻(蛇和公牛是特别爱用的喻体),或者将生命的过程比作戏剧或阴间过程。处处讲究遣词用字,但这种讲究遣词用字与古典风格完全不同,那里是用筛选的词汇文雅概括而委婉地表达感官性,只允许作家形象地描写感官性的东西(不过他要想避免讽刺文和喜剧的低级文体的话,就必须与真实的现时生活保持距离)——与此相反,史书的高雅文体的选词也用于形象地表述正在发生的事件,不过,这种形象的描述不是真正的摹仿,描述并总是从道德角度进行评说的史书作者使用的是高雅文体,避免运用模仿现实的低级文体,只不过他常常选用最醒目的色彩。阿米安的句子结构和用词也是如此,即便有些地方可以归结为句尾节奏感的需要和强烈的仿古希腊风格(见诺登《古典艺术散文》第646、647、648页),但书中也有足够的我们所说的遣词造句的方
61 式。名词,尤其是第一格名词主语有一大串形容词及第二分词作同位语,通过词序使堆砌的同位语互相制约,这表明阿米安处处都竭力用庞大的、醒目的、大多表示神态的形象语言对读者施加影响。请注意观察一下突出强调的主语"破坏一切的灾难","最高行政长官","他","马尔库斯皇帝","行政长官","闹事人的头头","不朽城","赛车手菲罗科姆斯","刁民";宾语有"某个被认

出的人”；大量使用的同位语及与同位语相似的各种形式，都尽可能强调其独立的作用——耶斯佩森*会称之为“特殊的位置”。如对列奥提乌斯使用的同位语就有“最高行政长官”，还有“审得快”，“公平”，“好心肠”，接着又加上句法形式特殊的“快”，然后又再一次强调“过分好色”；在谈到原因时，很有艺术性地分别用了“原因……不足为道”及“特殊的原因”；对“老百姓”一词也同样用的是不同的表达方式，如“乌合之众”及“保护一个最了不起的坏人”；对单数的“他”、“她”、“它”使用的是“他从容不迫”；对多数“刁民”先用的是“激怒”，后来用的是与此相反的或将不同之处去掉了的“威胁”和“横行凶残”；在谈到执政官时一直使用的是“前往”，然后又十分强调“面临巨大危险”，“坐在车上”，“忍受着”；“他认出了一个比别人高出一头的人”，“高大的身躯”，“一头红发”，后来又把他加以美化“高大”，“恳求说”；而彼得鲁斯·瓦尔弗梅勒斯这个名字本身就是一个同位语，对此特别进行了强调。其他形象生动的句子也得到了突出，如“没有人再敢吭一声或是进行反抗”等等；如果再观察更多的词组，那么这种印象便会更加深刻。“不朽城最高行政长官”的后面紧接着用了一大串同位语，这表明作者有意运用大长句，同样，在谈到马尔库斯时用的是“皇帝”；扣人心弦而且气势宏大，句首“他坐在车上，神态自若”既是画面又是姿态，在使用夸张生动而又华丽的宾语“与四周狂呼乱吼的人那蛇蝎般的目光”之前先用“目光炯炯地与……对视”做了说明；同样，在运用无色彩的词汇“他认出一个人”之后对“比别人

* 耶斯佩森（Otto Randers Jespersen，1860－1943），丹麦语言学家。——译者

高出一头”也用“高大的身躯，一头红发”做了详细的说明。还有像这样一个句子：“当人们看到被吊打的人向鞭打者求情无果时”，它的特殊之处是使用了大量的同位语，因为在“当……看到”之后是一个成分众多的同位语，第二个修饰极多，它与古典风格完全不同；塔西佗是不大会写这样的句子的；但这个句子是多么形象啊！人们看到的是烦躁不安的彼得鲁斯，听到的是他在吼叫。

对于古典时代的感受来讲，这种遣词造句的风格极为巧妙，
62 极具感官性。它给读者的印象十分强烈，但也是失真的，如同它所描述的现实一样是扭曲的。我们所熟悉的人类环境在阿米安的世界里常常像是一面哈哈镜，一场噩梦。这个世界之所以如此，不单是因为在这里发生着诸如背叛、谋杀、拷打、秘密跟踪及告密等等可怕的事情；这类事情几乎无时不在，无处不有，而且比它略好的时代并不多见。阿米安的世界中令人压抑的是缺少一种平衡的力量；因为人做得出任何可怕的事情，这是事实，不过同样是事实的还有，任何可怕的事情都在不断制造反向力，在多数发生恐怖事件的时代也有伟大的精神力量，如爱和牺牲，令人信服的英雄壮举以及对更加美好生活的不懈探索。而这一切在阿米安的作品中都没有。他的史书突出的只是感官性，虽慷慨激昂却仍很无奈，仿佛麻木了一般，他的作品从未表现过解脱，从未表现过对美好未来的向往，从未塑造出带来自由、人性清风的形象和事件。这在塔西佗的作品中早已有之，不过还远远没有达到如此程度；其原因也许在于古典文化越来越陷入毫无出路的被动防御境地。它再也不能从自身孕育出新的希望和新的生活，只得局

限在遏制没落、维持现状的措施上；这样的措施也显得越来越势单力薄，它的实施也越来越艰难。这是人所皆知的事实，无须在此赘言。我还想补充的只是，阿米安似乎并没有对基督教表示不恭，然而对他来说，起码基督教并不意味着能够改变这种黑暗无望的状态。

显然，阿米安的叙述方式大大发扬了塞涅卡和塔西佗首开先河的某种东西，即一种十分庄重激昂的风格，它为恐怖的感官性开辟了道路：这是一种阴沉的、十分庄重的现实主义，是古典文学中全然没有的。我们可以在更早的地方，即在更为低级的文体中探讨这种最精巧的修辞艺术与极为刺目扭曲的现实主义的混合体，如在阿普列乌斯*的作品中，诺登曾在我们已多次提到的《古代艺术散文》中对他的风格作过精辟的分析。一部情爱小说的风 63
格当然完全不同于一部历史著作的风格。尽管《变形记》中有许许多多不严肃、淫荡、常常表现为愚蠢的轻浮描写，但作品中依然不仅有文体修辞和现实主义类似的混合体，而且也有阴森恐怖地扭曲现实的相同倾向——诺登在分析时没有指出这一点。我指的不只是形形色色的恐怖荒诞的变形记和鬼怪故事，而且还有某些其他东西，比如性爱方式。作品极力强调情欲，并想用各种修辞写实艺术手段在读者身上也唤起这种情欲，但在强调的同时却完全没有表现人们的内心以及人与人之间的亲密关系，还不断掺杂了某些恐怖的性虐待场面，情欲、担心和恐惧混杂在一起；当然

* 阿普列乌斯(Lucius Apulejus，约 125－180)，古罗马作家、哲学家。主要作品为《变形记》(后改名为《金驴》)，描写并讽刺罗马帝国的社会生活。——译者

书中也有许多荒谬无聊之处。贯穿在整部小说中的是担忧、情欲和愚蠢。如果说起码现代读者对所有愚蠢可笑之处的感觉还不是那么强烈的话，那么就尝试着想一想某些现代作家，比如卡夫卡，他们的世界被可怕地扭曲了，是个十分癫狂的世界。我想用《变形记》中一个毫不引人注目的地方来说明我的意思。这个地方在第一卷（第 1 卷第 24 章）卷尾，写的是讲述者卢塞乌斯在一个陌生的（塞萨利亚地区的）城市市场购物的情况。原文*如下：

……我把卧室的东西收拾好，打算去澡堂。这之前先去食品市场买点吃的东西。在市场上，我看到上等的鱼，问过价钱，把价从一百第纳尔砍到二十。我刚要离开，我在雅典阿提卡区的同学皮悌亚斯跑了过来。他犹豫了一下认出了我，立刻友好地跑了过来拥抱我，亲切地亲吻我，他喊道："卢塞乌斯，我有多长时间没见你了！我想，自打我们离开克吕提乌斯老师之后就没见过你！你怎么到这儿来了？""你明天就知道了。"我说，"这是怎么回事？我得向你道喜啦，我看见你又有法院听差又有鞭子，你自己当了官，好不威风！""我管辖着市场警察，"他说，"我是罗马市政官，你要买什么东西我可以帮忙。"我谢绝了，因为我已买了不少鱼，足够晚饭吃的。可皮悌亚斯看了看我的小篮子，摇晃着，以便看得清楚些，他说："你这点东西花了多少钱？""费了大劲了，"我回答说，"我才说服了卖鱼的，他收了二十第纳尔。"接着他抓住我的手，

* 原文引文为拉丁文。——译者

> 又把我拉回市场问道："你从哪个贩子手里买的这玩意儿？"
> 我指了指坐在一个角落里的矮个子老头儿。于是他便厉声
> 厉色地开始行使他行政官的权力："你们现在竟敢不好好对
> 待我的朋友，不好好对待陌生的客人；这么便宜的鱼竟卖这
> 么高的价钱！你们就是要抬高食品价格，把塞萨利亚地区这 64
> 座最繁华的城市变成一片无人问津的荒地！这不处罚可是
> 不行的。我要让你知道，在我的管辖之下骗子是怎么得到惩
> 罚的！"说着他就把小篮子里的东西统统倒了出来，命令一个
> 手下去踩，把鱼踩得稀烂。皮悌亚斯对自己的严厉管教心满
> 意足，然后劝我离开，他说："亲爱的卢塞乌斯，我这么羞辱这
> 老头算是很厉害了；就这样算了吧。"我怀着对发生的这些事
> 困惑而又震惊的心情去洗澡，我那聪明的同学的这一番严厉
> 措施使我既扔了钱又没有晚饭可吃……

毫无疑问，过去和现在都会有读者对这段故事一笑了之，把 65
它当做一场闹剧，一个纯粹笑料。但我觉得不仅仅如此。关于这位不期而遇的朋友再也没有多做介绍，他这么做要么是有意恶作剧（不过这么说并没有任何理由），要么是发疯，可书中什么地方也没有说明他神经不正常。让人抹之不去的印象是，习以为常的普通生活事件被愚蠢而又可怕地扭曲了！那位朋友对这次意外重逢很高兴，他愿意甚至抢着为朋友效力：他毫不计行为的后果，剥夺了卢塞乌斯的晚餐和钱财；对拿了钱的那位商贩也不可能算是什么惩罚。如果我理解正确的话，那么皮悌亚斯之所以劝卢塞乌斯离开市场，是因为所有的商贩在这场争吵之后再不卖东西给

他了，或者会向卢塞乌斯进行报复。卢塞乌斯受了欺骗和要弄，尽管这一切十分愚蠢无聊，可也是独出心裁——但这样做究竟出于什么原因，为了什么目的？是愚蠢、恶意还是疯癫？若是愚蠢就不会妨碍读者感到震惊和不安；而官员在市场的石子地上把鱼踏踩得稀烂，这会使人产生多么难为情、多么肮脏而又多少有点虐待狂的想象啊！

我们在阿米安作品中看到，色彩醒目的写实主义开始出现在崇高文体中，逐渐破坏了古典文学中的文体分用，在基督教文学作者中也是这样。我们上文已指出，犹太—基督教传统中根本不存在崇高文体及写实手法的分用。但另一方面，古典修辞学对于早期基督教神学家的影响是很大的，这是众所周知的事实，因为许多早期教父都是博学多才、颇有哲学和修辞学修养的人。直到上文提到的破坏过程进一步加快时，这种影响才发挥着作用，这不仅指文体分用，而且也指维护语言表达的适度与和谐。因此就是在早期教会文学作品中，华丽的修辞和对现实的醒目描述混合在一起的情况也并不少见，特别是哲罗姆*在这方面尤为见长。他的那些大大超过贺拉斯**和尤维纳利斯***作品的讽刺性变形图

* 哲罗姆(拉丁文 Hieronymus，英文为 Jerome，约 347－419 或 420)，基督教教父之一。通晓希伯来文与希腊文。他根据《圣经》的拉丁文旧译而订定的译本称为通俗拉丁文译本(Vulgata)，后于 16 世纪中叶规定为天主教会的定本。——译者

** 贺拉斯(Quintus Horatius Flaccus，前 65－前 8)，古罗马诗人，主要作品有《颂诗》四卷，《讽刺诗》二卷，诗体《书简》二卷。代表作《诗艺》主张写诗须以希腊诗歌为典范，讲求规律，尤其要"寓教于乐"。对欧洲古典主义文学理论影响很大。——译者

*** 尤维纳利斯(Decimus Junius Juvenalis，约 60－约 140)，古罗马讽刺诗人。流传下来的十六首讽刺诗揭露罗马帝国的暴政，抨击贵族和富人的道德败坏，同情贫民的困苦生活，但有宿命论色彩。——译者

像极尽描绘之能事，更有甚者，有些地方还在细枝末节之处毫无顾忌地提出禁欲建议，建议涉及人们的饮食保养，更确切地说是 66
提醒人们不要忽视自己的身体和贞洁。从他写的信中的一个地方（第 66 卷第 5 章；《拉丁语古基督教学》第 22 卷第 641 页）可以看出，他用华丽的修辞大肆渲染恐怖的直观性达到了何种程度，这也许是最能说明问题的一段，但绝不是这种形式的唯一表现。一位出身名门的夫人保丽娜去世了，她的未亡人帕马奇乌斯决定把财产让给穷人，自己去做修士。哲罗姆为此写了一封褒扬告诫书，其中有一段是这样写的：

> 曾经装饰脖颈和面孔的耀眼宝石现在可以用来让穷人吃个饱了。绫罗绸缎和金缕银线变成了柔软的毛织衣服，这是为了御寒，不是为了满足奢华的欲望。豪华的器具没有了，取而代之的是美德。向路人乞讨并常在无人处呼号的盲人成了保丽娜的财产继承人，和帕马奇乌斯享有同等继承权。双脚残废、只能靠整个身子往前蹭的人得到了一位温柔姑娘的扶助。往日成群结队的拜见者进进出出的大门现在被穷人围了个水泄不通。有的人全身浮肿气息奄奄，有的人没有舌头不会说话，连表达乞求的能力都没有，正因为如此，他才更加急切地求助。这个从儿时起就枯瘦如柴的人不再需要讨乞别人的恩赐(?)；那个病入膏肓（黄疸肝炎?）的人战胜了死神的挑战。“纵有千舌万嘴我也难以诉说所有的苦难。”他被这一群人围着朝前走，在他们中间维护着基督，在他们的肮脏中得到了净化：就这样，这个穷人的出纳员、挨饿

人的替补者(同时他也是“可爱的求婚者”和“身着白色外袍的人”)急匆匆地朝天国走去。其他的丈夫都往自己女人的墓上抛撒紫罗兰、玫瑰、百合花和紫色花,以寄托自己的哀思,而我们的帕马奇乌斯用善心告慰圣洁的骨灰和尊敬的遗体。*

67 当然,所列的这一大串病人和乞丐名单无论是内容上还是在思想上都出自《圣经》;《约伯记》、《新约》中的救治病人及忍辱负重的道德观是宣扬这些可怕的身体残疾的基础。很早以前,献身于令人厌恶的病人(哲罗姆在书中另一处指的是为死人擦身),特别是照料他们时有身体上的接触,是具备基督的忍辱负重及追求圣洁的重要标志之一。不过显而易见的是,古典晚期的修辞艺术也对我们上面的引文起了一份作用,我个人认为是起了主要作用。这种修辞上的夸张描写从一开始便表现在极尽奢华和极度贫穷之间的对比上,在遣词造句上用的是完全不同的两种文体:“耀眼的宝石与穷人的肚子相对!”另外也表现在词句和概念上的对照上(“御寒的毛衣与显示奢华的绫罗绸缎相对照,正因为如此与才更急切地求助对照,病入膏肓与战胜死神对照,肮脏与净化对照等等”)。作者偏爱夸张炫耀的形容词和画面,尤其爱用首语重复法。哲罗姆与他同代人阿米安的不同之处在于,哲罗姆的夸张(如耀眼的宝石)是炽烈的爱的火焰和激情——帕马奇乌斯匆匆走向天国,用善心告慰心上人骨灰,这最后几句描写有着诗一般的激情,写得很美,在罗列了一大串病人之后,这样的描述有着

* 此段引文原文为拉丁文。——译者

事半功倍的作用，虽然没有抛撒出鲜花，但是已将它们的名字一一写出，这些鲜花依然散发着清香。这是写得非常出色的一段，它使那些喜爱后来所谓巴洛克风格的人陶醉其中。阿米安的描
写死板得多，他的华美和壮观的背后是死气沉沉的气氛，根本不 68
能与之相提并论。哲罗姆的希望使他写出了如此感人的诗一般的文章，但他的希望涉及的并非这个尘世。他完全是在宣传禁欲和贞洁的理想，反对生儿育女，主张消灭尘世；他只不过是极不情愿、半心半意地向当时已然掀起的反对之风做了一半的妥协。他的激情也是阴暗的，语言的华丽与忧郁自杀的伦理道德形成了鲜明的对比，他作品中扭曲生活和敌视生命的东西也常常令人几乎难以接受。哲罗姆并非用色彩华丽的风格表现禁欲毁灭世界思想的最后一人；这已是一种基督教的传统。不过这种思想在他的作品中显得更为阴郁，因为巴洛克后期无处不在的反传统之声主张享受尘世的快乐，这种主张甚至在最虔诚的作品中都有所反映，可这在哲罗姆那里却完全看不到；看来，走入末路的古典文学的那种严峻而又绝望的防御再也无力突出这种思想了。

不过，即便是早期教父们也能写出与阿米安截然不同的、反映与他们那个时代现实的斗争关系的作品，其表达方式也完全不同，巴洛克风格要少得多，受古典主义的影响要大得多。我想用下面这篇文章说明这一点。这篇文章选自奥古斯丁*的《忏悔录》

* 奥古斯丁（Aurelius Augustinus，354－430），罗马帝国基督教思想家，教父哲学的主要代表。他用新柏拉图主义的哲学来论证基督教教义，把哲学和神学结合起来。他宣扬“原罪说”，声称人生来都是有罪的，只有信仰上帝才能得救。著作有《忏悔录》、《上帝之城》等。——译者

第 6 卷第 8 章。文中提到的人是奥古斯丁青年时代的朋友和学生阿吕皮乌斯；交谈对方（你）指上帝。

他当然不会离开父母对他津津乐道的尘世生涯，于是去了罗马学习法律。在那里，他令人难以置信地迷上了角斗而不能自拔。他本来一点儿也不喜欢并且很讨厌角斗。有一次，他偶然遇到了几个吃饭回来的朋友和大学同学，他们不顾他的反对和反感，硬是把他拖到了圆形露天剧场，那里这几天正在上演惨不忍睹、令人恐怖的剧目。他对他们说："就算你们能把我的身子拖到那里去，强追我待在里面，你们难道也能指挥我的脑袋和眼睛去看吗？我将以一个局外人的身份坐在那里，以此证明我胜过你们，胜过表演的节目。"他说了这番话后，那些人更不让他走了，也许正是由于他们想试一试他能不能说到做到。最后他们到了剧场，找到位子坐了下来。那里看角斗的人群已是如醉如狂。阿吕皮乌斯闭上双眼，不让自己的脑子去想这种讨厌的事情；他要是也能堵上自己的耳朵就好了！因为在角斗的转折关头，观众震耳欲聋的喊叫声打动了他，他起了好奇心；他相信，自己就是看了也有能力战胜和蔑视最坏的场面，于是他睁开了眼睛，这时他心灵受的创伤比他想看的人的躯体之伤更为严重，那人
69 倒下去时喊声四起，可他跌得比那人更惨：喊叫声钻进他的耳朵，使他睁开眼睛，于是找到了那条伤害和改变了他那与其说强健不如说勇敢的大脑的道路。他自信只要相信你就可以获得他所期待的能力，这样一来，他的心灵便更软弱了。

> 因为他目睹血腥的同时，便吸吮了兽性的毒液；他并没有把头转过去，而是目不转睛地看着这出惨剧，他吸吮着丑恶，不知不觉地开始对这种罪恶的争斗感到惬意，陶醉于血淋淋的狂喜之中。这时的他已不再是来的那个人，而是那些看戏人中的一个，并且真正成了那些把他带到那里去的人的同伙。我还能说什么呢？他看，他喊，他激动得忘形。从剧场出来之后，他又迫不及待地往回走，不仅是和那些把他拖进剧场的人一起回去，而且还走在他们前面，身后还带着别人。而你用强有力的善良的手臂把他拉了回来，教导他不要相信自己，而要相信你。不过这可是很久以后的事了。*

即便在这篇作品里，时代的力量也发挥着作用：暴虐、嗜杀成 70
性以及神秘—感官性大大超过理性和道德。不过这是在争斗，知道谁是敌人，并且灵魂的反抗力量也被动员起来进行反抗。这里的敌人是群众对刺激着所有感官的嗜杀场面所表现出的强烈激情，如果要对这个敌人进行防卫而不睁开眼睛，它便会从耳朵上打开通路，使人不得不睁开眼睛。这时对敌人的防御还一直靠的是心灵的中坚，靠的是内心坚毅的力量，靠的是有意识地进行抵御的意志。然而这种内心的意识坚持不了一分钟，它会立刻转向，在此之前靠着勉强的意志力才得以收敛的、用于防御的力量便转向敌人一方。我们可以试着对这种现象做出解释。开明的古典文化的武器是有理有节的贵族式的个体自制力，它足以抵御

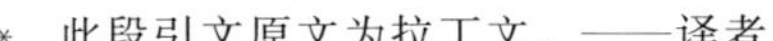

* 此段引文原文为拉丁文。——译者

下等人的无个性，抵御反理性及无度的欲望，抵御神秘力量的魔力。许多道德学说一致认为，一个受过良好教育、对自己有着清醒认识的人，能够依靠自身的力量避免无节制，并且这种违反个人意志的无节制不会对他产生影响。阿吕皮乌斯当时所较为接近的摩尼教教义也相信人对善恶的认知能力，因此，他没有太多的顾虑便让人硬是把自己拖进了圆形露天剧场。他相信自己闭着的眼睛，相信自己的坚定意志。但他个人的、骄傲的自我意识转眼之间就变得无影无踪。在这里，被击垮的不只是一个随意的阿吕皮乌斯，不只是他的骄傲和他内心的气质，而是古典主义的整个理性—个性文化，即柏拉图、亚里士多德、斯多葛派及伊壁鸠鲁。在唯一的一场飓风中，炽热的欲望将这些横扫一空："这时的他已不再是来的那个人，而是那些看角斗人中的一个。"高尚自信的、可自主选择的、对无节制厌恶的个人变成了群盲的一员，还不止于此：他曾具有能使自己比其他人更长久、更坚定地远离群体
71 感应作用的力量，具有至今能使他过自己骄傲生活的力量。可现在，他将这些力量都交给了群众及其冲动的本性去支配。他不只是受人引诱，他还成了一个引诱者。他爱上了迄今为止所厌恶的东西，他不只是急匆匆地跟着别人走，而是走在别人的前头，像一个有着巨大的狂热的生命力的年轻人一样，他自然不是慢慢地作出让步，而是急不可待地走向另一个极端。他的转化是彻头彻尾的转化，同时这种从一个极端到另一个极端的转化也是地道的基督教式的转化。如同不认主场景中的彼得（与此相反的情形是保罗在去大马士革的路上）一样，他以前站得越高，跌得就越深。——他也像彼得一样，会再站立起来。因为他的失败不是最

终的失败。如果上帝教导他，要相信上帝而不是相信自己，他就会胜利——而他的失败也正是向这个教导迈进的第一步。基督教在对付具有魔力的狂热时使用的武器不是理性—个体性的古典高雅文化，它本身就是一种底层运动，既来自许多下层人，又来自直觉的深处，它可以用自己的武器与敌人较量。基督教的魅力不比嗜杀的魅力小，而是更大，因为它更有秩序，更具有人性，给人带来的希望更大。

这篇文章虽然反映了当时现实中的许多阴暗面，却与阿米安及上面所引用的哲罗姆的文章的特点全然不同。一眼就能看出两者的区别在于它热衷于表现剧烈的人性斗争。阿吕皮乌斯生活着、斗争着。与他相比，不仅阿米安书中的人物，而且连上面引用的哲罗姆文中的帕马奇乌斯都是没有内心活动的、僵化的模式化人物。这是我所知的奥古斯丁有别于同时代写作风格的最明显的特别之处：他体验并直接描述了人们的生活，如今还在我们眼前栩栩如生的生活。无论在本文还是在其他作品中，奥古斯丁都绝对不鄙视文体修辞，我觉得，总的来说他在这方面比阿米安及哲罗姆更接近古罗马时期西塞罗*的风格。特别富于戏剧性的"他看，他喊，他激动得忘形……"使人记起西塞罗发表的对卡提利那**的第二篇指控辞中的人物时说的"走开，回避，逃脱，狂奔"，顺便提出一句，这篇文章大大超过了西塞罗的指控辞，它的确做 72
到了内容越来越充实，越来越客观。其他地方，尤其在文章的第

---

* 西塞罗（Marcus Tullius Cicero，前 106－前 43），古罗马雄辩家、政治家和哲学家。——译者

** 卡提利那（约前 108－前 62），公元前 1 世纪罗马叛乱首领。——译者

二部分运用了大量的修辞手段、对照和对句法。在修辞方面，它比阿米安或哲罗姆更具古典艺术特征，但它又十分明确，一眼便可看出不是古典作品。在语气上它较为急迫，具有适当的戏剧性，在形式上大量运用并列句，这两者无论就其本身而言还是在相互作用方面，完全不像是古典主义。如果观察一下因为在角斗的……这个包含了很多从句成分的句子，就会发现它在表现扣人心弦的动作时越来越多地运用了并列句：他睁开眼睛，受的创伤等等——如果想体会一下这种印象，便会觉得是在回忆圣经中的几个地方，在拉丁语《圣经》中是这样说的："上帝说：要有光，就有了光。《圣经》中也说过：但我是虫，不是人，被众人羞辱，被百姓藐视；"（《诗篇》第 22 章第 6 节）或者："你叫风一吹，海就把他们淹没；"（《出埃及记》第 15 章第 10 节）或者：耶和华叫驴开口；（《民数记》第 22 章第 28 节）所有人们觉得在传统的拉丁文中应该是因果从句或至少是时间从句的地方（无论是由虽然或是由在……之后带起的句子，无论是由第六格或是由分词结构带起的句子）用的都是由"和"带起的并列句，这不仅一点没有削弱，相反还加强了两者之间的联系。正如在德语中若说：他睁开了眼睛，于是看到了……其戏剧效果就会优于说：在他睁开眼睛时，或者他的眼睛睁开时，看到了……我们所分析的典型句子他睁开了眼睛，于是看到了……只不过是较为普遍存在的许多现象中的一个：奥古斯丁运用的可能是当时古典的文体及修辞格（正如他的著作《论基督教教义》的第 4 卷所表明的，他完全是有意识地运用），然而他并没有受其约束。他激动、急迫的性格使他不可能运用相对冷静的、理性的、居高临下看待事物的古典风格，特别是古罗马风格，本文随处可见的是，在描写戏剧性发展时，奥古斯丁经常一个接一个地运用并列句子成分，如“拖到那里待着，强迫我待在里面，我将坐在那里，以此证明我胜过你们”（如果我没搞错的话，这是充分显示奥古斯丁特色的动作）；“他睁开眼，他受了伤，跌得更惨；他并没有转过头去，而是目不转睛地看着；吸吮，不知不觉地感到惬意，他陶醉了，他狂喜，他已不再是来的那个人，而是那些看角斗人中的一个。”这在古典风格中是根本不可能的。73
毫无疑问，这是圣经式的并列句，就连戏剧化地再现内心活动，内心转变等等，其内容本身也是地地道道的基督教的。“这时的他已不再是来的那个人，而是那些看角斗人中的一个，”这个句子无论从形式上还是从内容上都不可能在古典文学中出现，这是基督教的，尤其是奥古斯丁式的，因为没有一个人能比奥古斯丁更热衷于分析一个人内心各种力量的矛盾和统一，分析各种力量对照与综合的相互关系和相互作用，他不只如在这里所提到的实际情况中这样做，而且也在纯理论性的问题上这样做。在他笔下，纯理论问题也总能变成戏剧性事件。最能清楚地表明这一点的是他论三位一体的著作。如果再举一个小而典型的例子来说明成长和发展在他的笔下有多么困难，但同时又是多么清晰的话，可以读一读《忏悔录》第1卷第8章中的头几句，那里说的是从童年到少年的过渡，这种句子在奥古斯丁之前是不可想象的。奥古斯丁运用并列句来表达令人激动的紧张场面，多用来表达内心活动。他的作品几乎完全没有阿米安和当时其他作家，甚至连教会作者都具备的特点，即对外部事件，尤其是对神秘、病态、恐怖事件的感官性描述。在我们选用的引文中，凡是足以对恐怖做感官

描述的地方，作者都只用几句有力而又十分普通的话语一带而过。

尽管如此，这篇文章也同样将内心的、悲剧性的和不确定的活动与具体时代的真实情况结合起来。不同文体范围分用已就此结束。我们看到，即便非基督教作家也写出了用高雅文体描述现实的作品，犹太—基督教传统的文体混用以一种更单纯的（由于受古典晚期文学奢华风格的影响有时有点走样的）形式出现在早期教父的著作中。正如我们上文（第 44—46 页）已经指出的那样，基督教学说的核心，如基督的化身和基督受难，与文体分用原则毫无共同之处。基督不是以英雄和国王的身份，而是以社会地位最卑微的平民身份出现的。他最初的弟子是渔夫和工匠，他的活动范围是巴勒斯坦平民百姓的平凡世界，他和税吏、使女、穷
74 人、病人和儿童谈话；他的每个动作和每句话依然比别人更高贵，更庄重，也更有意义；描述的文体并没有、或只有很少古典意义的演说艺术，只是“渔夫的语言”，但它比最讲究的修辞和最高等级的悲剧艺术作品更感人，更有影响。那些作品中最令人感动的是基督受难的故事。王中之王竟然像罪犯一样被嘲弄，被唾弃，被鞭笞并被钉死在十字架上——这个故事一旦被人领悟，便彻底消除了文体分用的美学观。它创造了一种全新的高雅文体，这种文体决不轻视日常事物，对感官性的现实，对丑陋、不体面、身材猥琐，它统统纳而不拒，或者，如果用相反的意思表达的话，可以说出现了一种新的“低级表达方式”，一种低级的、本来只用于喜剧和讽刺剧的文体，它现在大大超出了最初的应用范围，进入了深邃和高雅，进入了崇高和永恒。我以前曾探讨过这一点并（在《圣

经低级表达方式》一文中，见《新语言》杂志，赫尔辛基 1941 年版第 57 页）指出过奥古斯丁所起的特殊作用。奥古斯丁在古希腊修辞学及犹太—基督教神学方面的造诣都很高，他也许是清楚地意识到这两个世界之间文体对立的第一人，在《论基督教教义》（第 4 章第 18 节）一书中谈到一杯凉水的故事*时（《马太福音》第 10 章第 42 节），他曾以十分醒目的方式指出过这一点。

基督教作品在早期之所以很少出现文体混用现象（在中世纪便可以更清楚地观察到这种混用），是因为早期教父很少有机会对当时的现实加以实际的摹仿。他们不是诗人，不是小说家，一般来说也不是当时的史学家。神学活动，尤其是护教和辩论充实着他们的一生，同时也是其作品的内容。像这里选用的哲罗姆和奥古斯丁描写当时现实的段落是不多见的。他们的著作更多的是阐释现实——特别是对圣经进行阐述，或对重大的历史事件，尤其是罗马历史进行阐述，以使其与犹太—基督教历史观相协调。在他们的作品中，几乎通篇用的都是以人叙事的方法，我们在文中已经多次提到过这一点（见第 18 页及第 51、52 页）**，对这种方法的作用和影响，我曾试图在另外的地方说得更清楚些（《喻象》，见 *Arch. Roman*，第 22 期第 436 页）。我在那篇文章里写道，75
喻象阐释“将两件事或两个人联系起来，两者你中有我，我中有你，它们在时间上是分开的，但真正的事件或人物都存在于时间之内，两者都包括在奔涌的潮流即历史生活之中，只有理解和领

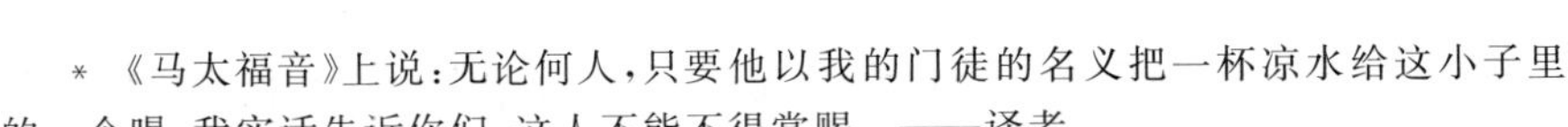

* 《马太福音》上说：无论何人，只要他以我的门徒的名义把一杯凉水给这小子里的一个喝，我实话告诉你们，这人不能不得赏赐。——译者

** 指原书页码，参见中文版边码。——译者

悟它们之间的关系才是一种精神行为”。实际上，这里指的首先是对《旧约》的阐释。《旧约》的每段故事都可以理解为新约事件的象征或事实上的预言。上文第 51 页及 52 页所叙就是一个例子，上面刚刚提到的我写的那篇文章中，也有许多加评论的例子。人们可以很容易地看出，这种阐述将一种全新和全然陌生的因素引入了对古典时代历史的研究。比如若是把祭献以撒解读为基督受难的前兆，那么可以说，祭献以撒似乎预示着基督的牺牲，而后者的牺牲则是前者牺牲的“完成”——拉丁语是 *fuguram implere*——，这样，就把时间及缘由毫不相干的两件事联系起来。这是一种不可能以理智的方式在水平过程（如果用这个词来表达时间延续）中建立的联系。只有把两件事与上帝天意垂直联系起来，它们之间才有关联，只有天意才能以这种方式设计历史，只有天意才能提供理解历史的钥匙。事件之间时间—水平及原因上的联系没有了，此时不再是某人尘世过程的一环，而是同时成为某一以往即一直存在和在将来圆满完成的事件。其实在上帝眼里，这就是一种永恒，一种无时限，在未完成的尘事中完成的事件。这种历史设想是一个伟大的整体，然而对于古希腊—古代风格来说是完全是陌生的，这种设想破坏了古典语言结构，至少破坏了文学语言结构。在不涉及尘世地点、时间及原因关系时，在表达垂直联系（把发生的一切事件都与上帝相连）变成头等大事时，那些巧妙的、层次分明的连词，众多句法关联词以及一系列周
76 密的时间状语都变得多余了。这两种观察方式相遇时，必然会产生冲突，同时也会出现平衡的尝试：一方面要按时间和原因顺序把事件的各个环节认真联系起来，在前景中进行描述，另一方面

这种描述又是支离破碎和跳跃式的，随处都有对上帝解释的询问。教父时代基督教作家古希腊文学的造诣越高，对古典时代的文化越精通，他们就越觉得有必要把基督教义的内容不仅以单纯翻译的方式向下灌输，而且要适应其本来的理解及表达传统。在这方面，奥古斯丁也是个典型。他的《上帝之城》的大部分，尤其是涉及上帝之城在人世的体现（*procursus*）的第 15 至第 18 卷，表明了作者的不懈努力，他要用叙述在内心历史上连续不断的进程补充喻象—垂直的阐述。只要是他阐释圣经的章节，哪一章都可以作为例证来读，如第 16 卷第 12 章。作者在这章谈到了亚伯拉罕的父亲他拉家族，即《创世记》的第 11 章第 26 节，对此奥古斯丁就用圣经的其他地方，如《约书亚记》第 24 章第 2 节进行了补充。此章所述是犹太—基督教的内容，其阐述也是如此。一切都加上了上帝之城的标记，它从亚当开始，此时由基督完成。他拉—亚伯拉罕时代被阐释为上帝救世方案的一环，上帝之城的一系列象征性预演中的一站，这些预演是暂时和未完成的，是预示性的。从这个意义上来说，这个时代可以与很早以前的挪亚时代相提并论。不过，作者始终努力在这个框架内填补圣经讲述的故事的空缺，用圣经的其他故事或作者自己的思想进行补充，从而使各种事件之间有种顺畅的联系，最大限度地理性地阐释原本非理性的事件。奥古斯丁对圣经故事所做的补充几乎都是为了合理地解释历史上发生的事情，从而将喻象阐释与历史过程连续不断的观念谐调起来。古典时代经典艺术的影响也表现在语言上，并且可以说首先表现在套叠的长句上，这些匆匆拼凑的一个套一个的长句虽然没有多大的艺术性（关系从句过多），但其中却用了

很多关联词，分别用了时间、比较和让步从句，分词结构等等，这
77 些都与上文中引用的圣经截然不同。圣经中用的是并列句，很少
用关联词。在早期教父的作品和奥古斯丁的几乎全部著作中，常常可以看到这段引文和圣经引文之间的这种区别。因为《圣经》的拉丁语译文保留了原著并列排比的风格。从《上帝之城》一书的这个地方就可以看出两个世界在语言和事实方面的争斗，这种争斗本来有可能导致犹太—基督教传说的合理化和依照句法结构分类，然而这种现象并未出现。古典时代的思想毕竟太陈腐，圣经译本这当时最重要、影响最大的作品非常重视模仿原文的并列句风格，迎合老百姓的语言习惯，而此时文学语言却日渐消亡，最后还出现了日耳曼文化的渗透，日耳曼文化虽然敬畏古典文化，却不可能汲取该文化中的理性及句法上的精雕细刻。

就这样，以人物形象来阐述事件的方式便可以毫无阻挡地发扬光大了，但它并不能完全代替过去那种理性地、顺其自然地看待世间事物之间联系的判断力，因为这种方法并不能随便应用于每件事情上，尽管一发生什么事，人们总是试图直接从上帝的角度对其做出解释。由于事物的纷繁多样性，由于天意的不可知性，这种尝试只不过是一场徒劳。繁纷多样的事件依然缺少一个对它们进行分类和理解的原则。——尤其是罗马帝国（它的国家概念至少给政治历史观指出了方向）崩溃之后更是如此。——剩下的不是对各具体事件的观望，就是容忍和利用；这就是以最粗糙的形式保留下来的原始材料。很久之后，基督教蕴含着的萌芽（文体混用，对形成中事物的深邃认识）才能在还未被摧垮的民族感性生活的支持下发挥自己的作用。

第四章　西哈里乌斯和克拉姆内辛都斯

下面这个故事选自于图尔的格列高利*所写的《法兰克人史》78 第7章第47页及第9章第19页。

当时图尔地区的居民间发生了严重的内部争斗。因为原约翰之子西哈里乌斯在曼特兰村和奥斯特雷吉西尔及其他村民一起欢庆圣诞，当地牧师派了一个仆人前来邀请几个人到他家喝酒。可仆人进来时，被邀请人中的一个竟然拔剑向他头上砍去，仆人顿时倒地而死。牧师的好朋友西哈里乌斯听说牧师的仆人被害的消息后，便拿了武器来到教堂等着奥斯特雷吉西尔。后者听到这个消息也带上武器去找他。于是双方混战一场，谁都没有占什么便宜，西哈里乌斯在教士的保护下悄悄溜回自己的庄园，却把自己的银子、衣物和四个受伤的仆人留在牧师家中。他逃走后，奥斯特雷吉西尔闯进牧师家，杀死了他的仆人，掠走了西哈里乌斯的金银和其余东西。后来双方来到公民法庭，法院做出了判决，由于奥斯特雷吉西尔杀死对方的仆人后不等法院判决便抢走了

* 图尔的格列高利(Gregor von Tours,约538或539－594),法兰克史学家。——译者

东西，所以判他依法予以赔偿。西哈里乌斯同意了这一协定，可过了几天他听说，奥斯特雷吉西尔把抢来的东西放在他儿子奥诺和他兄弟埃伯鲁尔夫家里，于是他也不管什么协议不协议的，便和奥丁碰了个头，破坏了和平，带上一队人马夜袭了对方。他破门而入，杀死了正在睡觉的父亲、兄弟和儿子，打死了仆人，把他们的财物和牲畜掠劫一空。我们听说这件事时万分悲痛，于是与当地的法官进行联系，给他们捎去口信，请他们到我们这里来，解决他们的问题，双方和解，不要扩大事态。他们来了，小镇的居民也都到了，我对他们说："你们别再犯法了，不要扩大恶行。我们已经在这场争斗中失去了教会之子，并且还受了其他方面的损失。我请求你们静下心来，谁行了不义就应该赎罪，以表示出你们的爱，表明你们是和平的子孙，才会因主的宽恕而进入上帝之国。因为上帝说道：温和的人得福，因为他们是上帝之子。你们看着，谁要是有了罪责而又贫穷至极无力付赎金，那么应该用教会的钱将他赎出，只要他的灵魂未泯。"于是我把教会的钱供他们用。可是要为父兄和儿子之死复仇的克拉姆内辛都斯那一帮人拒绝接受赔偿。他们走了。西哈里乌斯打算启程去见国王。因此他来到普瓦捷地区看他的妻子。在那里，有一次他催促一个仆人快点干活，举起手杖打他，那仆人抽出腰间佩带的利剑朝他狠命刺去，想把主人刺伤。西哈里乌斯倒在地上，他的朋友们赶来抓住那仆人，拼命地揍他，把
79 他的双手和双脚剁掉，将他送上了绞架。这期间消息传到了图尔，说西哈里乌斯已毙命。克拉姆内辛都斯得知后便派他

的亲戚和手下闯进西哈里乌斯的家。他把那里洗劫一空，杀了好几个仆人，然后把西哈里乌斯和其他同住在庄园里的人的房屋付之一炬，牵走了牲畜，拿走了可以拿走的一切。接着法官要求双方当事人到城里来。双方都维护自己的财产，法官做出判决认为，以前不愿接受赔偿并纵火烧屋的一方应该失去以前判给他的被杀赔偿金的一半——这本来是违背法律的，之所以这样做是为了安慰他们——另一半赔偿金应由西哈里乌斯支付。教会随即拿出了钱，按照法庭的判决支付了赔偿金，双方和解并相互发誓，任何时候都不再反对对方。这场争斗就这样了结了。

（第9章第19页）我们前面讲过的业已结束的图尔居民之间的争斗重又掀起波澜。虽然西哈里乌斯曾打死了克拉姆内辛都斯的亲戚，但他仍与后者结下了亲密的友谊，他们相互之间真切地爱着对方，经常在一起宴饮，同住一个营地。因此当有一次克拉姆内辛都斯又举行晚宴时，便邀请西哈里乌斯前来喝酒。西哈里乌斯应邀而至，他们一起坐在桌旁。西哈里乌斯仗着酒气说了好多向克拉姆内辛都斯挑衅的话，据说最后几句是这样的："太感谢了，我最知心的兄弟，我是为了你才打死了你的亲戚；因为你得到了他们被杀的赔偿金，现在你家里金银满屋，要不是靠了这笔赔偿金，你现在早已是个一文不名的穷光蛋了。"克拉姆内辛都斯听出了这话的挖苦之意，心里暗暗说道："要是不为自己的亲戚出这口恶气，我就枉为一个男子汉；别人一定会说我是个胆小的婆娘。"他立刻灭了灯，用刀把对方的脑袋劈成了两半。西哈里

> 乌斯咽气前还轻轻地哼了一声,接着便倒地而死。随同他一起来的仆人四散而逃。然后克拉姆内辛都斯从尸体上扒下衣服,把一丝不挂的西哈里乌斯吊在篱笆的木桩上,跨上马急驰去见国王……*

(这段译文摘自《德意志史前史学家》第9卷,1931年第2版。该译文力求将整个过程讲述清楚,其目的并不在于介绍格列高利的写作方式。)**

80 读这篇文章时可能首先会产生这样的印象,似乎这里不清不
楚地讲了一个混乱不堪的故事。即便人们对文章的书写和词尾
变化的不规范不感到吃惊,那么要想把事实搞清也颇为费力。
“当时图尔居民间发生了严重的内部争斗。因为……”这里本该
81 接着说明争斗的原因,可是下面接着写的是与“因为”有关的一段
往事,即在一个村子里许多人聚在一起欢度圣诞,村里的牧师派
82 了一个仆人来请几个参加聚会的人喝酒。可这并不是争斗的起
因。这使人想起在口头语言里常常遇到的叙述方式,尤其是文化水平不高或说话匆忙、词不达意的人,形式大概如下:“我昨天很晚才从办公室出来。因为厂长舒尔茨到上司那儿去了,他们谈了某某事情。快到五点钟时,上司来了说:喂,米勒先生,您能不能赶快做报表,这样我们就可以立刻把所有的材料都交给舒尔茨先生了。”诸如此类等等。正如牧师的邀请不是发生争斗的直接原

* 原文引文为拉丁文。——译者

** 原文引文为拉丁文,脚注附德语译文,括号中的这段说明原附在德语译文之后。此段中文译文系据德译文译出,所以将此段说明文放在这里。——译者

因一样,舒尔茨到上司那里去也不是米勒迟归的直接原因,它只是一个事件中许多环节的第一部分,讲述者没有从句法角度综合叙述这件事情的能力:他本来是想说明在第一个主句里就先讲出的结果的原因,可由于需要说明的情况太多,他自己搞糊涂了:他既没有能力在一个套叠的长句里用几个副句把要说的内容组织起来,又没有事先认识到表达的东西很多,需要用一个导入从句(比如用"这是由于")摆脱这种困境。文中所用的"因为"这个词既不精确也不合适。同样,后面一个句子也是如此:"因为西哈里乌斯打死了……"等等。这句里的"因为"并没有带起说明暴发新骚乱的原因从句,而只是环节众多的事件中的第一环,在上述两个例子里,由于主语的变化,故事显得更加混乱。两个例子里的句子都是以西哈里乌斯做主语开的头,显然,格列高利两次都把他当作重要人物,而在两种情况之下,作者都不得不把部分事实的主语插进来,放在一个句子里,结果这些句子的语法显得非常累赘。虽然评论家(波内,还有勒夫斯泰德也曾在对《天国之旅》的评论中)告诉过我们,在拉丁文俗语中,"因为"一词像许多拉丁语中的连接词一样,已失去了其本来明确无误的表达力,不再表示原因,而只是一个无色彩的承上启下的关联词或过渡词。不过在我们引用的格列高利的两段文字中,情况倒不完全是这样。格列高利所用的这个词还有表达原因的意思,只不过用得含混不清。也许通过这些例子可以看出,由于频繁地随便使用"因为"一词,它作为原因从句小品词的意义已逐渐削弱了——在这篇文章里,这个削弱过程正在进行,还没有结束。值得注意的是,这种也 83
许随时都会出现在口头语言里的情况却出现在像图尔的格列高

利这样一个人的书面语言里，而此人出身高贵，在他的时代和他的国家里是一位非同寻常的人物。

我们再继续看。带来请帖的仆人被“一个被邀请的人”打死了。为什么？文中对此没有交代。打死人者必定是奥斯特雷吉西尔或是他那伙人中的一个，得出这一结论的依据仅仅是：西哈里乌斯要为此向他报复，但到底是谁干的却没有说明；突然引出好几处打斗场所（教堂、牧师家等等）和诸如“在教士的保护下”这样的话也只能使人对事情产生十分混乱的印象。读者觉得缺少解释性的中间环节。可是有的地方的说明却显得过于详细。为什么格列高利不直截了当地说：被邀请者的一个打死了那个仆人？他写道：“……拔剑向他头上砍去，仆人顿时倒地而死。”——他对事件中的重要情况处理得如此详细，却不告诉我们起因，对我们来说，起因恐怕总比点明仆人倒地而死重要得多！在下句里，他担心读者已搞不清上下文的联系，觉得有必要补充上这么一句“牧师的仆人被害”——只有理解力特别低下的读者才会忘掉这个细节！然而他那句“等着奥斯特雷吉西尔”却要求同一位读者具备相当丰富的联想力，因为他没有告诉我们奥斯特雷吉西尔与打死人这件事有关——作者甚至没有告诉我们，所有参加节庆的人并不像人们所想象的那样待在同一个地方。这种例子还不少。那个描述第一次法院判决的句子（后来双方……）里根本就没有一个统领性动词；接下去的句子是一个层层叠放、语法上毫无章法的分词结构组成的大长句：“开始同意”，“后来听说……于是不管协议不协议的……破门而入。”无论是翻译还是从历史一法律角度阐释这两个句子都极为困难。（这一整个法律程序曾

引起加布里埃尔·莫诺和菲斯泰尔·德·库朗热之间那场被人多次提及的论争,参见《历史评论》,1886 年第 31 期及《历史问题评论》,1887 年第 41 期)。其原因不仅在于 placitum(“喜欢”,“意见”,“命令”)这个词具有多重含义,还在于通篇文章的语言结构 84
不能使人一目了然,这再次表明,格列高利对这些事件本身没有概述的能力。

奥斯特雷吉西尔消失了,谁都不知道他的下落。新的人物又令人惊奇地登场了,我们只能偶然支离破碎地了解这些人物和事件的联系,而格列高利为了安慰读者所说的一番话又只能靠联想才能理解,因为到底谁“有罪责”,谁是那个灵魂未泯的“人”? 对此另一个对全文来说不大重要的故事做了详细的描述,说西哈里乌斯到了普瓦捷,被一个仆人刺伤。这个故事在整个情节中只不过是为了说明他的死讯是个误传。在第二次法院审判或调停中,读者又得颇费力气才能搞清,哪一派该得多少钱等等。整个(第 7 章的)第一部分中有许多常常运用欠妥的从句,从中虽然可见作者运用多元组合的良苦用心,但除了所引用圣经那句话里面的“既然”和我搞不太清楚的“虽然”这两个词以外,没有一个意义明确的因果从句连词。不过我觉得“虽然”的意思更像是表示条件(=“假如”)而不表示原因或结果。(第 9 章中的)第二部分却没有完全给人这样的印象,因为这部分很快便集中描写了唯一的一个场面,这里重要的是感官性和醒目,而不是句子的条理性。但正如我们前面所提到过的,这部分作为开场白的句子“因为西哈里乌斯”也显得非常累赘。

显然,若是让一位古典作家来描绘这个事件,那就会清楚得

多，前提当然是由他来描述。因为只要问恺撒[*]、李维[**]、塔西佗甚至于阿米安会怎样讲述这个故事，人们首先会立刻清楚地意识到：这些人根本不会讲这个故事。他们和他们的读者对这样的故事丝毫没有兴趣。谁是奥斯特雷吉西尔、西哈里乌斯和克拉姆内辛都斯？他们连部落首领都不是，在罗马帝国鼎盛时期，外省行政长官甚至都不屑于向罗马递交一份有关这些人互相残杀的专门报告。考虑到这种情况，人们就会知道，格列高利的视野是多
85 么狭小，他对整个相互联系的事件的观察能力是多么差，他按照过去通行的观点整理素材的能力又是多么低。罗马帝国不复存在了，格列高利也不再具有原先那种有利地位，全世界所有的信息再不会汇总到他那里，他不可能再按照这些消息对于帝国的重要性进行选择和初步整理；他既不再拥有人们从前拥有的信息来源，也不具备对信息进行编审的头脑。他几乎没有综观整个高卢[***]的能力，其作品的大部分无疑是非常珍贵的，这些作品写的几乎都是他在自己教区内的亲身经历，或临近地区的人向他讲述的事情；他的材料主要限于其本人所见。格列高利并不具备古代的政治观点，即便他的作品对某一这样的观点有所反映，那也是教会的需要；而且这种反映也仅仅限于某一个方面。他的作品并没有突出反映教会的全部思想观点，无论是在素材还是在思想

---

* 恺撒（Gaius Julius Caesar，前 100 -前 44），古罗马统帅、政治家和作家。著有《高卢战记》和《内战》等。——译者

** 李维（Titus Livius，前 59 - 17），古罗马历史学家。——译者

*** 高卢（Gallia），古地名。包括山南或内高卢及山北或外高卢两部分。公元前58 -前 51 年被罗马统帅恺撒征服。——译者

上，他所反映的一切都只限于局部地区。不过，他的古代前辈作家倒是常常根据间接的、经过理性分析的报告材料写作的，而格列高利在《法兰克人史》中所讲述的大部分事件都是他亲眼目睹的或取自事件参与者的口头报道，这很符合他的天性，因为他想直接了解人们的所作所为。这些生活在他周围的人才使他感兴趣，他并不考虑更大范围中的政治问题，即便在作品中涉及政治，也仅仅是从人性的一传奇逸闻的角度去处理，因此他的作品更具有一种个人回忆录的性质，而不是一位罗马历史学家著作的性质——至于恺撒的情况有多么不同，想必在这里不必赘述了。

这样看来，一位古典早期的文学作者根本不会处理这样的故事。如果说这个故事对于理解某一较为重要的历史情况是必不可少的话，那么古典作家用三句话便可以把它讲清楚。当一系列暴力事件本身具有政治意义时——比如像萨卢斯特讲述的尤古尔塔[*]与其堂兄弟的故事——那么作者会在该暴力事件出现之前做好通篇的安排，在语言表达上也会进行强化处理，对整个政治意图做一番介绍。没有任何政治意义的事件细节顶多有时会一笔带过，就像辛普萨尔斯被害时所讲的那番话一样“隐藏在农舍里装作女仆”（《尤古尔塔》第12章）。但格列高利却竭力将这些事件常常描述得鲜明生动，不过有时这种描写显得笨拙而冗长，86
“……当地牧师派了一个仆人去邀请几个人到他家喝酒。可仆人进来时，被邀请人中的一个竟拔出剑向他头上砍去。仆人顿时倒地而死。”这种描述虽然简单，倒也还生动。其实仆人的到来和他

* 尤古尔塔（Jugurtha，前160－前104），古代努米底亚国王。——译者

倒地而死都不值一提。同样不值一提的还有对奥斯特雷吉西尔的报复性进攻;虽然没有明确地说明这场进攻发生在什么地方,但人们会再次感到作者在竭力形象生动地描绘事件的来龙去脉。而对整个情节的进展无足轻重的西哈里乌斯及其仆人之争也是如此。不过,在我们的这篇引文中,能说明格列高利如何努力生动描写的最具特色、最鲜明的例子还是杀害西哈里乌斯的那一段。一个人不久前还杀了另一个人的至亲,可这两人竟然成了推心置腹的朋友,他们不分彼此,甚至到了同吃同住的地步,克拉姆内辛都斯又一次请西哈里乌斯吃饭,而喝得酩酊大醉的西哈里乌斯口出狂言刺激克拉姆内辛都斯,以致他新账老账一起算,最后是那个谋杀场面本身——这一切都形象生动,都是在竭力直接摹仿事件,罗马的历史著述从未进行过这样的努力(就连阿米安那种华丽的叙述风格也不是摹仿性的),而且这在整个古典时代的严肃文学中几乎找不到。此外从心理学角度来看,这篇作品也不简单,它描述了两个人之间的一个非常精彩的场面,充满了墨洛温*时代的奇异气氛:赤裸裸的暴力凶杀,抹杀往日的一切记忆和排斥将来的一切可能的突发性,另一方面是以最简单不过的方式揭示而又不为那些残暴之人所接受的基督教道德所起的微乎其微的作用——这一切都在这个场面中得到了充分的体现。人们不由得会想到,克拉姆内辛都斯是有意使西哈里乌斯中了圈套——他对后者的友好姿态只不过是装出来的,好让对手乖乖就范——但格列高利根本不是这样考虑的。他很可能有他的道理,

* 指墨洛温王朝,系古代德意志民族支系法兰克族之最初王朝。——译者

因为他了解生活在他周围的那些人；类似的毫无头脑的举动在他的作品里俯拾皆是。似乎这两个人真的以诚相待了，以至于他们一时间根本觉不出这样的友谊是多么不正常，多么危险；后来几
句酒后胡言又突然勾起回忆，忘却的仇恨又重新点燃，因此可以 87
说谋杀是一时冲动之举；而下文所说的克拉姆内辛都斯由此而陷入了一个十分不妙的境地就更令人信服了，因为西哈里乌斯强大的后台是王后弗雷德昆德*；要是克拉姆内辛都斯有时间思考，也许他不会这么做。格列高利讲述这一切时没有加入任何自己的评论，他的讲述扣人心弦，一旦到了关键时刻，便变换时态，使用现在时；接着他又用直接引语描述喝得醉醺醺的西哈里乌斯的喋喋不休和克拉姆内辛都斯的内心活动。两段直接引语纯粹是对真实的口头语言及心中感受的直接摹仿，没有任何语言修饰。西哈里乌斯说的话听上去像是把口头的俗语（如“据说”）译成了格列高利式的蹩脚拉丁语；用德语大致可以这样表达：“兄弟，我把你的亲戚给宰了，你本该谢我才对，你得到了赔偿，成了一个阔佬，要不是这件事还能使你有口气活着，你的小命早就没了。”而克拉姆内辛都斯的反应是急不可待，他的愚蠢至极可用内心独白来表示：“要是不为自己的亲戚出这口恶气，我就枉为一个男子汉，别人一定会说我是个胆小的婆娘”——于是就灭了灯，西哈里乌斯便丢了性命，作者没有忘记写他死前的哼哼声，在这里又一次用了“倒地而死”这个词；格列高利是不会不描写倒地而死的躯

* 弗雷德昆德（Fredegunde，约 550 - 597），法兰克王朝王后，国王被害之后为其子克洛塔尔掌权执政。——译者

体的。

如此看来，格列高利以极为传神的笔墨描述了任何一位古典时代的史家都不会认为有描述价值的场面；也许正是这种鲜明生动才激发了他的描写。要是读一读描写人质阿塔卢斯逃跑的故事(见第 3 章第 15 节；这个故事给格里尔帕策[*]的《说谎的人倒霉》提供了素材)，就会看到这样一个场面：逃跑的人为躲避追踪而来的骑兵藏进黑莓树丛里，而追兵正好就停在树丛前："一个人正说着话，好几匹马就撒开了尿……"哪一位古典时代的作家会做这样细致的描述！可以看到，为了生动传神，格列高利会情不自禁地完全靠自己的想象杜撰这类事情——他自己并不在场！他尽其所能把事情讲述得有鼻子有眼，使各种感官都能感受到它

88 们。他的修辞手段中最具特色的特征就是为此服务的，这就是大量简短的直接引语，只要一有机会他就使用直接引语，凡是在有可能的场合，他都要以这种方式从每个故事中制造出一个场景。关于古典时代历史书中直接引语的作用，我们已在前面(第 42 页及第 48 页[**])谈到了：在史书中直接引语几乎只是用于具有雄辩特征的重要讲演；演说中感情及动人心弦的表达纯粹是修辞性的，它对事实进行归纳和处理，但对事实的具体情况并没有说明。而格列高利却描写对话以及行为人的类似的简短表达，这些对话突然出现在某一时刻，将这一时刻变成一个场景。至于格列高利如何描述所发生的一系列事情，如何让两人对话或一人说话，这

* 格里尔帕策(Grillparzer，1791－1872)，奥地利剧作家。——译者

** 指原书页码，参见中译本边码。——译者

些我就不用一一列举了。在数量众多的这类场景中，他用的是不太流畅、有时是词不达意的拉丁文，其本意是为了使文章更具有文学性，却总是显得突出了俗语的表现力，在这里我不能一一列举这众多场景了。不过我还想至少列举几个例子（上文所谈的谋杀场景已是一个例子）。阿塔卢斯故事中厨师和他主人的对话（“我请你为我准备午餐，人们会赞不绝口，因为在王宫里我们没有见过更好的东西。”第3章第15节；这一章里也写了厨师及女婿在夜里的对话）；克莱蒙的主教职位之争，祭司卡多对考提努斯副主教的威胁（“我要驱逐你，把你制服，我要先下手为强，使你的谋杀不能得逞”。第4章第7节）；国王希尔佩里希与格列高利关于三位一体的论争（国王在回答时的愤怒和嘲弄如：“这个案子清楚地告诉我，西拉里乌斯和欧塞比乌克有强大的对手，要不然我就向因你而变得聪明的人指出这一点，因为他们与我的观点不谋而合。”第5章第44节）；王后弗雷德昆德去探视生病卧床的普拉特克斯塔图斯主教时前前后后所发生的事情（第8章第31节）；波尔多主教贝尔特拉姆努斯就他妹妹那件事所做的回答（“现在让他去找她，把她从想去的地方召回来吧，他知道我不好客。”第9章第33节）；公主莉昆德斯和母后动手打架（第9章第34节）；贡特希拉姆·伯索和特里尔主教之间的对话（第9章第10节）；特别精彩的是蒙德里库斯之死，蒙德里库斯最后被叛徒阿莱古斯鲁斯押着从自己的城堡大门走了出来，由于作者运用了直接引语，这个谋杀前的紧张时刻颇为引人入胜：“人们啊，你们一个劲地看什么？难道你们没有见过蒙德里库斯？”（第3章第14节）

在所有这些对话和呼喊中，那些简短的自发性的二人对话得
89 到了最具体的戏剧性描述：行为人面对面、你一句我一句地据理力争，这种写作方法在古典时代历史著述中几乎看不到——就连古典戏剧中的对白都更具理性，更讲究语言修辞。不过在圣经故事中也许可以找到这样自发的简短对话——读者可以对照一下我们在上文第 49 页所进行的分析。毫无疑问，格列高利熟悉圣经，尤其熟悉福音书的语言节奏和气氛，它们也对他的风格产生着影响。它们化解了在格列高利身上及其生活的时代无疑已经萌生的力量。因为在他的作品里，随处可以感受到口头俗语，这种语言虽然还远不能用文字表达出来，却始终回响在格列高利的意识里。他的书面拉丁语不仅在语法和句法上颇为陈旧，而且用在最初时期或至少在鼎盛时期不大适用的地方，即对具体的现实进行摹仿。因为鼎盛时期的书面拉丁语，尤其是文学作品的拉丁语，是一种几乎过于规范的语言，在这种语言中，事实情况的素材—感官性主要从上帝的角度来安排，较少注重生动描绘素材的感官性。除了修辞上的传统以外，罗马帝国的法律—行政精神也对这方面发挥着影响：在鼎盛时期的罗马文学作品中（甚至在西塞罗的书信中时而也表现得十分强烈，读者不妨阅读一下他那篇著名的致 P. 连图鲁斯·斯宾特的辩护词，《关于流言》第 1 篇第 9 章，特别是第 21 段），占主导地位的倾向是对事实仅作简单的报道，如果可能的话，仅仅使用很普通的语言进行暗示，尽量与其保持距离，而将所有的语言表达力度都放在了句法关联上，因此其文风似乎具有一种战略特征，各个部分联系清晰，各连接部分之间事件的素材虽然占据着主要地位，却不具备真正的感官性。由

此，句子之间的各种连接便格外分明，格外精确，格外多样化；这里指的不仅是连词和其他连接主从句的方式，而且时态、语序、对照和其他许多修辞手段的使用都服从于同样的目的：关系具体，明确，同时又运用自如，表述细腻。丰富多彩的连词和关系词使多方位的主观表述成为可能，使作者能随机应变地对事实做出理智的推理和判断，可以对一些事实避而不谈，对其他把握不大的 90
事实进行暗示，这种程度的自由是很久以来所未曾有过的。而格列高利的语言只能对事实做极不全面的安排，他并不具备概述稍稍复杂的事件联系的能力。他的语言条理很差或者毫无条理可言。但他的语言却生活在具体事件中，是事件参与者所使用的语言，能够极传神地表达他们的欢乐、痛苦、嘲笑、愤怒以及他们内心的其他激情。（不过有时格列高利对这些人的评论往往是肤浅的，不精确的，第 9 章第 19 节接近尾声时对西哈里乌斯的评论便是一例）。与古典作家相比，他的感官体验是多么直接，把他与古典作家中最具写实风格的佩特罗尼乌斯做一比较就能看出这一点。后者摹仿他的那些变成富翁的被释放的奴隶的语言，让这些人使用自己粗俗而又可憎的俚语，比格列高利的摹仿更有意识，更加惟妙惟肖；但他只是把这种语言风格作为一种艺术手段来运用，如果他写一篇报道或一部历史著作，则会运用完全不同的语言风格，这是毋庸置疑的。佩特罗尼乌斯是一位有教养的人，是个伟大的人物，他运用粗话是为了给他的同类出色地表演一场滑稽戏；他所做的是有意识地运用喜剧艺术，如果他愿意的话，他也可以用其他许多方式写作。而格列高利则不然，除了语法上乱七八糟、句法表达单一、因而几乎是小学生水平的拉丁语以外，他再

没有其他任何本事；他已是江郎才尽，无法用别出心裁的诙谐、用另一种语言风格打动他的读者。不过他却掌握着具体事件，它们发生在他身边，由他亲自处理，或由别人“热蒸现卖”式地向他报道，我们虽然不能完全确切地想象出报道时所使用的口头语，但它显然长期作为他报道的原始素材回响在他的耳畔，他再努力把这些口头语翻译成他那半吊子文学拉丁语就行了。他所讲述的是他自己的世界，是他唯一的世界；他没有任何其他的世界，他自己就生活在其中。

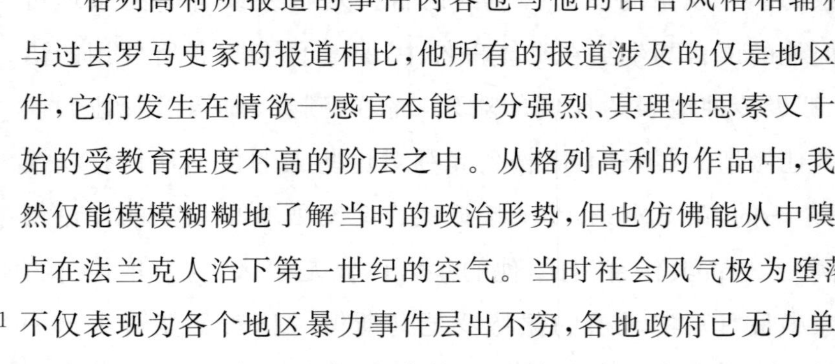

格列高利所报道的事件内容也与他的语言风格相辅相成。与过去罗马史家的报道相比，他所有的报道涉及的仅是地区性事件，它们发生在情欲—感官本能十分强烈、其理性思索又十分原始的受教育程度不高的阶层之中。从格列高利的作品中，我们虽然仅能模模糊糊地了解当时的政治形势，但也仿佛能从中嗅出高卢在法兰克人治下第一世纪的空气。当时社会风气极为堕落；这
91 不仅表现为各个地区暴力事件层出不穷，各地政府已无力单独使用武力，而且也表现为各种计策和政策已失去任何规范，变得极为野蛮和愚蠢。人际交往中的婉转用语是任何高度文明社会所必须的，如彬彬有礼，修辞中的掩饰，委婉表达，甚至在进行政治或商业掠夺等情况下也要遵循礼仪规则及法律程序等等，这一切在法兰克时代都被摈弃，即便有所保留，也早已成了无耻的假面具。与此同时，种种欲望也失去了任何隐蔽的形式，毫无遮掩地显露出来；这种粗野的生活具有感官性，对意欲描述它的人来说，既无序而难以梳理，又近在咫尺，引人入胜，充满生活气息。格列高利是位主教，是那些视创建基督教思想为己任的人之一，这是

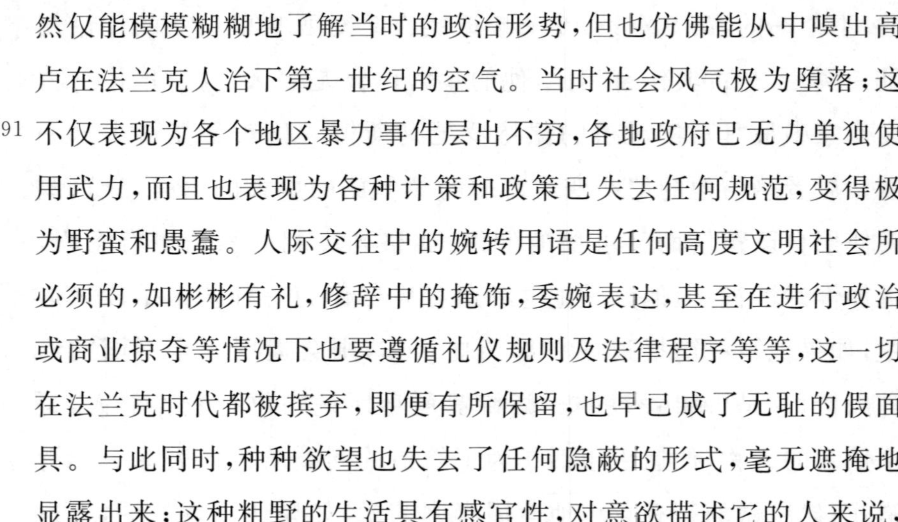

一种非常实际的工作，对教徒进行灵魂上的帮助每时每刻都与政治和经济问题密不可分。在前一个时期，教会活动的重点还是确立教义，在这个过程中，精神和洞察力常常超常发挥。到6世纪时，教会的主要任务至少在西方已转到了实际性和组织性的工作上。我们这位格列高利为这种重心的转变提供了一个生动的事例。他不大讲究文体修辞，对教义上的论争不感兴趣；高级神职人员怎样决定他就怎样行事。但他心里装着所有能对民众施加影响的事情——圣徒故事，圣迹圣物，创造性奇迹，防范暴力和压迫，简单易懂的、允诺善有善报的道德说教。生活在他周围的人对教义一窍不通，他们仅仅对秘密的宗教仪式有粗略的了解。这些人有着各种欲望和物质利益，出于害怕别人的心理和对超自然力量的恐惧，他们的欲望和利益不能锋芒毕露。看来格列高利的确是熟知这些情况的高手。他出任图尔区主教时才三十出头。如果不是从作家，而是从人的角度来看此人的话，那么他一定是个有勇气和气质的人，他的所见所闻一定不会轻易地使他失去自制。他是教会里最早具有实际—积极的现时意识的人之一，他能够把基督教教义变成在世俗生活中发挥作用的东西，人们应当对天主教中的这种人倍加敬佩。格列高利对有关人的一切都不陌
生，他能深入到任何底层的民众之中，对事物直言不讳而又能保 92
持自己的尊严和主教的语气；除了教会手段以外，他也不鄙弃世俗手段。他知道，从长远观点来看，如果教会想长久地在这个世界上成为某种道德力量的话，它就必须富有和强大，要想持久地赢得人心，也应该切实关心人，把他们凝聚在自己周围。除此以外，教会还以多种方式与实际现实联系在一起，如布施，调停争

端，经管其日渐发达的地产，与政治千丝万缕的联系等等。从某种较高的、实际含义较少的意义上说，基督教从一开始就是现实主义的；我们在上文中曾经谈到，耶稣在下层民众中的生活和他那崇高而又屈辱的受难精神动摇了古典时代关于悲剧和崇高的观念。除此以外，在图尔的格列高利的作品里，也许是第一次以文学形式出现了教会写实主义，这就是在实际生活中做切切实实的工作，汲取日常生活经验，具体而又实在。由于职业的关系，格列高利与他报道的人及生活环境都打过交道，也由于职业的原因，他关心这个道德个体，这就是他工作的现时范围。他的观察和将其记录下来的兴趣都产生于他的工作，而他本人所具备的关心具体事物的才能当然也完全与他所担任的职务有关，因而他不可能从美学上把崇高的悲剧性和日常的现实性分成两个范围便是理所当然的了。在实际工作中与人打交道的牧师是不可能将这两个范围分开的；在这未经选择的混合性生活素材中，他每天都会遇到人类的悲剧。诚然，才能和气质使作为主教的格列高利所关注的事情远远超出了牧师和教会的实际工作；这样一来，他几乎在不知不觉间变成了塑造人物、捕捉活生生事物的作家。并非每个牧师都能成为这样的人，也许在那个时代只有一个教士能够成为这样的人。基督教化与古罗马化的区别在于，基督教的代理人不仅仅从上帝的角度进行管理，让其他的一切自生自灭，而且他们认为自己有义务关心每日发生的每件事；他们直接与每个人、每件事进行联系。此外，格列高利似乎完全明了他写作的意
93 义乃至于他的写作特点。虽然他常常对自己文学修养不高却斗胆写作表示歉意（顺便说一句，这是一种常见的修辞上的套话），

但有一次（在第9章第31节）却又郑重请求后人不要修改他的文章：但愿你们永远不会让这些书籍受到损坏，或者让人掐头去尾地进行摘录，要让一切原封不动地留传后世。在随后的几行里，他的这种意向更加明确，这几行暗指的是学校教授的修辞法，仿佛预示这门学科将在中世纪的拉丁语有更大的发展："不管你是何人，只要你是上帝的牧师（他这样称呼后人），不管你多么有文化教养（接着他一一列举了科学和文学知识），因而觉得我的文风像乡巴佬一样地粗俗（*ut tibi stilus noster sit rusticus*），我恳求你，千万不要破坏我写的东西。"今天，许多人觉得格列高利即便作为一位文体学家都比大多数写一手漂亮文章的人文主义者更有价值，人们在读到这一顿呼*时是不会无动于衷的。在另一处，格列高利曾谈到他做的一个梦。梦中敦促他写作的母亲对他缺少文学修养的顾虑作出了如下回答："你难道不知道，我们这里的人觉得你的讲演很了不起吗？为了解除民众饥渴，他鼓起勇气开始写作：既然主人雷德姆普托和我们的神明为摧毁凡俗智慧的空泛，选择的不是演说家而是渔夫，不是哲学家而是农人，我为什么要担心自己的孤陋寡闻呢？"母亲梦中现身这一整段虽然并非出自《法兰克人史》，而是出自《圣马丁传》的前言，而且直接涉及这位圣人的种种奇迹；但读者可以毫无顾虑地把它推及格列高利所写的全部作品之中：无论在哪里，他都是为普遍的、直接的、感官性的、具体的理解力而写作，这正与他的天分、气质和职务相称：

* 顿呼是修辞学上的术语，意即把不在场的人当做在场的人招呼，把非生物当做生物招呼。——译者

尽其所为。

他的文体与古典时代后期的作家乃至基督教作家完全不同——这一根本转变是在阿米安和奥古斯丁时代开始的。当然正如人们常说的，这是一种文化和语言规范的蜕化和没落；但不仅如此。这也是一种直接感官性的复苏。在古典时代后期，无论是文体还是内容表达都变得极不自然；由于滥用修辞手段和笼罩在事件上的忧郁气氛，人们感到从塔西佗、塞涅卡直到阿米安的
94 古典后期作家的作品有些艰涩、强制和吃力。格列高利作品中这种不自然就没有了。他有许多可怕的事情要讲：背信弃义、使用暴力、致死人命都成了家常便饭，但由于他讲述时的简洁明快和生动传神，我们在古典后期作家那里见到的沉重和阴郁感在这里并未出现——这一点连基督教作家也几乎在所难免。在格列高利笔下，灾难发生了，帝国崩溃了，组织瓦解了，古典文化被破坏了——但紧张气氛已经化解，他的感情更自由，更直接，感觉不到无法完成的使命的逼迫，没有无法满足的愿望的烦恼，直接面对着活生生的现实，随时准备生动地描绘现实，在现实中发挥实际作用。这里不妨再看一看前一章论述的阿米安的故事开头的那几句："在此期间，这群骗子制造了这场破坏一切的灾难。"这样的句子包含了许多事实，并且还把前前后后的事仔细地连接在一起。但他写得多么难懂，多么不自然啊！再来看看格列高利的开场白，那不简直就是让人大松一口气吗："当时图尔地区的居民间发生了严重的内部争斗。"诚然，"当时"只是一个松散的、不精确的连接词，而这整句话也只是一个粗略的意思，因为"内部争斗"这个词肯定不能确切地表达这里所指的胡乱斗殴、巧取豪夺和草

营人命等实际情况。但这些事件就在格列高利身边，他用不着给它勉强加上一层崇高文体的包装，他让事实自由发生发展，不必再用绳索把它紧紧地束进戴克里先*和君士坦丁**时代革新的机器中去，因为这个革新只是一种强制而不再是复兴。真实—感官性在阿米安作品中受等级的强制制度及套叠长句束缚，突出的仅是阴森和隐喻，在格列高利的作品里却能自由发挥。当然，在他试图用文学拉丁语进行写作的雄心抱负中，仍不乏被约束的成分；俗语还不是可用于文学创作的工具，它显然还难以满足最低级的文学表达的需要。但它已经作为一种口头的、反映着日常现实的语言存在着，而且能够在格列高利的作品中得到体现。他的文体向我们展示了重新复苏的对事件进行感官性表述的最早的印痕。格列高利的时代，甚至整个第一个千年的下半叶，保留下来可供我们研究的文字少之又少，因而这种印痕对我们来说更是弥足珍贵了。

* 戴克里先(Diokletian，284－305)，罗马皇帝。——译者

** 君士坦丁(Flavius Valerius Constantinus，274－337)，古罗马大帝。——译者

第五章　罗兰被任命为法兰克远征军后卫部队司令

95　**五十八**

黑夜过去了，曙光很明亮，
在军中号角不断吹响，
查理皇帝说道："诸位同僚，
你们看这关隘和羊肠小道，
大家认为把谁放在后卫最好。"
甘尼仑回答道："我的继子罗兰，
没有其他侯爷比他更英勇善战。"
查理王怒视着向他言讲，
对他说道："你存心不良，
你显然还怀着仇恨心肠。
谁能在我军前充当先锋？"
甘尼仑又说道："丹麦的奥吉尔可用，
没有比他更合适的英雄。"

五十九

当罗兰伯爵听见他被提名，
他就开口说，按照骑士身份，

"继父，我很感谢你的推荐，
把我放在后卫部队里面；
法兰西王什么也不会丢掉，
不会失掉一匹战马，我敢担保，
就连一匹骡子也不会逃跑，
一匹载货的牲口也不会缺少，
除非敌人留下他的宝刀。"
甘尼仑回答："这是真的，我也知道。"

六十

当罗兰听到他被放在后卫里面，
他生着气对他继父发言，
"哼！你这个邪恶小人，出身下贱，
你难道认为我会让手套落到地上，
就像你在查理面前失落节杖？"

六十一

"正直的皇帝，"罗兰侯爷说，
"请你把手里的弓交给我。
我知道大家不会责备罗兰，
说我丢掉它就像甘尼仑那样，
当他用右手接过你的节杖。"
皇帝低下他的头颅，
撕着他的胡子，捻着他的短须，
他双眼落泪，再也忍耐不住。

六十二

96

在他以后又走过来奈蒙，
在朝廷上没有比他更好的王公，
他对王说："你已经听到，
罗兰伯爵觉得非常气恼，
充当后卫他已被提名，
没有侯爷可以改变决定。
把你用的弓交给他本人，
你要考虑给他多少兵丁。"
国王交出了弓，罗兰把弓拿稳。*

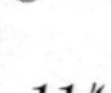

这些印出的诗句是从牛津大学收藏的《罗兰之歌》**手抄本摘
录的，说的是罗兰被选任最危险的职务，即被任命为法兰克远征
军后卫部队指挥官，这支大军在远征西班牙后返回，此时正在穿
97 越比利牛斯山脉。挑选罗兰是他继父甘尼仑出的主意，这个选择
过程与以前罗兰建议挑选甘尼仑为查理大帝的特使前去晋见萨
拉森国王马西理（见第 274、275、276 行）的经过相似。两件事的
起因是罗兰和甘尼仑这两位伯爵之间为争家产而结下的旧怨（第
3758 句诗）：两个人都在伺机置对方于死地。以往的经验告诉人
们，出使晋见马西理王生命危险极大。出使的经过证明，要不是

* 引文原文为法文，译文选自杨宪益译《罗兰之歌》，上海译文出版社，1981 年。——译者

** 《罗兰之歌》（*Chanxon de Roland*）是法国最早的民族史诗。在民间英雄叙事诗的基础上，经过加工，在 11 世纪末或 12 世纪初完成。史诗取材于法兰克王国查理大帝远征西班牙的史实，描写远征军归国时遭受袭击，歌颂法兰克骑士罗兰的勇敢和牺牲精神。该史诗流传着许多抄本，其中以牛津大学收藏的抄本最为完善。——译者

甘尼仑与萨拉森国王做的叛卖性的交易，他早就没命了，这笔交易同时也平息了他内心的仇恨，满足了他的复仇欲望：他向国王保证，拱手交出法兰克大军的后卫部队、罗兰及其最亲密的朋友，他们是十二位公爵，甘尼仑称之为法兰克宫中的主战派（他说得对）。于是他带着马西理王虚假的和平及臣服建议回到法兰克军营，全军开始返回法兰克王国，甘尼仑为了实现自己和马西理王密谋的计划，必须设法把罗兰调入后卫部队。上面引用的诗句说的就是这件事。

这个过程是用五个段落（Laissen）讲述的。第一段讲的是甘尼仑的建议及查理大帝的直接反应；第二、第三、第四段讲的是罗兰对此建议的态度；第五段说的是奈蒙的介入和查理大帝对罗兰的委任。第一段首先是三行诗句组成的开场白，这是三个并列主句，描述的是大军破晓时的开拔（这段之前说的是开拔前夜和查理大帝做的梦）。接下去是建议场景，包括两次讲话和两次答复：要求推举人选，提出建议，反问及对反问的回答；两组讲话都使用了极精练的同一种句式（说，回答，说，回答）；这两组问答被第745行诗隔断，这行诗是唯一的简短时间从句，其余的都是一个接一个、一个对一个的主句，每点明一次说话人的名字都更加突出了这些主句之间的并列和独立关系［尤其明显的是第740句的（查理大帝），尽管它也是前一个句子的主语］。我们再来看一看查理大帝的每次讲话。查理大帝提出的要求包含着一个表示原因的思路：由于我们必须穿越危险地带，因此请给我推选……；表达大 98
帝情绪高昂态度的是两个并列的主句，一个是发出指示的句子（看看这里的危险地带），一个是发出命令的句子。接下去是回

答，是犹如挑战似的甘尼仑的建议，用的又是并列句，分为三个部分：先是说出罗兰的名字，然后是得意洋洋地怀着复仇心理说明亲属关系（“我的继子”，这不禁使人想起与此相应的第277行诗中的“我的继父”和287行诗中的“我是你继父，人们都知道的”），最后是口蜜腹剑式的夸奖，道明此建议的原因。接着是短暂的戏剧性的停顿，描述查理大帝阴沉的目光。查理大帝同样用并列句发表的反对意见一开始就是几句激烈的言辞，表明他看穿了甘尼仑的阴谋，可也确如奈蒙所证实的那样，他无法驳回这一建议。也许可以把他最后提出的问题理解为一种反击的尝试：我需要罗兰做前锋！如果这样的理解不错的话，那么起码甘尼仑立即击退了查理大帝的反击，甘尼仑第二段话与第一段话结构相同，强调了他态度的坚定，显然他位高权重，稳操胜券。这一段从句法上看也的确是针锋相对，各不相让。

与语言表达的鲜明和确切相比，这一场景中的某些事实并不十分明了。人们几乎难以置信的是，查理大帝竟被手下一个伯爵的建议束缚住了手脚。事实上，在其他类似的情况下（如前面第278、279及第321、322行诗中写选派甘尼仑的过程，此外也可参看第243行诗），也特别提到了军队的赞同意见。可以推测，在挑选罗兰时也征求了军队的意见，但在这里却未提及，或者查理大帝知道军队不会有任何异议。但尽管如此，查理大帝的左右，也就是尽管我们所选的版本可能被传说搞得有点模糊不清——据传罗兰在法兰克人中也有敌人，这些人可能担心他的影响会左右查理大帝的停战决心，想委派他去执行一个危险的任务，从而使他远离查理大帝——即便在这种情况下，令人费解的是，查理大

帝未采取恰当的防范措施，而是贸然要求推举合适人选，从而断
绝自己的后路。他肯定知道身边的人属于何种派别，再说他在梦
中也受到了警告。与此相关的还有第二个谜团：他在多大程度上
能看穿甘尼仑？他对即将发生的预知多少？总不能认为他对甘
尼仑的阴谋一清二楚吧。如果不是这样，那么他对甘尼仑建议的 99
反应（“你存心不良”等等）就显得被夸大了。查理大帝的整个地
位是不明了的，虽然他有时做出了具有权威性的决定，但他仍似
乎十分无能。作为整个基督教世界的首领和完美骑士的表率，他
那举足轻重的、形同上帝亲王般的象征性地位与他的无能为力形
成了奇怪的对照；虽然他在犹豫，甚至还流下了眼泪，虽然他隐约
预见到未来的灾难，但他却不能阻止这场灾难的发生。他得依靠
他的伯爵，而他们之中竟没有一个人能够（或者说愿意？这要看
怎样去诠释第 779 行诗了）力挽狂澜。同样，在后来处理甘尼仑
时，要不是最后出现了一位愿为查理大帝效力的骑士，他也只能
让自己的外甥罗兰白白死去而不加以追究。人们可以为这一切
做出一些解释，比如采邑制封建社会里中央政权地位虚弱，查理
大帝执政时期虽然还不致如此，但后来在《罗兰之歌》产生时期，
这种局面已经形成。此外就像宫廷小说中某些国王形象一样，这
也与半宗教、半传说式的想象有关，这种想象总是将伟大帝王的
出现与受苦受难的精神和力不从心的性格联系在一起。可以肯
定地说，在他的身上也有耶稣的影子（十二个门徒、犹大、预见而
不加阻挡）。

无论如何，这部诗歌没有对这一事件及其他事件中的谜团进行分析或者给予解释。我们必须先进行分析或解释，而这对于美

学上的接受来说更为有害。诗的作者没有做任何解释，但实际上，发生的事情却用并列句清晰地表达出来，这种明确无误的表达说明，一切只能如已发生的那样进行，不可能是别的样子，不需要使用解释的关联词。大家知道，这不仅涉及所发生的事件本身，而且也涉及作为人的行为基础的观念和原则。骑士的斗志，荣誉观念，战友的忠诚，亲族关系，基督教教义，教徒与非教徒之间的是非划分，这些也许是最重要的观念。这些观念并不多，它们反映的只是出现在一个社会阶层中的狭窄的画面，而且反映这些观念的方式也非常简单。在表述这些观念时不加任何说明，它
100 们是纯粹的论点：就是如此。一个句子说完了，便再不需要任何解释，不需要任何说明："异教徒是邪道，基督教徒是正道"（第1015行）。[*] ——除了神的名字不同以外，异教骑士与基督教骑士的生活几乎毫无二致。异教骑士虽然常常被（部分是以离奇和象征的方式）说成邪恶堕落和可怕可憎，但他们毕竟还是骑士，并且他们的社会结构似乎也无异于基督教徒的社会结构。这些相似的情况深入到具体细节，突出地表明了所描述的生活范围是多么狭小。基督教徒的基督教已十分成熟，它仅限于信仰及与信仰有关的礼仪形式，此外它也以极端的方式服务于骑士的斗志及政治上的扩张。那些祷告的、在战前得到赦免的法兰克人须拼死奋战以赎罪；战死疆场就是殉道者，就有资格升入天堂。用武力使异教徒皈依基督教，处死胆敢反抗者，这样的行为是上帝喜欢的

* 异教徒是邪道，基督教徒是正道，摘自杨宪益所译《罗兰之歌》第56页。——译者

事情。这种思想以前并不曾以基督教思想的形态存在过，现在它却作为基督教思想发挥着令人称奇的作用，它在西班牙特定历史情况下有其存在的理由，在《罗兰之歌》中并没有，它也没有任何其他的根据。它就是它，就是一种适应范围极其狭小的、简单而又常常自相矛盾的并列排比句式。

我们再来看看这个事件的第二部分，即罗兰对提议的反应。对它的描述包括三个段落。头两段话他是对甘尼仑说的，第三段是对查理大帝说的。他的讲话包含三个动机，分别用不同的强度、不同的方式交织地表达；首先是强烈的炫耀和狂妄的自信，接着是对甘尼仑的仇恨，最后用弱得多的语气表明了自己对皇帝的忠诚和献身精神。头两个动机交织在一起，其表达的方式是首先强有力地突出第一个动机，但同时也顺带表达了第二和第三个动机。罗兰爱闯难关并且知难而上，谁都吓不倒他。此外，他还非常注重自己的威望，不会让甘尼仑得逞片刻。他首先在众人面前着意表现出，他绝没有像甘尼仑在类似情况下（见第 332 及第 333 行）那样不知所措；在场的人都知道他们二人不和，因此他的感谢之语只能意味着嘲弄和讥讽。他宣称自己不会失去一匹战马和 101
一匹骡子，这种一一列举也是有力地展现和胜利地炫耀令他自信的勇敢精神，连甘尼仑也不得不承认这种勇敢精神，当然他的承认也许是别有用心——他不正打算利用罗兰过高的自信把他搞垮么！可不管怎么说，甘尼仑未能得一时之快，因为当罗兰心满意足地表态之后，就可以痛痛快快地发泄自己蔑视的仇恨了，而这种发泄又采用了一种嘲弄式的胜利的形式：你这骗子看着，我才不像当年的你那样——他站到查理大帝面前去接交给他的弓

箭时，那种乐于为国王效力——他显得有点急不可待——的表态中又一次掺进了自己与甘尼仑态度之间的对比，一种嘲弄和得意洋洋的对比。整个场景都是罗兰自信的自我展现以及长时间的、一再重复的得意的嘲讽和仇恨，它分布在三个段落之中，头两段针对甘尼仑，句子的开头相似，不同的只是所使用的状语，一个句子用的是“他就开口说”(a lei de chevaler)，另一句子用的是“他生着气”(ireement)。乍从纯理性的角度看，这两个副词在内容上并不一致，一个表示友好，另一个似乎表示气愤，因此有些出版商和评论家对此诗的真实性表示过怀疑，于是便删去其中的一段，大多删去的是第二段。这种做法是不可取的，这一点贝迪尔已在他的评论(巴黎皮阿兹出版社 1927 年版，第 151 页)中指出过。从上述分析可以看出，我也同意这个看法：第二段以第一段为前提。第一段所表现的罗兰的态度与此前甘尼仑的态度形成了鲜明对照，它说明了第二段罗兰之所以表示出对后者仇视性的胜利感的理由。另外我想从文体的角度进一步说明这个看法。此前几段中多次描述的同一情景可能会使人首先产生这样的怀疑，它说的是不是另外一件事，或者是对第一件事情的补充性描述，这种方式在《罗兰之歌》(及其他武功歌中)亦很多见。在此书的其他地方也像我们在这里分析的这一处一样，在重复相同情景时也会出现意外转折。在第 40、41 及 42 段里，甘尼仑对马西理国王用几
102 乎相同的用语重复了三次的问题(“查理王年纪很大，他什么时候才会厌倦打仗”)作出了三个回答，而单凭第一个回答是无法预料后两个回答的：在第一个回答中他只是称颂查理，到第二个及第三个回答中他才称罗兰及其伙伴为主战派，此时他开始转向叛

卖。一直到下一段，即43段，他的意图才暴露无遗，这时他说起查理王的口气就完全不友好了。如果从纯理性角度进行分析的话，那么在此以前甘尼仑在马西理国王面前的态度便令人费解，他一开始是那么充满敌意，那么不可一世，好像他在用武力向国王挑战，根本谈不上做交易和背叛。在其他地方（如第5段和6段；79至81段；83至86段；129和130段；133至135段；137至139段；146和147段等等）虽然各段的内容之间不能说自相矛盾，但同样的开头往往有着不同的结果，或者开头一样，发展却不相同。第80段里，奥利维登上高山，看到萨拉森部队步步逼近，于是他把罗兰叫了过来，跟他说了甘尼仑叛变的事情；而第81段同样是以奥利维登上高山开始，但并没有提到罗兰，而是说奥利维飞快下山，向法兰克人报告他见到的情况。第83到第85段，奥利维三次请求罗兰吹起号角，而三次都遭到了相同的拒绝，这种重复意在强调这件事情。在《罗兰之歌》里，无论是迫切紧急的事件，还是同时发生的多重事件，都是用重复和加叙众多非常具有艺术性的事件的形式讲述的；许多骑士的相继出场以及一系列的战斗场面也都是这样处理的。第129至131段写罗兰自己要吹号角（128段已为此做了铺衬，极为精彩地表达了罗兰悔不当初的窘境），这与前面发生的情况遥相呼应，只不过颠倒了角色，现在是奥利维三次拒绝了罗兰吹号角的请求。他的三次回答都建筑在很好的心理判断力上面。第一个回答以固执而又嘲弄的口气重复罗兰以前对他劝告的反驳，却在看见罗兰双臂鲜血直流时突然情不自禁地表达出同情（或是敬佩）之心；第二个回答以讥讽开始，以宣泄愤怒结束；第三个回答才条理清晰地表达了他的谴

责和痛心。在第 133 至 135 段这三个讲述吹号角的诗段中，看来一共吹了三次号角，每次吹号都对法兰克人起着不同的作用；总
103 的来说，虽然这三种作用说明了事情的进程，即从最初的震惊到完全认清了形势（甘尼仑企图阻止人们认清形势），然而这一进程并非没有任何变化地朝前发展，而是间歇式的，就像生产或分娩，有进又有退。对于同一题目的变形重复是一种起源于中世纪诗歌的技巧，而中世纪诗歌又得之于古典修辞学，法拉尔和 E. R. 库尔提乌斯[*]最近都特别指出过这一点；但他们对《罗兰之歌》中“复归”的形式及文体作用既未解释也未描述。显然，无论是列举一系列同类事件，还是重提同一题目，都是其特征与句型中的并列句特征相近的现象。不对众多事件进行叙述，而总是一再历数结构和进程类同的个别场景；不对某个情节做特别深入的描述，而总是多次重复同一个情节的开始；最后，不对一件发展环节众多的事件进行表述，而是一再回到事件的起点，再接着叙述各个环节或事情的动因。无论使用哪种方法都表明，作者总是尽量避免对事物做出理性的综述，偏爱停顿的、间歇式的、并列的及提前推后的叙事方法。原因、方式、甚至于时间关系都很模糊（该诗第一段最后一行：“大祸就要临头，他难以逃免”[**]所表达的内容在时间上提前了许多）。叙事总是从头说起，每一次重提都自成一体，独立存在，下一次重提与上一次并列，它们之间的关联常常不明晰。

---

* 库尔提乌斯（Ernst Robert Curtius，1886－1956），德国罗马语族语言文学家，著有《欧洲文学及拉丁中世纪》。——译者

** 此句摘自杨宪益所译《罗兰之歌》第 1 页。上海译文出版社 1981 年版，下同。——译者

而这一点也是歌德—席勒所说的史诗式延缓的一种形式（参见本书第7页及第8页[*]），但并非通过插入情节和逸事，而是通过在主要情节发展内部提前推后叙述。这是非常典型的史诗叙事方法，甚至可以说是吟诵史诗的方法，因为在吟诵过程中，后来的听众可以立刻得到一个完整的印象；同时这种方法也把整个事件化分成用呆板固定的套语相互联结起来的小段。

罗兰的这三段话不像查理大帝和甘尼仑在第一段里的对话那么短，但也不是一气呵成的多元组合句。第59段的那个长句只不过是一个带有多次停顿的列举。在所有这三段中，使用的都
是最简单的从句，每句各自独立，没有形成一种滔滔不绝的气势。104
《罗兰之歌》的节奏从未像古典史诗那样流畅。每一行都重新开始，每个段落也都重起炉灶。这部史诗大部分用的是并列主句，除此以外，如果偶然在什么地方运用了较为复杂的主从句，那么这个加入的句子往往是不顺当和不合语法规则的组合，这也给读者留下了不流畅的感觉。此外，诗的半谐音使每行诗自成一体，每一段都是独立成分的组合，仿佛是长度相同、顶端相似的节杖或长矛被捆成一捆。读者不妨读一读甘尼仑赞同接受马西理议和的讲话（第220至222行诗），这段话是一个长句：

222　既然马西理王提了这个建议，
说要做你的臣属，把双手合起，
在你的恩赐下看守西班牙土地，

[*] 原书页码，参见本文本边码。——译者

225

而且还接受我们信奉的教义，
谁要是主张把这个请求放弃，
就是说，陛下，我们死他毫不在意。*

这里的主句（就是说……）放在最末，但是此长句的开头并未顾及主句的这种插入方式，因此在马西理议和的内容展开之后，句子的结构只得发生变化：用“既然”带起句子及与它密切相关的内容（而且还……），但这个句子半途又改变了自己的结构（*puis recevrat*... 已经开始通过 *que* 突破了原来的框形结构），形成了结构上的脱钩，“谁要是”句强调语气，它又开始了一个新的组合。这个结构表面上看是一种主从句，其实完全是一种并列关系，除此以外，每一行都有内容上的先后次序，带 u 的半谐音的强行切入以及虽不强烈但仍很明显的诗句中部的顿句在全诗中也明显地表示出内容上的停顿：这种文体没有任何滔滔不绝和套叠长句。令人称奇的是全诗的整体感，也就是说，人物的举止被严格限制在他们活动于其中的规范之中，其思想、感情及激情只能通
105 过这些诗句得到宣泄，这些人物不知道还有荷马作品主人公所具有的那种充分而周详的、承前启后的理性。同样，在这些人物身上也很少有自然流露的、奔放的、咄咄逼人的语言表达。下面是查理大帝听见号角吹响时说的话（第 1768/1769 行）：

* 此段引文原文为法语。本书作者将其译为德语并建议读者参阅库德仑的译本第 242 页。中文译文摘自杨宪益译《罗兰之歌》第 12 至 13 页。——译者

1768

查理王说："我听见罗兰的号角，
他不会吹的，如果他未把兵交。"[*]

人们常将这些话与维尼[**]诗中类似的诗句进行比较：

不幸！我的外甥！不幸……
罗兰不会求援的，如果他不是无路可走。

这种比较很能给人以启发。但不必用浪漫派与此进行反证，古典和浪漫派以前各时期的欧洲作品就能起到相同的作用。不妨读一读罗兰死前的祈祷（第 2384 至 2386 行）或者查理王在与大食人打仗之前所做的类似的祈祷（第 3100 至 3102 行）。这些诗句以宗教礼仪典范为基础，因此句子较长。罗兰的祈祷是这样的：

2384

"天父啊，你从来不会说谎，
你挽救拉撒路脱离死亡，
在狮子面前把但以理保障；
请保卫我的灵魂不遭灾祸，
虽然在我一生中我犯了许多罪过！"[***]

---

* 引文原文为法文。中译文摘自杨宪益的《罗兰之歌》。——译者

** 维尼（Alfred de Vigny，1797—1863），法国诗人。——译者

*** 引文原文为法文。中译文摘自杨宪益的《罗兰之歌》第 128 页。——译者

查理王的祈祷是：

“真正的天父，今天将我保障，
这是真的，你曾保护了约诺，
当他在鲸鱼的身体里躲藏；
尼尼微的国王你也曾饶恕过，
又挽救但以理不受巨大灾祸，
当他在狮子巢穴里同狮子一伙；
你拯救过那三个婴儿脱离烈火，
请你今天也爱护我；
如果你愿意，就请施恩应允，
让我能为我外甥罗兰报仇雪恨。”*

106 在从形式上确定救世主时（正如神秘文学所表明的，这些救世主也完全可以用其他的感人方式来表示），在几乎毫不动摇地、一再用顿呼方式重新开始的请求中，虽然有着强烈的激情，但这也是对上帝、世界和命运在一种狭小范围内的明确界定。我们可以随便举一个《伊利亚特》中的祈祷例子与其相对照——这里我选的是第305至307行：

* 此段引文原文为法文，中译文摘自杨宪益的《罗兰之歌》第165页。——译者

“尊敬的雅典娜、城市的守护神，女神中的大神，
请你把狄奥墨得斯的枪杆折成两截，
使他在斯开埃城门前头朝地坠落下去”*

这几行诗表达了迫不及待的请求（使他头朝地坠落下去），通过对比我们可知，荷马作品能表达更为自由、更为强烈的恳求，虽然荷马的世界的确是有限的，但它展现的远远不只是呆板的顺从；一切都更加没有把握，没有似乎可供确定神灵的先例。当然，在这个例子中，重要的不是常见于古典音律中的逾越诗句末尾的现象，而是长长的、表达细腻的诗句。这一点也可以从诗的押韵上看出来，这种诗无论诗句长短均没有跨行现象，它很快也表现在古法语中，早在 12 世纪它便出现在八音步押韵的宫廷罗曼司或短篇故事诗中。一部八音步的古老英雄史诗，即《高尔蒙和伊桑巴》片段（为男爵、为罗维斯、为卡尔仑之子吹响了军号），犹如节奏鲜明的众多铜号各吹各的调，而八音步宫廷小说则很流畅，有时显得啰嗦，有时又有诗韵。如将两者进行比较，便很快会发现死板的组合与连接流畅的组合之间的区别。不久，在宫廷文体中也出现了偏爱长句、讲究修辞的风气。下面这几行诗是从《特里斯坦》（巴尔奇《古法语名著选》，第 12 版，24 篇）中选出来的：

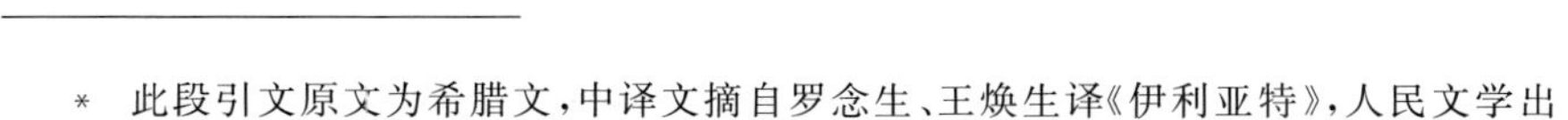

* 此段引文原文为希腊文，中译文摘自罗念生、王焕生译《伊利亚特》，人民文学出版社，1997 年，第 159 页。——译者

31

107 我该相信谁呢，
倘若绮瑟不再爱我，
倘若绮瑟如此瞧不起我
现在连想我都不愿再想？*

这是一个以反问形式表达的紧迫而痛苦的内心活动，反问带有两个与之相关联的并列从句，第二个从句比前一个更长，整个段落用的是上扬格律，它与拉辛的《贝蕾妮斯》的著名诗句（第四幕第五场）总体结构相似，只不过要简单得多：

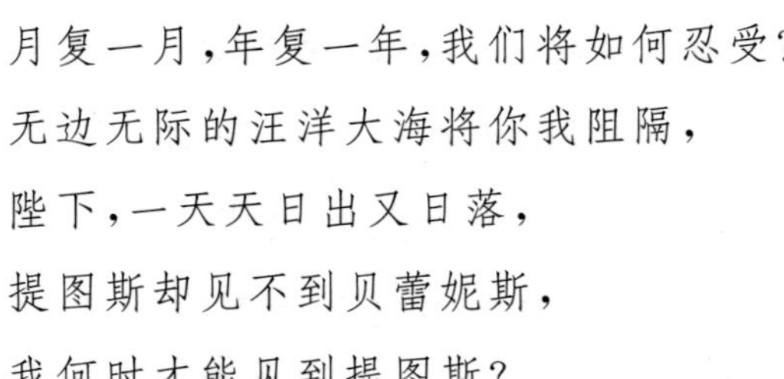

月复一月，年复一年，我们将如何忍受？
无边无际的汪洋大海将你我阻隔，
陛下，一天天日出又日落，
提图斯却见不到贝蕾妮斯，
我何时才能见到提图斯？

我们这就结束对引文的分析。第 61 段的末尾，查理大帝还是不能决定把弓交给站在面前的罗兰，即最终把任务交给他。他低下头，撕扯着自己的胡子哭了。奈蒙的介入结束了这个场景。奈蒙的话使用的又都是并列的排比句。他话语里的情态关系并没有用语法手段表达出来。否则这个句子应该是这样的：“你已经听

* 此段引文原文为法文。——译者

到，罗兰是多么气恼，因为有人提名他做后卫。但是没有一位伯爵，能够（或者说愿意?）站出来为他说话，因此就把弓交给罗兰吧，但至少要考虑到给他足够的兵丁。”最后一行写得很美，也是并列的排比句。

并列式组合用于古典时代低级文体的语言中，它多用于口头语言，少用于书面语，喜剧一现实性多于崇高性。然而在这篇文章中，这种并列却是崇高文体，这是崇高文体的一种新形式，它的基础不是套叠长句和修辞格，而是众多并列的、各自独立的语言组合。在欧洲，由并列成分构成的崇高文体并不是什么新东西，圣经文体就具有这种特点（参见本书第一章）。请回忆一下关于《创世记》第1章第3节（神说：“要有光。”就有了光。）的崇高性的讨论，这场讨论是17世纪布瓦洛[*]和于埃[**]在分析作品《论崇高》之后展开的。《创世记》那句话的崇高并不在于大量使用长句以及大量修饰格的点缀，而在于其令人难忘的言简意赅，因而这种 108
简捷便有了某种能满足听众敬畏之心的深沉与神秘。正是由于省却了原因连接词而对所发生的事情进行单纯报道，这种报道不是让人进行联系和理解，而是让人惊讶地目睹，这是一种没有勇气去理解的目睹，正是这种省略和单纯的报道赋予这个句子以崇高。然而武功歌的情况就完全不同了。武功歌描述的对象不是创世和造物主的大谜团，也不是描述上帝所创造的人与前两者的

[*] 布瓦洛（Nicolas Boileau-Despreaus，1636－1711），法国诗人，古典主义文学理论家。——译者

[**] 于埃（Pierre Daniel Huet，1630－1721），法国语言学家、神学家及哲学家。——译者

关系。《罗兰之歌》的描述对象范围狭小。对于书中的人物来说，没有什么原则的问题值得怀疑。生活中的一切秩序以及来世的秩序都一清二楚，不可更改，以程式化的方法确定下来。对于这些秩序不可能进行理性判断，但这是我们后来人的认识。这部诗作及它当时的听众并不关心这个问题。他们无忧无虑地生活在一成不变的空间狭小的世界里，在那里，生活的义务，他们按照其出身等级进行的分工(参见第1877至1879行所表达的骑士及僧侣的分工)、超自然力量的本质以及人与超自然力量之间的关系等等，都以最简单的方式进行了安排。在这个空间内，有财富和细腻的情感，也有一些多彩多姿的外部现象。但这个空间狭小而呆板，因而几乎不可能产生疑难问题乃至悲剧；没有称得上悲剧的任何冲突。

保留下来的古日耳曼史诗中也存在着并列组合。这些史诗着重表现了好战的贵族伦理道德，对荣誉、礼仪和作为上帝裁判手段的战争有着严格的规定。不过这种史诗给人以完全不同的印象。它的语言单位彼此联系较松散，事件的周边环境和上天无比宽广，人物的命运更加神秘，社会结构也远不那么稳固。从《希尔德布兰特之歌》到《尼伯龙根之歌》，这些最著名的日耳曼英雄史诗的历史氛围取自荒蛮而地域辽阔的民族大迁移时代，而不是取自已定型的高度发展的封建社会，因而具有更大的广泛性和自由。民族大迁移时代的日耳曼素材没有能进入高卢罗曼语地区，或者说这种素材没能在那个地区扎下根来，而基督教对日耳曼英雄史诗也几乎还没有产生什么影响。自由的、直接的、还没有固定形式的力量要强大得多，而人性的根基至少在我看来也扎得更
109 深。不能认为日耳曼英雄史诗像《罗兰之歌》那样没有反映问题

和缺少悲剧性:希尔德布兰特比罗兰更具有人性和悲剧性,与罗兰和甘尼仑之间的仇恨相比,《尼伯龙根之歌》传说对冲突的描述不知要深刻多少倍!

如果我们看一篇古代的罗马宗教作品,也许会发现,这样的作品反映的生活空间同样狭小和固定。我们可以找到好几篇早于《罗兰之歌》的作品。最著名的是《圣阿莱克西行述》。这是一部圣徒传记,11世纪用古法语写定,流传给我们的有好几个手抄本。据传阿莱克西是一家罗马名门的晚生独子。他受到精心的培育,进入宫廷当差,按照其父的愿望应该与一位门当户对的少女成亲。他虽然表示了顺从,却在新婚之夜没有同房便离开了他的新娘,在异地他乡(古叙利亚东北部的埃德萨,今土耳其的乌尔法省)凄惨地乞讨了十七年,为的只是效命于上帝。当他后来为了逃避被尊封为圣徒而离开住地时,被一阵风暴卷回了罗马。在那里,他仍以受人鄙视的乞讨为生,谁也没有认出他。就这样,他在父母家的楼梯下又过了十七年,他时常听到父母妻子悲痛诉苦而不为所动,也不与他们相认。直到死后,他才被人奇迹般地认出来,从此被尊为圣徒。可以看出,这篇作品所表现的思想与《罗兰之歌》全然不同。不过它也使用同样的并列句和自成一体的表达形式,反映的是同样呆板狭隘及一切无可置疑的秩序。一切都一成不变,黑白分明,善恶易见,根本不需要任何研究或论证。也许存在着诱惑,但没有出现任何疑难问题。一方是为上帝效劳,为了永恒的福祉而远离尘世,另一方是会导致“大悲剧”的尘世自然生活。人们意识不到其他情况,外部的现实,世界所展现的其他一切,所讲述的事件也须以某种形式包括在内的一切,统统都

被删减了，除了圣徒生活的空洞无物的背景以外，什么都没有剩
110 下。圣徒周围是他的父母及新娘，他们用自己的神情陪衬着他的行为；因情节需要而出现的另外几个人物则显得更模糊，更朦胧。其余的一切，无论从社会学角度还是从地理学角度来讲，都是地地道道程式化的。故事的发生地点看来是整个色彩纷繁的罗马帝国，因此这种程式化便显得尤为突出。除了教堂、上苍之声和祈祷的百姓以外，从东到西什么都没有——除了处处相同的圣徒的生活环境外什么都没有。与《罗兰之歌》一样，或者说比《罗兰之歌》更甚的是，无论在异教徒那里还是在基督教徒那里，都是同样的社会结构，即封建社会结构，都具有同样的伦理道德。世界变得又小又窄，在这世界上只有唯一一个固定不变的、事先已经有了答案的问题，人们只需说出这个正确答案即可。人们知道他要走什么样的道路，或者干脆说只有一条路畅通无阻，其他的路根本就不存在。人们也知道，自己会遇到一个十字路口，最后还知道，虽然有人引诱你朝左拐，你却应该走右边那条路。剩下的一切，其他的一切，具有无数可能性、无数画面和无数层面的广袤无垠的外部世界及内心世界，都被遗忘了。毫无疑问，这不是日耳曼式的，我觉得，也不是基督教式的，至少不是基督教的必不可少的原始形式。它产生于各种前提条件之中，与种种现实有着关系，它过去和后来都证明自己具有无与伦比的灵活性、丰富性和多层次性。这种狭隘几乎根本不可能是原本就有的，它包含了太多各种各样的继承成分，这不是狭隘，而是变狭窄了。这就是我们在前一段中说过的古典后期的僵化和蜕变过程。当然，在这一过程中，基督教由于在与既筋疲力尽又未开化的诸民族的冲撞中

接受了这种简单退化的形式而扮演着极为重要的角色。

在古法语的《圣阿莱克西行述》中，新婚之夜场景（巴尔奇《古法语名著选》第12版第11至15段）是该诗的高潮之一，它是这样写的：

11　当白天过去，黑夜降临，
父亲说："儿啊，去和你的新娘就寝，
遵从天神的旨令！"
年轻人不愿惹恼父亲，
他走进娇妻的房间。

12　他看见了婚床，看见了少女，
想起了他的天主，
他爱他胜过世间万物。
"啊，上帝"，他说，"罪孽使我无地自容！ 111
要是现在不逃，我真害怕因此把你失掉。"

13　当屋里只剩下他们俩，
阿莱克西便叫住她，
开始对她谴责尘世生活，
并向她表明天国的真情，
他现在就渴望脱离尘世。

14　"听我讲，姑娘，嫁给那个

用他那珍贵的鲜血拯救我们的人！
在这世界上没有十全十美的爱情，
生命易逝，在生活中没有永恒的光荣，
喜悦转眼就会变作巨大的悲痛。”

15 他向她表白了自己的心意，
又把佩剑上的腰带给了她，
还交给她一个结婚戒指，
接着便离开了父母的家：
夜半时分逃离了国家。*

尽管这首诗与《罗兰之歌》的思想大不相同，然而它们文体的相似却十分明显。并列结构在两部诗歌中都大大超过了单纯的构句技巧：每段都同样是重新开头，同样都有间歇式提前推后，各个事件及事件的各个部分都同样具有独立性。第 13 段重新提起
112 12 段开头的处境，但把情节引向别的地方。第 14 段把第 13 段所表达的意思（而且第 13 段最后一行的内容超出了第 14 段）又用直接引语具体重复了一遍。诗的结构不是这样的：“当屋里只剩下他们俩人时，他想起……于是说：听着……”而是这样安排的：1.“他进了房间，想起了……”2.“当屋里只剩下他们俩，他说，……”（直接引语）。3.“听我讲，（他说道）……”每段都给出了一个完整的、自成一体的画面。如果事件是完整地向前推进，在

* 引文原文为古法语。——译者

推进过程中各个环节均被联系起来，那么给人的印象就大大弱于三个并列独立的类似画面给人的印象。可以从这一印象得出一般性的结论：《圣阿莱克西行述》是一系列自成一体、相互之间联系松散的事件，是选自一个圣徒生平的相互间独立性很强的系列画面，每个画面都包含着丰富的表现力和简单的神情。命令阿莱克西去新房的父亲；站在婚床前对新娘说话的阿莱克西；在埃德萨将自己的财产分给穷人的阿莱克西；当乞丐的阿莱克西；被派出寻找而没有认出他、还给他布施的仆人；母亲的哭诉；母亲和新娘的谈话等等，这是一组画面；这些事件中每一件都包含着一个特定的神情，每一事件与前后事件之间只有松散的时间和因果关联；许多事件（如母亲的哭诉）还分散在多个各自独立的类似画面中；每个画面都仿佛有着自己单独的画框；每个画面里都不会发生新的或意想不到的情况，都没有使事件向前发展；各个画面之间的中间地带是空白，没有任何神秘和深沉，什么也没有发生，什么也没有酝酿，没有让人在战栗的期待中凝神静气，没有出现在圣经文体中有时见到的那种令人遐想的停顿，各画面之间是一种平缓、苍白、没有任何实质内容的时段，这种时段有时只是一瞬间，有时是十七年，有时根本无法确定。事件就这样分解在一系列画面之中，就好像是化整为零。《罗兰之歌》在整体上更紧凑，上下文更清晰，有时单独画面也更生动。但是该诗的描述技巧（这里指的不单单是技术方法，它也包括将诗人和听众带入事件的结构观念）却一样：自成一体的各个画面的并列。《罗兰之歌》的中间地带有时并不那么空空如也，平淡无奇，中间掺进了对自然景物的描写，我们可以看到或听到大军骑马穿越山谷或沟壑的 113

情景——但是事件却是一个挨一个排列的,因此形成了自成一体、独立存在的各个场景。《罗兰之歌》里行动着的人物为数甚少,其他人物虽然远比《圣阿莱克西行述》写得多姿多彩,但也显得千人一面;各个场景中行动着的人物都是固定的,很少有新的人物出场,凡是出现新人物的地方(如起协调和结束作用的奈蒙或屠宾),都是一个重大的事件。史诗中常见的许多行动着的人物之间那种错综复杂的充满风险的关系,在这里全然没有。因此,在《圣阿莱克西行述》和《罗兰之歌》中的神情特色便显得更加强烈。对于事件之间的连接和发展的要求并不高,即便是在各个场景之内,事态发展——如果有这种发展的话——也是步履维艰,时断时续,然而场景瞬间人物的神情却极其鲜明和形象化。显然,如果将事件分解在一个个画面中,那这种描述的目的似乎就是要表达鲜明的神情举止。场景瞬间的神情所具有的活力足以使这一瞬间具有道德表率的作用。英雄、叛徒或圣人故事的各个时期就是用神情来具体表现的,因而画面场景的作用十分接近象征或形象的特点,即便在显示不出任何象征或形象意义的情况下也是如此。经常具有象征和形象意义的有:《罗兰之歌》中的查理大帝的形象,在描述某些异教骑士的特征时,当然在祈祷文中更可以找到这样的例证。对于《圣阿莱克西行述》来说,E. R. 库尔提乌斯的精辟诠释(见《罗曼语文学杂志》第 56 期,113 至 115 页,尤其是第 122、124 页)的结果是彼世的完成的寓意化。这种寓意传统起着不小的作用,它使事件之间失去了横向的历史关联,加速了一切秩序的僵化。因此我们上文引用的祈祷就表现出救世形象的完全僵化;《旧约》将事件分解,一个个事件除了历史联系之外都是用形象来暗示的，于是这种分解也就成了一种模式：各种人物犹如被并列地排放在古典后期的一具具石棺上。他们不再具有真实性，而只具有意义。尘世事件也有着类似的倾
向：让事件脱离横向关联，让每一个小事件都独立存在，把它们都 114
绷在一个呆板僵化的框架内，使它们在框架内具有色彩鲜明的神情，从而使它们具有说服力、示范性、典型性、重要性，让“其他”的一切都显得无足轻重。显而易见，现实中只有很小一部分，极其狭小的一部分，被秩序模式紧紧套住的一部分，才会直观地表现出来。但这部分毕竟表现出来了，这说明，僵化过程的高潮已然过去；正是在那些被独立分隔的一个个画面里可以找到生动表达的萌芽。

法语的《圣阿莱克西行述》可能源于一篇拉丁文作品——在 7 月 17 日的《天主教圣徒生平集》中可以找到它，我们这里选用的是在费斯特-科什威茨出版的《古法语练习册》(1921 年第 6 版，第 299 页至 301 页)里的文本——这个拉丁文本也许并不比法语文本早多少，因为这个起源于古叙利亚的传奇故事很久以后才被介绍到西方；不过，这个拉丁文本还是非常地道地展现了古典时代后期圣徒传说的形式。这个文本对新婚之夜的描写与古法语版本有很大的不同：

当夜色降临时，欧菲米安对他儿子说道：儿啊，入洞房去见你的妻子吧。可当他进去后，这位高尚而充满基督智慧的年轻人便开始对妻子传教，给她讲了许多教义；然后他把自己的金戒指和佩剑的腰带包在一块紫色布里交给她，对她说

> 道：拿着，只要主喜欢，就要把它保存好，主就在我们中间。说完他拿了一些钱便朝大海走去……

正如我们所看到的，这个拉丁文本也几乎用的全是并列句，不过它还没有充分利用所有的并列关系，它对这种关系还不十分熟悉。文章把所发生的一切都均匀地展开，平铺直叙，没有跌宕起伏，没有声调的变化，只有“单调”的叙述，因此不仅框架，而且画面本身都保持不动，僵化而没有生气。古法语版本对诱惑在阿莱克西身上引发的内心斗争给予了简单并且也是最优美的描述，
115 而这里却没有这种内心斗争，看上去好像根本就没有什么诱惑。而直接引语（“听我讲，姑娘……”）对新娘产生的巨大说服力是古法语文本的最动人之处，它使阿莱克西升至巅峰，是他真正本性的首次爆发。显然，这是法语诗人后来根据先前文本的苍白无力的拉丁语句创造出来的。逃离家园也是在法语文本中才变得具有戏剧性的。拉丁语版本显得要平铺直叙得多，对人物心理活动的描写非常之少，在这方面几乎没有什么暗示，好像讲的是一种精神，而不是一位活生生的人。即便接着往下看，这种印象仍会保持不变。只有用俗语写的作品才对人物进行塑造。最重要的是，它虚构了母亲在阿莱克西原先居住的房间里的哭诉，虚构了这位圣徒又流落回罗马之后的内心斗争。在古法语文本中，阿莱克西在接受最严峻的考验之前，即作为一个无名乞丐在父母家乞讨为生，每天面对的是为他悲伤的至亲，在接受这样的考验之前，阿莱克西内心在犹豫着。他希望能够免除这种苦难；然而他还是接受了这次考验。拉丁语版本里没有犹豫，没有内心斗争，连在

新婚之夜也没有。阿莱克西又来到他父亲家，因为他不想连累别人。

通过这一对比似乎可以看出，首先是俗语作品突出了各个画面，人物形象才逐渐丰满，获得了自己的生活，当然，由于一成不变的秩序的僵化和狭隘，这种生活受到了限制。由于缺乏不断的运动，这种生活又很容易中止；但恰恰由于固定的秩序框架提供了冲突，生活才具有真实性和威力。首先是俗语作者看到了活生生的人，找到了使并列句具有诗的感染力的形式。那种贫乏的、慢慢渗透的、单一事件的接连叙述不见了，代之而起的是间歇式的、提前推后的、处处可见强劲开头的分节形式，这是一种新的崇高文体。如果说俗语作品反映的生活被限制在狭小的范围内而并非多姿多彩的话，那么它也是一种充实感人的丰富生活，是对古典后期圣徒传说那苍白而空洞的文体的一种摆脱。俗语诗人也懂得利用直接引语作为表达语气和神情的手段。我们上文已经谈到过阿莱克西对新娘说的话及他母亲的哭诉。我们还可以引用这位回到罗马的圣徒向他父亲乞求住处和食品时说的话。116
在法语文本里这些话具有拉丁语文本所无法比拟的具体而又直接的表达力。法语文本是这样的：

欧菲米安，高贵的主人，你这有钱人，
请看在上帝的份上将我收留；
在你的楼梯间给我支一张病床
为了你那令人担忧的儿子；
我病入膏肓，

请看在你对儿子的爱份上给我点吃的东西……

拉丁语文本里是这样写的：

> 上帝的仆人，看着我，发发善心，因为我一无所有，来自异乡，让你的下人收留我，吃点你的残羹剩饭，上帝祝你颐养天年，怜惜你流落在异地他乡的儿子……

我们在上文已经表明，俗语创作逐渐摆脱了古典后期圣徒传记反映出的僵化和狭隘。而如果把这种僵化和狭隘简单地归咎于基督教，那么这样的看法是错误的。在前面几段中，我们曾试图证明犹太—基督教文学对于事件的描述毫不僵化狭隘；我们曾尽力指出，上帝的隐蔽性以及世界末日基督再现，基督化身为一个任意的普通生命，这些引起了人生观的巨大变化，引起了道德观和社会观的变化，它大大超出了古典时期对变化和对生活的摹仿。我们今天还能看到的早期教父，尤其是奥古斯丁，绝不是程式化地、死板地按事先规定的道路走下去的人物，我们曾在前面说过，奥古斯丁青年时代的朋友阿吕皮乌斯在看角斗时经历过的激烈的内心斗争，这个人物被刻画得栩栩如生，他斗争，失败，再奋起斗争。那种僵化的、狭隘的和毫无冲突的模式化本来就与基督教的真实意识毫无共同之处。当然，喻象式地诠释事件在基督教的产生和传播中获得了越来越大的影响，这种诠释去掉了事件
117 的真实形象，仅留给它们意义，这对僵化起了很大的作用。在基督教教义已经确立，教会更多地做组织工作，争取那些对基督教

毫无任何心理准备、对其一无所知的各民族的情况下，这种喻象诠释便只能成为一种简单的僵化的模式。综观整个过程，僵化的问题持续的时间还要长些，这个问题与古典文化的蜕化过程有关。不是基督教文化产生了僵化，而是基督教文化被僵化所裹挟。当西罗马帝国崩溃时，当存在于西罗马帝国内、早已显示出某种老态龙钟式的僵化特征的秩序思想崩溃时，世界的内在联系也随之土崩瓦解了，而一个新的世界只能先由小部件重新组建起来。在这一过程中，新兴民族的国家制度及人的制度还显得十分粗糙，它会在各个方面与“百足之虫死而不僵”的罗马帝国各种机构以及古典文化发生冲撞。这是新生和古老之间的冲撞，最初新生一方软弱无力，最后它终于足以与传统文化进行势均力敌的讨论，用自己的生命充实传统文化并使之获得新生。显然，这种僵化的过程在那些古典后期文化从未占据主导地位的国家，即日耳曼语国家中影响最小；在罗曼语国家中这种影响要大得多，在那里出现了真正的冲撞。在这些国家中，法国最具日耳曼特色，最早开始摆脱僵化过程，这也许并非偶然。

在我看来，欧洲中世纪的第一个崇高文体产生在每个过程都用生命充实的那个时刻。因此这种文体可以表现各式各样的、非常真实的场景，在这些场景里，只有少数人彼此对立，突出的是一个短暂过程中的神情和话语；出场人物并列和相对而立，没有多少活动余地，每个人都各自独立，与旁人毫不相干；人物所说的从来都不是对话，永远是一种庄严的表白。每个称呼、每个句子甚至每句话都有其自身的价值，都在强调和加重语气，没有任何随机应变，均不是脱口而出。对于生活的真实来说，这种文体无法

并且也不可能向纵深发展；它具有时间、地点和社会等级的局限性；它形象化和理想化地简化了过去。这种文体试图在听众中激
118 发对于遥远世界的惊奇和赞美之情，这个世界的直觉和理想虽然也还是与这些听众的一模一样，然而与生活的矛盾和斗争不同，这些天性及理想是在纯洁、完整和自由之中获得发展的，这种发展在实际生活中永远也无法实现。人的活动、具有典型意义的伟大人物形象起着很大的作用；而人自身的生活却并没有表现出来。恰恰在《罗兰之歌》的语调中有许多现时性，但是故事开头并没有表明事件的时代已很久远（如说“我要讲的故事发生在很久很久以前。”），而是一开始便运用强有力的直接语气，就好像我们伟大的皇帝查理王还活着一样；把三百年前发生的事情简单地加进十字军东征开始时封建社会高度发达时期的思想，让叙述内容可用于宣传教会和封建社会，这都使这部史诗具有现实的生气；甚至在这部诗里可以感受到正在萌发的民族感情；在任何一个具体事件中都仿佛具有现实性。随便举一个例子，我们来看一看罗兰在安排法兰克骑士投入攻击时（第 1165 行）的诗句：

诸位侯爷，缓步前进，不要作响！[*]

这行诗听起来就像是封建骑兵演练的现时场景，然而这都是些闪光之点。统观这部诗歌，占据主导地位的还是社会等级的局限性、理想化和简单化以及美妙朦胧的感觉。

---

* 摘自杨宪益所译《罗兰之歌》，上海译文出版社，1981 年。——译者

法国英雄史诗的文体是一种崇高文体，这种文体的结构观念仍很呆板。由于时间久远、视角单一以及社会等级的局限，它所描述的生活仅是其十分有限的一部分。这并不是什么新东西，而只是我们前面已多次重复过的东西的一种新表述，现在我们可以再加上一句话，那就是在这种文体中，英雄的崇高与日常的现实之间区域的分离完全是理所当然的。除了封建社会的上层人物之外，其他阶层的人物无一登场，生活的经济基础只字未提，这比日耳曼或中古高地德语时期的英雄史诗走得更远。因此，《罗兰之歌》与比它稍晚出现的西班牙英雄史诗有着非常明显的区别。尽管如此，武功歌，特别是《罗兰之歌》，显然具有鲜明的大众性。这种史诗虽然表现的仅仅是封建社会上层的事迹，但它毫无疑问也是面向大众的。这一点显然可以这样来解释：虽然在不同阶层的非僧侣教徒之间经济和法律地位相差悬殊，但这些人受教育的水平并没有根本区别。此外，人们的理想观念也是一致的，或者至少可以说，除了骑士英雄理想观以外，其他尘世理想观还未体现在文字和形象上。过去神职人员对用俗语写出的世俗诗歌并不抱有什么好感，但从 11 世纪末以来，他们有意识地把英雄史诗为其所用，这个事实足以说明武功歌在社会各阶层中的力量和影响。具有几百年之久生命力的素材被不断地重新加工，并且很快降格在集市上传唱，这证明它恰恰受到下层民众的持久欢迎。对于 11、12 和 13 世纪的听众来说，英雄史诗就是历史；远古时期的历史传说就靠它们传下去；大众可以听得到的其他传说并不存在。1200 年左右才出现了第一批用俗语书写的编年史，但这种编年史讲述的并不是历史，而是人们的经历，而且这种编年史还深

受史诗文体的影响。事实上,英雄史诗即便有歪曲和简化历史的情况,但它能使人回忆起历史的真实情景,至少在这个意义上它是历史,而且史诗中的人物形象也始终具有历史—政治作用。宫廷小说放弃了这种历史—政治特点,因而它与现实世界之间完全是另外一种关系。

第六章　宫廷骑士小说录

克雷蒂安·德·特罗亚* 12世纪后半叶写的一部宫廷小说 120
《伊万》一开始，亚瑟王宫的一位骑士讲述了一件他亲身经历的冒险故事。他是这样开头的：

那是在七年前，
我像个农民一样独自出门去历险，
像骑士那样全副武装；
我发现了一条通往森林的路在右边。
它荆棘丛生；难走至极，
我费尽气力，
可还是走不完这条小径。
我几乎走了整整一天，
才算走出了那座森林，
就这样来到了布洛塞利安德。
出森林我来到一片荒原，
看到离威尔士半海里远有一座塔楼，

---

* 克雷蒂安·德·特罗亚(Chretien de Troyes，1135? －1191?)，法国作家、诗人。著有《特里斯坦和绮瑟》、《艾莱克与艾尼德》、《克里塞》、《朗斯罗，或坐刑车的骑士》、《伊万，或带狮子的骑士》及《帕西法尔，或圣杯的故事》等。——译者

其他什么也没有。
我策马加鞭朝那个方向驰去，
看到四周围墙壕沟又宽又深，
桥头上站着城堡的主人，
拳上站着一只脱毛猎鹰。
我还没来得及真正地向他问候，
他就来到我身边，
抓住我的马蹬要我下马。
于是我侧身下了马，
别的什么都不用做，
因为我需要一个住处。
主人立即一口气告诉我，
我走的是一条上帝赐福的路。
我们朝庭院走去，
越过了桥头和城门。
骑士(愿上帝赐予他快乐与荣誉，像那天夜晚他给我
带来的一样)的院子中间挂着一个盘子，
我相信它非铁非木，
而是全用黄铜制成。
骑士用挂在门框上的锤子在盘上敲了三遍。
阁楼上的仆人听见了声音，
走出屋来，下楼来到院中。
几个人接过那位优秀骑士牵着的我的马，
我看见一位漂亮可爱的姑娘朝我走来。

我仔细把她打量； 121
她身材窈窕，亭亭玉立。
看来她懂得怎样给我解除武装，
她娴熟优雅地卸下我的盔甲，
又给我披上一件嵌着猩红贴边的短披风。
接着其他人都离我而去；
只有我和小姐留在那里。
这使人感到十分惬意，
因为除了她，我再也不想见到别人。
她带我来到一块美丽无比的小草地，
我们坐了下去，
四周围着矮墙。
她谈吐迷人温馨。
举止优雅有教养，
这可爱的脸庞，这可爱的人儿
使我待在那里真是心醉神迷，
毫无离开之意。
可天却不尽我意，黑了下来；
到了晚饭时，骑士接我回去。
我不能再久留，
于是立即应邀随他而去。
关于晚餐我想讲的不多，
只能告诉你们它完全合我的心意。
因为那位少女也前来用餐，

就坐在我的对面。
饭后骑士对我说，
自打上一个历险骑士离去，
我已记不清又过了多少时间；
他为其中的一些人提供了住地。
然后他又请求我，
如果可能的话，
返程时再回到他的身边，
那便是对主人款待的答谢。
于是我对他说，
我很愿意，主人。
因为要是拒绝了他的好意，
那将是一个耻辱。
如果我谢绝他的这份厚礼，
就是对主人的不恭。
这一夜我睡得十分甜蜜。
当我看见太阳升起，
我的马儿早已鞍辔备齐，
122 因为头天晚上我曾为此恳求过主人，
我的请求被圆满地满足。
我祝愿上天保佑我的好主人和他可爱的女儿，
与他们大家告别之后，

我立即上了路……[*]

这位骑士名叫卡洛格列万，接下去讲的是他遇到一群牛，牧牛人名叫维兰，他长得奇丑无比，身高马大，从维兰那里骑士得知不远处有一个魔鬼泉：泉水从一棵大树下流过，泉边挂着一个金盆，要是用盆盛水倒进旁边翠绿色的盘子，森林就会狂风大作，暴雨倾盆，至今为止还没有一个人能躲过这场灾难。卡洛格列万想冒这个险。他经受住了风暴的考验，快乐地享受着风暴过后百鸟欢唱的大晴天。可这时来了一位骑士，指责他带来的风暴毁了他的家产，把他打败了，于是伊万不得不两手空空步行回到主人家。在那里他又受到热情的接待，人们向他证实，他的确是第一个经历冒险而安全脱身的人。卡洛格列万的故事打动了亚瑟王宫里的骑士。亚瑟王决定亲自带领大队随从去魔鬼泉；可卡洛格列万的堂兄弟伊万骑士比亚瑟王抢先来到了魔鬼泉，他打败并且杀死了那个魔鬼泉骑士，以半神奇、半自然的方式获得了骑士遗孀的爱情。 123

虽然这本骑士小说和前面那部作品只相隔七十年，并且也是封建时代的一部史诗，但人们一眼便会发现文体完全不同。故事讲述得流畅、轻松，近于欢快。故事进展虽然不急不快，但情节始终向前发展；各部分衔接紧密。这部小说里也没有组织紧凑的套叠长句，整体上没有具体规划，事情一部分一部分松散地向下过渡；连词的意义也还不十分明确，尤其是 *que* 这个关系代词表示 124

[*] 引文原文为法文。——译者

的意思太多，因此有些原因从句的作用便显得不大明确（如第231、235或237行），但这并未妨碍讲述的继续，相反，组合之间松散的连接使得叙事风格十分自然，韵脚非常自然，不受表达意思的限制，从未突然中断，它使诗人时而可以进行补充或细致描写（如第193或211－216行），这种补充或描写与文章的风格很容易合为一体，给人以更质朴、更清新、更欢快的感觉。它的语言比起武功歌来要灵活顺畅得多，讲述的故事虽然仍很简单幼稚，但更为灵活多变，这一点几乎可以从每个句子里看出来。让我们以第241至246行为例：“然后他又请求我，如果可能的话，返程时再回到他的身边。那便是对主人款待的答谢，于是我对他说，我很愿意，主人。因为要是拒绝了他的好意，那将是一个耻辱。”通过*la*与前一句相连的句子是一个表示结果的套叠长句，它的上扬部分分为三个阶梯，第三个阶梯包含了一个对照的总结（*sanblant-estre*），它反映出对人物评价时的一种高级的、已经成为自然而然的分析法。它的下降部分由两个互相稍稍脱离的部分组成：第一部分表达惊喜，用的是直陈式；第二部分表达的是假设，用的是虚拟式——这种在讲述中浑然天成插入的句子成分在宫廷小说以前的俗语中几乎找不到。我想借此指出，我觉得在假设意义较多的套叠长句式的结构逐渐产生的过程中，结果连词一直持续到但丁（第107页摘录的特利斯坦背景故事里的那个句子也是在一个表示结果的动作中达到高潮的）之前都是占据主要地位。其他表示情态的连接词还很少使用，只有表示结果的连词用得很多，显示
125 了其独特的、后来又失去了的表达作用，关于这一点，A. G. 哈彻最近写过一篇很有意思的文章（刊登在《印欧教育评论》第二期第

30 页）。

卡洛格列万给亚瑟王的圆桌骑士讲到，他七年前独自一人骑马去历险，像一个骑士那样全副武装，后来他发现了右边的一条路，穿过了一片茂密的森林。这里我们有个疑问。朝右拐？在这种情形下，使用的绝对是一种少见的位置标明法。在世间任何一种地理学里，这种地理位置的称呼只有在相对使用时才有意义。因此在这里，这个词具有一种道德含义；显然这里指的是卡洛格列万找到了“正确的道路”*，这一点在下文中马上得到了证实，因为这条路如同所有正确的道路一样充满了艰辛，它穿过一片茂密的荆棘林，得走上一整天，傍晚才能到达真正的目的地：一座城堡。在那里，卡洛格列万就像一个期待已久的客人一样受到了热情的接待。好像直到傍晚他走出树林时才发现自己待在什么地方：那是布洛塞利安德的一片荒原。在布列塔尼传说中，大陆上阿摩里卡的布洛塞利安德是著名的仙境，有魔泉神树。卡洛格列万大概是从不列颠岛的亚瑟王宫启程，书上没讲他如何到达布列塔尼半岛的。关于渡海的经过我们一无所知，同样，对后来的伊万（第 76、761、762 行）我们也知之甚少，他当时肯定是从威尔士的卡代尔出发的，对他如何走上布洛塞利安德的“正道”，书上的描写非常模糊，难以置信。卡洛格列万一旦发现自己身在何处，立刻就看到了那座好客的城堡，城堡主人手持猎鹰站在桥上迎接他，高兴的程度大大超出殷勤好客的表示，这又一次向我们证实，上文所说的的确是一条“正道”：“主人立即一口气告诉我，我走的

* “recht”一词在德文中有“右边的”、“正确的”、“恰当的”等意思。——译者

是一条上帝赐福的路。"就像早已确定好了似的，接下去的欢迎仪式按照优美的骑士礼仪进行：主人在铜盘上敲击三声招来仆人，有人把客人的马牵走，出来了一位美貌的少女，她是城堡主人的女儿；她的任务是帮客人脱下盔甲，给他披上舒适考究的披风，然
126 后独自陪着他在赏心悦目的花园里消闲，直到吃晚饭。饭后主人对他讲，好长时间以来他都为游历四方寻找冒险生活的骑士提供住宿；他恳请他在归途中再次做客。不过奇怪的是，主人虽然知道有魔泉，并且也知道他的客人在魔泉将要遭遇的危险很可能使他回不了城堡，但却对他的客人只字未提魔泉有险。但这似乎并不碍事，至少丝毫没有影响卡洛格列万及后来的伊万对主人的盛情款待和骑士风度表示赞扬。卡洛格列万第二天一早就上了路，他从森林守护神维兰的口中才得知有魔泉之说。维兰虽说并不知道什么是冒险——因为他不是骑士——但他却知道神泉的魔力，对此他并不守口如瓶。

我们仿佛置身于仙境之中。穿过荆棘丛生的密林的正路，犹如从地下冒出来的宫殿，欢迎仪式，漂亮小姐，城堡主人令人不可思议奇异的沉默，森林守护神，魔泉——这一切的一切在神话中才有。时间的仙境色彩并不比地点的逊色。七年以来卡洛格列万没有讲过他的冒险经历。七是个具有神话色彩的数字。七年也在《罗兰之歌》中出现过，它使《罗兰之歌》的开头具有一种传说的气氛："查理王整整有七年在西班牙打仗。"* 只是在《罗兰之歌》里的确是"整"年头，整整七年，因为查理大帝用了七年征服了直

* 译文选自杨宪益所译《罗兰之歌》，上海译文出版社，1981 年。——译者

到海边的整个地区，除了萨拉戈萨以外，他攻下了所有的城堡和城镇——而卡洛格列万在魔泉历险和他讲故事之间的七年内好像没有发生过任何事情，至少我们对此一无所知。当伊万正准备经历同样冒险的考验时，他发现一切都和卡洛格列万讲的一模一样：城堡主人和城堡小姐、那群公牛和那位高大奇丑的放牛人、魔泉和守卫魔泉的骑士，什么都没有改变，逝去的七年没有留下任何踪迹，一切都像在神话中通常发生的一样。那里的风景如同仙境般迷人，我们周围笼罩着神秘的气氛，四处都在喃喃低语。宫廷小说，特别是布列塔尼宫廷小说中，所有那些宫殿和城堡、战斗和历险，都发生在神话世界之中，因为这一切每次都像从地下冒出来的一样出现在我们面前。它们与我们已知大地的地理关系及它们的社会与经济基础都没有交代，甚至于对它们的道德或是象征性意义都很少有明确的介绍。魔泉历险是否有某种隐藏的含义？显然，亚瑟王宫的骑士们都要经历冒险的考验，然而作品对与魔泉骑士之战并没有从道德意义角度说明其正确性。在其他宫廷小说里穿插的故事中有时也有寓意、神话和宗教题材，比如圆桌骑士故事中兰斯洛特的地狱之旅，许多作品中表现的解脱和拯救题材，尤其是圣杯传说中基督教的宽恕题材——但这些作品几乎从未明确表明自己的意义，至少在真正的宫廷小说中是如此。宫廷小说的神秘莫测，从地下突现，掩盖其来历，无法进行理性解释，这一切都源于布列塔尼的民间传说，它接受了这些东西并使其服务于骑士理想的教育。显然，布列塔尼神话是表现这一理想的最佳媒介——它比同时被汲取的，却又很快退化的古典素材更适合于这种教育。 127

封建骑士自我表述其生活方式及理想观念是宫廷小说的本意，同时他们也带着闲情逸致讲述了外部的生活方式，在这种情况下，宫廷小说便摆脱了童话那迷雾般的遥不可及，逼真地再现了当时的风土人情。宫廷小说的其他一些插曲比我们这段的画面还要精彩、详细得多，不过从我们这段中已经可以窥见到当时最基本的现实特征。手持猎鹰的城堡主人，敲三声铜盘唤来的仆人，美丽的城堡小姐帮客人脱掉盔甲，披上一件舒适的外衣，和他愉快地聊天直到吃晚饭——这一切都是已经定型的习俗的优美画卷，几乎可以说是宫廷社会在高级生活方式圈子中的一种礼仪。如同武功歌一样，这个圈子也是固定的、封闭的，与其他阶层的生活方式毫不相干，不过它比前者的礼仪要讲究得多，高尚得多，妇女在其中地位举足轻重，文化阶层社交生活的优雅惬意有
128 了新的发展。这种优雅惬意所具有的特点将长久地成为法国审美情趣的特征之一：纤巧细腻，几乎有些过于精雕细刻。描写宫廷少女的场景——她的出现，骑士怎么看着她，脱下盔甲，在草地上的散步——虽然只是一个有点突出的例子，但充分表达了可爱娇美的、明确而又面带微笑的、活泼而又优雅幼稚的少女的妩媚，对这方面的描写克雷蒂安不啻是位大师。这种风格的画面在法语文学中很早就出现过——在织女歌，甚至在《罗兰之歌》，在描写塞维利亚的马加里那段（第 955 至 957 行）就有；但直到宫廷文化才使这种风格真正形成，特别是克雷蒂安作品之所以有魅力，主要就在于他具有把这种风格发展到极致的才能。这种风格在描写真正的爱情游戏时表现得淋漓尽致，与此相对照，在这些爱情游戏场景之间也有关于感情的合理结论，它看似幼稚，却极具

艺术魅力。最著名的例子是《克里塞》的开头，从起初在对方面前所表现的羞涩以及最后感情的爆发，阿列克塞和索雷达莫之间日益成熟的爱情在一系列令人陶醉的场景和内心分析的独白中得到了充分的描述。这种风格纤巧可爱，其魅力在于它的清新活泼，其危险在于狭隘肤浅、幼稚的卖弄和冷漠，在古典诗歌中几乎没有这种纯粹的风格，这是法国中世纪的创造。此外，这种风格绝不仅仅限于爱情插曲。12 世纪以及 13 世纪，在克雷蒂安的作品和后来的历险小说及较短的叙事诗中，描写封建社会生活的整个画面都是同一个风格。纤巧迷人的、细腻清新的诗句再现了骑士社会，成千上万个小场景和小画面给我们描绘了他们的习俗、观念和社交气氛。这些画面中既有流光溢彩和现实趣味，也不乏心理上的细致描述和诙谐幽默。虽然它表现的也是一个由唯一阶层组成的世界，但它比武功歌的世界更加纷繁、多变和充实。有时克雷蒂安似乎打破了这种等级界限，比如在表现三百个少女在工作大厅(《伊万》第 5107 至 5109 行)或描写那座富城的公民(*quemune*)企图攻占高万所在的宫殿(见《帕西法尔》第 5710 至 5712 行)的场面——但这样的插曲只不过是骑士生活多姿多彩的
舞台。宫廷文学的现实手法展示了一个唯一阶层的十分丰富而 129
有情趣的生活画卷，这个阶层与同时存在的其他阶层相互隔离，其他阶层的出场对它来说有时是华丽的陪衬，多数情况下只是滑稽或荒谬的点缀，因此从内容上来说，重要的、极其重要及高贵为一方，卑微、怪诞和滑稽为另一方，双方之间始终有着极严格的等级分离。只有封建阶层的人物才能进入第一个圈子。不过，当时的宫廷小说并不知道有什么“崇高文体”，即不知道在表现形式方

面有等级高低的区别，因而还谈不到文体分用。轻快利落灵活的八音节诗可以毫无困难地表现任何题材，表达任何感情或思想。八音节诗也可用于多种用途，它既适合于讲述轶闻趣事，也可以用于圣徒传记。当用这种诗讲述严肃或可怕的事情时，至少对我们的感情来说，它常常有种令人感动的幼稚和童趣。感官性的清新中确实有一种初生牛犊不怕虎的勇气，它试图用相当年轻的、几乎没有任何理论包袱的、尚未脱离多姿多彩方言土语的文学语言表达如此丰富多彩的生活。对各种俗语来说，文体高低是很久以后，直到但丁时代才意识到的问题。

对于宫廷小说的现实主义来说，比等级制度的限制更大的限制源于它的童话气氛。所有绚丽生动的当代现实画面仿佛从底下冒出来，即从童话世界的地下冒出来，就像我们说过的，它们没有任何真正的政治基础，而这种限制也就随之产生了。这些画面的地理、经济和社会关系从未澄清，它们径直产生于童话和历险故事。我上文中提到过，《伊万》中令人惊讶的是一座真实的工作大厅，书中甚至还提到了劳动条件和工资报酬。这大厅并不是通过对具体经济情况的描写才有的，而是因为处女岛上的年轻国王落入了两个心怀叵测、精灵般的兄弟手中，他答应每年送三十个少女为他们服役，这才把自己赎了回来。童话气氛是宫廷小说最根本的生活气息。宫廷小说不仅表现了外部的生活方式，而且也首先表现了 12 世纪末期封建社会的理想观念。这样，我们便谈
130 到了宫廷小说本质的核心，这个核心对于理解写实文学的历史有着重要的意义。

卡洛格列万外出既没有受谁委托，也没有什么官衔。他寻找

历险，就是说，寻找能够考验自己的危险经历。这在武功歌中是没有的。武功歌中外出的骑士都重任在身并且有着政治历史背景。虽然这种政治历史背景被简化和扭曲成传说，但作品中行动着的人物在真实的世界中都起着一种作用，即保卫查理帝国不受异教徒侵害，征服异教徒，使他们皈依基督教等等。从这个意义上来说，政治历史背景依旧存在。这一封建阶层的伦理道德，即骑士们尊奉的武士道德就是为这种政治历史目的服务的。相反，卡洛格列万不承担任何政治历史使命，亚瑟王宫的其他骑士们也都如此。这种封建伦理道德不服务于任何政治功能，甚至不为任何实际的现实服务，它成了一种绝对和纯粹的伦理道德。除了实现自我以外没有别的目的，因此它来了一次脱胎换骨，甚至于“侯爵”这个在《罗兰之歌》中用得最多、意思最普通的词看来也好像不那么吃香了。克雷蒂安在《艾莱克》* 里还使用过三次，在《克里赛》和《朗斯罗》** 里只各出现过一次，之后便再也不用了。他喜欢用的新词是宫廷（*corteisie*），这个重要并具有悠久历史的词汇能全面阐释欧洲等级和人的理想观念。在《罗兰之歌》里这个词还没有出现，只出现过三次做形容词的 *curteis*，其中有两次在提到平民与宫廷时使用过，用来描写奥利维。*corteisie* 这个词似乎在宫廷文化中才具有了综合性含义，宫廷文化的名字也由此而来。与武功歌相比，它所表达的内容有了很大的变化，它具有升华净化的含义，即武功规则的优雅化、宫廷礼仪、为妇女效力——这一

* 指《艾莱克与艾尼德》，约创作于 1160 年。——译者

** 指《朗斯罗，或坐刑车的骑士》，约创作于 1168 年。——译者

切都是为了表达个人的纯粹理想。纯粹既意味着理想的尽善尽美，同时也指在尘世的实际生活中毫无目标可循。高贵的品德个性并非简单的天性，也不是与生俱来，即不是由于出生在一个等级之内而具有的实际地位提出了一定的实际要求而可以自然形成这种品德；它的要求更高，除了出身以外，还需要接受教育才能
131 孕育出这种品德，需要时时自愿经受新的考验才能保持住这种品德。考验和保持的手段便是历险，历险是一种特殊的罕见的经历，它造就了宫廷文化。也许在此很久以前便有对奇迹和危险充满幻想的描绘，这些奇迹和危险等待着那个越过已知世界飘向遥远的未知区域的人。同样充满幻想的还有关于神秘莫测的危险的想象和故事，这些危险存在于人们已了解其地理形状的世界之中，借助神妖魔怪和其他魔力危及人类。在宫廷文化产生很久以前，也有作品表现无畏的英雄靠着力量、品德、计谋和神的帮助战胜这些危险，拯救别人。然而正处在巅峰时期的这一整个阶层把战胜这类危险视作自己真正的使命，视作其理想观念中的唯一的历史使命——这个阶层接受了形形色色的传说，尤其是布列塔尼传说，还有其他传说，以便创造一个专门为此准备的骑士世界，在这个世界中，充满幻想的遭遇和危险仿佛是用转动的传送带一个个送到骑士面前——这种安排是宫廷小说的新创造。虽说称之为历险的充满危险的经历不具备经验基础，不能把它们归为现存的或可以实际设想的政治体制，虽说它们大都没有什么理性关联，是依次出现的长长的系列，但是仍然不能从冒险这个词的现代意义中引申它的词义，认为它是一种纯粹的“偶然”，是松散的、

次要的、无序的，或者如同席美尔[*]曾说过的，存在于生活的本来
意义之外的、现在可以与冒险这个词汇相联系的意义，在宫廷小
说中并不存在；更确切地说，通过历险经受考验才是骑士理想生
活的真正意义。E. 埃贝魏因几年前在解释玛丽·德·法兰西[**]的
籁歌(*lais*)时就试图指出过，作为骑士的人就是要在历险中证明
最真实的自我(参见《中世纪生活释》，波恩及科隆，1933 年，第 27
至 29 页)。这一点也可从宫廷小说中得到证实。卡洛格列万寻
找正确的道路并且找到了它，这一点我们在上文中已经说过。这
是通向历险的真正道路，寻求和找到真正的道路本身就证明他是
一个不同凡响的人物，是真正的亚瑟王圆桌骑士中的一员。作为
一个有资格历险的真正的骑士，他受到了东道主的欢迎，主人也 132
是一个骑士，他高兴地款待客人并祝福他找到了正确的道路。宾
主同属于一个团体，参加这个团体要经过一个挑选仪式，团体成
员之间有互助的义务。看来主人的真正职业，他把住所建在这里
的唯一意义，就是以骑士的方式款待寻求历险的骑士。然而由于
闭口不谈卡洛格列万将面临的险境，他对客人的帮助就变得神秘
莫测。显然，保守秘密是骑士的义务，这与知无不言的维兰完全
不同。维兰所知道的是历险的物质情况。但什么是“历险”，他却
不知道，因为他对骑士习俗毫无所知。卡洛格列万是个真正的骑

* 席美尔(Georg Simmel，1858－1918)，德国社会学家和哲学家。——译者

** 玛丽·德·法兰西(Marie de France)，法国 12 世纪下半叶女诗人。长期生活在英国国王亨利二世的宫廷，与克雷蒂安·德·特罗亚属于同一时代，也都写以不列颠骑士的爱情为题材的故事诗，但她采用的样式是精练的短篇故事诗，即所谓“籁歌”(lais)。——译者

士，一个被选中者；然而挑选却分为许多等级；能够经受冒险考验的并不是卡洛格列万，而是伊万。在挑选的等级和为特殊冒险进行的挑选方面，《朗斯罗》和《帕西法尔》有时比《伊万》中强调得更多、更明确，不过在宫廷诗歌中，这种题材倒是随处可见的。由此，一系列的冒险便成了决定人命运的、逐级挑选考验的等级，因而历险便成了通过命运所决定的事态发展进行人格完善教育的基础。这种教育后来打破了宫廷文化的等级界限。当然不应忘记，除了宫廷文化，同时还有另外一种运动描述逐级经受挑选的各种现象，同时也更严格、更明确地表达了爱情理论，这就是维克多学派*与西妥教团**僧侣神话。它不受等级制度限制，因此不必经历冒险。

骑士经受考验的世界便是历险的世界；这个世界不仅包括了几乎连续不断的一系列历险生活，而且最重要的是，它表述的仅仅是与历险有关的一切，与历险地或历险地的铺垫无关的一切均未涉及；这是一个专为考验骑士而创造和准备的世界。卡洛格列万启程场景十分清楚地表明了这一点。他骑马走了一整天，除了为迎接他的到来而准备的宫殿以外，他什么都没有遇到；这样一座孤零零的宫殿存在的所有客观条件和环境，这些实际条件和环
133 境与一般宫殿存在的情况是否相同等等，书中都没有涉及。这种理想化与摹仿现实相去甚远。在宫廷小说中，功能的、等级的历史真实消失了。虽说从这种作品中可以看出许多交往习俗、特别

* 维克多学派，以巴黎圣维克多修道院命名的哲学—神学学派。——译者

** 西妥教团(Zisterzienser)，1098 年成立的宗教改革团体。——译者

是外部生活方式的文化史方面的细节,却不能获得关于时代的真实,看不到骑士阶层的历史真实。当它描写真实时,描写的只是五光十色的肤浅的现实,在它不肤浅时,它表现的是其他内容和其他观念,而不是时代的真实。尽管如此,宫廷小说也还是包含着一个等级道德,这种道德要求在现实世俗世界中发挥作用并且也确实起到了这种作用。如果我看得不错的话,这种道德有着巨大的魅力,它魅力的基础首先建立在它的两个特点上。第一,它是绝对的,游荡在一切尘世大地之上;第二,它使臣服于它的人觉得自己属于一个特殊群体,属于一个与平民大众隔离的共同体(这个词是东方学家赫尔穆特·里特尔首先使用的)。由此说来,封建道德,完美骑士的理想观念,都获得了巨大而持久的影响;与骑士共生的关于勇敢、荣誉、忠诚、互相尊重、高贵的礼仪和为妇女效力的观念对已经发生巨大变化的文化时代的人们仍然具有吸引力;后来崛起的城市及市民阶层也接受了这种理想,尽管这种理想不仅有着等级界限,只限于少数人,而且它也没有任何实质的内容。一旦这种理想突破了单纯的社交礼仪范围与世俗的实际生活发生关系,便显出了自己的不足,需要进行补充,而这种补充往往与其本身极不相符。不过,由于它远离现实,因此只要存在着统治阶层,它作为理想就可以适用于任何一种地位的人。就这样,骑士理想便能经受几百年来封建社会所遇到的一切灾难而得以延续下来。它甚至延续到以完美无瑕的方式阐释这个问题的塞万提斯笔下的堂吉诃德。堂吉诃德第一次出游时,晚上到了一个酒店,他以为到了一个城堡,这完全是对卡洛格列万出游的戏仿,也就是说,堂吉诃德所遇到的并不是为考验骑士而准备

的特殊世界，而是一个随意性的、日常的真实世界。通过对主人公生活环境的详尽描写，塞万提斯在作品的一开头就清楚地表明
134 了堂吉诃德迷茫的根源所在：他是一个社会阶层的牺牲品，他和此阶层属于一个毫无用处的社会等级；他属于这个等级，脱离不了这个等级，但他作为该等级的一员却既无财富，又无显赫的社会关系，既不从事任何工作又没有什么使命；他觉得自己像个废人，在毫无意义地浪费生命，他过着几乎无异于农夫的生活，但受过教育，不可能、也不允许像个农夫那样去干活，骑士小说只能使像他这样的人感到迷茫；他的出游是对一种无法忍受而又忍受过久的现状的逃避；他想迫使自己发挥与其等级地位相符的作用。当然，此前三百五十年法国的情形全然不同；封建骑士制在军事上还起着举足轻重的作用，城市市民和中央集权专制主义还处于初始阶段。卡洛格列万如果真的像他所描述的那样出游的话，那么，他当时所遇到的情况应与他报道的完全不同。在第二次或第三次十字军东征中，海因里希二世、路易七世或腓力二世奥古斯都*的世界里的情形与宫廷小说的描述毫不相同。宫廷小说不是以诗歌形式塑造真实，而是遁入童话世界。一开始，当宫廷文化处于全盛时期时，统治阶层便为自己制定出掩盖其真实作用的道德和理想，把他们自己的生活描绘成脱离历史的、无任何目的的、纯美学的产物。当然可以对这种不同寻常的现象做出解释，那是因为这个伟大的世纪具有巨大的想象力，现实可以自发地升华至

* 腓力二世奥古斯都（Philippe-Augustes，1165 – 1223），法国卡佩王朝国王（1180 -1223）。——译者

纯美学的高度。但是这种解释太一般化，还不够充分，尤其是宫廷叙事文学不仅表现了历险和纯粹的理想化，而且也反映了优雅的习俗和奢华的礼仪。可以设想，在当时，即宫廷文学的全盛时期，封建阶层长期的作用危机便已初见端倪。克雷蒂安·德·特洛亚起初生活在香槟，那里的商贸交易会当时在欧洲影响极大。后来他生活在佛兰德，那里的市民阶层比阿尔卑斯山以北其他地方更早地获得经济和政治成就，克雷蒂安恐怕已经感觉到，封建阶层不再是唯一的统治阶层。

早在古典时期，关于文体有高低之分的学说发挥着同样的限
制作用之前，宫廷骑士小说广泛而久远的作用便对文学的现实主 135
义产生了重大影响，即一种限制性的影响；最后，这两者在关于崇高文体的观念上取得了一致。这种观念在文艺复兴时期逐渐形成。关于这个问题，我们将在以后的章节中谈。这里只谈谈妨碍全面把握既成现实、对骑士理想具有典型意义的影响。正如上面所说，这里指的还不是狭义上的文体；宫廷史诗还未创造一种诗歌语言的崇高文体，相反，它并没有充分利用英雄史诗中已有的排比这一高雅的表达方式；宫廷叙事诗的文体与其说是高雅还不如说是惬意，它可以用于表达任何内容。后来才出现的在语言方面文体分用的倾向完全是受古典文学而不是宫廷骑士文学的影响，内容方面的局限则更大了。

内容上的局限是等级式的；只有骑士—宫廷的成员才有资格历险，只有他们才会遭遇严肃重大的事件；不属于这个等级的人只能是陪衬，即大都扮演着滑稽、荒诞或卑微的角色；无论是在古典文学还是在中世纪较古老的英雄史诗中，这种情况都不像在宫

廷小说中这么明显。宫廷小说讲的是一个等级共同体内部有意识地封闭和对优秀人才的培育。随后不久便出现了这样的倾向，即共同体注重的不是出身，而是个人品德及高贵的待人接物方式及礼仪；宫廷叙事文学中最重要的作品本身就已显露出这方面的迹象，它表现的是极其内心化的、以个人的挑选和塑造为基础的骑士人物的画面。后来，尤其在意大利，当城市文化阶层接受和改造了宫廷理想时，高贵品德的观念越来越成为个人的观念，它甚至与只注重出身的贵族观念进行过多次较量。然而这种观念并未因此而扩大少数人的范围，它仍保持着优秀阶层的特征，有时带有秘密团体的特征。等级的、神秘的、政治的、社会的、教育的题材五花八门地互相交织在一起。但是，内心化的描写并没有

136 带来与世俗真实的接近，而是远离了真实。所触及的世俗真实中虚构成分越来越多，越来越无目的。这种情形有一部分是骑士理想内心化造成的。我们希望前面已充分说明，在宫廷理想中一开始便存在着这种虚构和毫无目的的现象，它决定了宫廷理想与真实的关系。一般的真实中根本就没有高贵、伟大和优秀，这一长期以来在欧洲影响巨大的观念是从宫廷文化中产生的——这种思想比古典时期脱离真实的形式更加充满激情，能对人产生更大的影响，它反映了斯多噶派的伦理道德。诚然，也有一种脱离真实的古典形式比它更感人，这就是柏拉图主义。有人曾多次试图证明柏拉图学派对宫廷理想的形成也起过作用。后来，宫廷理想便和柏拉图主义恰到好处地相互补充——在这方面，卡斯蒂廖内

伯爵*的《侍臣论》是个最著名的例子。不过，尽管在宫廷文化上笼罩着柏拉图主义的气氛，它所创造的脱离真实的这种特殊形式，它所建立的等级或等级一个人的考验和经受考验的虚幻世界，仍是中世纪所特有的产物。

与这一切有着密切关系的是宫廷叙事文学对表现对象的特殊选择，长期以来，这种选择对欧洲文学起着决定性的影响。这就是挑选骑士时只应注意两点：武功和爱情。阿里奥斯托**在这种虚幻世界建立了一个虚幻的欢乐世界，他在早期诗作中写道：

> 女人，骑士，武器，爱情，
> 宫廷，武功，我为它歌唱……

除了武功和爱情以外，在宫廷世界中不可能发生别的事情，并且这两者具有一种特殊的方式——武功和爱情并不是在时间上可以延续的事件或感觉，而是永远与完美的骑士个人联系在一起的，它就是骑士的定义，没有武功，没有爱情纠葛，骑士便不能生存，他便失去了自我，不再是个骑士。还需要指出的是，阿里奥斯托或塞万提斯对这种虚构的生活方式作最明确的阐释时，运用的是欢快的词语或戏仿。关于武功我没有什么可以补充的——读
者会明白，我在这里是按照阿里奥斯托的模式选用了“武功”而不 137

* 卡斯蒂廖内伯爵(Castiglione，Graf Baldassare，1478－1529)，意大利作家。贵族出身。曾用俗语、拉丁语写过牧场歌、抒情诗，最著名的作品是对话录《侍臣论》。——译者

** 阿里奥斯托(Ludovico Ariosto，1474－1533)，意大利诗人。——译者

是“战争”这个词，因为这里指的是与政治目的完全无关的戎马生涯。关于宫廷爱情这个中世纪文学史谈得最多的题目，我只想说该说的话。首先我要提醒的是，人们一提到宫廷爱情，立刻会想到所谓的古典形式——贵妇人是情人，骑士通过勇敢的行为和完美的、甚至于奴隶般的忠诚获得她的青睐——这种形式并不是宫廷叙事文学全盛时期表达爱情的唯一或主要方式。只要想一想特里斯坦和绮瑟、艾莱克与艾尼德、阿列克塞德和索雷当莫斯、帕西法尔与布兰切夫洛以及奥卡辛和尼科雷特——这些最有名的情侣中没有一例与我们已知的模式完全吻合，有些则完全不一样。实际上，宫廷叙事文学最初表现的是形形色色具体而真实的爱情故事；这些故事有时会使读者全然忘记爱情故事所发生的世界的虚构性。不可企及、爱慕而无法得到的、从遥远的地方激励着主人公的贵妇人，这种柏拉图式的爱情模式源于普罗旺斯的抒情诗而成型于意大利新体诗，它起初在宫廷文学中并不占主导地位。对于热恋的描写、情侣之间的谈话、对情人美貌的描述以及其他属于爱情故事范围之内的东西，尤其是克雷蒂安的作品，虽然颇具细腻纤巧的感官艺术性，但几乎还未表现出过分的殷勤；这需要另一种完全不同的高雅的文体，而不是宫廷叙事文学提供的文体。爱情故事的虚构和不真实在这些作品中几乎还没有；它们更多地表现在诗歌的整体内部结构的作用上。在宫廷小说中，爱情往往成为英雄创造业绩的直接原因；当行为完全没有政治历史方面的实际动机时，就很接近虚构了；作为十全十美的骑士生活的重要的不可或缺的组成部分，爱情取代了在这里不存在的其他行为动机。因此虚构的事件便有了基本的线条，这就是最伟大的业绩，主要是为了博得贵妇人的欢心。与此同时，对于欧洲文学来说举足轻重的是，爱情作为诗歌题材在文学中提高了地位。古典时期的文学只承认爱情具有中等地位；无论在悲剧还是在伟 138
大的叙事诗中，爱情都不是主要题材。爱情在宫廷文化中的中心地位对于逐渐形成的欧洲俗语的崇高文体来说是一种典范；爱情成了崇高文体的一种表现对象（正如但丁在《论俗语》第 2 章第 2 节所证实的那样），并且经常是这种文体最重要的题材。随之而来的是，爱情从此经历了一个升华过程，这个过程导致了爱情的神秘化，或者由此出现了对妇女的恭维。在这两种情况中，这个升华过程与世界的具体真实越离越远。普罗旺斯抒情诗和意大利新体诗比宫廷叙事诗对爱情的升华起着更重要的作用。不过，由于宫廷叙事诗把爱情引入了等级—英雄事迹之中并与两者互相融合，因此它对爱情地位的提高也起了一部分重要作用。

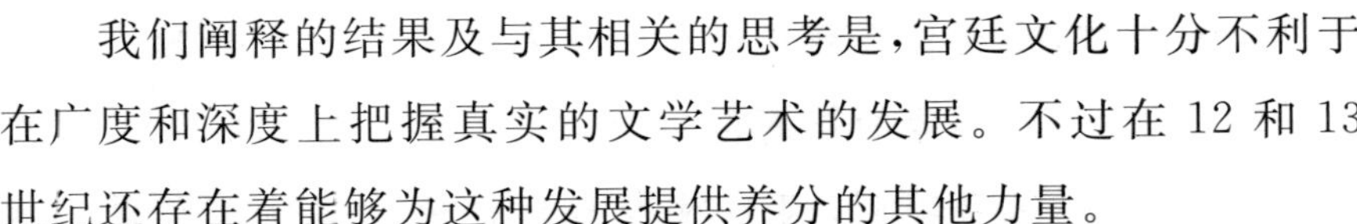

我们阐释的结果及与其相关的思考是，宫廷文化十分不利于在广度和深度上把握真实的文学艺术的发展。不过在 12 和 13 世纪还存在着能够为这种发展提供养分的其他力量。

第七章　亚当和夏娃

139 ……于是亚当去找夏娃，他对魔鬼和夏娃说话很恼火，他对夏娃说道：

告诉我，老婆，那个可恶的撒旦找你干什么？他要你做什么？

夏娃：他说了对我们俩有好处的事情。

亚当：别听这叛徒的！他是个叛徒，这我知道得很清楚。

夏娃：你怎么知道的？

亚当：我试过！

夏娃：那为什么我连看他一眼都不成？他也会教给你一点其他知识的。

亚当：他做不到，因为我不会盲目地相信他。别再让他接近你，因为他是个十分卑鄙的家伙。他想背叛主，自己当上帝。我不愿这样一个小人和你在一起！

这时有一条机敏的蛇顺着树干向上爬。夏娃把耳朵凑近蛇，好像在听它出的主意；后来她拿起了苹果递给亚当。亚当起初还不想拿，夏娃对他说：吃吧，亚当，你不知道这是什么吧！拿上这个给我们准备好的东西吧！

亚当：这好吗？

夏娃：你一会儿就知道了！你不尝就不知道它好不好。

亚当：我有点害怕！

夏娃：吃吧！

亚当：不，我不吃！

夏娃：这么犹犹豫豫的没有一点胆量！

亚当：好吧，我拿。

夏娃：吃呀，拿着！

你一吃就会辨别善恶了。我先吃。

亚当：你吃完我吃。

夏娃：行。

这时，夏娃咬了一口苹果，对亚当说：我尝过了。上帝呀，味道真好！我从来没有吃过这么甜的东西。这个苹果竟有这种甜味！

140

亚当：什么甜味？

夏娃：这种甜味还没有一个人尝过。现在我的眼睛变得这样明亮，我觉得自己就是万能的上帝。所有发生过的和将要发生的事情我都知道，我就是万物的主宰。吃吧，亚当，别犹豫了，现在正是吃的时候！

这时亚当从夏娃的手里接过苹果，然后说道：我相信你说的话，你和我是一样的人。

夏娃：吃吧，别怕！

这时亚当咬了一口苹果……*

* 引文原文为法语。——译者

141 这段对话出自亚当神秘剧,是 12 世纪末的一出圣诞戏,此剧如今仅存一个孤本;最早的宗教礼拜剧或由宗教礼拜仪式演变而成的戏剧现在留存得极为有限,其中,这出亚当剧又是最早用俗语写成的剧本之一。在此剧中,原罪* 占据了很大篇幅,(后来还描绘了亚伯被害以及预示基督出现的先知行列,)起初,魔鬼想诱骗亚当上当而未果;后来魔鬼又去诱骗夏娃,他运气不错;接着魔鬼便溜到地狱里去了,这正好被亚当看见。魔鬼溜走之后便是上面引用的那个场景。《创世记》中没有这个对话场景,同样,在此之前魔鬼企图诱骗亚当这一段也没有;《创世记》中只有夏娃和蛇的对话,根据非常古老的传说,蛇就是魔鬼(参见《新约·启示录》第 12 章第 9 节);接下去的纯粹是报道:“于是女人见那棵树的果子好吃,也悦人的眼目,能使人有智慧,就摘下果子吃了,又给她丈夫,她丈夫也吃了。”我们所引用的场景就出自这最后几句话。

这个对话场景分为两个部分,第一部分为亚当和夏娃关于能否与魔鬼打交道的对话,这时还没有提到苹果,第二部分说的是夏娃从树上摘下苹果引诱亚当去吃。这两部分由于那条机敏的蛇的介入被分开了。蛇对着夏娃的耳朵说了几句话,它说了些什
142 么,文中没有讲,不过我们可以想象得出,因为夏娃听了它的话立刻就去摘苹果,把它递给不大情愿的亚当,并且说了那句总是一再被她重复的话:“吃吧,亚当!”由此她中断了关于与魔鬼打交道的尚未完结的第一次谈话,她没有再回答亚当说的最后几句话,

* 指亚当和夏娃违犯上帝的禁戒偷食禁果。——译者

而是制造了一个新局面,一个既成事实。在此之前亚当和夏娃还没有提到吃苹果,因此这个事实对亚当产生的影响肯定更大。显然这一切是由于听信了蛇的话才发生的,蛇在此时的介入也说明了这个问题:因为现在没有必要再让夏娃听它的话和照它的意思办事了;这一点早在上一个场景,即在夏娃和魔鬼的场景中已然解决了,其结果是夏娃决心吃苹果并且也叫亚当吃;亚当和夏娃谈话时蛇介入的目的仅仅在于,让夏娃知道在此刻该如何行事:即结束在魔鬼看来无用且危险的谈话,立刻付诸行动。对于魔鬼及其计划来说,这场谈话之所以无用和危险,是因为它显然不大会使亚当心服口服,甚至还存在着夏娃自己反倒有可能动摇的危险。

现在让我们来看看这个场景的第一部分,即关于是否应与魔鬼打交道的场景。亚当就像一个法国农民或市民回家看到了不高兴的事情时那样质问妻子:他的妻子正在跟一个与他有过节,并且再也不想与之来往的家伙说话。"老婆,"他对她说,"他要你做什么?他跟你有什么关系?"夏娃的答话应该对他产生影响:"他说了对我们有利的事,有好处的事!"("利益、好处"在这里有"褒奖、酬劳"的意思,这个词早在武功歌中就有很强的物质意义)。"别听他的话",亚当断然说,"他是个叛徒,这我知道得很清楚。"夏娃当然也清清楚楚,但她没有意识到这就是背叛;她没有亚当那样的道德意识,只有幼稚的、孩童般大胆而又轻率有罪的好奇心。亚当对魔鬼的归类和评论以及他的切中要害使夏娃感到尴尬,于是她便提出一个不大老实的、滑头而又难堪的问题使自己摆脱这种窘境,这是那些天真单纯、情绪不稳、凭直觉行事的

人在类似情况下千百次提出过的问题："你怎么知道的?"但这个
143 问题帮不了她的忙，亚当知道得很清楚，他说得没错："我从自己的切身经历知道的!"这种话不可能像不久前一位评论家所猜测的那样，由夏娃说出（关于这一点，我们后面还要谈到）；因为只有亚当将经验变成了意识，他的语调听起来才是一种断然的回答；而夏娃却根本没有从与魔鬼的谈话中看出他的背叛行径，她那轻率的好奇心使她不能理解道德问题；就是此时她也没有理解这个问题，因为她并不想去理解；她老早就决心试试别的，试试与魔鬼打打交道。不过她觉得，要是亚当说魔鬼是个叛徒，自己不能一本正经地反驳他；因此她虽然提出"你怎么知道的?"这个问题，却没有接着问下去，而是大着胆子带着既调皮又不安的神情说出了她的一些真实想法："为什么我就不能见他的面了？他也会让你产生其他想法!"（"其他想法"指"我知道的事"，即只有亚当知道魔鬼背叛的事）。她一说这话便立刻碰了个钉子，因为这下亚当真的生气了："他做不到，因为我不会盲目相信他!"亚当觉得自己是一家之主，并且做得完全有理，因此他以男人不容置疑的权威口气明确地说明自己的态度，禁止夏娃与魔鬼来往（"不许你和做了这种事的卑鄙家伙打交道"）；他记着上帝让他在妻子面前所应扮演的角色：你要用理智控制对方（第 21 节）。这时魔鬼觉得事情不妙，于是便介入了。

这个地方我说得很详细，因为在两个人的谈话中谁都说了些什么这个问题上手写本有点乱；S. 埃蒂安（见《罗曼尼亚》，1922 年，第 592－595 页）对第 280 至 287 行的解读有新的见解，夏玛尔版本（巴黎，1925 年）也采用了，而我并不大明白这种解读。这段

诗经解读后是这样的：

亚当：别听这叛徒的！
　　　他是个叛徒。
夏娃：我知道。
亚当：你怎么知道的？
夏娃：我试过。为什么我连看他一眼都不成？
亚当：他也会教你点其他知识的。
夏娃：他做不到，因为我不会盲目相信他。
亚当：别让他靠近你……

我觉得这是不可能的；这两人全然不同的语气完全被弄混了。夏 144
娃不可能说我知道，亚当也不会打听她从哪儿知道的，夏娃更不会以自己的经历说明此事；至于把亚当的断然回答："魔鬼是决不会得逞的"从他所说的话中删去，把它作为夏娃对亚当担心的一种安慰，在我看来一点也不合乎情理。埃蒂安论证了自己的观点，他认为那为什么我连看他一眼都不成？是夏娃回答亚当所说的"从自己的经历知道的"。（以前的编者是亚当所说，我也持此见解）这种说法是"一种不可想象的笨拙"，这就等于夏娃向亚当承认她与魔鬼订立了同盟，这样，她就和那个引诱者串通一气说服了亚当，在接下来的场景中，她成功地说服他答应了自己曾拒绝的事！他认为这完全不可能。同样不大可能的还有夏娃说的"撒旦会让你产生其他想法的"。——因为撒旦不再介入了，夏娃才是引诱亚当的人！埃蒂安把夏娃理解成一个很有手腕、老练圆

滑的人，她一个劲地设法安慰亚当，使他忘记自己曾对引诱者撒旦有过成见；或者至少向亚当表明，自己不会盲目地相信撒旦，而是先要看看他是否能够信守诺言。

且不说这种话不大可能安慰亚当——也不说撒旦并没有出现，这至少无法验证夏娃所说的会使“亚当产生其他想法的”那句话——也不说这些小的美中不足之处，埃蒂安的观点表明，他没有搞懂蛇介入的意义以及由于亚当听从了蛇的建议（即从树上摘下苹果）所产生的巨大震撼，虽然这是理解整个场景的关键所在。蛇为什么介入？因为它觉得，再不介入事情就进行不下去了。事实上，夏娃并不聪明，很不聪明，尽管这种不聪明并非完全不可理喻；因为没有魔鬼的特殊帮助，夏娃即便再好奇、再有邪恶之心，她也是一个弱者，正如上帝用男人的肋骨把她造出来时那样，夏娃应受制于男人，大大逊色于男人；上帝明确命令亚当要控制夏娃，要夏娃侍候亚当，服从他的命令。在亚当面前，夏娃胆怯，低声下气而又颇感拘束；她觉得自己抵挡不过亚当那明确、理智的
145 男子意志。蛇的介入才使情况有了变化；它把上帝所安排的秩序倒了个个儿，让男人服从女人，因而使两者都堕落了。

当蛇教夏娃不要再继续这场理论性的谈话，要使亚当置于毫无准备的既成事实面前时，蛇便达到了目的。早在魔鬼与夏娃说话时，他便教会了夏娃该怎样去做：“抓住他，一定要分给亚当吃！”现在，蛇使她记起了这个规则。不能攻击亚当的强处，而应找他的弱处下手。亚当是个规矩人，是个法国市民或农民。在日常生活中他为人可靠，也很自信；他知道该做什么不该做什么，这一点上帝早已明确告诉过他。他的规矩正派基于他的自信，这种

自信使他免于介入难以预料的复杂局面。他也知道他的妻子在自己的掌握之中，他并不害怕她有时表现出来的那种在他看来显得既幼稚又没有任何危险的喜怒无常的脾气。可骤然间便发生了闻所未闻的、震撼了他全部生活的情况。这女人刚才还那么傻乎乎什么都不顾忌，毫无理性，说长道短，刚才还被他用几句无法回答的话申斥过的女人，忽然表露出完全属于她自己的、与亚当毫不相干的意愿；这种意愿是用一种令他愕然的行动表明的；她从树上摘下苹果，好像这是世界上最容易、最自然不过的举动。她还一连四次重复说着：吃吧，亚当！一个劲地催他快吃。而从“你先吃，再给亚当吃”这句拉丁语中，还是能够稍稍想象出这句话所表达的抵御性的惊愕。这里表达的不再是先前那种镇定的自信了。对于亚当来说，这种震惊太大了。两人的角色来了个对调，夏娃占据了主动。亚当说的不连贯的几句话表明他完全被搞糊涂了。他踉跄徘徊于恐惧和渴求之间——并不是渴求苹果，而是渴求考验自己：难道他作为一个男人该害怕妻子已做过的事！他最后克服了恐惧心理去拿苹果时，做出了一个十分感人的动作：正如出生于克莱沃的贝尔纳[*]所说的(《拉丁教父集》，第 183 卷，460 页)，妻子做的事，他也要做，他相信自己的妻子：我相信你，你和我是一样的人。这里可以看出，埃蒂安(参见前页)完全搞颠倒了，他对与魔鬼结盟的夏娃能够引诱亚当(虽然在这一点上魔鬼没有做到)感到不解——其实只有(靠了魔鬼的帮助)夏娃 146

* 克莱沃的贝尔纳(Bernhard von Clairvaux，约 1090－1153)，西妥教团修道院院长，神秘主义者，于 1115 年创办克莱沃修士会，其主张的神秘主义对整个中世纪起着重大影响。——译者

才能引诱亚当,因为只有夏娃才与亚当有这种非同一般的关系,只有她的行为才能自然而然地在他身上产生效果,使他感到震惊;不是魔鬼,她才是和自己一样的人——更不用说摘下苹果递给亚当这一既成事实也属于引诱;而造成既成事实的只能是人,而不可能是魔鬼。在这一场景的第二部分,亚当显得迷惑不解,不知所措。而夏娃呢,如果用体育术语来表达的话,则她的竞技状态颇佳。魔鬼已经教过她用什么方式去掌握自己的丈夫,在哪一方面高出他一着:这就是行动上的无所顾忌和缺乏自己的道德意识,这样,一旦她男人不能再以他的方式(参见第 36 行)掌握她,她就能以孩子式的胆大妄为越过原有的界限。就这样,她站在那里,手里拿着苹果,极富诱惑力地与不知所措、六神无主的亚当周旋着,催着他,哄着他,嘲笑他的怯懦,使他一步步就范,最后她还有一手高招:她先吃!她也真的咬了一口,然后,她极力称赞果子的好味道和好效果,又一次对亚当说:吃吧,亚当——这时亚当再也没有退路了。他说了我们前面引用的那几句动听的话语,拿起了苹果。这时夏娃又最后一次说道:吃吧,别怕——于是事情就发生了。

这里给我们戏剧性地描绘的这一过程是基督教拯救戏剧的出发点,对于诗人及听众来说,它是一个意义重大的崇高题材。仅表述目的就是大众化的:这个古老而崇高的过程应具有现时性,应该成为现时的、无论何时都适用的、任何一位听众都可以体验和熟悉的事件,应该在当时任意一个法国人的生活和感情中深深地扎下根。亚当的言谈举止都与自家或邻家某个听众的习惯毫无二致;一个头脑简单而又诚实可靠的男人受了他那爱虚荣、争强好胜、被一个骗子的诺言所误导的妻子的诱惑，做出了愚蠢而后果严重的事情，这种情形也同样会发生在任何市民家庭或任何一个农家院落。亚当与夏娃之间的谈话，世界历史上男人和女人的第一次谈话，变成了一个极其简单的日常真实事件；尽管它是那样崇高，但它却成为一种简单和低等文体的事情。

在古典文学理论中，高雅的语言风格叫作 sermo gravis[*] 或 147
sublimes[**]，低等语言风格叫作 sermo remissus[***] 或 humilis[****]；两者严格地分开使用。而在教会文学中，两者则从一开始便融合在一起，特别在表现基督降临和受难时，这两种语言风格都表现得尤为突出，两者的结合也十分紧密。

这是一个古老的基督教题材（见上文 73 页及 74 页），它在 12 世纪的教会文学，尤其在神秘文学中得到了新生。这一题材在克莱沃的贝尔纳的作品或维克多学派作品里经常可见。在这些作品里，低等和高雅的语言风格既可用在基督身上，但也经常用在与其对照的反面人物身上。谦卑是德性的老师（《贝尔纳书信集》496，第 2 部分，《拉丁教父集》第 182 卷，674 页这样写道），“从上天与上天之主一起下来……谦卑是唯一的，它能使美德幸福、永存，能使天国富有威力，使尊贵的主人变为卑贱，直至死亡，钉在十字架的死亡。要知道，先前的谦卑已经发出召唤，让上帝崇高

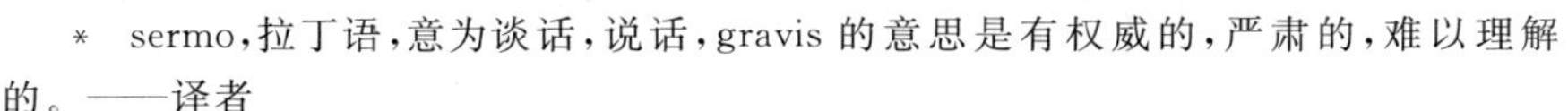

* sermo，拉丁语，意为谈话，说话，gravis 的意思是有权威的，严肃的，难以理解的。——译者

** sublimes，拉丁语，大意为壮伟的，宏伟的，高大的。——译者

*** remissus，拉丁语，意思是无精打采的，松弛的，平易自然的。——译者

**** humilis，拉丁语，意思是低矮的，卑微的，无关紧要的，平庸的。——译者

的话语降临给我们。”在贝尔纳布道时，也时常出现低等文体和高雅文体的对照：他既在布道耶稣降临时使用，如针对《路加福音》第3章第23节（“依人看来，他是约瑟的儿子”）的布道时，他大声疾呼：“啊，基督的美德谦卑！啊，崇高的谦卑！你怎样改变了我们空虚的傲慢！”（《主显节的布道》，1，7，《拉丁教父集》，第183卷，146页），同时也在布道时把基督受难及耶稣的出现都作为摹仿的对象：“由于这个原因，亲爱的人们，请你们坚持接受的教理，以求借助谦卑达到崇高，因为只有这条道路，除此之外无任何其他道路。凡走另一条道路的只能堕落，而不能升华，因为唯有谦卑能够升华，唯有谦卑能够引导生活。须知，耶稣基督由于其神之本性，无可再增长，无可再升高，因为超出上帝之外，不存在别物，不过上帝却通过降临找到了一种可能生高的手段；他降临世界变成人，为的是受苦受难，去死，以便我们能够在永恒之中不必去死……”（《耶稣升天节时的布道》，2，6，《拉丁教父集》，第183卷，304页）。最美、最能说明贝尔纳神秘主义风格的可能要算他对《旧约·诗篇》的评论了：“啊，谦卑，啊，崇高！香榭小屋，上帝的圣地；地上的居所，天上的宫殿；黏土茅舍，豪华的大厅；死的躯体，光的庙宇；最后还有对高傲者的蔑视，耶稣基督的新娘*。你们这些耶路撒冷的女儿啊，虽黝黑，但美丽，尽管长久放逐的艰辛
148 和痛苦使她憔悴，但神的容颜和撒罗米的大衣依然使她美丽。如果你们害怕她的黝黑，那就赞叹她的美丽；如果你们蔑视谦卑，那么就请仰望崇高。在新娘的尘世生活中，谦卑与崇高互为制约，

* 指教会。——译者

因此在世界的变迁之中，崇高能够扶助谦卑，使其不至在不幸之中消亡；谦卑也能抑制崇高，使其不至在幸福中毁灭，这是多么明智，多么审慎，多么和谐有序啊！”

这些重要的地方讲的是事情的本身，而不是它的文学表述；在这里，高雅和谦卑指的都是道德—神学范畴，而不是美学—文体范畴。然而即使从文体的意义上讲，早在早期基督教时代，尤其是奥古斯丁时代（见本书第 73 页），两种文体对照性的融合就已是圣经的鲜明特色。这一点表现在圣经的一句话里，圣经里说，上帝将这些事对聪明通达的人就藏起来，向婴孩就显出来（见《马太福音》第 11 章第 25 节；《路加福音》第 10 章第 25 节），另外也表现在下面这个事实上，即基督所任用的第一批使徒并不是出身高贵、受过教育的人，而是渔夫、税吏和类似地位卑微的人（见《哥林多前书》第 1 章第 26—28 节）。因此，在基督教传播过程中，当颇有教养的异教徒从美学角度对圣经乃至整个教会文学提出批评时，文体问题便具有现实意义了。在这些有文化教养的异教徒看来，圣经语言不成体统而又粗俗，分不清文体范畴，说它包含至理名言，简直是不可理喻。与最古老的教会作品相比，基督教早期教父在写作时大多更致力于使其文风与古典风格传统相适应，从这点来说，上述批评所起的作用功不可没。不过，这种批评同时也使批评者自己看到了圣经独具一格的真正伟大之处：圣经创造了一种全新的崇高，它不排斥普通的、低等的东西，而是兼收并蓄，因而无论从其风格还是从其内容上看，圣经都实现了低等与崇高的直接联系。由此还可以联想到圣经中有许多难以解释的隐晦之处：一方面，圣经用的都是最简单的语言，好像是儿童

读物；但另一方面，它又有许多只有少数人才能解开的谜团和破译的秘密；然而这些地方也不是用傲慢的上等文体写就的，它不只让那些只有受过良好教育的人才能看懂，从而使他们变得趾高气扬，而是所有谦卑恭顺、虔诚笃信的人都可领悟。奥古斯丁在
149 《忏悔录》（尤其是第 3 卷第 5 节和第 6 卷第 5 节）中曾写过他自己在攀登圣经的高山时的体会，他在致瓦卢西亚努斯的一封信（第 37 封信第 18 段）中曾做过如下表述：他把“（神圣的）教规隐匿在奥秘之中，不凭借高傲的讲学确立它们，迟钝的、未受过教育的心智不会贸然地接近它，犹如穷人不会贸然接近富人；他用低级的语言召唤所有的人，它不仅用昭然的真理哺育，而且用隐蔽的真理教育人们，使隐晦的东西变得清晰可见。”在《论三位一体》的第一章中奥古斯丁写道：“圣经甚至都适合孩童（这显然是暗指古典文学中的文体分用），它不回避事物的任何类型的词语，我们的认识仿佛从这些词语中得到哺育，好似一步步攀向神圣和崇高。”奥古斯丁的著作中有不少地方都有类似涉及文体分用的题目，在这里，我想提及一个地方，因为它描述了如何使地位卑微的普通人也能理解圣经的问题；它出自对《旧约・诗篇》的解释，解释的对象是主扶持谦卑的人的《诗篇》第 146 篇中的话：“愿凡人的声音静然，凡人的思想静止；愿他们不要让自己如此注意难以理解的事物，好像他们有理解的能力。”——在这段话中，具体—感官性的占有与神秘完美地结合在一起，当然这种结合带有明显对“傲慢”地凭知识理解圣经的态度的挑衅意图。12 世纪中叶，格言警句大师彼得鲁斯・伦巴杜斯曾在他的《〈旧约・诗篇〉的评注》中几乎逐字摘抄了这段话。而贝尔纳的作品则完全变成了神秘主

义，他对圣经的理解建立在对基督生平和受难的思索上："能在祈祷和默想中享受主在圣经中的启示，体验这个美妙时刻的人是幸福的"（见《复活节布道》第 20 页）。

这些段落表达了许多互相紧密联系在一起的思想：圣经迎合了那些普通和笃信宗教人的心理；"参与"圣经的需要，因为它想给予的是参与，不是纯理性的理解；圣经所包含的隐蔽而神秘的含义并不是用"崇高文体"（*eloquio superbo*），而是用简单的话语表达的。因此，任何人都能一步步地由最普通的人升华为非同一般的崇高的人——或者像奥古斯丁在《忏悔录》中所说的，人们应该像孩子一样去读圣经："圣经确实存在过，她和孩童们一起长大。"在所有这些方面，圣经都完全不同于古代那些著名的世俗作

品，这种思想在整个中世纪也同样十分流行；14 世纪下半叶，伊莫 150
拉*的本韦努托在评论但丁的诗句中谈到贝雅特丽齐的表达方式时（《地狱篇》第 2 歌第 2 行）曾说过：他还清楚地说，因为神的语言是悦人的、平易的，而不像维吉尔和诗人的语言那么高深和傲慢——虽然贝雅特丽齐作为神明智慧的宣喻者不得不说出许多晦涩难懂的话。

中世纪教会戏剧也完全秉承了这一传统：宗教礼仪一开始便具有戏剧表演的成分。为了生动演示圣经事件，戏剧演出时伸出欢迎的双手迎接那些未受过教育的人和普通人，将他们从具体日常的事物引向隐蔽的真情——这与中世纪教会的伟大造型艺术毫无二致。按照 E. 马勒的理论，这种造型艺术甚至是从神秘剧，

---

* 伊莫拉（Imola），意大利的城市。——译者

即宗教剧获得巨大启示的。关于宗教礼仪剧或者更广义的基督教戏剧的意图，我们手头有更为古老的材料。10世纪时，温切斯特主教圣埃塞沃尔德曾描述过，一些神职人员“为巩固未受教育的平民和新教徒的信仰”，常以戏剧形式表演复活节仪式，并且还推荐给人们对此进行摹仿（参见E.K.钱伯斯所著《中世纪戏剧》，第2卷，308页）；12世纪时，圣德尼的叙热曾用诗句把这个意思表达得更深刻、更普通，他这句诗经常被引用：迟钝的头脑可借助有形物认识真理。

我们还是再回到我们的引文，回到亚当和夏娃场景来吧。这个场景用低等的谈话面向普通人，面向思想贫乏的人，把崇高事件置于这些人的日常生活之中，使他们很自然地认为这是他们身边发生的事情。不过这个场景并没有忘记这是一个崇高的题材，它从最普通的真实直接通往最高的、隐晦的和神圣的真实。这出亚当神秘剧一开始以礼拜仪式的方式朗诵《旧约·创世记》，并伴有讲解和二部合唱。接下来以戏剧形式表演原罪，上帝亲自出场，一直演到亚伯被害。全剧以《旧约》中先知们的列队仪式结束，宣告基督将要显现。所有表现当时日常生活的场景（其中最精彩的场景是魔鬼与夏娃的会面，还有我们前面引用的亚当和夏娃的谈话。这是两个典型的精彩场景，与夏特尔、巴黎、兰斯或亚眠那些完美无瑕的雕塑作品不相上下），都镶嵌在一个圣经—世
151 界历史的框架中，所有的场景都浸透着这个框架之魂；这框架之魂就是用喻象来阐释事件。这表明，任何日常现实中的事件同时也是世界历史关联中的一环，各个环节彼此相连，因而可以将它们理解为随时性的或超时限的。让我们从上帝本人说起吧。上帝在创造了世界和人之后上场，要把亚当和夏娃带到伊甸园，向

他们表明自己的意图。上帝被称为喻象,可以把这个词解释成具有那种形象的神职人员,人们不能像简单地称其他角色为亚当、夏娃那样斗胆称他为“解决剧情冲突的神”。不过人们也可以较为准确地把他解释成一个真正的形象,因为虽然上帝在亚当剧的真实情节中只是一个制定法规,对违法之事进行惩处的法官的角色,但是在他身上仍然体现了救世基督的形象。在告知他出场的导演说明上这样写着:“那时救助之神会到来,身着礼服,亚当和夏娃停止歌唱……两个人面对面站着……救世主的喻象。”就是说,上帝先被称为救世主,然后才被称为喻象,这样人们似乎有理由补充说:救世主喻象。这一超时限喻象的观点后来又被人们所接受。亚当吃了苹果之后,立刻深感后悔,发出了绝望的自责,自责最后也针对夏娃,这种自责的最后几句是:

听信了你的话我遭遇不幸,
从高山掉进了深渊。
如果至圣的上帝不能救我,
世上谁人都不能救我出深渊。
唉,让我说什么呢?
为什么我会说出他来?
他会帮助我吗?
我把他惹恼了。
除了玛利亚所生之子,
任何人都救不了我。
任何人都不能再保护我,

因为我们没有听信上帝。
让一切照上帝的意愿发生吧，
除了去死，别无他法。*

152 这段文章，尤其是“除了玛利亚所生之子”这句话清楚地表明，亚当早就知道整个基督教的世界历史，或者说他至少早就知道基督会显现，知道上帝才能把他从所犯的原罪中解救出来。他在极度绝望之际已知将会得到宽恕，这种宽恕虽然是在未来，甚至是在一个已定的、未来的某一可确认的历史阶段出现，但也可以说发生于任何时候都可知的现时。因为对上帝来说，没有时间的区别，一切都等于是现时，因此正如奥古斯丁所说，上帝并不是预见，而就是知道。在这里，人们应该注意这种超时限的说法，好像未来也包含在现时之中。不要以为这是中世纪的幼稚。虽然这种看法并没有错，因为事实上，这种超时限的看法的确是一种大大简化了的综述，是一种适于简单理解力的综述——然而，这种综述同时也表达了一种相当独特的、高级的隐性真理，表达了世界历史的形象化结构。每一出由宗教礼仪演变而来的中世纪戏剧就是一个关联的一部分，即始终是同一个关联的一部分，一出绝无仅有的大戏剧的一部分，其开始是创世和原罪，高潮是基督降生和基督受难，其未完成的、人们期待的结局是基督再现和末日审判。各个部分之间布满基督的形象化和对基督的摹仿。

* 引文原文为拉丁文。——译者

在基督显现之前是旧约人物和事件，是摩西五经[*]时代的人物和事件。他们以形象方式预告了基督的到来，这就是先知列队仪式的意义所在。在基督降生和受难之后是努力仿效基督生活的圣徒，整个基督教界，许给基督、期待着新郎重来的新娘。这出大戏涵盖了世界上几乎所有的事件，所有高等和低等人的行为及其语言风格的体现都在其中找到了其道德及美学上存在的理由，因此不存在任何将崇高与低俗的日常生活分开的理由。耶稣基督的生活及苦难已使两者紧密相连；也没有任何理由硬要使地点、时间或情节统一起来，因为只存在着一个地点：世界；只有一个时间：现在，153
从一开始就具有随时性的现在；只有一个情节：人的堕落及救赎。当然，并不是每次都表演整个世界历史的进程。早期只上演部分内容，多数是复活节或圣诞节戏剧，如这出亚当剧展现的就是这大型剧的第一部分。不过人们思考和用形象表达的始终是整个过程。14 世纪以来，整个世界历史进程的全套演出便出现在神秘剧中。

如此说来，日常—写实就是中世纪基督教艺术，特别是基督教戏剧的基本要素。宫廷小说的封建文学是从等级制度的现实进入传说和历险。中世纪教会艺术则完全相反。与前者的运动方向截然不同，它是从遥远的传说及其喻象的阐释进入日常的当代现实之中。在我们这篇引文中，现实性还定位在家庭常见的真实事件的框架之中，定位在对话的框架之中。第一场对话是在妻子及进谗言的引诱者之间进行的，第二场是丈夫和妻子的对话，

---

[*] 摩西五经是《创世记》、《出埃及记》、《利末记》、《民数记》及《申命记》的总称。——译者

这时还没有什么粗俗的写实或滑稽成分，最多是地狱精灵的作祟（“当时恶魔纷纷奔向各条街道，做着相应的动作”），能使人开一些粗鲁的玩笑。但后来情况就变了，粗野的写实开始泛滥，出现了文体混用的各种形式，出现了基督受难和插科打诨并存的情况，它使我们感到不像话，不得体。我们还不清楚这种情形究竟始于何时，很可能远远早于我们还能看到的保存下来的剧本，因为早在12世纪时就有了对宗教剧变得粗野的现象的不满（不要将这种不满与对该剧的诋毁混为一谈，这是本文未加探讨的另一个问题），比如莱德斯堡的赫拉德的作品（摘自钱伯斯《中世纪戏剧》，第2章第98页注2）。很可能早在12世纪这种不满便广为传播，因为那正是民间现实主义再次觉醒的时期。在低等文学中继续存在的古典摹仿主义传统，有意识的、具有更强烈批判精神的、更易把握的对生活的观察显然从12世纪起在低等阶层中也开始了，这便导致了当时民间笑剧的繁荣，而且民间笑剧的精神也很快渗入到宗教戏剧之中。观众并没有变，还是这些人，低级神职人员的审美情趣似乎在很大程度上与民众大体相当。不管
154 怎么说，从保存下来的基督教戏剧文学中可以看出，其中现实的，特别是荒诞、粗俗的成分越来越多。到了15世纪，这些东西形成了高潮，以致给反其道而行之的、以人文主义审美观和更为严格的宗教改革思想为出发点的运动提供了充足的攻击论据，这种运动认为宗教神秘剧毫无品味，不合礼仪，最终，这种运动对基督教戏剧的攻击取得了胜利。

在这里我们不想讨论民间笑剧，因为它的现实主义仅仅限于喜剧和无问题性的范围之内。我们想要谈的是对现实主义发展

起了特别明显影响的神秘剧的几个场景。首先是耶稣在伯利恒一个马厩里出生，在此场景中出现的不仅有牛和驴，而且有时还有接生妇和教母（连同她们的对话），间或还有约瑟和使女之间粗俗至极的动作。除此之外，向牧羊人宣布基督即将降临、三圣到来以及杀婴也有绘声绘色的表演。更奇特、更不合后来的审美观的是露骨地表演基督受难的场景：戴荆冠、鞭笞、背十字架以及最后钉十字架（剐破他的衣服、朗吉努斯场景等）期间士兵之间粗俗的、间或滑稽的笑谈；在与复活有关的事件中，特别突出的是三位圣母到小商贩（卖香料的商人）那里为耶稣的遗体买圣油，从而引出了市场场景，还有耶稣的弟子们争先恐后奔向他的墓地，从而成了一个天大的笑话。有时，对于抹大拉的玛利亚所犯的大罪的表演具体而又详细，而在先知的列队里也有几个人动作怪诞可笑（如巴兰*和他那头驴！）。类似的例子举不胜举。有（建造巴别塔的）工匠议论他们的工作及其所过的坏日子，有酒店里人们大声而粗俗的谈话，有许多粗俗的玩笑和下流的笑话。这一切最后导致了滥用和杂乱无序，当时形形色色的生活画面也的确占有越来越多的篇幅。但是如果认为耶稣受难剧越来越世俗化，那也是一种普遍存在的误解。因为这种戏剧从一开始就大体上包括了“世界”，而总的来说，问题并不在于它所反映的“世界”的情况是多还是少。只有框架被打破，只有尘世情节占独立地位，也就是说，只 155
有在基督教世界史，即原罪、基督受难和末日审判起着决定作用的这个框架之外，能以严肃的方式描述人的行为，只有承认除了

* 巴兰（Bileam），美索不达米亚的预言家，见《旧约·民数记》。——译者

基督教世界能提出自己是唯一有效的认知可能以外，还存在着人类历史的其他认知及表述的可能性，只有在这种情况之下，真正的世俗化作品才有可能出现。即便把我们觉得与史实年代不符的事件安插到当时的社会环境及当时的生活状况之中也是完全可行的。这一点在亚当剧里就有所暗示。在这部剧中，亚当和夏娃就像12世纪法国普通人一样讲话（“我不愿意这样一个小人”）在其他作品及后来的作品中，这种情况则明显得多。有一个同样是仅存手抄本残篇的13世纪初的法语复活节戏剧（我用的是弗斯特-科什维茨编的《古法语练习册》中的课文，1921年第6版第214－216页），那里面说的是亚利马太的约瑟*及用耶稣的血治愈的盲人朗吉努斯的故事。它把彼拉多的士兵称作骑士，或者把他们叫作扈从。而人物之间说话的口气，如彼拉多与约瑟或者约瑟与尼哥德慕之间对话的口气简直与法国13世纪人物之间的对话一模一样。同时，事件形象化的随时性也完全是为了把这些事件置于民众所熟悉的日常生活中。当然，这些作品中也有一些简单幼稚的文体分用现象。这种分用早在最古老的宗教礼拜仪式剧、甚至在《创世记》中常常提到的祭奠圣歌中就有。在唱这种赞美歌时，先是念那些更具说教性的开头诗句，然后立刻展开那场对话：玛利亚请告诉我们……12世纪初交替用拉丁文和古法语写的几出戏里就有相应的情形，如《未婚夫》**（《罗曼尼亚》第22卷第

* 亚利马太的约瑟（Joseph von Arimathia），亚利马太地方的富翁，耶稣的门徒之一，他将耶稣的尸体从十字架上取下置于他自己新建的坟墓中。——译者

** 指耶稣基督。在《新约》中，新娘象征教会，未婚夫指基督。《新约·以弗所书》中说：“……你们做丈夫的，要爱你们的妻子，正如基督爱教会。”——译者

177 至 179 页)。我们引用的亚当剧里有几处特别庄严的地方用的全是十音节的四行诗,四行均压韵,它比与其近似的隔行押韵的八音节诗显得更为厚重。斐迪南·布鲁诺在他那本《法语史》第 1 卷第 526 至 528 页中曾摘录过比宗教剧晚得多的《〈旧约〉的秘密》中的几个地方。在这些地方,上帝和天使说的是十分拉丁化的法语,而书中的几个工匠和骗子,尤其是巴兰和那头驴子说话时用的都是相当风趣的口语。这一切相互非常接近,但实际上 156
并未起到文体分用的作用,相反,倒有助于两种范围的互相接近。这两种范围以文体混用的形式并列在一起,一旦被一个较大的社会团体所运用,就不仅仅局限在基督教戏剧文学之中,而是出现在所有中世纪(在有些国家,特别是西班牙,中世纪之后很久也还存在着这种现象)的教会文学之中。这一点特别清楚地表现在民间布道书中,不过要到比这晚得多的时期才有大量这方面的例子(即便它们也被译成了拉丁语)。从后来的审美情趣角度来看,这些例子中形象化的文字运用及粗俗的写实主义以一种荒诞的方式并存着。关于这一点可以读一读 E. 吉尔松《论中世纪布道术》这篇很有教益的文章(此文收入他的论文集《思想与文学》,巴黎,1932 年,第 93 至 95 页)。

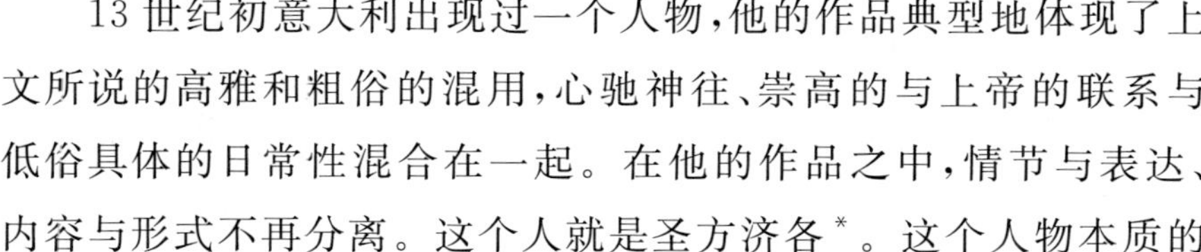

13 世纪初意大利出现过一个人物,他的作品典型地体现了上文所说的高雅和粗俗的混用,心驰神往、崇高的与上帝的联系与低俗具体的日常性混合在一起。在他的作品之中,情节与表达、内容与形式不再分离。这个人就是圣方济各*。这个人物本质的

* 圣方济各(Franz von Assisi,1182 - 1226),意大利圣徒,基督教方济各派之祖师,宗教文学的代表。——译者

核心以及他的感召力的基础是绝对切实地效仿基督的意愿。自从不再有信仰的殉教者以来，摹仿基督在欧洲主要采取了一种神秘—冥想的形式。圣方济各使它变为一种实际的、日常的、开放的和民间的形式。虽然他本人是一个具有献身精神的、冥想的神秘主义者，但对他自己及其同道者来说，最重要的是生活在民众中间，生活在最卑微的人中间，是所有人中的最卑贱者和最受歧视者：“他们是所有人的晚辈和属下。”圣方济各并不是一个神学家。他受的教育并不低，反而由于他的诗作的魅力而显得十分高贵，但他受的教育是大众化的，是直接的、感官性的教育。他的谦恭绝不等于害怕出现在公众场合或者甚至害怕在公众面前表演。他将自己内心的激情用外部的形象表达出来，他的性格及他的经历都变成了公开的事件。他当着主教和阿西西全城人的面，把自己的衣服还给痛斥他的父亲，以了却尘缘，从那天起，直到他赤身裸体、气息奄奄地躺在光秃秃的地上的那一天，他所做的一切都是一个场景。（“及至他赤身裸体，躺在光秃秃的地上的那一天”，
157 薛拉诺的托马斯这样说，见《圣方济各二传》，第 214 页）。他所有的场景都具有一种吸引所有看过或听说过这些场景的人的力量。12 世纪出生于克莱沃的大圣人贝尔纳也是一个善于打动人心的人，他能言善辩，颇具魅力。他也反对强调人的理性智慧，“人的智慧”，但他的表达方式是那么文雅，那么讲究修辞！我想用一个例子来对此进行说明。我选的是两封内容相似的信件。在第 322 封信（《拉丁教父集》第 182 卷，第 527—528 页）里，贝尔纳对一位自愿进修道院的年轻贵族表示祝贺。他称赞他具有上天赋予的智慧，他感谢将智慧赋予他的上帝。他对这个年轻人进行鼓励，

借助基督的帮助加强他抵御将要遇到的诱惑的能力：

……如果你触到了诱惑的针刺，就望一望那条径自爬上十字架的蛇；你须用被钉在十字架上的那个人伤口上的血，或者说他的乳汁滋养自己。他会成为你的母亲，你会成为他的儿子。铁钉对于被钉在十字架上的人造成的伤害只不过是穿过他的双手双脚再到达你的手脚。然而人的敌人就是他的自家人。他们不爱你，他们爱的是自己的、你给他们带来的喜悦。否则他们会倾听我们那位年轻人的话："如果你们爱我，你们会高兴的，因为我去找的是天父。"倘若你的父亲扑倒在门坎上（圣哲罗姆这样说），倘若你的母亲敞开胸怀露出曾经哺育过你的乳房，倘若你的小侄子搂着你的脖子不放，那么你就应该越过你的父亲，越过你的母亲，一滴眼泪也不流地奔赴十字之旗。在这种情形下，为着基督所表现出的残忍就是最大的仁慈。不要为那些傻瓜的眼泪所动摇，他们是在为你从地狱之子成为上帝之子哭泣。唉！这些可怜蠢人的挚爱是多么的无意义！这是何等残酷的爱，这是何等昂贵的情！闲言恶语会葬送好品德。因此，我的儿子，你要尽量避免和那些店铺主人聊天，因为他们把你的耳朵灌满了闲话的同时，会把你的头脑挖空。学着向上帝祈祷，学着用两手将你的心意举高，学着用你的双眼向上天祈祷，在任何困境之中都要将悲伤的脸朝向仁慈的天父。以为上帝的心不会向你开启，以为他的两耳不会倾听你的哀求和叹息，就是不虔诚。此外要记住，无论做什么事情，都要听从你的精

神之父的教导,按上帝的规定行事。这样做下去,你会活着,这样做下去,上帝会赐福予你,甚至在你的今生,你所失掉的会得到百倍的回报。不要相信别人对你的告诫,说你这样做是一种超前的行为,应该推迟到你成熟之时再去做。你更应该相信说过这话的人:对一个人来说,在年轻时期便能够背负枷锁是一件美好的事情。他会感到孤独,因为他会超越自我而升华。好好活着,要矢志不移,这是至高无上的。

158 这真是一篇生动感人的文章,其中的一些思想和表达方式——如那些爱的不是你,而是你给他们带来喜悦的亲人,或者向你保证就在今生便会出现百倍回报等等——如果我的理解不错的话,这就是典型的贝尔纳式的思想和语言。然而,这整体的构思是多么有意识,要理解这一切需要怎样的前提,它包含了多少修辞方式啊!虽然应该考虑到,那些对于圣经寓意式的暗示(径自向上爬的蛇象征着基督的身体,基督伤口上流出的血象征
159 着滋养人的奶水,体验被钉在十字架上的痛苦和铁钉穿过耶稣基督双手和双脚时的痛苦象征着情感专一之中的对基督的极度热爱)会立刻为西妥教团僧侣所理解。而这种说明及思维方式肯定会在民众中扎下根来,因为它已充斥在所有的布道之中。然而信中所使用的大量书面语言,它们的前后呼应,哲罗姆及维吉尔的引言,都使这封私人信件看起来更像一篇文学作品。在反问、对偶及首句重复法的运用上,贝尔纳并不比哲罗姆逊色。相反,他在突出圣经的修辞手段上更胜哲罗姆一筹。(参见《拉丁教父文献丛书》第 54 卷,第 46 - 47 页及本书第 66 至 68 页)。这里,我想

把最明显的对偶句及首句重复法一一列出来。对偶句有："伤口上的血犹如他的乳汁；那个人会成为你的母亲，你会成为他的儿子；他的和你的双手双脚；不爱你，只爱你给他们带来的喜悦。"哲罗姆说的话里有："仁慈和残忍；地狱之子和上帝之子；残酷的爱，昂贵的情；他们把你的耳朵灌满了闲话的同时，会把你的头脑挖空。"首句重复法以非常得体的哲罗姆式开始："倘若……扑倒，倘若……敞开胸怀，倘若搂着……不放；越过（你的父亲），越过（你的母亲），一滴眼泪也不流地……"然后是贝尔纳式的首句重复法："何等残酷的爱；何等……；学着（向上帝祈祷），学着将……学着用双眼……；这样做下去，上帝会赐福与你。"除此以外，还有诸如把悲伤的脸对着仁慈的天父等等的文字游戏*。

让我们再来看看圣方济各。能够较有把握地确定是他写的只有两封私人信件。一封是 1223 年写的《致某助手》，另一封是他生命的最后几年写给他最钟爱的弟子，来自阿西西的修道士列奥（佩科雷拉）。这两封信都是他晚年写成的，因为圣方济各是 1225 年去世的。我这里选的是第一封信，写的是修士会关于如何处理几个犯死罪的僧侣的争论。我只摘录这封信的第一部分，即介绍一般情况的那部分（详见《阿西西的圣方济各历史选录》，H. 波默编，图宾根及莱比锡，1904 年，第 28 页）：

致一位不知名的（修士团）总长。愿上帝赐福与你。我

* 此句中的两个词"悲伤"（miserabilem）和"仁慈"（misericordiarum）都含有"miser"[不幸的，痛苦的]，分别加上另一个词就成了两个不同的意思，故作者认为是文字游戏。——译者

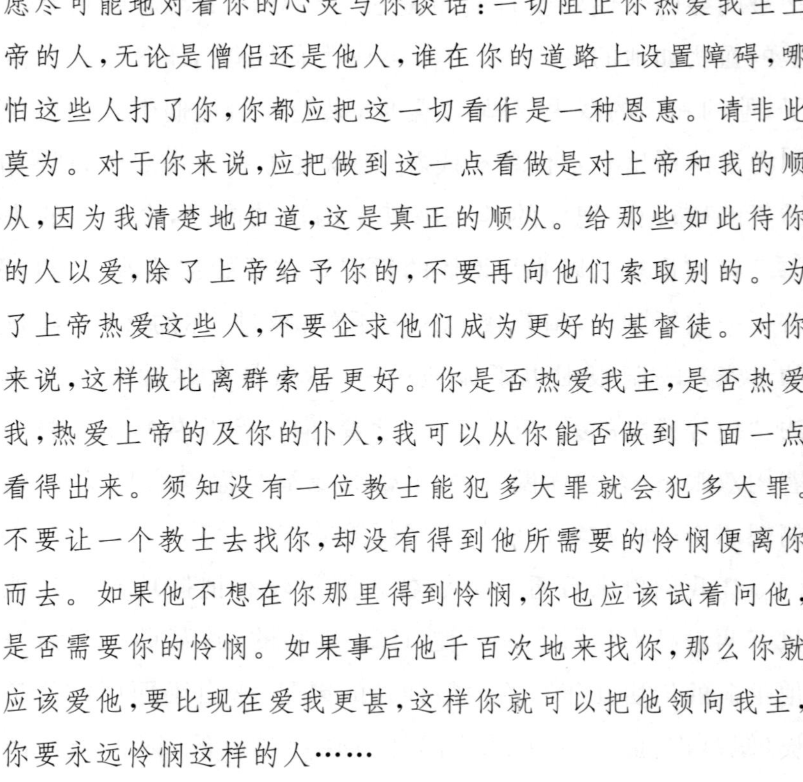

愿尽可能地对着你的心灵与你谈话：一切阻止你热爱我主上帝的人，无论是僧侣还是他人，谁在你的道路上设置障碍，哪怕这些人打了你，你都应把这一切看作是一种恩惠。请非此
160 莫为。对于你来说，应把做到这一点看做是对上帝和我的顺从，因为我清楚地知道，这是真正的顺从。给那些如此待你的人以爱，除了上帝给予你的，不要再向他们索取别的。为了上帝热爱这些人，不要企求他们成为更好的基督徒。对你来说，这样做比离群索居更好。你是否热爱我主，是否热爱我，热爱上帝的及你的仆人，我可以从你能否做到下面一点看得出来。须知没有一位教士能犯多大罪就会犯多大罪。不要让一个教士去找你，却没有得到他所需要的怜悯便离你而去。如果他不想在你那里得到怜悯，你也应该试着问他，是否需要你的怜悯。如果事后他千百次地来找你，那么你就应该爱他，要比现在爱我更甚，这样你就可以把他领向我主，你要永远怜悯这样的人……

这段话里既无对文字的解释又无修辞格。句子匆匆写就，呆板而不灵活，缺乏通盘考虑，所有的句子都用 et* 开始。显然，匆匆写下这些文字的人似乎被自己所要表达的内容迷住了，要说的话占据了他的整个身心，表达自己和让人理解自己的要求如此强烈，以至于并列句成了他说服别人的主要表达手段。此信一开始就说“我尽可能对着你的心灵……”，这表明，用 et 带起的句子犹

* et 在拉丁文中有“和”、“并且”、“而且”等意思。——译者

如奔腾的激浪从这位圣人的心中喷涌而出，向收信者倾泻，因为“犹如”在表达谦恭（尽我所能）的同时也有全力以赴的意思，而“尽可能”也说明，具体问题同时也就是一个需要拯救此人心灵的问题。圣方济各在整个信中一刻也没有忘记这是一件“我和你之间”的事情。他知道，收信者热爱他，敬仰他，而他时时刻刻都在 161
充分利用这种爱，以便把他引到正路上来“（领向我主）：你是否热爱我主，是否热爱我，热爱上帝及你的仆人，”因此他恳请此人，命令此人，如果那个一再违犯教规的人千百次来到他的面前请求他的怜悯，他应该爱他比“现在爱我更甚”。这封信中，作者极尽所能申明大义，教导人们不要回避恶，不要与之对抗，恳请人们不要离群索居，而要经受苦难，诚心诚意地饱受邪恶之苦。甚至除此以外还应该别无所求：“非此莫为。”从教会道德来说，圣方济各在这封信中已走到令人忧虑的极端，他写道：“热爱这些人，不要企求他们成为更好的基督徒。”——一个人为了经受考验就要求他人抑制自己成为一个更好的基督徒的愿望，能这样做吗？圣方济各相信，只有屈从恶才能够表明爱和服从的力量：因为“我知道，这是真正的顺从。”这比独自修身养性离尘世更远：“这样做比离群索居更好。”这种极端观点也同样表现在语言上：他用了很多指示代词，意思是唯有此而别无其他。或者用“任何人，尽管，任何，如果千百次地”带起的所有动作，它们的意思全是：即便是……

这种毫无文学性的、近似口头语言的直接表达方式有助于表达激进的内容。这并不是什么新的内容，因为从一开始受苦及屈从恶行就是基督教文学的主题之一。但这封信所强调的东西却是新的。受苦和屈从不再是一种崇高的殉道精神，而是在日常生

活中一种持续不断的经受屈辱的过程。贝尔纳以一个伟大的宗教政治家的身份处理世俗生活。他离群索居,在忏悔祈祷中独善其身,而圣方济各则把世俗世界看作是摹仿基督的真正舞台。当然,这里所说的世俗生活并非贝尔纳在其中发挥领导作用的重大政治事件,而是任何人之间——修士会内部也好,老百姓之间也好——所可能发生的日常事件。整个托钵修会组织,尤其是基督教方济各派组织的建立,促使修士们进入公众的日常社会,来到民间。虽然独自修身养性无论在圣方济各还是在他的继任者那
162 里都未失去其重要的宗教意义,但也不会剥夺修士会的完全大众化的性质。

正如我们上文中所说过的,圣方济各在公众场合露面总有某种告诫、劝解甚或训斥的意义。有关这方面的轶闻很多,其中有些轶闻后人看来会觉得近似荒诞,甚或显得滑稽可笑。如有的报道说,圣方济各圣诞节期间在格列西欧的圈栏中与牛驴待在一起,又是唱歌又是布道,还用伯利恒地区的口音学羊叫。有的报道说,有次这位圣人害了一场病,病中他吃了一些保养食品,病愈回阿西西时,他吩咐一位修士用绳子牵着他像个囚犯似的游街,还让他大声喊:快来看这个大饭桶,他在你们毫不知情的时候大吃鸡肉!然而,这种举动在当时当地并不显得滑稽可笑。这些引人注目的、夸张和刺眼的场面并不使人感到有伤风化,反倒使人觉得用实例清楚地说明了圣徒的生活,一目了然,人人都可以理解,可以要求每个人进行对比型的自省和体验。除了这种醒目的、影响广泛的场面以外,还有其他表现圣方济各的柔情和亲切友好的轶闻,它们反映出这位圣徒具有很大的、纯属本能的善于

察言观色的本领。圣方济各在关键时刻始终明了别人的心中所想，因此他的干预总能够恰到好处，能够说服人，感动人。所有故事都表现了他性格中令人惊奇、令人清醒的直言不讳，给人以强烈的印象，具有示范作用，令人难以忘怀。在这里我还想再引用一段轶事，这件轶事极为传神地再现了圣方济各（在一个比较而言不重要的日常场合）的惊人之举。它出自薛拉诺的托马斯《圣方济各二传》（《阿西西的圣方济各的生平与奇事》……作者薛拉诺的托马斯……P. 埃杜阿杜斯·阿伦科尼恩西斯，罗马，1906年，第217、218页）。

> 事情发生在复活节的一天。在格列西欧隐居的修士们
> 的饭菜比平时精心一些，他们铺上了桌布，摆上了玻璃杯。
> 当神甫从修道小屋下来吃饭时，看到餐桌上摆得很豪华。可
> 这桌美餐丝毫没有让他心动。他一声不响地轻轻走开了，拿
> 起一顶正巧在那里的一个穷人的帽子戴在自己头上，拿过他
> 的棍子走出了家门。他站在门外一直等到修士们开始吃饭，
> 因为修士们已经习惯了，吃饭时喊他来，他不来时不再等他。
> 修士们开始吃饭时，那个真正的穷人在门外喊道：“看在上帝 163
> 的面上，给我这又穷又病的朝圣者一点施舍吧！”修士们回答
> 说：“进来吧，喂，看在你刚才呼唤上帝的份上！”于是他快步
> 走进屋里，来到正在吃饭的修士面前。这个陌生人使屋里人
> 大吃一惊！按照他的要求，有人递给他一个碗，他独自往地
> 上一坐，把碗碟往灰堆里一扔，说道：“现在”，他说，“我就像
> 一个方济各派的化募修道士一样坐在这里……”

如前所说，此事的起因微不足道。然而，拿起一个穷人的帽子和棍子到托钵僧面前去乞讨，这是一个多么了不起的灵感啊！可以想象得出，当他坐下来，把碟子烧毁说道："现在我就像一个方济各派的化募修道士一样坐在这里……"时，那些修士该有多么震惊、多么羞愧啊。

这位圣徒的生活方式和表达方式感染了修士会，创造了一种极为独特的气氛。无论是从褒义还是从贬义上讲，他都极为大众化。过分夸张的表达力既使修道士成为轶事的作者，又很快使他们成为引人注目的、滑稽的、而且常常是粗俗而又伤风败俗的轶事描写的对象。中世纪后期较粗俗的现实主义与方济各派的作用及行为举止有很大的关系。它在这方面的影响一直延续到文艺复兴时期。埃蒂安·吉尔松在几年前写的一篇论文也得出了这样的结论(《方济各会的拉伯雷》，收在上文提到的《思想与文学》一书中，第197至199页)。以后我们还会谈到这个话题。另一方面，方济各派的表达力也使对人类事件的描述更直观，更具
164 刺激性。它使自己在民间宗教作品中发挥着作用。在整个13世纪，民间宗教文学在方济各派和其他民间狂热运动的影响之下，特别喜爱把基督受难的(十字架旁的玛利亚)场景表述为活生生的扣人心弦的人间事件。其中最著名的、收入许多文学选集中的一出戏出自雅各布·达·托迪之手，他是一位但丁之前(生于1230年)的富于表现力的神秘教徒和诗人，后半生加入方济各教派，属该派极端主义的唯灵论者。他写的基督受难诗是一种对话方式。参与对话的有使者、圣母玛利亚、"众人"，最后还有耶稣本

人。我这里引用的是 E. 莫纳奇编写的《意大利古代文选》中刊印的文本的开头(卡斯泰洛,1912 年,第 479 页):

> 使者:天堂的女主人,你的儿子,蒙福的耶稣基督被人捉住了。快到这里来,女主人,看看那些人怎样虐待他。我觉得,他们要杀了他,他们用鞭子狠命地抽打他。
>
> 圣母:怎么会把他抓起来了呢(因为耶稣,我的希望,从没有做过坏事)?
>
> 使者:女主人,他被人出卖了,犹大得了三十第纳尔便把他出卖了,他做了一笔大买卖。
>
> 圣母:敦救我吧,抹大拉,我遭难了。有人告诉我说,我儿耶稣被人带走了。
>
> 使者:救救我们,女主人,帮帮我们,因为他们朝你的儿子吐口水,那些人把他带走了,把他交给了彼拉多。*
>
> 圣母:啊,彼拉多,别这么做,别打我的儿子。我可以告诉你,别人怎样冤枉了他。
>
> 众人:把他钉在十字架上,把这个自封国王的人钉在十字架上。照我们的法律他冒犯了元老院。
>
> 圣母:请听我说,想想我的痛苦。也许过一会你们会改

* 彼拉多(Pilatus),罗马驻巴勒斯坦之太守,耶稣即在其治下被钉于十字架上。——译者

变想法。

使者：他们把强盗带出来了，据说是与他一伙的。

众人：给这个自封为王的人戴上荆冠！

圣母：啊，儿啊，儿啊，儿啊，儿啊，亲爱的百合花，儿子啊，谁能给我这颗忧伤的心以指点？啊儿子，你那双充满喜悦的眼睛，儿啊，你为什么不回答？为什么你要在把你养大的母亲面前隐藏实情？

使者：女主人，这就是十字架，那些人把它拿来了，在它上面将要升起真理的光芒……

这篇文章与本章一开始提到的那篇古法语文章一样，将崇高
165 神圣的事件完全置于当时意大利及任意时代的现实之中。其大众性首先表现在语言方面。我指的不仅仅是文中所用的方言，同时也指从社会学意义上表达的大众化（如圣母说道：我遭难了）上。此外还表现在对圣经事件的自由处理上。这种处理使圣母玛利亚起的作用比《约翰福音》中的玛利亚大得多，积极得多，因而这一形象有了更生动地表达她的担忧、痛苦和抱怨的机会。与此紧密相连的是情景和人物环环相扣，这样，玛利亚便可以直接向彼拉多求情，与此同时十字架被抬了过来。圣母向其求救的抹大拉，耶稣托其以后照顾母亲的使徒约翰等等，这些人物看来都与玛利亚有如同朋友和邻居的亲密关系。最后，其大众性也体现在其观点与时代不相符的不合逻辑之处。我们在上文论述古法语文学表现原罪时曾详细分析过这个问题：一方面，玛利亚是一
166 个忧心如焚、孤独无助的母亲，她不知道怎样才能挽救自己的儿

子，只好到处求人。可另一方面，使者又称她为天堂的女主人，所有的一切都已向她预言过了。

这两篇文章时间上相距大约一个世纪。它们有一点是相同的，那就是把崇高事件置于与大众日常生活有关的事物当中。不过，两者似乎在文体上也有巨大的原则上的区别。雅各布的诗句几乎不具备亚当剧那种迷人的明了和清新，而是更富于激情，更直接，更具悲剧性。其原因并不在于所表述的对象不同，而在于雅科波作品主题是一位母亲的哭诉，或者更明确地说，13 世纪意大利民间宗教诗最优美的作品突出地塑造了哭诉的母亲形象并非偶然。如果我没有搞错的话，在雅各布的诗作中常用拉丁文的呼格、命令式和一个接一个的问句自由地发泄痛苦、担忧及乞求乃至可怕的惊呼，这在其他欧洲俗语作品中几乎还没有过。这是一种被压抑的内心痛快淋漓的发泄，一种令人心情舒畅的感情迸发，一种摆脱一切畏惧心理的公开宣泄。在这方面，中世纪早期及同时代多数作品中只有少数例外才有过并不十分成功的尝试。相比之下，甚至自打吉扬·德·佩蒂约以来，从一开始便有着高度表达自由的普罗旺斯文学都变得相形见绌，那是因为在普罗旺斯文学中没有这种悲剧性的主题。如果说，意大利文学中这种高度的表达自由应该归功于圣徒圣方济各的话，那么这种说法也许不够谨慎，因为毫无疑问，自由早已成为意大利人的天性。然而，人们可以这样认为，就其本性来说，圣方济各既是一位伟大的诗人，同时也是一位直觉型的天才演员，他是唤醒意大利人的情感及意大利语感人力量的第一人。

第八章　法利那太[*]和加发尔甘底[**]

167 “多斯加那人啊！你活着走过
烈火之城，并且说话说得这么谦恭，
你是否可以在这地方停留一下。
你说的话明白地显出
你是那个高贵的地方的人民，
当年我也许使它太烦恼了。”
从一个棺材里突然发出
这个声音；我因此恐惧起来，
与我的导师靠得更近一些。
他对我说：“转过身去；你在做什么？
看那边的法利那太！他已竖起身来；
你可以看到他从腰以上的身体。”
我早已两眼盯着他的眼睛；
他把胸膛和脸孔昂挺起来，
似乎对地狱表示极大的轻蔑；

---

* 法利那太(Farinata)，《神曲》中人物；生于13世纪初，1239年成为乌勃提家族族长，曾任佛罗伦萨城基伯林党的领袖。——译者

** 加发尔甘底(Cavalcante)，《神曲》中人物，归多·加发尔甘底的父亲。——译者

我的导师用大胆而敏捷的双手
　　把我从坟墓中间向他推去，
　　说道："你说话要简短。"
当我站在他棺木下首的时候，
　　他望了我一下，然后几乎轻蔑地
　　问我道："你的祖宗是些什么人？"
我，愿意顺从，并不隐瞒，
　　就对他完全说了出来：
　　他便把眉头略略抬起，
接着说道："他们猛烈地反对我，
　　反对我的祖先，反对我的党派；
　　因此我把他们驱逐了两次。"
我回答他说："就是他们被赶出去了，
　　他们两次都从各方回来，
　　你们的人却没有学会这种本领。"
于是在他旁边冒起了一个幽魂，
　　他只露出面孔；我想
　　他是跪着冒起来的。
他望望我的四周，似乎想要
　　看看有没有人和我在一起；
　　但是当他的期望都落了空时，
他流着泪说道："倘若你凭着　168
　　崇高的天才走过这昏暗的牢狱，
　　我的儿子在哪里，他为什么不和你在一起？"

我对他说："我不是自己来的：
　　等在那边的他领我走过这地方；
　　或许你的归多曾经轻视他。"
他的言语和他的那种刑罚
　　已经把他的名字告诉了我：
　　因此我的回答是那么充分。
他立即直竖起来，叫道：
　　"你怎么说：他曾经？难道他已不在人间了么？
　　难道他已看不到美丽的阳光了么？"
当他觉察到我回答前的迟疑，
　　他又倒下去躺在那里，
　　然后不再抛头露面了。
但是我依从他的愿望停下来的
　　那崇高的另一个，神色不变，
　　既不转颈，也不弯腰。
他继续他先前的话说道：
　　"假使他们没有把这种本领学好，
　　这比我这刑床更使我痛苦。……"*

169 这个场景出自《神曲·地狱篇》第十歌。此场景开始时，维吉尔和但丁正走在一条由燃烧的敞棺夹持的狭路上。他们边走边

* 引文原文为意大利语。译文摘自朱维基译《神曲》，上海译文出版社，1984年2月新1版。——译者

谈。维吉尔解释说，躺在这一座座坟茔中的都是异教徒和不信上帝的人。他允诺要满足但丁的愿望，让他结识一个这样的坟茔居士，尽管但丁仅含含糊糊地表达了这个愿望。但丁正欲答话，下面一具棺木中突然传出一个声音，一个以“多斯加那人啊”开头的闷声闷气的声音，吓得但丁连连退后。这些地狱刑徒中的一个从自己的棺木中直起身，与过路人攀谈起来。维吉尔叫了他的名字，此人乃乌勃提家族的法利那太，佛罗伦萨基伯林党的一位领袖和步兵统领，但丁出生前不久才离开人世。但丁走近棺木下首，一场交谈这就开始了。然而和前面维吉尔与但丁之间的谈话一样，没隔几行(第 52 行)，这场谈话也照样被突然打断，被另外一个坟茔居士突然插进来打断了。但丁从其姿势和言谈话语中立刻认出了他：这位打断谈话的人是甘发尔甘台·加发尔甘底，但丁青年时代的朋友、诗人归多·加发尔甘底的父亲。甘发尔甘台和但丁之间的这场戏很短(21 行)，甘发尔甘台重新倒身睡下即告结束，法利那太随即又继续前面被打断的谈话。

在这约七十行诗句构成的狭窄空间里，一共进行了三次情景转换。这是四个前后紧密相接的场景，每个场景都既有容量又有内容，它们当中没有一个仅仅起着引子的作用，即使未印出的第
一个场景，即但丁和维吉尔之间那场比较平静的谈话也不例外。170
在这场谈话中，虽然为读者和但丁引入了一个新地点，一个给他们展现地狱第六圈的地点，但它也包含着一个自己的独立完整的心理过程，交谈双方之间的心理过程。与这序幕中思想的平静和情感的细腻形成鲜明对比的是极富戏剧色彩的第二个场景，它始于骤然间响起的声音和棺木中突然竖起的身躯，但丁的惊恐，维

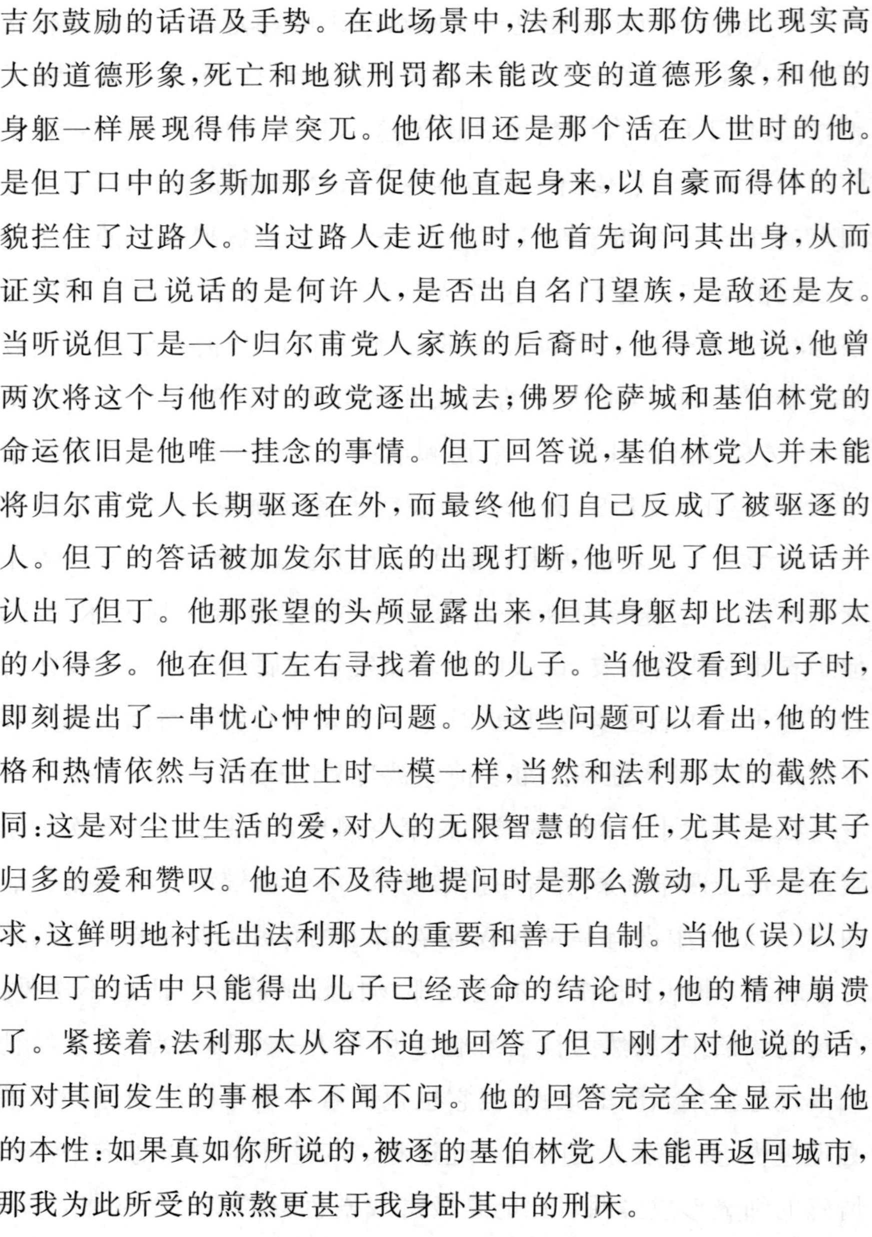

吉尔鼓励的话语及手势。在此场景中，法利那太那仿佛比现实高大的道德形象，死亡和地狱刑罚都未能改变的道德形象，和他的身躯一样展现得伟岸突兀。他依旧还是那个活在人世时的他。是但丁口中的多斯加那乡音促使他直起身来，以自豪而得体的礼貌拦住了过路人。当过路人走近他时，他首先询问其出身，从而证实和自己说话的是何许人，是否出自名门望族，是敌还是友。当听说但丁是一个归尔甫党人家族的后裔时，他得意地说，他曾两次将这个与他作对的政党逐出城去；佛罗伦萨城和基伯林党的命运依旧是他唯一挂念的事情。但丁回答说，基伯林党人并未能将归尔甫党人长期驱逐在外，而最终他们自己反成了被驱逐的人。但丁的答话被加发尔甘底的出现打断，他听见了但丁说话并认出了但丁。他那张望的头颅显露出来，但其身躯却比法利那太的小得多。他在但丁左右寻找着他的儿子。当他没看到儿子时，即刻提出了一串忧心忡忡的问题。从这些问题可以看出，他的性格和热情依然与活在世上时一模一样，当然和法利那太的截然不同：这是对尘世生活的爱，对人的无限智慧的信任，尤其是对其子归多的爱和赞叹。他迫不及待地提问时是那么激动，几乎是在乞求，这鲜明地衬托出法利那太的重要和善于自制。当他（误）以为从但丁的话中只能得出儿子已经丧命的结论时，他的精神崩溃了。紧接着，法利那太从容不迫地回答了但丁刚才对他说的话，而对其间发生的事根本不闻不问。他的回答完完全全显示出他的本性：如果真如你所说的，被逐的基伯林党人未能再返回城市，那我为此所受的煎熬更甚于我身卧其中的刑床。

171 这一段比本书已经论及的任何一处都更加简练，这不仅体现在一个狭小的空间内容更多，分量更足且更具戏剧性，而且还表现在更加丰富多彩。这里描述的不是一个情景，而是三个不同的情景，其中第二个，即法利那太场景，还被第三个打断因而一分为二。这里没有通常意义上的情节统一，不同于我们在第一章论述过的荷马场景，只有前后描述对象的突然迅速转换。在荷马场景里，提到奥德修斯的伤疤是为了引出一个与当时情节相隔甚远且详尽冗长的插叙。法利那太的话语突然打断了维吉尔和但丁之间的谈话，第 52 行诗句“于是……”毫无关联地将法利那太场景割裂开来，后来也是直接用诗句“但那崇高的另一个”继续描述的。整体统一的基础建立在故事发生地上，建立在异教徒和不信上帝者的地狱圈的自然道德画面上；各自独立互不关联的情景间的迅速转换依赖的是《神曲》的整体结构，它展现的是一个个人与其向导在一个画地为牢的世界里的游历。尽管场景迅速转换，但还不能说在语言风格的使用上也是并列的。每个场景自身都有大量句法关联手段，凡是像这种场景形成鲜明对比且互不相关的地方，都使用了丰富多彩且极富艺术性的表现形式进行对比，可以将这些表现形式看做是转换，但更宜称为并列。这些场景并不是以相同的语调僵硬地并列在一起——可以回忆一下拉丁语的《圣阿莱克西行述》(114 及后页)* 乃至《罗兰之歌》——，而是各具千秋地从低处突兀而起并相互形成对比。为了更清楚地说明这一点，让我们更具体地看看这些场景转换的地方。法利那太打断边走边谈的过路人时是这样说的：“多斯加那人啊！你活着走

* 指原书页码。——译者

过烈火之城……”这是一句呼唤，一个以“O”开头的呼格，随后是一个与呼唤相比相当难懂而内涵丰富的关系句，然后才是似乎很有分量且彬彬有礼的愿望句。他没有说：多斯加那人，你停一下，而是说：多斯加那人啊！你……，你是否可以在这地方停留一下。
172 短语“o du der du”——在德语中因 d 首韵而略显滑稽——十分庄重，源于古典史诗的崇高文体。但丁熟悉它的声音，就像熟悉众多萦绕在他耳畔的维吉尔的声音，或卢坎和斯塔提乌斯*的声音。我认为但丁之前从未有人在中世纪的某一俗语中使用过它。不过但丁是以自己的方式使用它的：充满极强的魔力（在古典作品中充其量是作为祈祷形式）和将内容尽其所能压缩在关系从句中。法利那太说：“你活着走过烈火之城，并且说话说得这么谦恭，”他面对过路人时的情感和处境生动地集中体现在这句话中的三种限定上，维吉尔大师若是真听见这些话语，恐怕他的惊恐比诗作中的但丁要强烈得多。他那附着在一个呼格上的关系从句虽然十分完美，非常和谐，但那种清晰的概括力和吸引力却早已消失殆尽（如《埃涅阿斯纪》第 1 卷第 436 页：“啊，高墙已为其竖起的幸运人哪！”而第 2 卷第 638 行的诗句因修辞手法丰富则显得更为有趣：“血统纯净兵力强盛的你们，他说，却逃跑退却！”）。有人也许会注意到，“走过烈火之城”和“活着”的对照仅仅是通过“vivo”一词的位置表达出来的，而且效果更佳。紧跟着这三行攀谈话语之后的是法利那太认同乡的那三行诗，当他停下不说之时才是那句：从一个棺材里突然发出这个声音……通常人

* 斯塔提乌斯（Statius，公元 40 - 96），古罗马诗人。——译者

们准以为这是个引入某个意外事件的句子，但在此处，在事情业已发生之后，它显得相对平静，起着解释当时情景的作用，仿佛由一个吟咏者轻声吟出。不能说法利那太场景与两位游人的谈话是对称地并列在一起，一来（这一点我们不能忘记）维吉尔在谈话中对它已有模糊的预示（第 16 至 18 句），再者它是另一地域的起点，无论是从地点和道德，还是从心理学和美学角度来看，这个起始都显得那么强劲有力，不容置疑，势不可当，因而它与前一事件的关系就不仅仅是列于其后，而是与对照物，即一件已有模糊预示的事情的突然发生处在有血有肉的关系之中。与我们在讲《罗兰之歌》和《圣阿莱克西行述》时的情形不同，这些事件不是被分割成小块，而是互相依存，在对比中而且正是通过对比相互依存。——第二个场景转换是通过第 52 行诗句“于是……”进行 173
的，和第一个场景转换相比，它显得比较简单，没什么特别之处，在引入一个突发事件时，用什么会比使用“于是发生了……”这样的词语更加自然呢？然而我们可以问问自己，用一个“于是”如此充满戏剧性地突然打断一个正在进行的情节，在但丁之前的中世纪的俗语中，我们在什么地方能见到此种语言现象？恐怕得找上很久很久。我不知道曾有过这样的例子。在但丁之前的意大利语中，“于是”置于句首虽然相当常见，比如在《百篇短篇小说集》[*]的短篇里，但意义却弱得多。如此突兀的插入并不多见，也不见于但丁以前的叙事时间意识里，即使在法国史诗的叙事时间意识中也没有，虽然法国史诗里有意义相似的“ez vos”或“atant ez

* 意大利 1281 - 1300 年间的一百篇短篇小说集，无名氏收集整理。——译者

vos”,如《罗兰之歌》413 行及某些地方,但意义要弱得多。例如在维尔阿杜安*的作品里,我们就可以看到,事件的转换是多么冗长呆板,甚至极其戏剧化。《君士坦丁堡的风暴》描述过威尼斯的年迈的瞎眼多根,他下死令让手下那些迟迟不敢登陆的人将手执旗帜的他第一个送上岸。维尔阿杜安在开始描述他时用的是这样的话:“or porrez oir estrange proece”——如但丁不用 allora 那就会写成:于是发生了一些奇异的事情。如果我们要寻找起突然打断作用的“于是”在拉丁语中的表达,那么古法语的 ez vos 会带领我们找到正确的线索;也就是说它不是 tum 或 tunc,在某些情况下是 *sed* 或 *iam*,不过它真正的充满力度的相应词是 *ecce*,或者说 *et ecce* 更加确切。不过它较少见于崇高文体,多出现在普劳图斯**和阿普列乌斯的作品以及西塞罗的书信等其他地方,尤其是拉丁文本《圣经》。当亚伯拉罕持刀准备杀儿子以撒献祭时是这么写的:“上苍召唤着上帝的天使:亚伯拉罕,亚伯拉罕。”*** 我觉得,像这种突然中断的语言现象过于生硬,不会出自古典拉丁语的崇高文体,但它却完全符合圣经语言的崇高文体。另外,但丁在另外一个场合使用了圣经词语 *et ecce*,在那里,当时的一个情景突然被一个事件打断(《炼狱篇》第 21 歌第 7 行:“就是说,《路加福音》是这样描写的……出现了……;根据《路加福音》24 章 13 节

---

* 维尔阿杜安(Villehardouin,1150 - 1213),法国史学家,著有关于第四次十字军东征的编年史。——译者

** 普劳图斯(Plautus,前 254 -前 184),古罗马喜剧作家。——译者

*** 引文原文为拉丁文。——译者

就是……”）[*]。我不敢断言是但丁将起突然中断作用的“于是”这一语言现象引入了崇高文体，也不敢妄言这一现象是通过圣经传到他的手里；不过可以明确的是，在他写作的那个时代，富于戏剧性的“于是”绝非如此自然而然，绝非像今天这样人人都能信手 174
使用，而他比在他之前的中世纪的任何人都更无所顾忌地使用它。使用时还须顾及 *surse* 的音和义，但丁在另一个地方也曾用它表示过突然竖起身来，在那里声音效果就极佳（《炼狱篇》第 6 歌第 72、73 行：“那阴魂欢喜得好像发狂似的，立即从他所在的地方向他跃去……”）[**]。第 52 行诗的“于是冒起了”几乎与引入第一次中断的法利那太的话语具有相同的分量，这个“于是”属于那些能将通过自身联系起来的各种成分置于一种有血有肉的关系之中的并列连接形式。与法利那太的谈话被打断了，加发尔甘底听到最后那几句话后没有耐心等到谈话结束，他失去了自制。他出场时那张望的姿势，哭诉的话语，重又倒身睡下时焦急的绝望，都与随着第三个转换（第 73 及其后诸行）重又开始说话的法利那太的镇定形成鲜明的对比。与前面的转换相比，第三个转换（“那崇高的另一个……”）的戏剧性要弱得多。它平稳安静，豪气四溢，很有分量。法利那太独占了这个场景。不过与前面情景的对比因此而更加强烈。但丁称他崇高，用的是亚里士多德的一个术语，这个术语他可能是从托马斯·阿奎那[***]那里学来的，或者更

* 引文原文为意大利语。——译者

** 引文原文为意大利语。——译者

*** 托马斯·阿奎那（Thomas Aquinas，1225－1274），意大利人，中世纪最重要的哲学家和神学家。——译者

可能是从布鲁内托·拉蒂尼那里学来的,在以前的一个地方他曾用它描述过维吉尔。毫无疑问,这是有意在和加发尔甘底(“他”)进行对比。三个表示法利那太镇定自若的结构相同的句子(“神色不变,既不转颈,也不弯腰”)不仅是在描绘法利那太本身,而且还将他的举止与加发尔甘底的进行对照。对听者来说,这也觉得些句子听上去很工整,因为他的耳畔还回响着加法尔甘底提出的那些结构不规整,一声高过一声,声声哀怨的问题(第 58 至 60 及第 67 至 69 行中提出的问题的形式但丁大概是以《埃涅阿斯纪》第 3 卷 310 行的安德洛马赫的出场,即一个妇人的悲诉为蓝本的)。

虽然这些情景是如此突兀地相互替换,但还不能说是一个并列排放的语体结构。最有生气的现象不间断地贯穿全篇。但丁掌握着大量在他之前任何一种欧洲世俗语言中都没有的修辞手法,他不只是孤立地使用它们,而且还让它们彼此相互关联。第 31 至 33 行是维吉尔鼓励的话语,它只有主句,没有任何用到连词
175 的外部连接形式:一个简短的命令句,一个简短的问句,还有一个带宾语和说明的命令句,一个带状语的将来时句子,按其意义它是一个表示要求的句子。不过这种急促的前后排列,各部分之间鲜明的界限,它们相互之间的谐调,创造出一个表达生动完美无缺的引语:“转过身去! 你在做什么? ……”另外还有极其细微的意义上的划分;除了表示通常因果意义的 però 外,还有游离于时间意义间的 *onde* 和表示假设因果意义的 *forse che*,按照某些古代评论家的意见,它的作用是减弱客气语气。表示时间、比较级、各类假设的连接形式五花八门,而支持它们的是选择动词形式和

使用词序时的极大的灵活性。也许有人注意到，但丁在处理加发尔甘底出场场景的句法时是那样轻松自如，从而使直至他第一个引语（第 60 行）的这个场景贯穿三个三行诗节而一气呵成。形象的统一所依赖的是作为支柱的三个动词："竖起，看，说"；附着于第一个动词的有主语、状语和起解释作用的"我以为"句；附着于第二个动词看的是带有一个"似乎……"句的第二个三行诗节的前两行，而第三行则附着于说，它引出了后面的加发尔甘底的直接引语。整个情景开始时很有气势，随后有所减弱，从 57 行起又得到加强，在直接引语中达到巅峰。若是不太熟悉中世纪俗语文献的读者还能看明白这种探讨的话，也许他们对我在这里特别强调句子结构并将其作为特殊之物进行赞美会感到惊讶，因为今天任何一个稍具天分的作家，甚至稍具语言文化修养的人，在写信时都能轻松自如地使用它们。然而我们若处在从前那些人的地位，那但丁的语言几乎是一种无法理解的奇物。对于所有从前的人来说，包括那些大诗人在内，他的表达具有无可比拟的丰富性和现时性，具有无可比拟的力量和适从性，他所知道和使用的表达形式多得无与伦比，他以无比准确有力的手法表现出无比丰富的现象和内容，因而人们坚信，此人凭借自己的语言重新发现了世界。有多少次人们都想证实或是想猜一猜，他是从何处汲取了这种或那种表达形式；单单来源就如此众多，他所听到的都是那么准确、地道、独特的表达形式，并以一种准确、地道、独特的方式使用它们，因而这种证实和猜测也就只能使人们更加钦佩他的语言天才。在像我们这段引文中，可以随便从任何方面切入，但无

论从什么地方切入，见到的都是令人惊异的东西，都是在那之前 176

的世俗文学中不可想象的东西。就让我们选些不显眼的例子,比如这个句子:“我不是自己来的。”* 谁能想象出用如此简短而完美的形式表达一个这样的意义吗?谁能想象出一个如此鲜明的观念形象?谁能想象一个从前的俗语作者在创作中会将 da 用于这种意义?但丁在这个意义上还多次使用过 da(《炼狱篇》第 1 歌第 52 行的“我不是自己来的”;另外还有《炼狱篇》第 19 歌第 143 行的“不用自己的榜样”以及《天堂篇》第 2 歌第 58 行的“但告诉我,你自己对这点怎么想法”)。“出于自己的力量”,“出于自己的动力”,“从自己出发”,这些意义可能是由“从……而来”这一意义发展而来的;归多·加发尔甘底在《女子颂歌》中写道:“(爱)不属于人性范畴,它来源于一个非理性的、即感性的完美境界。”当然我们不能断言是但丁创造了这一新的意义组合,因为即便在较古老的文字中找不到一处这类表达,那也可能是遗失了,即便在他之前从未有人写出过类似的表达,那它也可能活跃在口语中;这也就像克雷莫纳的柳特普兰多(Liutprand von Cremona)在一处地方用漫画方式所表现的那样。不过可以肯定的是,当创造或是采用这个简捷的表达形式时,但丁赋予了它一种在此之前无法想象的力量和深度;而处在我们这样的位置,这种双重对比的重要贡献也就体现在这里[一方面是与“崇高的天才”的对比,另一方面是与“等在那里的他”(维吉尔)的对比,两者都是讲究修辞的措辞,一个是高傲地回避名字,另一个是敬畏地回避名字。]

“我自己”也许源于口语,另外还可以看出的是,但丁毫不鄙

* 引文原文为意大利语。译文摘自朱维基译《神曲》。——译者

视口语中的各种表达形式。“你转过身去！你在做什么？”这还是出自维吉尔的口，是在形式庄重的法利那太的呼唤之后，作为丝毫不加雕琢、出自本能的引语效果非常强烈，就像平平常常的说话人在日常交往中随口说出的一样；与此差别不大的还有那些生硬的、没有任何婉言装饰的问句：“你的祖宗是些什么人？”或是加发尔甘底的“你怎么说？他曾经？”等等。如果继续将这一歌读下去，在将近结尾处可以看到维吉尔发问的那个地方：“你为什么这样惊慌？”（《地狱篇》第10歌第125行）。若是不考虑它们的上下文关系，所有这些都可以出现在低等文体的任何一个普通谈话中，另外还有那些充满无限激情、在语言上属于古典之列的庄严的表达。毫无疑问，还有在整体上说是在追求崇高的文体，虽说我们不能从但丁的明确表述中得知道这一点，但却能从每一行诗句中直接感受到，虽然它还是那么口语化——但丁式的凝重不间断地贯穿始终，因而我们绝不会产生他在文体上应属于哪个层次 177
的疑问。不容置疑的还有那些古典诗人，是它们为但丁在崇高文体方面做出了表率，为千古第一人的他做出了表率。在许多地方，在《神曲》和《论俗语》中，他自己都曾说过，在俗语的崇高文体方面他是多么感谢他们；甚至在我们引用的这一段中他也说过这样的话，因为那行争议颇多的说归多·加发尔甘底或许轻视维吉尔的诗句，其众多含义中，就隐含着这层意思；几乎所有的老评论家都从美学意义上去理解它。然而同时不可否认的是，但丁关于崇高的概念与他那些古典楷模的概念有着根本的区别，具体对象方面的差别也不小于语言表达方面。按照古典标准，这部喜剧所展示的具体对象在很大程度上是崇高与低等的混杂：其中有刚刚

作古的人物，甚至有同时代人物，即使到《天堂篇》第 17 歌第 136 至 138 行，还有极为一般和并不著名的人；他们那低等的现实生活氛围常常被毫无保留地描写出来，正如每个读者都知道的，但丁甚至毫无限制地详尽直接摹仿日常生活、无聊琐事和令人生厌的事；这些根本不能入古典崇高之列的东西只是通过其排列和表述方式才成了崇高。关于他的文体混用已经讲过了；大家还记得《天堂篇》中一个最庄严的地方（第 17 歌第 129 行）的那个诗句吧：“就让她挠挠发痒的地方”，在这里就能感受到与维吉尔的整个距离。对于许多重要的批评家来说，甚至对于崇尚古典的所有时代来说，在崇高中看到这种过于生硬的现实，看到但丁这种“讨厌且常常令人厌恶的伟大”（歌德语，出自《1821 年编年史》），令人深感不快，这一点是非常容易理解的。两种传统的对立，即古典主义的文体分用传统和基督教时代的文体混用传统，在这强有力的气质中比任何地方都显而易见，它既着力于古典方向，却又无法放弃另一方向；文体混用在这里比任何地方都更加接近文体破坏。古典后期的学者们觉得基督教文献在损坏文体；后来的人文主义者也不得不认为他们这位最伟大的先驱的这部作品也是如
178 此，是他率先因其艺术价值重又阅读古典诗人的作品并从内心感受到他们的声音，是他第一个立志写出世俗名作，立志用母语写出伟大作品并付诸实现；而正因为做了这一切人们才如此看他。中世纪早期的文体混用的作品，如基督教戏剧，它的文体混杂因其极为幼稚是可以原谅的；它似乎没有提出过要达到文学高品位的要求，这可以从它的大众化目的和特性得到说明，或者至少可因此而得到原谅；它从未得到重视和认真的评价。然而在这里却

不能说是幼稚，不能说是没有提出要求：但丁众多明确的言辞，所有作为范本引用的维吉尔的诗句，对缪斯、阿波罗和神的呼唤，许多地方显露出来的与这部著作的不乏对立的戏剧性关系，而比这一切都更为重要的是这部著作每行诗句的声韵，它们都证明，它有着极高的要求。后来，这部作品的这种惊人的事实令许多人文主义者和受人文主义教育的人感到不悦，其实这毫不奇怪。

在他的理论论述中，但丁自己在喜剧的文体归类上也表露出某种把握不定的心态。在探讨韵律诗写作的论著《论俗语》中（似乎此书还未涉及喜剧），但丁对崇高的悲剧文体所提出的要求就完全不同于他后来在《神曲》中所满足的要求：描述对象的选择范围狭窄得多，更加讲究语言的纯正，为形式和词句的选择更加倾向文体分用。当时他正处在后来的普罗旺斯人的诗作和意大利新文体的印象里，前者是一种过分追求艺术并且仅仅是为一些出类拔萃的内行人创作的诗歌。但丁将古典主义的文体分用论与它们联系起来，就好像这种理论的灵魂继续附在中世纪的修辞学理论家身上一样。他从未从这种观念里完全解脱出来，否则他就不会将他的这部巨型诗作称为喜剧了。这与把维吉尔的《埃涅阿斯纪》称为古典悲剧（《地狱篇》第 20 歌第 113 行）形成鲜明的对比；他好像没有要求将他这部巨型诗作归入崇高的悲剧文体。对此还有一个说明，这就是他在给康兰德的信的第十段中对喜剧这一名称所做的说明。他在那里这样说，悲剧和喜剧的区别一方面在于情节的发展，悲剧是从平静和谐的开局发展到恐怖的结尾，而喜剧则相反，是从苦涩的开局发展到美满的结尾；另一方面在于文体，这一点对我们来说更为重要，也就是“话语的方式：崇高

179 的悲剧，现实低俗的喜剧”。因此他的这部诗作必须称作喜剧，一是因为不幸的开头和美满的结尾，二是因为“话语的方式：话语的方式简单低卑，甚至他们谈吐的方式也是低俗的”。起初，有人肯定会以为，但丁这段话指的是运用意大利语。若果真如此，那该作品的文体应属低等之列，因为写作这部喜剧运用的不是拉丁语，而是意大利语。不过，但丁表达的几乎不可能是这个意思。自从写《论俗语》以来，但丁一直在捍卫俗语的崇高地位，他本人在自己的韵律诗中也奠定了俗语的崇高风格，而且他在给康兰德写那封信时，《神曲》的创作业已完成。因此，一些现代研究者认为，locutio 指的不是语言，而是表达方式。照此来说，但丁的意思是说，该作品的表达方式不是崇高的意大利语的表达方式，用他自己的话来说，不是光辉的、中枢的、宫廷的和法庭的俗语（vulgare illustre，cardinale，aulicum et curiale），而是随意的、大众日常语言的表达方式。不管怎么说，他在这部作品中运用的不是崇高的悲剧文体，充其量只是一种中等文体，而且就连这一点他也说得含含糊糊，因为他在引用贺拉斯《诗艺》（第 93 页以下）时说，喜剧有时也运用悲剧格调，反之，悲剧有时也运用喜剧格调。总的来说，他宣称自己这部作品属于低等文体。此前不久，他还说过他这部作品寓意多多（不过这可根本不适合低等文体），他在给康兰德写那封信的同时，也将他这部作品的《天堂篇》献给了康兰德，他多次将作品的这一部分称为“崇高的颂歌”，称作品的题材“值得赞叹”。在这部喜剧中依然存在着把握不定，但这里占主要地位的是描述对象和形式可以要求最高文学等级的意识。上面我们已经列举了一切能够说明他对它的文体特性和等级的清醒

意识。然而虽然他选择维吉尔做向导，虽然他声声呼唤着阿波罗和缪斯，但却避免将他这部诗作称为古典意义上的崇高；为了表达它那独特的崇高，他造了一个特别的词："我也因之而消瘦了好多年的神圣诗篇，竟然战胜了……"（《天堂篇》第 25 歌第 2、3 行）。这叫人难以置信，在找到了这个词且完成了《神曲》之后，他还有条有理地论述着它的本质，如上面提到的致康兰德的信（人们曾多次对它的真实性提出怀疑）中的那段话；只是古典文献的声誉和对固定的理论观念的偏爱是如此之大，以致情况依然如此。古典文献当时因为正在对其进行过于认真的分类还面容模 180
糊，而那些理论对我们的评判来说是荒谬的。那些同时代的，更确切地说应是比他稍晚一些的评论家也同样一本正经地论述着文体问题，当然其中也有几个例外，比如薄伽丘，他那富于见地、足以证明对古典已达到真正的人文主义认识的论述就不是这样，因为它们避开了这个问题。尤其是那个极为活跃的来自伊莫拉的本韦努托，在阐释了古典主义关于文体的三分法（高贵的悲剧文体，中等的论战讽刺文体，低等的喜剧文体）后，他接着说道：

> 这里须说明一下应如何看待哲学与诗的关系。因此必须仔细辨认，它们应是悲剧、讽刺作品还是喜剧。悲剧显然表现的是神职人员的状况，统治阶层的基本特征，诸侯的统治，还有其他高贵伟大的人。可通过处理素材时的那种大胆的方式谨慎辨别讽刺作品。尽管如此，还应小心感情激昂的作品。对贵族权势和某一官职的描述很少被看做讽刺作品。我们的意见是一致的，现在的情形是，有的作品可被看做讽

> 刺作品，同时也可被看做悲剧和喜剧。可以将其看做纯喜剧，尘世的喜剧。一出喜剧大都以悲开始，以美满结束，如它在这里完全是以悲伤的内容开始，后来失去了乐园，突变为神的事业。也许讲述者想创造什么崭新的东西，如他所说，他在创造一种新的文学，因为他明确地将其称为喜剧？他想明确称其为喜剧的原因也许是，它是低等级和俗语的。因为如前所述，真实就是人的文学观点，正如人意欲在它的意义上杰出和优秀。[*]

本韦努托的气质为自己在学究派十足的理论灌木丛中开辟了一条笔直的道路：此书囊括了所有的诗歌种类，就像它包括了一切知识门类一样；它的作者称其为喜剧，因为它的文体是一种低等的大众语的文体；然而它依然以其独特的方式跻身于崇高的诗歌种类之列。

通过对大量对象的描述，这部喜剧的崇高文体问题已经以一种全新的方式摆在人们面前。对于那些普罗旺斯人和新文体诗人来说，崇高的爱情是唯一伟大的题材；如果说但丁在《论俗语》中列举了他们的三个题材（即战事、爱情和道德），那么其余两个
181 在几乎所有伟大的韵律诗中均隶属于爱情题材，或者是被赋予爱情寓意的形式。在《神曲》中，这种框架是通过贝雅特里齐的形象和作用表现出来的；只是这副框架架设在一个硕大的空间上。另外，这部喜剧是部百科全书式的教谕诗，它从总体上描绘了物理

* 引文原文为意大利语。——译者

宇宙学的世界秩序，伦理学的世界秩序和历史政治的世界秩序；它又是一部摹仿现实的艺术作品，所有可以想象到的现实领域都出现在其中：过去和现在，崇高的伟大和可鄙的低劣，历史和传说，悲剧和喜剧，人和景观；归根结底它是某个个人，即但丁的发展史和拯救史，从而又成为人类拯救史的和声华彩乐段。在这里登场的有古典神话中的各种形象（时而——但并非总是——还非常出色地将其恶魔化），有源出于古典后期和中世纪的富于寓意的拟人描写和具有象征意义的动物，有出自基督教世界的作为某种意义载体的天使、圣贤和亡灵；这里出现的有阿波罗，有明亮之星和基督，有福耳图那和穷困夫人，有作为更低的地狱圈的象征的美杜莎和炼狱的守护者尤提卡的加图。然而在为崇高文体而努力的框架中，直接涉及当时的生活真实最为新奇和问题重重，这些生活的真实并未依照美学标准进行选择和整理，由于这种直接涉及而产生的直接的语言形式均不常见于崇高文体，均因其生硬而被所有古典主义的审美情趣嗤之以鼻。这种现实主义并非活动于一个情节之中，而是活动于大量分属不同格调等级并相互交叉的情节里。

不过这部诗作的整体性还是令人信服的。它建立在总的描写对象的基础上，建立在“死后魂灵的境况”上；作为上帝的最后审判，它必须是一个排列好的整体，既作为理论体系，又作为实用的真实，也作为美学形象；与描绘尘世或在尘世发生的事情相比，他只能用一种更加纯净、更加现实的形式描写这个神的秩序的整体，因为彼世即便到末日审判时还未完成，那也早已不像尘世是按标准展示发展、能力和暂时性，而是展示执行上帝计划的行动。

正像但丁向我们展示的，彼世统一的秩序最易作为道德体系直接感受到，他将众魂灵划分在三个世界及其下属疆域里：这一体系依照的完全是亚里士多德—托马斯主义的伦理学；它首先依照罪
182 恶本意的标准划分出地狱的罪人，然后再根据罪行的轻重继续划分；划入炼狱的赎罪者的标准是罪恶的本能，他们必须根除这些本能；划入天国的魂灵的标准是他们所享受的上帝的眷顾。不过被罗织进这个道德体系的还有其他体系，如物理宇宙论的秩序体系和历史政治秩序体系。依照道德宇宙观显示的地狱、炼狱山和天穹的位置同时又展现出一个物理学的宇宙观；以道德秩序为依据的灵魂说同时也是一种生理和心理人类学，而且这种道德秩序还以许多其他方式与自然秩序完全联系在一起。历史政治秩序的情况也是如此；天国白色玫瑰中的亡灵群体同样也是拯救史的目的，一切历史政治理论都以它为依据，一切历史政治事件都须按照它做出评判；这部诗作中不断地表达出这一点，而且有时还很详细（比如炼狱巅峰上及人间乐园里的那些具有象征意义的事件）；随时都可以看到，随时都可以证明，这一秩序的三个体系，即道德、自然和历史政治体系是作为一个形象出现的。

为了真正看清彼世秩序的统一体是如何作为崇高文体的整体发挥作用的，还是让我们回到我们的这段引文上来。法利那太和加发尔甘底的尘世生活已告结束，他们命运的变幻业已停止，他们身处一种最终和不变的状态之中，这种状态将只会发生一种变化，那就是在末日审判复活时重新得回自己的身躯。正如在这里所描绘的，他们是与躯体分离的魂灵，不过但丁赋予他们一种影子躯体，因而他们可以显身让人辨认，可以表述，可以承受痛苦

（见《炼狱篇》第3歌第31行及其后数行）。此时他们与尘世生活的联系仅仅是回忆；除此之外，正如但丁在这首歌中所描绘的，他们还具有某种超尘世的对于过去和未来的认识；他们像千里眼一样，能看到尘世上发生的事情，能清楚地看到已有一定间隔的过去和未来，因而也就能够预言未来，然而尘世间的现时却是他们的盲点；这也正是加发尔甘底问他儿子是否还活在人间时但丁惊
奇的原因；他惊奇加发尔甘底的不知就里，在其他魂灵事先已经 183
向他预言未来之后，他就越发惊奇了。他们将自己的尘世生活完全保存在记忆中，尽管它已经结束；他们躺在烈焰熊熊的棺材里，他们所处的境地不仅实际不同于任何尘世间可以想象的境地，而且有着根本的不同，这种不同表现在时间地点的不变上，尽管如此，他们实际上并不是死的，而是活着。在这里，我们遇见人们称为但丁现实主义的那个令人惊奇的佯谬。对真实的摹仿其实是对尘世生活感官性体验的摹仿，它的历史性、可变和发展似乎应属于它最根本的标志；无论在塑造形象时给这位进行摹仿的诗人多少自由，他也不能将体现其本质的这一特性从真实中除去。然而但丁三界的居民均处在一种无变无化的存在中（在《美学讲演录》中，关于但丁、黑格尔有几页极漂亮的论述，在其中的一页里他使用了这个词），但丁将“人类行动和受难的活生生的世界，更确切地说是人类个体行为和命运的世界沉入了这种无变无化的存在之中”。我们借助这段引文问问自己，怎么会是这样呢。两个存身于棺材中的人的存在和此存在所在的场所虽然是终极的和永恒的，却不是非历史的。埃涅阿斯和保罗甚至基督都曾下到过地狱；维吉尔和但丁在其中游历；那里有种种景观，景观中有地

狱精灵在活动，种种情景、事件甚至变化就在我们眼前进行。这些受惩罚的灵魂寄身于他们的影子躯体中，显身在他们永恒的驻地，有说话和打手势的自由，有稍稍活动的自由，因而在这不变中就有了稍稍变化的自由；我们离开了尘世世界，到了一个永恒的处所，我们在此处遇到了具体的显现和具体的事情。这与尘世间的显现和事情完全不同，却显然与其处在一种必然和固定的关系之中。法利那太和加发尔甘底显身的真实性可以从他们所处的境地和他们的谈吐中感受到。燃棺居士的处境表现的是上帝对属于这一类型的全部罪人的判决，是对异教徒和不信神者的判决。然而在他们的言谈中，他们个人的本性却表现得非常鲜明。这一点恰恰在法利那太和加发尔甘底身上表现得极其清楚，因为
184 他们是同一种类型的罪人，处在同一种境地。作为性格迥异、前世命运不同以及爱好各异的个体，他们之间的对比极为强烈。他们那永恒不变的命运是相同的，但仅仅是在必须承受相同惩罚的意义上，仅仅是在客观的意义上，因为他们接受惩罚的态度截然不同，法利那太对自己的处境毫不在乎，加发尔甘底却在这无形的牢狱中抱怨没有美丽的光线。两人用手势和话语充分表现出各自不同的本性，这一个不会是另一个，而另一个也不会是这一个，他们都还保持着生活在尘世时所具有的本性。不同的是：由于尘世生活停止了，它不再有任何发展和变化，然而从前使它变化的热情和爱好却依然存在，在行动中并未迸发，仿佛出现了一个巨大的储藏库。一个拔得很高的、在极大的范围内已永远定型的从前本性的形象显现出来，好像在以往的尘世中从未见它如此纯洁鲜明。毫无疑问，即使这也属于上帝对他们的判决；他不仅

将魂灵们划为各种类型并按类划入三个世界的各个区域，而且还为他们每人安排了一个特别的永恒境地。他不是毁掉各个人的个人形式，而是在永恒的判决中将它确定下来，唯有这样才最终完成了它，才能让人看到它。法利那太在地狱中比以往更加伟大，更强有力，更加高贵，因为在尘世生活中他从没有机会证实自己心灵的力量。如果说他的心思和企望一如既往还维系在佛罗伦萨和基伯林党人身上，还维系在他以往行为的功过上，那么，他的尘世本性一如原样在无望的徒劳中延续，无疑也属于上帝对他的判决。加发尔甘底在其尘世本性的延续中也表现出同样无望的徒劳。也许在他的一生中，他从未像现在这样相信人的精神，从未像现在这样强烈地感受到自己对甜蜜的光线和儿子归多的爱，从未像现在这样动人地表达出来，而现在这一切皆属枉然。在这里还须注意，对这些死者的魂灵来说，但丁这次游历永远都是唯一和最后一次与一个生者说话的机会。这是一种驱使众人尽力说话的状态，一种将戏剧性历史的瞬间引入他们那永恒不变 185
的命运的状态。最后，以特殊方式限定和扩大的知识范围也属于这些地狱居民的特殊境地。他们失去了尘世、炼狱和天堂中各级生灵均能得到的上帝的眷顾，因而也失掉了所有的希望。他们熟谙尘世的过去和将来，因而也知道自己所保留的未汇入神的集体的个人形式毫无用处。他们对自己茫然无知的尘世目前的状况极为关心。（除了加发尔甘底和另外几个人，在这方面给人印象最深的是第 27 歌中吃力地通过其头颅火苗说话的归多・达・蒙番尔脱洛，他那长长的请求言辞恳切，充满回忆和哀怨，维吉尔都意欲停步和他说话，此请求在第 28 行诗句中达到了顶峰：请告诉

我罗曼亚人在和平还是在战争中!)

于是但丁将尘世的历史性搬入了他的彼世世界。他的死者虽然已经脱离了尘世的现时和变化,然而回忆和对其热切的关心依然驱使着他们,以致彼世的景色完全为其所充溢。在炼狱山和天堂这种氛围就没有如此强烈,因为那些地方的目光不像地狱里的只是往后看尘世生活,而是朝向前方和上方,因此我们越往上走,就越加清晰地将尘世的存在与其神的目的看作一体。然而尘世的存在总是保留着,因为无论在哪里它都是上帝审判的依据,因而也是那些魂灵所处的永恒境地的依据。无论在哪里,这种境地不仅仅表示划入某类罪人或享受永恒幸福的亡灵,而且还有意识地显示出从前尘世中的本性和在神的规划中适合它的特殊地方。上帝的审判恰恰就是将从前尘世中的性格在这最后的归宿地完全现时化。无论在哪里,死者的魂灵都有足够的自由展示自己从前的特殊本性,当然只是有时十分吃力,因为他们所受的刑罚,他们的赎罪行为,甚至永恒幸福的光芒,有时候会加大他们显现和表述的难度,然而这种克服了障碍之后的展示似乎显得更有效力。

186 这种看法在我前面提及的黑格尔的那一页中也能见到,我曾以它们为基础探讨过但丁的现实主义,研究结果十五年前已经发表(《但丁:世俗世界的诗人》,1929 年)。在这期间我问自己,映射在无变无化的永恒上的但丁的现实主义到底建立在何种事件结构观上,即建立在何种历史观上。同时我也希望得到一些比较清楚的但丁崇高文体的根据,因为他的崇高文体恰恰表现为将各具性格特点的个体按类分入上帝的各级审判中去,这些个体有时令

人恐惧，面目丑陋，荒诞不经和平淡无奇。显然他对事件的见解与当今世界广泛流行的见解不一致，也就是说他不仅将其看作人世间的发展过程，看作人世间的事件系列，而且还认为它们与上帝的某种计划处在经常的关联之中，而世间事件总是以它的目的为发展方向。我们不仅应该将其理解为人类社会在继续运动中从整体上一步步接近世界末日，接近上帝之国的完成，此时所有的事件均呈水平状向未来发展，我们还应该从每个尘世间的事件和每个尘世间的显现随时都与上帝的计划紧密相连的意义上去理解它，而且这种联系丝毫也不依赖发展。也就是说，尘世间的每个现象通过大量的垂直联系直接关系到上天的拯救计划。因为整个创世活动就是上帝之爱的不停复制和放射（“不是什么，只是我们的‘父’在‘爱’的时候，所产生的那个‘神子’的回光而已”；《天堂篇》第13歌第53、54行），这种爱的活动超越了时间，随时在所有的现象中发挥着效力。拯救史的目的，天穹上的白色玫瑰，被选中者的群体见到了不再被面纱阻隔的上帝，这些对将来不仅是一种牢靠的希望，而且在上帝之中历来就是完成之作，它是用来向人类展示的，如同以亚当来展示基督一样。天堂里无时或时时都在庆贺基督的胜利和马利亚的加冕，魂灵们的爱不再被导向错误的目标，他们时时都在走向用自己的血和他们定下婚约的爱人——基督。

《神曲》中有几个尘世间的现象，对其与上帝的拯救计划的关联从理论上解释得非常详尽；它们之中就有在现代观察者眼中极为重要，同时在政治历史意义上最重要的现象，这就是尘世中的罗马君主国；按照但丁的见解，它是上帝之国在尘世间的具体预

187 示。因为罗马在世俗和宗教方面的胜利，埃涅阿斯的冥府之游才得以成行（《地狱篇》第2歌第13及其后诸行）；罗马自始就负有统治世界的使命；当时间一满，即当人的世界在奥古斯都治下一派升平时，基督便出现了；布鲁图斯和卡西乌斯这两个谋害恺撒的人在犹大旁边受罚，由撒旦对他们进行复仇；第三个皇帝提比略作为人类的合法法官就是基督向原罪复仇的执行人；提多是向犹太人复仇的合法执行人；罗马之鹰是上帝的神鸟，而天堂则被称作"真正的罗马城"（参见《天堂篇》第6歌，《炼狱篇》第21歌第82及其后诸行，《地狱篇》第34歌第61及其后诸行，《炼狱篇》第32歌第102行等，另见《帝制论》中多处地方）；另外，维吉尔在诗作中的作用也只有从这个前提出发才可以理解。这使人想起了尘世中和天堂里耶路撒冷的形象，那完全是从形象角度考虑的。在犹太—基督教时期保罗和教父们对《旧约》一贯采用的解释方法里，亚当是一个基督的形象，夏娃是一个教会的形象，甚至《旧约》的每一个现象和每一个事件均被理解为一个通过基督化身为人的种种现象和事件才得以完全实现（或者按流行的表达应是"完成"）的形象，与此相同，在这里罗马世界帝国是作为上帝之国在天庭完成的尘世形象出现的。在前面（74页）已提及的我那篇关于形象的文章中，我已经令人信服（我希望如此）地指出过，《神曲》就是以形象观作为基础的。尤提卡的加图、维吉尔和贝雅特里齐是作品中最重要的人物中的三个，我尝试着用他们来说明他们在彼世的显现就是他们在尘世显现的完成，而后者则是彼世显现的一个形象。我曾强调说，这种形象构架赋予它的两极，即形象和完成以具体的历史真实的特点，而给象征或寓意形式的则不

同。形象和完成虽然互相“意味”着对方，但它们意味的内容绝没有排除它们的真实性。一个以形象来表示的事件依旧保留着它词语和历史方面的意义，它并未成为纯粹的图像，他依然还是事件。早期的基础教教父，尤其是德尔图良*、哲罗姆和奥古斯丁等人，就曾反对过种种精神—寓意流派并取得了胜利，捍卫了形象现实主义，也就是说，他们从根本上捍卫了形象的历史真实性。精神—寓意流派似乎要削弱历史事件的真实性，他们在事件中看到的只是超出历史范围之外的图像和意义……它也就是那个支配着但丁的观念。正如我们前面所说过的，彼世是上帝计划的完成了的行为。与之相比，尘世间的种种现象总的来说是形象化的、潜在的、尚需完成的行为。这也适用于各个死者的灵魂。在这里，在这彼世，他们才得到完成，才得到他们形体的真正的真实。他们在尘世间的出现仅仅是这种完成的象征。在这一完成中，他们得到了惩罚、惩处和奖赏。暂时性和人在尘世间的形体需要在彼世补充的观念也符合托马斯主义的人类学理论，如果吉尔松所写的完全符合实际的话。“一种狭窄的地带使我们远离我们本来的定义，我们当中无论是谁既辨认不出人类本质的根本，也辨认不出他的个体存在的完整的概念”(《托马斯主义》，第3版，巴黎，1927年，第300页)。这些灵魂通过上帝的审判在但丁的彼世得到的正是这个：他们真正的个性的全面感知，也就是说，作为现实的真实，这既符合形象观，又符合亚里士多德—托马斯

* 德尔图良(Tertullian，约160－225)，古罗马时期重要的基督教拉丁语作者。——译者

主义的形式概念。这种完成了的形象的关系,即但丁的死者与自己从前尘世间的过去之间的关系,在一些情形中是最容易证实的(在这些情形中完成的不仅有性格和本性,而且还有某种在尘世形象中已可辨认的意义):比如尤提卡的加图,在炼狱山脚下,作为被选定者的永恒自由的守护人,他才完成了他的仅仅作为形象的他的尘世政治自由守护人的角色(《炼狱篇》,第 1 歌第 71 行以下:"自由是如此高贵"。另见《罗马档案》,第 22 卷,第 478 至 481 页)。这种形象解析在这里可以解开加图何以出现在一个令人吃惊的地方的疑团,也就是说在那里为何会有一个异教徒。只是像这种证据很少能得到,而但丁关于此世和彼世中的个体的基本观念又只能从能够得到这种证据的情形中辨认。人的性格和作用在上帝的秩序观念中有它一定的地方,它在尘世间被形象化,在彼世被完成。

189 正像我们所说过的,形象与完成,二者具有真实—历史现象和事件的本质,而完成的这一本质的程度还要更高更强,因为它所面对的是形式完美无缺的形象。但丁笔下那动人心魄的彼世的现实性由此可以得到解释。说"由此可以得到解释"时我们当然没有忘记使诗人能够创造出这种形象的天才。用那些老注释家的话来说,(按照波爱修斯的说法)它们分为诗作的推动力、素材、形式和目的:"而这部作品中的推动力,犹如修造一幢房屋的建筑师,是但丁这个声誉卓然的神学家、哲学家和诗人"(彼得罗·阿利吉耶里语,雅各布·德·拉纳也有类似评论)。然而对于他那现实主义天才得以展现的方式,我们想用形象观来解释,它使人们得以理解彼世是永恒的,现象是无时的而又是无时不在

的，是充溢着历史的。它也使人们看清楚，这种彼世的现实有别于任何纯尘世的现实。人在彼世已经不再囿于某种尘世的行为或麻烦，不再对人类的事件进行任何纯尘世的摹仿，而是被困在一种永恒的境地中，这个境地就是他所有行为的数量和合量，它同时也向人昭示，在他的生命和本质中什么是最根本的。人的回忆由此而被引上了一条路，这条路对地狱居民来说虽然令人不快和毫无功效，却处处正确，都在揭示他生命中最根本的东西。那些死者就是在这种境地中显现在生者但丁面前；对神秘的未来的紧张心情已不复存在，而这未来对于尘世的任何处境以及对其进行的艺术摹仿，特别是对于充满戏剧性的、严重的、问题重重的处境均很重要。唯有但丁在《神曲》里能够感受到这种焦灼。众多上演的剧目汇合成一个巨型演出，演的是他自己和整个人类。它们全都仅仅是永恒幸福的得与失的例证。然而热情、苦难和欢快保留了下来，它们通过死者的境地、神色和话语表达出来。在但丁面前，所有的剧目均重演一次，极为集中，有时仅用寥寥数语，例如托罗美家族的拉比亚的那幕剧(《炼狱篇》第 5 歌第 130 行)，看上去松散支离，但都在一个规划之中，佛罗伦萨历史、意大利历史乃至世界历史就在这一幕幕剧中展开。作为尘世事件标志的焦急和发展已不复存在，然而历史的浪涛依旧涌入彼世，一部分
是对尘世往事的回忆，一部分是对尘世现时的关心，一部分是对 190
尘世未来的忧虑。处处是作为形象保留在无时的永恒中的有时性。每个死者都将他在彼世的境地当作自己尘世剧的最后一幕，继续上演着的、时刻上演着的最后一幕。

但丁在这部诗作的第 1 歌里对维吉尔说：只有你使我获得了

给我带来声誉的美好的风格。这无疑是正确的，而且这种正确性在《神曲》中表现得要比从前的作品和抒情诗突出得多。游历冥界的主题，无数单个的主题，众多的语言现象，他都应归功于维吉尔。与那篇关于俗语发音的论文相比，他的文体观后来发生了变化，这种变化引导他从抒情—哲理诗走向大型史诗，从而走向大规模地描述人类事件，而这一变化只有在古典楷模的影响下，特别是在维吉尔的影响下才会发生。在我们所知道的人中，是他第一个直接走向诗人维吉尔。他对文体的感受力和关于崇高的观念就是在维吉尔的影响下形成的，而且这种影响要远远大于中世纪理论的影响。通过维吉尔，他才得以挣脱普罗旺斯和当时意大利的“至高结构”的束缚。然而当他着手创作这部带有维吉尔印记的崇高作品时，那左右着他的可就是另外一个更有现代气息的传统了：他这部崇高的诗作成了形象化的文体混用之作，而文体混用所依据的又是形象观；此作成了一部喜剧，成了一部基督教作品——虽然是作为文体的产物。当我们在这一阐述过程中对此说了这一切之后，就无须再解释描述整个尘世采用的文体混用具有基督教精神和基督教渊源，作为崇高的形象化的产物在描述对象和表述上没有美学限制，也无须再解释为何如此。整个诗作浑然一体也属于这种情况，这种统一体将无数的素材和情节放在了一个包天地纳万物的关联之中：“我也因之而消瘦了好多年的神圣诗篇，竟然战胜了……”* 另一方面他又是第一个感受到并实现了崇高文体的古典庄重的人，他甚至还过分地增强了这种庄

* 引文原文为意大利语。——译者

重。他能够言所欲言，无论那是低级的还是滑稽的，无论是恐怖的还是讽刺的：一切都保持在高格调中。这部喜剧的现实主义大概永远也不可能像基督教戏剧那样降为滑稽之物，永远也不可能为大众娱乐服务。在较早的中世纪的叙事作品中，但丁这种格调是不可想象的，正像许多例证可以证实的那样，这种格调是在古 191
典楷模的影响下训练出来的(一个很好的例子是他的带 se 的咒词是出自带 sic 的古典熟语，见 G. 蓬凡德《现代语言学会会刊》第 57 卷 930 页)。但丁之前的俗语诗歌创作，特别是基督教的俗语诗歌创作，在文体问题上全都显得十分幼稚，虽然当时存在着前段时间人们经常议论到的修辞学。然而但丁却脱尽了这种幼稚，虽然他的材料是取自最生动的大众语言，有时甚至是取自最低级的语言。任何一个熟语他都一定要采用他那难度很大的格调说出，当他赞美上帝的世界秩序时，他便调动各种由大量的思想内容和事件的关联所决定的套叠的长句搭配和连接句子的方式；自古典时期以来诗歌创作中从没有过与其相似的东西(一个典型的例子：《地狱篇》第 2 歌第 13 至 36 行)。尽管基督教文体也可说是崇高的，然而但丁的文体像他自己所说的是一种温和低等的谈话吗？对这个问题人们也许会给以肯定的回答。即使那些早期基督教父也没有鄙视过自觉的说话艺术，就连奥古斯丁也没有。重要的是，这种技艺服务于什么事情和什么思想。

在我们这一章里有两个用崇高文体引入的罪人，他们尘世间的本性在彼世的居住地极为真实地保留了下来。法利那太的伟大和骄傲一如既往，而加发尔甘底对世间光线和儿子归多的爱毫未减弱，在绝望中甚至比在尘世时更加热烈。这也正是上帝的意

愿，这也正与基督教传统的形象现实主义相符。只是后者以前从未达到如此程度。为了近乎痛苦地看透人的形象的尘世外形，以前从未使用过这么多的技艺和表达力。恰恰是基督教所说的整个人类的坚不可摧才使他得以这样做；也正是由于他使用了这样的力量和如此多的现实性，他也为尘世本性的独立倾向开辟了道路。他在彼世创造了一个尘世形象和激情的世界，这些形象和激情靠自身的作用越出了界限而独立。这种形象走得比完成更远，或者说更加真实：完成的目的就在于让形象出场时更具有影响。人们不得不赞叹法利那太，不得不随着加发尔甘底哭泣。真正感动我们的并不是上帝将他们罚入地狱，而是他们一个不屈不挠，另一个如此令人揪心地为儿子和甜蜜的光线而抱怨。他们那可
192 怕的受罚境地仿佛只是用来提高这些完全属于尘世间活动的作用的工具。我觉得，如果只把它归结于但丁对几个地狱居民的赞叹或同情——就像常常可以碰到的那样，那对这个问题的理解就过于狭窄了。我们认为，最重要的东西既不局限在地狱上，也不局限在但丁的同情或赞叹上。到处都有尘世形象和尘世命运的作用超过永恒境地的作用或者前者让后者为自己服务的例子。像里米尼的弗兰齐斯卡、法利那太、布鲁内托·拉蒂尼或皮尔·德拉·维格纳，对我这种看法来说，这些出身高贵的罪人对我这种看法无疑都是很好的例证。然而我觉得，若是仅仅顾及它们，那就把重点搞错了，因为对一个让永恒的命运依赖于仁慈和懊悔的救世论来说，地狱中的这种形象与地狱边界那些品行端正的异教徒同样无法避免。只要我们问一声，为何是但丁第一个如此强烈地感受到这类形象的悲剧并用他所有动人的力量表现出来，那

观察的范围立刻就会扩大，因为但丁无论处理他获取的哪一个尘世间的事物，花费的都是同样的力气。加发尔甘底并不伟大，像饕餮者基阿哥或因爱发怒而变态的腓力波·阿真提这样的人物也出现在他的笔下，或是带着同情的轻蔑，或是带着厌恶。即使在这些情形中，尘世激情的画面在彼世完全由个体完成时也照样远远超过集体惩罚的画面，而且后者常常是只为前者的作用服务的。即使炼狱和天堂里的那些被选定者也是这样。吟唱着但丁的一首抒情诗的卡塞拉及其听众（《炼狱篇》第 2 歌），讲述着自己死亡故事和自己躯体的遭遇的蓬孔脱（《炼狱篇》第 5 歌），跪倒在维吉尔大师面前的斯塔提乌斯（《炼狱篇》第 21 歌），动人地表明对但丁的爱慕的年轻的匈牙利国王查理·马泰尔（《天堂篇》第 8 歌），但丁那自豪、庄严、满腹佛罗伦萨史的祖先卡齐归达（《天堂篇》第 15 至 17 歌），甚至使徒彼得（《天堂篇》第 27 歌），还有许许多多其他人，他们在我们面前展开了一个尘世—历史生活的世界，一个尘世业绩、奋斗、情感和激情的世界，即使是尘世舞台本身也几乎不能如此充分有力地展示他们。他们无疑全被牢牢地安放在上帝排定的等级里，一个伟大的基督教诗人无疑有权利在彼世保留尘世的人性，在完成中保留形象并根据自己的力量实现它。然而但丁的伟大艺术所做的远远超出了此限，以致作用转移
到尘世事物上来，形象在完成的过程中紧紧抓住了听众。彼世变 193
成了人及其激情的舞台。人们也许会想到从前的形象艺术，想到神秘剧，想到教会雕塑，它们根本不敢超出圣经故事的限定，或是极其胆怯地越出这个界限；它们仅仅是为了再现《圣经》里的事件才开始摹仿现实和个体。正是但丁使得整个历史世界以及这个

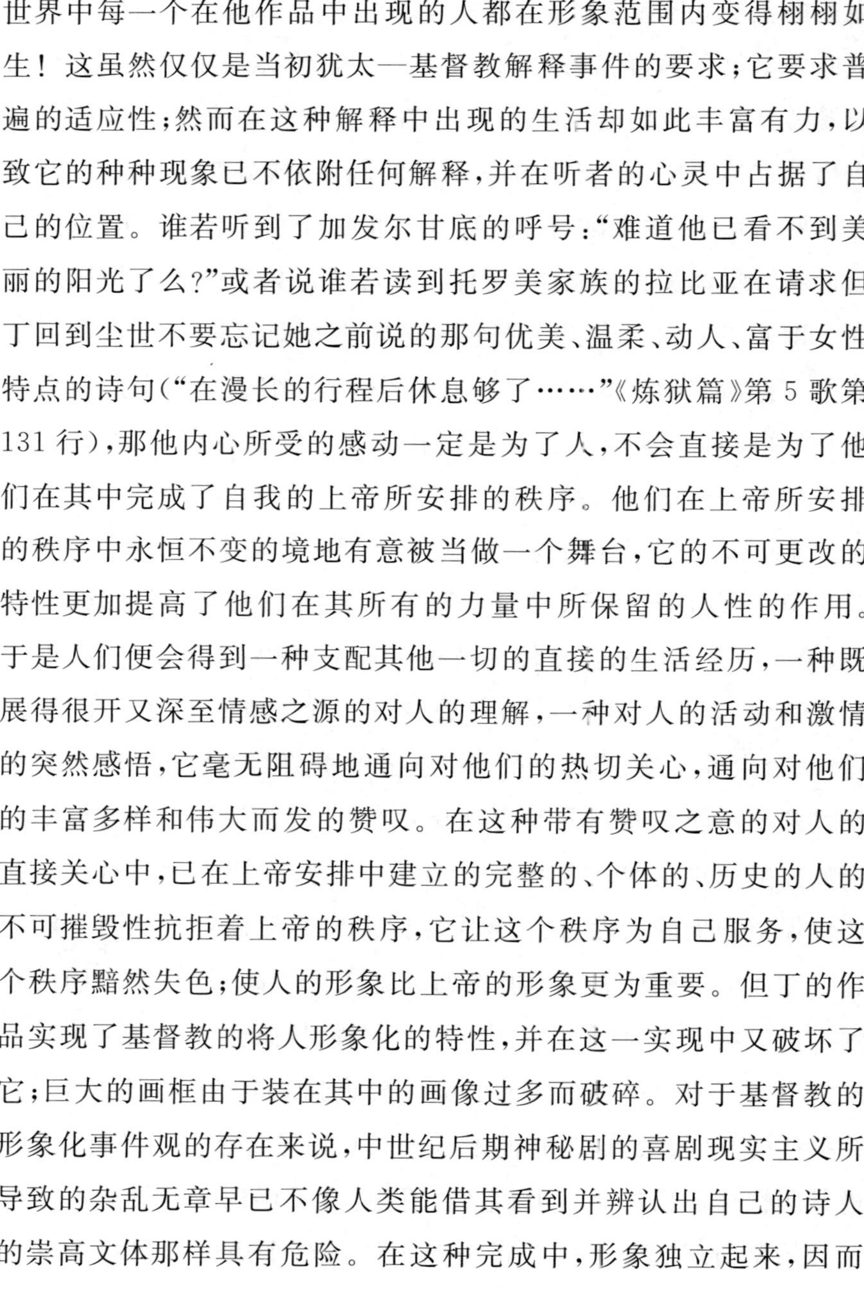

世界中每一个在他作品中出现的人都在形象范围内变得栩栩如生！这虽然仅仅是当初犹太—基督教解释事件的要求；它要求普遍的适应性；然而在这种解释中出现的生活却如此丰富有力，以致它的种种现象已不依附任何解释，并在听者的心灵中占据了自己的位置。谁若听到了加发尔甘底的呼号：“难道他已看不到美丽的阳光了么？”或者说谁若读到托罗美家族的拉比亚在请求但丁回到尘世不要忘记她之前说的那句优美、温柔、动人、富于女性特点的诗句（“在漫长的行程后休息够了……”《炼狱篇》第 5 歌第 131 行），那他内心所受的感动一定是为了人，不会直接是为了他们在其中完成了自我的上帝所安排的秩序。他们在上帝所安排的秩序中永恒不变的境地有意被当做一个舞台，它的不可更改的特性更加提高了他们在其所有的力量中所保留的人性的作用。于是人们便会得到一种支配其他一切的直接的生活经历，一种既展得很开又深至情感之源的对人的理解，一种对人的活动和激情的突然感悟，它毫无阻碍地通向对他们的热切关心，通向对他们的丰富多样和伟大而发的赞叹。在这种带有赞叹之意的对人的直接关心中，已在上帝安排中建立的完整的、个体的、历史的人的不可摧毁性抗拒着上帝的秩序，它让这个秩序为自己服务，使这个秩序黯然失色；使人的形象比上帝的形象更为重要。但丁的作品实现了基督教的将人形象化的特性，并在这一实现中又破坏了它；巨大的画框由于装在其中的画像过多而破碎。对于基督教的形象化事件观的存在来说，中世纪后期神秘剧的喜剧现实主义所导致的杂乱无章早已不像人类能借其看到并辨认出自己的诗人的崇高文体那样具有危险。在这种完成中，形象独立起来，因而

地狱中的伟大灵魂，炼狱中的几个灵魂因为一部诗作、一部人的作品的甜美而暂时忘记了净化之路。由于彼世中自我完成的种 194
种特殊条件，人的形象比古典作品中的更加有力，更加具体，更加富有特色。这种自我实现既是真实的，又在回忆中，它包含着整个过去的生活，它是一个个体历史的发展过程，是一个独特的生成史，它的结果虽然作为完成物展现在我们面前，然而它的各个阶段在许多事例中被描述得非常详细；它在我们面前从未完全隐匿起来；我们在无时的存在中经历着内在历史的形成，而这经历要比古典作品所能描绘的要详尽得多。

第九章　修士亚伯度

195 在《十日谈》的一个著名的故事(第四天第二个故事)里,薄伽丘讲了一个伊莫拉人的故事。由于生活放荡和欺诈哄骗,此人在家乡无法立足,于是干脆弃乡而去。他去了威尼斯,在那里成了方济各派教士,甚至当上了神甫。他自称亚伯度修士,很善于通过引人注意的赎罪修炼和虔诚的表情及布道来表现自己,因而他被当作了一个虔敬可靠的人。找他忏悔的人中有一个极其愚笨而又傲慢自大,一个外出商贾的妻子。有一天他对她说,天使加百列迷上了她的美貌,想在夜里拜访她。他冒充天使加百列拜访了她,与她寻欢作乐了一番。就这样过了一段时间,但最后却落了个糟糕的结局,其情形是这样的:

不想有一天,莉赛达太太和她的一个女朋友谈到怎样的女人美,怎样的女人俏,争论了起来;她本来是一个草包,却只想压倒别人,做个天下第一美人儿,竟自负地说道:

“如果你知道我的美貌打动了谁的心,那你就要哑口无言,再不会夸奖别的女人长得漂亮了。”

她的同伴很想听听她的情人是哪一个,因为彼此相熟,就说:“夫人,可能你说的是真话,不过,我还不知道你的情人到底是哪一个,就不能一下子把我的意见扭转过来。”

这位傻大姐肚里藏得住什么，给人一哄，她就说了："朋友，这种事我本不该随便说，不过我的可意人儿是加百列天使，他爱我胜过自己，因为他对我说过，我是天底下最漂亮的女人。"

她的朋友一听到这些话，差一点笑了出来，不过为了让莉赛达说下去，还是忍住了，说道：

"说真的，夫人，如果你的情人是加百列，而他又当面对你说了这些话，那你一定是比谁都美了；只是我不相信，天使怎么也会干出这种事来呢。"

"朋友，"莉赛达回答她说，"你错了。我的老天爷哟，他那一手本领比我丈夫高明得多呢，他还告诉我，他们在天堂上也干这种风流事儿的；可是他觉得我比天上哪一个仙女都要美丽，所以不由得爱上了我，时常降临人间来和我过夜。现在你还说什么？"

那个女人向莉赛达告辞出来，可再也按捺不住，恨不得立刻赶去，会见她那许多女伴，把这闻所未闻的奇事宣扬出来，好让大家哄笑一番。她终于当真对着许多女伴，把这回事一五一十地说了出来；这些女人回家后，又去告诉了丈夫，也告诉了别的女人；而这许多人又再去转告别的许多人。不出两天，莉赛达的故事竟传遍了全威尼斯，而且传到了莉赛达的几个大伯小叔的耳中。他们也不去问她，决定要把事情搞个水落石出，还要看一看这位天使能飞不能飞，所以一连几夜在暗中守候着她。

也是合该有事，一天，亚伯度神父听到了外面关于莉赛 196

达的传闻，当夜就赶到她家，想去责问她。不料他踏进房中，才脱下衣服，就听门外人声嘈杂，一片喊闹——原来莉赛达的大伯小叔伏在暗中，看准有人走进宅子，跟着要来打开莉赛达的房门了。亚伯度神父知道事情不妙，慌忙从床上跳了起来，可是又没有个逃处，他只得打开房内的一扇窗子，底下却是条大运河。他纵身一跳，就投入了河里。

河流很深，幸亏他水性很好，总算逃了性命，游到对面河岸，看见岸上有一人家，大门开着，就急忙闯了进去。屋里面有个穷人，刚有事要出去，亚伯度见了他就求告，少不得捏造了一套谎话，解释他为什么在这半夜三更光着身子跑到这里来，请他看在天主面上，务必救他一命。那好人儿听了他这番话，很是可怜他，就叫他睡在自己的床上，等他回来；于是他走出房来，把神父锁在里面，干自己的事情去了。

再说莉赛达的大伯小叔冲进她的卧房，发现加百列天使已经飞走了，留下一对翅膀还在那儿。他们扑了个空，满肚子气恼全都发泄在莉赛达的头上，骂得她好不伤心；他们带着天使的行头回家去了。*

197 如前所述，故事的结局对亚伯度修士来说极其糟糕；收留他的人在丽都市场上得知了莉赛达太太家里夜里发生的事情，猜出他收留的人是谁。他敲了亚伯度修士一大笔钱，随后又出卖了

* 引文原文为意大利语。译文摘自《十日谈》，方平、王科一译，上海译文出版社1990年。下同。——译者

他，而且方式很恶劣，致使这位教兄成了一个公众场景的中心，他再也不可能从其道德和实际后果中缓过来。我们几乎能够感觉到对他的同情，特别是如果这么考虑，薄伽丘在讲述更恶劣的教士其他色情恶作剧时用了多少欢快赞同的笔调（例如在第三天第四个故事里，费利斯修士说动他情人的丈夫去进行一种可笑的修炼，因而夜不能归；第三天的第八个故事讲的是一个修道院长把他情人的丈夫送到炼狱待了一段时间，还让他在那里赎罪）。

我所选引的这一段引出了这篇故事的紧要关头；它由莉赛达太太与女友的谈话及这次谈话的种种后果组成：怪异的流言在城中流传，闻知此事的亲属们决定捉拿天使，修士勇敢地跃入运河逃离险地的夜间场景。两个女人的谈话是一个在心理和修辞方 198
面都处理得十分精彩的活生生的日常生活场景。女友强忍着笑，用居心不良的客套语气表示怀疑，以促使莉赛达滔滔不绝地说下去：莉赛达由炫耀欲诱使着越过了她那天生的愚笨脑袋的防线；无论是女友还是莉赛达，都显得非常真实和自然。然而薄伽丘使用的修辞手法却绝不纯粹是民间的；他那靠古典楷模和中世纪修辞规则训练出来的散文体使他们所有的技艺都在发挥着作用：众多的事情组合成一个套叠长句，为突出重要之事、快慢速度、节奏和音韵效果而变换和叠合词的位置。起首之句就是一个丰富的叠合长句，两个动名词，essendo 和 quistionan do，一头一尾，之间是个惬意的空间，它们和从句法角度强调 la sua，一样安排得很巧妙。在两个节奏完全相同的分句中，la sua 是第一个分句的结尾，第二个分句的结尾是 ogni altra。在引语的开头，好心的莉赛达兴奋得简直是唱了起来：se voi sapeste a cui la mia bellezza piace…

（如果“你知道我的”美貌打动了谁的心……）。更加漂亮的是她的第二个引语，它带有许多音节几乎相同的短小句子成分，其中占主要地位的是所谓的“快动作”。这些成分中最美的要数 ma l'intendiménto mío/è l'ágnolo Gabriéllo［不过我的可意人儿是加百列天使］，而女友回答她的话听上去就像是她的话的回声：se l'ágnolo Gabriéllo/è vóstro inténdimento［如果你的情人是加百列］。在第二个引语中首先出现了俗语：intendimento，大概它的社会色彩更强于它的地方色彩，从这个意义（意如德语的“宝贝儿”）上说，它几乎不能算做高雅语言，而且同样构成了一个漂亮分句的习语 nel mondo o in maremma［天底下最漂亮的女人］也不能算。她越是激动，这种俗语形式甚至方言形式出现得就越加频繁：威尼斯方言 marido［丈夫］出现在那个极富魅力的句子里，即那个用咒语 per le piaghe di Dio［我的老天爷哟］夸奖天使加百列性本领的那个句子；同属威尼斯方言的结束语 mo vedi vu［现在你还说什么］里的那种粗俗的炫耀显得更为可笑，因为她刚刚才再次甜蜜地唱道：… ma perciocchè io gli paio più bella che niuna che ne sia in cielo, s'è egli innamorato di me…［……可是他觉得我比天上哪一个仙女都要美丽，所以不由得爱上了我……］。紧随其后的两个叠合长句将流言在城里传播概括为两个阶段；第一个阶段从 la comare［那个女人］到 brigata di donne［宣扬出去］，第二阶段从 queste donne［她终于］到 Vinegia［威尼斯］；或者如果愿意的话也可以说，第一阶段是从 partita［告辞］到 racconto［哄笑一番］，第二阶段是从 dissero［说了出来］到 fu tutta ripiena［传遍了］；两个阶段里的事情都很热闹：第一阶段是女友急于将她的故

事讲出去，她那急不可耐的心情和最后又归于平静主要是通过动 199
词 partita … le parve mille anni che ella fosse … dove potesse … e ragunatasi … ordinatamente raccontò［辞别、觉得时间停滞、赶到、能够、讲述］的相应活动表现出来的；第二个阶段是以并列方式表达的传播范围的逐步扩展。从这里开始叙述速度加快，戏剧性加强。下一个句子是从流言传到亲属耳中那一刻到他们夜间守候，尽管此句中也有几个半是素描半是心理描写的细节。然而和后面两个句子相比，它还是显得空泛和平静。这两个句子描写的是莉赛达家的整个夜间场景，直到亚伯度修士那勇敢的一跃，结尾虽然用的是两个叠合长句，但描写的仅仅是一个动作。这是通过将各个从属形式套接起来实现的，而在这里起主要作用的是薄伽丘使用的非常多的分词结构。第一个句子开始时平平静静，它带有一个主要动词 avenne［发生］和主语从句 che … venne … 不过在紧随其后的关系句，即一个二级从句中，灾难突然降临了：andatovi，appena spogliato s'era，che i cognati … furono all'uscio［刚脱下衣服，大伯小叔伏在暗中……要来打开房门］。接下来便是一串犹如互相追逐的动词 sentendo，e avvisato，levatosi，non avendo，aperse，e si gittò。由于各个句子部分简洁紧凑，它给人一种戏剧性地极为迅速地纷至沓来的感觉；也正因为如此，它让人觉得全然不是书面语言，而是依然保持着叙事语调，尽管所使用的文体形式来源于高雅的古典作品；由于动词位置的变化，位于它们之间的较为平静的句子段的长度和速度也发生了变化，而且在这里时常以艺术性的自发方式变化的不单单是动词的位置：sentendo 和 avvisato 紧紧挨在一起，levatosi 和 non avendo 也是如此，

aperse紧随其后，不过以 si gitto 带起的结尾句却出现在与“窗户”相关的关系从句之后。另外我觉得不大清楚的是，薄伽丘为何让亚伯度修士听到了一些四处传播的流言；如果是单单为了责问莉赛达，像他这样一个机警的家伙在对危险有所预感的情况下恐怕不会奔赴险地；我觉得，他若是一无所知则要自然得多；对于他那迅捷勇敢的逃逸，根本就不必用一个先前就有的疑团来特别
200 说明。或者薄伽丘做这个注脚另有理由？我还没有看出来。——在这位教兄横渡运河之际，叙述暂时平静、和缓、放慢了下来；陈述式过去时里的主要动词是以并列顺序出现的；然而当他刚刚到达运河对岸，便又出现了动词你追我赶的热闹场面，特别是当他踏进陌生人的房子之时：prestamente se n'entrò，pregando… che per l'amor di Dio gli scampasse la vita，sue favole dicendo，perchè… fosse［大门开着，他急步闯了进去……请他看在天主的面上，务必救他一命……］。即使是动词之间的句段也很短捷或紧凑；quivi a quella ora，e ignudo［他为何在这个时候光着身子来到这里］特别集中急促。随后气氛平静下来；后面的句子虽然全是对事实的说明，充满属于从属关系的分词，然而占主要地位的还是渐渐趋于平稳的用“和”连接起来的主句：mise，et dissegli，e andò；entrati… trovarono che… se n'era，volato［留下一对翅膀……］还相当富于戏剧性；dissero，e ultimamente lasciarrono stare，etornarsi 在并列的顺序中渐渐和缓下来。

在较早的叙事作品中是不可能见到这种技艺的。我们从古法语诗体滑稽故事中举一个例子，这些故事大都出现在薄伽丘之前的一百年。我从关于一个教士和他刁钻母亲的寓言故事中选

了一段（柏林手抄本，文本依据 G. 罗尔夫斯的《古法语寓言六篇》，哈勒版，1925 年第 12 页）。它讲的是一个教士的故事，他有一个刁钻、丑陋、吝啬的母亲，他从不让她进家门，但对他的情人却百般娇惯，尤其是在穿着方面。爱争吵的老太婆对此大加抱怨，他是这么回答的：

“住嘴，”他说，“您已失去了理智！
您到底还要抱怨什么，
您有充饥的面包，
还能分得我的汤和豌豆；
虽然这样做我很不情愿，
因为您总在说我的坏话。”
老太婆说：“这一切都帮不了您，
我要的是从现在起，
您得承担起您的义务，
把我真正当母亲来孝敬。”
牧师说：“有圣父作证，
您从我手里再得不到一点吃食，
无论想坏事做绝还是好事到头，
统统悉听尊便！”
“我会这么做的，”老太婆说，
“到头来要叫您后悔不迭；
因为我将去找主教告状，
告您过着多么放荡的生活，

245

您的情人过得有多好，
她的吃穿有多么富足，
您想用空话来搪塞我；
您的光我一点也没沾过。”
说完这些话老太婆就走掉了，
装着一肚子气一肚子火。
她径直奔向主教府上；
她找到主教控告儿子，
告他对她不爱不恭，
犹如对待一条狗，
他不愿为她做任何好事，
“他的情人高于一切，
他爱她胜过自己的亲人，
她的衣服数也数不清。”
当老太婆对主教讲了
她所能够讲的一切，
他只回答她了短短的一句，
（再多的他也先不想回答，）
说他将传唤她的儿子，
传他某一天来上法庭。
老太婆感激地连忙鞠躬，
再未回话便转身离去。
主教派人将她儿子传唤，
命他赶到他府上把他见；

他一定要勒紧他的缰绳，
如果他不给母亲应有的权力；
“我担心他将为此付出昂贵的代价。”
当那说定的日子来到时，
主教开庭审理案件，
当时到场的有许多教士和其他人，
牧师就超过了两百个。
老太婆依然没有闭嘴，
她径直来到主教面前
将她的要求又诉说了一遍。
主教让她不要离开；
因为只要她的儿子一到，
他便让她知道他将罢免(soupendra)他，
要去掉他的所有俸禄……[*]

老太婆将 *soupendra*[**] 一词理解错了；她以为她的儿子将被绞 202
死。她后悔不该告他，她胆战心惊地把正从门外进来的善良之极的教士称作自己的儿子。主教是那么严厉地斥责这个一无所知的人，他根本就没有说话的机会。主教命令他立刻带走自己的老母，从今之后要像个儿子一样善待她；如果他再次被告可就得小心点儿了！这位惊愕不已的人带走了老太婆，让她与自己同骑在一匹马上。在

* 引文原文为意大利语。——译者

** 该词还有“吊置”之意。——译者

归途中他遇见老太婆真正的儿子，向他讲起了自己的奇异经历，而老太婆却示意儿子不要暴露身份。那人讲完之后又保证说，谁若让他解脱这额外的负担，他情愿付四十镑。好吧，儿子说，成交；把那笔钱给我，我把这老太婆给您带走。事情就这么办了。

我们从这部叙事作品中选印的这一段也是以一段具有形式主义风格的对话开始的，这是一个日常生活场景，一场母子之间
203 的争吵，而且这段对话也包含着非常生动的情绪失控：前一篇故事中的女友靠她那别有用心的亲切提问诱使莉赛达不停地说，直至道出自己的秘密；而此篇中的老太婆是以气话激怒了她的儿子，以致他威胁说要停止供给食物，母亲也同样是一气之下立刻跑去找主教。虽然这一段所使用的是哪种方言不易确定（罗尔夫斯认为法兰西岛方言的可能性最大），然而对话的语调要比薄伽丘作品里的粗俗得多；两者一致的地方是百姓——低级教士也包括在内——日常说话方式：完全采用并列形式，生动的提问和呼喊，满篇的通俗习语，说话开门见山。叙述者本人和他笔下人物的语调没有根本区别；即使他也使用同一种简捷生动的语调叙事，用最朴实的方式和最常见的话描绘情景。他所偏爱的唯一的修辞手段是诗体形式，八音节双行压韵，这特别有利于简捷的句子结构，但还没有后来的叙事诗体的那种丰富多彩的节奏，比如阿里奥斯托*和拉封丹**。紧随在对话之后的叙述顺序由于这种方式变得毫无艺术性，尽管它因其鲜明活泼而令人喜爱；前后并

* 阿里奥斯托（Ariosto，1474—1533），意大利诗人。——译者

** 拉封丹（La Fontaine，1621—1695），法国诗人。——译者

列排放，没有起伏，不用理清线索，没有对非主要事件的概括，没有任何节奏的变化，故事就这样继续发展或停在某处；为了安排 soupendre 的噱头，老太婆在主教面前的场景只好重复，主教本人只好三次表态。毫无疑问，这个故事之所以获得惬意的宽度就是得益于此，甚至还得益于众多的细节和为了克服韵脚困难而安插的诗行；然而它的结构却很粗糙，它的特征完全是民间的，是叙述者本人所属的平民百姓的，是他所讲述的平民百姓的，当然也是他为之辩解的平民百姓的；在社会和道德方面，他自己的视野并不比他的人物和他想用自己的故事逗其发笑的听众的宽阔；叙述者、故事和听众同属一个世界，即粗俗的、在美学和道德方面没有过高要求的平民小百姓的世界。与此同样有关的是，在刻画人物和行为方式方面虽然生动直观但却比较粗糙苍白：他们是当时人人熟悉的平民百姓类型，一个什么世俗享乐都不舍弃的乡下教士，一个好争吵的老太婆；次要人物根本没有作为特别对象来描 204
述，描述的只是在那种情景中他们所应有的行为。

然而关于亚伯度修士却交代了他的来历，他那极为独特的奸诈和机警完全可以从这来历中得到解释；莉赛达太太的狭隘而愚蠢地炫耀自己的女性魅力是她所独有的。次要人物也是如此；女友或亚伯度修士逃命后投宿的那个穷人，他们都有自己的生活和特征，虽然写得不细，但却清晰可辨；即使是莉赛达太太亲戚的态度和情绪，我们也能在那辛辣的幽默“还要看一看这位天使能飞不能飞”中看到清晰的刻画；而最后那几句已经接近人们新近称之为自由间接引语的形式。除此之外还有，整个事件的发生地要比那个寓言中的明确得多；后者可以发生在法国乡下的任何一个

地方，它的方言特性可以说是极其偶然且没有意义，即便可以比较准确地确定它属于哪一种方言；薄伽丘的故事只是威尼斯的。我们可以回忆一下，这个法国寓言随便套在哪个农民和小市民圈子上，它的地点差异——只要是能够觉察到的——仅仅是由于有关故事产生地的偶然性所造成的；而在薄伽丘这里我们看到的是这样一个作者，除威尼斯之外，他还为其滑稽故事选了许多其他地方：比如说关于佩鲁贾的安德罗奇奥的故事（第二天第五个故事）中的那不勒斯，关于萨巴托的故事（第八天第十个故事）中的巴勒莫，佛罗伦萨以及许多滑稽故事中的佛罗伦萨周围地区；故事发生地的这种情况也同样适用于社会环境：薄伽丘极其具体地纵览和描述了他那个时代所有的社会阶层、职业和等级。寓言的艺术和薄伽丘的艺术之间的差距不仅表现在修辞上：人物刻画、故事发生地和社会场所同样也更具个性，空间更大；一个高居于自己的描写对象之上的人，一个仅仅在自己喜欢时才会陷在它们之中的人，他的有意识的艺术鉴赏力在按自己的意愿塑造故事中的形象。

在薄伽丘之前就闻名于世的意大利叙事作品，都更具有道德或幽默轶事的特征；对于那独特的人物或发生地的描述来说，受
205 到极大局限的不仅是它的语言手段，而且还有它的观念和想象范围。它们常常具有某种优美之极的表达，然而在感官性感染力方面却远远落在寓言之后。这里举一个例子：

有一个人去找他的神甫忏悔，之后他又对神甫说：我有个嫂子，我哥哥出门在外；我一回到家，她总是那么亲热，坐

到我怀里。我该怎么办？神甫回答说：那就让她把那一套拿到我这里来试试。到那时她准会看到，她会怎么样！*（选自《故事百篇》，莱泰里奥·迪弗兰恰编，托里诺版，1930年，第87个故事，第146页）

在这个小短篇里，重要的只是神甫那可笑的双关回答，其余的一切都是铺垫，都是直线叙述，并列的句式缺少意味，没有任何感官性的想象；《故事百篇》中的许多故事都类似以一个幽默格言为题目的短小轶事；这本书的一个副标题就叫做优美语言故事书。它也有较长的故事，可它们大都不是幽默故事，而是道德说教故事；不过文体都一样：缺少意味的并列句式，各个事件如同串联在一条线上，没有感官性的宽度，没有人物的生活空间。《故事百篇》的不可否认的艺术理解力主要致力于简捷清晰地讲述事件的主要信息。它在这里遵从的榜样是中世纪用拉丁文编写的道德范例集，而且由于叙述的有序、优美和新鲜而超出了这个集子。它几乎没有考虑到感官性的想象，不过有一点是清楚的，在它的作者及其意大利同代人身上表现出来的局限性是由他们所处的语言和思想状况决定的。意大利俗语还过于贫乏死板，观念和评判眼光还过于狭窄和受拘束，因而不能将前后的事实安排得比较松缓，不能对丰富多彩的现象进行感官性的刻画。正如我们在上面的例子中所看到的，整个感官性塑造力全集中在一个噱头上，即那个神甫的回答上。如果说从一个独特的事例，即用拉丁文写

* 引文原文为意大利语。——译者

作的编年史作者萨林贝内·德·亚当教士（一个方济各派教士，
206 一个非常有天分的作家）的事例中可以得出一个结论，那就是，13世纪末拉丁文似乎远比书面意大利语更具有感官性力量，只要我们像萨林贝内那样将拉丁文和各种意大利俗语混在一起就能看出来。萨林贝内的编年史里充溢着各种轶事。我想将其他人和我多次引用过的一则轶事放在这里。它说的是一个名叫德特萨尔佛的方济各派教士，关于他的故事是这样的：

> 一个冬日，当他在佛罗伦萨散步时，在冻得滑溜溜的地上滑倒了。极爱开玩笑的佛罗伦萨人看到此景便开始笑起来，其中有一个问这位教兄，是否需要给他身下放点什么？这位教兄回答他说，需要，就放那位问话者的老婆吧。听到这个回答后，佛罗伦萨人并不生气，而是夸赞这位教兄说：好极了，这正对我们的胃口！——有些人认为，这句话出自另一个佛罗伦萨人，即名叫保罗·陶森特福利格的方济各派教团的教士。* （《编年史》，1233年，《德意志历史文献》，史部，第32卷，第79页）

在这里涉及的也是一个幽默的回答；然而它同时也是一个真实的场景；一个冬日的场面，滑倒躺在地上的教士，站在他四周开玩笑的佛罗伦萨人。人物刻画生动多了，而且除主要噱头（问话者的老婆）之外，还有其他幽默话语和俗语（“是否需要给他身下

* 引文原文为拉丁语。——译者

放点什么”；“好极了，这正对我们的胃口”；“保罗·陶森特福利格教士”；还有前面的“爱开玩笑的人”），由于它们的透明的拉丁语外衣，让人觉得双倍的可笑和刺激。性爱观念和表达的自由在这里远比《故事百篇》里的发达。

无论将从前的什么东西拿出来，不管是寓言那粗俗的感官享受的广度，还是《故事百篇》那淡而缺乏性欲的优美表达，或者是 207
萨林贝内那观念丰富生动活泼的幽默，都无法与薄伽丘相比。在他这里，感官现象世界才占据了主要地位，才按照一定的艺术观排列出来，才用语言表达出来。自从古典时期以来，他的《十日谈》第一次确定了一个能够使讲述现实生活的真实事件成为一种高雅消遣的文体规格；它不再是道德警示录，也不再是平民百姓的低档笑料，而是为高贵的有教养的年轻人提供乐趣，这些情感细腻、具有审美力和评判力的先生女士能从生活的感官享受中得到极大的乐趣。为了表明他这一叙述观，他创立了这个框架。《十日谈》采用的文体极易让人想到古典时期相应的文类，想到古典时期的情爱小说（fabula milesiaca）。这一点毫不奇怪，因为作者对自己题材的观念和作品的读者群在这两个时期都基本相互适应，而且对于薄伽丘来说，写作艺术的概念和雄辩术的概念是紧紧连在一起的。和那些古典小说一模一样，薄伽丘的语言艺术的基础也建立在一种雄辩术的散文形式上，与在那些小说中一样，这种文体有时又接近诗体；薄伽丘有时也赋予对话一种组织得很精彩的谈话形式；一种将优美的语言形式与现实及性爱联系起来的“中等”或混合文体的总体形象是完全相同的。古典小说是展现在早已显现出自己精华的语言里的一种晚期形式，而薄伽

丘的文体意向遇到的却是一种几乎尚未诞生的文学语言，一种几乎还未成形的文学语言。雄辩术的传统在中世纪的实践中已僵化成近乎幽灵的陈词滥调，到但丁时代，第一批古典作家的翻译者还在小心谨慎、困难重重地用意大利俗语验证着它，然而到了薄伽丘的手里，它已成了一件神奇的工具，意大利艺术散文，古典时期之后欧洲第一个文学散文藉此一举诞生。这种散文就诞生在他青年时期的第一批作品和《十日谈》之间的十年里。

薄伽丘的禀性天生就是感官性的，喜好充满性爱的优美流畅的表达；适合他的一开始就不是崇高文体，而是中等文体；法国北部骑士文化那纤丽精美的晚期形式对那不勒斯的影响比对意大利其他任何地方都大，而薄伽丘正是在那不勒斯度过的青年时
208 代，那里的安茹宫廷的上流社交给他的禀性提供了丰富的营养。他最初的作品就是加工法国的晚期宫廷风格的历险式骑士爱情小说，我觉得，在其风格中，可以感觉到一些法国味道：他描述中的情景的广阔，幼稚的狡诈，爱情游戏的温柔色彩，他的社会描写中的封建晚期的花花世界，他的幽默的刻薄；然而他越是成熟，市民性、人文性、尤其是占统治地位的鲜明的通俗性就表现得越加强烈。对提高雄辩术的偏爱即使对他自己来说也意味着一种危险，但不管怎么说，这种偏爱在他青年时期的作品中只是为表现性爱服务的，就连在他青年时期的某几部作品中发挥着作用的极其丰富的神话知识和传统的寓意手法也是为此服务的。他就靠这些停留在中等文体的范围内，虽然有时他也在努力突破这个界限（《苔塞伊达》）。这种将田园意境与现实统一起来的中等文体就是用来描述性爱的。他青年时代最后也是最美的作品《菲埃索

勒的女神》(Ninfale fiesolant)用的也是田园诗般的中等文体;《故事百篇》这部巨作用的是中等文体。对于文体等级的确定来说,他青年时代的作品中哪一部完全或部分采用了诗体,或哪一部采用了散文体并不重要;无论在哪里气氛总是一样的。

当然,在中等文体的范围内,《十日谈》的色彩极为丰富,疆界十分宽阔;然而即使在那些叙述接近于悲剧的地方,语调和气氛依然充满感情和色欲,并且极力避免庄严和凝重;即使在使用比我们这个例子还要粗俗的插科打诨的地方,语言的形式和描述依旧是讲究的,就好像讲述者和听众显然都高居于描写对象之上,他们以批判的眼光俯视着它,以轻松闲雅的方式从它那里寻求快乐。恰恰是在这些民间现实的、甚至粗俗的插科打诨的对象身上,优美的中等文体的这种特点看得最为清楚;因为从这种叙述形式中可以推断有那么一个阶层,他们高居于日常生活的低等区域之上,从对它的生动描述中寻求欢乐,这种欢乐的对象是个体的人性和个体的色欲,不是社会等级类型;卡兰德里诺、契波拉、彼得罗、佩罗内拉斯、卡泰丽娜和贝尔科罗勒斯*,他们和亚伯度修士及莉赛达一样,皆是被生动地个性化了的人,他们与偶然出 209
现在宫廷诗里的乡巴佬或牧羊女完全不同;就像我们在上面看到的,他们甚至还要生动得多,以其独特形式出现的他们比通俗笑料的形象要准确得多,尽管理应喜欢他们的读者属于完全不同于他们的另一个社会等级。薄伽丘那个时代显然存在着一个阶层,他们等级虽高,却不属于封建贵族,而是属于城市贵族,在他们自

* 均为《十日谈》中的人物。——译者

己也总是出现在其中的五光十色的生活现实中，他们感受着一种有教养的消遣。可以看到层次的分离，如粗俗真实的故事大都发生在低级社会阶层中，而充满情感接近悲剧的故事大都发生在较高的阶层里；只是就连这一点也并未被严格遵守，因为市民性和感伤的田园意境很容易造成介于两者之间的情况；另外在这一方面也常常出现混杂的情况（例如关于格丽塞尔达的故事，第十天第十个故事）。

自 14 世纪上半叶起，意大利就已具备了产生一种古典意义上的中等文体的社会条件；各个城市崛起了一个富裕市民的上等阶层，他们的文化虽然常常和封建宫廷文化的形式与观念联系在一起，但由于完全不同的社会结构和各种早期人文主义流派的影响，那些形式和观念马上就赋予它了一种新的、不看重社会等级而看重个人的现实主义标记。内部和外部的体验都得到了扩展，它们打破了社会等级限制的束缚，它们甚至突入到从前为宗教专家们保留的知识领域，并逐渐赋予它一种可爱的、宜人的、为社交服务的教育形式。不久前还是那样难那么死板的语言变得顺从了，丰富了，适宜了，发达了，能够适应挑选出来的充满闲雅的感官享受的社会生活的要求了；社交文学获得了它以前从未拥有过的东西：真实的现实世界。前一辈的但丁也曾在一个较高的文体层次上获得了一个世界，毫无疑问，这后来的获得与但丁那更为重要的获得有着明显的联系；现在我们想尝试着分析一下这种联系，因此让我们还是回到我们的引文上来。

如果把它和从前的叙事作品比较一下就会看出，它最明显的特点就是准确无误和灵活多变，凭借准确无误，它从直观形象和

句法划分方面控制着成分众多的事实，凭借灵活多变，它使叙述的语调和节奏与事件的内部及外部运动相适应；在前面我们已经尝试着分别指出了这些。两个女人的谈话，流言在城里传播，莉 210
赛达太太家那富于戏剧性的夜间场景，都具有显而易见的连贯性，然而各个部分又有它们独立的、丰富的、自由的独特活动。但丁也具有这种驾驭一个成分众多、色调各异的现实的才能，而我们所知道的中世纪的作家在这方面则差得极远，这一点我已经在前一章里尝试着以《地狱篇》第 10 歌开头的几个事件为例详细做了说明。整体的连接，如开场的对话和法利那太出场之间语调和节奏的变换，或是在加发尔甘底抬起身和说话时语调和节奏的变换，对语言的句法手段自如的支配，这些都在那里尽我所能做了详尽的分析。但丁对现象的驾驭显得远没有薄伽丘那样灵活多变，但也远比薄伽丘的重要。三行诗节音韵结构严格，节奏难度很大，这就不容他像薄伽丘那么自由轻松地活动，另外他也可能是不屑于这样做。然而显而易见的是，但丁的著作第一次让人们睁开眼睛看到了五光十色的人类现实的总体世界。自从古典时期以来，世界第一次自由全面地展现出来，没有社会等级的局限，没有眼界的狭窄，使用的是一种在任何地方都无阻拦的观念，一种将所有现象都安排得栩栩如生的智慧，一种既能满足现象的感官性要求，又能适应它们多种多样的衔接方式的语言。没有《神曲》，《十日谈》永远也写不出来。这一点显而易见，而还有一点也很清楚，即但丁那广博的世界在薄伽丘那里转入了一个较低的文体；如果将两个相同的动作进行比较则可看出，后者特别直观清楚，比如我们引文中莉赛达的那句“朋友，这种事我本不该随便

说，不过我的可意人儿是加百列天使……”而在《地狱篇》第 18 歌第 52 行中维内提呵·卡嘉尼密呵则说的是：

“我不愿意说它；
但是你那清楚的言语使我怀念
以往的世界，所以我不得不说。”*

当然薄伽丘应该感谢但丁的不是观察力和表现力；他本身就具备这些特点，只是他观察和表现的方式与但丁的全然不同；他的兴
211 趣所在是但丁不屑于染指的那些现象和情感。他要感谢但丁的是可以自由施展自己的才智，获得一个可以纵览整个现实的现象世界的位置，可以把握住它的多样性，可以用一种运用自如、表达丰富的语言再现这个世界。但丁可以自如地驾驭其作品中的所有人物形象，如法利那太和勃鲁内托，托罗美家族的拉比亚和索尔代洛，阿西西的方济各和卡齐归达，他让他们各依自己的条件出现，让他们用自己的语言说话，通过但丁的这种力量，薄伽丘在处理人物形象方面才会达到同样的水平，如安德罗奇奥和契波拉修士或他的仆人，夏波莱托和面包师奇斯坦，莉赛达夫人和格丽塞尔达。属于这种综合性世界观念力量的还有一种虽说坚定但也灵活的透视性的批判意识，它没有抽象的道德说教，却赋予各个形象以恰如其分的特殊道德价值，而且让这一价值从他们自己

* 引文原文为意大利语。译文摘自朱维基译《神曲》，上海译文出版社 1984 年 2 月新 1 版。——译者

身上体现出来。在我们引用的这篇故事里，当那些大伯小叔“带着天使的行头”回家以后，薄伽丘继续写道：

> 在此期间天已经大亮，那个好心的人在丽都市场上听到人们在讲加百列天使昨天夜里如何去找莉赛达夫人睡觉，当被亲戚发现后天使如何投入运河逃去，不过不知他后来怎么样了。*

这种外表严肃的语调从未说威尼斯人在丽都市场上笑破了肚皮，没有用一个道德的或审美的或任何批判性的字眼，却已非常清楚地暗示出威尼斯人对此事的评价和态度。如果薄伽丘用另外的话来描述，说亚伯度修士做事如何奸诈，莉赛达太太做事如何愚蠢轻信，整个事情是如何可笑荒谬，威尼斯人在丽都市场上为此有多么开心，那么这个故事不但会显得拖拖拉拉，而且会营造一种用多少形容词也说不清楚的道德氛围，一种花费同样的气力却还远远没有说清楚的道德氛围。薄伽丘所使用的这种修辞方法
在古典时期就得到过很高的评价，当时已被称作“讽刺”；这种间 212
接暗示式的间接引语形式有个多样性的综合评价能力系统作为前提，还有个透视意识作为前提，这种意识和事件同时暗示自己的作用。与此相比，前面引用的那个轶事里加进那句“极爱开玩笑的佛罗伦萨人看到此景便开始笑起来”的萨林贝内就显得还很

* 引文原文为意大利语。译文摘自《十日谈》，方平、王科一译，上海译文出版社，1990 年。——译者

幼稚。薄伽丘的作品里存在的色调，即恶意讽刺的色调，是他所特有的；《神曲》里看不到它的影子；但丁没有表示过恶意。然而他却创造了广阔的视野，通过间接暗示再现某一个明确的总体评价时的尖锐性，总结事件和作用时的透视意识。但丁并没有对我们说谁是加发尔甘底，他的感觉如何，应该如何评价这一切；但丁让他直起身来开口说话，只补充道：

他的言语和他的那种刑法
　　已经把他的名字告诉了我……*

没等我们了解到什么具体情节，他却早已确定了勃鲁内托插曲的道德色彩(《地狱篇》第 15 歌)：

这群幽灵这样地凝视着，
　　我为一个幽灵所认出，他拉住了
　　我的衣边说道："真是一个奇迹！"
当他伸臂向我时，我凝神
　　注视他的被火烧烤的容貌，
　　所以他的焦黑的脸孔
没有使我认不出他来；
　　我将我的脸凑近他的脸孔，
　　回答他说："你在这里吗，勃鲁内托先生？"

* 引文原文为意大利语。译文摘自朱维基译《神曲》，上海译文出版社。——译者

于是他说："我儿啊！……"*

他没有使用一个评论字眼，只是用她自己的话将托罗美家族的拉比亚的整个形象摆在了我们的面前（《炼狱篇》第 5 歌，参见上文第 193 页）：

"唉，等到你将来回到了人间，
　　在漫长的行程后休息够了，"
　　（第三个精灵紧接第二个精灵说）
"你务必要记住，我就是拉比亚……"**

但丁用来说明形象作用的例子很多，他也用形象的作用来说 213
明形象，我从这些例子中选取那个最著名的从围栏中往外挤的羊的比喻。他用这个比喻描述炼狱前界的那群幽灵看到维吉尔和但丁时的惊异慢慢消除的情景（《炼狱篇》第 3 歌）。与这种用极鲜明的个体直观形象和极多样、极细腻的语言手段进行性格刻画的方法相比，所有从前的方法只要一试图接近形象既显得狭窄粗糙且做不到循循有序；就让我们来看看前面引用的寓言故事的作者用来描述那个教士的母亲的诗句吧：

他有一个老母亲，

---

* 引文原文为意大利语。——译者

** 同上。——译者

一个讨厌而贪婪的女人；
她背驼脸黑相貌丑陋，
她厌恶一切善良美好；
谁也无法与她相处；
甚至就连这位神甫，
也因为她疯疯癫癫，
绝不许她踏进他的家门；
她多嘴饶舌令人讨厌……*

这绝非不生动，从一般的性格特点到对周围影响的过渡，再发展到“甚至”句表现出的儿子的态度，它显示出一个生动的必然结果。然而这一切都讲述得极其粗俗，没有任何对个人的准确把握；本该在刻画人物方面起主要作用的形容词似乎是毫无选择地乱放进诗句里——只要是音节数和韵律允许，道德特征和身体特征乱七八糟掺杂在一起。当然整个人物刻画是直接的。但丁当然绝不鄙视用形容词直接刻画人物特征，不鄙视时而使用含义最广泛的形容词；这样做时大概就是下面的样子：

我的妹妹，我不知道应该称她美呢，
还是应该称她善……**
（《炼狱篇》，第 24 歌第 13、14 行）

---

* 引文原文为法语。译文摘自朱维基译《神曲》，上海译文出版社。——译者

** 同上。——译者

薄伽丘也同样不鄙视直接刻画人物的方法。在我们的引文开头就有两个用来直接描写莉赛达太太愚蠢的流行习语:“她本来是个草包”和“这位傻大姐肚里藏得住什么”。如果读一读这篇故事的开头,还能收集到许多方式和意图相同的表达:una giovane donna bamba e sciocca;sentiva dello scemo;donna mestola;donna zucca al vento,la quale era anzi che no un poco dolce di sale;madonna baderla;donna poco fila。这小小的一批样品犹如薄伽丘借助他的民间戏谑语知识玩的一个有趣的游戏,它们大概也是为了描绘出讲故事的潘比妮亚那热烈的情绪,她想用这个故事让被前一个故事感动得热泪横流的聚会人高兴起来。不管怎么说,这些丰富多彩的习语来源于大众的生气勃勃的富于创造性的语言表现力,薄伽丘喜欢用它们来玩这样一种游戏;我们不妨想想第六天第十个故事里刻画契波拉修士的仆人加丘的方式,它一半是直接的,一半是通过他的主人;这是一个薄伽丘所特有的通俗和表达精巧的恶意搀杂在一起的范例,薄伽丘写过不少极为漂亮和扩展极宽的叠装套句,而这个范例就是在这样的一个句子里(ma Guccio Imbrtta il quale era etc.)一步步结束的;在这个套句中,风格的变化是从极其动人的抒情活动(piu vago di stare in cucina che sopra i verdi rami l'usignolo)经过极为鲜明的现实主义(grassa e grossa e piccola e mal fatta e con un paio di poppe che parevan due ceston do letame etc.)到一种类似于庄严的恐怖格调(non altramenti che si gitta l'avoltoio alla carogna),而且从头到尾都充溢着作者那鲜明的恶意。 214

没有但丁就几乎不可能有如此丰富的色彩和透视。然而在

薄伽丘的这本书里，已经再也找不到丝毫基督教的形象观的方式，而它却充溢着但丁对尘世—人类世界的摹仿，并给这种摹仿以力度和深度。薄伽丘的人物均生活在尘世中，也仅仅生活在尘世中；他将这众多的形象直接看做尘世形式的丰富世界。他有理由这样做，因为他根本不想写一部伟大、凝重、崇高的作品；他也比但丁更有理由将他这本书的风格称作“umilissimo e rimesso”[恭谨谦逊]（第四天引言），因为他写这本书的确是为了那些非学者型的人的消遣，是为了安慰那些闲来无事且不去雅典、罗马或博洛尼亚上大学的太太小姐，是为了让她们高兴。在他写的后记
215 里，面对那些声称写这样一本充满诙谐戏谑的书与一个庄严自重的人（ad un uom pesato e grave）身份不符的人们，他用非常诙谐优雅的语调辩护说：

> 我承认我是自重的，而且也一向为人所看重；可是对于那些看不起我的女性，我干脆说，我并不庄重，而是轻轻的，可以漂浮在水面；我想，如今神甫布道和指责人们所犯的罪恶时尚且还净说些笑话和胡闹的话，那么我写这些故事原本是给女人解闷的，里面也就该有这样的东西。*

薄伽丘对教士们的这个小小的谐谑也许有道理（另外它也以几乎同样的话语出现在但丁那里，但风格完全不同，见《天堂篇》第 29 歌第 115 行）；……然而他却忘记了，或者说没有意识到，布

---

* 引文原文为意大利语。——译者

道中说些粗俗愚蠢的笑话，这无疑是以基督为形象的写实主义中有点令人倒胃口的、名声不大好的形式（见前第 153 至 156 页）。这一点在他的作品中未能提及，然而，从他的立场看来本应为他辩解的东西（“神甫布道时尚且还能开玩笑，说笑话，那为何我在一本消愁解闷的书里就不能做呢”）恰恰使这种作法令人生疑。从中世纪—基督教的立场看来，以基督形象布道时完全可以做的（夸张可以出格，但基本法则无可争辩），世俗作者是绝不允许做的；……何况按他的说法，他这部著作毕竟不是那么完全无足轻重的，那就更不能这样做了。它绝没有民间戏谑诗那么幼稚，那么缺乏基本思想。倘若那样的话，那么从基督教—中世纪的立场出发，人们就会将其看作是一种可以原谅的混乱——它引发人的性生活和娱乐需求，人们就可以将其看做是人类不完美和有缺陷的一种标志；但是《十日谈》不是这样。薄伽丘的这本书属于中等 216
文体，它极为轻松优美，具有一个非常明确的思想，一个完全不属于基督教的思想。我在这里考虑的主要还不是对迷信和圣物的嘲讽，也不是此类渎神的玩笑，如在描写男人性冲动时用的表达 la resurrezion della carne（第三天第十个故事）；这类东西属于中世纪的保留滑稽故事，并非必须具备基本含义，虽说只要出现一个反基督教或反教会的运动，它们自然会具有强大的宣传作用；例如拉伯雷无疑是将它们当作武器来使用的（在其《卡冈都亚》第六十章结尾处可以看到一个同样渎神的玩笑，他在那里按相应的意义使用了《旧约·诗篇》第 24 首中的话 ad te levali[向你举目]，然而这种玩笑的传统形式的保留项目也就从中产生了；另一个例子见第 3 部第 31 章近结尾处）。绝对与中世纪基督教伦理相背

离的《十日谈》的思想中真正重要的东西是爱情论和天性论，它们虽然大都用一种轻松的语调道来，却显得非常自信。现代对他的说教和生活方式的批判之所以在性道德领域成果丰硕，之所以能够验证自己的实际力量和宣传作用，这都是《创世记》和基督教的本质造成的；一旦世俗生活意愿意识到了自己，它与基督教的禁欲之间的冲突在这里就变得非常激烈。天性论赞美性生活，要求性生活自由，与巴黎的神学危机相关联，它们在 13 世纪 70 年代曾扮演过重要角色。在让·德·墨恩用世俗语言写的《玫瑰传奇》[*]的后半部中，它们得到了文学表现。薄伽丘与此没有直接关系，他并不关心那些发生在几十年前的神学争论，他不是让·德·墨恩那样的学究式的教书匠。他的爱情道德是对崇高爱情的改造，格调低了几个等次，纯粹以真实的感官性为标准；这里所说的无疑是尘世间的爱。在薄伽丘的思想体现得最清楚的那些故事中，有几个还显露出一点崇高爱情的魅力；例如西蒙的故事（第五天第一个故事），它的中心主题就是用爱情进行教育，这显
217 然是来源于宫廷叙事文学。爱情是一切道德之母，是一切高贵方式之母，爱情给人以勇气、自我意识和献身精神，给人以智慧和教养，这种观念是从宫廷文化和新文体派那里承袭而来的；不过在这里它是作为实用道德提出来的，适用于所有社会等级，意中人已不再是不可接近的女主人或上帝思想的化身，而是性要求的对象。就在这一个个故事里——当然不是前后完全一致——形成了一

* 《玫瑰传奇》是中世纪古法语诗体小说，描写寻找象征爱情的玫瑰的故事，前半部写于 1230 年至 1240 年间，1275—1280 年由墨恩续写后半部。——译者

种爱情道德;大概用这种爱情道德的眼光来看,对于第三者,如嫉妒者或父母,或其他敌视爱情的势力,任何诡计和谎言都是允许的,但不得用在相爱的人之间;如果说亚伯度修士没有得到薄伽丘的同情,那是因为他是个伪君子,因为他不是凭诚实赢得莉赛达太太的爱情,而是靠卑劣的诡计。在《十日谈》中形成了一个以爱的权力为基础的完全属于尘世间的伦理道德,按其本质来说它是反基督教的。对它进行论述时采用了许多优美的手法,并未要求其应具有教诲作用;这本书很少放弃轻松聊天的文体;不过有些时候,也就是在薄伽丘面对别人的攻击为自己辩解时,他也放弃这种文体。在第四天的引子中就可看到这种情况,他在那里向太太小姐们求助,写下了如下的话:

> 如果说我在此之前曾竭尽全力为你们的欢乐而效劳,那么愿我在将来的日子里更加尽力;因为我已看出,凡是有理性的人对此只会说,我和所有爱你们的人都将按照天性行事。谁若想违背它的法则,即天性的法则,那可得花费好大的力气,而且大都是徒劳一场,闹得脸面丢尽。我承认我没有这种本事,也不想为这一目的而具备这一本事;就算我有这种本事,我也情愿将它借给别人,绝不拿它为自己所用。因此吹毛求疵的人该闭上嘴巴了吧,如果他们无力温暖自己的身体,那么就让他们冷冰冰地活下去吧;就让他们去找自己的乐趣,或者说是他们那腐败的嗜好,而不要在这天赐的

短暂的一生中来打扰我的欢乐。*

218 我想，这是薄伽丘为自己的爱情道德写的最鲜明最有力的辩护词之一。他所想表述的观点是不会被误解的；然而不难看出的还有，他并没有分量。用几句关于不违背天性的话，用一些针对对手个人恶习的充满恶意的暗示，是不可能严肃地进行一场这样的论争的，而且薄伽丘也根本没想这样做。如果要按照但丁的生活秩序或人文主义盛期的作品来衡量薄伽丘的作品所描述的生活秩序，那就是对他不公，那就是采用了一个错误的尺度。在但丁那里，就在获得对尘世真实的完全支配权的那一时刻，尘世的形象统一性便破碎了；在丰富多彩的感官享受中支配真实是成功了，然而包容它的那个秩序却失掉了，而且起初还没什么取代它的位置。正如前面所说的，这不应该是对薄伽丘的批评，但作为超出他个人的历史事实必须给予确定：对于生活的现实，早期人文主义并不具备积极的道德力量；它将现实主义手法又降为非问题型的、非悲剧性的中等文体，在古典时期，这种文体被归为现实主义手法通向高等级的极限，而且和那时完全一样，它也将性爱确立为首要主题，甚至是唯一的主题。然而在某一古雅文化里不可能出现的性爱里，却蕴含着一个极具生命力的问题和冲突的萌芽，蕴含着一个正在酝酿中的反中世纪基督教文化运动的起点；然而单单是性爱暂时还无力从揭示问题或展示悲剧方面塑造现实，即使到此时也不行。在薄伽丘想描绘当时生活的整个丰富多

* 引文原文为意大利语。译文摘自方平、王科一译《十日谈》。——译者

彩的真实时，便放弃了整体的一致：他写了一部短篇故事书，在书
中众多故事并列而立，将它们连接在一起的仅仅是高雅聊天的共
同目的。但丁的象征主义完全渗透在其中的政治、社会和历史问
题，融在最普通的现实中的政治、社会和历史问题，都统统不见
了；形而上的疑难问题是怎么回事，性爱的疑难问题是怎么回事，
它们在薄伽丘的著作中达到了哪一文体等级和在探究人方面达 219
到了哪种深度，与但丁进行对比之后便很易确定下来。

地狱中有好几处地方，在那里受罚的灵魂或向上帝挑战，或讥讽、诅咒上帝；例如第 14 歌中的那个重要场景，在那里，围攻底比斯城的七王之一的卡巴纽斯顶着火雨向上帝挑战时高声叫道："我活着是什么，死了还是什么。"——还有第 25 歌中那刚刚从因蛇咬而产生的变形中复生的教堂窃贼凡尼・甫齐做出的讥讽姿势。这两个例子讲的都是一种有意识的抗拒，它们非常符合受罚者的历史、性格和处境；在卡巴纽斯的身上是普罗米修斯愤怒的那种不可制服的执拗，是敌视上帝的超人气势，而在凡尼・甫齐身上则是因绝望而变得无以复加的狠毒。薄伽丘的第一篇故事（第一天第一个故事）讲的是堕落荒淫、谎话连篇的公证人夏泼莱托的故事，在异地他乡，在两个佛罗伦萨的高利贷者家里，他病得无药可救了。主人对他那劣迹斑斑的一生清清楚楚，主人担心他若不忏悔，若得不到赦免便死在他们家里会给自己招灾惹祸；他们认为最保险的办法是，他若按实情忏悔，那就拒绝他忏悔。为了让主人从这种尴尬中解脱出来，这个病危的老人编造了一套虔诚得令人发笑的忏悔，以此欺骗了一个幼稚的神甫，在忏悔中他将自己描绘成一个正人君子，还保持着童身，几乎没有罪过，但却

受着被夸张了的顾虑的煎熬；他用这种方式不仅得到了赦免，而且根据神甫的证明，死后还被尊为圣徒。人们理应想到，这种对死前忏悔的讥讽几乎不能算作讥讽，并不表示这样做的人具有原则上反基督教的思想，它并不表示作者对这个问题的原则立场——不管是从反基督教的角度进行谴责还是从基督教角度进行赞扬，它在这里的作用仅仅是为两个闹剧似的滑稽场面进行铺垫：可笑至极的忏悔和假圣徒的隆重葬礼。几乎没有提出问题。夏泼莱托非常轻率地决定了他的行为方式，目的仅仅是帮助他的东道主摆脱面临的危险。他使用的最后一个狡诈的诡计与他的过去完全一致，对此他做了个说明，从这个在愚蠢的轻率中所做的说明可以看出，他从未认真考虑过自己和上帝（“我这一辈子也不知亵渎了多少回上帝，现在就要死了，多一次少一次还不就那
220 么回事。”），而且只要回想一下那个时刻就不难发现，那两个佛罗伦萨的东道主也同样轻率，他们偷听到了忏悔，他们虽然彼此之间说道：这人可真了不起，又老又病，死到临头，马上就要去接受上帝的审判了，可还总丢不开那卑劣的伎俩，临死都不改——然而到后来，当他们看到目的达到了，也就是能够葬在教堂墓地了，他们也就不闻不问了。有许多人在做极重要的事情时并不具备与其相应的完整信念，而是完全出于那一刻的处境，出于他们习惯的惯性，出于一时的冲动，这虽然的确是真实的，是符合经验的，但至少对写这种东西的作家，人们还是期待他有一个归纳性的裁定。薄伽丘也的确让讲故事的潘斐洛在结尾处用几句话表明了态度，只是这些话软弱无力，含含糊糊，没有分量；正如这一题材所要求的，它们既不是无神论的，也不是坚定的基督教的。

不容否认的是，薄伽丘讲述这个非同一般的历险仅仅是为了前面提到的那两个场景的滑稽效果，他避免进行任何严肃的归纳或表态。

在关于里米尼的弗兰齐斯卡的故事里，但丁按照自己的方式和发展水平展示了伟大和真实；这在中世纪是第一次，它不是历险，不是神怪童话，没有了可爱辛辣的打情骂俏，没有了宫廷文化的等级制的爱情礼仪，也不像新文体那样一切都隐藏在神秘的意义之后而无法辨认；这是一个真正的现实情节，格调极其崇高，无论是对尘世命运的回忆还是在彼世的相遇都同样直接真实。在薄伽丘意欲悲剧性或高贵地呈现出的爱情故事里（它们大都是第四天的故事），占主要地位的是历险和感伤；在鼎盛时期的宫廷叙事作品中，历险是对选定者的一种考验，一种融入等级制理想观的考验，一种对内心来说很有必要的考验（参见 130 至 132 页）[*]，而薄伽丘的历险已不再如此，它实际上只是一种偶然，永远只是事件快速激烈变化中的意外。甚至在那些事件较少的故事里，也可以看到对这种偶然性历险的强调，例如第四天的第一个故事，即纪斯卡多和绮思梦达的故事。但丁不屑于提及弗兰齐斯卡和保禄被丈夫发现的那些情景，他在处理这种题材时鄙视一切着意 221
雕琢的偶然性，他所描述的场景，即共读那本书的场景，是世界上最平常的场景，只是通过它引发的事情它才有了意义。在他的这篇故事里，薄伽丘将很大的篇幅花费在相爱的人为了不受打扰地待在一起而不得不使用的复杂的历险方法上，用在导致父亲唐克

* 指原书页码。——译者

列发现她的秘密的那些情况偶然凑到一起上。这是些和宫廷小说中一样的历险，例如克雷蒂安·德·特罗亚*小说中克里赛和绯尼丝之间的爱情故事；然而宫廷叙事文学中的那种童话气氛已经消退，考验骑士道德的伦理变成了一种普遍的本性和爱情道德，一种表述得非常感伤的道德。发自他的感伤常常和感官性的对象联系在一起（情人的心，鹰），这使人想起童话主题；这种感伤在大多数情况下还配有大量的雄辩；我们不妨回想一下绮思梦达的那段长长的辩白。所有这些故事都没有明显的统一文体；它们的历险和童话气息过重，因而脱离了现实，过于注重修辞和缺乏想象力，因而没有了童话色彩，过于感伤，因而不能称为悲剧。这些写悲剧的故事既不贴近真实，又不贴近感情。它们最多可被称作感动人。

恰恰是在那些薄伽丘竭力要揭示问题和悲剧的地方，我们可以看到他的早期人文主义思想的不明确性和无把握性。他的现实主义的表现手法自由而丰富，在驾驭事件方面非常出色，在中等文体的范围内极其自然，但只要一涉及问题或悲剧，就变得平淡无味和表面化。在但丁的《神曲》里，基督教的形象解析完成了人类悲剧现实主义，而且在其过程中又被破坏；然而就连这个悲剧现实主义也很快消失了；像薄伽丘这类人的世俗性还很不牢靠并无根基，还不足以给人提供一个基础，一个可以赖以从整体上将世界作为真实世界来排列、解释和描绘的基础。

* 特罗亚（1135—1190），12世纪法国最伟大的诗人之一。——译者

第十章　德·夏斯泰尔夫人

安托万·德·拉萨尔是一个出身于普罗旺斯的封建晚期型骑士，是个武士，宫廷大臣，王子太傅，纹章学家和马术行家，生于 222
1390 年前后，卒于 1461 年以后。他一生绝大部分时间都在为安茹家族效力。安菇家族直到 1440 年一直在为他们的那不勒斯王国奋战，但同时在法国也拥有大笔财产。1448 年，他离开了他们去给圣波尔伯爵路易·德·卢森堡的儿子们当老师。在法国国王和勃艮第公爵之间那变化无常的关系中，路易·德·卢森堡扮演着重要的角色。安托万·德·拉萨尔年轻时曾参加葡萄牙人的考察旅行去过北非，他经常随同安茹家族的人待在意大利，熟悉法国和勃艮第宫廷。他的写作活动似乎是从给自己的王子学生编写教材开始的，大概在此期间，他发现了自己的叙事天才和爱好。他最著名的著作是一部爱情教育小说，即《小让—德·圣特莱的有趣的编年体传奇》，也许这是法国封建晚期最有生气的文学文献。有一段时间，人们还将其他一些作品也归在他的名下，如《婚姻十五乐》(Quinze Joyes de Mariage)和《新故事百篇》，尽管这两部作品没有丝毫拉萨尔那独特的清晰可辨的特征。最近——尤其是自从 W. 瑟德耶尔姆论 15 世纪法国小说的书出版以来(巴黎，1910 年)——大多数研究者好像都放弃了此说。

当为一位失去长子的夫人写那部安慰之作时，他大约已经七

十岁了。J. 内夫将此文《致慰迪弗仑夫人》刊印在自己论安托万·德·拉萨尔的书中(巴黎和布鲁塞尔,1903 年,第 101—155 页)。这篇安慰之作以一个热情洋溢的引言开始,除善意的劝解之外,引文还包括《圣经》的摘引,塞涅卡和沃的贝尔纳克莱尔的摘引,还有尸衣的童话和对一个前不久才去世的同时代圣徒的赞颂,随后是两个勇敢母亲的故事,其中第一篇要重要得多,它讲的是发生在百年战争期间的一件事,不过其中有许多谬误和混淆之处。

223 在“黑王子”的统帅下,英国人包围了布雷斯特要塞,要塞指挥官德·夏斯泰尔领主最终被迫签订了一个协定,内容是,如果到某个期限还得不到援助的话,他将把要塞交给王子;他交出了自己十三岁的独子做人质;在这些条件下,王子同意停战。在期满前的第四天,一艘装载着食物的船抵达港口;要塞上下一片欢乐,指挥官派出一个传令官去见王子,要求送还人质,因为援助到了,同时他还按照骑士习俗请王子随意享用运抵港口的储备食物。王子对此猎物垂涎已久,而且认为唾手可得,现在它将逃脱使他很是恼火,他不承认食物的运达是协定中所指的援助,要求在规定的期限交出要塞,否则人质性命不保。事情进展的各个阶段讲述得十分紧迫而略显啰嗦,其中不厌其详地重复着传递各种消息的传令官那一次次讲究礼节的登场:王子起先如何给了一个拒绝的答复,但还不是十分明确;已有不祥之感的德·夏斯泰尔先生如何召集亲朋好友商量对策;他们起初只是默默相望;谁也不愿意先开口,不愿相信王子的话是真的;谁也不愿意说事情万一如此该怎么办:无论如何他们都坚信,不伤体面的投降是件不

可能的事情。* 随后又接着讲到，那天夜里指挥官的妻子如何发现了他的苦恼并最终从他嘴里得知实情；她如何随即昏厥过去；规定期限的前一天，王子的传令官们如何前来明确要求执行协定；他们如何被客客气气地以礼相迎相送，而这礼仪和礼貌与宾主之间充满敌意的话语显得很不谐调，在亲属和朋友面前，德·夏斯泰尔先生如何表现出喜悦和果断的神色；然而到夜里，当单独和妻子待在一起时，他如何在床上失去自制，如何完全陷入绝望。下面是故事的高潮：

> 在另一侧的夫人陷入极大的悲伤，她在想，现在要失去的要么是丈夫的荣誉，要么是最宝贵最可爱的儿子（关于儿子，所有的人都说，到哪里也再找不到像他这样的十三岁的孩子），她担心丈夫受不了这痛苦的折磨。她一边在心里盘算，一边自言自语说：咳，我这苦命人！如果连他也死了，那
> 我就真的失去了一切。想到这里，她便呼唤起他。可他没有 224
> 听见。于是她提高声音对他说："啊，老爷，看在上帝的份上，可怜可怜我，您苦命的妻子吧，她从无怨言，忠贞不渝地爱着您，侍奉您，尊重您：我求求您，千万别一下子毁了您，毁了我们的儿子，毁了我。"主人听了夫人这番话后终于回答她说："哎，亲爱的夫人，这一切该如何了结？像处在我这种令人撕心裂肺的困境中，谁心里想的不是宁愿去死，对吗？"聪慧之极的夫人听到这里马上停止哭诉，以便帮他商量出个对策。

---

* 引文原文为法语。——译者

她鼓起勇气说："老爷，我不是说您做得不对，可因为这是上帝的意愿，他这样要求，那就诸害择其轻吧。"这时主人对她说："那就给我出个主意，您认为这两害孰轻孰重。"——"哎，老爷，"她说，"这是个困难的选择。然而我求求您了，别让我来做这一抉择！因为这种抉择只能来自勇敢的男人那高贵的心，而不该出自女人那柔弱的心，女人遵照上帝的意旨臣属于您们男人，尤其是在她们做了妻子和孩子的母亲时，比如像我就是您的妻子和我们儿子的母亲。因此我乞求您，老爷，千万千万别让我做抉择！"——"哎，亲爱的夫人，"他说，"依照上帝的意旨，我们两个人是一条心，因此爱和义务要求我让您参与我所有的重要事务，就像我一直做的那样，这是因为我在您身上找到的那种善良的缘故。您刚才说将要有一个选择。您是母亲，我是您的丈夫。所以我请您用简捷的话告诉我，您想选择什么。"于是不幸的妻子顺从了他的意志说道："如果您想要我告诉您这个选择——"这时她聚集起心中所有的智慧，出于对他那伟大的爱，说道："老爷，但愿您能宽恕我将要说的话；在我告诉您我想给您的两个建议时，但愿首先是上帝、圣母马利亚和圣米迦勒在我的想法和话语里。第一个建议是，您应让您的悲哀、苦闷、担忧快快离去，而且我也想这么做。让我们将一切都交到上帝手里，他将给一切带来最好的结局。另一个和后一个建议是，老爷，您和所有的人一样，都知道，根据天生的权利和我们眼睛的经验，孩子显然更是他们母亲的儿女，她孕育、生养了他们，她们比自己的丈夫和得到赠送的孩子的其他人(?)有更加明显的权

利。我对您这样说，老爷，是因为这样一来我们的儿子显然更是我真正的儿子，尽管您是他真正的自然而然的父亲。为此我呼唤上帝在那可怕的裁决之日来做见证。因此说他是我真正的儿子，我忍受了多少痛苦在腹中孕育了九个月的儿子，我曾有多少天惊恐不安，生他时我差一点儿送了命，我是那么精心地养育他，爱他，关怀他，直到把他交出去的那一天，直到把他交出去的那一刻。然而现在，从现在起我要将他永远交到上帝手里，我不想再让他在我心中占据什么地
位，就当我从来没见过他；完全听天由命，没有人来逼迫，没 225
有人来强劝，没有谁动用武力，我让给您，我交给您，我送给您一切与生俱来的爱、亲情和权利，一个母亲对她唯一的至爱之子能够有和应该有的权利。为此我呼唤全能的上帝来做见证，上帝将他借给我们了十三年，用以维持和保护您那唯一的荣誉，您那否则将永远失去的荣誉。您只有一个荣誉，除上帝之外，它应是您最珍爱之物，您爱它应该胜过爱妻子、孩子和其他的一切。当然您也只有一个儿子；好好想一想，哪一种损失对您来说更大一些。的确，老爷，也许在这里值得做出一个选择。我们还都未过生育年龄，只要上帝愿意，我们还能再要孩子；然而您的荣誉一旦失去，啊，那您将永远不能复得。您若能听从我的建议，那无论您活着还是死去，人们都会这样说您：这是一个名声响当当的人，一个真正的骑士。所以，老爷，我毕恭毕敬地请求您，请您学我的样，不要再想他，就当您从来没有过他；请您鼓起勇气，为这一切感谢上帝，将他给您以拯救您的荣誉的上帝。”

> 听了夫人如此通情达理的一番话，指挥官真诚地叹了口气，感谢耶稣基督，感谢至高全能的上帝，夫人刚才所说的如此高尚、如此合乎道德，乃是出自一个柔弱女子的心，她全然牺牲了对她唯一爱子的爱，而她做这一切完全是出自对他的爱。于是他用简短的话说："亲爱的夫人，我用我心中的爱的所有力量感谢您，我这次的感激之情要比以往的任何事情都强烈，感谢您现在送给我的这最高贵最痛苦的礼物。我刚才听到了号角声；天亮了；尽管这一夜我们没有睡觉，但我还是得起床；不过您可以再休息一会儿。"——"休息，"她说，"啊，老爷，我的心，我的眼睛，我的四肢，都无法休息。我也起床，我们一起去做弥撒，去为这一切感谢上帝。"*

226 这个场景之后故事还进行了很长一段；王子的传令官又一次登场，要求交出要塞并以处决男孩相威胁，但遭到拒绝；于是指挥官决定出击一次，试图强行解救；随之故事便跃入敌方营地。王子让人将镣铐加身的孩子带去处决，并不管德·夏斯泰尔先生的
227 传令官（他也叫作夏斯泰尔）的反抗，强迫他也加入前往行刑的队列；紧接着故事又写到，要塞中指挥官的夫人如何阻止他出击；当哨兵瞭望到带孩子去行刑的敌方分队已经回来，因此要执行计划好的行动为时已晚时，她如何昏厥过去；指挥官如何让人将她扶
228 到床上并安慰她；传令官夏斯泰尔如何回到要塞向指挥官报告发生的事情，其中有许多是重复前面已经以另外的形式交代过的事

* 引文原文为法语。——译者

情;不过我想将传令官对男孩之死的描述逐字摘录在下面:

> 孩子原本以为这是带他到要塞门前去(因为守卫为了安慰他事先就是这样说的),可他现在却看到是在往雷昂山去,而且也害怕那一大群人。他哭了起来,开始感到恐惧,他对守卫的头头托马斯说:"哎,亲爱的托马斯,你们是带我去受死;哎,你们是带我去受死,托马斯,你们是带我去受死!啊,亲爱的父亲,我得死了!啊,亲爱的母亲,我得死了,我得死了!啊,啊,啊,我得死了,死了,死了!"他就这样号叫着,哭着,四下里张望着,他向前看看,向后看看,无论哪个方向都看到了,也看到了穿着您的战袍的不幸的我,看到我时,他用全力喊着对我说:"亲爱的夏斯泰尔,我得死了!亲爱的夏斯泰尔,我得死了!啊,亲爱的,我得死了!"当听见他如此叫喊时,我倒在地上和死去一样。可他们命人把我拖着跟在他后面,就这样我被许多人长时间架着,直到一切都结束了。山上有个修士,他告诉他有希望得到上帝的恩惠,一点点地听了他的忏悔,赦免了他小小的罪过。因为他根本就不愿意去死,他们不得不抓住他的头,捆住他的四肢,以致他的腿被勒得骨头都露了出来。这都是事后人们告诉我的。当残酷的判决执行完后,当我终于又恢复知觉以后,我脱下了您的战袍盖在他的尸体上。*

* 引文原文为法语。——译者

229 传令官陈述的结尾是他请求王子将男孩的尸体归还他和得到尸体时与王子之间的激烈对话。随后描写的是领主听完这一切后所做的祷告：

> 宽宏大量的主啊，直到今天您一直将他借给我，您就接受他的灵魂吧，您就饶恕他对死亡的反抗吧，也请您饶恕我为了正确行事而让他落到这种境地。哎，那可怜的做母亲的，如果你得知你可爱的儿子死得这么悲惨，你会说什么呢，尽管你为了爱已经将他完全交给了我以挽救我的荣誉。宽宏大量的主啊，请您用我的话安慰安慰她吧。*

接着是隆重的葬礼，以及他在吃饭时当着许多人的面，将一直瞒着她的事情，即孩子的死讯告诉她的情景；她一直保持着镇静。几天之后王子只好放弃了围攻；指挥官瞅准机会成功地出击了一次，抓了许多俘虏。最高贵的十二个俘虏情愿出一大笔钱赎身，但他却命人将他们吊死在一个高高的、远远就能看见的绞架上；其余的俘虏被戳瞎右眼，割下右耳，剁下右手，然后被放了回去：

> 去找你们的传令官，为了我给你们留下左眼左耳左手去向他好好道谢，因为他将我儿子那无辜的尸体交给了我的传

* 引文原文为法语。——译者

令官夏斯泰尔。[*]

这段文字我之所以介绍得比较详细，一是因为它的一个重要特征就在于描写的详细，二是因为多数读者不能像理解此前我们所论述的作品那么顺顺当当地理解它。它比薄伽丘的《十日谈》 230
晚一百多年，然而相比之下，它却显得更具中世纪的特点而缺乏现代特色。这种总体印象在读者那里是出自本能，而且十分强烈；我想试着阐明造成这种印象的种种因素。

在形式方面，无论是句子结构还是整体结构均没有显示出古典和人文主义的那种适应性、多样性和清晰有序。句子虽然主要用的不是并列结构，但从属关系常常显得不灵活，满篇语气不适宜地一再强调，有时连接成分不清晰。例如妻子引语中的一个句子："因此说他是我真正的儿子，我忍受了多少痛苦在腹中孕育了九个月的儿子，我曾有多少天惊恐不安，生他时我差一点儿送了命，我是那么精心地养育他，爱他，关怀他，直到把他交出去的那一天，直到把他交出去的那一刻。"[**]在一系列关系连接词语中，有几个从属关系不清楚；她说的"生他时我差点儿送了命"[***]完全不符合句法规则；不过，从整体上看，这番话想要再现的并非是妻子感情冲动时的前言不搭后语，而是她那谨慎表达的庄重的话语。这种文体烦琐的庄重和豪华的礼仪还是建立在古典修辞学的传统上，但那完全是中世纪学究式的变形，而不是人文主义对它原

* 引文原文为法语。——译者

** 同上。——译者

*** 同上。——译者

本特性的革新。属于此列的还有随处可见的像 nourry，ame et tenu chier[*] 之类同义或近义表达的咒语似的堆砌，例如接下来的一个句子是这样：“完全听天由命，没有谁来逼迫，没有谁来强劝，没有谁动用武力……”[**]这让人想到了法律文件和国家公文的华丽文体，许多向上帝、圣母马利亚和圣徒发的誓言也特别适合这种文体。和在这种文体华丽的文件中一样，真正重要的东西经常由许多套话、引语、状语引入，有时甚至是由一大串酝酿性的句子引入，因此它的出场就像是由传令官、卫士、侍从和旗手做先导的诸侯或国王。那场夜间谈话足以作为这方面的例证，对传令官传送消息的描写也有不少这类例子，虽然在后一种情况下这种方法
231 是题材所要求的，然而不能忽视的是，只要一找到机会，拉萨尔就那么忘情地享用它。让我们来看看下面这段文字：地方长官大人，我们身为军人，身为公众人物，我们的令人敬畏的高卢王子，他是那么宽厚，他最后一次让我们通知您，督促您。[***] 只要读了它就不难看出来，即使在激动时，即使对王子的残忍感到极其愤慨时，拉萨尔着迷地写下的也是这种华丽文字，但其句法却混乱不清，并带有社会等级色彩。这么说的意思是，他的语言带有社会等级色彩；而所有具有社会等级色彩的东西都不是人文主义的。在这种固定的生活等级秩序中，一切都有其自己的位置和形式，都保持着自己的位置和形式，这种固定的生活秩序则反映在修辞中：说出的话庄严、烦冗、体态语丰富、信誓旦旦。每个人都

* 古法语，意为养育、爱和关怀。——译者

** 引文原文为法语。——译者

*** 同上。——译者

有与其相应的称呼，德·夏斯泰尔夫人称其丈夫为老爷，他则叫她“我亲爱的”；每个人的举手投足都符合他的社会等级和状况，好像依照的是一个永恒不变的模式（à jointes mains vous supplie）；当王子强迫指挥官的传令官观看处决孩子时（此场景描述了两次），听上去就是这样的：啊，我跪倒在地，如祈祷似的双手合十对他说道：“您，令人惧怕之极的王子，我以上帝的名义请求您，我满眼悲怆，我那可怜的心已无力承受这负担。目睹孩子受刑的惨象已经令人心碎，尽管如此我也必须向我的主人报告我耳闻的一切，报告这一悲惨的事情。”* 这里所反映出的传统在那些特别华丽的地方感觉得最为清晰，就像我们刚才说的，诉说的要旨在那里被起导入作用的华丽套话包裹着。在这种地方可以清楚地看出，这是些古典后期衰败阶段的产物，它们自中世纪初期被等级制文化接受并得到发展；在以俗语形式流传下来的文献中，从斯特拉斯堡誓约的强劲而出色的雄辩到国王诏书的前言（Louis par la grâce de Dieu 等）都有，真可谓形形色色。关于叙述的结构，几乎谈不上存在有意识的规则；按时间顺序叙述的尝试导致了巨大的混乱和重复；虽然可以考虑这是因为作者当时年事已高（体现在这部作品风格中的老年人的烦琐），然而在他几年前写的小说《小让·德·圣特莱》里就已经有这种并列形式和某些结构上的混乱了；它是编年史文体，它一个接一个地列举事件，常常是略有些直接从这个事件发生地跳到另一个；每个这种转换的开头 232
都千篇一律：现在让我们停止这件事的叙述，来看看……这种套

* 引文原文为法语。——译者

话使这种方式显得更加幼稚。华丽的语言和幼稚的叙述结构，这种混合体给人一种慢条斯理、极其单调的印象，不过这节奏并非没有精彩之处；这是一种崇高文体；但它是等级制的，非人文主义的，非古典的，彻头彻尾的中世纪的。

从叙述的内容上同样也可以得出中世纪等级观念的印象，在这里我想特别指出，对于一个现代读者来说，将一个与我们熟悉的历史有关的政治军事事件仅仅看作社会等级问题有多么特别。在那里从未提到要塞有什么事实上的意义，要塞的陷落会给法国和国王的事业造成什么危害；那里讲的全是德·夏斯泰尔先生的骑士荣誉，许下的诺言和他的解释，封臣的忠诚，誓言和个人的责任；指挥官有一次甚至向王子建议进行骑士式的决斗，从而对解释协定的分歧做出决断。所有的事实都被隆重的骑士礼仪包裹着，这并不妨碍一种野蛮的残酷占据主要地位，这种残酷绝对不是现代的，和目的没有关联，或者说是非理性的，且完全是个人的，情绪化的。处决孩子是一件完全没有意义的暴行，而指挥官对一百多人或吊死或弄残的复仇也同样是没有意义的暴行——如果没有指挥官个人的复仇需求，这些人完全可以在交了赎金后放回去。这一切给人以这样的印象，似乎为政治和军事目的进行的战争完全是非理性的，在行动中根本不存在一个有效的中枢指挥，因此所采取的措施基本上都取决于处在某次行动中的敌对双方指挥官的个人情况、感情和骑士荣誉观。也许百年战争期间还的确是这种情形；很久以后，甚至到专制制度全面完善时期，恰恰就是在战事中还能够看到敌友之间纯个人的骑士关系的清晰印
233 记，这是骑士精神的伦理保持最持久之所在。不管怎么说，正是

在15世纪，即拉萨尔的时代，突变的征兆已经开始显露；骑士阶层的政治和军事方法已经失效，他们的伦理衰败了，他们的角色渐渐变成了纯粹的装饰；这个时期，骑士式的武力行为已经失去任何意义，拉萨尔写的关于小让·德·圣特莱的小说正是这个时代典型的、寄生的和愚蠢的武力行为的一个很有力的证明——当然他是无意中这样做的。关于这酝酿中的突变，拉萨尔倒是什么都不想知道；他还生活在等级制度的氛围中，生活在它的荣誉观、礼仪和纹章的辉煌中；甚至他在其他作品中比在这部安慰作品里更加突出的博学也成了道德引文（按其精神应属晚期经院哲学）的拼接画，即为封建—骑士教育服务的经院哲学汇编。

这就是说，对拉萨尔来说，促使14世纪意大利伟大作家把握住当时整个现实的那场运动还没有发挥作用；他的语言和他的艺术完全是等级制的，他的视野非常狭窄，尽管他游历过许多地方；他在各地虽然看到过许多奇观，但在所看到的一切中，他看到的却是宫廷的和骑士的东西。即使这部安慰之作也是按照这种精神写的；然而，正如上述引文所示，拉萨尔那略显迂腐的、有着典型封建时期的作品风格再现了一个极为庄严的真正的悲剧性事件。我们虽然觉得它有点过于讲究礼节，过于烦冗，但此文的确是以款款的温情与质朴的心灵写就的，这正是报道此类事件时所应有的风格。像一个如此简单、如此真实、如此典型的悲剧性冲突，在中世纪的文学里几乎找不到第二个例子，我常常感到惊奇，这部美妙的作品竟如此没有名气。这一冲突完全不是公式化的，它与宫廷文学的传统主题无关；它讲的是一个女人，却不是情人，而是一位母亲；它不像格里塞尔迪斯的故事具有浪漫主义的感染

力，而是一个具体的、能够感受到其真实性的事件。骑士和礼仪的背景丝毫无损它那质朴的伟大，因为人们会毫不犹豫地赞同一个女人——特别是在这种时刻——顺从她所面临的处境；受制约、恭顺和屈从丈夫的意愿更加有效地显示出她本性的纯洁力量和自由，而她的这种本性在危难之中更加突出。这一冲突涉及的
234 基本上是她一个人，因为她虽然显得不果断并长吁短叹，但毋庸置疑的是，她必须做出抉择的方式；她能否以及如何才能经受住这一变故完全取决于她对此的态度；她头脑清醒地迅速适应了形势，她又恢复了自制，因为她是这样想的："如果连他也死了，那我就真的失去了一切。"她立刻决定要让他从这无益的自我折磨中解脱出来；她要以自己先走的方式给他指出那条路，她很清楚，这是他必须走的路。在成功地把他的注意力吸引到自己身上之后，她首先给他的是他最需要的东西，即思维的条理和他必须要完成的使命的意识：若须在两害之间做出抉择，他应择其轻。当他依然不知所措地问到底孰轻孰重时，她先是避而不答：做出这一抉择的不应是一个软弱的女人，而应是男人的高贵品德和勇气；就这样，她迫使他仿佛是命令她说出自己的想法，并以此方法使他重新置身于他所习惯的统帅和决策者的位置——尽管只是外表上的；通过这些她使他摆脱了毫无道理的损耗着他的力量和自我意识的长吁短叹。然后她给他举了个应仿效的例子：与父亲相比——她这样说道——孩子更是母亲的孩子，她们怀了他们，生了他们，哺育了他们；与您相比，我们的儿子更是我的儿子；尽管如此，我现在依然表示放弃我对他的爱，就像我从未有过他；我牺牲我对他的爱，因为我们也许会再有别的孩子，然而您的荣誉一

旦失去，那将万劫不复。如果您听我的主意，人们将会赞扬您："这是一个名声响当当的人和真正的骑士……"很难断定用这段引语最想赞颂的是什么，是自我否定还是自制，是善良还是清醒。一个处境如此悲惨的女人并没有倒下，而是对所处的形势有着极清醒的认识；她很清楚，根本就不可能交出要塞，而只要王子一认真，儿子无论如何也得失去；自己的参与能够使丈夫保持内心的镇静，自己的榜样可以给丈夫决断的勇气，指出他将会赢得的荣誉，甚至还能给丈夫一些安慰和一种自豪的自我意识，这一切使他的整个行动变得容易了；这一切具有一种只有古典作品才有的
质朴美和伟大。结尾也非常优美，他完全松弛下来，有力量祈祷 235
了，有力量感谢她了，甚至有力量要求她再休息一会儿："啊，阁下，我的心，我的眼睛，我的四肢，都无法休息……"

事实表明，封建晚期的华丽文体可以表现这样一个真正的悲剧性的真实场景；尽管它对政治军事方面的描绘是那么肤浅，在这两个方面，它对真实情况和事实关联的把握是最差的：在一个极其简单、完全是有关人的情景中，它证实了自己的存在。最令人惊奇的是，在我们选的这个例子里，讲的是一个极为常见的家庭生活地点，是夜里躺在床上谈论忧心事的一对夫妻；按照古典时期的经典观念，这恐怕绝不可能是用崇高文体描述一个悲剧情景所应采用的地方。在这里，悲剧和严肃的问题在一个家庭日常行为中得到了表现，尽管这里讲的是严格按照封建礼仪和传统生活的显赫贵族，但我们见到他们时的环境就是这样，即在夜间，在床上，但不是作为情人，而是作为夫妻，在困境中哀叹并尽力互相帮助，他们更具有市民味，或者说更具有人的本性，生物的本性，

封建气息则弱多了。虽然语言庄重而讲究礼仪，但故事的进展还是非常简单，非常单纯；几个简单的想法和感受并列或相对出现；这里还谈不上是悲剧和日常现实性之间的文体分用。封建文学在其黄金时期，即 12 世纪，并没有给我们留下像这样真实和富于人的生物本性的东西；床上的夫妻，这充其量只会出现在民间滑稽故事里。对被带去行刑的又哭又喊的男孩的描写该说些什么呢！我不想赞扬它；无论是对读者还是对传令官向其报告情况的可怜的父亲，都没有必要用这么多刺激性的清晰笔调描述事情的细节。更加引人注目的是，在这种纹章学的豪华文体里，毫无遮掩的生物的现实性竟然能与一个悲剧性事件相谐调。一切都是为了表现孩子的无辜和行刑的恐怖之间的对比，表现他在此之前养尊处优的生活和突然降临的残酷现实之间的对比：在短短的做人质期间已与男孩交上朋友的守卫的同情，孩子不知所措地向听者发出的两次悲号，总在重复着同样话语的悲号，它撕扯着所有在场和不在场的保护者的心，孩子直到最后一刻都未放弃的对死
236 的抗拒——尽管有安慰他的忏悔神甫在场，因绝望的挣扎，双脚上的镣铐已伤及骨头；对德·夏斯泰尔先生和读者来说，什么细节都没落掉。

我们在这里所确定的东西，即骑士礼仪型的华丽文体与强烈的对于人物身体形象描绘的现实手法，与丝毫不畏惧恐怖效果、而且显然还喜欢这种效果的真实性的谐调，并不是什么新东西。自从浪漫派以来，这一组合就属于关于中世纪的流行见解；更为精确的研究确定，它特别发达并带着鲜明特点出现的时间是中世纪末，即 14 和 15 世纪，尤其是 15 世纪；二十多年来，关于这个时

期我们有一项出色而广泛的研究，这就是赫伊津哈[*]的《中世纪的衰落》，这部著作从各种关系的角度对这一现象进行了多重分析。将这两种因素结合起来的共同物是沉重和神秘，是那个时代感官性审美趣味所具有的拖沓的速度和夸张的色彩；这样一来，它的华丽文体常常带有一些强烈的感官刺激，它的现实手法时而也带有一些形式重负，同样还带有直接的造物的、传统的负载物；一些现实主义的形式，如死神舞蹈，具有宗教仪式行列或节庆游行的特征。这个时期的严肃的造物现实主义的传统负载物可以从其起源得到解释：它起源于基督教的象征观念，几乎它所有的思想主题和艺术主题都是从基督教移植过来的。在其描述越来越恐怖、其感官神秘影响越来越强烈的基督受难剧中，或者在殉道者受难剧中，它感受到了受苦受难的造物的存在；家庭的亲昵行为和严肃的室内描写（“严肃”是相对于插科打诨而言）脱胎于《圣经》中的圣母领报和其他家庭场景。15 世纪，救世故事中的事件被移植入百姓的现时日常生活并达到了很高的程度，以至于宗教现实主义呈现出一种过分和粗俗化的迹象；这一点我们在前面（第 153 及后页[**]）已经提及，以前也常有人论述这一问题，如赫伊津哈就尖锐深入地论述过它，因此我们就不必再探讨了。

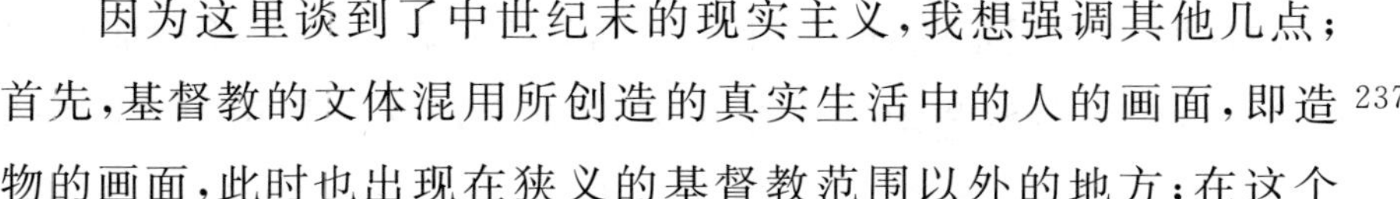

因为这里谈到了中世纪末的现实主义，我想强调其他几点；首先，基督教的文体混用所创造的真实生活中的人的画面，即造 237
物的画面，此时也出现在狭义的基督教范围以外的地方；在这个

---

* 赫伊津哈（Huizinga，1872—1942），荷兰历史学家，1942 年被纳粹扣为人质，关押至死。——译者

** 指原书页码。——译者

讲述封建时代的一个战争事件的故事里,我们就看到了它。其次,必须指出,对现实生活的描写此时转向了家庭生活中的亲昵、家庭气氛和日常活动,而且受到特别的喜爱,艺术性很高。正如我们刚才所说的,这也源自于基督教的文体混用,在与马利亚分娩和基督降生相关的主题中,为这种形成提供了一个模式。再者,类型象征主义在这种“现实主义的”描写中还长期发挥着作用。

现实主义的发展还由于大市民阶层文化的产生得到了促进,中世纪末,尤其是在法国北部和勃艮第地区,已经可以强烈感受到这种大市民阶层文化了;虽然他们自己还没有完全意识到它的存在(直到很久以后,才在理论上出现了与实际情形相符的“第三等级”),虽然他们在很长时间内还依然保持着自己的观点和生活方式,虽然他们生活极其富足,势力日益强大,虽然他们的小市民性更胜于他们的大市民特征,但他们却为摹仿艺术提供了主题,也就是刚才说的亲昵和家事:不仅有生动的室内描写,还有家庭和经济状况及问题的描述。个人生活的家庭气氛、亲昵行为和日常活动有时甚至还出现在涉及封建贵族乃至诸侯的事情里;即使在那里,对亲昵行为过程的描述也远比以前频繁、具体和日常化,我们这段引文里是这样,编年史作者(傅华萨、夏特兰等)那里也常常是这样;虽然艺术和文学偏爱封建纹章学的辉煌,但从总体上说,它们的市民特征明显多于中世纪早期。最后还须强调第三点,即强调于中世纪晚期现实主义创作手法来说最重要的东西,正是这一点促使我在这一章里引入在此之前还没使用过的措辞“造物的”。基督教人类学从一开始就有个特点,即特别强调人身

上的对苦难和暂时性的屈服；这是由与救世故事密切相连的基督受难的模式有力地表现出来的。不过在12和13世纪，对尘世生活如此强烈的贬低和污蔑还没有与此连接在一起，还不像此时这样有效力。在中世纪的头几个世纪里，尘世社会具有价值和目的 238
的观念还很活跃；它能够完成某些任务，能够在尘世实现某种理想形式，以便让人们对上帝之国有所准备；在这一研究范围内，但丁给人们提供了一个例子，从这个例子可以看出，对他及其众多的同代人来说，为尘世规划的个人和社会的政治行为有多么重要，伦理意义有多么重大，对于永恒的幸福有多么关键。头几个世纪的社会理想观念已经失去力量和声誉，因为种种事件是那么固执地与它们相背离，而无论用什么方法也不可能与它们协调一致的新发展已显露端倪；对于新出现的那些政治经济生活方式，人们没有能力解释并将其归类；大众化沉醉的潮流，更富激情和更加真实的受难神秘剧，日益蜕变为迷信和物神崇拜的虔敬，都麻痹了从理论上理解现实尘世生活的意志：总之，在中世纪最后几个世纪里，呈现出一种构造—理论思维上的困乏和无果状态，特别是在现实生活的秩序，因而在基督教人类学的“造物”方面，即把生活归为受难和暂时性，便清晰而毫不示弱地显露出来。这种关于人的纯造物图像与古典—人文主义关于人的图像形成极为鲜明的对比，其特征就在于，得到十二分敬重的只是一个人所穿的社会等级外衣，一旦脱去这件外衣，对他本人则毫无尊重可言；这件外衣下所遮掩的无非是一个衰老和疾病损之、死亡和腐烂毁之的肉体。这是——如果愿意这样称之的话——一种人人平等的过激理论，但不是积极的政治意义上的，而是直接涉及每

一个人对其生活的贬低：无论他做什么都没有用处；即使他的本能促使他有所作为，促使他牢牢抓住尘世的生活，也没有任何价值和尊严。所有的人并不是相互平等的，并不是“在法律面前”平等，恰恰相反，上帝就是这么安排的，他们在尘世生活中就是不平等的；他们在死亡面前是平等的，在造物的没落面前是平等的，在上帝面前是平等的。虽然那时从这种平等论中也零星得出了各
239 种(在英国甚至是非常有力的)政治经济结论，然而占统治地位的思想还是：从人的造物特性上只能看出，所有的尘世努力都是徒劳的。对于阿尔卑斯山以北那些国家的许多人来说，他们本身以及他们所有事业的必然没落这一意识是一种麻醉剂，它阻碍了以实际规划尘世生活为目的的思想的形成；一个为此世的未来而进行的活动在他们看来没有价值，没有尊严，纯粹是本能和激情的游戏；他们对尘世现实的关系表现在承认它的现有形象是一种在感官性方面表现力丰富的戏剧，承认对形象的彻底揭露是暂时的和无用的，同时用极端的手法塑造出生与死、年轻与衰老、健康与疾病、尽情炫耀尘世角色与忧心忡忡地抵御无情的破坏之间的对立。这些简单的主题在不断地衍化，或者令人毛骨悚然，或者强烈的悲叹，或者虔诚，或者玩世不恭，或者两者兼而有之；它们常常具有感人的力量；中等阶层的日常生活，他们的感官欢乐，他们的哀怨，他们因年老疾病而衰落，他们的结局，对这一切的描写很少像这个时期这么透彻，而且这些描写具有一种风格特征，这一特征当然不仅有别于古典风格，而且明显有别于中世纪早期的现实主义艺术的风格。

在这个时期，有许许多多关于夫妻夜间谈话的文学描写。在

我所知道的这类描写中，特别富有特色的是《婚姻十五乐》第一章的一个场景，在那个场景中，妻子想要一件新衣服。我依据小十二开丛书版将它摘录如下（第 2 版，巴黎，1857 年，第 9 页以下）：

> 这时她考虑着和丈夫说这件事的地点、时间和时刻；她们非常喜欢在自己丈夫最软弱、最乐意向她们让步的时候谈个人愿望：这就是在床上，在我所说的丈夫想纵情享乐并别无其他想法的时候。于是夫人开始说道："放开我，因为我愁死了。"——"那是为什么？"他问。——"我当然有我的原因，"她答道，"但我什么也不说，因为我对您说什么您从来也不放在心上。"——"夫人，"他说，"告诉我，您为何对我这么
> 说。"——"的确，"她说，"我告诉您也没有什么意义，因为就 240
> 是对您讲了，您也不会把它放在心上，而且您还可能完全误解我的意思。"——"现在说真的，"他回答说，"您就告诉我吧。"——这时她才开始说道："您如果一定要我讲，那我就把它说给您听听。您知道，不久前我去参加了那次庆典，是您要我去的，因为那并不让我有多开心；可当我到那里时，那里——我这么认为——没有一个女人，无论她的地位多么低下，像我穿得这么寒酸；我这么说不是为了表扬自己，然而感谢上帝，论出身我不比任何一个在场的贵夫人或市民阶层的女人差；我可以引用那些家族谱系行家的话。我说这些不是为我自己，因为穿得如何我完全无所谓；可我为您感到羞愧，为我的朋友们感到羞愧。"——"是这样，"他说，"那出席庆典的女人们到底穿的什么？"——"我向您保证，"她回答说，"当

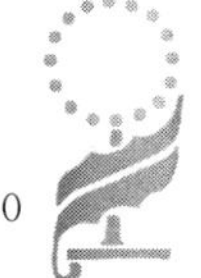

时在场的像我这种出身的没有一个是无足轻重的小人物,她们或穿着鲜红料子做的衣服,或穿青色料子的衣服,或穿精细料子的衣服,还镶着灰鼠皮或五颜六色的毛皮,宽大的袖子,配套的帽子……红色或绿色的丝绸拖地披纱,全都是最新的流行款式。而我还穿着我的婚礼服,它已经全穿坏了,而且短得厉害,因为自它做好之后我又长高了,因为我嫁给您时还是一个十分年轻的姑娘,在此期间我因付出的辛劳已疲惫不堪,因而我现在的模样就像那些我都能把她们叫妈的女人。真的,我站在她们中间感到羞愧,我变得十分恐惧,不知道该怎么办。后来的事才把我气坏了,克斯多夫男爵夫人和Y夫人当着所有人的面对我说,我没穿得好一点是一种耻辱。不过至少可以肯定,她们在那里很快就再也见不到我了(?)。"——"是的,不过亲爱的夫人,"丈夫说,"有些话我得给您说说:您知道,亲爱的夫人,我们要操心的事可够多的了,您也知道,成家的时候我们几乎没有一件家具,我们必须买的东西有床、床架、房间里的陈设(?)和许多其他东西,因此我们现在没有许多现钱;您也知道,我们得给我们在X地的佃户买两头牛。另外前不久我们谷仓的山墙垮了,因为屋顶有问题,这得赶紧修理。我还得到Y地的法院去,去了结我为您在Z地的地产正在打的官司,可那地产还没有给我带来一点进项,或者说仅仅带来了一点点收益,而这却要让我花出去一大笔。"——"瞧,阁下,我早就知道,您就会拿我的地产的事来对付我。"随后她将身子转向另一侧说,"看在上帝的份上,您就让我安静安静吧,我再也不会提这件事

了。”——“唉,”丈夫说,“您这气生得没有一点道理。”——“不对,”她说,“因为如果那块地产没有给您带来什么进项,那我也没有什么办法;您知道,我本来可以嫁给这个或那个人,当年我还有二十个可选择的对象,他们全都图的是我这个人;您也知道,那时候您是那么频繁地往家里跑,因此我才除了您谁也不想要;为此我和家父翻了脸,而且和他的关系还一直不好,对这一点我只能深深地责备我自己;我想,我是曾经在世为人的最不幸的女人了。我问您,阁下,”她继续说,“从前想娶我的那些人的妻子当中,是否有谁过着我这种日子。她们的出身根本没有我好。在圣约翰那里,他们送给女仆的衣服比我星期天穿的衣服都好。我不知道,为什么会有那么多正派的人死去,他们死得真可惜;若是上帝愿意,我也不必再活在这世上了。那样您至少可以摆脱我,不用再生我的气了。”——“真的,”他说,“亲爱的夫人,这样说是不公正的,因为还没有一件我没有给您办到的事;不过您也得为 241
我们的利益想一想。您现在转过来面朝着我吧,我会按您的意思办的。”——“天哪,”她说,“让我安静安静吧,因为我的确没有那份心思。但愿这既不怨您也不怨我;真的,您以后永远不会再碰我的。”——“真的没心思?”他问。——“一点儿都没有。”她说。——后来他这样说,因为他觉得用这种方法可以好好考验她一下:“如果我死了,您马上可以另嫁一个。”——“您的意思是说,”她说,“那是因为我能从中得到的享乐!我向上帝发誓,不管哪个男人的嘴永远也别想碰我的;如果我知道我活得比您长,那我会做点什么以便先走

的。"随后她哭了起来……*

242 这篇文字的写定时间应该比那篇《致慰迪弗仑夫人》早几十年，它好像是来自一个完全不同的领域的事件，因此采用的风格也完全不同于德·夏斯泰尔夫妇之间的那个场景。后者涉及的是独子的性命，而《婚姻十五乐》中涉及的是一件新衣服；在那篇安慰之作中，夫妻关系融洽，是一个真正的整体，而《婚姻十五乐》中的夫妻之间却没有信任，他们各依自己的本能行事，同时又注意观察对方的本能，然而观察的目的不是理解和迁就它，而是为自己的利益利用它；妻子做这些时手段高明，虽然也带有孩子似的愚蠢，而丈夫则显得十分粗俗和没有意识；不过即使在他那里也缺乏可以归为至真爱情的那种感情，也就是能够使对方愉悦的感情；对于他对她的衣着之忧的那种态度，即使一个不太愚笨的妻子也会生气，尽管实事求是地说他是对的。最后，在德·夏斯
243 泰尔夫妇的故事里，妻子是主角；在《婚姻十五乐》中妻子也是主角，但不是因为她心灵的高尚纯洁，而是因为她在心计上高出一筹，是因为在被描绘成永恒战争的婚姻中她的力量占有优势。与此相应的还有文体的截然不同：《婚姻十五乐》中没有任何对高雅格调的要求；夫妻间的对话无非是日常谈话格调的再现，仅仅在引子里可以看到一些具有教诲意义的伦理主义的东西，不过这种伦理主义要比大多数中世纪的伦理主义的内容丰富得多，它是由实用心理学经验的和具体经验养育而成的。礼仪和华丽的高雅

* 引文原文为法语。——译者

构成了安慰之作的社会等级特征，这与关于新衣服的谈话中的毫无遮掩的中等阶层及市民的表达方式和交流方式形成了鲜明的对比。

然而历史的思考证明，这里的两种风格互相接近。我们在前面已经说过，封建文学在其鼎盛时期没有展示过像德·夏斯泰尔夫妇场景这么真实和富有家庭亲密气氛的东西；通过夫妻夜间谈话描绘出的一个悲剧性的问题是如此直接，以至这种古老华丽的 244
社会等级语言以一种感人的方式增强了人性和造物性的印象，而不是削弱了这一印象。另一方面，我们从《婚姻十五乐》中选取的这个场景所涉及的题材——一个妻子夜里在床上喋喋不休地向丈夫说着一件衣服的事——本来是个笑剧的素材，不过这个题材在这里处理得很严肃，也就是说，它不仅仅是作为插曲或事例粗略泛泛地予以描述，而且是一种准确再现物质和心灵境地的色彩和特点的具体描述。因为尽管作者将他的这部作品作为一个事例汇编来撰写的，然而它与早期的那种以《七圣贤》或《教权条律》(Disciplina Clericalis)方式撰写的事例汇编完全无关，那种汇编毫无现实意义，仅仅具有说教目的；与它们相比它过于具体；它与滑稽故事也毫无关系，与它们相比它过于严肃。我们还不知谁是这部篇幅不大的作品的作者，在现代现实主义之前的历史中，它是一个非常重要的文献；它用它所有的真实的感性形象再现了日常生活，或者说至少反映了日常生活最重要的领域之一，即婚姻和家庭，而且它对这一日常生活题材的态度是严肃的，是提出了问题的。虽然这是一种非常特殊的严肃；以前教士伦理敌视妇女和婚姻的倾向就创造过一种现实文学，这种文学具有悲凄的说

教，描述中缀饰着比喻和事例，它列举了婚姻生活、家庭生计和子女教育等的种种艰辛和危险；15 世纪初去世的厄斯塔什·德尚*对这一题材处理得特别透彻，有时非常具体；《婚姻十五乐》的作者从这一传统中汲取的不仅是他这部作品的几乎全部主题，而且还有对他的题材的半道德说教的、讽刺的、悲凄多于悲剧意义上的严肃态度。

不过就连厄斯塔什·德尚也未能做到真实再现夫妻之间那种融为一体的，触及意识深处的、视称为婚姻的双人游戏的真实场景（可参看他的《婚镜》[Miroir de Mariage]第 15、17、19、38 和 40 节）；现实性在他那里一直是表层化的，大概属于 19 世纪被称作“风俗场景”的那一类。前面引文中的各种主题在他那里均可见到。在那里，妻子也想要新衣服，她的理由也是尽管别的女人出身不如她显贵，穿得却比她好。不过整个故事不是发生在夜

245 间，虽在床上但与性事场景没有联系，它也提到丈夫死后再嫁，也涉及婚姻的缔结和她陪嫁的地产，这块地产在此之前几乎没给他带来收益，但却引发了一场费用昂贵的官司。德尚一一数说着这些主题，有时非常生动，但大部分属过于饶舌；《婚姻十五乐》的作者十分清楚什么是婚姻，他既清楚其益，也清楚其弊，因为在第十四乐中（第 116 页）有这样一个句子：“他们合为一体，天性使得他们如若一方受苦，另一方即有同感”。** 他让夫妻的的确确生活在一起，他将各种主题安排得使人产生了“合为一体”之感，也就是

---

* 厄斯塔什·德尚（Eustache deschamps，1346－1407），法国著名抒情诗人。——译者

** 引文原文为法语。——译者

说大都为弊，是互相深深伤害的可能性，是合为一体的人的永恒争斗，是欺骗和对婚姻体的背叛。因此他这本书便有了悲剧特征；不是一种崇高的悲剧，但也不是毫无例外；另外各种具体问题也过于狭窄和肤浅，特别是做出牺牲者的性格，即丈夫的性格过于拘谨；他既无德也无威，既无幽默也无自制力；他不过是个满腹怨言的父亲，他对妻子的爱完全是自私的，对她本人的性格毫无理解；他把自己只看做是她的拥有者，在占有权方面一直受到威胁的拥有者。若想避免“悲剧的”这个词，那就只好承认，在这里，人在日常生活中的真实困境得到了一种在此之前从未有过的文学表现；事实上，依照封建传统写的《致慰迪弗仑夫人》的风格与从滑稽插曲和流行的教士说教中汲取主题的《婚姻十五乐》的风格之间，存在着一个近似的东西：那时出现了一种文体，用它可以更准确更严肃地描绘现时生活的日常舞台，时而向上可达到悲剧之位，时而向下几乎就是道德说教的讽刺之作，在处理人类生存的具体行为时比以前要直接得多，如躯体的感官性享受，家庭气氛，每天的生活享受，它的没落和终结；根本就不存在对刺眼亮丽效果的畏惧。

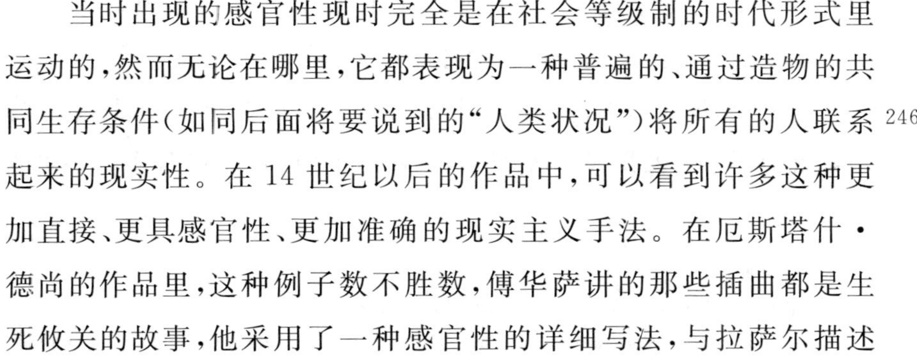

当时出现的感官性现时完全是在社会等级制的时代形式里运动的，然而无论在哪里，它都表现为一种普遍的、通过造物的共同生存条件（如同后面将要说到的“人类状况”）将所有的人联系 246
起来的现实性。在 14 世纪以后的作品中，可以看到许多这种更加直接、更具感官性、更加准确的现实主义手法。在厄斯塔什·德尚的作品里，这种例子数不胜数，傅华萨讲的那些插曲都是生死攸关的故事，他采用了一种感官性的详细写法，与拉萨尔描述

小德·夏斯泰尔之死的方法差别不大。那六个高贵之极的加来市民，身上只穿着衬衣衬裤，脖子上套着绳索，手里捧着城门钥匙，跪在欲下令处决他们的英国国王面前，这时，人们仿佛可以听见他的牙齿咬得咯咯直响；临产的王后扑倒在他脚下，乞求他宽恕俘虏，他答应她宽恕俘虏，因为他担心，不然的话，临产的王后会遭受损伤，他是这么说的："唉，夫人，我真希望你不在场。"（《编年史》第 1 卷 321 页）[*] 它的详细的现实主义手法表现得更加明显的是第 3 卷的那些插曲故事，讲述的是小加斯东·德·富瓦之死，里尔克[**]曾对它们表示惊叹，赫伊津哈（《中世纪的衰落》，第 404 页）说这些故事具有"一种几乎悲剧性的力量"：在那里，作者通过一系列形象的、清晰的、所有细节都刻画得很细微的场景，描述了法国南部一个侯爵宫内发生的家庭悲剧；在那一幅幅宫廷习俗画卷里（两个嬉戏打斗的王子，侯爵吃饭时带着狗等等），父子之间那令人眼花缭乱的事件得到了完全直接的描述。在 15 世纪，这种现实主义手法更具感官性，色彩更加刺眼；然而这种描述一直没有超出中世纪等级制和基督教的界限。弗朗索瓦·维永[***]最后完成了一种造物现实主义，它依旧保持着感官性，在所有情感和表达的激进手法里，没有显示出任何清理思想的力量或革命的力量，甚至没有另塑尘世世界的意愿。

这里也涉及基督教的文体混用的影响，这在维永身上可以清晰地辨认出来；如果没有基督教的文体混用，我们已经称之为"造

* 引文原文为法语。——译者

** 里尔克（Rilke，1875－1926），奥地利著名作家。——译者

*** 弗朗索瓦·维永（François Villon，1431－1463），法国著名抒情诗人。——译者

物的"那种现实主义手法是难以想象的。不过它已经摆脱了基督教的万能秩序思想的役使;它甚至不再为任何秩序思想服务;它是独立的,成了目的本身。在进行这一探讨的过程中,我们先前在亚当剧中已经遇见过一对夫妻,这就是亚当和夏娃。在那里,
对时代现实的直接模仿是为一个没有时限的普遍观念服务的,即 247
为阐述拯救史服务的,而且也没有超出过这个范围。即使到此时,在这里和那里之间,在尘世和永恒幸福之间,那条纽带也绝对没有断开;"造物的"当然也包括这种与上帝的秩序的关系,时时朝向它,另外,15 世纪恰恰是受难剧的辉煌时代,它正处在一种弥漫在造物现实主义画面中的神秘主义的印象中;只是重点改变了,对尘世生活的关注大大增强,而尘世生活与尘世衰亡及尘世间死亡的对比远比与永恒幸福的对比更加引人注目,更具有效力。阐述更是直接为尘世事件服务的,它深入到了它们的感官性的内容里;它在寻求自己的乳汁和调料,寻求直接源于尘世生活的欢乐和苦难。因此这一现实主义的艺术获得了一个无限的题材范围,获得了更加细腻的表达的可能性。然而它在这个时期的发展局限在感官性上;旧制度在慢慢解体,而法国——勃艮第现实主义手法中却没有建立一个新制度的萌芽;这种现实主义手法在思想方面十分贫乏,无力表述一种创造性的思想,它也没有这种意愿;它竭尽全力挖掘着现存事物甚至正在消失的事物的现实性,而且一直挖至底部,以致各个感官和它们所引发的情感得以品尝实实在在的生活,而且再也别无他愿。然而无论表现力多么强烈,这种感官性也十分狭隘,它的视野受到限制;在这个文化圈的作家中,没有一个能像但丁或薄伽丘那样纵览和把握住自己那

个时代世界的总体现实；每个作家只熟悉自己那个狭窄的区域，
即使像安东尼·德·拉萨尔这样一生游历广泛的人也不例外。
此时缺少的是一种思想，一种积极的意愿，这种思想和意愿想赋
予这个世界以某种形式，以便使理解和再现生活现象的能力获得
突破自己狭窄的生活区域的力量。小德·夏斯泰尔或加斯东·
德·富瓦王子的死展现的无非是对青春的切身体验，对卷入麻烦
的非切身体验，对痛苦死亡的切身体验；当它过去之后，为读者留
下的不外乎是对这转瞬即逝的经历的感官性恐惧，似乎也是肉体
的恐惧；除此之外讲述者什么也没有提供；没有具有分量的评价，
没有见解，没有思想；那以具体食物和特征为对象的心理学常常
非常有说服力，（可以回忆一下《婚姻十五乐》中夫妻间的那场谈
248 话）就连它也是造物特征远远超出个体特征。显而易见，他们需
要为自己展示自己的生活范围的感官体验，另一方面，他们并没
有去努力突破它，因为每一生活范围都能提供足够的造物命运方
面的材料。在法国，特别是通过洛朗·德·普雷米费特的翻译
（1414 年），薄伽丘已经是闻名人物，大约在《致慰迪弗仑夫人》出
现的同一时间，在勃艮第地区出现了一部以《十日谈》为范本的故
事集《新故事百篇》（赖特版，巴黎，1857/1858 年）。然而薄伽丘的
特征并未被摹仿，似乎是根本就辨认不出来。《新故事百篇》是一
个粗俗故事的汇编，是在一个男人聚会上编出来的，这些先生虽
然个个身为王室成员或封建贵族，有一部分甚至是侯爵，但他们
在民间滑稽故事风格的气氛中却感到怡然自得；薄伽丘那优美的
人文主义的“中等文体”，他的爱情论，他为女人效力的态度，《十
日谈》中俯瞰一个广阔领域的人的批判眼光，各种各样的故事发

生地和丰富多彩的生活描述，在这个集子中都无影无踪；虽然语言很有味道且富有表现力，但却没有任何人文主义的精雕细琢，除了诗歌特征之外什么也没有；约在二十年前去世的阿兰·夏蒂埃[*]的散文作品却要优美得多，也更富于韵律。在这些故事中，有许多故事的主题在《十日谈》中也出现过；天使加百列的主题出现在第14个故事中，它的形式是：一个隐士将一根掏空的棍子插入墙内，多次利用它在夜间将上帝的意旨送进一个虔诚的寡妇耳中，让她将女儿奉献给那个隐士，说这一结合将产生一个日后的教皇和宗教改革者；夫人和女儿遵从了这一意旨，而那个隐士却让她们颇费了一番功夫才勉强同意；他与那位女儿欢娱了一段时日之后，她便怀孕了，但生下的却是一个姑娘！故事写得十分粗糙（三次夜送意旨，三次造访隐士）；与修士亚伯度、莉赛达太太相比，夫人、女儿和隐士的性格刻画是纯“造物的”，这并不是说不生动，或者应该说是完全真实的，却缺乏个性；作为一个滑稽事件的感官性的再现，整个故事具有很强的效果，它包含有许多民间俗语的幽默：上帝紧握其双脚的幸运的老夫人[**]，但它却无比粗糙狭 249
隘，在思想和形式方面远远低于薄伽丘。

15世纪法国—勃艮第文化中的现实主义手法是狭隘的，中世纪的；它不具备任何描述尘世世界的新思想，几乎没有看出中世纪的制度正在渐渐失去其有益的力量；它几乎没有觉察到生活结构中正在发生着多么重要的变化，在视野广阔、语言文明和表现

---

* 阿兰·夏蒂埃（Alain Chartier，1385－1433），法国诗人，政论作家。——译者

** 引文原文为法语。——译者

力方面，它都落在一个世纪前意大利中世纪晚期和人文主义早期的黄金时代借但丁和薄伽丘之手创造的成果之后。在它身上，体现出感官性和造物性进一步深化的特征，这一基督教的遗产使得它的生命一直延续到文艺复兴时期。在意大利，薄伽丘和早期人文主义已不再在生活经验中体验那种造物的严肃；在法国本土，甚至在阿尔卑斯山以北的地区，在寓意这种攀缘植物的缠绕下，窒息而死的危险威胁着每一个严肃的现实主义手法；然而感官性的自发力较强，而中世纪的造物现实主义以这种方式存活到16世纪；它给了文艺复兴一种强有力的均衡力量，借以平衡在人文主义摹仿古典时产生的文体分用的各种力量。

第十一章　庞大固埃嘴里的世界

在《巨人传》第 2 部(不过这一部是先写成并发表的)第 32 章 250
里,拉伯雷讲道,庞大固埃的军队在前往征讨咸人国途中突然遇到一阵倾盆暴雨,庞大固埃命令他的士兵紧紧靠在一起;他在云头上面看到那只是短时间的阵雨;他想为他们提供一个避雨的地方。于是他伸出自己的舌头(仅仅一半[*]),犹如母鸡护小鸡似的将他们遮蔽起来。作者自己(现在给你们讲述这些真实故事的我[**])先前已在别处找到了躲雨的地方,这时也从那里走了出来,然而只有他一个人在舌头大棚下找不到位子:

> 于是我爬了上去,尽我的最大力量贴近他,在他的舌头上大约走了两法里,最后终于来到了他的嘴里。哎呀,我的老天爷,我的老天奶奶,你们知道我都看到了什么!若是我有一句谎话,就让朱庇特用他的三道霹雳把我击死。我在那里面到处转着,就仿佛在君士坦丁堡的圣梭菲寺里似的散着步,我在那里看见了巨大无比的岩石群,它们犹如丹麦的高山;我想那是他的牙齿。宽阔的草地,茂密的森林,坚固高大

* 引文原文为法语。译文摘自成钰亭译《巨人传》,上海译文出版社,2003年。——译者

** 同上。——译者

的城市，它们并不比普瓦蒂埃或是里昂小。我在那里遇见的第一个人是一个好心的家伙，他正在他的地里种白菜。我好生奇怪，于是问他说：“喂，我的朋友，你在这里干什么哪？”——“我在种白菜。”他回答说。——“那可怎么种呢？种那干什么呢？”——“啊，先生，”他说，“人生下来时睾丸不一样大，因而我们也不可能都同样富贵。我就靠种白菜过日子，担到后面城里的市场上去卖。”——“耶稣啊！”我叫了起来，“这里还有一个新世界呀？”——“根本就算不上新，”他回答说，“人家都说那外面还有一个世界，那儿有太阳，有月亮，什么新鲜东西都有，不过我们这里更加古老一些。”——“好了，我的朋友，”我对他说，“你担白菜去卖的那座城市叫什么名字？”——“阿斯法拉日城，先生，那里面住的都是相当诚实的人，都是善良的基督教徒，他们一定会欢迎你的。”——我马上决定到那里去。这时，当我就这么继续往前走时，我在路上遇见了一个小伙子，他正在布放捉鸽子的网。我便问他说：“朋友，鸽子是从哪里到你这里来的？”——“先生，它们是从另一个世界来的。”他回答说。——这时候我才想起来，怪不得庞大固埃打哈欠时，就有成群的鸽子飞进他的嘴里去，原来它们是拿他的嘴当鸽子窝了。随后，我走进城去，我觉得这座城样子很漂亮，造的也坚固；另外那里的空气也不错。然而在进城的时候，守城门的人要看我的证件。我觉得很奇怪，问他们说：“怎么先生们，这里在闹瘟疫吗？”——“啊，阁下！”他们回答说，“离此不远的人都快死完了，因此我们收尸体的车只好不停地满街跑。”——“我的天呀，”我说，“在哪里

呢？”——他们马上告诉我在喉头城和咽喉城，这是两座富裕的大商城，像卢昂和南特那么大，这场瘟疫的首要原因是新近从深渊里冒出来的一股污浊的毒气，八天就死了二百二十六万零十六人。我回想了一下，算了一算，算出那正是庞大固埃吃了我们在前面所说的那么多的大蒜做的菜之后，因而从胃里才会冒出一股臭气。我从那里动身进了丛山，那是他的臼齿，我就这么长时间的跑呀跑呀，直到爬上了一座山上：在那里我找到了世界上最美丽的地方，有许多漂亮宽敞的球场，华丽的回廊，美丽的牧场，望不到边的葡萄园，在一片青葱碧绿的田野里，还有无数意大利式的小房子。我在那里逗留了足有四个月，从那以后我再也没有过过像那时候那么舒心的日子。后来，我从后面的牙齿下来到了上唇的下垂部分，可是当我穿过离耳朵不远的一个低洼的森林时，有一伙强盗把我给掏光了。后来，在谷底，我找到了一个小城镇（它的名字我已经忘记了），在那里我过得比先前还要舒心，而且还挣了一点钱可以生活。你们知道是怎么挣的？是睡觉挣的：因为那里的人论天雇人睡觉，睡一天挣五个或者六个钱，不过打鼾打的响的可以挣到七个半。我把我在山谷里如何被抢的经过告诉了那里的议员们，他们对我说，老实说，那后面的人都是坏人，而且生来就是强盗。这下我才明白，就像我们这里分山前和山后一样，那里分牙前牙后，不过牙前的生活要好得多，空气也更有益于健康。这时我想起来人们说的实在有道理：这一半世界的人不知道世界另一半的人是怎么生活的。还没有人描述过那个地方，在那里有人住的王国

就有二十五个以上，这还没有把沙漠和一片海算上。不过关于这方面我写过一部巨著，书名叫做《咽喉国人史》，我这样称呼他们，那是因为他们住的地方就是我主人庞大固埃的咽喉。最后我想回家了，我顺着他的胡子下来，跳到他的肩膀上，再从那里滑到地上，落在他的面前。他看见了我，问我说："喂，阿尔高弗里巴斯，你这是从哪里来？"——"从您嘴里来的，主人。"我回答说。——"你在那里面呆了多长时间？"他问到。——"从您去征服咸人的时候起我就在那里了。"——"那已经有六个多月了，"他说，"那你是靠什么生活的呀？你喝什么呢？"——"主人，"我说，"您靠什么我就靠什么，而且是挑选在您咽喉里经过的最好吃的东西，我等于在那里把关收税。"——"好呀，"他说，"那你在哪里方便呢？"——"在您的嗓子里，主人。"——"哈，哈，哈！你可干得真漂亮。我们靠上帝的帮助把渴人国的所有土地都收复过来了；我把萨尔米贡丹的封地送给你。"——"谢谢，主人！"我对他说，"您给我的好处远远超出了我为您效力所应得的。"*

252 这一历险趣事的主题并不是拉伯雷自己发明的。在关于巨人卡冈都亚的民间故事书里（我的面前就放着 W. 魏甘德版，由雷吉斯翻译的拉伯雷小说，是德累斯顿保存本的重印本，1923 年柏林，第 3 版，第 2 卷，第 398 页以下，另外也可参看阿贝尔·拉弗兰

* 引文原文为法语。——译者

茨校勘本的注释 7,第 4 卷第 330 页)就有这样的故事,说 2943 个
全副武装的士兵要扼死熟睡中的卡冈都亚,却陷入他张开的嘴 253
里,他们把他的牙齿当作高耸的岩石,当卡冈都亚醒来喝水解渴时,除了三个人他们全被淹死,这三人是躲进一颗空牙才保住了性命。在这本民间故事书后面的一个地方,卡冈都亚还将一颗空牙作为临时住所提供给五十个俘虏,他们在那里甚至找到一个大
厅打球,找到了 jeu de paume,供他们消遣。(拉伯雷在另一个地 254
方使用过空牙,即在第 1 部第 38 章,在那里卡冈都亚吞下了一个莴苣头上的六个朝圣者。)除法国渊源之外,他的心目中还有一个古典作家,一个他高度评价的作家,这就是卢奇安,此人在其《真实的故事》(第一章第 30 页以下)里讲述了一个海洋巨兽的故事,它吞下了一艘船和船上的所有乘客;在它的咽喉里,那些乘客看到了森林、群山和湖泊,那里面住着各种半人半兽种族,还有两个人,是父子俩,二十七年前因船沉没漂到这里;他们也种白菜,还为波塞冬修建了一块圣地。拉伯雷以他的方式将两种蓝本糅合在一起,也就是说,他将卢奇安描绘的景物和社会画面放进了民间故事书中的巨人嘴里,虽然那张嘴极大,但还没有完全失去嘴的特征;他还大肆夸大了卢奇安的画面(二十五个王国和许多大城市,而在卢奇安那里只有上千个怪物),但对两个主题的拼合却没有另下太多的功夫:那张嘴里住的居民是如此众多,照这么看来,回程的速度与嘴的大小不合比例;更不合比例的是,他归来后巨人发现了他并和他说话这件事,而最不合比例的是,关于他在嘴里逗留期间饮食和大便的回答,他的回答要么就是忘记了他在那里遇到的发达的农业和经济,要么就是故意避而不说;显然,这

个场景结尾时与巨人的谈话仅仅是为了以欢快的笔调刻画心情舒坦的庞大固埃，他很关心朋友们的身体安康，尤其关心他们能否喝到好饮料，至于对毫无惧色地承认在那里大便，他高兴地赏他去管辖一个宫殿——尽管这位勇敢的阿尔高弗里巴斯在战争期间选了一个所谓的清闲差使。受赏者表示感谢的方式（这远远超出了我所应得的）在此情此景中并非纯属客套，而是非常得体的话。

尽管他常常记着这些文学典范，但拉伯雷还是按照他自己的方式塑造嘴里的世界。阿尔高弗里巴斯看到的不是半人半兽的怪物和少数几个对付着过日子的人，而是一个发达的社会和经

255 济，那里的一切和他在法国的家乡一模一样。首先让他惊奇的是，那里竟然也住着人，不过尤其让他惊奇的是，那里一点儿都不陌生，毫无相异之处，和他居住的世界一模一样。随即第一个相遇就开始了；令他惊讶的不仅是他在此处看到了一个人（他在此之前已经远远看到了一些城市），而且还有此人还正在不慌不忙地种着白菜，仿佛这就是在都兰省。因此他“十分惊讶地”问道：“朋友，你在这里干什么哪？”他得到了回答，而这样的回答他从任何一个都兰省的农夫那里都可以得到，愉快而有些小聪明，和拉伯雷作品中经常出现的典型人物一样：“我呀，”他说，“在种白菜。”这让我想起有一次偶尔听一个小男孩说的名言；这孩子第一次打电话，因为他要让住在另一个城市的祖母听到他的声音，祖母问他的情况说：“你在做什么哪，孩子？”他自豪而实在地回答说：“我在打电话。”在这里情况有些不同，那个农夫不单单是质朴和头脑简单，而且还有点别有含义的幽默，非常法国式的幽默，非

常拉伯雷式的幽默。他大概猜到这位客人来自那另外一个世界，来自那他也有所耳闻的世界，但他却装作毫无察觉，对惊奇地大呼小叫的新问题一一做出回答（如：种那干什么呢？那可怎么种呢？），又是非常质朴，用的是农夫粗俗的说法，他说，他不富足，就靠把白菜担到邻城去卖过日子。这时客人终于开始理解这里的情形了；耶稣啊，他叫道，这里竟然有一个新世界！不，它算不上新，农夫回答说，可人家都说那外面还有一个世界，那儿有太阳，有月亮，什么新鲜东西都有；不过这里更加古老一些。——此人说起“新世界”就像那时都兰或西欧和中欧什么地方的人们谈论新发现的国家，就像谈论美洲和印度一样；不过他的聪明足以让他猜到这个陌生人是那另一个世界的居民，因为说到城里人时他安慰客人说：那都是些好基督徒，会好好接待你的；当时他认为那是自然而然的，在那种情况下他做的没错，“好基督徒”的称呼对这位客人来说具有一种让人放心的保证价值。总而言之，这位阿斯法拉日城周围地区的居民的举止和都兰省的同类人一模一样，后来事情以同样的方式继续发展，但常常被一些滑稽可笑的解释打断，而这些解释又绝对不合比例，因为当庞大固埃张开他那容 256
纳了如此众多的国家和城市的嘴时，这张嘴的大小应该很难与一个鸽子笼相混淆。不过“一切都和我们那里一样”的主题始终保持未变。在城门口有人问他要健康证件，因为那个国家的大都市里正在闹瘟疫，这是影射 1532 年和 1533 年间在法国北部城市肆虐的那场瘟疫（参见阿贝尔·勒弗朗为他的校勘本写的前言，第 31 页）；美丽的牙齿山区风光呈现出西欧文化的画面，乡间别墅的建造均依照的是当时也开始在法国流行的意大利审美情趣；他在

庞大固埃嘴里最后那段时间所呆的那个小城镇里，情形同样也是欧洲式的，除了那荒诞不经的睡觉挣钱方式，即睡一天挣五六个铜子，鼾打得响的还要再加钱（这让人想起了安乐国童话）；因为他途中在山林里被劫，参议员们很同情他，他们向他解释说，“那边的”人本来就是不懂生活的未开化的野蛮人，他从中悟出，在庞大固埃嘴里的这些国家里说牙这边和牙那边，就像在我们那些国家里说山这边和山那边一样。

卢奇安所讲的主要是幻想中的旅行奇遇，民间故事书所做的只是荒诞不经地夸大了比例，而拉伯雷却常常将不同的地点、不同的历险主题甚至不同的风格范围混在一起。当阿尔高弗里巴斯这位十分精细的人在庞大固埃嘴里进行他的探险旅行时，后者带领着他的军队继续进行着对渴人国和咸人国的战争；在探险旅行中，至少有三种不同的历险类型混在一起。巨大比例这一怪诞主题提供的是一个框架，这一主题从未离开过人们的视线，而且总有新的荒诞可笑的插入提醒人们记着它，如巨人打哈欠时飞入嘴中的鸽子，用造成庞大固埃胃里冒出毒气的那顿大蒜饭解释瘟疫，将牙齿变作山区，返回的方式和结尾的那场谈话。不过在此期间出现了一个完全不同的、崭新的、在当时来说极为现实的主题，这就是发现一个新世界的主题，它令人无比惊奇，它一次次挪
257 动着地平线，一次次改变着世界的形象，而这一主题就造就了这种探险。这是文艺复兴和以后两个世纪最重要的主题之一，这是政治、宗教、经济和哲学革命的杠杆主题之一。它曾一再出现；或者是作家让某一个情节发生在那个新的模糊不清的世界里，在那里勾画出一个比欧洲的状况更纯净更天然的状态，这就使他们有

可能采用一种有效，同时又披着略有些魅力的面纱的形式批判本地的现状；或者是作家们将那些陌生国度的某个居民引入欧洲世界，通过他天真的惊奇甚至他对在这里看到的东西的反应，让他们对欧洲现状的批判跃然纸上；在这两种情况下，这一主题都具有一种革命的、动摇现状的力量，这一力量将现状置于更广泛的关联之中，从而使它具有相对性。依我们看来，拉伯雷只是让读者感觉到这一主题，他并没有详细说明；阿尔高弗里巴斯看到第一个嘴中居民时的惊奇就属于这一历险范围，尤其是他在旅行结束时开始的思考：这时我意识到人们说的实在有道理：这一半世界的人不知道世界另一半的人是怎么生活的。他马上又用荒诞的笑话遮盖起了这一主题，以至它在整个插曲中没有真正占据主导地位。不过我们可以回忆一下，拉伯雷在开始时把他的巨人之国称作“乌托邦”，这是他从十六年前出版的托马斯·莫尔*的著作移植来的名字，在所有的同时代人当中，拉伯雷最应该感谢的大概就是此人，他是第一批以前面描述过的典范——革新方式使用遥远国度主题的人之一。这不仅仅是名称：卡冈都亚和庞大固埃的国家——包括它的政治、宗教和教育的生活方式——不仅叫作乌托邦，它也是乌托邦；一个遥远的、几乎还未被发现的国家，它和莫尔的乌托邦一样位于远东的某个地方，尽管有时候似乎在法国也会找到它。此话我们后面还会提到。我们觉着纵横交错的主题中的第二个主题就这么多；它在这里不可能自由展开，一

* 托马斯·莫尔(Thomas More,1478－1535)，英国国务活动家，人文主义者，《乌托邦》的作者。——译者

部分是因为第一个主题的那些荒诞的笑话时常横斜着杀将出来，一部分是因为它仿佛立刻被第三个主题截住而失去了活力：主题“一切都像在我们家乡一样”。这个高尔吉亚式*的世界最令人惊奇和最荒唐的就是，它不是与我们的世界截然不同，而是与我们的世界一模一样——它知道我们的世界，而我们对它却一无所
258 知，在这一点上它比我们的世界优越，但其余的都相同。这样拉伯雷便获得了调换角色的机会，也就是让种白菜的农夫作为欧洲本地人登场，让他用欧洲式的质朴接待来自另一个世界的陌生人；他首先获得的是展示一个日常现实场景的可能性，即第三个主题，这个主题与其他两个主题，也就是荒诞的巨人笑剧和发现新世界的主题不相称，与它们处在一种故意荒谬的矛盾之中；似乎开动巨大的比例和勇敢的探险这整部机器就是为了将一个正在种白菜的都兰农夫引到我们面前。与故事发生地及主题一样，风格也是这么变化的；占主导地位的是与荒诞的框架主题相适应的荒诞滑稽的低等文体，也就是以它那种极其强有力的形式，展现极其粗俗的表达形式；不时还穿插镶缀一个如实的描述，富有哲理的思想不时闪耀出亮光，在一片极为荒诞的喧闹中出现了造物的令人毛骨悚然的瘟疫画面，在那幅画面中，死人一车一车地从房子里运出。这种文体混用不是拉伯雷首创；虽然他让它为自己的气质和目的服务，但论起它的来源——以一种佯谬的方式——却是出自中世纪末期的布道书，基督教的文体混用传统在

* 高尔吉亚（Gorgias von Leontini，前485－前380），古希腊哲学家，雄辩家。——译者

那里得到了最大限度的加强（参见第 156 页）[*]：这种布道书在描述民间事物时使用极粗俗的方式，在处理现实事物时使用造物的方式，在说教和训世时使用圣经喻象阐释的方式。从中世纪后期布道书的精神里，尤其是从带着积极和消极意义的民间托钵修会的那种气氛里，人文主义者接受了这种文体混用，他们特别将其用于他们的反教会、论战和讽刺文章；拉伯雷是从同一个渊源获得的这种文体，他年轻时当过托钵僧，因而他获得的比他们所有的人都要“纯”；他在渊源方面研究过这种生活和表达方式，并用自己的方法将其变成了自己的东西；他无法再与它分开；他是那么憎恶托钵僧修会，而它那味道浓烈的造物修辞方式及直至笑料都很生动的修辞方式却是那么符合他的气质和目的，而且谁也没有他那么善于从它当中变幻出那么多东西。在他那篇优美的文章《拉伯雷与方济各派》里（参见 163 页）[**]，E. 吉尔松曾向原先还不清楚的人指出了这种渊源关系；我们还要回到文体问题上来。

我们这里已讨论过的这一段比较简单。各个故事发生地、主 259
题和风格的相互搀杂比较容易一一看清，分析起来也不需要费力的探讨。其他地方就复杂多了，比如拉伯雷的博学多才、他对同时代的人和事的无数影射以及他的构词飓风尽情驰骋的那些地方。我们稍做分析就能看出对他看待和理解世界的方式均非常重要的一个原则：各种事件、历险、知识领域、比例和风格旋风似

* 指原书页码。——译者

** 同上。——译者

的相互混杂的原则。无论是对于他这部著作的整体还是个别地方，都是想找多少例子就能找出多少。阿贝尔·勒弗朗曾经指出，第一部的事件，特别是对毕克罗克尔的战争，都发生在拉德维尼尔（拉伯雷父亲家的一处田庄）周围一个方圆数公里的区域；即使是那些对细节一无所知的人，这些地名和发生在战前及战争期间的地方性事件也能让他们联想到一个闭塞狭窄的地区。在那里，由成千上万人组成的大军列队开进，头发里藏着炮弹和小动物的巨人们也参加了战争；列举的装备和食物的数量即使一个大国在那个时代也无法筹措到；仅仅是闯进塞邑修道院葡萄园和在那里被约翰修士打死的士兵数字就是一万三千六百二十二——女人和小孩还未计算在内。在拉伯雷看来，规模宏大这一主题是为透视对比作用服务的，这种作用以一种别有用意的幽默方式动摇着读者的平衡感；读者常常在被富有刺激性的地区性生活方式和欢畅的生活方式之间，在非同寻常的荒诞超现实事件和乌托邦—人文主义思想之间抛来抛去；他从未能在一个熟悉的事件层面上停留下来。由于讲述的速度和一个接一个的影射，这种粗俗的真实或猥亵变成了一个思想的涡流；这些地方所引起的猛烈的嘲笑动摇着当时人们业已习惯的所有的秩序概念。比如在像第一部 42 章开头约翰·戴·安脱摩尔修士的讲话那样短短的一段中，就能读到两个粗俗的笑话。一个是关于能使人不受重炮伤害的经咒；约翰修士不是只说他自己不相信那经咒，而是做游戏似的变换了观察层次，将自己放在了教会的层次上，教会要求将相信作为得到上帝帮助的条件，他是从这种角度来说的：这经咒对

260 我不会起作用，因为我不相信它。第二个笑话是关于修士服的功

用；约翰修士开始威胁说，谁要是开小差，他就把自己那件修士服套在他身上。起初人们当然以为这是惩罚和侮辱的意思；仿佛谁穿上这件衣服，谁就被剥夺了一个真正男人的能力。然而非也，突然间他变换了思维方式：这件修士服对那些不像男子汉的男人来说是一剂良药；谁一穿上它谁就成了男人；他的意思是说，通过誓言和规定生活方式强制进行的剥夺特别能提高男人的各种能力，不仅是勇气，而且还有性能力；那段讲话的结尾他用的是关于德·摩尔勒先生那条阳痿猎狗的轶事，人们也给它套上了一件修士服，从那一刻起，再没有一只狐狸和兔子能逃脱它的追捕，它还让周围的母狗都受了孕，尽管它以前属于"着魔似的冷淡"（这是一个教令集的名称）。或者让我们来读一读13章里小卡冈都亚诉说能用来擦屁股的东西时编造出的那段长长的描述：那是多么丰富的即兴创作！在那里有诗和演绎推理，有医学，有动物学和植物学，有时世讽刺和服装知识；最后，一只毛茸茸的小活鹅完成了那个想象中的程序，其时内脏传达给全身的那种陶醉又与极乐世界里英雄和半神的幸福联系了起来，高朗古杰将他儿子在这件事情上表现出的智力和普鲁塔克*所写的那个著名轶事中的小亚历山大进行了对比，那段轶事说，只有他一个人看出一匹马暴躁的原因——即害怕自己的影子。我们再随便看看以后各部中的一些地方。在第3部第31章里，当巴奴日因为结婚计划的事前来求教时，隆底比里斯大夫指出了各种消解性欲过盛的方法：第

* 普鲁塔克（Plutarch，46－120），古罗马时期希腊传记作家，著有《亚历山大传》。——译者

一是大量饮酒，第二是某些药物，第三是不停的体力劳动，第四是勤奋的脑力劳动——这四种方法的每一种他都用渊博的医学和人文知识解释了好几页，在那里，列举、引文和轶事犹如蒙蒙细雨从天上降下；“第五吗，隆底比里斯接着说，是性行为……打住，巴奴日说，我等的就是这个，这种方法适合我，其他的谁有兴趣谁就去用吧。是的，在一旁听着的约翰修士说，马赛的圣维克多修道
261 院院长西里诺教兄把这种方法叫作苦克肉欲……”这整个就是一个绝妙的玩笑，但拉伯雷给里面塞满了不停变化并有意把各种文体和知识领域混在一起的想法。在第3部第39至42章中，勃里德瓦法官荒唐的辩护也是这样，他认真地审理着他的案子，审理了很长时间，然后掷骰子做出判决；他就这样在四十年内做出了许多完全明智公正的判决。在这段引语里，老年人的胡说八道与狡诈讥讽的人生智慧混杂在一起，讲述了极其优美的轶事，所有的法律术语犹如滑稽可笑的词汇瀑布浇在读者头上，对每一个理所当然或荒谬的看法，都引用了一大堆罗马法和释法学家的可笑的引文；这是一段有声有色的引语，充满了幽默、法律经验、人生经验、对时世的讥讽和风俗史；这是在教人笑，教人快速变换观点，教人丰富观察方式。

最后，我们再从第4部选出那个船上场景，在那个场景里，巴奴日为了一只骟羊与商人丹德诺讨价还价（第6章至第8章）。在拉伯雷的所有作品中，这大概是反映两个人之间的故事的最激烈的场景。羊群的主人是圣东日的商人丹德诺，他脾气暴躁而傲慢，同时又具有富于想象力的、习语式的、狡诈的幽默，而这种幽默几乎是拉伯雷笔下所有人物的特征；刚一相遇他就和小丑巴奴

日开起了极粗俗的玩笑，要不是船主和庞大固埃的干预，就会发展成一场真正的斗殴。后来他们与其他人坐在一起喝酒，巴奴日求他把他的羊卖给自己一只，这时他们似乎是和解了。从这里开始有好几页都是丹德诺夸奖他的货物，而且对巴奴日采取的是一种比先前还要厉害的伤人的傲慢态度，他对待巴奴日就像对待一个根本不配买国王货物的傻子或骗子，既不信任人和狂妄，又随和和屈尊。而巴奴日此时却始终平静而彬彬有礼，只是不停地重复着买一只羊的请求。最后丹德诺在周围人的催促下开了个惊人的价钱；巴奴日警告他说，想过快发财的人是要倒霉的，但招来一阵暴怒和谩骂。那好吧，巴奴日说：他付了那笔钱，选了一只又
漂亮又大的羊，当丹德诺还在讥讽他时，他突然将那只羊扔进海 262
里。整个羊群都跟着跳了下去；绝望的丹德诺徒劳地试图挡住羊群；他被一只强壮的公羊带入水中，以奥德修斯逃离波吕斐摩斯的山洞时的那种姿势淹死在海里；他那些牧羊人和看羊人也得到了同样的下场。巴奴日用一根长长的船篙阻止那些想从水中逃命的人上船，同时还对那些快要淹死的人就永恒世界的幸福和尘世生活的苦难发表了一通动人的演说。这场闹剧就这样在一片愤怒中结束了，如果考虑到总是乐呵呵的巴奴日的报复欲的程度，它几乎还有些令人恐惧。然而它依旧还是一出滑稽闹剧，和通常情况下一样，拉伯雷在其中塞进大量各种各样的荒诞学识；这一次是关于羊，它们的毛，它们的皮，它们的肠子，它们的肉和其他各个部分，和通常一样还点缀着神话、医学和奇特的炼金术。然而丹德诺在夸耀他的羊时表达的各种想法这一次却不是主要事实，而是他的本性的冗长的自我描述，而这一描述则说明了他

覆灭的方式:他将被人捉弄并丧命,因为他不会适应环境和变化,而是在一种单轨的愚蠢和自大中像毕克克尔或里摩日的中学生那样糊里糊涂地瞎往前跑;他压根儿就没有想到巴奴日会比他聪明,会为了报复牺牲一些钱。狭隘,没有适应能力,妨碍人看到真实处境的多样性的单轨的狂妄,这些对拉伯雷来说都是恶习。这就是他所讥讽和追踪的愚蠢的形式。

统一在拉伯雷的文体里的几乎所有的因素都来自于中世纪晚期。粗俗的闹剧,人体的造物观念,性方面缺乏羞耻和克制,这种现实主义手法融合了讥讽或说教内容,不讲究形式、堆积的、时而还很深奥的学识,后几部中还使用富有寓意的形象,这一切和其他一些在中世纪晚期也可以见到,不妨试着这么看,这里的新东西无非是不同寻常地加强和糅合。只是这或许没有说到要害之处:加强和混杂这些设想中的因素的方式造就了一种崭新的混合物,而正如人们所知道的,拉伯雷所追求的目标与中世纪的思想是截然对立的;这也赋予各个因素以不同的意义。中世纪晚期的著作都严格限定在社会等级制度、地理学、宗教和伦理的范围

263 里;关于这些事物,它们每一部仅仅反映出某一个方面;当涉及事物和问题的多样性时,它们便竭力将自己牢牢套在一个总的秩序里。然而拉伯雷所做的全部努力则是拿这些事物和可能存在的多种多样的观念取乐,通过令人眼花缭乱的现象将业已习惯一定的思考方式的读者诱往世界的广阔的海洋,在那里可以自由自在地畅游,但什么危险都可能遇到。有些批评家极为重视拉伯雷与基督教教义的分离,我觉得这似乎没有完全说到根本所在。也许从教会的意义上说,他肯定已不再是信教的,但他距离后来的启

蒙者所确定的不信神的形式还很远很远。即使从他对基督教事物进行的讥讽中也得不出一般的结论，因为中世纪在这一方面也能提供与他的渎神玩笑没有本质区别的例证。他思想的革命性其实并不在于反基督教，而在于他拿那些事物开玩笑所造成的对所看所感所思的动摇，这种动摇将读者直接请入世界及其丰富多彩的现象中。当然有一点拉伯雷是已经确定下来了，即原则上反基督教的方式；对于他来说，遵循自己本性的人和自然的生活，无论是人还是事物都是善的；我们根本不需要明确论证他通过修建泰莱姆修道院而表明的这种信念；因为他的作品中的每一行都流露出这一信念。与此相关联的是，他将人看作造物与中世纪后期相应的现实主义手法一样，已不再将躯体和尘世的凄惨及短暂作为基调；在拉伯雷那里，造物现实主义获得了一个崭新的、与中世纪的意义截然相反的意义，人的躯体及其功能生机勃勃地凯旋的意义。在拉伯雷那里，已不再有原罪和末日审判，于是也就没有了对死亡的超验恐惧。作为大自然的一部分，人喜欢自己充满生气的生活，喜欢自己躯体的种种功能和自己精神的种种力量，和大自然的其他造物一样，他也将自然消亡。拉伯雷的爱，他对知识的渴求，他的语言摹仿力，都属于人和大自然的充满生气的生 264
活：借此他成了诗人，因为他就是诗人，即便感情不那么充沛，他甚至也是一个抒情诗人。他的现实主义的摹仿针对的是凯旋的尘世生活，而且这完全是反基督教的；它与中世纪晚期的造物现实主义体现的思想形成鲜明对比，因而他的背离中世纪也恰恰在他文体中的中世纪特征里表现得最为突出；它们完全改变了目的和功能。

人在自然世界中的兴起与和谐,动物—生物特性的胜利,都使得人们更清楚地看到,经常与文艺复兴联在一起使用的(绝非没有道理)个人主义这个词具有多重含义,因而又是那样容易被人误解。毫无疑问,在拉伯雷所有的可能性中,人具有戏弄所有事情的世界观,在思维和满足本能及意愿方面比从前更开朗,更自由。因此他的个体性就更强一些?这并非轻易就能判定。至少他没有牢牢固守自己特有的本性,他比较多变,他更喜欢套在另一张皮里面;共同的、超个体的特征,特别是动物的、本能的特征得到了特别的强调。拉伯雷创造了各种色彩鲜明清晰可辨的人物类型,不过他并不总喜欢让他们保持着单一性;他们很容易就开始发出斑斓的色彩,因处境和情绪的不同,另一个人物不知不觉就从他们中间探出头来。庞大固埃和巴奴日在整部作品中的变化是那么巨大!即使在个别的短暂时刻,当他将令人愉快的机警、才智、人文思想和某种不断透射出来的天生的无情的残酷混杂在一起时,他也不大注意人物的统一。如果把他在第 2 部第 30 章里描述的荒诞的阴曹冥府(各种人物在那里的处境和角色与尘世间的刚好相反)与但丁的彼世进行比较,我们就可以看出,拉伯雷将人的个体性处理得多么笼统;他以将其颠来倒去为乐事。事实上,基督教的世界图像的统一和尘世特性在上帝审判中象征性的保留导致了人的个性的长久而不易破坏的持续,这在但丁和其他人身上得到了最有力的证明;然而当基督教的统一和不朽不再支配人类图像时,人的个性的这种持续首先就陷入了危机。

上面提到的对阴曹冥府的描写同样也是因卢奇安的一篇对

话(Menippus seu Necyomantia)而得到的灵感,但拉伯雷却将这个游戏玩得大多了,也丰富多彩多了,远远超出了一种适度的审 265
美情趣的界限。他与古希腊罗马文学间的人文主义的关系,表现在他对为他提供主题、引文、轶事、例证和比喻的作者们的重要知识上,表现在他与其他人文主义者一样受古典思想影响,有关政治、哲学、教育问题的思想上,特别表现在他那挣脱了中世纪基督教和等级社会观念束缚的关于人的见解上。然而他绝没有因此而屈从古典观念的束缚;对他来说,古希腊罗马文化意味着解放和视野的拓宽,而绝不意味着新的限定或束缚;他最避而远之的就是古典文化的文体分用,在他那个时代,这种文体分用在意大利已经发展成纯粹主义和“古典主义”,在法国也随即如此。在他那里不存在任何美学标准;一切和一切都是和谐一致的。日常生活的现实被嵌进极难想象的幻象之中,粗俗之极的闹剧中充溢着渊博的学识,哲理伦理亮点出现在猥亵的话语和故事里。这一切的中世纪特征要远远大于古典文化的特征,至少在古典文化中,“笑谈事实”向两边的摆幅没有如此之大;因此就需要中世纪的文体混用。但是拉伯雷的文体不单单是大大加强了的中世纪文体。当他像中世纪后期的布道者那样把胡乱堆砌起来的渊博知识与粗俗的通俗性混在一起时,这种渊博知识就不再具有凭借权威为某一教义或伦理学说提供依据的功能,而是为荒诞之极的游戏服务,这种游戏使它当时所表现的东西或显得荒谬无理,或者至少使所谓的严肃程度成了问题。即使他的通俗化也和中世纪的大不相同。毫无疑问,拉伯雷是通俗型的,因为他随时都会用他的故事让一个粗俗的读者得到莫大的欢乐,只要那读者懂得他的语

言；然而他这部著作真正的对象是属于精神精英之列的那些人，而不是大众。布道人用生动的演讲面向大众，布道书是为直接宣讲准备的，而拉伯雷的这部著作是为了刊印，也就是为了阅读，而这在 16 世纪还意味着是为了极少数人；而这极少数并不属于民间故事书读者那个阶层。

关于他这部著作文体的定位，拉伯雷自己曾有过表述，那时
266 他引用的范例不是出自中世纪，而是出自古典时期，这就是苏格拉底。这是他著作中最优美最成熟的文章之一，是为卡冈都亚写的前言，也就是第 1 部的序言，不过正像开头时所说的，这是在第 2 部之后才写成发表的。“著名的酒友们，还有你们，尊贵的生大疮的人——因为我的书不是写给别人，而是写给你们的——”[*]这一名章就是这样开始的，它声部丰富，从中可以听到这部著作的各个主部主题，因而完全可以将其比作一个音乐序曲。在此之前几乎没有一个作者曾用这种方式称呼他的读者，由于在这种开头之后突然出现极难料到的内容，这种称呼就显得更加奇特了：“柏拉图对话集有一篇叫《会饮篇》，文中阿尔奇比亚代斯曾经称赞他的老师苏格拉底这位无可争辩的哲学之王，在许多话之外，他还说他的老师很像西勒诺斯[**]……”[***]对文艺复兴时期把什么都柏拉图化的神秘主义者来说，对意大利、德国和法国的纵情享乐的教徒来说，柏拉图的《会饮篇》不啻一部圣典；他想对著名的豪饮者和尊贵的维纳斯疫病患者（就如雷吉斯那诙谐的翻译）讲点关

---

* 引文原文为法语。译文摘自成钰亭译《巨人传》，上海译文出版社。——译者

** 西勒诺斯，古希腊神话人物。——译者

*** 引文原文为法语。——译者

于它的事；他用第一个句子马上定出了一个调子，一个极为奇特极为过分的不同领域混杂的调子。随后是对阿尔奇比亚代斯将苏格拉底比喻成西勒诺斯形象（盒子里装的是诸神的小像柱）那段文字的放肆怪诞的释意：因为他和那盒子一样，相貌太丑陋了，形象可笑，不引人注意，没有财产，行动迟钝，形体古怪，是一个一天到晚总是在开那些低俗玩笑的人（在柏拉图的书里，阿尔奇比亚代斯只是简略地提了一下这部分比喻，但拉伯雷引用的却很广泛）；然而他的内心却装着珍贵的财宝：超人的悟性，令人钦佩的品德，百折不挠的勇气，无可比拟的节操，持久的满足，完美的坚毅，对人们梦寐以求的、奔波劳碌的、你争我夺的、长途跋涉的一切蔑视到让人难以相信的地步。拉伯雷又接着写道，我说了这么一套开场白有什么用意呢？如果你们读到我所写的所有的书的有趣的书名（随后开列了一些古怪的书名），想象着那里面无非是些逗乐的蠢事、笑料和嘲弄。你们不该单凭表面印象轻易下断语。光穿上修士服也不一定就是僧侣。你们必须打开这本书仔细琢磨一下那里面的内容，那样你们就会看到，内容所具有的价值和盒子上的完全不同，而书中所谈论的内容也不像依据书名猜测的那么傻气。即使你们在字面意义上看到足以让人发笑的东 267
西，看到与书名相符合的东西，那你们也不要以此满足：你们必须更深地去解释它。你们曾看到过一只找到一根带骨髓的骨头的狗吗？那时你们可能会注意到，它是多么聚精会神地盯着那根骨头，是多么热情地衔住它，是多么小心地啃着它，是多么充满激情地咬开它，是多么仔细地吸吮它。它为什么要做这一切呢？它费了这么大的劲是希望什么呢？仅仅是一点点骨髓罢了。然而这

一点点自然是最精美的食物了。根据他这个例子,你们务必要具备一个灵敏的鼻子才能发现这些漂亮的书,才能嗅到和评价它们的内容;然后,通过认真的阅读和经常的思索,你们必须打开骨头吸吮里面富于营养的骨髓——这就是我用毕达哥拉斯式的比喻所要说明的东西——毫无疑问,你们将通过这样的阅读获得才智和勇气;因为你们将在这里面找到独特的风味和深奥的道理,无论是有关宗教还是有关政治和经济,它们都会向你们显示出极深的奥妙和令人畏惧的神秘。

在这篇序言末尾的那些句子里,他当然又将所有深奥的解释变成滑稽可笑的东西,不过,他用苏格拉底这一例证想说明他的什么意图,把自己的读者比作咬开骨头的狗是想说明什么,将他自己的著作称作"漂亮的书"是想说明什么,他所关心的是什么,关于这些都不存在什么疑问。就连色诺芬*也曾提到过把苏格拉底比作西勒诺斯的形象,这一比喻在文艺复兴时期给人造成重要的印象(伊拉斯谟**将它写入了《名言集》(Adagia),也许这是拉伯雷的直接渊源);它介绍了关于苏格拉底的人品和文体的一种观念,这种观念好像利用希腊哲学家中给人印象最深的人物的权威证明从中世纪继承下来的把各个领域混起来的做法是正确的。就连在蒙田那里,苏格拉底也在相同的意义上被作为主要证人引用过,那是在第3卷第12篇随笔的开头;那里文体的定位完全不同于拉伯雷,但有相同之处,即文体混用:

* 色诺芬(Xenophon,前430-前354),古希腊诗人,哲学家。——译者

** 伊拉斯谟(Erasmus,1466-1536),文艺复兴时期尼德兰人文主义者。——译者

> 苏格拉底的心灵是按自然而普通的运动轨迹活动的。农人如何说啦，妇女如何说啦，他嘴上向来只挂着马车夫、细木工、补鞋匠和泥瓦工。都是从人们最普遍最熟悉的行为中归纳、类推出来的话，因而人人皆能理解。我们却永远不会从那卑微的形式中挑选出闪耀在他奇妙观点中的那些高贵而光彩夺目的精华……*

当蒙田或者拉伯雷表示自己喜欢某种粗俗的通俗文体时，还 268
照样引用苏格拉底，在这里可以不去考虑他们这样做在多大程度上是对的；他们是在一种“苏格拉底式的”文体下想象出一些自由的东西，一些自然的东西，一些接近日常生活的东西，拉伯雷甚至想象出了近于诙谐的东西（“形象可笑，尖鼻子，牛眼睛，疯子面孔……一天到晚嘻嘻哈哈，跟谁都会碰杯，讲不完的笑话……”**），对我们来说，这就足够了；上帝的智慧和完美的道德依旧隐匿在其中。这是一种形同一种文学风格的生活方式；就像在苏格拉底那里一样（在蒙田那里也如此），这是人的表达方式。由于某一实用的理由，这种混用作为文体特别适合于拉伯雷：它使他得以在一种玩笑和严肃之间的昏暗中道出对那个时代的反动力量来说是有伤风化的东西，这让他在危机时刻能够轻而易举地逃避承担全部责任。另外它完全符合他的禀性，而它作为极其独特的现象也是产生于他的这种禀性，尽管存在着所有他意识到

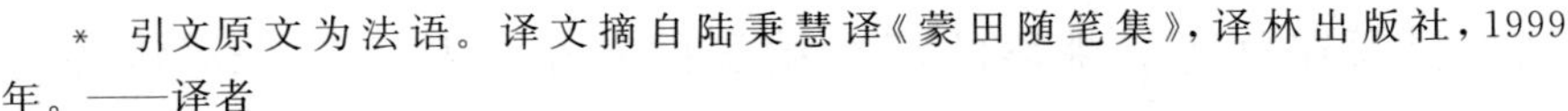

* 引文原文为法语。译文摘自陆秉慧译《蒙田随笔集》，译林出版社，1999年。——译者

** 引文原文为法语。译文摘自成钰亭译《巨人传》，上海译文出版社。——译者

或未意识到的传统。它首先完全服务于他的目的:即一种创造性的讽刺,这种讽刺打乱了常规角度和比例,让现实出现在超现实中,让智慧显露在愚蠢里,让愤怒表现在惬意的有刺激性的生活欢快中,让自由的可能性闪亮在可能性的游戏里。我不认为在那神秘的意义,即在骨髓里寻找什么确定的、能够另外改写的东西会很顺利;不过隐藏在这部著作中的东西以成千上万种方式表现出来,它是一种思想观念,他自己把它称作庞大固埃主义;他把它称作一种对生活的攫取,一种同时包括精神和感官内容的攫取,一种不放过任何可利用的机会的攫取。更详尽地描述它是不可取的,因为那就得和他展开一场竞争;他自己在不停地描述它,而且他会比我们做得更好。我只想再补充一点,这就是在他那里,五花八门的疯狂游戏从未演变成随意的咆哮并进而变成对生活的敌视;无论这部著作中风雨有多狂,它在每行每句里都被牢牢地掌握着。

他的风格的丰富多彩并不是无限的;情感的深沉和伟大的悲剧由于荒诞的背景根本没有可能,而且他也不可能做到这些。因
269 此大家可能会怀疑,在我们这一探讨中,他是否应该得到一席之地,因为我们所探讨的是平凡和悲剧式严肃的统一。人们肯定不会否认他的平凡,因为他将这种平凡镶嵌进了他的超现实世界里,他不断让它显现出来,他凭借它成了诗人。除了许多其他类型外,他也是一个抒情诗人,一个声调真实的多声部诗人,人们经常觉察到这一点,并引用过许多段落来说明它,如第 1 部第 4 章结尾描写在草地上跳舞的那个精彩的句子。我们至少可以在这里印出一个例子来说明他那抒情平凡的多声部,也就是那曲阉羊

之歌，他把它插在讨价还价场景和突然抛羊入海之间，那个时刻很短暂，当时丹德诺还在啰里啰唆地、诙谐地、愚蠢地、毫不羞愧地、一无所知地取笑着巴奴日（第 4 部第 7 章末尾）：

> 巴奴日把钱交给生意人后，在羊群中挑了一条又大又漂亮的，抓起来就走，那只羊大声地咩咩叫个不停，所有其他的羊听见它的叫声也跟着咩咩地叫起来，看着要把它们的同伴带到哪里去。*

这个带有许多分词的句子犹如一幅画一首诗。随后语调和主题都变换了：

> 商人却对他的看羊人说：这个买羊的可真会挑！他干这个可是真内行，这个婊子养的。的确，的的确确，那一只是我留给唐伽勒的王爷的，因为我知道他的脾气：他天生最喜欢做的和做得最疯狂的就是能用左手轻巧挥舞着又肥又嫩的羊腿，就像挥起球拍；要是再给他一把锋利的刀子，天知道，他切起来是多么利落。**

这段对唐伽勒王爷天性的描写展现的是一幅完全不同的画面，不过同样给人以深刻的印象，它极具感官性，极其滑稽，同时

---

* 引文原文为法语。译文摘自成钰亭译《巨人传》，上海译文出版社。——译者

** 同上。——译者

又是一个极妙的补充，因为啰里啰嗦地描述一个所有在场的人都
270 不认识的人以及自己和他的关系恰恰鲜明地刻画出丹德诺那明显而滑稽的傲慢（的确，的的确确）。后来买来的羊给扔进了大海，抒情主题（咩咩大叫）马上又响了起来（第 4 部第 8 章开头）：

> 突然间，我自己也不知道是怎么回事，事情发生得太快了，我还没来得及注意到，巴奴日一句话都未说，把那只咩咩叫个不停的羊一下子扔到大海里去了。其他所有的羊一个个跟着大声咩咩叫着，像用线拴着似的全都往海里跳。那简直是踊跃参加比赛，看谁第一个跟着伙伴跳下去。想要挡住它们简直不可能。*

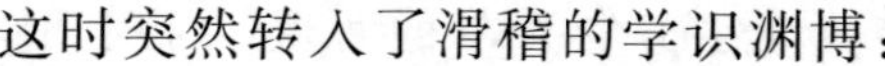

这时突然转入了滑稽的学识渊博：

> 你们大概知道羊的习性，它们总是跟着领头的跑，无论它到哪里。在《动物志》第 9 卷中，亚里士多德把羊称作世界上最傻最愚蠢的动物。**

关于平凡就说这么多。严肃就蕴涵在孕育着所有可能性的探险者的欢乐中，蕴涵在敢于进行现实的与超现实实验的探险者的欢乐中，这种欢乐是他那个时代，即文艺复兴世纪上半叶所特

---

* 引文原文为法语。——译者

** 同上。——译者

有的，谁也没有像他那样借助语言将这种欢乐转换成感官性的东西。因而人们也许可以将他这种文体混用，将他这种苏格拉底式的诙谐称作一种崇高文体。他自己已经为自己著作的这种崇高文体找到了一个动人的词，而这个词本身就是这种文体的典范。它是从饲养喂肥家畜中推断出来的，我们在前面已经引用过它：这些漂亮的书。

第十二章　人类状况

271　其他作家训教人，我却描述人，而且专门描述他们中的一个训教得相当糟糕的个人；倘若能够重新塑造他，我一定会将他造就成另外一种样子；现在为时已晚。我描绘的形象虽然变化无穷，一人千面，但却真实无误。这世界不过是一永远动荡的秋千，世间万物都在不停地摇晃。大地，高加索的山岩，埃及的金字塔也不例外。万物不仅因整个地球的摇晃而摇晃，而且各自本身也在摇晃。所谓恒定不过是一种较为缓慢无力的晃动而已；我把握不住我描绘的对象。他混混沌沌、踉踉跄跄地往前走着，在一种自然的醉态中。我只能抓住此时此地我所关注的他。我描绘的不是他的整个一生，我描绘他的转变；不是从一个年龄段到另一个年龄段——或者像常言所说的从这七年到下七年——的转变，而是从这一天到下一天，从这一分钟到下一分钟的转变。必须把我描述的事与时间结合起来，因为我可能很快就变，不仅境遇在变，而且我的意图也在变。这里记录了各式各样变化多端的事件，以及种种游移不定、有时甚至是矛盾重重的思想；或是因为我已经成了另一个我，或是因为我通过另外一种环境，用另外一种眼光捕捉我描绘的客体。可以确定的是，我有时或许会反驳我自己，然而就像狄马德斯说过的，我从不违背事

实。如若我的思想能够稳定下来，那我就不探索我自己，而是总结自己了，然而它还总是处在学徒和试用阶段。

我呈现于此的是普通而且缺乏光彩的一生。这有何妨。道德哲学既适用于丰富辉煌的生活，也适用于平常家居的生活。每一个人都是整个人类状况的缩影。作家们往往向公众展示自己特有的奇异之处，我是第一个向公众展示包罗万象的自我全貌的人；我是作为米歇尔·德·蒙田，而不是作为文学研究者，诗人，或法学家与他们交流。如果世人抱怨我过多地谈论自己，那我则要抱怨他们从未思考自己。然而，一个我行我素的人，并非想借此在公众中扬名，也并非要以我的相当柔弱的体质，在这个极其重视形式和技巧的世界上，制造一种朴素自然不加文饰的效果。在人们的心目中，构建一部作品而不讲求手法和技巧，那不就等于筑一高墙而不用石头，或是类似的什么事情吗？音乐作品的构思要靠技巧的引导，而我的作品的构思却是兴之所至。在文学领域里，至少还没有人像我这样对自己描写的客体有如此透彻的认识和理解，就此而言，我是在世的知识最为渊博的人。其次，还从未有一个作家对其写作题材钻研得如此深入，对题材的各个部分剖析得如此细致；也没有人能比我更准确更全面地达到他为自己的作品确立的目标。为了使作品臻于完善，我只需赋予它忠实，而它的确是忠实的，忠实得真诚而纯粹。我诉说真实，虽则并不完全是我所想说的一切，但却是我所敢说的一切；我的年龄越大，我的胆子也就越大，因为按照风俗习惯，人到老年就可以更自由地说长道短，更无顾忌

地谈论自己了。在这里不会发生我经常看到发生的事：作者和他的作品相互矛盾……一个博学的人并不是在所有的专业里都博学，而一个有才华者处处能显露其才华，甚至在他不懂的事情上。我的书和我本人互相吻合，风格一致。对别人，人们可能撇开作者而推崇或指责他的作品，对我却不可能：触及我的书即触及我本人。*

273 这是《蒙田随笔集》第 3 卷第 2 章的开头；在维莱版本里（巴黎，阿尔冈，1930 年）（后面引用时我也将标出其页码），它在第 3 卷第 39 页。蒙田曾在许许多多的地方谈论过随笔的题材，谈论过他描述自己的目的，这便是其中之一。他首先强调了他的对象的晃动、不持久和变换，随即描述了他在处理这样一个晃动的对象时所使用的方法，最后探讨了他这么做的益处。第一段的思路流畅地表现在一个三段论中：我描述我自己，我是一个不断变化着的人，因此这一描述必须适应我并不断变化。我们想尝试着分析一下文中的各个部分是如何得到表现的。

“我描述我自己。”蒙田并没有直接这么说。通过与“其他作
274 家”的对比，他这样表达这层意思的效果远比直截了当说出来要有力得多，也要细腻得多——马上就可以看到这一点。“其他作家训教人，我……”在这里可以得出结论，这个对比是双重的。其他人训教，我讲述；（参见稍后的：“我不训教人，我讲述。”）其他人

* 引文原文为法语。译文摘自陆秉慧等译《蒙田随笔集》，译林出版社，1999 年。——译者

训教"人",我描述"一个人"。这又得出这一对比的两个级别:训教—讲述,人——一个人。这"一个人"就是他自己;然而即使这个意思他也没有直接说,而是以他那种别有用意的、讽刺性的、稍稍有那么一丁点儿沾沾自喜的谦虚对此进行了一番释义。这个释义可分为三部分,而第二部分由主从句组成:"倘若能够重新塑造他,我一定会将他造就成另外一种样子;现在为时已晚。"按照他的安排,这个三段论的大前提至少包含三组意思,它们在相互间的不同运动中构成和注释着这个大前提:一、其他作家训教,我描述;二、其他作家训教人,我描述一个人;三、这"一个人"(我)"可惜"已经被训教过了。这一切均概括在唯一一个节奏感很强的动作里,没有丝毫混乱的可能;几乎全然没有句法上的关联方式,没有连词或者类似于连词的连接成分;明白无误的关联,意义上的纽带,靠意义单位和句子韵律编织在一起,这就足够了。为了将这些话说得明明白白,我想在这里补充一些关联成分:"(当)其他作家训教人(时),我描述人;(还应该补充说,)描述训教得相当糟糕的个人;(这个个人就是我自己,这我清楚;)(请你们相信,)倘若能够重新训教他,我一定会将他造就成另外一种样子;(然而,遗憾的是,)现在为时已晚。"* 当然我所补充的仅仅只是近似意义;蒙田用将其省略的方式所表达的意思是难以完全把握的。

这个三段论的小前提(我是一个不断变化着的人)蒙田先还没有说出来,他让符合逻辑的进展悬在空中,他首先提出了结论

* 引文原文为法语。译文摘自陆秉慧等译《蒙田随笔集》,译林出版社,1999年。——译者

作为令人意外的命题："我描绘的形象虽然变化无穷，一人千面，却真实无误。"[*]"但"这个词表示进展停止，又有新的内容开始了；它立刻就减弱了这个命题的突然性和意外性；"虽然"这个词放在这里完全是作为句法连接成分，它有力地强调了这个问题。

现在接下来的才是小前提，它也不是被直接道出的，而是作为一个次三段论的结论出现的，这个次三段论内容如下：世界在
275 不停地变化，我是这个世界的一员，因而我在不停地变化。大前提带有一些例子，世界的变化方式被作为双重变化进行分析：每一事物都经历着共同的变化，另外还经历着它自己的变化；随后是一个多声部的活动，引出这个活动的是关于恒定的佯谬命题：恒定仅仅是一种比较缓慢的晃动。这个想象出的多声部活动占据着此段整个剩余部分，在这里，次三段论的小前提自然而然地就显得极其微弱；两个缠绕在一起的主题是主三段论的小前提和结论：我是一个不断变化的人，因而我必须使描述适应这种情况。在这里他置身于他那极为特殊的区域的中心，即我和我之间的游戏之中，作家蒙田和描述对象蒙田之间的游戏之中；各种有声有色的变化涌现出来，一部分与这个蒙田有关，一部分与另一个蒙田有关，大部分涉及两者；人们现在有了可选择的东西，人们可能认为它们最浓烈，最特别，最真实，人们可能对它们极为赞叹；它们中有自然醉态，有描绘变换，有外部（"命运"）和内部（意图）的变化，有狄马德斯的引文，有"尝试"和"结果"之间的对比以及和

* 引文原文为法语。译文摘自陆秉慧等译《蒙田随笔集》，译林出版社，1999年。——译者

那幅美丽的图画（“如若我的思想能够稳定下来”）间的对比；从整体上说，贺拉斯在论述完美成功的作品时说的一句话适用于它们中的每一个：

我希望大家认为将此段落分解成三段论并不过于迂腐。这种分解表明，在这个生动活泼、突然跃出的活动是那么丰富的段落里，思想的布局清晰而富有逻辑性；这里有大量补充性的活动，划分性的活动，深入性的活动，起部分让步作用的逆向而来的活动，它们的作用就在于让人觉得似乎在用它的实际作用阐明这一思想；另外这一顺序被多次打乱，个别部分被提前说明，其他的甚至被省略掉，而目的就在于让读者去补充它们。读者必须参与进来；读者被一同带进了思想的活动中，然而一刻也不能停止惊异、审核和补充。谁是“其他作家”，他必须猜出来；谁是“个人”，他也同样得猜出来；“不过”带出的句子似乎将他远远地领开了，过了一段时间他才能渐渐辨别出结果是什么；随后当然是用大量牵动着他的想象力的表述向他展现出最根本的东西；总是让他不得不保持着参与状态，因为每一个表述都是那么特别，都要求对它进行消化理解；没有一个表述符合某一现成的思维或表达模式。

尽管这一段的内容是非现实的并具有严密的逻辑性，尽管它 276
讲的是深刻的、独特地深化了自我观察这一问题的思维活动，但它的表达欲念具有那么强烈的活力，因而它的风格突破了一篇理论论文的框框。我猜想，每个熟读过蒙田的人都会有和我一样的经验：当我读了一段时间他的作品并稍稍熟悉了他的方式之后，我以为是在听他说话，我以为能看到他的表情。这是一种在从前的理论作家那里极难获得的体验；像蒙田这样的大概找不出第二

个。他常常省略掉连词和其他句子连接成分，却能让人们联想到它；他跃过了思想的某些环节，却用无意中在逻辑关系不是很紧密的各个部分之间建立的某种联系替代了缺少的东西；在句子“恒定本身只是一种缓慢的晃动”和紧随其后的句子“我把握不住我的描写对象”之间，似乎缺少一个环节，这个环节大概可以这样来说：我，我的观察对象，作为这个世界的一员同样在经受这种双重的变化；他后来详细说明了这一点；不过在这里他已经营造出建立这种联系和让读者当下就聚精会神的氛围。有时候他用不断更新的表述多次重复他认为重要的思想，每一次都想出一个新的观察角度，找出一个新特点，描出一幅新图画，因而使这一思想光芒四射。这一切都是人们更习惯于在交谈中获得的特征（当然是于富有思想和表达力的人），而不是在一篇理论作品中；大家都认为，要达到这样一种效果，语调、表情和一次愉快的谈话给双方带来的温暖感是必不可少的。然而独自一人的蒙田在他的思想中找到了足够的生活，仿佛也找到了足够的体热用于写作，就好像他在说话。

这与他竭力想把握住他的描述对象，即他自己时所使用的方式有关联，这也就是他在我们刚才引用的那个段落里描述的那个方式。它是一种对他内心发出的变化着的声音的不停的倾听，它在变化着，在它的文体的范围内变化着，在别有用意的、稍有点沾沾自喜的讽刺和一种非常坚决的、深入到生存基础上的严肃的区域间变化着。在他表露的讽刺中又搀杂着几个主题：对人是悲剧性的这一看法的极其坦诚的反感，如：人是“极其虚荣的反复无常
277 的”（第 1 卷第 1 章第 10 页），人“既可笑又滑稽”（第 1 卷第 50 章

第 582 页），人是“闹剧的滑稽演员”（第 3 卷第 9 章第 434 页）；对写作略有些高傲的轻慢，如：如果我是编书的（第 1 卷第 20 章第 162 页及第 2 卷第 37 章第 902 页）；最后——这也是主要的——是贬低他自己的观察方法的倾向。他把自己的书称作“凑成了这部大杂烩”（第 2 卷第 37 章第 850 页）和“胡乱拼出了这个大杂烩”（第 3 卷第 13 章第 590 页），有个地方他甚至将其比作一位老先生的粪便：“一个老才子的粪便，时硬，时软，常年消化不良。”（第 3 卷第 9 章第 324 页）* 他不知疲倦地用某种方法强调他的写作方式没有艺术技巧，是个人的事，是自然的，是直接的，就好像他必须为此而道歉，这种谦虚的讽刺并不总像我们引文的第二段显露的那么完全和清晰，第二段我们将在下面分析。关于讽刺暂时就说这么多。它是他的风格的极迷人、极符合描写对象的调剂品，不过千万别让它给迷惑住了。他说，他的描述虽然充满变化且丰富多彩，但却从未迷失，他虽然有时可能会反驳自己，但却从不违背事实，他说这些时态度是严肃的，语气是坚定的。从这种话语中透露出一种非常真实的、源自经验、尤其是源自自己的经验的对人的见解，这见解就是：人是一个不稳定的、屈从于环境变化、自己的命运和自己的内心活动的生灵；因而蒙田这种似乎是情绪化的、预先没有计划的、灵活地跟随着他本性的变化的写作方法从根本上说是一种严格的实验性方法，是唯一适应这种描述对象的方法。谁想准确客观地描述一个不断变化的对象，就得准确客

* 以上引文原文为法语。译文摘自陆秉慧等译《蒙田随笔集》，译林出版社，1999 年。——译者

观地追寻它的变化;他只好遇见多少实验就用多少实验来描述这个对象,他一心指望用这种方法能够确定可能发生的变化的范围,从而最终得到一个总体形象。这是一个严格的、甚至在现代意义上也是科学的方法,而蒙田力图遵循的也正是它。他也许曾抗拒过"方法"这个充满科学要求的词,但它确实是一种方法,有两位现代批评家,维莱(《"蒙田随笔集"题材的来源和演变》,巴
278 黎,1933 年,第 2 版,第 2 卷第 321 页)和朗松(《论"蒙田随笔集"》,巴黎版,参见 265 页),曾将这个词用于他的创作活动,虽然其意义与这里所说的并不完全一致。蒙田详细描述过这种方法;除了我们引用的这一段,值得注意的还有另外几个地方。我们引用的这一段非常清楚地表明,他是被迫采取行动,而且正是因为适应他的描述对象才不得不这样做;另外他还解释了随笔题目的意义,它很确切地、但当然不是特别漂亮地被描述为"试验本身"或"自我试验"。在另一处(第 2 卷第 37 章第 850 页),他强调了准备使用他的方法的思想演变,还有对蒙田来说一个非常典型的结论,一个不仅仅只具有讽刺意味的结论:"我愿意说明我的思想过程,让人看到每个想法当初是怎样产生的。我也乐意早就开始这样做,认清我的转变轨迹。……我自开始写作以来已老了七八岁,这也没有完全虚度,慷慨的人生让我体会到了肠绞痛。跟时间长期打交道不可能不得到新的收获。我只是希望,岁月在献给暮年人的礼物中,给我选择一个更容易接受的礼物。……"* 在另外一个更加重要的地方(第 2 卷第 6 章第 93、94 页),蒙田的话语

* 引文原文为法语。译文摘自陆秉慧等译《蒙田随笔集》。——译者

里没有任何讽刺意味，带有平稳却活泼的坚定语气，这种坚定的语气是蒙田风格的上限——他从未提高这种语调——是他对他的行为的一种如此崇高的见解，他说：“捕捉游移不定的思想，深入漆黑一团的心灵角落，选择和抓住细微闪烁的反应，确是一项棘手的、比表面复杂得多的尝试。这也是一种新的和不同一般的消遣，把我们从日常平凡的工作中——是的，甚至从最急需做的工作中——吸引过去。好几年来，我只把目标对准我的思想，我只检验和研究自己；我若研究其他事，也是为了在自己身上——或更确切地说——在自己心中得到印证。……”[*]这些句子之所以重要也是因为它们划定了他的行为的界限，因为它们不仅道出他想做什么，而且也道出他不想做什么，即探讨外部世界；只有在作为他自己活动的发生地和契机时，外部世界才会令他感兴趣。在这里我们看到了他那迷惑人的、别有用意的讽刺的另外一种形式，即常常声明他在所有涉及他最喜欢用“事物”一词来描绘的外部世界时的无知和没有责任：“我的论点不是写给别人看的，而是写给自己看的；而我也不见得对自己的论点感到满意。……本文内都是我的奇谈怪论，我并不企图让人凭这些来认识事物，而是认识我：……”（第2卷第10章第152页）[**]对他来说，“事物”只是
自我检验的一种工具；它们只是为他“检验天性”（出处同上）服务 279
的，面对它们他感到自己没有义务表态负责任。这一点用他自己的话说得最清楚：“每件事情都有方方面面，有时我只是抓住一

* 引文原文为法语。译文摘自陆秉慧等译《蒙田随笔集》。——译者

** 同上。——译者

面……往里扎一扎，不是尽量扎得宽，而是尽量扎得深。……我并不打算做什么，也不许诺做什么。我不一定要对这些写出的东西负责，也不会因为觉得不错就始终如一地坚持这些东西。我还会觉得有疑问，没把握，仍然觉得自己还是老样子——一无所知。”（第 1 卷第 50 章第 578 页）* 在这里已经可以十分清楚地看出来，这种一无所知是什么意思；在自嘲和谦虚的后面隐藏着一种完全确定的、表示着他的主要目的的立场，他以自己特有的、可爱而灵活的坚韧性坚持的立场。另外他还进一步向我们透露，这种一无所知对他来说意味着什么。也就是说他了解“一种极端的无知”（第 3 卷第 11 章第 493 页），他对它的评价高于所有对事物的了解，与知识的获得相比，知识更属于这种对事物的了解。它不仅是为他打通认识之路的一种工具（这认识，即自我认识，对他至关重要），而且甚至是达到他探讨的最终目标的一条捷径，也就是生活得当：“我们最伟大最光荣的杰作就是生活得当。”（第 3 卷第 13 章第 651 页）** 在活生生的人身上隐藏着对自然和命运的完全屈从，因此他认为，想认识它们的意愿总是大于它们让我们感受到的并无益处：“单纯依靠自然便是最明智地依靠自然。啊！无知和不好奇是供成熟头脑休息的何等柔软安全的长枕啊！”（第 3 卷第 13 章第 580 页）在此前不远的地方他还说：“我以无知而又随便的态度听任世上的一般规律左右。我一发现普遍规律就能将它认识清楚……”***

* 引文原文为法语。译文摘自陆秉慧等译《蒙田随笔集》。——译者

** 同上。——译者

*** 同上。——译者

这种对“事物”故意一无所知和无所谓的态度属于他的方法；他在它们中间寻找的只是他自己。在无数随意进行的实验里，他检验的是他自己这个对象，他从各个方面阐述它，他似乎用圈套住了它；然而结果并不是一大堆毫无关联的瞬间相片，而是靠本能理解的、由各种观察组成的他个人的统一体。最终还是归结到这个统一体和事实；它最终还是在他描绘变化时出现的本性。用这样一种方法处在自我追逐之中，这已经是一条通向自我占有的路：“行动的价值可从相关事物的质量上体现出来，这是事物的重 280
要组成部分。”（第1卷第20章第148页）在这变化的每一时刻，蒙田都将他自己联系进去，而他自己也知道这一点：“每个人——如果他审视自己——都会发现自己身上有一种固有的、占主导地位的存在方式……”（第3卷第2章52页）或者在另外一处：“我最为坚定和通常的想法可以说是同我一起产生的。它们是我生来就有的，是完全属于我的。”（第2卷第17章652、653页）* 当然，这“存在方式”无法用几个精确的词来改写；它极为丰富多彩，极为真实，无法将其归入某一个定义。然而对蒙田来说，事实是一个，虽然它的表现是丰富多彩的；他也许会反驳自己，却不会违背事实。

就连随笔这特殊的形式也属于蒙田的方法。它们既不是自传，也不是日记。它们没有一个充满艺术性的规划作为基础，它们也未依照某种编年顺序排列。它们所依据的是偶然——“音乐作品的构思要靠技巧的引导，而我的作品的构思却是兴之所至。”

* 以上引文原文为法语。译文摘自陆秉慧等泽《蒙田随笔集》。——译者

若是认真对待的话，那这就是引导着他的事物——他活动于这些事物之间，他生存于它们中间，总能在它们中间见到他，因为他睁大着眼睛，有一副很乐意接受印象的头脑，就在这个世界之中；只是他在时间方面并未追随它的过程，也没有依照某种以认识特定
281 事物或一组事物为目的的方法，而是根据他自己内心的节律，这种节律虽然不断从事物得到新的推动和营养，却没有与它们系在一起，而是无拘无束地从这个跳向另外一个。他偏爱“蹦蹦跳跳的活泼样子”(第 3 卷第 9 章 421 页)。彼埃尔·维莱曾指出(《渊源及其他》第 2 卷第 3—5 页)，这种随笔的形式来自例证、引文和格言集，来自一种在古典晚期和中世纪就已经很受欢迎的专题文献，到 16 世纪又被用于传播人文主义题材。蒙田就是以这种方式开始的；他的书本来是一种附带注释的阅读心得集。这个框架很快就被打破了；附带的注解占据了主要地位，作为题材契机的不仅有所读的东西，而且还有所经历的事情；或者是他自己所经历的，或者是他从别人那里听来的，或者是在他身边发生的。然而他从未放弃以具体事物为根据和以所发生的事情为根据的原则。同样他也不拘泥于某种探究事物的方法或事件的时间过程；他从这些事物获取生气，这种生气使他免于进行抽象的心理学或毫无实质性内容的探究自己；然而他避免服从某一事物的法则，以免抑制住他内心活动的节律并最终失去它。他对这种方法极为赞美，特别是在第 3 卷第 9 篇随笔中，我们从中引用过几句话，他将柏拉图和其他古典作者作为楷模来引用。引证的柏拉图的一些对话结构似乎比较松散，其主题好像不是抽象地分离开，而是被置入交谈者的人的特性和处境之中，而这种引证肯定不是完

全没有道理，但也不是的确中肯。蒙田是某种新东西：个人趣味，即一个唯一的人的趣味显得更加有说服力，表达方式更具有自发性，更接近日常谈话，虽说在这里并不是对话。第12章的另外一个地方描述了苏格拉底的风格，我们在关于拉伯雷的章节里曾引用过它（第267页），那段描述展现出一个带有强烈的蒙田色彩的苏格拉底。在描述谈话中的苏格拉底时，没有一个古典哲学家在写作时是如此强烈地发自自己具体的生存意愿，如此有生气，如此涉及躯体，如此具有自发性。其实蒙田也知道这一点。在一处反对赞扬他的语言的地方，他向读者指出了意义和对象（第1卷第40章483页），他又补充说："假如对这个主张没有多少人发表更多的看法，假如无论好坏都没有一个作家将这主张具体落实，或至少在作品中更为生动地体现出来，那么我就弄错了。"*

印在本章开头的引文的第二部分讨论的是他的行为是否合理和有益的问题；正如人们所知，帕斯卡**对这个问题做了那么有力的否定（"他为自己设计出如此愚蠢的计划！"），他的安排和表达又充满了别有用意的讥讽式的谦恭。似乎他自己不敢用一个清清楚楚的"是"来回答这个问题，仿佛他更想表示歉意并引用可使责任减轻的情况。这个表象在欺骗人；他用第一个句子就确定了这个问题，早在他提出这个问题之前；到后来听上去几乎像是一种道歉（至少……我……）的东西突然间变成了一种那么坚定、

* 以上引文原文为法语。译文摘自《蒙田随笔集》。——译者

** 帕斯卡（Pascal 1623－1662），法国数学家、哲学家、散文家，重要著作有《思想录》、《致外省人书》。——译者

有原则性、有意识地展现他的特点的自我命题，因而它已经不可能是谦恭和歉意了。他表达思想的顺序是这样的：

1. 我描绘一个普通的缺乏光彩的一生；但这没有什么关系；即使在最普通的生活中也蕴涵着人类的整个状况。

282 2. 我不像其他作家那样描绘一种我已经获得的专业知识或一种特别的能力；我蒙田第一个以我的整个人来展示我。

3. 如果人们指责我说自己说得过多，那我则回敬以指责：你们从来也不思考自己。

4. 这时他才提出了问题：想使人普遍认识一个如此受局限的个别事件，这不是狂妄吧？为一个只重视形式和艺术的世界展现一个未经加工的简单的自然产品，而且还是一个如此不重要的自然产品，这样理智吗？

5. 代替回答的是跟随着“能够减轻责任罪责的情况”：甲，没有一个人像我这样对自己的描写对象有如此透彻的认识；乙，谁也没有如此深的钻研自己的描写对象，并对其各个部分剖析得如此细致；谁也没有将自己的目标确定得如此明确和完全。

6. 为了达到这个目的，我只需要无条件的忠实，而这对我来说并不缺乏。习俗对我稍有些妨碍，我有时还喜欢走得更远一些；然而，自从我上了年纪，我在这方面就有了一些自由，人们更易给一个上了年纪的人以自由。

7. 在我身上不会发生在一些专家身上发生的事：人和作品不统一，人们会赞叹作品，但在交往中却觉得作者相当平平，或者相反。一个有学识的人不是处处都有学识；但一个完全的人却处处都完全，即使是在他无知的地方。我的书和我同属于一个事物；

谁若是谈论了其中的一个，也就是谈论了另外一个。

这个汇总显示出，他的谦虚是含意深长的；它之所以展现得几乎比原文还要清晰，恰恰是因为它不连贯和不加修饰，不具备表达流畅的亲切。然而即使原文也够果断的；“我”与“其他人”的对比，对专业人士的恶言恶语，特别是“我第一个”和“谁也不曾”的主题叫人过目不忘，越读越觉得清晰。我们现在想尝试分别对上述七层思想进行论述；这当然只是个不是办法的办法，因为它们实在是难以分清，时时相互缠绕在一起；尽管如此，只要是想尝试，还是有必要搞清楚这段文字中蕴藏的一切。

申明描述自己普通而毫无光彩的一生是过分的夸张；蒙田是一个伟人，大名鼎鼎，富于影响。如果他在政治上只是很有节制 283 和勉强地使用他个人，那原因就只在他身上了。然而对他来说，他经常重复的这种谦虚的夸张使主要思想表现得更加生动：对他的目的来说，任随哪个人的命运都够他用了。他在另外一个地方写道：“恺撒的一生对我们的教训并不比我们自己的一生对我们的教训多；皇帝也罢，百姓也罢，谁在一生中都会遇到人间的各种意外事故。我们就听听上面的话吧：……”（第 3 卷第 13 章 580 页）随后就是那个关于任何一个人都能实现的人类状况的名句。显而易见，他用这个句子已经回答了关于他的行为的意义和益处的问题；如果每个人都充分地展示出描绘整个伦理哲学的契机和题材，那么详细坦率地自我探讨任意一个人毫无疑问都是合理的；甚至还可以再往前走一步：甚至是必不可少的，因为按照蒙田的说法，它是作为道德人的科学所能够走的唯一道路。谛听的方法（*escoutons y*）只能较详尽地用在自己的特性上；其实这是一种

自我诊断的方法，一种观察自己内心活动的方法。人们不可能如此详尽地审视别人："你是否懦弱、残忍，或是否正直、虔敬，只有你自己知道；别人识不透你，他们只能通过毫无把握的臆测来揣度你……"（第 3 卷第 2 章 45、46 页）* 这种可以谛听其活动的自己的生活总是随意一个生活；因为每一个生活无非是成千上万的人的生活可能性中的一种。蒙田这种方法的必要根据是随意的自己的生活。

也就是说，这随意的自己的生活必须被当作是完整的。这就是他前面所说的第二点。这个要求很有说服力；任何一种专门研究都是在歪曲道德画面，它只是以我们的某一个角色向我们展示，它有意识地将我们生活和我们命运的广阔区域放在迷蒙之中。从一本关于希腊语法或国际法的书中，不可能看出作者自己的生存，或者说只在很少的情况下可以看出来，即在他的气质强烈而独特的时候，这气质会从所有生活的表述中不由自主地表露出来时。蒙田的社会和经济地位使他较容易地作为整个人来教训和保护自己；对社会上层来说，他那个时代还没有产生这种分
284 门别类工作的义务、技巧和习俗，而是完全相反，在古典寡头政治文明的印象下，他那个时代在努力进行最普遍最人性的教育，在迎合他的需要。然而在他那些著名的同代人中，没有一个在这方面取得了他这样的成就。与他相比，他们全都是专门人士：神学家，语言学家，哲学家，国务活动家，医生，诗人，艺术家；他们全都是"通过某种独特奇异的展示"向这个世界展示自己。当环境使

---

* 以上引文原文为法语。译文摘自陆秉慧等译《蒙田随笔集》。——译者

他别无选择时，即便蒙田偶尔也是法学家、士兵和政治家；他在许多年里是波尔多市的市长。然而他并没有完全投身于这些事情；他只将自己借出去，暂时借出一段时间，他答应委托他这些业务的人们“是掌管而不是管到肺腑心肝”。（第 3 卷第 10 章 438 页）将随意的自己的生活整个作为道德哲学和研究人类状态的出发点，这种方法与按照一定的计划探讨众人的所有方法形成鲜明的对比，例如探讨是具有还是缺少某些特征，或是探讨他们在某些处境中的行为态度；对蒙田来说，所有这些方法似乎都是系统而空洞的概念；在它们中间，他辨认不出人，也就是辨认不出他自己，它们使人披上了伪装，使人简单化，使人系统化，以至失去了他的真实性。蒙田只详细探讨和描述一个唯一的样本，也就是他自己，而即便在这样的探讨中，他也丝毫没有以某种方式使这个对象孤立起来，丝毫没有将它与它所处的偶然处境和条件分离开来，没有以这种方式去获得它本来的、持久的和绝对的本质；在他看来，通过与将当时偶然的伟大隔绝来获得本质的尝试是没有意义的，因为按照他的信念，只要将其与当时的偶然性分离开来，这种本质马上就失掉了。正因为如此，他只好放弃为自己或人下一个最终的定义，一个必然是概念化的定义；他只好将自己限制在不断重新尝试放弃解决上。然而他属于那种并非难以做出这种放弃的人；因为他相信，认识的总体是难以表达出来的。另外，他的这种方法虽然表面上变化无常，却严格局限在观察上；他不进行一般性的追根探因；在蒙田说明原因的那些地方，都是些很容易理解的原因，都是些利于观察的原因。关于这方面有一个引起争议的地方，即使到今天还具有现实意义：“他们把事情本身搁置 285

一边,却把时间消磨于探索事物的起因。滑稽的健谈者。了解事情的缘由不能由我们而只能由操纵事情的人进行,因为我们只承受那些事,我们出于天性也可以充分利用那些事,但不能深入到事情的根源和实质。……他们通常以这样的方式开始:'这是怎么回事?'也许应该说:'有这么回事吗?'……"(第 3 卷第 11 章 485 页)* 在关于他的方法的所有说明中,我们有意忽视没有提及现代哲学方法必然会使用的专业表达,而这现代的哲学方法与他的方法有着近似或相对的关系。内行的读者会将缺的补充上;我们就不这样做了,因为这种设想无论在哪里都不会顺利,更详尽的澄清会将我们与我们的主要目的分隔得很远很远。

在句法非常优美的地方,在描述他为探究人类状况而从整体上描绘他自己的随意生活的方法时,还有几句表述,到现在我们还没有论及。这就是"我第一个"的表述,它们向我们提出了两个问题:他这个看法是当真的吗?他这个看法有道理吗?第一个问题很快就得到了回答,他对它是当真的,因为他经常重复它;我们在后面将要论及的主题"谁也不曾"无非是它的一个变形而已,而我们在前面,即 278 页曾部分引用过的另一处地方,也就是关于"新颖特别的消遣"和"了解内心深处的隐私"的那个地方,他是以下面的方式开头的:"我们知道古人中也只有两三位曾在这条路上探索过。我们只知道他们的名字,也就无法说他们的经验跟这次的经验是不是相像。从那以后也就无人追随他们的足迹……"

* 以上引文原文为法语。译文摘自《蒙田随笔集》。——译者

(第 2 卷第 6 章 93 页)[*]毫无疑问,无论怎么谦虚和自我嘲讽,蒙田对他这个看法是当真的。然而他这看法有道理吗?确实没有更早的类似著作吗?我想起了奥古斯丁这个名字。蒙田从未提到过这样的表白,维莱(《渊源》第 1 卷第 75 页)猜测,他对它们并不了解。然而他绝不可能根本不知道这部名作的存在和特点。也许在这种对比面前他有些羞怯,也许这是一种千真万确的没有讽刺意味的谦虚,这谦虚阻碍他将他自己和自己的方法与基督教神学家中最重要的人联系在一起;如果他认为这完全不是"以同样的方式",那么他也是对的;目的和观点有很大的不同;然而在蒙田的方法中,除了前后一致且毫无保留的奥古斯丁式的自我研究之外,再没有任何从前作家的原则性的东西被保留下来。 286

关于他的陈述的第三点(反指责:你们从来就不思考你们自己)需要说明的是,那特殊的蒙田式的关于"我自己"的观念是以他为根据的,虽然他没有说出来。从一般意义上说,被他以此种方式称呼的人关于自己思考得非常多,甚至是过多;他们考虑他们的利益,他们的欲望,他们的烦恼,他们的认识,他们的行为,他们的家庭和他们的朋友。在蒙田看来,这一切都不是"他们自己"。这一切仅仅是"我自己"的一部分,正像在大多数情况下发生的那样,它甚至会导致自我的迷茫和丧失,如果人沉醉于这些事物的这一个或另一个或多个,这会造成自己在整体中存在的当前意识完全消失,造成自己生活的完整意识。对他来说,就连对于自己死亡的意识也属于对自己生活的完整意识。"人们走来走

* 引文原文为法语。译文摘自陆秉慧等译《蒙田随笔集》。——译者

去，忙忙碌碌，吃喝玩乐，毫无死的信息。”（第 1 卷第 20 章 145、146 页）*

这段陈述的第四、第五部分表述的是一种怀疑，即发表这样一部作品是否合适，还有他用来回答这种怀疑的歉意，我们可以将这两部分合在一起来论述。他事先就做出了对这个问题的真正的回答；他现在提出它只是为了用几个形式优美的对偶（例如日常生活中的特殊性对人人皆知中的公众性，通过艺术对通过命运）再次强调他的行为的特点。另外，由于表示谦恭的话语突然变成了对感觉到他自己的意义的确定不移的申明，这段文字也显得十分重要。这一申明以主题“谁都不”或“任何人都没有”开始，显示出他的方法的新的一面。例如他这样说，从未有一个人对自己的题材掌握得如此全面，剖析得如此细致透彻，如此毫无遗漏地达到自己的目的。虽说在“就此而言，我是在世的知识最为渊博的人”的表述中也许略有些自我嘲讽的意思，但这些句子是对他的书的独一无二的强调，其强调的坦诚、清晰和坚定均令人吃惊。它们超出了前面论及的“我是第一个”，因为它们透露了蒙田的信念，即任何知识和科学的获得都不可能像自我认识这么完整
287 和准确。对他来说，认识你自己不仅是一种实际和道德要求，也是一个认识论的要求。正因为如此，他对自然科学知识不太感兴趣，而且也不相信它们；只是道德的人束缚着他；他或许可以像苏格拉底那样说，树木什么也没有教给他，而只有城市里的人教给他了些什么。在他论及那些炫耀自己的自然科学知识的人时，他

* 引文原文为法语。译文摘自陆秉慧等译《蒙田随笔集》。——译者

甚至赋予这一思想一种攻击性的嘲讽："既然这些人无法了解自己，无法了解一直展现在他们眼前和存在于他们之中的自己的状况，……我怎么能相信尼罗河涨潮和落潮的原因呢？"（第2卷第17章605页）* 仅仅是对从道德方面探讨人来说，自我认识的优先权获得了一种积极的认识论的意义；因为在他从整体上探究自己的随意的生活时，蒙田旨在研讨人类状况，他以此揭示了启发式的原则，我们长期有意识或无意识、以明智或不明智的方式使用的原则，当我们竭力理解和评价别人的行为时，它们要么是我们周围的行为，要么是离得较远的政治和历史行为：我们用我们自己的生活和自己的内心体验向我们提供的标准来衡量它们；因此我们对人和历史的认识依赖于我们自我认识的深度和道德视野的广度。

蒙田总是对他人的生活极感兴趣。当然他不大信任史家。他认为，他们只是在展示处境特殊的人和历史中的人，他们过快地倾向于赋予这些人以一个固定和统一的画面："即使是杰出的作家也往往失误，说什么我们有始终如一、坚忍不拔的心理组织。"（第2卷第1章9页）他觉得，从一个生命的一个或少数几个高潮中得出关于整个人的观念是错误的；内心状态的波动和变化早已得不到足够的顾及："要判断一个人，必须长期地、好奇地追寻他的踪迹；"（第2卷第1章18页）他想要了解的是人的日常、普通和自发的行为，对他来说，通过亲身经验所观察的自己的环境和历史材料一样有价值："我尊重当代有如我尊重过去的年代，因

* 引文原文为法语。译文摘自陆秉慧等译《蒙田随笔集》。——译者

此我乐意援引奥鲁·盖尔和马克罗布的话，也同样乐意援引我朋友的话……”(第 3 卷第 13 章 595 页)私人和个人的事情也同样使他感兴趣，或者说也许比国事更让他感兴趣，而且并不要求它们确实发生过：“我在研究人类习俗和活动时，将一些只要是可能发生的虚构材料，当作真人真事为我所用。不管有无其事，发生在巴黎还是在罗马，在让还是在皮埃尔身上，总归是人类聪明才干的一种表现。”(第 1 卷第 21 章 194 页)所有这些为了解他人生活而付出的努力都经过自我体验的过滤。我们不应被蒙田的一些表述迷惑住，在这样的表述中，他警告不要依照自己去评判别人，或者说认为想象不到的东西或违背我们习俗的东西是不可能的。这涉及的只能是那些其自我体验极为狭隘和肤浅的人，从这种表述中所能得出的教训就是要求给我们的内心活动更多的灵活性和广度。因为蒙田没有意识到这就是把自我体验看作对历史道德认识的另一个启发性的原则，他在好几处地方用这个观点描述了他的方法，例如：“我对自己进行过长期的细心观察，这训练了我，使我评判别人还算中肯……为了训练我把自己的生活映照在
288 别人的生活里，我自幼养成了在此方面十分勤勉的气质。”(第 3 卷第 13 章 585 页)* 在别人的生活里映照他的生活：这些话里蕴涵着将理解他人行为和思想确定为自己目标的行为的整个方法；其余的一切，原始资料和证明材料的汇集，对流传文字的表面上的批评和整理，仅仅是辅助性工作和准备工作。

上面陈述的第六部分讲的是他的忠实：为了达到自己的目

* 以上引文原文为法语。译文摘自陆秉慧等译《蒙田随笔集》。——译者

的，他只需要它，而且他也具备它；他自己是这么说的，而这也是真的。在涉及他自己的所有事情上，他都极为忠实，正如他在这里以及随笔的其他多处（已在前言中）所说的，他喜欢稍稍有些坦率；这些真诚的规则对他有些限制。然而他的批评者最多说他有些过分真诚，但从来没有指责过他缺乏真诚。关于自己他说了许多，他的读者不仅详细了解到他心灵和精神上的状况，而且了解到他身体上的状况。关于他个人的特点和习惯，他的疾病，他的食物和他的性特点，他的随笔中散落着大量关于这方面的介绍。
当然这并非毫无自鸣得意的意思；蒙田喜欢他自己，他知道，他在 289
各个方面都是一个自由的、富有的、完全的、幸运的人，不管他如何自我嘲讽，都掩盖不住他对自己的喜欢。然而这是他自己内心产生的一种平静的意识，没有琐碎小事，没有狂妄，没有无把握或卖俏。他为“他那特有的形式”而骄傲。这种对自己的喜爱并不是他那均匀地涉及精神和躯体的忠实的最重要和真正的主题；这种忠实是从整体上描绘自己的随意生活的方法的重要部分；蒙田坚信，对于这种描绘来说，精神和躯体是不可分的，他没有用痉挛的动作来伴随他的自我描绘，他极为镇静地赋予这种信念一种毫无保留的实用形式，这形式是那样毫无保留和真实，在他之前几乎没有古人，在他之后也只有少数几个来者。他详细论述了他的躯体及其特征，因为这是他自己的一个重要组成部分，他将自己躯体方面的佐味品放进了他的书中，从未引起厌恶。他身体的功能，他的疾病和他自己躯体的死亡，他为了使自己适应死亡观念而谈论了许多死亡，这些都在它们具体的感官的真实性方面与他的书的道德精神内容融合在一起，因此无论想如何将其分离都毫

无意义。

另一方面，他对我们已经论述过的道德哲学的形式系统的厌恶与此还有关联：他指责它们概念化，掩饰生活真实的方法以及术语的傲慢，这一切最终都可以追溯到这上面，即它们一部分已经在理论上，一部分至少在教育实践中让精神和躯体分离，而且不让后者得到论述。按照蒙田的说法，他们全都有一种极其傲慢的关于人的观念，他们议论他，似乎他只是精神，以此歪曲生活的真实性："这绝妙的洞察力只适用于讲道：说这些话是想让我们在阴间都成为极无知的人。生命是物质的有形有体的运动，是本质上并不完美并不规则的活动；我正努力按生命的属性服务于生命……"（第3卷第9章409、410页）[*]

蒙田对精神和躯体的统一论述颇多，这些论述展示了他这一
290 观点的诸多不同方面。有时候是讽刺性的谦虚占主导地位："……而我，我性格复杂，大大咧咧……轻易地就能尽情享受现时的乐趣；按人的一般规律，这种乐趣在精神上不可忽视，又是不可忽视的精神乐趣。"（第3卷第13章649页）另外一个非常有趣的地方探讨了他与柏拉图主义的关系，同时也探讨了他与古典道德哲学的关系："柏拉图担心我们陷入痛苦和欢乐，因为这会导致灵魂过分依附于躯体。而我却认为，这会使灵魂和躯体脱离。"（第1卷第14章100、101页）因为对柏拉图来说，躯体是克制的大敌，它引诱灵魂，抢夺灵魂；对蒙田来说，作为自然资质，躯体具有正直稳重的性情抵御享乐和痛苦，而能使我们的享乐和痛苦更加强

---

* 以上引文原文为法语。译文摘自陆秉慧等译《蒙田随笔集》。——译者

烈的只有我们的精神。* 关于这个题材，最重要的地方是展现出他的世界观的基督教造物渊源的地方。在《论自命不凡》一章中（第 2 卷第 17 章 615 页）他写道：

> 肉体是我们的存在中十分重要的部分，在其中占有重要的地位。因此，它的构造和特点理所当然地受到特别的注意。谁要是想让我们肉体的两个主要部分同肉体脱离，并使它们互相分开，谁就犯了错误。相反，应该让它们紧密地连在一起，把它们合成一个整体。必须叫我们的灵魂不要待在一边，不要蔑视和抛弃我们的肉体（它只会因可笑的装腔作势才这么说），而是要同肉体紧密地连在一起，同它拥抱，喜爱它，帮助它，看着它，给它出主意，当它误入歧途时，帮助它回到正路上来，总之是同它结婚，成为它的丈夫，以便使它们的行动不要互相矛盾，而要协调一致。基督教徒特别了解这种联系，因为他们知道神的法律赞成肉体和灵魂的这种结合和联系，肉体必然和灵魂一起永远受苦或永远享福，他们也知道，上帝看着每个人所做的一切事情，并希望人根据自己的所作所为得到惩罚和奖赏。

最后是他对亚里士多德哲学的赞美：

> 在所有的哲学派别中，逍遥学派最为人道，它认为明智的举

* 以上引文原文为法语。译文摘自陆秉慧等译《蒙田随笔集》。——译者

> 动是为这两个结合在一起的部分造福。该学派认为，其他学派对这种共存的现象研究得不够深入，犯了片面性的错误，有的学派重视肉体，有的学派重视灵魂，但都犯了同样的错误，即忽视了他们的研究客体——人，他们一般认为，引导他们研究的是大自然。

另一个同样重要的地方在第 3 卷的最后，即最后一章《论经验》(第 3 卷第 13 章 663 页)：

> 我们何苦去肢解分离接合得如此天衣无缝的组织？相反，我们应当通过它们相辅相成的作用经常将它们重新连接起来。愿精神激活笨重的肉体，愿肉体阻止精神轻率并使精
> 291 神稳定下来。“谁赞灵魂为至善而责肉体为恶，他必定在肉欲里寻求灵魂，并在肉体上逃避肉欲，因为他判断人的依据是人的虚妄而非神的真理。”(圣奥古斯丁《上帝之城》第 14 章第 5 节)在上帝给我们的馈赠里没有一样东西不值得我们关心；甚至为一根毫毛我们都应当感谢上帝。对人来说，按人的本身的状况引导人并非敷衍塞责的差使：这差使是明智的，天然的，也是首要的，造物主把这差使交给我们时态度极为认真，极为严厉。……想站到自身之处并避开人。那是发疯：他们不仅不能转变成天使，还会变成畜生，不仅不会变得高大，还会突然倒下。我害怕这种超常的脾性，有如害怕高不可攀的去处……*

* 以上引文原文均为法语。译文摘自陆秉慧等译《蒙田随笔集》。——译者

蒙田的躯体灵魂统一的渊源在于基督教造物人类学，即使没有这些证据也可以证实这一点；他的现实主义的反省就以它为基础，没有它他的这种反省是无法想象的。然而这些地方[还可以补充另一个地方(第3卷第5章219页)，在那里可以看到一个对圣人的禁欲的重要说明]表明，他意识到了这种关联。他引证了肉体复活的教义和圣经的一些段落；他正是从这种关联上赞颂他其实并不是特别喜欢的亚里士多德的哲学，(从亚里士多德那里，我认识了我的大部分行为。)奥古斯丁在许多地方谈到反对他那个时代的二元化和唯灵论倾向，蒙田引用了一处；他使用了天使和傻瓜的对比，这是帕斯卡从他那里承袭的对比。他本可以为他的观念再找出更多的基督教的证明；他首先可以求助于化为肉身的话。他没有这么做，虽然无疑他曾冒出过这样的念头。在这种情形下，他必须强迫自己做一个他那个时代的受过基督教教育的人。他避开了暗示影射，有意识地坦诚，因为这样就自然而然地赋予他的论述以一个基督教表白的特征，他根本就不具备的特征。他喜欢避开这种棘手的题材。然而探讨他的宗教自白——另外我认为这种探讨是多余的——与确定他关于人的现实主义的观念的基督教造物渊源没有关系。

我们现在来看那段文字的最后一部分。它讲的是著作和作者在他身上的统一；这与专门人才大不相同，这些专门人才显露出一种与他们个人只有松散关联的专门知识。在另外一个地方

(第2卷第18章666页),他以略有些不同的色彩说了同样的话:“与其说我塑造了书,毋宁说书塑造了我;这本书与其作者唇齿相
292 依,是作者自己做的事,是他生命的组成部分,不像其他书,所写的事与作者毫无关系。”[*] 对此不需做任何补充。然而,对那些知识渊博的专业人士的恶言恶语,对专业化的恶言恶语,都需要一种力图显示出这种表达的历史处所的诠释。对于一个在各个方面受过教育、没有专业化的人的典型,人文主义将此归功于古典理论,也归功于古典范例,但是16世纪的社会结构却没有让这种典型完全实现;另外,恰恰是古典遗产的重新发现所要求的高工作效率创造了一种新型的人文主义专门学者。大概拉伯雷也认为,完善的教育理应是自己具备所有的知识,而大学则是一切专业知识的总和;也许在这个意义上,他为卡冈都亚制定的教育规划的态度是认真的。不管怎么说,这都是不可能实现的,对于必须进行的科学工作来说,专业化已经开始实行,其程度远远超过中世纪。一个完人的理想观念与此是相抵触的;它比不仅仅是由人文主义特有时更加具有效力;就连封建晚期专制政体重又接受的各种柏拉图化倾向丰富了的关于完美廷臣的观念也帮了它的忙;由于生活日益富裕,基础知识的传播日益广泛,要求参与精神生活的人数大大增加——一部分属于贵族,一部分属于城市市民——这就需要一种非专业化知识的博学形式。于是产生了一种博学的形式,它不是被确立为职业目的,而是具有强烈的社会

* 引文原文为法语。译文摘自陆秉慧等译《蒙田随笔集》。——译者

形式，甚至是流行形式；按照其范围来说，它当然不是百科全书式的，尽管它似乎是所有知识的概要，它特别偏爱文学乃至审美观念方面的东西：恰恰是人文主义有能力贡献这方面的大部分材料。于是便产生了后来被称作“学者”的阶层。这一阶层由在社会和经济方面最具影响的人组成，对他们来说，流行意义上的良好教育和行为，交往中的和蔼可亲，待人接物中的机智灵活，沉着冷静，这些都比某一个专业归属更为重要；在所设想的范围内，即使他们出身市民，占统治地位的还是贵族—骑士的价值观念；这些观念还得到人文主义的古典楷模的支持，因为即使在古典文化 293
中，统治阶层把文化科学行为不是作为职业来看待，而是看作“闲情逸致”，看作一个过着最普通的生活和从事政治领导行为的人的必不可少的装饰品，因此很快就产生了一种对专业分门别类的鄙视；确定了专业的学者乃至确定了职业的人，他在自己的专业知识方面很优秀，而且在他出现时和谈话中也能让人感觉到这一点，这样的人常被看作是很可笑的，没什么价值的，粗俗的。这种观念在 17 世纪的法国专制主义时期达到了其鼎盛期，这一点我们还会谈到，因为它对在法国古典主义中占主要地位的文体分用的典范曾起过不小的作用。因为教育越是广泛，越是不将一种专业化知识和一种专业化工作看作某一概貌的出发点，那竭力要达到的十全十美就离具体的、生活中的、实际的东西越远。

在这个发展过程中——尽管它肯定不符合他的审美观，蒙田占据着一个重要位置；他的“傲慢的人总是傲慢的，甚至一无所知”，这种人毫无疑问是那“正派人”的前身，就像莫里哀作品中的侯爵一样，他们根本不必学习什么专业知识，就能对一切发表一

种流行的很有把握的评判。然而蒙田是第一个为上述学者阶层写作的作家；凭借这些随笔的成功，有学识的读者第一次证明了自己的存在。蒙田不是为某一个特定的社会等级写作，不是为某一个特定的专业领域写作，不是为“民众”写作，不是为基督徒写作；他不为任何派别写作；他并不觉得自己是诗人；他写出了外行人自我思考的第一本书，瞧，那里有很多人，男人和女人，他们觉得自己是收件人。一些人文主义的翻译家，特别是阿米约（蒙田赞扬过他的工作），为蒙田做了准备工作；但作为独立的写作人他是第一个。所以说非常自然，他所具有的教育观念符合最早的学者阶层，他们还完全是亚里士多德式的，还没有被迫进行专业化工作。当然对他来说，这也没有使他的教育和生活方式均变成抽象的，没有实际内容的，脱离了随意的日常生活的和“文体分用的”。情况恰恰相反。他那幸运丰富的本性不需要任何实际工
294 作，也不需要对一个写作对象进行任何专业化的脑力劳动，就可以贴近真实；它似乎随时都在专门研究另外的东西，随时都会钻进一个新的印象，并且以在“正派人的”世纪里肯定被认为是不合适的方式深化它；或者也可以说，他专门研究他自己，专门从整体上研究随意的自己的生活。因此他的“傲慢的人”还不是“正派人”，而是“一个完整的人”。另外，在他所生活的那个时代里，用自己的均衡作用统一“正派人”的生活方式的专制政体还未得到充分的发展。因此，他虽然在这种生活方式的早期历史中占据着一个重要位置，但还不属于它的行列。

我们分析的这段文字是一个很好的出发点，它能让人尽量了解蒙田的计划的内容和观点，能让人尽量了解从整体上对随意的

自己的生活的描述。他极其严肃地展示他自己，从而阐明人类生存的一般条件；他将自己放进自己生活随意的偶然处境中展示，探究自己意识的不断变化的未经选择的活动，而他所使用的方法也就存在于这种随意性和无选择之中。他论述了成千上万个事物，从一个事物轻而易举地转向了另一个；无论是讲述一件轶事还是谈论自己的日常行动，无论是讨论一种古典的道德学说还是体验自己死亡的预感，对他来说都是一样的；他几乎从未改变语调。这完全是一种生动却不浮躁、色彩丰富的谈话语调；几乎不能称其为自我交谈，因为他似乎时刻都面对着某个人。几乎总能够感觉到一些讽刺意味，它常常还表现得十分强烈，但它对每一行中透露出的自发的忠实没有造成丝毫伤害。他从未摆出一副庄重的样子或充满激情，他从未因为描写对象的显贵而放弃某一生动通俗的表达方式或某一取自日常生活的画面；正像我们在前面所说过的，他的风格的上限就是几乎贯穿着我们这段引文，特别是第二段的那种坚定有力。和常常见到的一样，他在这里的表述是通过对比鲜明的、大都采用对照法的句子来划分的，它们带有鲜明的常用表达；但有时候也有一种接近诗意的动作，比如我们在前面 278 页引用过的第 2 卷第 6 章的那些句子；“难以理解的深度”几乎是抒情的，但他随即便用有力的、谈话式的“是的”打断 295
了强烈的诗样的热情。他不熟悉某种真正崇高的风格，也不愿意使用它；在一种他自己称之为“文笔诙谐，有个人特色”（第 1 卷第 40 章 485 页）的风格中，他感受到“带原始自然力的惬意”。这显然是在暗示古典喜剧的现实主义风格，暗示“冗长的说教或谦卑的说教”，类似的暗示还能看到很多。然而他作为内容展示的东

西却丝毫也不可笑；这就是人类状况，还有其所有的负担、问题和深渊，还有其所有的原则上的没有把握，还有其所有的生物性联系。这种动物式的生活和包括在其中的死亡显得令人惊奇，给人以强烈的影响，让人不寒而栗；毫无疑问，若是没有先前的基督教关于人的观念，特别是中世纪晚期关于人的观念，这样一种造物现实主义是无法想象的，而且蒙田也感觉到了这一点；他感觉到，他那如此具体的灵肉联系和基督教关于人的观念有着渊源关系。不过当然，他的造物现实主义已经离弃了产生于其中的基督教的框架。现世的生活不再是彼世生活的表象，他不再让自己为了那边而蔑视和轻视这边。尘世生活是他所享有的唯一生活；他愿意尽情地品尝它；“因为我们的存在才是我们的一切。”（第 2 卷第 3 章 47 页）在这里，生活是他的目的和他的艺术，而他认为这些使用的是非常简单但却并不平庸的方式；这首先是摆脱那些削弱和为难生存乐趣的东西，摆脱那些将生存者从自身处引走的东西。因为“生活是脆弱的，容易受到干扰”。（第 3 卷第 9 章 334 页）很有必要保持自身的自由，为自己的生存而维护自己；很有必要摆脱极其强烈的忙碌义务，不要将自己束缚在这个或那个东西上；“世间最重要的事莫过于懂得让自己属于自己”。（第 1 卷第 39 章 464、465 页）这一切都很严肃，都有足够的原则性，对于古典理论所理解的低俗的谈话来说过于崇高，若是没有对日常生活的具体描述，这一切用一种崇高和充满激情的文体是表达不出来的；文体混用是造物和基督教的。然而思想内容已经不是基督教的和中世纪的。也不能毫无顾虑地称其为古典的；对此它被论述得过于具体了；还可以补充其他一些东西。尽管长期详尽了解古典

文化知识，但蒙田并未简单地采用将自己置于与他类似的人在西塞罗和普鲁塔克时代生活过的那种观念和情况之中的方法来摆脱基督教观念的框框。业已获得的自由更加让人激动，更加具有 296
现实意义，与无把握感联系在一起；此时才映入眼帘的无数令人眼花缭乱的现象显得动人心弦；世界，不管是外部世界还是内心世界，都显得不同寻常，无边无际，难以把握；熟悉这个世界的要求似乎难以得到满足，但却十分迫切。在这个世纪的所有重要的、有时候似乎极为重要的人当中，蒙田是最平静的人；他的内心具有足够的重力和活力，他具有自然的标准，他很少需要保障，因为他的内心不断地自发地产生着它；另外助他一臂之力的还有他那对自然认识的顺从的放弃，他那种对于自己的坚定不移地探究。只是在他的书中，也闪显着激动，造成这种激动的是世界表象的骤然极大丰富和蕴涵在其中的取之不竭的可能性的意识；更为重要的是，在所有同时代人当中，他把人的自我定位的问题看得最为纯洁；还有在没有坚实的生存据点的情况下为自己创造居住条件的任务。在他那里，人的生活，作为整体的、随意的、自己的生活第一次成了现代意义上的问题。无须再多说什么；他的讽刺，他对大话的厌恶，他自身的平静而深深的惬意阻碍他超越这种问题而深入进悲剧，而这种悲剧已经明显出现在米开朗琪罗*的作品里，而在比蒙田晚一辈的人中，它在欧洲的好些地方也出现在文学里。人们常常说，基督教的中世纪不知悲剧为何物；也

* 米开朗琪罗（Michelangelo，1475 – 1564），意大利雕塑家、画家、建筑家、诗人。——译者

许应该表述得更正确一些,在中世纪,所有的悲剧都囊括在基督的悲剧中。然而现在它作为个体的最个性化的东西突然出现了;也就是说,与古典文化相比,它通过传统观念受命运界限、尘世、自然力、政治形式和内在的人的本性的限制极其微小。我们已经说过,在蒙田的作品里还看不到悲剧;他放弃了它;他太没有激情,讽刺性太强,甚至过于随便——不要以为"随便"二字在这里是一种贬义。他很镇静,即便完全进入自己的无把握状态,他都过于镇静。无论这是一种弱点还是一种力量,我都不想做出评断;不管怎么说,他本性中那种独特的平衡和镇静都阻止了悲剧在他自己身上表达出来,而这悲剧的可能性已经存在于他关于人的画卷里。

第十三章　疲惫的王子

亨利亲王：当着上帝的面起誓，我真是疲乏极了。 297

波因斯：会有那样的事吗？我还以为疲乏是不敢侵犯像您这样一位血统高贵的人的。

亨利亲王：真的，它侵犯到我的身上了，虽然承认这一点会损害我的尊严的。要是我现在想喝一点儿淡啤酒，算不算有失身份？

波因斯：一个王子不应该这样自习下流，想起这种淡而无味的贱物。

亨利亲王：那么多半我有一副下贱的口味，因为凭良心说，我现在的确想起这贱东西淡啤酒。可是这种卑贱的思想，真的已经使我厌倦于我的高贵的地位了。记住你的名字，或是到明天还认识你的脸，这对于我是多么丢脸的事！还要记着你有几双丝袜：一双是你现在穿的，还有一双本来是桃红色的；或者你有几件衬衫：哪一件是穿着出风头的，哪一件是家常穿的！……*

* 引文原文为英语。译文摘自《莎士比亚全集》，第五卷，朱生豪译，吴兴华校，人民文学出版社，1984 年。——译者

这是海因茨王子，即后来的国王亨利五世，和一个与他一样年轻气盛的人之间的一段谈话。它是莎士比亚的《亨利四世》下篇第2幕第2场的开头。一个地位如此高贵的人突然感到疲倦并想要淡啤酒，不得不与一个像波因斯这样地位低下的人谈论自己的想法，他不得不记住波因斯衣物的清单，用喜剧形式对这些事实表示反对是一种讥讽，其讥讽的对象是莎士比亚时代的一种巨大努力，这种努力非常想严格区分高贵和现实日常生活。这种努力因古典楷模（尤其是塞涅卡）而起，通过意大利、法国和英国的摹仿古典戏剧的人文主义者流传开来；然而，它们还是没有成功。无论古典文化对莎士比亚的影响有多么巨大，它也没能将他诱向文体分用；不仅仅是他，伊丽莎白时期的其他戏剧诗人也都未受诱惑；中世纪基督教的，同时又是大众的英国传统对此持反对态度，它还过于强大。过了很长一段时间，即在他逝世一百五十多年以后，莎士比亚的创作成了所有反对法国古典主义严格区
298 分文体的运动的典范和楷模。我们想尝试着阐述文体混用在他作品中的意义。

主题由波因斯提出，王子马上加入进来，而且带着喜剧式的、略有些做作的、强调对比的激情：“虽然承认这一点会损害我的尊严。”[*]受波因斯第二个回答的激发，王子更加深入进这个题目；一点啤酒此时成了一个可怜兮兮的东西，它似乎是违法地潜入了他的意识的尊贵区域；当时他脑子里冒出来的还有其他有损自身尊

[*] 引文原文为英语。译文摘自《莎士比亚全集》，第五卷，朱生豪译，吴兴华校，人民文学出版社，1984年。——译者

严的卑贱想法；他机智、可爱、大胆地从它们当中选出了站在他面前的波因斯：我记得住你的名字、你的脸、甚至你的衣物的清单，对我来说这不也是一种羞辱吗？

这寥寥数行提及或暗示了许多文体混用的因素：人体的生物因素，低贱的日常用品因素，上等人和下等人之间的等级混杂因素；在表达中也强调了高雅和低俗的言谈方式的混用，甚至还用到了一个低俗文体的典型用语：humble。所有这些都大量出现在莎士比亚的悲剧作品中。强调人体生物性的例子很多：哈姆雷特胖得喘不过气来（依照另外一种解释他不是胖得，而是热得），恺撒因欢迎他的人群身上的臭味昏厥过去，《奥赛罗》中的凯西奥酩酊大醉；饥饿、干渴、严寒、酷暑侵扰着一个个悲剧人物；他们忍受着天气和疾病带来的苦恼；描述奥菲利娅精神错乱时使用了一种那么写实性的心理学，因而产生的文体效果就完全不同于欧里庇得斯笔下的赫拉克勒斯。被描绘得极其庄严的死亡在莎士比亚的剧中常常有着中世纪的身体外貌（骨架，尸臭）。从不避讳提及日常用具或对日常生活情景的具体描述，这要占据比古典悲剧广阔得多的空间，虽说在那时，甚至在欧里庇得斯之前，它也没有像在16、17世纪的古典主义者那里受到如此全面的蔑视。

比这更为重要的是人物的混杂以及与此相关的悲剧和喜剧
的混杂。莎士比亚以悲剧和崇高方式处理的所有人物都具有高 299
贵的地位。和中世纪一样，他并不认为“每个人”都具有悲剧性；他比蒙田更具有贵族意识；在他那里，人的状况在不同等级里的反映是截然不同的，这不仅表现在实际情况中，而且也表现在美学等级上。他的悲剧性主人公都是国王、诸侯、统帅、贵族和罗马史里的显赫人物。夏洛克属于一个两可间的情况；即使按他的地位说也绝不是寻常人物，而是一个受歧视者；然而无论如何是个社会等级低微的人。《威尼斯商人》轻松的、由童话式主题推动的情节由于他本人的重力和疑难变得几乎过于沉重，许多扮演他的演员曾试图将这出剧的整个焦点都引导到他身上，把他变成个悲剧性的主人公。他的形象诱使人们进行悲剧式的解释：他的仇恨得到了最深刻最人道的说明，对它的说明比对理查三世的恶毒的说明要深刻得多，它通过它的力量和顽强发挥着巨大的作用；另外还有，夏洛克为它找到了种种表达，这些表达听上去就像伟大的人文思想，也就是像深深地影响着以后数百年的那种思想；其中最为著名的就是他在那个著名的法庭场景（第 4 幕第 1 场）开头对公爵做出的回答，这个回答是他在一人对所有人的情况下捍卫他那不妥协的无情的法律观点：你们对待自己的奴隶为何不像对待和你们同样的人？“你们会回答说：‘这些奴隶归我们所有。’所以我也可以回答你们：……”* 在这一时刻和其他某些时刻，他还具有一些令人捉摸不透的伟大之处，同时也是非常人道的伟大之处；总之，在他身上不缺少问题的深度、现象的透彻性、激情的力量和表达的力度。然而，莎士比亚到最后却让这些悲剧主题归于不被重视的、奥林匹亚式的欢快；事先他已经特别强调过荒唐得可笑的特征，即这位犹太人的吝啬和老年人的恐惧，在杜伯尔场景（第 3 幕第 1 场的结尾）中，他一会儿抱怨因杰西卡盗走珍宝

* 引文原文为英语。译文摘自《莎士比亚全集》，第五卷，朱生豪译，吴兴华校，人民文学出版社，1984 年。——译者

而造成的损失，一会儿对安东尼奥的破产幸灾乐祸，夏洛克简直就是作为一个滑稽形象出现的；最后莎士比亚让他无声无息地下场了，作为一个受骗人下场了，就像和他同类型的人一样，他退场之后还有整整一幕富有诗意的童话爱情剧，但在那里，夏洛克已被遗忘而销声匿迹了。毫无疑问，那些想将夏洛克变成一个悲剧主人公的演员是没有道理的；那样就违背了这部剧的整体结构；夏洛克远没有马洛的那位马耳他岛的犹太人重要，虽然事实上莎 300
士比亚对这位犹太人的人性问题的认识和理解要深刻得多。对于莎士比亚来说，夏洛克在社会地位和美学方面都是个低微的形象，他不配做悲剧人物，他的悲剧只存在于片刻之间，在一个较高级的、较尊贵的、较自由的、较贵族气的人性的胜利中，他不过是一种调剂品。就连我们的王子也是这样想的。他根本就没有将波因斯看作和他同等的人，尽管他是福斯塔夫圈内最优秀的人，尽管他机智而勇敢。在前面引文之后不远的地方，他是那样高傲地对波因斯说道："……虽然我可以告诉你——因为没有更好的人，我只好把你当作朋友——我不是不会悲哀，……"* 我们还将回到莎士比亚描述中等阶层和低等阶层的方式上来；不管怎么说，他从未将他们写成悲剧式的。他关于悲剧和崇高的观念全然是贵族式的。

然而若是不考虑这种社会等级的限制，那么文体混用在人物描绘中则十分突出。在大多数按其总体特征应归为悲剧的作品

* 引文原文为英语。译文摘自《莎士比亚全集》，第五卷，朱生豪译，吴兴华校，人民文学出版社，1984 年。——译者

中，悲剧和喜剧，崇高和低俗极其紧密地交织在一起，而在这里共同起作用的有几个不同的方法。主要或政治事件或其他悲剧事件发生于其中的悲剧情节与滑稽可笑的民间粗俗场景交替出现，这些民间粗俗场景与主要情节的联系时而紧密，时而比较松散；或者在悲剧场景中主人公身边出现疯傻之人或其他滑稽可笑的类型，他们或陪衬，或打断，或以自己的方式评论主人公的行为、痛苦和言谈；或者有许多悲剧人物本身就带有可笑的、现实主义的或是怪诞至极的风格突变的倾向。这三种情况的例子非常丰富，常常是这些方法中的两种共同发挥作用，或是三种共同发挥作用。对于第一种情况，即悲剧和喜剧场景在悲剧中交替出现的情形，可以作为例子的有罗马戏中的那些民众场景，或国王戏的福斯塔夫场景，或《哈姆雷特》里的掘墓人场景；后一个例子已经略有些悲剧色彩，由于哈姆雷特本人的出现，几乎可以作为第二种甚至第三种情况的例子。第二种情况，既悲剧型的崇高人物伴有进行滑稽评论的人物的陪衬，其最著名的例子是《李尔王》中的傻子，在《李尔王》中，在《哈姆雷特》中，在《罗密欧与朱丽叶》等剧
301 中，还可找到更多的此类例子。对于莎士比亚悲剧的文体特征来说，更具有决定意义的是第三种情况，即悲剧人物本人身上的文体混用。不过在夏洛克身上，莎士比亚最终还是选择了喜剧型的低俗的总体观，在同一个人身上，我们可看到所呈现出的悲剧和喜剧间的缤纷色彩；这种形式繁纷的混杂在基本上按悲剧处理的人物身上也能看到。例如罗密欧心中燃起的对朱丽叶的爱情之火几乎具有喜剧特征，这场爱情剧的主要人物几乎是无意识地从天真浪漫发展成悲剧。葛罗斯特在亨利六世棺木边向安夫人的

那次成功的求婚(《理查三世》第1幕第2场)略带一些昏暗和荒诞;克娄帕特拉天真而任性,即使恺撒也优柔寡断和迷信,他那慷慨激昂的自豪被夸张得略有些喜剧色彩;这种形式能找到许多;首先是哈姆雷特和李尔王,他们在这方面提供了最重要的例子。哈姆雷特那半真半假的疯狂通过所有的文体形式进行宣泄,有时只表现在一个场景中,甚至是一段话里;例如他从猥亵的笑话跳到抒情和崇高,从讥讽和荒谬跳到模糊深沉的冥想,从对他人和自己的贬低式的嘲讽跳到慷慨激昂的法官式的及自豪的自我维护。在无与伦比的伟大中,李尔王那常见的、强烈的、富于情感的任性表现出老态龙钟之人和做戏之人的特征;那个忠诚的弄臣的话映衬出他的伟大;更为深刻的还有存在于他本性内的文体的裂痕,不加控制的情感,无力且无济于事的发泄怒火,苦涩而荒唐的做戏倾向。在第2幕第4场里,他跪倒在伤透了他的心而且还在让他伤心的不肖女里根面前,似乎是要预演他应该去做的事情,即请求他的另一个女儿高纳里尔原谅:一种苦涩荒诞的自我贬低的姿态,极其显眼和做作;他总喜欢无限夸大,他想强使天地同览他那受辱的样子,共闻他的谴责。对于一个八十岁的老人,对于一个伟大的国王,这种姿势好像过于伤及体面;然而它们对他的尊严和伟大丝毫无损;他的方式绝对是国王式的,因而这种贬低只能使他更有尊严和更加伟大。莎士比亚让他亲口说出了那句著名的话:“哎,不折不扣一个国王。”在极度的疯狂中,装饰得荒唐可笑,以迷乱的方式扮演了片刻国王;我们不是在笑,而是在哭,不仅仅是因为同情,而且还因为对如此伟大的情怀的赞叹,这 302
种伟大在其易碎的造物性中显得更加伟大,更加牢不可摧。

这些例子大概足够了。它们的作用仅仅在于让读者回忆起众所周知的事实情况，并将它们按照我们提出的问题的要求排列起来。在取之不尽的色彩变换中，莎士比亚将崇高和低俗，悲剧和喜剧混杂在一起；如果再加上童话般离奇的、同样时常呈现出悲剧色彩的喜剧的话，那这幅画面就更加丰富了。在他的悲剧中，没有一部是由一种文体贯穿首尾；即便在《麦克白》中也可以看到那个看门人的荒唐场景（第 2 幕第 1 场）。

到了 16 世纪，将人类命运分为悲剧范畴和喜剧范畴重新进入了人们的意识。当然在中世纪的几百年里，一种类似的划分也不是完全陌生的，但在这段时间内悲剧设想不可能自由展开；这方面的原因不仅仅在于，或者确切地说根本就不在于不知道古典悲剧艺术作品，不在于古典理论被遗忘或被误解——这种情况不会妨碍悲剧自身形成——而是在于关于人类生活的基督教的寓意思维方式阻碍了悲剧的形成。高踞于所有尘世历史过程中的严肃事件之上的、是那唯一一个出类拔萃、包罗万象、地位显赫的事件，这就是基督的显现，一切悲剧只是一个独一无二的事件关联的形象或反光，而这悲剧必然要汇入这一关联之中：这一关联的原罪，基督的降生和受难，末日审判。与此相关的便是重点从尘世生活移向了彼世生活，因此悲剧从来也没有在这里结束。在前面，尤其是在关于但丁的那一章，我们虽已有机会说明，这绝不意味着人类生活或人的个体的价值失落，但随之带来的还有悲剧结局在尘世间的弱化和心灵净化移向彼世。16 世纪，基督教寓意观念的限定作用在几乎整个欧洲都减弱了；前往彼世虽然很少被完全放弃，但已失去了保障和单一性；同时古典文化的楷模（首先

是塞涅卡，后来是希腊人）和古典文化理论重又清晰地出现在人们眼前。这些古典作家的巨大影响大大促进了悲剧的形成；然而 303
无法避免的还有，它有时也陷入与从当时的环境和自己的文化向悲剧突进的新生力量的矛盾之中。

古典文化所说的人类生活的戏剧性事件主要指从外部和上方降临人身的幸运变换的形式；而在伊丽莎白时代的悲剧里，即在悲剧的第一种真正的现代形式里，主人公的特殊性格作为其命运起因所起的作用要大得多。我以为，这是一个占主导地位的观点，而且我觉得是完全正确的观点。当然它还需要着色和补充。我面前放着一部莎士比亚的书（《莎士比亚全集》，伦敦/格拉斯哥出版，无出版日期，圣约翰·欧文作序，第 12 页），在序言里我看到它是这样表达的："在这里我们要谈谈古希腊悲剧和伊丽莎白时代悲剧之间的巨大差别：古希腊悲剧是一种人为安排的悲剧，人物角色不起决定性的作用。它们的角色无非是按照为他们安排好的去行动去死。然而，伊丽莎白时代的悲剧则是直接源出于人的内心。哈姆雷特就是哈姆雷特，并不是一个变幻莫测的神迫使他走向悲惨的结局，而是他内在的气质使得他别无选择，只能走向这种悲惨的结局。"[*]这位批评家随后又强调了哈姆雷特的行动自由，一种使他疑心重重犹豫不决的行动自由，一种俄狄浦斯[**]或俄瑞斯忒斯[***]都不具备的行动自由。在这种形式里，矛盾表达

* 引文原文为英语。译文摘自《莎士比亚全集》，第五卷，朱生豪译，吴兴华校，人民文学出版社，1984 年。——译者

** 俄狄浦斯，古希腊神话传说中的人物。——译者

*** 俄瑞斯忒斯，古希腊神话传说中的人物。——译者

得极其充分。例如人们不得不赋予欧里庇得斯 * 的美狄亚 ** 以一种“独特的气质”，甚至行动的自由，甚至犹豫不定的时机和与自己那可怕的激情抗争的时机；在某种程度上堪称古典时期楷模的索福克勒斯甚至在《安提戈涅》的开头，也就是在姐妹俩的一场谈话里，也举了一个双人例子，他们处境相同，没受到命运的任何逼迫，完全依照各自不同的性格特点选择了不同的行动方式。尽管如此，这位英国批评家的基本思想是正确的；在伊丽莎白时代的悲剧里，特别是在莎士比亚的笔下，主人公性格的发展远比古典悲剧里的清晰和多样化，它在命运的成型上起着更为积极的作用。不过还可以用另外一种方式来表达这一区别，可以说，命运观在伊丽莎白时代的悲剧里比在古典悲剧里表现得更加广阔，与人物性格的联系更加紧密。在古典悲剧里，命运无非意味着当前的悲剧行为关联，意味着相关人物卷入了当时错综复杂的境况之
304 中。他在生活中的其他遭遇（只要它不属于现时冲突的前期过程），他的一般生活状况，我们称之为他的“环境”的一切，均很少涉及，除了年龄、性别、社会地位和非常典型化的对其本性的暗示，我们对他的正常生活一无所知；他的本性仅仅表现在当时的悲剧情节中，仅仅在这一情节中发展；其他的一切统统略去。这是因为古典戏剧产生的方式及其技术条件；它极为缓慢地获得的行为自由即使在欧里庇得斯那里也远远小于现代戏剧。严格局限在现时悲剧冲突上尤其是因为古典悲剧的题材几乎全都取自

* 欧里庇得斯（Euripides，前 480—前 406），古希腊三大悲剧家之一。——译者

** 美狄亚，古希腊神话传说中的人物。——译者

于民族神话，个别的取自于民族历史；被神圣化的题材的事件和人物是观众所熟悉的；即使“环境”也是熟悉的，另外几乎到处都是同一种情形；因此就不存在描述其特殊性格和他的特殊氛围的理由。欧里庇得斯曾想改变一下传统，也就是采用将关于情节和人物的新观点置入传统题材的方法；不过即使这样也无法与伊丽莎白时代的乃至现代戏剧所具有的题材多样化和塑造及虚构的自由度相比。由于伊丽莎白时代戏剧题材的极大丰富和行为的极大自由，特殊的环境、生活条件、人物的早期背景每次都清清楚楚地展现在我们面前；舞台上的进程并不是严格限制在悲剧冲突的进程上，那里有并非主情节所要求的各种对话、场景和人物；通过这些我们了解到主要人物的许多“其他方面”，这样就形成了他们的正常生活和特殊性格的概念，而且是在与他们当时所陷入的麻烦无关的情况下形成的。这样一来，命运在这里就比现时冲突的意义大得多。在古典悲剧中，几乎所有地方都将人物的天生性格和他当时遭遇的命运区分得一清二楚。在伊丽莎白时代的悲剧里，我们看到的在大多数情况下都不是天生的性格，而是由出 305
身、生活状况、早期（即命运）已预先造就的性格；在以一定的悲剧冲突形式成为现实之前，命运已经对这种性格施加了许多影响；这种冲突常常只是一个酝酿已久的悲剧现实化的契机。这一点在夏洛克或李尔王身上看得特别清楚。他们各自的遭遇就是专门为他们准备的，是专门为夏洛克或李尔王的特殊性格准备的，而这性格不仅仅是天生的，而且也是一种预先造就的性格，是由出身、处境和早期历程，即由命运为他那不可更改的特性预先造就的，为他的特定悲剧预先造就的。

关于这种大规模描写人类命运的原因，或者至少可以称其作前提，我们已经提到过一种：伊丽莎白时代的戏剧展现的人类世界远比古典戏剧展现的丰富多彩；所有国家，所有时代，所有幻想组合，都作为素材为它所用；这些素材有的来自英国或罗马历史，有的来自传说中的远古时代，有的来自传奇和神话；故事的发生地有英格兰，苏格兰，法国，丹麦，意大利，西班牙，地中海诸岛，东方，古代希腊，古代罗马和古代埃及。对于古典戏剧来说，威尼斯或维罗纳向 1600 个的英国观众展现的异国风情的魅力虽说不是一种完全陌生的因素，但也几乎是一无所知的；像夏洛克这样一个形象以其单纯的存在提出了超出了他自己范围之外的问题。这里需说明的是，16 世纪已经具有很高的历史意识和历史视野。古典戏剧很少有契机展开这种意识，因为它的题材范围过于狭窄，因为在古典时期的观众眼里，除了自己的题材范围，其他文化和其他生活不具有同等价值，是不值得重视的艺术对象。在中世纪，甚至连关于异国文化和生活条件的实用认识也丧失了；尽管两个已属历史的同一渊源的文化，即古典文化和犹太基督教文化，在中世纪文化的范围内具有极大的意义，两者，尤其是犹太基督教文化，在文学艺术中常常得到描绘，然而却缺少历史意识和历史视野，其程度表现在：那些遥远时代的事件和人物都被移植进自己的生活形式和生活条件：恺撒、埃涅阿斯和彼拉多成了骑士，阿里马提阿的约瑟夫成了个平民，亚当成了 12 或 13 世纪的
306 一个农夫，就像在法国、英国或德国遇到的这类人一样。

自从出现人文主义第一道亮光，人们就开始感受到，古典时期的传说故事中的事件，还有《圣经》中的事件，与自己的时代相

去甚远，而将他们分开的不仅是时间的长河，而且还有生活条件的截然不同。人文主义计划着革新古典时期的生活形式和表达形式，以此首先创造了一种历史的透视力，我们所知道的从前的时代从未具备过的强大的透视力：它从历史的深度来看古典文化，而位于其间的中世纪那些模糊的时代在古典文化的映衬下显露出来，对于这种透视力的获得来说，在个别情况下无论犯什么样的理解和解释错误都没什么区别。自从但丁起，就已经有了这种透视的历史眼光的踪影，到 16 世纪，它更加精确、更加流行，正如我们在后面将要看到的，虽然将古典楷模绝对化的倾向，还有不重视位于中间时期的其他一切的倾向，都试图将历史透视法逐出意识，但这从未成功，既没有再出现古典文化自然地生活在自身范围内的情况，也没有出现 12 和 13 世纪那种历史方面的幼稚。另外在 16 世纪还有各种伟大发现的影响，这些发现开阔了文化地理学的视野，同时也大大拓宽了对可能有的人类生活方式的想象；在欧洲各民族那里形成了民族意识，因而他们开始意识到他们各自不同的特征；最后就连教会的分裂也对不同的人类群体的相互分离产生了作用；于是，比较简单的希腊人及罗马人与野蛮人之间的对立，或者基督徒与异教徒之间的对立让出了位置，一幅更为丰富多彩的人类社会画面流行开来。这并非发生在骤然之间，这经过了长时间的酝酿，只是在 16 世纪得到了不断的大规模发展，这种发展既表现在这种透视眼光的广度上，又表现在获得这一眼光的人数上。人类生活于其中的现实在变化，它变得更广阔，可能性更丰富，变得没有限制；一旦它成为描述对象，它也随之进行着同一意义的变化；各个被描述的生活范围不再是

只具有单一可能性的生活范围，或者不再是只具有单一可能性的、限定死的生活范围的一部分；生活范围常常从一个变换成另外一个，即使在没有发生这种情况的地方，也可以看出一个自由的、包容着无限世界的意识，一个作为描述基础的意识。在探讨
307 薄伽丘的时候，尤其是在关于拉伯雷的章节里，我们已经指出了这一点，即使在论及蒙田时我们也已经这么做了。在伊丽莎白时代的悲剧里，特别是在莎士比亚那里，透视法的意识已经变得自然而然，尽管它表现得既不十分准确，又不完全统一。关于别的国家和别的文化，莎士比亚和他那一代的诗人有时也有一些错误观念，他们有时也故意将当代场景和暗示混入异国主题，比如像《哈姆雷特》中的关于伦敦戏剧的说明；莎士比亚常常拿一个与真实时间地点联系极其松散的虚构国家作为故事发生地；不过这些只是透视眼光的表演形式；在他身上存在着人类生活条件丰富多彩的意识，而他是可以将此当作他的观众的先决条件的。

在个别题材里，这种透视法也有以另外的方式来表现的。莎士比亚和他的许多同代人均不喜欢像古典时期的悲剧诗人那样，用一种文体完全从事情的普遍关联中演义出只涉及少数几个人的单一的命运变化，而 16、17 世纪的模仿者有时在这方面还超过了他们；这种孤立的过程可以用古典戏剧的狂热崇拜、神话和技术条件来解释，它与文艺复兴时期出现的关于魅力无穷的多声部世界关联的观念是对立的。莎士比亚的戏剧描述的不是这种孤立的厄运，这种厄运大都从天而降，其后果均在少数几个人之间得到解决，而环境则被局限在少数几个并非情节发展所必需的人物身上——他的戏剧展现内心世界的矛盾，它们是从给定的状况

和被造就的丰富多彩的性格共同发挥的作用中产生的，就连环境、景色甚至死者的灵魂以及其他超自然物都参与其中；这些参与者的角色对推动情节常常根本不起作用或只起很小的作用，他们的作用是以不同的风格充当配角和反角，于是就出现了大量的次要情节和次要人物，对情节结构来说，他（它）们甚至并非必不可少，或者说可以大量裁减：例如《李尔王》中的葛罗斯特插曲，308
《安东尼与克娄帕特拉》中的庞培与茂那斯之间的场景（第 2 幕第 7 场），《哈姆雷特》中的许多场景和人物——谁都能再举出一些其他例子。显而易见，这种情节和人物在戏剧结构中也不是完全没有用处；即使像在《哈姆雷特》中安排奥斯里克这样一个配角也是因为要让他清楚地反映出哈姆雷特的思想方式和某一时刻的精神状态；若是仅仅对情节的发展来说，奥斯里克的刻画并非必不可少。莎士比亚剧本的结构规模宏大，这说明他乐于描述各种各样的生活现象，而它又是由世界的普遍联系观念引起的，于是每一根被拨动的人类命运的琴弦都会唤起众多的和音和相反的声音。里根将她的老父王撵出去时遇到的暴风雨不是偶发事件，而是那些被动员起来将事情推向高潮的神秘力量的行动，就连弄臣说的话和后来可怜的托姆说的话也是来自那个世界乐团的声音，而他们在情节的纯理性结构里的作用则是非常小的。在这里出现了丰富的文体音阶，在庄严的主音里，这音阶往下一直到滑稽和嬉闹。

这种文体形态是伊丽莎白时代和莎士比亚所特有的，然而它的根却扎在民间传统里，也就是说，是扎在基督故事的世俗戏剧里。虽说存在着一些过渡阶段，中间也搀杂着各种其渊源不属基

督教的民间艺术的单独主题，然而人的造物观念，结构松散并附带着许多次要情节和次要形象，庄严低俗相互混杂，这些归根结底只可能是起源于中世纪基督教戏剧，在那里，所有这些事物都是必不可少的，都和事情的本质联系在一起。这种因素影响一个重要命运的最著名的范例就是基督蒙难时的地震(《马太福音》第27章第51及以后几节)，这个范例在中世纪一直保持着巨大的影响(参见《罗兰之歌》第1423行以下，或《新生》第23页)。然而在这里，在伊丽莎白时代的戏剧里，这一总体的上层结构已经消失；基督剧不再是具有普遍意义的戏剧，不再是所有人类命运汇聚的
309 容器；戏剧化的历史得到了某个人的情节作为中心点，从中也获得了自身的统一，于是就为独立的人的悲剧开通了道路。原罪、祭神和末日审判这旧有的神圣秩序退去了，人的戏剧在自身中找到了自己的秩序，而古典楷模则以冲突、危机和悲剧结局在这里参与了进来；就连将事件划分成幕也是从那里接受而来。只是悲剧的自由和人的区域已不知何处是古典界限；中世纪基督教在一次次巨大危机中的衰落提出了自我定位的强烈需求，提出了寻找生命的神秘力量的愿望，在这期间，神秘和科学，自然和道德人互相联系了起来；一种神奇的感应似乎传遍了世界。另外，基督教以一种比古典文化更令人激动、更具对比性甚至更具佯谬性的方法来理解人的问题(善与恶，罪孽和命运)；即使在通过原罪—拯救戏剧的解决办法开始使它失去自己的效力时，对问题的更令人激动的理解以及与其相联系的关于人的天性的观念，还在很长的时间内发挥着作用。莎士比亚的作品展示了业已自由、但自身还附带着过去的全部道德财富的种种力量；起阻碍作用的反对运动

随即强大起来；新教和反宗教改革，社会和精神生活的专制组织，对古典文化的经院纯粹主义的摹仿，理性主义和经验科学，这些都共同发挥作用，使这种悲剧中的自由在他以后没有继续发展。

通过这种方式，莎士比亚比古典文化的道德世界和精神世界更加活跃，层次更多，而且在每个情节之前，这个世界的内部就已经更富有戏剧性；人类活动于其上和事件发生于其间的大地已不太牢靠，似乎被内部的运动动摇了；一个以安静为背景的世界已不复存在，只有一个靠各种力量不断更新着自己的世界。大概任何一个读者和听众都能感觉到这一点，不过再进一步描述他的思想活动的动力并举个例子也许不无益处。在古典悲剧里，对哲理的探讨大都是非戏剧性的；它属于警句格言，从事件经过中抽象概括而出，与人物及其命运相分离；在莎士比亚的戏剧里，他是针对个人的，直接产生于说话者的现实处境并与其联系在一起；它 310
不是从事件中获得的经验的结果，也不是争辩性对白中掷地有声的回答，而是戏剧性的自我观察，寻找着自己投入的合适地点或怀疑其寻找结果的自我观察。希腊悲剧作家中最具革命性的欧里庇得斯在为反对人与人之间的社会等级差别而进行论战时，使用的是一种格言式的诗句，大概的意思是说，只有名字会给奴隶造成损害，否则一个高贵的奴隶与一个自由人没什么差别。莎士比亚没有为反对等级制度进行论战，似乎他根本就不具备社会革命的思想。只有当他的某个人物从其处境出发表达这种思想时，才会产生一种现实的戏剧性的力量，赋予这种思想以魅力和尖锐的力量：“……让他们自由，叫他们跟你们的子女结婚？为什么他们要在重担之下流着血汗？让他们的床铺得跟你们的床同样柔

软，让他们的舌头也尝尝你们所吃的东西吧，你们会回答说："这些奴隶是我们所有的。"所以我也可以回答你们：我向他要求的这一磅肉，是我出了很大的代价买来的；它是属于我的……"* 贱民夏洛克引证的不是自然的正义，而是现存的不公正；在如此辛辣的悲剧性讽刺里蕴涵着多么强烈的现实性！

大量道德现象创造了这个不断更新的整体世界，它们自身也常常积极参与这世界的更新，它们创造了丰富的音域，古典悲剧从没能创造出的丰富音域。我随手打开了一卷莎士比亚，看到的是《麦克白》第 3 幕第 6 场，在那里，列诺克斯，一个苏格兰贵族，向他的一个朋友谈了他对一些往事的看法：

> 我过去所说的不过是和你所思所想合上了拍子，那些话是还可以进一步解释的；我只觉得事情有些古怪。仁厚的邓肯被麦克白所哀悼；邓肯已经死去了。勇敢的班柯不该在深夜走路，要是您愿意，您也许可以说，他是被弗里恩斯杀死的，因为弗里恩斯已经逃匿无踪；人总不应该在夜深的时候走路。哪一个人不以为马尔康和道纳本杀死他们仁慈的父亲，是一件多么惊人的巨变？万恶的行为！麦克白为了这件事多么痛心；他不是逞着一时的忠愤，把那两个酗酒贪睡的溺职卫士杀了吗？那件事干得不是很忠勇的吗？嗯，而且也干得很聪明；因为要是人家听见他们抵赖他们的罪状，谁都

* 引文原文为英文。译文摘自朱生豪译，方平校，《莎士比亚全集》，第三卷，人民文学出版社，1984 年。——译者

会怒从心起的。*

此段所使用的说话方式——以阴险的方式告诉别人什么而 311
又不将它说出来(暗示)——在古典作品里是十分常见的;在论述人物对比时,昆体良**在第 9 章里就探讨过它,在那些大演说家那里也可以看到一些例子。然而它却是那么全然不讲究修辞,在私人谈话里,还完全处在那种阴暗的悲剧性气氛里,这是一种古典作品十分陌生的混合体。我又往后翻了几页,看到了麦克白的那段道白,在即将奔赴最后的战斗时,麦克白用这些话表明了他对妻子死讯的态度:

西登:陛下,王后死了。

麦克白:她迟早总是要死的,总要有听到这个噩耗的一天。明天,明天,再一个明天,一天接着一天地蹑步前进,直到最后一秒钟的时间;我们所有的昨天,不过替傻子们照亮了到死亡的土壤中去的路。熄灭了吧,熄灭了吧,短促的烛光!人生不过是一个行走的影子,一个在舞台上指手画脚的拙劣的伶人,登场片刻,就在无声无息中悄然退下;它是一个愚人所讲的故事,充满着喧哗和骚动,却找不到一点意义。
(一使者上。)

---

* 引文原文为英语。译文摘自朱生豪译,沈林校,《莎士比亚全集·悲剧卷下》,译林出版社,1998 年。——译者

** 昆体良(Quitilian,3－96),古罗马雄辩家。——译者

麦克白：你要来拨弄你的唇舌；你有什么话快说……[*]

由于他的所作所为及因其所作所为而忍受的这一切可怕的事情，麦克白已经变得冷酷无情和无所畏惧；轻易不会有什么能让他害怕（“我已经饱尝无数的恐怖；”施莱格尔[**]译作：“我已经就着恐怖吃过夜宵；”）另外，为了进行最后的抵抗，他已竭尽全力；此时妻子的死讯传到他耳中，以前是她把他推上了犯罪之路，而她又先于他离开人世——这死讯仅使他在迷茫中沉思了片刻；这是一种松弛，当然只是一种导致灰心、艰难和绝望的松弛；不过这艰难也表现在人性和智慧方面；麦克白已经变得难以自己获得智慧，难以让智慧从自己的机灵中产生，他已经到了醒悟和死亡的大限；就在他最后和唯一的人生伴侣离开他的那一刻，他达到了最终的成熟。在这里人是从恐怖的悲剧中站立而起的，而另一次则是从纯洁至极的滑稽可笑中站立而起的，好像原本说的就是他，好像他大概在幸运的时刻曾实现了自我。波洛涅斯愚蠢可笑，上了年纪，头脑笨拙，但当他向临行的儿子讲述最后的建议并
312 为他祝福时（《哈姆雷特》第1幕第3场），他却具有老年人的智慧和威严。

不仅是大量此类现象，不仅是可以在这里看到的一再以新的色彩展现出来的人的高贵和低俗、显赫和普通、悲剧和喜剧构成的人的混合，而且还有那难以表达清楚但处处发挥着作用的关于

---

* 引文原文为英语。译文摘自朱生豪译，沈林校，《莎士比亚全集·悲剧卷下》，译林出版社。——译者

** 施莱格尔（Schlegel，1767－1845），德国浪漫派作家。——译者

世界根源的观念,(这根源在不停地编织着自己,更新着自己,与它的各个部分都有着关联,)这一切都源出于这个观念,这个观念使一件事或一种文体不可能被孤立起来。但丁那种界线分明的共同象征不复存在,而在使用这种象征手法时,所有的一切都在彼世,在神的永恒帝国里得到裁定,人身在彼世时才能达到其完全的真实;然而在这里,当像哈姆雷特、麦克白和李尔王这些命运坎坷的人成熟之时,悲剧人物已经最终完成。然而他们不仅在他们遭遇的每一个命运中得到描述,而且作为一出戏的演员全都联系在一起,这剧本是由神秘的无名氏世界诗人写定,而且还一直在写;这是一部他们和我们都辨别不出其真正意义和真实性的戏剧。为此我想引用《暴风雨》第 4 幕第 1 场的一些诗句:

> ……我们的这些演员们,我曾经告诉过你,原是一群精灵;他们都已化成淡烟而消散了。如同这段幻景的虚妄的构成一样,入云的楼阁、瑰伟的宫殿、庄严的厅堂,甚至地球自身,以及地球上所有的一切,都将同样消散,就像这一场幻景,连一点烟云的影子都不曾留下。我们都是梦中的人物;我们的一生是在酣睡之中。*

我同时还想说的是,在无数折射和混合体里,莎士比亚的作品虽然包含着尘世的现实及其日常形式,但他的意图已远远超出

* 引文原文为英语。译文摘自朱生豪译,何其莘校,《莎士比亚全集・传奇卷・诗歌卷上》,译林出版社,1999 年——译者

了描述仅与尘世相关联的现实；他包含着现实，却又超出了现实。这表现在幽灵和女巫的出场，也表现在常常是非现实主义的语言风格上；在这种语言风格里，塞涅卡、彼特拉克派*和其他各种时兴流派的影响以一种特别而具体但却并不总是现实主义的方式
313 融合在一起。它还更清楚地表现在事件的内部结构上，而且常常正是在最重要的作品里，事件的现实性仅仅是跳跃式的和断断续续的，它们还一再显示出一种突入童话世界，或虚幻之境，或超自然的魔鬼世界的倾向。

从另外一个角度看，莎士比亚的悲剧不完全是现实主义的；在本章开头我们已经谈过这一点：他并不认为日常普通的现实是严肃或悲剧性的，他按悲剧来处理的只是高贵的人，诸侯和国王，政治家，统帅和古典时代的英雄；在平民、士兵或其他中下层人物登场时，使用的总是低等文体，总是他所掌握的众多的喜剧色彩中的一种。这种社会等级式的文体分用在他身上表现得比在中世纪的文学艺术作品中，尤其是基督教作品中还要坚定，它无疑是古典悲剧概念的影响。正像我们已经说过的，在他那里，上层的悲剧形象虽然常常突然将风格变为形体造物的、荒诞的和矛盾的，但文体分用几乎没有例外；夏洛克大概是唯一一个可以作为例外的形象，而我们已经看到，即使在这个形象身上，悲剧主题最终还是被放弃了。莎士比亚的世界精神绝对不是平民精神，而这就从根本上将他与他那些狂飙突进和浪漫派时期的崇拜者和摹

* 彼特拉克(Petrarca，1304－1374)，意大利诗人、人文主义学者、语言学家。——译者

仿者区别开来了。我们在他的作品中感受到的对自然力的有力控制与平民情感的深度毫无关系，而晚辈们却将两者连在了一起。将他的平民场景与歌德的进行一番比较，在这方面是很有启发意义的。《罗密欧与朱丽叶》的第1场，也就是蒙太古家和凯普莱特家的仆人们碰到一起的那一场，与《葛茨·封·贝利欣根》开头农民首领和班贝格骑士相遇有着许多相似之处，歌德的人物更加严肃，更加富有人性，更加善于参与事件！也许在这种情况下有人会提出反驳，说《葛茨·封·贝利欣根》中那些激励平民的问题完全以另一种方式得到了解决，那只要把罗马剧中的平民场景，如《尤利乌斯·恺撒》或《科里奥拉努斯》中的平民场景，和《埃格蒙特》中的比较一下，这种异议就会消失。莎士比亚不仅与平民的情感世界相距甚远，而且在他身上甚至看不到丝毫启蒙主义的先兆，资产阶级道德观的先兆，维护情感的先兆；在他那些几乎一直不署名的作品里，吹出的气息与德意志觉醒时期那些形象身上的大不相同，在后者身上，人们总能听见那个感受深刻、情感丰富的人的声音，他坐在一个老市民的斗室里，为自由和伟大而欢 314
欣鼓舞。试想，在莎士比亚的世界里，像克莱尔欣和格蕾欣这样的形象，或者像路易斯·米勒这样的悲剧简直是不可想象的；在伊丽莎白时代的文学范围里，悲剧若是纠缠一个平民姑娘的贞洁，那是很荒唐的。

关于这一方面，也可以回忆一下歌德在《威廉·迈斯特的求学时代》（第4卷第3和13章）中对哈姆雷特做的著名解释。它深刻而优美；不仅浪漫派作家，而且众多的后辈读者——德国和英国的——都有理由对它表示钦佩。其外部和道德方面均有保障

的青年时期的生活突然崩溃，信赖突然转移到道德秩序上，歌德用这些来解释哈姆雷特的悲剧，而这悲剧已通过他所敬爱的父母之间的纽带可怕地断裂预先向他显示出来，这种解释具有令人信服的力量。不过歌德的解释同时又是他那个时代，即歌德时代的文体画面。在他那里，哈姆雷特是一个温柔的、充满感情的、以理想方式向至高目标努力的、谦虚的、内在的本性力量不充分的年轻人，用歌德自己的概括性来说，这是将“一项伟大的事业放在了一个力不胜任的人的肩头”，或者像他后来不久又说的：“一个美好、纯洁、高贵、有着极高的道德观的人，一个不具备使其成为英雄的感性力量的人，在一个他无力担负又不可弃之的重负的压迫下走向毁灭……”歌德难道没有体会到本来就有、而且在剧情发展中不断增强的哈姆雷特的本性的力量，没有体会到他那令周围所有人颤栗而退的尖刻的幽默，没有体会到他谋算别人时的狡诈和胆量，没有体会到他对奥菲利娅那粗野的冷酷，没有体会到他与他母亲作对时的那股力量，没有体会到他清除那些碍手碍脚的朝臣时的冰冷的镇静，没有体会到他所有的言语和想法的灵活的胆略？虽然他将那个决定性的行动一推再推，他依旧还是此剧中最强有力的形象；他的周身有一圈魔光，它令人敬仰和胆怯，偶尔也让人恐惧；一旦他要采取什么主动行动，那它就是快速的，大胆的，有时也是残忍的，而且它肯定会达到目的。当然，的确正是这些召唤他去复仇的事件让他丧失了决断力；然而可以用一种生存缺陷，用缺少“使其成为英雄的感性力量”来解释这一点吗？那不
315 就等于说，在一个强有力的具有丰富的魔力般才能的天性里，对生活的怀疑和厌倦变得强大起来，本性的整个重量都在朝这一边

移动？正是因为一个强有力的天性藉以投入行动的激情，他的怀疑和厌倦才如此强烈，他才觉得生存和行动的义务令人厌烦，成为一种痛苦？这里绝不是试图将歌德对哈姆雷特的解释与另一种解释进行对比，而是要说明歌德和歌德时代在努力使莎士比亚适应他们自己的思想时的行动方向。另外，最新的研究也对这种用心理学方法统一解释莎士比亚的人物提出了很大的怀疑，按我的感觉简直是极度怀疑。

莎士比亚悲剧中所包含的丰富的文体等级均超出了真正的现实主义手法；另外，与1800年前后那些后辈崇拜者的文体等级相比，它们更加自由，更加强劲，更加不讲究条件，更加不偏不倚。另一方面，正如我们在前面竭力指出的，它们也受着基督教中世纪创立的文体混用的可能性的制约。通过这种基督教的文体混用，柏拉图在《会饮篇》末尾说的那种预感才得以实现。在那里，苏格拉底拂晓时对最后两个已显出倦意的豪饮者，即阿迦同*和阿里斯托芬**解释说：一个诗人必须掌握喜剧和悲剧，真正的悲剧诗人同时也是一个喜剧诗人。柏拉图的这个预感或要求只有人在获得基督教中世纪的观念的过程中才能完全成熟，并且人在克服了基督教中世纪观念后才能变为现实，这一点至少常常有人大体上看出并表述出来，这其中也有歌德。我想在这里引用一段他的这种表述，因为它本身同时也是一幅文体画卷；它将思想丰富的认识和批判眼光的某种限定统一起来，这种限定在这里表现为

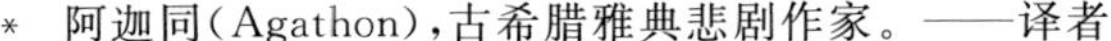

* 阿迦同(Agathon)，古希腊雅典悲剧作家。——译者

** 阿里斯托芬(Aristophanes，约前446-前386)，古希腊早期喜剧作家。——译者

老市民的、反对中世纪的人文主义。这一段出自他翻译的狄德罗小说《拉摩的侄儿》的注释，在著名的关于“鉴赏力”的那个章节的末尾；它写于1805年，具体内容如下：

> 在希腊人那里和在某些罗马人那里一样，也会看到对不同的诗歌种类的一种非常讲究的分类和解释，但人们不会只
> 316 向我们北方人指出前一种式样。我们可以因其他前辈而感到自豪，我们眼中还有其他一些典范。如果这非同寻常之物没有通过几个蒙昧世纪的充满浪漫色彩的变化接触到这乏味的东西，我们何以能得到哈姆雷特，李尔王，对十字架的崇拜，坚定的王子？
>
> 因为我们大概永远也不可能得到古典文化的好处，所以大胆地保持在这个未开化的好处的位置上就是我们的义务……

在这两部莎士比亚的剧作之后，歌德还称赞了两个剧本，它们是卡尔德隆*的作品，而这就将我们引向了西班牙的黄金时代的文学，虽然前提和气氛不同，但在处理生活现实方面与伊丽莎白时代的文学非常相似，这不仅表现在文体混用上，也表现在一般意图上；这意图虽然包括对日常现实的描写，但不是作为目的；它突破了这个范围；不断诗化和提高现实的努力比在莎士比亚那里要明显得多。即使在依照社会等级使用文体方面也能确定某

* 卡尔德隆（Calderon，1600－1681），西班牙戏剧家。——译者

些相似之处；不过它们仅仅是表面上的；西班牙的民族自豪感会将每一个西班牙人都看作崇高文体的形象，而不仅仅是出身高贵的西班牙人；妇女荣誉是西班牙文学中重要的中心主题，它使得悲剧情节甚至也发生在农民当中，于是就出现了一些具有悲剧特征的平民戏剧，例如洛佩·德·维加*的《羊泉村》或卡尔德隆的《萨拉梅亚的镇长》。从这个意义上说，西班牙的现实主义手法比同时期英国的更加通俗，更加富有平民生活的色彩；它反映的当时的日常现实要广阔得多。在大多数欧洲国家，特别是法国，专制制度封住了民众的嘴，因此在两个世纪里几乎听不到他们的声音，而在西班牙，专制制度却和民族传统的最根本的东西联系得那样紧密，以至于专制制度下的民众也得到了极为丰富和生动的文学表现。

然而，在现代现实的文学征服史中，西班牙这个辉煌世纪的文学并不具有特别重大的意义，它比莎士比亚的意义要小得多，甚至比但丁、拉伯雷和蒙田的意义都要小许多。虽说它对浪漫派（我们希望在后面能够指出，现代现实主义就是从中发展起来的）的影响很大，但它在浪漫派里促进更多的是幻想、历险和戏剧性，而不是现实。西班牙中世纪的文学创作以其特别真实和具体的
方式而属于现实主义；然而黄金时代的现实主义手法犹如一种历 317
险，给人的印象几乎是异国情调的；即使在描写低等生活区域时，它也极为生动、诗化和充满幻想；它用交际礼仪形式，孜孜追求的珍贵的语言修养，骑士理想的伟大激情和巴洛克反宗教改革的虔

* 维加（Lope de Vega，1562－1635），西班牙作家、戏剧家、诗人。——译者

诚的所有内心和外部的奇迹，把日常现实照得亮亮堂堂；它将世界变成了一出奇迹剧。在这出剧里——这一点对于与现代现实主义的关系来说十分重要——占主导地位的依旧是一个固定的秩序，虽然有许多历险和奇迹成分；在这世界里虽然万事皆梦，但什么也不是必解之谜；这世上有激情和冲突，但却不存在问题。神、国王、荣誉和爱情、社会等级和社会等级立场，这些都是不可动摇和不可怀疑的，无论是悲剧人物还是喜剧人物，都没有向我们说明什么难以回答的问题。在我所知道的黄金时代的西班牙作家中，塞万提斯无疑属于其人物多少还展现出疑难问题的作家；只要将堂吉诃德那仅仅是误入歧途、很容易解释、最终可以治愈的疯傻与哈姆雷特那彻底的、具有多种意义的、无法治愈的对世界的怀疑对比一下，就足以辨别出这一区别。由于生活环境稳固而有保证——尽管其中还发生了许多相反的事，因此人们在西班牙的作品中丝毫感受不到生活深处的运动，或是一点感受不到彻底探索它或具体描述它的意愿，虽然作品里的事物丰富多彩，生动活泼。在这些作品中，人的行动的主要目的是清楚地证明和显示道德立场，不管它是悲剧性的还是喜剧性的，或是两者兼而有之；而这些行动是否起什么作用，是否将什么推向前进，是否带动什么，都没有什么重要的意义，无论如何，这世界的秩序后来还和以前一样稳固而不可动摇；只有在其内部才可能经受考验或误入歧途。道德立场和思想要比成就重要得多，塞万提斯在《堂吉诃德》第1卷第19章里就以讽刺的手法摹仿过这种情形；当受伤的学士阿朗索·罗贝斯向这位骑士说明他攻击运尸体的队伍闯下了什么祸事时，他没有感到丝毫的震惊或尴尬；他以为那队人

是魔鬼现身，因此他就有义务攻击他们；他对履行了自己的义务
感到满意，而且还引以为自豪。另外，很少有哪个人物像堂吉诃
德这样将探究问题的任务放得离当时的现实那么近。一个以往 318
时代的理想主义的观念和一个已失去其作用的社会等级为一方，
当代的现实为另一方，它们之间的冲突必然导致带着疑问用批判
眼光来描述当时的现实，更确切地说，由于道德上的坚定不移和
精神，癫狂的堂吉诃德常常处于比他那些理智的对手优越的地
位。但塞万提斯没有沿着这个方向创作这部著作。他对西班牙
现实的描写被分撒进众多单个的历险和画面；它的基础并未被
触及。

319 第十四章　着了魔法的杜尔西内娅①

路德维希·蒂克*的译文是这样的：

堂吉诃德说："我只看见三个乡下女人，骑着三头驴。"

桑丘道："上帝从魔鬼手里救我出来吧！"回答说："难道这三匹雪白雪白的小母马或什么马，您看着像驴吗？老天爷！要真是驴呀，我这几茎胡子都可以揪掉！"

堂吉诃德说："那么我告诉你吧，桑丘朋友，明明是驴，或许是小母驴。这就好比我是堂吉诃德，你是桑丘·潘沙那么千真万确；至少，我看着像驴。"

桑丘说："先生，住嘴吧，别乱说了；您睁大眼睛瞧瞧，您心上的小姐马上就到了，快去向她致敬吧。"

他一面说，一面就抢着迎上去，下驴扯住她们一头驴的笼头，双膝下说：

"美丽的王后、公主、公爵夫人啊，请您赏脸见见您俘虏的骑士吧，他在您贵小姐面前慌作一团，脉搏也停止了，成了

---

① 此章是1949年，即本书德语第一版出版后三年，为西班牙译本补写的。——原注

* 路德维希·蒂克(Ludwig Tieck，1773－1853)，德国浪漫主义作家。原书本章开头是西班牙语引文，随后是德语译文，所以作者这样说。——译者

一块大理石了。我是他的侍从桑丘·潘沙；他就是团团转的骑士堂吉诃德·台·拉·曼却，别号哭丧着脸的骑士。”

这时堂吉诃德已经去跪在桑丘旁边，突出一对眼珠子， 320
将信将疑地瞪着桑丘称作王后和公主的那女人。他看来看去只是个乡下姑娘，相貌也并不好，她是个宽盘儿脸，塌鼻子。他又惊又奇，只不敢开口。另外两个乡下女人看见这一对不伦不类的怪人跪在地下挡住她们的女伴，也很诧异。可是被他们挡住的女人一点不客气，很不耐烦地发话道：

“你们这两个倒了霉的！走开呀！让我们过去！，我们有要紧事呢！”

桑丘答道：“哎呀，公主啊，托波索全城的女主人啊，您贵小姐看到游侠骑士的尖儿顶儿跪在面前，您心胸宽大，怎么不发慈悲呀？”

另一个乡下女人听了这套话就说：

“‘嚯！我公公的驴呵！我给你刷毛啵’* 瞧瞧现在这些起码的绅士！倒会拿乡下女人开心的！好像人家就不会照样儿回敬！走你们的路吧！让我们走我们的！别自讨没趣！”

堂吉诃德忙说：“桑丘，你起来。我现在知道：厄运折磨着我，没个餍足；命运叫我走投无路，苦恼的心灵找不到一点安慰。品貌双全的小姐呀！我这个伤心人唯一的救星啊！

---

* 西班牙谚语，表示不接受对方讨好，用讥诮的口吻回敬。“嚯”是喝驴的声音。——译者

322 恶毒的魔术家迫害我，叫我跟上生了云翳；别人见到你的绝世芳容，只在我眼里你却变成个乡下穷苦女人了。假如魔术家没把我也变成一副怪相，叫你望而生厌，那么，你看到我一心尊敬，尽管瞧不见你的美貌；还是拜倒在地，你就用温柔的眼光来看我吧。”

那村姑答道：“啊呀，我的爷爷！我是你的小亲亲，和你谈乱爱呢！走开点！让我们过去！我们就多谢你了！”

桑丘走开让她过去，借此摆脱了自己的纠葛，心上非常得意。暂充杜尔西内娅的那个村姑瞧没人挡路了，忙用带刺的棍子打一下她的“小驴马”，往前面草地跑去。她那一棍不比往常，驴儿痛得厉害，腾跃起来，把这位杜尔西内娅小姐掀翻在地。堂吉诃德一见，忙赶去扶她。桑丘也去把滑到驴肚底下的驮鞍重新安好、缚牢。堂吉诃德就要去把那位着了魔的小姐抱上坐骑。那位小姐却已经爬起来，而且上驴不用帮忙。她退后几步，然后跑个快步，两手按着小驴的臀部，就势踊身一跃上鞍，像男人那样骑跨在驴背上，矫捷得不输老鹰。桑丘失声叫道：

“我的天啊！咱们这位女主人比鹞子还轻巧呢！最灵活的果都巴人和墨西哥人上高鞍也没她这本领。她跳过了鞍子的后梁；鞋上没戴马刺，也能叫她的小驴马跑得像斑马一样。她两个使女也不输她，都一阵风地跑了。”

的确是这么回事。那两个女人看见杜尔西内娅上了牲口，就打着驴子跟她飞跑，一口气跑了半哩瓦多没回头。堂吉诃德目送她们，直到看不见了，才转脸对桑丘说：“桑丘，你瞧瞧魔术家多么恨我呀!”*

这是塞万提斯的《堂吉诃德》第 2 部第 10 章中的一段。这位骑士派桑丘·潘沙前往托波索城寻访杜尔西内娅,并向她通报他的到访。由于从前撒谎造成的麻烦,桑丘处于极尴尬的境地,他该如何去寻找这虚构的贵夫人,于是他决定欺骗他的主人。他在城外等了一段时间,其时长足以使堂吉诃德相信他办了交给他的差事;当他后来看到三个乡下女人骑着驴出城时,连忙回去向主人报告说,杜尔西内娅带着两名使女前来迎接堂吉诃德。他拽着
又惊又喜的骑士迎着村姑跑过去,还用浓烈的色彩描述她们的美 323
貌和衣着的华丽;但堂吉诃德这一次看到的却只是现实,也就是三个骑驴的村姑——我们选用的这个场景就这样展开了。

在众多描绘堂吉诃德的幻想和与这幻想相违背的日常生活的真实发生碰撞的事件中,这个事件有着特殊的地位。首先因为它涉及的是作为理想人物及其心灵的无可比拟的主人杜尔西内娅本人;这是他幻想的顶点,他失望的顶点,尽管他这次也找到了一条挽救这种幻想的出路,然而这条出路(杜尔西内娅着了魔法)却那样令人难以容忍,因而从此之后他的整个心思全都用在解救她和解除魔法的目标上。在这部书的最后几章,他认识到或预感到这永远也不会成功,这认识或预感就是他的病、他从幻想中的解脱和他的死的直接准备。其次,这个场景也由于第一次更换了

* 引文原文为西班牙语。译文摘自杨绛译《堂吉诃德》(下卷),人民文学出版社,1996 年。下同。——译者

角色而尤为突出：在此之前，堂吉诃德本能地按照骑士小说去理解和改变他所遇到的日常生活的各种现象，而桑丘大都表示怀疑，常常试图反对并阻止他主人的荒唐行为；此时却颠倒了过来，桑丘即兴安排了一个小说中的场景，而堂吉诃德却由于村姑相貌粗俗平常而丧失了依照自己的幻想改变事件的能力。这一切好像极其重要；正如我们在这里（有意）说明的一样，这听上去很凄惨，痛苦，近于悲剧。

然而只要我们在读塞万提斯的东西，我们就是在读一部闹剧，它极其滑稽。许多插图画家已经确定了这样一幅画面：堂吉诃德跪在桑丘身边，瞪大双眼，满脸迷惑，怔怔盯着他面前呈现的可恶场面。言语风格的对立和结尾的荒诞动作（杜尔西内娅跌倒和站起来）当然完全是在拿这事取乐。言语风格的对立是渐渐形成的，因为村姑们起初惊讶至极。杜尔西内娅开始要求让开路的那些话还是挺温和的。犹如珠落玉盘似的口才表现在村姑后来的话语中。桑丘最开始以骑士风格的代表出场，人们可以意外而高兴地看到，他这角色扮演的多么精彩。他从驴身上一跃而下，倒身跪在那几个女人跟前，谈吐让人觉得他这辈子除了骑士小说
324 的术语再没听过别的。称呼和句法，比喻和修饰语，对主人举止的描述和对垂顾的请求：这一切都非常地道，虽然他不识字，虽然他所受的教育仅仅靠的是堂吉诃德这位楷模。但他也有获得成功的地方，至少他拽着主人跟在自己身后：堂吉诃德跪在了他的身边。

我们不妨这样来想象，在这里出现了一种可怕的危机。杜尔西内娅的确是美的化身，他生活的意义。开始把他的期望绷得那

么紧，后来又让它落了空，这可并不是没有危险的实验；它可能会引起一种阻塞，这阻塞可能造成更深的疯狂，这阻塞的结果也可能是痊愈，是从那固定观念的暂时解脱。这两种情况都没有发生。堂吉诃德克服了这种阻塞。他在他的固定观念中找到了一条出路，它使他既避免陷入绝望，又没有让他得到治愈：杜尔西内娅着了魔法。只要外部环境与幻想间出现了无法克服的对立，每一次都会出现这一出路；它使得堂吉诃德可以依旧保持着高贵的、不可战胜的英雄姿态，是被一个强有力的、嫉妒他的荣誉的魔术师迫害的英雄。在这种特殊情况下，在杜尔西内娅身上，如此可恶卑鄙的施加魔法的想法肯定是难以忍受的；起码可以凭借用于幻想领域里的办法来对付这种处境，也就是不渝的忠诚、忘我的牺牲精神和义无反顾的勇敢这些骑士道德。另外可以肯定，最后的胜利者是这种道德；完美的结局得到了保证。既避免了悲剧，也避免了治愈。就这样，在短暂的迷惑之后，堂吉诃德开始说话了。他开始的话是对桑丘说的；这些话表明，他已经理出了头绪，已经在按照他的幻想来解释当时的处境；这种解释在他的头脑中已经根深蒂固，因而即使一个村姑当着他的面说的那些粗野的俗语——尽管它们与骑士道德的崇高文体形成如此鲜明的对比——也不再能动摇他的态度；桑丘的诡计成功了。堂吉诃德的第二句是对杜尔西内娅说的。

这个句子漂亮极了。我们刚才说过，桑丘善于使用他从主人那里学来的骑士小说的风格，他用得是那么灵巧和有趣；这表明，他有一位什么样的大师做老师。犹如一篇祈祷文那样，这个句子是用一个恳切的祈求（invocatio）开始的；它很周到地分为三个层

325 次(*extremo del* valor… , termino … , unico remedio …),他首先强调一种绝对的完美,然后是一种人的完美,最后是对说话者个人的特别折服;这三重结构是由 y tú 统到一起的,在它那扩展得很开的第三部分,以 corazon que te adora 作为结尾,这句话节奏上虽显得拘谨,却恰到好处;在这里,已经从内容、话语和节奏方面暗示了到结尾才出现的主部主题;因而完成了向用祈求式主句(no dejes de mirarme …)来表示的祈求的过渡,不过这个主句让人等了许久才露面。首先出现的是一个丰富多彩的、分层次的、与祈祷和祈求形成戏剧性对比的、让步意义的表述单位:*ya que* … , y … , y … , si ya tambien … ;它的意义是"即使",而它节奏上的顶峰位于第一部分(*ya que*)的中间,位于那被特别强调的话语 y para solo ellos 里。直到让步从句华丽的戏剧性旋律渐渐消退以后,受阻许久的表示祈求的主句才显出身来,然而它还是慢慢腾腾,依旧堆砌着释意和重复,直到整个长句要表达的主部主题终于出现,这就是象征着堂吉诃德当时的态度及其整个人生的话:"我的灵魂崇尚着你。"这就是上部第 25 章里桑丘赞叹过的那种文体,当时堂吉诃德给桑丘读了自己写给杜尔西内娅的信,桑丘称赞道:"……怎么你心里想说什么,信上都会说出来!还安上了哭丧着脸的骑士的签名,真是好极了!"* 但相比之下,这里说的这段话要漂亮一些,而且所有的技艺也不像那封信那么狭隘和矫揉造作。不过,这种讲究音韵、形象丰富、层次清晰、犹如音乐的宫廷雄辩术的杰作同样也是植根于古典传统之中,塞万提斯很喜

* 引文原文为西班牙语。——译者

欢这样的杰作，而且是这方面的大师；在这一方面他不仅是批判
者和毁灭者，而且是伟大的叙事雄辩传统的继续者和完成者，而
对于这种传统来说，即使散文也是一种真正的艺术。只要是涉及
伟大的情感和激情，或者是涉及庄严的事件，就会出现这种崇高
文体及其所有技艺；也就是说，通过长期的惯例，崇高文体已经从
崇高的悲剧性稍稍转向了可爱和灵巧，还略有一丁点儿自嘲，但
它的主流还是严肃；比如当我们读到第 1 部第 36 章里多若泰对 326
她那负心的情人说的话以及话里那众多的形象、画面和节奏感强
烈的从句时，我们会觉得，这种文体即使在描述严肃和悲剧性的
事情时也是生动活泼的。

然而在这里，在杜尔西内娅面前，它仅仅起对比的作用；村姑那轻蔑粗野的回答赋予它真实的意义；我们处在低等文体中，堂吉诃德高贵的修辞也仅仅是为了让可笑的文体突变完全发挥作用。塞万提斯对此还不满意，在谈吐风格突变之外他又加上了极其特别的情节上的风格突变，他让杜尔西内娅从驴上跌下，又以难以置信的敏捷重又跳上驴背，而堂吉诃德却一直竭尽全力保持着骑士风度。他是那样牢牢地守着自己的幻想，无论是杜尔西内娅的回答还是毛驴场景都没能迷惑住他，这是这出闹剧的顶峰。就连桑丘那放纵的诙谐（Vive Roque）——其实这是一种放肆——对他也没能起任何作用。他目送着村姑们骑驴离去，当她们的身影消失后，他才和桑丘说话，他的话里并不怎么悲伤绝望，而是充满了一种胜利的满足，对他成为恶毒的魔术士那拙劣之极的技艺的靶子感到满足这为他提供了一个自感独一无二和出类拔萃的机会，也就是以顺应游侠骑士的惯例的方式：“我活在这世

上真是个地道的倒霉人，厄运把种种灾难都降落在我身上。”[*]他此时说他注意到那恶毒的魔法也波及杜尔西内娅身上的芳香，因为她喘出的气不好闻，但这和桑丘对她美貌之细节的荒唐描述一样，对他也没能起什么作用。由于计谋的完全成功而放开胆子的桑丘这时真正地上劲了，拿他主人的疯傻为自己取乐。

在本书中，我们探索的是对日常生活的描写，日常生活在其人的、社会的问题甚至悲剧事件里得到严肃的描写。毫无疑问，我们的场景是现实的；所有出场人物都被放在一种当时的真实和他们活生生的日常生活中进行刻画；不仅村姑，还有桑丘，而且不仅桑丘，还有堂吉诃德，他们都是作为同时代西班牙生活氛围中的人物出现的。桑丘玩着一个放肆的游戏，堂吉诃德陷入他的幻想不能自拔，这些并没有使两人脱离他们的日常生活；桑丘是曼
327 却的一个农夫，堂吉诃德并不是阿马迪斯[**]或者罗兰，而是一个失掉理智的小乡绅。或许我们可以说，是愚蠢将这位希塔尔戈[***]置于另外一个虚构的生活氛围里；不过，我们的场景和类似事件依旧保持着日常生活的特征，因为日常生活中的人物和事件不断地与那种愚蠢形成对比，而通过这种对比他们则显得更加清晰。

若想在悲剧和喜剧之间的刻度盘上确定这个场景乃至这部小说的位置，简直难上加难。按它的情况来说，这个关于三个乡下女人的故事无疑属于喜剧。让堂吉诃德和一个具体的杜尔西内娅相逢，塞万提斯在写这部小说的第 1 卷时肯定就有了这个想

---

* 引文原文为西班牙语。——译者

** 阿马迪斯：16 世纪流传于整个欧洲的骑士小说的主人公。——译者

*** 希塔尔戈：西班牙封建时代的骑士。——译者

法；它的基础建立在桑丘的一个骗人的诡计上，因而角色便调换了，这是一个绝妙的主意，而又十分精彩地得到了落实，所以这出闹剧便作为自然的甚至理所当然的东西呈现在读者面前，尽管所有的前提和条件荒唐至极。但这绝对是出闹剧。我们在前面已经尽力指出，这个故事中只有一个人，也就是堂吉诃德，对他来说存在着向问题和悲剧转变的可能性，但这种转变在他那里被避开了。是遁入对杜尔西内娅着魔的解释断了向悲剧发展的路，这遁入几乎是临时性的，又像是自动发挥作用。他被哄骗了，而这一次是被桑丘骗的；他跪在几个乡下丑女人面前，怀着崇高的情感对她们说这说那；随后又炫耀他那伟大的不幸。

然而堂吉诃德的情感真而且深。杜尔西内娅确实是他思想的主宰，他确实心怀着一种使命，视之为人的最高责任；他确实忠诚勇敢，而且准备做出任何牺牲。如果说这样一种绝对的情感和绝对的坚定建立在一种愚蠢的幻想上，那它们就不得不让人赞叹，而堂吉诃德在几乎每一个读者那里都得到了这种赞叹。在文学艺术爱好者中，只会有很少的人不将堂吉诃德与理想的伟大观联系在一起；这种伟大观虽然荒唐，离奇，怪诞，却是理想的，绝对的，英勇的。特别是自浪漫派以来，这种观念几乎普遍起来，而且它也反对那种哲学式的批评，因为这种批评试图证明，塞万提斯本不想给人这样一种印象。

困难就在于，在堂吉诃德那偏执的思想里，崇高、纯洁和拯救 328
是与绝对的愚蠢联系在一起的。表现为为理想和愿望而进行悲剧性奋斗的方式首先只能是它合理地干预、震撼和逼迫事物的真实状态；因此对这种理智的理想就会出现一种同样理智的反抗，或者起因于迟钝、狭隘的恶意和嫉妒，或者起因于一种更为保守的认识。理想的意愿与现实至少在这一范围内是一致的，这就是意愿能够言中现实，因而两者互相影响，因而才产生一种真正的冲突。堂吉诃德的理想主义不是这一类。它不是建立在一种对世界真实情况的认识上；堂吉诃德虽然具有这样一种认识，但只要偏执思想的理想主义支配着他，这种认识便离开了他。随后他的一切所作所为均没有任何意义，与现存世界很不一致，以至于在这世界里只能引起可笑的混乱。他所做的一切不仅没有成功的希望，而且在现实中甚至找不到一个起点；它们都是空忙一场。

同一种思想还可以用另外的方式来解释，那样就会有另外的结论。高尚勇敢的傻子外出实现自己的理想并改造世界，这一主题理解为，世界的现存问题和冲突已经显现出来，需要加以解决。蠢人的纯洁和直接即便其作用没有具体的意图，也可能属于这样一种类型，即他无论出现在哪里都能本能地或无意间击中事物的关键，因而悬浮或隐匿的冲突就变成了现实的冲突；试想一下陀思妥耶夫斯基的《白痴》。书中的白痴大概是自己卷入了责任和罪责，以致他以这种方式成了悲剧性人物。塞万提斯的小说里没有发生这种事。

从这一点来讲，堂吉诃德与杜尔西内娅的相逢不能很好地说明他与具体现实的关系，因为他不像以往涉及的是在与现实的斗争中贯彻自己的理想意愿，而是看到了具体化的理想人物和对这理想人物的崇拜。然而对于这位蠢骑士与这个世界的各种现象间的想象关系来说，这次相逢具有象征意义。我们必须回忆一下，杜尔西内娅主题里包含着哪些传统观念，它们在桑丘和堂吉

诃德那崇高得近乎荒唐的话语里是什么样子。“心上的小姐；斗
胆冒昧地；人类至美的顶峰”* 等等：这里面有柏拉图式的美的理 329
念，有高贵的爱情，有甜蜜的新文体的优雅小姐，贝雅特里齐，我心中高贵的小姐。所有这些弹药都用在了几个丑陋平常的乡下女人身上。它们都打空了。堂吉诃德既不可能受到充满慈爱的接待，也不会被赶走。若想在这个场景里看出什么严肃的东西或一种更深的隐含意义，那就得对其强行解释。

三个女人不知所措，她们尽快脱身而去；这是堂吉诃德的出现经常引起的一种结果。他也常常引起争论和斗殴；当他用他的胡说八道干涉人们的什么事时，他们便火冒三丈。经常看到的情形还有，他们对他的偏执思想表示同意，以便从中取乐。他第一次出游时碰到的店主和妓女就是这样的反应；此后在第二家客店的聚会上，在牧师和理发师那里，在多诺泰堂费南铎那里，甚至在玛丽托内斯那里也发生了同样的情形；虽然有几个人是想利用这种玩笑将这位骑士平平安安地送回家，但远远超出了实际意图所要求的程度。在第 2 部中，学士参孙·加尔拉斯科制定的治疗计划依靠的也是调侃偏执思想，此后，在公爵府上和在巴塞罗那，堂吉诃德的愚蠢被用于打发时间，因而发生的事几乎没有真正的冒险，而只是人为的安排，也就是说，它们是组织者为了取乐而专为这位骑士的愚蠢而准备的。在所有这类反应中，无论是第 1 部还是第 2 部，都缺少一样东西：悲剧性事件和严重的后果。就连讽刺和针砭时弊的成分都很微弱：如果除去文学批评的成分，那就

* 引文原文为西班牙语。——译者

几乎没有一点批评的成分；这种成分都局限在简短的注解或不多见的类型漫画上（如公爵府上的牧师）；它从来都不是原则性的，而且在态度上也是温和的。首先，堂吉诃德的这些历险并不是用来揭露什么当代社会的原则问题。他的行为什么也没有揭示。它仅仅是展示丰富多彩的西班牙生活的一个契机；堂吉诃德在与现实各种各样的冲突中，从来就没有质疑现实之为现实的权利：现实对他来说总是对的，在一些有趣的混乱之后现实继续平静而
330 原封不动地存在着。只有唯一一个场景有可能会出现这样的事：这就是释放摇橹苦工，在第 1 部第 22 章。堂吉诃德在这里干预了法律制度，在一些批评家那里可以看到他们代表着这样一种意见，即他做此事是以一种更高的道德的名义。这种见解是可以理解的，因为堂吉诃德说的这句话是确定无疑的："咱们一旦离开了人世，有罪各自承当；上帝在天上呢，他不会忘了赏善罚恶。好人不该去当处决他人的刽子手，这个行当于他们毫无益处。"*——这样一个句子肯定比任何现行法律的等级都要高。然而这样一种"更高的道德"必须具有合乎逻辑的行为和方法，如果要严肃地看待它的话。我们知道，堂吉诃德根本就没想从原则上攻击法律制度；他既不是无政府主义者，也不是上帝之国的预言者；或者说一再出现的情形是，只要他的偏执思想不发挥作用，他还是很乐意顺应现状的，他也仅仅在他的偏执思想里为游侠骑士要求一个特殊的位置。那优美的话语"咱们一旦离开了人世……"**虽然植

* 引文原文为西班牙语。——译者

** 同上。——译者

根在他的真正本性的善良的智慧中(我们还要回到这一点上来)，但在此处它们只是一种即兴之词；促使他放掉囚犯的就是这种偏执思想；驱使他将所有遇到的东西都当作骑士历险的对象；是这种偏执思想为他提供了“帮助受逼迫者”或“解放被强行押送者”的主题；他是在依照它行事。我觉得，若想在这里看到什么原则性的东西，想看到什么像自然—基督教法和成文法之间的冲突之类的东西，那就完全想错了。对于这样一个冲突来说毕竟还应有一个对手出现，如陀思妥耶夫斯基笔下的那位宗教法庭庭长，他应有资格并愿意在堂吉诃德面前代表成文法的原则。押送囚犯的差拨对此是不合适的，而且他也不准备这样做；作为个人，他也许会完全接受这样的思路：“别处决人，免得你们自己被处决。”但他根本就没处决人，他根本就不代表成文法。他有他自己的信条，他极其恰当地引用着它们。

所有的一切都得到了一个欢快的结尾，而堂吉诃德所引起或遭受的损失一再被处理成带有恬淡幽默的可笑混乱。被打伤的学士阿朗索·罗贝斯的腿被卡住，人躺在地上，身子压在他的骡子下面，就连他也用讽刺的双关语安慰自己。这个场景出自第 1
卷第 19 章；它还表明，偏执思想使堂吉诃德不觉得应对他引起的 331
事情负有责任，因而他的良心也就不会有任何悲剧冲突，不会蒙上任何重大的阴影。他按照游侠骑士的规则行事，因而他是合理的；虽然他连忙上前去帮学士，因为他是个善良和乐于助人的人，但他却没有罪责感。在第 30 章开头，当那位牧师为考验他而诉说释放囚犯造成的恶劣后果时，他同样没有罪责感；他气愤地说，游侠骑士的责任是帮助受逼迫者，而不是考察他们是否理当受苦；对他来说这个问题就这样了结了。在欢乐、更加自由和完美的第 2 部里就再也没有这样的事情了。

在塞万提斯这本书里极少能看到问题和悲剧——尽管它属于欧洲的问题和悲剧形成时代的杰作之一。堂吉诃德的愚蠢在这方面没有任何揭示；整部书是一部戏剧，在剧中，愚蠢在基础良好的现实的映衬下变得十分可笑。

然而堂吉诃德不仅仅是可笑；他不像那可笑的老头，或满口大话的士兵，或迂腐无知的博士。在我们这个场景里堂吉诃德被桑丘当作傻瓜；然而桑丘蔑视他吗，桑丘总是欺骗他吗？完全不是，桑丘骗他仅仅是因为没有别的脱身之法；他爱他，尊敬他，尽管他时而模模糊糊时而清醒意识到他的愚蠢；他向他学习，不愿意离开他；在与堂吉诃德的交往中，他变得比以往的他更加聪明善良。在其所有的愚蠢中，堂吉诃德保持着一种自然的威严和优势，许许多多惨痛的失败都未能损害这种威严和优势。他不像上面提到的那些可笑类型的人那样低俗；他甚至就不是这种类型的人，因为他从整体上说不是为滑稽效果设定的自动人；即使他也在发展，变得更加善良聪明，然而他的愚蠢还依旧保持着。难道真像浪漫主义讥讽的那样是一种聪明的愚蠢？他这种智慧真是出自愚蠢？这种愚蠢真的赋予了他一种在理智健全时永远也不可能得到的认识？和在莎士比亚笔下的傻子及查理·卓别林那里一样，这种智慧在他这里也是自愚蠢中表现出来的？不，还不是这样。只要愚蠢，也就是游侠骑士的偏执思想一支配着他，他
332 做事就尽冒傻气，就像一个机器人，就像上面提到的那些可笑的类型。他拥有的智慧和善良与他的愚蠢毫无关系。像他这样的

愚蠢只会出现在一个纯洁高尚的人身上，而智慧、善良和正直的确是通过他的愚蠢展现出来的，的确是通过他的愚蠢使它们显得可爱的。然而智慧和愚蠢在他那里是截然分开的，这一点与莎士比亚的人物、浪漫派的傻子和查理不同。那位神甫在第1部第30章里就这么说过，后来又一再有这样的描述：只有在他的偏执思想起作用时他才冒傻气，否则他就是个正常的人，一个非常有理智的人。他的愚蠢不是那种构成他的整个本质的愚蠢，不是与本质完全一致的那种愚蠢；一种偏执思想在某个时刻支配了他，随即又离开了他本质的一些部分，因而在许多情况下他做事说话就和思维健全的人一样，有一天，那是在他死前不久，偏执思想又离开了他。当受过量阅读骑士小说而制定出他那荒唐计划时，他已经大约五十岁了。这是很奇特的。受寂寞时读的书的影响而做出疯狂的事，恐怕大家认为只会发生在一个年轻人身上，如于连·索莱尔和包法利夫人，人们竭力寻求一个特殊的心理学的解释：一个五十岁的人，一个过着正常生活的人，一个很有理智、具有多方面智慧和头脑健全的人，竟会做出如此荒唐的事，这怎么可能呢？在这部小说开头的几个句子里，塞万提斯就他的主人公的社会地位做了一些说明；从这些句子或许可以看出，社会地位压抑着他，因为它没有为与他的能力相符的活动提供任何机会；由于受到限制他犹如失去了活力，这些限制一方面是因为他的社会地位，一方面是因为他的贫穷。于是可以这样来推测，这个疯狂决定是对已经无法忍受的处境的逃避，是对处境的一种强行摆脱。这样一种社会学和心理学的解释在文学界也有人赞同；我本人在本书前面的一个地方对此曾作过说明，因为从那一段的语境

看，提到这一点是有道理的。然而作为对塞万提斯艺术见解的解释它还不能令人满意，因为若想靠很少几个句子用堂吉诃德的社会地位和生活习惯来对偏执思想作出心理学的解释，那是不大可能的；否则他必然会对此说得更加清楚，做得更加具体。关于堂
333 吉诃德特别的愚蠢，一个现代心理学家也可能作出另外的解释。然而塞万提斯却与这样的问题保持着远远的距离。关于堂吉诃德疯傻的原因，他只做过这样的回答：他骑士书读得太多，搅乱了他的理智。一个五十岁的人身上发生这种事，这只能从塞万提斯的这部书中得到一个美学的解释：从他构思这部小说时来到他头脑中的滑稽的幻象进行解释：一个年长的瘦高男人，披挂着不合时宜的破旧盔甲；在这样的画面里，除了愚蠢之外，主要表达的是苦行和理想主义的东西。人们不得不接受这样的事实，这位聪明而有教养的乡绅突然之间疯了，不是由于受到可怕的震撼，就像埃涅阿斯或哈姆雷特，而是因为他骑士小说看得太多。正像莱奥·施皮策[*]给我的信中说的，这大概与强调过量为病因的体液病理学是一致的："……阅读过量使他失去了理智，以至于发疯。"[**]然而不管怎么说，这里没有悲剧性的东西。在分析他的疯傻时，我们必须排除悲剧，同样也得排除典型的莎士比亚和浪漫派的做法，即将智慧和愚蠢联系在一起，在这种联系中，一个若缺了另一个是难以想象的。

堂吉诃德的智慧不是一个傻子的智慧；这是一个聪明稳健之

---

* 莱奥·施皮策（Leo Spitzer，1887—1960），奥地利罗曼语族语言文学学者。——译者

** 引文原文为西班牙语。——译者

人的理智、大度、正直和威严：既不是超自然的，也不是佯谬的；没有充满怀疑、矛盾和在这个世界中的无家可归感，而是平静的，思前想后的，易受感动的，受着讽刺依旧可爱和谦虚的；他还比较守旧，或者说至少和当时的情况是一致的。这表现在无论何时何地与人的交往上，特别是与桑丘·潘沙的交往上，只要他的偏执思想偃旗息鼓——无论时间长短。从一开始，除了疯傻的历险之外——当然第2部要远远多于第1部——就存在着那个善良、聪明、友善、享受着天生拥有的优越尊严的人，即好人阿隆索·吉哈那；我们可以读到，当桑丘按照他老婆泰瑞萨的主意开始提出请求要一笔固定报酬时，他是用怎样有趣善意的讽刺对待桑丘的，这见于第2部第7章；他一用游侠骑士的习惯来解释他的拒绝，愚蠢即刻发生作用。这样的地方可以找到许许多多；无论在哪里都可以看到，并存着一个聪明的堂吉诃德和一个愚蠢的堂吉诃德，智慧完全不是辩证地由愚蠢启迪的智慧，而是一种正常的智慧，似乎是一种中等智慧。

这就得出一种不同寻常的组合；在色彩方面存在着好几个层 334
次，人们对于纯粹的滑稽幽默中的层次并不习惯。一个傻子就是一个傻子，人们习惯于看到用单一文体描绘出的他，就是用滑稽傻气的文体，同时它——至少在较早的文学里是如此——又和低俗及蠢笨连在一起，有时也与别有用意的恶毒连在一起。关于一个既傻又聪明的人，关于那种与愚蠢似乎毫无一致之处的智慧，也就是关于聪明程度的智慧，该说些什么呢？聪明的程度与荒唐过度的偏执思想连在了一起，这就造成了一种多样性，一种无法与纯粹的滑稽协调一致的多样性。不过这还远远不是全部。这

不过是愚蠢的翅膀，智慧凭借它们在高空翱翔，周游世界，并在这世界里变得更加丰富；因为堂吉诃德若不疯傻，他就不会离开他的家。那样就连桑丘也得留在家里，他也就不可能获得他后来身上所具备的所有气质，我们又惊又喜地发现的气质；他们两人之间的这场丰富多彩的戏，两人在这世界里表演的这场戏也就无法上演了。

正如我们认为我们所指出的，这场戏从未带有悲剧色彩，人的问题，无论是个别人的个人问题还是社会问题，都从未以一种让我们战栗和同情的方式摆在人们面前；我们总是保持着欢快。然而这欢快也前所未有地分成各种各样的层次。让我们再回到我们已经开始分析的引文。堂吉诃德对那几个乡下女人说话使用的风格确实属于宫廷爱情的崇高文体，它本身并不怪诞；这些句子并不完全像今天的一些读者所感觉到的那么可笑，而是使用当时的传统，是当时流行的崇高表达的典范。如果说塞万提斯有意与骑士作品论战（他无疑是这么做的），那他也不是在与宫廷表达的崇高文体论战；恰恰相反，他指责骑士作品没有掌握这种文体，指责它们写得生硬枯燥。于是在一部讽刺滑稽作品中，崇高爱情的晚期形式创造的一段最优美的散文体文字与骑士爱情观相对而立。乡下女人回答时用的是乡下人的粗鲁；这种乡下人的风格早在滑稽文学里就使用过（虽说可能范围没有这么大，热情没有这么高）；不过毫无疑问，它从来也没有紧接在堂吉诃德所说

335 的话的后面：仅看这样一段话的本身，那无论怎样也看不出，它放在上下文中会显得荒唐古怪。恳请一个村姑倾听他的爱情的骑士的主题是一个能产生类似情景的主题，它很古老，它是牧童牧

女对唱小调的主题；古老的乡村文学曾养育过它，正像我们下文论述伏尔泰时将要看到的，它还流传了很久很久。然而在牧童牧女对唱小调里，两位参与者相互之间是协调一致的，是相互理解的，这样就产生了一种统一的风格，一种介于田园诗和日常生活之间的风格。在塞万提斯这里，两种生活和风格范畴通过堂吉诃德的愚蠢撞在了一起，没有任何结合在一起的可能——它们各成一体，除了这场戏中的中性欢快，任什么也不能将它们统到一块——它的木偶师在这种情形下是桑丘：这位笨拙的农夫不久前几乎还是主人讲什么他就信什么，而现在他大概永远也改不掉只信一点儿的习惯了，他总是见机行事。在这里，欺骗主人曾使他陷入了暂时的尴尬，而现在他适应了木偶师的处境，其活力和适应力与后来适应了做一个海岛总督时的一样。他首先使用的是崇高文体，然后才换成了较低级的，当然与村姑不同，他占据着优势，能够控制他自己为顺应困境而创造的局势，他能尽情享受的局势。

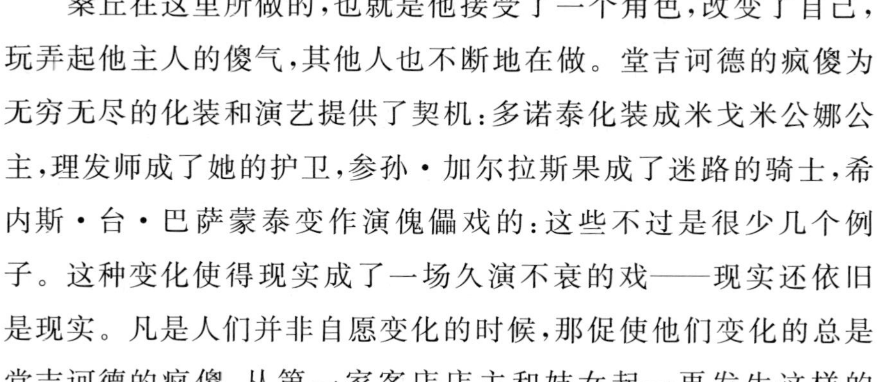

桑丘在这里所做的，也就是他接受了一个角色，改变了自己，玩弄起他主人的傻气，其他人也不断地在做。堂吉诃德的疯傻为无穷无尽的化装和演艺提供了契机：多诺泰化装成米戈米公娜公主，理发师成了她的护卫，参孙·加尔拉斯果成了迷路的骑士，希内斯·台·巴萨蒙泰变作演傀儡戏的：这些不过是很少几个例子。这种变化使得现实成了一场久演不衰的戏——现实还依旧是现实。凡是人们并非自愿变化的时候，那促使他们变化的总是堂吉诃德的疯傻，从第一家客店店主和妓女起一再发生这样的事。现实很乐意将自己化作一场戏剧，而这场戏剧每时每刻都将其化装成另一副样子；它从未用它的困境、忧虑和激情造成的沉

重的严肃去破坏这场戏剧的欢快。是堂吉诃德的疯傻引起了这一切;是它将真实的日常世界变成了一个欢快的舞台。除了与杜尔西内娅的相遇外,也许大家还想回忆一下在故事进展中发生的
336 与女人有关的各种历险:在他的臂膀中反抗的玛丽托内斯,装成米戈米公娜公主的多诺泰,热恋中的阿尔迪西多拉的窗下情歌,夜遇伴媪罗德利盖斯(关于她,熙德·阿默德·贝南黑利插话说,他情愿献出他最好的衣服而待在她那里):这些故事的每一个都采用了不同的风格,每个故事内部都包含着风格的变化,它们全都是由堂吉诃德的疯傻引起的,它们全都保持在欢快的范围内。这其中有几个也并非绝对应当划入欢快。对玛丽托内斯和她的骡夫的描写用的是粗俗的现实手法,多诺泰很不幸,伴媪罗德利盖斯处于极大的困境和忧虑之中,因为她的女儿遭到诱骗。堂吉诃德的干预没有给这些事带来任何改变,既没有改变玛丽托内斯那粗俗的生活,也没有改变伴媪罗德利盖斯的女儿那悲惨的处境。然而实际情况是,我们并没有为此而担心,我们觉得这些女人的处境和生活都是欢快的,我们的良心并没有为此感到不安。正像上帝在抛洒阳光和雨露时不分义与不义一样,堂吉诃德的疯傻照亮他遇见的一切东西,他使用欢快的沉着,并将它们留在欢快的混乱之中。

此书最丰富多彩的紧张和最聪明的欢快表现在堂吉诃德总是置身于其中的那种关系里:他与桑丘·潘沙的关系。对这一关系的描写完全不像对驽骍难得*与驴的关系或像对驴与桑丘本人

* 难得,堂吉诃德坐骑的名字。——译者

之间的关系那么单一。他们并非一直维系在忠诚和敬爱里。堂吉诃德经常被桑丘气得破口大骂和虐待他,有时堂吉诃德还为他害羞,有一次,在第 2 部第 27 章,堂吉诃德甚至将陷入危险的他丢下不管。从桑丘这方面来说,他起初追随堂吉诃德是由于愚蠢和物质方面的私心,因为他指望通过这样的行为得到巨大的好处;也由于与按部就班的劳作和单调的家庭生活相比,他更喜欢漫游,虽然这要经历千辛万苦。不久他开始意识到,堂吉诃德的理智可能有些不对头;后来发生的就是,他欺骗堂吉诃德,拿他取乐,说了些对他不敬的话。有时候,也是在第 2 部,他是那样的气恼和失望,以至于差一点就离开了堂吉诃德。人与人关系的不稳定和复杂,我们关系的情绪因素和受特定时刻的制约,甚至与最亲近的人的关系,都一再展现在读者眼前。在我们用作出发点的 337
这段文字里,桑丘欺骗了他的主人,用一种近于残酷的方式玩弄他的疯傻。然而得先多么热心地接受这种疯傻,得先怎样地适应堂吉诃德的世界,他才能够制订出这样一个计划,才能将他的角色演得如此精彩!在此之前的几个月,他对这一切还一无所知;此时他以他自己的方式生活在骑士历险的世界里,而且它让他着了迷:他喜欢上了他主人的疯傻,也喜欢上了他自己的角色;他令人极为吃惊地成熟了。在这种情况下他依旧是桑丘,是潘沙家族的桑丘,是古老部族的一个基督徒,大概在他的村子里很有名气;即使当了贤明的总督他依旧是原样,甚至到后来,也就是他一心想把桑却*嫁给一个伯爵时也还是原样。他依旧是桑丘,这一切

* 桑却,桑丘的女儿。——译者

也只会发生在桑丘的身上；但他的身心还是发生了很大的变化，在这变化中通过了对它们那不可动摇的真正的纯正的考验，这一切他靠的都是堂吉诃德，“他的主人自然也是位老爷。”* 谁也没有像桑丘那么完全地接受了堂吉诃德的个人经验，谁也没有像桑丘那样将其作为纯洁的整体直接消化掉——所有其他的人或惊讶，或生气，或取乐，或想为他治病，桑丘却适应了他，堂吉诃德的疯傻和智慧在他身上具有了创造性；虽然他还远远没有足够的批判力，因而无法形成和表达出对他的组合性判断，然而他才真是他——在他所有的行为中，而通过他的行为我们则更加理解堂吉诃德。这又将堂吉诃德和他连在了一起；桑丘是他的安慰和对手，是他的创造物又是另一个人，是一个反对他的同伴，是一个阻止疯傻将他关进一个封闭笼子里的同伴。两个相互映衬、相互对照、滑稽或有些滑稽的形象，这是一个十分古老而且如今处处可见的主题，如闹剧里，漫画里，马戏里，电影里：瘦高个和矮胖子，精明人和蠢人，主人和奴仆，有教养的贵人和乡下的粗人，无论在不同的国家和不同的文化里还有什么样的组合和变体。塞万提斯从中创造的东西是美妙和独一的。

说“塞万提斯从中创造的东西”也许不完全正确。大概应该更确切地说：用他的双手从中创造的东西。几百年来，尤其是自浪漫派以来，人们从他的书中读出了许多他几乎没有预料到或是根本就未考虑的东西。这种对一部旧作的重新解释和超范围的解释往往成果颇丰：一本像《堂吉诃德》这样的书脱离了作者的意

* 引文原文为西班牙语。——译者

图，过起了它自己的日子；它对每一个喜欢它的时期都展现出一副新面孔。然而对于力图确定一部著作在历史进程中的位置的 338
历史学家来说，必须尽可能搞清楚，这部著作对其作者和他的同代人具有什么样的意义。我曾努力尽可能少做解释；我曾一再特别强调，这篇文字中的悲剧和问题是那么少。我觉得它像是一出欢快的戏剧，用许多文体写成，尤其是日常现实手法的文体，因此就与阿里奥斯托[*]那同样没有问题的欢快有了区别；但它依旧是一出戏剧。如果说我曾尽量少做解释，那我就感觉到，我关于这部书的思想常常远远超出塞万提斯的艺术观。无论他的艺术观会是个什么样子（我们在这里不想探讨他那个时代的美学的各种问题），它肯定不是一开始就有意识地着眼于创造一种像堂吉诃德与桑丘·潘沙这样的关系，也就是我们读过这部小说后浮现在我们眼前的那种关系。或者说两个形象起初仅仅是种幻象，最后由它们之中形成的，或由单个或由两个一起形成的东西，是渐渐产生的，是从几百个个别联想中渐渐产生的，是从几百个他让他们置身于其中的情景中渐渐产生的：在他们作出反应的地方，以特定时刻使人产生联想的方式，从不断涌现和更新的作者的想象力中。有时候甚至有稀奇古怪的事和矛盾，不仅在事实方面（这一点常常可以发现），而且在心理方面：与两个主人公的总体形象不相符的变化；塞万提斯在多大程度上受临时处境和各次历险要求引导的一种标志：这也是第2部里（甚至更频繁出现）的情形。

* 阿里奥斯托（Ariosto 1474—1533），16世纪意大利重要诗人，代表作《疯狂的罗兰》。——译者

这两个人物就在不经意间慢慢产生了，每一个人物不仅代表他自己，也代表着两人之间的关系。当然，真正的塞万提斯式的东西正是由此更加丰富、更加自发地流淌进各个事件和话语中，它们是塞万提斯人生经验的总和，是他那丰富多彩的想象力。这“真正的塞万提斯式的东西”用言语是难以描述的；尽管如此，我还是想尝试着在这方面说点什么，从而搞清它的力量和界限。它首先
339 是本能的、感官性的东西：一种能够生动地想象出各种环境中的各种人的很强的能力；这能力能够想象和表达出，哪些思想应进入他们的意识，哪些情感应进入他们的心田，哪些话语应从他们嘴中吐露。它是那么直接而强有力地掌握着这种能力，同时又是那样不依赖于任何其他目的，因而与它相比，几乎所有从前的现实主义手法都显得狭隘、拘谨或是功利性的。它那能不断地想象出或能让人联想到人或事件新组合的能力同样是感官性的。在这方面虽然有历险小说的旧传统以及博亚尔多和阿里奥斯托的对它的革新，但在此之前谁也不曾让这种真正的日常生活的真实性出现在这无意却组合得很出色的戏剧里。最后他还具备某种东西，具有使整体排列有序并使其在某种塞万提斯式的灯光中显现出身影的“某种东西”。这里难度十分大。当然可以回避这个困难，说这个“某个东西”就存在于描写对象中，就存在于这位乡村绅士的想法中；这位乡村绅士变得傻里傻气，自以为必须让游侠骑士再次振兴：这个主题统一了此书，规定了此书的观点。不过这个主题（另外这个主题是塞万提斯从一部没什么意思的同时代小作品《骑士传奇幕间剧》那里移用过来的）也完全可以处理成另外的样子——主人公完全可以不是堂吉诃德这副模样，不必有

杜尔西内娅，尤其是不必有桑丘——特别是，这种想法的什么东西吸引着塞万提斯？吸引他的是蕴涵在其中的进行各种描写和透视的可能性，是幻想和日常生活的混合，是灵活，是描写对象的可塑造和可扩展性；可以在里面添加任何艺术和各种文体；可以用某一种与塞万提斯的本性相符的光来展现这五光十色的世界。在这里我们又遇到了我们提出过的难题：这个使整体排列有序并使其在某种“塞万提斯式的”光中显现出身影的“某个东西”到底是什么？

它不是哲学，不是倾向，更不是因人类生存的没有保障或因命运的力量而引起的变化，它不同于蒙田和莎士比亚的作品。它是一种态度——一种对世界的态度，也就是对艺术对象的态度——勇敢和沉着所起的作用最大。除了对丰富多彩的感官性戏剧感到的欢快以外，他身上还存在着一些南方的苦涩和骄傲。这有碍他把这场戏剧看得十分认真。他观看它，塑造它，它给他带来欢快，它也理应以一种有教养的方式为读者带来欢快。然而他没有任何倾向（除非是对写得很糟糕的书）；他保持着中立。光 340
说他不做出判断和不做结论是不够的：过程根本就没有开始，问题根本就没有提出。此书没有谴责任何人和任何东西（糟糕的书和戏剧除外），既未谴责希内斯·台·巴萨蒙泰和罗克·吉那尔特，也未谴责玛丽托内斯和索赖达；我们觉得索赖达对她父亲的态度似乎成了道德问题，我们还在反复琢磨着，可塞万提斯讲他的故事时丝毫没有泄露自己当时在想什么；或者这样说，讲这故事的不是他，而是那个自然赞同索赖达的态度的俘虏；这些就足以说明问题了。大概这本书里还有几幅漫画，比斯卡叶尔，公爵

府上的教士,堂娜·罗德利盖斯;但它们并不包含道德问题,不包含原则性的评判。不过也没有把谁作为楷模来赞颂。在这里可以想一想绿袍骑士堂狄艾果·台·米朗达,在第 2 部第 16 章里,他对自己有节制的生活方式进行过一番描述,给桑丘留下了那么深刻的印象。他有节制,爱进行理性的思考,无论是对堂吉诃德还是对桑丘,他都找到了表达亲切、谦恭、自信的礼貌的准确语调;他反驳和削弱堂吉诃德疯傻的尝试是友善而理智的;不像某个西班牙大学者,即阿美里科·卡斯特罗*所做的那样,把他和公爵府上那位心胸狭隘、没有耐心的教士相提并论。堂狄艾果是他那个社会等级的一个模范形象,是具有人文主义思想的贵族在西班牙的变体:otium cum dignitate[悠然自适]。不过他肯定也就仅此而已;他不是个绝对的楷模。另外他还过于谨慎和平常,而且在塞万提斯描述他的生活方式、他对打猎的态度和他对儿子的文学爱好的看法,很可能还有讽刺的影子;在这一点上卡斯特罗也许是对的。

塞万提斯的态度就是这样,他的世界变成了一出戏剧,在这出戏剧中,每一个角色都通过自己在各自地方的单纯生活证实了自己的正确性。唯一不合时宜的就是带着他那股疯傻劲的堂吉诃德。与让人十分满意的堂狄艾果相比,他绝对不合时宜。正如卡斯特罗所说的,塞万提斯以令人激动的反常举动让堂狄艾果做了狮子历险的见证人。如果说这是硬做出来的,那就是想把它看作是对敢于历险英雄气概的一种赞扬,这种英雄气概与瞻前顾后、目光短浅和平庸无为的谨慎形成了对比。如果说在对堂狄艾

---

* 阿美里科·卡斯特罗(Américo Castro),西班牙语言学家、文化史家。——译者

果的描写中可能会听出一点讽刺意味的话，那堂吉诃德就不是可能，而是绝对，不是一点点儿，而是被写得可笑至极。本章开头描 341
写的是他战胜了扮成骑士的加尔拉斯果后那副荒唐的得意之态，还有他就此和桑丘的一段谈话。若再去读一读它就会记起来，在这整部书中，即使在道德方面，堂吉诃德也很少像在这里这样被写得如此可笑。他向堂狄艾果自我介绍时所做的自我描述充斥着疯傻；他就以这样的心情开始了狮子历险；那头狮子没有动地方，它掉转屁股冲着堂吉诃德！这纯粹是讽刺之作，即使各个细节也与这纯粹的讽刺相一致：要求狮子看守人给他出具一份关于他的英雄气概的书面证明，他迎接桑丘的方式，更改称号（从此时起他想称自己为狮子骑士），还有许多其他例子。

只有堂吉诃德一个人不合时宜，只要他是个疯傻之人；在一个秩序井然的世界里，除他以外，每个人都各得其所，只有他不合时宜；最后，当他临死前又恢复正常时，他自己也认识到这一点。然而这世界果真秩序井然吗？没有提出这个问题。确定无疑的是，它是在堂吉诃德疯傻的光线中显得秩序井然的，是在他疯傻的映衬下显得秩序井然的，甚至是作为欢快的戏剧出现的。这个世界可能有许多不幸、不公和混乱。我们遇见的有妓女，去做摇橹苦工的罪犯，遭诱骗的姑娘，被绞死的强盗以及许多诸如此类的人。然而这些并没有引起我们的注意。堂吉诃德的出现没有带来任何改观和帮助，只是将幸与不幸变成了一场戏剧。

一心要重振游侠骑士的疯傻乡绅，这一主题给塞万提斯提供了将世界作为戏剧来展示的可能，塞万提斯使用的是色彩缤纷的、透视的、不做评判的、不提出任何问题的中立态度，这种态度是一种勇敢的智慧。可以非常简单地用前面引用过的堂吉诃德的那些话来表达:“咱们一旦离开了人世,有罪各自承当;上帝在天上呢,他不会忘了赏善罚恶。”[*]或者也可以用他在第2部第8章与桑丘谈到教士和骑士时最后说的那些话来表达:“上帝要把他选中的人引上天堂有许多门路呢。”[**]这话的意思是,这最终是一种虔诚的智慧。它和不偏不倚的态度有些相近,而福楼拜曾那样努力要做到这一点,不过福楼拜所追求的却又与此不同:福楼拜想通过文体来改变现实,这现实应依照上帝眼中的样子来改变,因而只要它涉及的是当时处理的那部分现实,上帝的秩序必
342 须具体化在作者的文体里。对塞万提斯来说,一部好小说的目的无非是为上等消遣服务,honesto entretenimiento;关于这一点,这段时间谁也没有 W. J. 恩特威斯尔在他关于塞万提斯的书里(1940年)说得更加令人信服;当时他将 recreation[再创造]和 re-creation[再-创造]联系起来,他做得很出色,但用德语无法模仿。塞万提斯恐怕不会想到,一部小说的文体——如果它是最好的——会展示出世界秩序。然而另一方面,现实的各种现象即使对他来说也是难以一目了然的,它们再也不能以一种单一和传统的方式来排列了。在欧洲其他地方,人们早就开始提问、怀疑甚至重新塑造自我了。然而这既不符合他的国家的精神,也不符合他自己的气质,也不符合他关于一个作家的职责观念。他找到了戏剧中的现实的秩序。这不再是每个人的戏剧,在那里可以根据

* 引文原文为西班牙语。——译者

** 同上。——译者

固定的标准评判何为善恶；在《拉皮条的女人》（又名《塞莱斯蒂娜》）里就是这样。它不再如此简单；塞万提斯只对与他的职业——写作有关的东西作出评判。说到这尘世世界，那我们全都是罪人；奖善惩恶是上帝管的事。在这世界上存在的是戏剧中不能一目了然的秩序：这些现象虽然难以一目了然和评判，但在这位曼却的疯傻骑士面前，都成了欢快轻松的迷茫轮舞。

这就是——我觉得如此——堂吉诃德疯傻的功能。一心要实现游侠骑士理想的疯傻骑士出游，当这个主题开始激发塞万提斯的想象力的时候，当代现实的画面也就展示在了他的面前，这画面和这种疯傻形成对比，就和描绘出来的一样：他喜欢这个画面，既因为它色彩缤纷，也因为使疯傻遍及它所碰到的一切的那种中立欢快。这是一种英雄的理想化的疯傻，它为智慧和人性让出了空间，他肯定也喜欢这些。但我觉得，若认为这疯傻具有象征性和悲剧性就牵强了。这需要得到解释，但文中却没有。这样一种世界范围的、多层次的、没有提出任何批评、没有提出任何问题的欢快，描述日常真实中显现的欢快，在欧洲再也没人尝试过；我想象不出，什么时间在什么地方会再对它进行尝试。

第十五章　伪君子

343 让·德·拉布吕耶尔[*]的《品格论》一书的《论时尚》一章里的伪君子形象含有对莫里哀的《答尔丢夫》[**]的批评性影射。拉布吕耶尔在他的作品一开始便写道，伪君子并不说什么“我的粗毛衬衫与苦鞭”[***]。相反，他有可能被人认出自己的本来面目，被人看作伪君子，而他想使人误以为他是一个虔诚的人；确实，他的所作所为让人相信他是一个身着粗毛衬衫、手执苦鞭的苦行者。后来，他在评答尔丢夫在奥尔恭家的举止时说道：

> 如果他对一个富人感到满意，能使他接受自己，成了他的食客，并能从他那里得到巨大的帮助，他定不会去奉承这位富人的妻子，至少不会主动接近她和向她示爱；如果他对她不如像对自己一样信任的话，他就会避开她。他更不会用甜言蜜语去引诱她，去博得她的欢心；他说甜言蜜语不是出

---

* 让·德·拉布吕耶尔(Jean de La Bruyère，1645—1696)，法国作家，代表作《品格论》是法国文学史上一部划时代的散文名著。——译者

** 《答尔丢夫》(一译《伪君子》)，五幕诗体喜剧。——译者

*** 基督教中苦行者的穿着与修行方式。苦行者贴身穿着鬃毛紧身衣，经常拿鞭子抽打自己，表示苦修。——译者

> 于习惯，而是有所打算，要看它们是否有用。如果有可能使自己变得十分滑稽可笑的话，他是绝不会使用的……他并不奢望享用富人的全部遗产，也不希图富人把全部财产馈赠给自己，特别是这么做会使富人的儿子——合法继承人失去财产的话。一个虔诚的人既不贪财也不粗暴，既很公正也不谋求私利；奥尼弗尔不是一个虔诚的人，但他想被人看作是一个虔诚的人，他希望用装得逼真的可怜相来暗中保护自己的利益。因此，他不会去扮演直系角色，钻进女儿要成家、儿子要立业的家庭里；在这样的家庭里，有一些非常坚固的不可侵犯的权利，要是妨碍了这些权利，必然会引起丑闻（他对此很害怕），必然会被觉察，而他是诡秘行事，生怕被人揭穿，露出真相。他怨恨旁系，因为别人可以无所顾忌地攻击他。他是外甥侄女和堂兄弟表姐妹畏惧的人物，是那些发财致富的叔叔舅舅们公开的朋友和奉承者；他装成是所有无儿无女、不久于人世的老富翁的合法继承人……*

显然，拉布吕耶尔在这里设想的是一个地地道道的，似乎是伪君子的理想类型。他应是彻头彻尾的伪君子，没有任何人类的弱点和瑕疵，始终怀着用理智控制的戒备心理，一步步地实施符合其伪君子身份的、用冷静的头脑制订的计划。而莫里哀可能根
本就没有打算把形容词“虚伪”的典型化身搬上舞台；他需要给舞 344
台制造强烈的喜剧效果，他巧妙地使答尔丢夫扮演的伪君子角色

* 中译文摘自赵少侯译《伪君子》，人民文学出版社 1980 年版，下同。——译者

与其自然本性形成对照,从而找到了这种喜剧效果。这个魁梧健壮的小伙子(又肥又胖,红光满面,嘴唇鲜红)胃口极好(晚餐吃了两只山鹑加剁碎的半只羊后腿),他的其他感官需求也并不比味觉更差,他可一点也不知道什么叫虔诚,连装都装不出来;这头披着狮皮的驴子到处露马脚;他的角色演得糟透了,尽做些无意义的夸张;一旦感官受到刺激,他便失去自制;他的阴谋幼稚而简单,除了奥尔恭或奥尔恭的母亲,戏中其他角色或是观众谁也不会中他的圈套。答尔丢夫表现的并不是一个聪明的、有自制力的伪君子,而是一个有着强烈的粗野欲望的笨拙的家伙。他倒是很想把伪君子那一套行之有效的行为举止学到手,尽管这与他一点也不相配,既不符合他的外表,也不符合他的内心,而正是这一点具有强烈的喜剧效果。17 世纪的文学评论家如拉布吕耶尔等人认为,只有具备理性判断力的人才可能成为伪君子。这些人不妨问一问自己,何以只有奥尔恭和柏奈尔夫人才会上答尔丢夫的当。不过经验倒是表明,即使最幼稚的欺骗和最愚蠢的引诱也有可能获得成功,那就是当它们迎合了被引诱者和被欺骗者的习惯和本性,满足这些人见不得人的愿望的时候。奥尔恭最本能的、最秘密的愿望就是成为家中威风凛凛的暴君。他之所以沉湎其中而不能自拔,完全是由于他对答尔丢夫言听计从的缘故。如果不把答尔丢夫伪君子的身份合法化,他是绝对没有胆量实现自己愿望的,因为奥尔恭是个多愁善感的人,瞻前顾后又脾气暴躁,这下他可以心安理得地对答尔丢夫惟命是从了:激怒大家是我最大的快乐!(第 3 幕第 7 场,还有第 4 幕第 3 场的那句话:我在这份契约中写入了足够使你们发笑的东西);为了满足自己本能的需求，即虐待和折磨最亲近的人，奥尔恭爱答尔丢夫，甘心受他的迷惑，因为答尔丢夫给了他施暴的可能；这样一来，他本来就不大高明的判断力就更加削弱了。柏奈尔夫人也处在同样的心理状态之中。同样巧妙的还有，为了消除奥尔恭的心理障碍，使他能够自由发挥他的虐待狂本性，莫里哀在这里运用的恰恰是伪善。

这出戏及他的其他许多剧作都表明，与同世纪大多数道德家 345
相比，莫里哀在对真实的把握中，很少注重类型化，较多注重个性化。莫里哀刻画的不是“吝啬鬼”式的人物，而是一个特定的人。这个人爱轻声咳嗽，是个老偏执狂者，他写的不是“人类的敌人”，而是上层社会一个不可征服的年轻正直狂人，这个人满脑子都是自己的观点，要对世界进行审判，认为这个世界不适合自己；莫里哀塑造的不是一个“没病找病”式的人物，而是一个富有的、身强力壮的、身体健康的、爱发脾气的家庭暴君，他老是忘了自己的病人角色。但尽管如此，每个人都能感觉到，莫里哀也还是完全属于他生活的那个道德—类型化的世纪；因为他寻找个性化的真实仅仅是为了取笑，取笑对他来说意味着避开中间人物和大多数普通人。对他来说，一个应该认真对待的人物也会是一种“类型”。他寻求的是舞台效果，他的才能更为活跃，发挥得更为自由。拉布吕耶尔笔下的纯道德类人物完全是由人物性格及轶闻趣事组成的。他那用细线勾勒人物的技巧不能用于舞台艺术，因为后者需要的是浓墨重彩的效果，它更需要具体而生动的人物整体形象，而不是抽象化、类型化的人物，不过，两者的道德立场倒是大体相同的。

另一个对莫里哀进行过同样富有启发性批评的是布瓦洛*，他的《诗艺》中一些著名的诗行(第3章,391—405行)这样写道：

去研究宫廷,去了解城市；
宫廷和城市总能提供丰富的题材。
莫里哀的作品誉满天下,
或许正因为他深谙此道,
如果他不亲近民众,在他博学的描写中,
他就不会常让剧中人物扮怪相,
他就不会去塑造丑角
这样做并不会使太伦斯**和塔巴兰***蒙羞。
在这个裹着司卡班****的滑稽布袋中,
我已认不出《愤世嫉俗》的作者了。
这位喜剧大师厌恶叹息和哭泣,
不允许剧本诗句中流露出悲痛；
但是用下流话去取悦下等人
并非他所要扮演的角色。

---

* 布瓦洛(Nicolas Boileau,1636—1711),法国诗人、文学理论家。代表作《诗艺》被认为是古典主义文学理论的经典,对17世纪以及后来的法国文学有很大影响。——译者

** 太伦斯(约前190—前159),古罗马喜剧作家,对莫里哀的喜剧创作和18世纪欧洲喜剧作家有一定影响。——译者

*** 塔巴兰(1594—1633),法国街头卖艺者,著名的笑剧演员。——译者

**** 司卡班,意大利喜剧中的一个仆形象,莫里哀受其启发写成了《司卡班的诡计》。——译者

必须让剧中的角色庄重高雅地开玩笑……

从其本身方式来看，这篇批评写得完全有道理。总的来说，由于布瓦洛对莫里哀十分敬重，他的批评甚至显得温和、适度。因为可笑的举止、言谈及舞台特技不仅仅只出现在真正的滑稽戏中（它包括布瓦洛引用的闹剧《司卡班的诡计》），而且也出现在社会 346
喜剧之中。例如在《答尔丢夫》（第 2 幕第 2 场）的奥尔恭、桃丽娜和玛丽亚娜三人场景中，奥尔恭做出一个姿势，表示如果桃丽娜再打断他说话，他就给她一记耳光，这纯粹是一个闹剧效果，比此种效果更强的是奥尔恭和答尔丢夫双双下跪的场面（第 3 幕第 6 场）。被布瓦洛称作社会喜剧样板的《愤世嫉俗》* 实际上全剧都是莫里哀用上等人的腔调写的一出喜剧，它也有一个小小的滑稽场景，即阿尔塞斯特的佣人杜勃依斯的出场（第 4 幕第 4 场）。莫里哀从来没有放弃过运用自如的笑剧技巧为他带来的舞台效果。也许他最了不起的灵感就是，将这种原本纯属机械的、小丑式的情景喜剧置入他的冲突的意义和冲突的生活。自从高乃依的第一批喜剧发表以来，不用滑稽可笑的人物去引正人君子发笑便成为法国喜剧舞台的追求，可莫里哀从未把这种意图作为自己的纯艺术风格。谁若看过他的喜剧的精彩演出，谁若有足够的想象力能在阅读他的剧本时想象出每场情景，那他就知道，荒诞—滑稽的效果在他的剧作中可谓俯拾皆是，在上等喜剧中有，甚至在《愤世嫉俗》中也有。具有艺术家活力和舞台想象力的演员到处都能

* 《愤世嫉俗》是莫里哀的五幕诗体杰作。——译者

找到这种表现喜剧场面和即兴表演的机会。莫里哀本人也是一位杰出的喜剧大师。他在剧中利用一切机会把荒诞推至极致。当然，喜剧效果不仅限于布瓦洛在这里所指的大众人物；各个社会等级的人都是莫里哀插科打诨的对象。在关于《太太学堂》的争论中，莫里哀特别引以自豪的是他引入了滑稽可笑的侯爵这个人物，甚至让侯爵去充当以前可笑的小丑佣人所担当的角色：

如今的侯爵成了喜剧中的滑稽人物。就像过去的喜剧中总有个小丑式的仆人逗观众发笑一样，现在的戏剧中总有个可笑的侯爵逗大家开心。（《凡尔赛即兴》第 1 场）这段话虽然是在当时争论情况下说的，有挑衅也有夸张，但这种夸张也充分说明了莫里哀的意图，即把每个人的滑稽可笑变成古怪和荒诞，喜剧人物

347 不能仅仅限于下等人。布瓦洛则在他的评论中按古典楷模将文体严格地分为三等；他指的首先是悲剧的上等崇高文体；其次是社会喜剧的中等文体，这种社会喜剧写的是正人君子，观众也是这些人，演员只能“庄重高雅地开玩笑”，最后是民间笑剧的低等文体，无论是内容还是语言都充斥着“丑角”，布瓦洛因为下等人喜欢这种“下等语言”而对此文体嗤之以鼻；他以我们所看到的温和方式谴责莫里哀把中等文体及低等文体混在一起。

布瓦洛评论中令我们最感兴趣的还是对民众的见解。显然，他这里所指的不是民众的其他类型，而是荒诞可笑的下等人。至少在他看来，这些人不应成为艺术摹仿的对象。宫廷和城市在 17 世纪指的是我们今天称之为文化阶层或“观众”的人；宫廷指的是王室贵族和国王周围的人，而城市则指巴黎的大资产阶级。这些

人中很多都属于官僚贵族（穿袍贵族[*]），或企图通过买官晋升为官僚贵族的人；这就是布瓦洛及17世纪大多数头面人物所归属的那个阶层。宫廷和城市是路易十四之前和他统治期间，法国对统治阶层最流行的称呼，尤其是对阅读文学作品的人最流行的称呼；除此之外，宫廷和城市也经常相对于民众出现，如在关于正确运用语言的文学评论中，宫廷和城市的对立面就是民众。布瓦洛说过，应该学习宫廷和城市的语言，以便正确地掌握文雅喜剧的中等文体，脱离丑角，脱离下等人的怪相；看来除了丑角和可笑滑稽，布瓦洛认为民众及其生活不可能有其他形象。这清楚地表明了他和莫里哀不同之处的界线，正如上文中莫里哀与拉布吕耶尔之间也是界线分明一样。莫里哀虽然运用了丑角的作用，甚至在他写得最出色的喜剧中都有丑角，他甚至把有教养的人都刻画成荒诞可笑的漫画式人物。不过，即使他也把平民只当作“滑稽可笑的人物”。

可以把莫里哀的艺术看作是写实主义的最高级。在路易十四统治时期，这种写实主义在发达的法国古典文学中还受到欢迎；莫里哀划定了当时可能存在的界线。他并没有完全附和大多 348
数人对于心理学分类的倾向。不过他始终认为，有特色、别具一格也就是可笑、古怪；他不回避可笑荒诞。不过，即使他的剧作像莎士比亚的作品那样带有蔑视贵族的思想，也像布瓦洛一样没有真实地表现出平民阶层的生活。莫里哀作品中的所有宫女、仆

---

* 穿袍贵族指中世纪法国官僚贵族，相对于军人贵族——又称佩剑贵族——而言。——译者

人、农夫和农妇，甚至他笔下的商人、公证人、医生和药剂师都只不过是配角，只有大资产阶级或贵族家庭中的佣人，尤其是女佣，才偶尔能代表具体的健康的人类理智；但这种理智只对主人家的问题产生影响，而从未对自己的生活起过什么作用。他的作品与政治毫无干系，对社会或经济没有丝毫批评，没有对生活的政治、社会及经济基础做过任何探讨。莫里哀对社会习俗的批评是纯道德的，就是说，这种批评把现存的社会制度当作应有的制度，已预先设定了它的合理性、持续性和普遍性，将这个社会制度内部发生的古怪现象当作可笑的东西抨击。在这方面，莫里哀甚至落后于文采有限但却在道德方面严肃得多的拉布吕耶尔，后者虽然同样没有对社会生活制度提出批评，但他的写作时期是路易十四这位伟大国王的光芒已不那么明亮的17世纪末期，他已经意识到了文学艺术的局限性，而且他作品的一些地方也明确表示出了这种意识；拉布吕耶尔在《思想作品》的末尾写道，生来就是基督徒和法国人写讽刺文是不自然的。他抓不住大题材……在这里，我还想摘录他写的关于农民的最著名、最生动的一段，此段出自《人》一章中（见大作家版，第128段）：

> 我们看到原野上遍布着一些怕生的动物，有雄有雌，黑
> 乎乎的成土色，他们被太阳炙烤着，紧贴大地顽强地在土里
> 翻寻着；他们声音清晰，直立起来时现出人的面孔，而事实上
> 他们就是人。晚上他们就钻进破房子里，靠黑面包、水和植
> 349 物根茎过活；他们使别人不用费力去播种、耕耘、收获就可以
> 生活，因此他们应该享有靠自己播种得来的面包。

虽然这一著名的段落并未由于其所做的道德上的尖锐批评而否定它所存在的那个世纪，但在文学作品中倒也可谓独树一帜。这种思想在莫里哀那里没有，在布瓦洛那里同样也没有，这两个人都不敢表达这种思想；因为它超出了布瓦洛称之为惬意和细腻的界限；当然并非因为这是大题材（de grands sujets），因为从当时的观点来看，这的确不是什么大题材，而是由于十分具体而严肃的处理赋予日常生活和现实题材更重要的意义。从美学角度来看，这种题材本来不应有这种意义。即使对于讽刺作家和一般的道德家来说，本来也没有禁止他们写大题材；拉布吕耶尔自己就写过有关君主与国家、人和自由思想者的篇章；因此从上面摘录的那段文字（生来就是基督徒、法国人）中，人们看不到他对写作界线有什么根本意识，只是看到他对自己的朋友和资助人布瓦洛所做的谨慎批评。这是一个完全值得考虑的、容易进行辩解的诠释，不过我却认为这种诠释不够全面。我们熟知拉布吕耶尔的写作方式和他的性格，他虽然绝不是一位革命者，但他的作品却更有深刻的批判性，更倾向于对社会问题进行深入的探索。因此我觉得，他也考虑到了自己以及一般的政治和美学状况；这种状况虽然允许他处理大题材，但碰上一堵不可逾越的高墙时只能罢手（有时他刚着手，随即就放下不干了）；他只能从高级的、道德 350
的一般意义着手处理这些题材；不能放手处理社会具体的、现实的制度，这既有政治上的原因，也有美学上的原因，而这两种原因又紧密联系在一起。

莫里哀的作品很少影射当代的政治，在影射政治时，也十分

谨慎小心，把它说成是闻所未闻的、只能小心翼翼地提及或最好是拐弯抹角提及的东西。在《答尔丢夫》中，奥尔恭显然是为宫廷效力的：

> 我们国内的几次变乱把他锻炼成有才有识，
>
> 给国王效力的时候，他确实也表现得十分英勇……（第1幕2场）。[*]

同样，戏中也谨慎地影射到，奥尔恭最亲近的是那个丢丑的人。
350 当丑行败露，那人不得不落荒而逃时，奥尔恭还偷偷地替他保管文件。凡是涉及职业和经济问题时，剧本都处理得十分谨慎。我们上文中已经说过，莫里哀（及当时的整个文学）作品中，以可笑的配角身份出现的不仅有农民和下层民众的其他类型人物，而且也有商人、公证员、医生和药剂师。这是因为，当时社会理想的正派人都应该接受尽可能普遍的教育，举止应该规范；这种理想要求人们避免只专一门，哪怕作家或学者都不行；谁要想在社会上完全立足，谁就不能让人看出自己生活的经济来源及所专门从事的职业（如果他有职业的话）；否则别人会认为他迂腐、古怪、可笑。能够显露的才能只能是一种高雅的业余爱好，只能是一种有助于社交场合轻松愉快的消遣的才能。我们在这里想补充说明的是，这样一来，甚至有时候本来困难而重大的事件都可以用十分简单、优雅而从容的方式进行表达，人们都知道，这样做的结果

* 中译文摘自赵少侯译《伪君子》，人民文学出版社，1980年。——译者

是，法语的语言表达做到了无比清晰，普遍适用。但是这样一来，职业上的只专一门在社会上和美学上就行不通，只能属于文学摹仿上荒诞可笑的题材范畴。当然，法国的笑剧传统对此也起了作用，但这还不足以说明，为什么在中等文体的高雅社会喜剧这一新种类中，职业人士可笑的观念还如此普遍而毫无例外。

也可以从另外一个角度来看待这个问题。莫里哀写的大量喜剧描写的都是有身份的资产阶级，如《悭吝人》、《贵人迷》、《太太学堂》、《没病找病》等。所有这些人的家庭都非常富有，但戏里从未提到过这些人所从事的职业或他们从事何种生产经营活动。我们从来不知道吝啬鬼阿巴贡是如何发的财——也许他继承了一笔遗产。唯一提到过的行当放高利贷是荒谬的，是不具有时间性的一般行为，它不是生产行为，而是一位靠食利者的投资。谁也不知道这些有产阶层的人从事何种职业；好像所有的人都靠食

利者过活。只有唯一的一次提到过财产的来源：在《贵人迷》里， 351
约尔旦夫人指责自己的丈夫说："难道我们两个人不都出身于有产阶级吗？难道你父亲不跟我父亲一样是商人吗？……"在提到和她女儿有关的人的情况时，她说道："……他的祖父和外祖父曾在圣依诺桑门附近卖布料。"但是这些情况仅仅是为了更鲜明地突出她丈夫约尔旦先生可笑的愚蠢；约尔旦先生是个没有受过教育的暴发户，他不懂得当时的社会理想，试图用不适当的手段抬高自己的社会地位；他不想办法成为一个有教养的大资产阶级正派人，而是犯了当时所能犯的最大的错误：他本不是贵族，却要以一个贵族（un gentilhomme）的面貌出现。只要想一想他的假想女婿克雷昂特，这一点便十分清楚了，莫里哀是把克雷昂特作为

一个出身于资产阶级的正派人的楷模与约尔旦进行对比的。当克雷昂特前来求婚时，约尔旦先生问他是不是正派人，他得到的回答是：

先生，大部分人对于这个问题都会毫不迟疑地爽快回答。人们会无所顾忌地去得到这种贵族身份，况且当今的习俗似乎也允许人们窃取贵族身份。但我，我得承认自己在这方面有一些个人看法。我认为诚实的人不应该做这种冒名顶替之事；掩盖上天赋予自己的身份，以偷来的身份向世人自吹、冒充另一个人，这是可耻的行为。我的祖辈担当过体面的职务；我本人也有幸在军中服役六年，目前有足够的家产在社会上占据相当不错的地位；但尽管如此，我也不会自封某种身份，别人若处在我的位置或许会有非分之想；而我要坦诚地告诉您，我不是贵族。

这是一个有着等级意识的年轻的有产者，一个诚实人，他知道自己在社会中的位置。他对约尔旦先生这样的暴发户（他们直到第二代才富了起来，他们的父辈还是布料商）所做的贵族梦嗤之以鼻。但是他也同样远离平民，远离具体职业。戏中没有一句话提到他的家庭在丝绸业或酒商中是个大户人家，倒是说过“他们担任过体面的职务”，即他们给自己买了官职，得以晋升到第二等级，成了穿袍贵族的一员；他自己当了六年军官，有足够的钱“以便在社会上占据相当不错的地位”。这个年轻人根本不可能具有经济头脑，也不想当从事生产的有产者；相反，他竭力避而远
352 之。犹如贵族封号对一位年轻贵族一样，有产者的地位只不过使他“在社会上占有相当不错的地位”；他同样会像他的父母及亲友那样，买一个或继承一个体面的职务。（最后这几句话几乎是逐

字摘用我以前的论文《17 世纪的法国观众》，慕尼黑，1933 年，第 40 至 42 页；另外我在这一章还会多次使用该论文。）

正如我们所看到的，莫里哀并不害怕在他的社会喜剧中运用笑剧素材，但他尽力避免用写实的手法对剧中人所生活的政治和经济环境作具体介绍或深入的批评；相反，他倒是更倾向于把荒诞可笑写进中等文体的作品之中，而不去反映严肃的、经济政治生活的现实。他作品中仅有的涉及严肃和冲突矛盾的地方，其现实主义也局限在心理和道德问题上；为了更清楚地认识这一点，不妨回忆一下霍诺雷·德·巴尔扎克在他的小说《欧也妮·葛朗台》一开始描写的葛朗台致富的过程，法国 1789 年至复辟时期的整个历史都贯穿在这一描写中，同时也反映了吝啬鬼阿巴贡经济状况的普遍性和无历史性。不要说莫里哀在一场喜剧的篇幅内不可能有巴尔扎克那样的叙述篇幅，即使在舞台上也可以不表现阿巴贡，而展示一个当时的大商人或高利贷者如何经营；但这些都是到后古典主义时期，如丹古尔和勒萨日*的作品中才出现的，不过就是在他们的作品中也没有反映当时严肃的经济问题。

我们上文所确认的写实主义的局限性涉及的全是喜剧和讽刺文学的中等文体；在高雅语言风格的范围之内，在悲剧中，这种局限性则要严格得多。在那个时代的悲剧里，悲剧与日常生活及人类的造物生活之间的分离是空前的，即便在崇高文体被当作楷模的时代，即古希腊罗马时期，这种分离也没有达到这种程度。

* 勒萨日（Alain René Lesage，1668—1747），法国作家。代表作《吉尔·布拉斯·德·山悌良那传》被称为法国 18 世纪最优秀的现实主义小说。——译者

高乃依有时还会感到，他那个时代的审美观在这方面比古典传统所要求的走得更远。在法国悲剧舞台上，既不允许出现日常事件，也不允许出现人的造物性；这里出现了古典文学中所没有的
353 一种悲剧人物类型。为了具体了解这种类型的人物，我想总结一下其文体的特点；这些特点可以从拉辛的悲剧《贝蕾妮斯》及《爱丝苔尔》看出；不过在当时所有的悲剧中都有类似的情况，而在拉辛的作品里这种风格无非是得到了充分体现罢了。

在《贝蕾妮斯》一开头，我们就被领进了皇宫的一个房间中：

> ……我很清楚，阿尔萨斯，
> 这些地方的豪华在你看来十分新鲜。
> 古罗马皇帝提图斯的秘密所在，
> 往往是这个富丽堂皇的僻静的小房间。
> 他有时候喜欢躲在这里避开朝臣……

与这段内容相应，当皇帝需要一个人独处时，他就这样说：

> 保兰留下，其他人退下；（第2幕第1场）

要不然就说：

> 全都退下。（第4幕第3场）

或者，当他要召见某人时：

提图斯：有人代表我见过科马基尼国王了吗？
　　　他是否知道我在等他？
保兰：陛下，遵照您的命令，我已派人告知他了。
提图斯：只要……（第 2 幕第 1 场）

当提图斯要国王安条克陪王后贝蕾妮斯旅行时，是这样表达的：

友谊维系着你们的关系，
国王，切勿在他不幸之时将他抛弃。
但愿东方能看见你们把他追随，
但愿这是胜利而不是逃避，
但愿如此美好的友谊地久天长，
但愿我的名字会永远出现在你们的谈话中。
为了使你们两个国家靠得更近，
幼发拉底河将会确定你们两个帝国的边界。
我知道，元老院十分挂念您，
他们将会一致认可这个赠品，
我将把西里西并入您的科马基尼……

国王安条克的答话是这样的：

在这里提图斯的伟大压得我喘不过气，

使一切相形见绌的是罗马的壮丽；
但是，虽然东方到处都有罗马的影子，
贝蕾妮斯将会在那里看到我光荣的踪迹。（第 3 幕第 1 及第 2 场）

354 《爱丝苔尔》序幕里对国王的描述太长，不能全部在这里引用。《爱丝苔尔》第 1 场关于选美和挑选国王的叙述我也只想在这里选录几段：

他的奴隶奔忙在印度和赫莱斯本都[*]之间：
从埃及到苏塞[**]姑娘们争相选美，
甚至连不归顺的帕尔特和斯基泰的姑娘，
都渴望得到送给美人的权杖。

后面还有：

他在沉默之中将我久久打量；
天意在此刻左右了他的情感
天平偏向了我这一边。
最后，他眼中充满了温柔，
他说，你就是王后……

---

* 赫莱斯本都（Hellespont），古地名，即今达达尼尔海峡。——译者

** 苏塞（Suse），古地名，位于美索不达米亚平原边缘，今属伊朗。——译者

任何一位读过拉辛作品的人都会记得拉辛是怎样处理爱丝苔尔不请自到地出现在国王面前的情景的：

阿祖埃留斯：没我的命令，有人竟敢贸然闯入！
　　是谁不知天高地厚来找死？
　　侍卫……是你呀，爱斯苔尔！怎么！不请自来？
爱丝苔尔：侍女们，来扶住你们的王后：
　　我快死了……（她晕倒了）
阿祖埃留斯：万能的上帝！她那粉红的脸庞
　　怎么一下子就失去了颜色！
　　爱丝苔尔，你怕什么？我是你的兄长，
　　活过来吧：我亲手递给你的金权杖
　　一定能担保对你的宽恕。
　　……
爱丝苔尔：陛下，我向来十分敬畏
　　您那至高无上的威严；
　　看到您因为我而发怒，
　　我就害怕得要命：
　　我以为您盛怒之下
　　会将我研为粉齑，
　　面对您眼中喷出的怒火，
　　胆子再大的人也会发抖……
阿祖埃留斯：别害怕，王后，请安静一点，
　　你已占据了阿祖埃留斯的心房。

感受我炽烈的友情吧，

是否要我将江山送你一半？

《爱丝苔尔》剧本中也有这种爱情的表达，当然不是出现在这个地方，而是在“开怀畅饮”很久以后才在宴会上说出的这番话，
355 剧本中还作了“简洁”的说明；但这一说明在拉辛的原作中并没有；这与拉辛前面没有对剧本作出具体说明一样，其实这个说明要比让爱丝苔尔不顾禁令不请自来更能显示她的勇气：三十天都没有召见我了，我该怎样去面见国王呢？

所有这些摘录突出地表明，作者对剧中的悲剧人物进行了艺术上的过分美化；不论是对其左右说声“全部退下”便躲在富丽堂皇的僻静小房间寻欢作乐的国王，还是登上等候的轮船的王后，运载你们大海的统治者(《米特里达特》第1幕第3场)，悲剧人物总是举止优雅，处于前台，周围是用具、仆人、百姓、风光乃至整个世界，就像一件件战利品一样为其服务供其享用。他们就以这种姿态沉湎于王公贵族的激情之中。上述场景中修辞效果最强烈的是，整个国家、全世界或者整个宇宙都是这些王公贵族情感活动的观众、见证人、背景或回声。我想举几个例子说明这种特殊情形。在《昂朵马格》第2幕第2场，爱弥奥娜说：

你以为只有你一个人受过惊恐吗；

你以为爱比尔从来没有看见我流泪吗？*

---

* 译文摘自《拉辛戏剧选》中齐放译《昂朵马格》，上海译文出版社，1985年。——译者

比它有名得多的是《贝蕾妮斯》第 1 幕第 4 场里安条克用优美的诗句表达的爱情，我把它和后面的几句摘录在这里。这句诗中，巴洛克式的艺术性美化与浪漫时期的风格互相辉映：

> 夫人，整个罗马帝国都看见你随他到来，
> 在荒凉的东方有谁与我为敌！
> 我久久徘徊在塞萨雷，
> 那片使我爱上你的可爱的地方，
> 我向你的国家重提我求婚的愿望，
> 我哭泣着寻觅你的足迹……

最后再摘录一段，也是《贝蕾妮斯》中的一个场面：

> 请帮我战胜脆弱，
> 帮我止住不断涌出的泪水；
> 如果我们无法控制哭泣，
> 至少应该让荣誉支撑我们的痛苦，
> 但愿普天下能够理解
> 一位国王和一位王后的哭泣。（第 4 幕第 5 场）

悲剧性人物对自己王侯身份地位的意识十分强烈，时刻铭记 356
在心。即使在极度的不幸之中，即使在最悲痛的时刻，他们都念
念不忘自己的身份地位；他们不说：我这个不幸的人！而是说：我

这个不幸的王侯。爱弥奥娜称自己是个不幸的公主(《昂朵马格》第2幕第2场),而贝蕾妮斯在极度的慌乱之中用这样的话向安条克发誓:

> 啊,天哪!说得太好了!请您留下吧!
> 国王,我内心的纷乱对您隐瞒太久:
> 您眼下看到的是一位慌乱的王后,
> 我悲痛欲绝,只想问您一句话……(第3幕第3场)

提图斯自始至终称自己为不幸的国王,而当阿塔丽娅发现自己被出卖,被抛弃时,感到极度的绝望,她喊道:

> 我在哪儿?哦,背叛!不幸的王后!
> 我已深陷敌军的重重包围!(第5幕第5场)

当爱丝苔尔浑身无力要倒下时,她喊道:

> 侍女们,扶住你们的王后……

这句话我们上文已经提到过。王公贵族的身份地位以及与此相连的美化已经成为他们自然本性的一部分,与其本体密不可分,即使在上帝面前或面对死亡,他们也都保持着王侯的举止。与上文第238页论述的15世纪的“造物”观念有着根本的不同。但是如果像浪漫派有时所做的那样,否认他们具有自然的人性,否认他们也有直接的简单的一面，那就大错特错了；起码这样评论拉辛就是对他的作品一窍不通。他戏中的人物都具有一种完全的、举世无双的自然性和人性；只不过这种动人的、具有典型示范意义的生活发生在一个被崇高化的场所，一个他们认为是理所当然的场所。崇高化本身有时也能产生魅力无比和极为深刻的人的力量；在《费德尔》中可以找到许多例子，不过我在这里只想说说深深沉浸在幸福之中的贝蕾妮斯，在元老院举办的晚间庆典中，她几乎是神魂颠倒似地描述了她的情人提图斯陛下。我觉得她的描述足以表明，只有热恋中的人才会说出这样的话：

> 告诉我：人们看到他时会不会和我一起去想，
> 他来到世上时，
> 世界就已认出他是未来的国王？

正如我们所看到的，王公身份地位的意识已经融入悲剧人物
的本体之中，而对这些人物本来所应起的治理朝政的作用，即他 357
们的实际活动，则只有一般化的介绍；这些人的王公身份已经远不是一种实际功能，而是一种姿态，一种“体态”。在拉辛的早期作品中，尤其在《亚历山大大帝》中，王公的政治军事活动仅仅为他的爱情服务；亚历山大征服世界的目的只是为了让世界拜倒在自己情人的脚下。这出戏从头到尾充满了如下的巴洛克时期的语言风格：

> 亚历山大：……

既然我的权力听命于您的法律，
应该同时保护您和我的名誉，
我一定要用战争的光芒，
使默默无闻的人扬名天下，
让大家将您奉若为神明。

克勒奥弗尔：陛下，但是我怀疑爱情会跟随您，
这么多的国家和海洋将你我相隔，
会很快把我从您的记忆中抹去。
当汹涌澎湃的大海看见您
劈波斩浪征服全世界的时候，
当您看见一个个国王在您面前跪拜，
全世界都在您面前发抖的时候，
陛下，您可会想到，在某一个国家，
有一位年轻的公主在为您黯然神伤？
她在心中追忆着伟大的征服者
与她相亲相爱的幸福时光。

亚历山大：怎么！难道您以为我是野蛮人，
会把这位绝世美人丢弃在这里吗？
您呢，我想让您坐在亚洲的宝座上，
您总不至于要放弃吧？（第3幕第6场）

这种直接取材于骑士小说、间接出自宫廷叙事诗的虚构史实（参见本书第137页）在《昂朵马格》中更为明显。在这出戏中，皮罗斯对昂朵马格说道：

但是，为了取悦于你，我冒了如此多的风险，
你就不能对我和颜悦色一点？
（第 1 幕第 4 场）

后来，皮罗斯运用典型的巴洛克式语言，把自己所受的相思之苦与他给特洛亚人带来的痛苦作了比较：

我受尽了我在特洛亚施于别人的种种苦痛。
打败了，锁链套在身上，懊悔充满在心里，
被那比我所放的火更猛烈地燃烧着，
……
唉！我可曾有过像你这样的残酷吗？*

这与奥雷斯在饱受爱情之苦时试图在斯堪特人那里求死时所说的话一模一样： 358

我终于又到你这里来了，
我只有向你那双眼睛里来寻找那躲避我的死亡。
……
公主，必须是你来攫取我这个牺牲品，

* 译文摘自《拉辛戏剧选》中齐放译《昂朵马格》，上海译文出版社，1985 年。——译者

因为我没能遇到像你那样残酷的人，
要不然西特的野蛮人早就占了你的先了。*
（第2幕第2场）

在后来的作品中，这样的主题就比较少见了，《贝蕾妮斯》第2幕第2场中是这样写的：

……如此美丽的一双手
似乎在向您讨取统治人类的权利……

总的看来，后来的剧作对治理朝政和政治历史的理解有了变化，但仍然保持着崇高泛指的特征，与实际和事实相距甚远。剧中讲的始终是宫廷内部的阴谋诡计与争权夺利，没有超出王侯亲信的最高层范围。作者只能在人物—心理范围之内，通过对少数人道德行为的处理表现政治生活。这些人物之下或背后所发生的事情或者根本不提，或者只是泛泛一笔带过；后者的例子如“不变的法规”，这句话阻止提图斯大帝（见《贝蕾妮斯》）迎娶一个外族的王后。当提图斯在这个冲突中询问平民的意见时，他是这样说的：

人们会如何评价我为她发出的叹息？

---

* 译文摘自《拉辛戏剧选》中齐放译《昂朵马格》，上海译文出版社，1985年。——译者

以纯道德的方式表现政治历史事件，这就使这些剧作绝不可能实事求是地提出问题和对历史进行观察，不可能具体而实际地反映君主治理朝政的情况。这方面最好的例子就是《勃里塔尼古斯》、《贝蕾妮斯》和《爱丝苔尔》。在这三出剧中，国家的兴衰完全取决于王侯的道德品质，他或是能控制自己的激情，使他的权力为道德，从而为国家的兴旺发达服务，或是沉溺于情欲不能自拔，受周围谄媚者的诱惑，过着声色犬马的生活。无可置疑的是国王的至高无上，它从未遇到过反抗。所有客观存在的问题和反抗，无论它在现实生活中对抗的是善还是恶，在作品中都没有反映；这一切都离读者很远很远。从这个角度来看，所有的画面都一样，无 359
论是尼禄规规矩矩执政的头几年：

三年整，他说的、他做的，哪一桩
不是向罗马保证当个贤明帝皇？
罗马三年以来因他励精图治，
看来已经回到执政官的太平盛世：
他治国像慈父……[*]
（《勃里塔尼古斯》第1幕第1场）

还是提图斯立志当个好君王的誓言：

---

* 译文摘自《拉辛戏剧选》中张廷爵译《勃里塔尼古斯》，上海译文出版社，1985年。——译者

我为成千上万不幸者谋求幸福，
到处都能见到我的善行……
(《贝蕾妮斯》第 2 幕第 2 场)

或是说

幸福的日子哪里去了？
谁知道已哭干了多少眼泪？
在哪些满意的眼神中我品尝到了行善的果实？
世界是否已看到命运的改变？
(第 4 幕第 4 场)

或者是对好国王的描述：

我赞美胜利的国王，
他英勇善战无往不胜，
但他应该是一位明智的痛恨不公的君王，
他不能容忍穷人
在专横的富人权力下呻吟；
他是上苍赐予我们的最好礼物，
他是寡妇可以依托的保护，
是孤儿孤女的父亲。
而恳求得到他援助的义人的眼泪
在他面前显得格外珍贵。
(《爱丝苔尔》第 3 幕第 3 场)

最后还有对宫中谄媚者的描述：

> 您不懂得陶醉于极权，
> 也听不惯卑劣的奉承者那迷人的声音，
> 他们很快会对您说，最神圣的法律，
> 主宰平民百姓的法律，是听命于国王的：
> 国王只能受制于自己的意志，
> 他必须让一切为自己至高无上的威严作出牺牲……
> (《阿塔莉》第4幕第3场)

正如我们所看到的，这些黑白分明、极其简单化、只从道德角度观察政治的方式，不仅在专为圣西尔军校小姐而写的作品中有，而且在其他作品中也有。在圣西尔军校的悲剧中，对虚构的历史发生影响的是圣经的道德，而在更早一些的悲剧中，起作用的则是古典后期的道德；不过在为圣西尔军校的小姐写的作品及其他作品里，有一个主题十分突出，这就是王侯的无限权威。而这在《圣 360
经》及古典后期的作品中不是没有就是少而又少。这个主题是巴洛克时代专制主义的一个最主要的主题。王侯在尘世犹如上帝；我们在354页引用《爱丝苔尔》的一段文字时已对两者进行过比较；把上帝描绘为有道德的伟大国王就是描绘王侯：

> 永恒是他的姓名，世界是他的作品；
> 他注意倾听庶民的叹息，
> 他用公平的法律审判所有凡人，

他在高高的宝座上审问国王们……

（《爱丝苔尔》第 3 幕第 4 场）

在《阿塔莉》第 1 幕结尾合唱中也有相似的表达，这使人不禁想起博絮埃[*]在英国女王法兰西的亨利埃特一玛丽墓前演说一开始那个铿锵有力的多元组合句。这个句子最后以《旧约 · 诗篇》中的一句话结尾：现在，你们君王应当省悟，你们世上的审判官该受管教。这个演说作于 1669 年，那是路易十四和拉辛的第一个辉煌时期，早于《爱丝苔尔》二十年。

根据上面的描述，可以自然而然地得出这样的结论：法国古典文学的悲剧与下层的悲剧人物及悲剧事件毫不相干；就连王侯周围的人也只选出少数几个对剧情来说不可或缺的人物，他们不是大臣就是亲信，其余所有的人都只不过是“人”而已。很少提及平民，即便提及也是一带而过。关于日常生活，关于起居、饮食、天气、景色及季节等几乎没有任何介绍，如果有所涉及，也被融入崇高文体。从浪漫派作家对这种文体的激烈批评中可以得知，这种作品中不得有一句平常话，不得有一件日常用具的普通称呼，最尖锐、最幽默的批评要算是维克多 · 雨果写的那首诗《对一份控诉状的答辩》（收在《静观集》中）了。那些十分动人的诗句表达了作者对古典主义关于崇高理想的反叛精神。其中最具特色的一句诗始终令我难以忘怀：

---

* 博絮埃（Jacque－Bènigne Bossuet，1627－1704），法国作家，演说家（宣道者）。他宣教的讲演稿具有很高的文学价值。——译者

我们听到一位国王问：几点钟了？

实际上，（雨果写的《欧那尼》中的）这样的诗句与拉辛的高雅风格是不一致的。

这些王侯和王侯夫人就在这种自我封闭和隔绝的高尚中沉湎于自己的激情。只有那些最重要的、摆脱日常繁杂、剔除了日常生活气息和口味的思想才能进入他们的心灵，他们的心灵才能 361
以这种方式全力以赴地投入最伟大最剧烈的行动中去。拉辛以及高乃依作品中激情的巨大作用，大部分都来源于上面所描述事件的孤立与隔绝的氛围；这种隔绝可与现代科学试验中所常见的最有利的绝缘产品相比；可以完全不受任何干扰、不中断地观看整个试验过程。在道德范畴之内，与等级制相关的文体分用倾向非常之大，其结果是，任何从具体情况下产生的实际想法和考虑都只能出自于较低级阶层人物的头脑，而王公贵族的男女主人公是不必做任何实际考虑的。他们所热衷的崇高蔑视一切实际想法。在《贝蕾妮斯》中，给王后出主意的是王后的密友菲妮斯，她建议王后不要让安条克失去勇气，因为提图斯还没有明确地提出求婚（第 1 幕第 5 场）；在同一出戏里，提醒国王安条克注意对己有利局面的也是他的密友阿尔萨斯，他指出贝蕾妮斯现在是进退两难；照阿尔萨斯看来，如果提图斯离开贝蕾妮斯，她必定会嫁给安条克（第 3 幕第 2 场）；类似这种工于心计的审时度势的考虑和判断实在太低级，不可能在王侯心中占有一席之地。崇高的激情才是王侯的所思所想，而且这种考虑也被证实是错误的。同样的

文体感促使拉辛没有让对希波吕托斯[*]的诋毁从费德尔口中道出，而是让她的保姆奥诺说出，这与该戏所取材的欧里庇得斯[**]所写的希腊悲剧不一样。拉辛在序言中说：

> 我甚至十分注意使她变得不像在古希腊人和古罗马人悲剧中那么可憎，在以往的悲剧中，她自行决定指控希波吕托斯。我认为恶意中伤总是有嫌卑鄙丑恶，不能让诽谤之言出自一位具有高尚正直情操的公主之口。这种无耻的行为，我觉得更适合一个保姆，因为保姆可能会有更加卑屈的癖性……

拉辛在这里是在虔诚的基督教会的攻击面前竭力为悲剧的道德价值观进行辩护。不过我觉得他使这种思想的含义过分“道德化”了；就是说，与他的王公贵族主人公的崇高格格不入的原本不是道德上的恶，而是低俗的、为实际着想的斤斤计较。

这些悲剧人物之崇高的另一个主要特征是他们身体的完美无缺。他们身体所经历的一切都得用崇高文体来表述，一切低俗
362 和“造物性”都与他们无关。高乃依当时就感到，在这方面，当时的文体感大大超过所有的传统，甚至超过了古典文学传统。当高

[*] 希波吕托斯是拉辛的悲剧《费德尔》中的人物。此剧取材于希腊神话，借以揭露法国宫廷和贵族社会的腐化堕落的生活。希腊英雄忒修斯的妻子费德尔听说丈夫死于战场，便向养子希波吕托斯表白了爱情。但忒修斯突然生还，并发现妻子与养子的私情，就处死希波吕托斯。——译者

[**] 欧里庇得斯(Euripides，约前 480 -约前 406)，古希腊三大悲剧家之一。——译者

乃依的《台奥多尔》不受欢迎时，人们把该剧的失败部分地归咎于戏中的女主人公是个遭难的妓女。

他在《考试》中说道（《全集》大作家版，第5卷第11页），身处这种不幸之中，我就有足够的理由对剧中故事的纯正表示祝贺了。我看见能使圣安布罗斯*的第二本书大增光彩的一则故事，因过于淫秽而只好删除。如果像这位伟大的教父一样，让这个处女出现在不干不净的地方，别人又会作何感想呢……

身体的造物性的虚弱症状也不符合法国古典文学关于崇高的观念；只有崇高文体所能表现的死亡才是不可或缺的；任何一个悲剧性主人公都不能年老、生病、虚弱及容貌丑陋。在这一舞台上既不能有李尔王，也不能有俄狄浦斯，要不然他们就得顺应流行的文体。在他的《俄狄浦斯王》的前言里，高乃依在谈到他的楷模索福克勒斯**时说：

> 我终于明白了，在遥远的世纪令人惊叹的东西，在本世纪就可能令人毛骨悚然。对那位王子自残双眼的方式的动人描述和戳破眼睛后血流满面的场景（在原著中，这一场景占据了整整第五幕），可能会使我们的神经受不了……所以我试图作一些修改……
>
> （《全集》第6卷第126页）

---

* 圣安布罗斯（Saint-Ambroise，339－397），米兰主教。——译者

** 索福克勒斯（Sophokles，约前496－前406），古希腊三大悲剧家之一。——译者

从这两段引文的语调可以感觉到，高乃依在谈到路易十四时代的文体意义时并非没有内心的矛盾。在他的影响广泛的第一部佳作《熙德》中，唐・狄哀格被打了个耳光，至少在那一刻他是个孤独无助的老人；而在布瓦洛和拉辛时代才写出的剧本《阿蒂拉》中，主人公因鼻出血而死，这个情节引起了轩然大波。在拉辛的悲剧里这是不能想象的。在拉辛那一代人看来，身体的自然性或造物性只能在喜剧舞台上出现，并且只允许出现在一定的界线之内，这是理所当然的。在拉辛的悲剧中也出现过一位老主人公，即米特里达特*；不过他完全是一个崇高的形象，他的年龄使作者有了下列描述的机会：

> 这颗渴望战争、靠鲜血滋养的心，
> 不管压在我头上的岁月和命运的重负，
> 把对莫尼姆**的爱带到四方……
> (第 2 幕第 3 场)

363 最后，身体的完美感——对现代人的感受来说，将这种感觉与纵欲无度相对立总有点古怪——却使拉辛减轻了对(《费德尔》中的人物)希波吕托斯的指责。他在该剧的前言中写道：

> 在欧里庇得斯和塞涅卡笔下，希波吕托斯被指控强暴了

---

* 拉辛的悲剧《米特里达特》中的主人公。——译者

** 莫尼姆(Monime)，死于公元前 72 年，本都王国王后，米特里达特六世的妻子。——译者

他的继母。但是在这里，他只是被指控有此企图而已。我想让岱赛*免除可能会使观众对他产生反感的混淆。

从这段话可以看出拉辛与古典文学的最大不同：在古典时代的文学作品里，爱情极少作为崇高文体的题材；只有当爱情与其他神和命运的主题没有什么牵连时，它才作为主要题材出现在中等文体的诗歌中；然而一旦涉及爱情，无论它出现在高雅的史诗作品还是出现在悲剧之中，肉体的爱便被毫无顾忌地行诸笔端。法国悲剧则完全相反。它继承了高尚的爱情观，这种爱情观在宫廷文化中形成，也受到中世纪神秘主义的影响，在摹仿意大利诗人彼特拉克中进一步发展；早在高乃依的作品里，爱情就是一个悲剧性的崇高主题。在骑士小说的影响之下，爱情几乎排挤掉所有其他的崇高主题。而拉辛则赋予爱情无比巨大的威力，它使人们脱离了生活的常轨并遭受毁灭。但尽管如此，作品中几乎感受不到任何当时的审美观认为低俗和有伤大雅的东西，几乎没有表现肉欲和性。

三一律**对我们所论述过的悲剧事件的封闭和孤立也起着很大作用。它将事件与周围环境的关系限定在最小范围内。事件永远停留在一个地点，在短短的二十四小时内发生，情节与后来错综复杂的发展完全脱离，在这种情形下只能对所发生事件的历

* 岱赛（Thèsèe），希腊神话中的雅典国王。——译者

** 三一律是欧洲古典主义戏剧的创作规则，规定剧本动作、地点、时间三者必须完整一致，即每剧限于单一的故事情节，事件发生在一个地点并于一天之内完成。——译者

史、社会、经济及环境的背景情况作出泛泛的略述。而拉辛却能够以极为有限的手段，完全从故事本身的情节出发营造出一种气氛，这是非常令人赞叹的；在这方面最成功的要算《费德尔》和《阿塔莉》了。在这两部剧中，地点和时间一个取材于古希腊神话，一
364 个取材于旧约故事，接近于绝对和超历史性的时间和地点。极少有特定的、能够清楚显示时间及地点特色的瞬间。我们可以引用《勃里塔尼古斯》第2幕第2场的一段。在这一段里，尼禄描绘了尤尼斯的夜访；这是写得非常出色的一段，它和我们下面马上就要提到的另一段表明，拉辛决非因江郎才尽才如此吝惜笔墨地描述这个瞬间情景，它加入到重要的故事情节之中，使人物心理活动的结构甚为严谨，极为典型地再现了概括性描写的时代文风。这一点在描写尤尼斯晚礼服的诗句中尤为明显：

她虽洗尽铅华却显得纯朴可爱，
还带着睡梦中的娇软媚态……*

我想引用的另一段出自《伊菲革妮》第1场，是摹仿欧里庇得斯风格对晨景的描绘。其中有这样一句写得很美的诗：

但是一切都睡去了，军队，风和海神，

---

* 译文摘自《拉辛戏剧选》中张廷爵译《勃里塔尼古斯》，上海译文出版社，1985年。——译者

由于它的写实主义的瞬间内容——国王唤醒正在沉睡的仆人——这一段显得别具一格。不过即使这一段也完全是基于主要情节的心理发展，渲染气氛不是目的，它的语言表达并不包含任何一种写实的冲动。语言高雅，充满隐喻。总体来说，时间和地点的统一可以从时间和地点方面突出情节；读者或听众可以获得这样的印象：故事发生在一个绝对的、神话式的和尘世间无法确定的地点。这不再是骑士小说以迂腐和绝对的方式表现的那种无时无地的爱情和历险；拉辛早已摆脱了这一套。悲剧人物置身于美化了的孤立场所，他们高居于日常生活之上，使用着高雅的语言，沉醉于自己的激情。

法国古典悲剧表现了最大程度的文体分用，表现了悲剧与欧洲文学开创的真实日常生活的最大程度的分离。法国文学关于悲剧人物的观念及其语言表达是一个相当特殊的美学培育的结果，这种培育植根于十分复杂和多层次传统之上，远离那个时代普通人的生活。不过这是一种现代的认识，虽然这种认识并无新意。当时的美学理论并不具有这种认识。为了论证拉辛悲剧及类似作品，为了对它们进行褒扬和辩解，这种认识需要运用诸如 365
自然、理性、健全的理智和逼真性等概念。在拉辛的作品中，他那个世纪以及下一个世纪好像都觉得已经实现了自然、理性、健全的理智和逼真性。此外他的作品中也有对于古典主义恰当的、完美的摹仿，有时这种摹仿甚至于超过了所摹仿的楷模。这种判断需要进一步说明，因为这种判断今天不那么容易被人理解。如此抬高美化这些人物，让他们以这种高雅的方式说话，是否合理，是否自然？让冲突在如此短的时间内毫无阻碍地发展是否可能？

所有最重要的事件都在同一个地点发生，这是否可能？任何一个毫无偏见的人，也就是说，任何一个人，如果他不是在这些经典著作的伴随下长大，因而把它们最令人称奇的独特之处都视为自然而然的话，对上述问题就会给以否定的回答。17 世纪的人认为，拉辛的艺术不仅卓越感人，而且有理性、合乎健全的理智、自然而且可信，这一点只能从当时看问题的角度上去解释；当时的人对理性及自然的理解和我们不同。若要评价拉辛的艺术，就应该把他的作品与他的前一辈作家进行比较。这样就会看到，拉辛的悲剧由少数的、简单的、彼此联系明确的事件组成，而他前辈的作品中却堆砌着过多重大而离奇的事件；此外，拉辛剧中人物的精神状态及所处的冲突简洁明了，具有示范性、样板性和普遍性。而在拉辛上一代作家中，一部分由于受高乃依的影响，作品中的冲突英雄气概过重，尖锐而不可信，一部分受矫揉造作之风的影响，对于多愁善感、拘泥于细节的殷勤恭维的过分夸张成了时髦。从布瓦洛的论著中，从莫里哀早期喜剧和拉辛剧本的前言，特别是《昂朵马格》、《勃里塔尼古斯》和《贝蕾妮斯》的前言中，可以看出对先前各种流派的斗争。从布瓦洛和拉辛作品中也可以看出，当时是以何种方式和何种程度将古希腊罗马诗人奉为楷模。使拉辛时代的精英们惊叹不已的是希腊戏剧中事件的简明以及语言的优美。早在几十年前，在高乃依的青年时代，当宫廷及城市社
366 会的上层开始对戏剧发生兴趣时，人们就接受了三一律，其主要的原因是人们对于可信性的认识，而这个观点我们已经不大熟悉了：人们觉得，在一场演出的短短几个小时之内，在空间有限且离观众只有几步之遥的舞台上，被表现事件的时间和地点相距甚远

是不大可能的。这个可能性不是指事件本身，而是指这些事件在舞台上的再现，指舞台幻想的可能性；尤其在17世纪前半叶，法国剧院的技术水平的实际情况是，故事发生地的大变动几乎不能产生令人信服的影响。一旦人们出于上述理由以及要努力效仿古典时代戏剧因而坚持同一地点和二十四小时传统时，事件的安排就必须服从这些前提条件。正是在这方面，拉辛是位大师。拉辛戏中的情节自然舒展地在已定的框架之内展开；如果说拉辛把地点的孤立和排除一切低级、外部和其他事物的情节推向极致的话，那么毫无疑问，这是为了在三一律的已定条件之下取得自然的效果。

不过也许最重要的是，我们必须记住，在拉辛时代，人们对自然的理解与后来的时代并不相同。当时人们并未把关于自然的概念与文明对立，没有把它与原始文化、与纯粹的民族性或自然景物联系在一起；人们把自然与人的天性等同起来，即受过良好教育、行为体面、能自如地适应任何规定而生活的人才是自然，犹如我们自己时而也会称赞一个很有教养的人有着自然的天性一样。自然几乎就等于有理性、懂规矩。在这方面，不管对还是不对，人们觉得自己与古典文化的繁荣时期的认识一致，古典时代具有举世无双的和谐－理性－自然的优越性；在路易十四时代，人们敢于把法国文化与古典文化相提并论，认为本国文化也堪称楷模，而且这种观点还得到了欧洲的认可。按照这种观点，自然是文化和培育的产物。这种观点后来又得以不断发展。人们把在任何时代、任何情况下都能打动人心，打动他们情感和激情的都称之为自然。自然同时也就是永恒的人性。看来，文学的最高 367

使命就是真正表达出这种永恒的人性；人们认为，比起低级混乱的历史骚动来，在生活的孤寂的高处可以更清楚、更单一地表达永恒的人性。而这样做的同时，就限定了永恒人性的范围；只有“伟大的”激情才可能成为永恒的题材；而爱情只能在最符合当时礼仪的形式中表现。

无论如何，路易十四时代的自然性是某种纯心理的东西，是心理上某种不变更的既成之物；这就是不变的人性的全部所在。如果将其以本国文明的形式表达出来，那么就一定要把它搞成一个具有典范意义的，能向世人展示永恒人性的独一无二的文化，能与之并驾齐驱或高于它之上的，只能是黄金时代的古典文化。对王侯人物进行巴洛克式的美化也属于这个时代的文明。自16世纪以来，古典时代和中世纪宫廷文化的寓意手法便服务于深入发展的专制主义，文艺复兴式的巨人在巴洛克时代逐渐成了君主的形象。无论是从其内容还是从其外在形式来说，路易十四的宫廷都是专制主义发展的高峰；国王本人周围簇拥着一大群按爵位排列的前封建贵族。这些贵族的权力及本来的作用已被剥夺，他们只是待在国王左右，以显示被以巴洛克方式美化了的专制王侯的完美形象；宫廷甚至还以“城市”的形式继续存在，因为巴黎的大资产阶级也把国王看作社会的中心，并且“宫廷”和“城市”的界限也不很明显。王室的王子和公主也都被美化了，其次被美化的还有国王的文武大员；在法国内外，国王和他的宫廷普遍成为较低层效仿的榜样。不断公开演出的有关国王生活的戏剧，在每句话、每个表情中都始终如一地维护着国王的高尚形象，国王及其
368 左右之间规定严格、因习俗和教育已成自然的交往方式成了一种

社交艺术，这些在当时众多的文件中都有所反映，也常常反映在论文中，尤其在泰纳*关于拉辛的论文中（《批评和历史论集新编》第109—163页）得到了极好的体现。其中最重要和最引人注意的是，要求参加社交活动的人要有内心和外表的尊严，而他们也表现出这种尊严，尽管这种尊严只有极为有限的自由：绝对自制力，对每一形势及自己在其中的位置的正确判断，对每句话、每个表情都有细致规定的得体的举止——这些优越之处以前几乎从未像在17世纪下半叶的法国宫廷里这样盛行，而现在它们却在晚期巴洛克的语言和生活方式中得到了体现，从而使巴洛克风格在这里又一次大放异彩。同时，它们也显示出了前所未有的优雅和热情。这就是当时的社会，这就是充满新的优雅方式的晚期巴洛克，这首先就是拉辛悲剧中所表现的美化了的王侯形象。他剧中所有的主人公都散发着尊严的光芒。"我的荣誉"是这些人常用的一个词，用来表明他们身体及精神尊严的不可触及性；因为他们的尊严不仅仅是外表，而且也是他们本性的一个组成部分，这一点尤其在妇女身上——不妨想一想莫尼姆——表现得最令人叹服。对这一切泰纳都以清晰的文笔作了很好的说明，尽管我觉得，他从这种角度对拉辛的评价有些片面。但不管怎么说，泰纳是运用社会学方法的第一人。这种方法对从历史视角来理解这一伟大世纪的文学来说是不可或缺的。不了解社会状况就不能解释为什么这种美化及巴洛克式的华丽语言会成为时尚，并且

* 泰纳（Hippolyte Taine，1828－1893），法国哲学家、史学家、文学评论家。——译者

能对一个在哲学、科学、政治、经济乃至社会学等诸多方面、诸多领域都具有现代理性特征的时代产生影响,甚至在很多方面成为现代—理性方法的基础;不了解社会状况就不能解释当时的评论怎么会用理性和健全的人类理智的标准去评价这些巴洛克和语言夸张的形式,怎么能对其中的一些形式表示赞叹而对另一些形式提出指责,在指责的同时又对其品位及艺术鉴赏力给予肯定。这种评论并不在乎这种矛盾的存在,即总的说来,巴洛克形式适合于进行纯理性的评价。这个形式世界是在特殊条件下生存的
369 社会的一个特定部分的表达,这部分人所起的作用远比其享受的特权小得多。看来绝对的专制主义的历史意义并不在于塑造一个高尚的、被王公大臣包围着的君主,而在于聚集起一个民族的各种力量,在于摧毁各种离心倾向,在于从政治、管理和经济上进行统一的组织。宫廷只不过是这个过程的一个副产品,宫廷之所以能够存在,其原因不在于它所必须发挥的作用,而在于贵族都聚集在国王的周围。因为除了在国王这里,贵族在其他地方没有什么作用可起;只有围着国王转,贵族才获得了服务于宫廷的新作用。考虑法国古典文化的载体时不应只考虑宫廷,还应该考虑“城市”,城市只是一小部分,这一小部分虽然也对当时的审美观念起着某些协调作用,但是无论在政治还是在美学方面,城市都还不具备积极的有产阶级自我意识。城市和宫廷在两个非常重要的特点上是一致的;一个特点是受过教育——但这既不意味着像专家一样博学,也不意味着像平民那么无知,而是受过良好的教育,具备鉴赏文学艺术的知识;另一个特点是努力成为一个理想型的诚实人,不只专一门,也不从事什么职业,把有产阶级出身

当作“担任过体面的职务”——我们在本章开头已经论述过这一点（见第 349 至 351 页）。

法国古典文学是写给少数人看的。从这些人的特征，特别是从他们的社会理想形象，可以理解巴洛克和美化形式为何成为风气，也可以理解这种风气与理性的审美范畴的混杂，或者说对此抱有同感。从精英观众的审美力，从宫廷周围种种有教养的人的审美力，也可以解释悲剧与现实绝对分离的现象，而巴洛克式的美化悲剧性人物的形式只是这种分离的一个特别显著的特征。从 16 世纪人文主义角度来说，法国古典主义的文体分用绝不是单纯地摹仿古典风格；古典楷模已被超越，与千年来基督教的文体混用的民族传统彻底决裂；过分美化悲剧人物（我的荣誉）以及 370
极力推崇激情是违反基督教的。当时对这种戏剧持批判态度的神学家，尤其是尼科尔[*]和博絮埃，也曾明确指出过这一点。我们不妨听一听博絮埃写于 1694 年的《关于喜剧的格言和反思》中的几句话：

> 因而诗人的所有构思，诗人创作的最终目的，就是让我们像作品中的主人公一样迷恋上美丽的人物，让我们像对心上人一样为这些人物效劳；总之，要让我们为他们献出一切，或许荣誉不包括在内，因为爱荣誉比爱美更危险。（第 4 章第 1 段）

* 尼科尔（Pierre Nicole，1625－1695），法国天主教神学家和哲学家。——译者

这段话说得完全在理，起码从神学家的立场来看是如此。拉辛的悲剧所表现的爱的激情令人感动，虽然是悲剧性的结局，但它却引导听众赞叹和效仿一个如此伟大而高尚的命运；《费德尔》在这方面表现得尤为突出；虽然如人们常说的，并且拉辛本人也有这样的感觉，这出戏的确写了一个上帝未予眷顾的女基督徒，但总的看来，它的效力毫无疑问是非基督教的；任何一颗年轻而富有情感的心都会因赞叹她那巨大的、蔑视一切的、忘掉一切的激情而被征服。博絮埃关于“荣誉”的话同样十分贴切，但更为尖锐：这些话一语击中了被过分美化了的悲剧人物，用教会的话来说，这些人只不过是“徒有其表”。

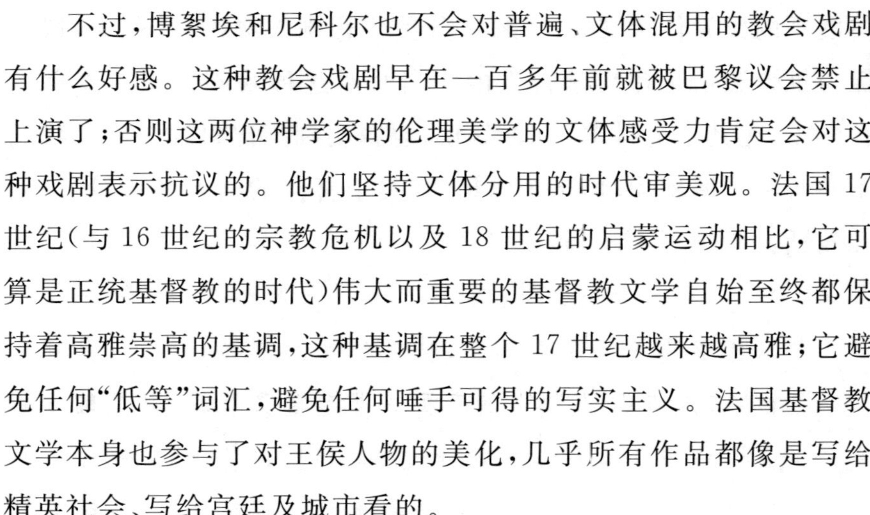

不过，博絮埃和尼科尔也不会对普遍、文体混用的教会戏剧有什么好感。这种教会戏剧早在一百多年前就被巴黎议会禁止上演了；否则这两位神学家的伦理美学的文体感受力肯定会对这种戏剧表示抗议的。他们坚持文体分用的时代审美观。法国 17 世纪(与 16 世纪的宗教危机以及 18 世纪的启蒙运动相比，它可算是正统基督教的时代)伟大而重要的基督教文学自始至终都保持着高雅崇高的基调，这种基调在整个 17 世纪越来越高雅；它避免任何“低等”词汇，避免任何唾手可得的写实主义。法国基督教文学本身也参与了对王侯人物的美化，几乎所有作品都像是写给精英社会、写给宫廷及城市看的。

我们知道，法国古典主义文体的威力在整个欧洲有多么巨大。直到很久以后，在条件完全改变以后，悲剧的严肃与日常的真实才又有可能重新会聚在一起。

第十六章　中断的晚餐 371

晚餐准备好了，我高兴地在桌前坐下。香烛放在我们中间，在亮光中，我仿佛看到，我心爱的人脸上、眼睛里流露出忧戚的神色。我的情绪也跟着冷落下来。我发现她凝视着我，表情不同寻常。尽管我觉得这是出于温柔缠绵的情感，却无法猜透究竟发自爱情还是出自怜悯。我也目不转睛地盯着她，从我的眼神里，她也许不难判断我的心境。我们既不想开口，也不想用餐。最后，我看到泪珠从她明亮的眼睛里流下来：负心的眼泪啊！

“啊！天哪！”我高声说道，“你哭啦，亲爱的玛侬！你这样伤心，却一个字也不对我讲。”她只是叹息几声，没作回答，这愈加使我不安。我颤抖地站起身，以发自爱情的急切心情，恳求她告诉我为什么流泪。我给她擦眼泪，自己的泪珠却止不住往下滚，心如死灰一般。我那种痛苦和担忧的样子，即使一个野蛮人见了也会心软。

正在我照料她的当儿，传来几个人上楼梯的脚步声。有人轻轻地敲门。玛侬吻了我一下，挣脱我的双臂，急忙跑到里间去，随手把门关上。我以为她由于泪痕未干，装束已乱，不便见外来的生客。

> 我刚把门打开，就有三个人扭住了我，我认出他们是我父亲的仆人……①

此段引文出自普列沃神甫的《玛依·列斯戈》。这部篇幅不大的小说首次发表于1731年，比伏尔泰的《英国书简》及孟德斯鸠论罗马的著作稍早一些。

书中出现的两个人物玛依和格里欧的骑士情况如下：骑士出身名门，年仅17岁，刚从学校毕业。几周前，在亚眠的邮驿站邂逅了小他几岁的玛依，玛依当时正要被送往一所修道院，于是骑士与她私奔到巴黎。在那里，他们尽情享受，过着世外桃源般的生活，直到钱快花光。在此情形下，玛依与一位富有的邻居、银行借贷商拉上了关系。这位富商向骑士的家人报了信。在将被强

372 行带走的当天早上，骑士偶然察觉了玛依与银行借贷商的关系，这使他大吃一惊。但纯真的信任和爱情还是占了上风，他为自己设想了一种善意的解释（即玛依通过银行借贷商的介绍，从自己的亲戚那里借到了钱，准备给他一个意外的惊喜）。晚上他回到家里，什么也没问，希望玛依主动开口讲此事。他满怀着期望和一丝不安的心情在桌旁坐下。由于整部小说是按骑士故事写的，所以他自己就是讲述此情此景的人。

这个场景生动紧张，结构几乎是舞台式的，颇具伤感情调。它可分为三段。第一段写两人默不作声的紧张气氛。他们坐在

---

① 摘自李玉民译《玛依·列斯戈》，见《法国中篇小说选（上）》，人民文学出版社，1988年，第289－290页。——译者

桌旁，中间隔着一支蜡烛，谁也不动，没有用餐，两人都暗自窥视着对方。骑士感到玛依心事重重，这很快动摇了他的好心情。他试图给自己解释她悲伤的原因，于是变得不安起来。但在这种不安中，对玛依心绪不佳的深情关注远远超过了对她的猜疑。他试图解释玛依感情的那种方式，他对玛依那含情脉脉的描写，甚至他以通晓事情经过的讲述者的身份在这儿以及后来顺口说出的责备之辞(负心的眼泪)，都流露出感人而纯真的爱情。从玛依略微波动的情绪中，可以设想她对即将到来的离别感到痛苦(因为她以自己的方式爱着他)，或许她有一丝懊悔，当然也有点害怕骑士可能知道她的不忠，因为她也发现，他和平时不一样了。在这无声的场景中，两位如此年轻、如此相依相连的人之间本能的接触表现得淋漓尽致，充满了感官性，尽管实际上并未谈及性感的东西；尽管他在追述久远的往事，回顾被人用卑鄙可笑的手段欺骗的近乎滑稽的情景，但他的描述仍然情意绵绵，充满深情(“判断我的心境”)。

玛依的泪水化解了沉默无语的紧张气氛，更加跌宕起伏的第二段随之开始。骑士不忍见她流泪。他带着疼爱的嗔怪逼问她，
玛依仅用叹息作答，这时他简直不知如何是好了。他颤抖着跳了 373
起来，他连声追问着，为她拭去眼泪时自己也哭了起来。他记忆中的这一场面也是严肃和充满情感的(“野蛮人见了也会心软”)。眼泪在18世纪的文学中开始具有重要意义。在此之前，它从未作为独立的主题出现过。眼泪介于心灵与感官的连接处，它的艺术效果被充分利用，尤其适于表现伤感而带有色情的刺激效果。表现这种魅力在当时是很流行的，尤其是从一位多愁善感、易堕

入情网的美丽女性的眼里滚落或流向两颊的滴滴泪水，更是越来越多地得到造型艺术和文学的青睐。于是涟涟珠玉被人们欣赏、品评。on les voit tomber des beaux yeux，好像眼泪是可以依据其数量进行评价似的。这段引文虽然没有出现“几滴泪水”(quelques larmes)这样的词语，但在其他文学作品中很常见。这是一个不死抠字眼便很难解读，但又能充分说明当时文体和情感状态的用语。该词一定是出自文人雅士。第一次注意到这个用语是在拉辛的《昂朵马格》一剧中。在昂朵马格为不幸早逝的亨利埃特一安妮·当蕾特夫人所致的献辞中，拉辛写道：“……我们终于知道了，您曾为我写的悲剧洒了几滴泪水。……”。在这几句献辞中，对数量的限定显示出侯爵夫人位高身尊，她能奉献“几滴”泪水，这已为拉辛的这出悲剧带来了莫大的荣耀。而到了18世纪，quelques larmes 则成了短暂的意乱情迷之时需要安慰的表示。痛哭、掉泪或暗自垂泪，这样的泪水是要由别人拭干的。

现在第三段开始。可以听见有人上楼来，有人敲门。玛侬急忙又吻了一下骑士，(这个吻令他多年之后仍难以忘怀)，接着从他的怀里挣脱，消失在另一个房间里。骑士现在还没有起疑心；玛侬“装束已乱”，不知是因她“未经打扮”就来吃晚饭，还是因为刚才那个悲痛的场面使她的外表受了些许影响，因此她不愿让陌生来客看到自己是再自然不过的事情了。骑士给来人开了门，来的是他父亲的仆人。他们抓住了他，爱情的世外桃源就此结束了。在这里，我们要对女人的装束不整(désordre)说上几句。18世纪，这一表达也比以前用得多。我们已经在《勃里塔尼古斯》的
374 一个场景中见过这个短语委婉、文雅的表达方式(她虽洗尽铅华，

却显得纯朴可爱，还带着睡梦中的娇软媚态）。现在人们需要并充分利用这样的主题。自摄政时期以来，对亲昵和性的描写及暗示就很流行。不仅在真正的色情文学中，而且在整个18世纪的文学作品中都有这类描写，如被扰乱的宁静，一阵风，跌跤，跨越或跳跃等，这种时候都能暴露女性身体的隐秘部位，或在整体上显示一种“诱人的放荡”。古典主义时期，在路易十四时代，即便在喜剧中也从未出现过此种色情描写。莫里哀的作品就从未有过下流色情的东西。而现在，性感和情感的男女之恋已融为一体，甚至在哲学和自然科学启蒙的名人轶事中，都有色情的成分。

在我们这段引文描述的整个过程中，亲昵行为使人想起中世纪末某些作品中描写的“家庭氛围”。不过，这段引文丝毫没有对后者至关重要的生理描写成分，更多的是平庸和卖俏的风雅。题材与描述远离生活深度。文章犹如这一时代技艺精湛的著名铜板雕刻师制作的插图，描绘出一幅镶嵌在漂亮镜框中生动的私生活画面，人们可以称之为“室内画”。在《玛依·列斯戈》及其他许多同时代或稍后出版的作品中，有许多这样的室内画。无懈可击的优雅，泪汪汪的伤感以及情爱和道德上的轻佻交织在一起，形成此类描写别具一格的混杂风格。爱情及家庭场景成为描述对象，有时以性为主，有时则以情为重，但无论何种场景，很少有根本不涉及其中之一的情况。人们一有机会就喜欢用缤纷的色彩和感人的口吻，用卖弄的细腻，对服饰、器物及室内装饰进行描写或暗示。这些作品根本谈不上严格的文体分用，来自社会各阶层的人物、商品交易以及当时文化习俗丰富多彩的画面都被编缀到情节中去。这些室内画同时也是“风俗画”。在《玛依·列斯戈》

中，金钱是常常出现的话题，有仆人、客栈、监狱，还有公职人员登场。剧院门前的场景通过对街道的说明被描写得详尽生动。此外，书中还写道，一艘运送娼妓去美洲的商船从我们身边驶过，显得非常真实。另一方面，作者又希望我们认真对待他讲述的故事，努力使故事具有最大限度的道德教化和悲剧意义。在道德教
375 化方面人们经常看到有关荣誉和品行的论述。即使骑士沦为赌棍、骗子，甚至以拉皮条为业，却从未放弃奢谈高尚情操，用道德权衡利弊的习惯。这种道德说教十分肤浅，令人难以信服，但作者显然是认真的。按照作者的观点，甚至玛侬的品行"原本"也是端正的，可惜她追求享乐胜于一切，这只是她的天性使然……《作者评论》写道：

> 她懂得贞洁的可贵，甚至赞美它。然而她还是做出了最丢脸的事情。她热烈地爱着格里欧骑士。但是对富裕生活的向往和出人头地的愿望使她背叛了对骑士的感情。她对财富的热爱远胜过对骑士的爱。作者在此应有何等高超的艺术表现手法才能吸引读者，并且使他们对这位堕落的姑娘所遭到的不幸表示同情啊！*

这是一种平庸的堕落。玛侬不具备任何伟大与尊严，然而作者似乎没有这种感觉。可以说，骑士在性爱方面毫无头脑，百依百顺，而玛侬几乎并无恶意的违反道德，具有某种典型性。正是

---

* 引文原文为法语。——译者

玛侬的浅薄平庸，也正是骑士这种独有的性格，才使这部篇幅不大的小说得以成名。但普列沃神甫却执意要把这两个人塑造成英雄人物，认为他们“原本”就是好人，与那些通常意义上的无赖小人有着天壤之别。当骑士看到自己当众出丑，所有的骗术被揭穿时，突然深感羞愧，这让他有理由相信，自己是一个与众不同的杰出人物，有比常人更深厚、更丰富的感情。显然，普列沃对格里欧在受到内心谴责时所发表的幼稚言论，是非常认真的。他作品中的主人公自始至终都表现得富有情感，激情满怀。“滚吧，你这个忤逆的儿子！”父亲朝骑士喊道；“再见了，冥顽不化的老头子！”儿子回敬道。这是当时颇为流行的伤感剧的格调。平庸的不道德行为源自其平庸的道德观，判断道德与否完全与性描写相连，与性爱的顺利或混乱相连，因此，对美德的描写也完全浸润于色情之中。如果没有一系列的色相感觉，这里所谓的美德是不可思议的，这两个相爱的人犹如儿戏般放任的堕落并不令人信服。作者试图通过对这种堕落的描写使读者产生愉悦感，这其实就是一种性刺激，这种性刺激总是带有伤感和道德的意味。作者滥用它 376
引起的温情制造了一种伤感的道德观。这种伤感和道德杂糅的现象在18世纪经常出现。狄德罗的道德观就建立在狂热的感伤主义之上，而感伤情绪中又具有性的成分，甚至在卢梭的作品中，人们也能感受到这一点。社会日益市民化，政治和经济形势在18世纪大部分时间里保持稳定。中等富裕阶层的生活已有了惯常的模式，生活安定，这一阶层的年轻人因而既无职业之忧，又无政治之虑；这一切都促进了在我们这段引文和许多类似作品中都能看到的道德和审美方式的形成。而当通行的社会秩序在世人面

前暴露出种种弊端时，当它摇摇欲坠，进而最终崩溃时，许多资产阶级的感伤情调被新兴的革命观念吸收，并一直保持到 19 世纪。

如此说来，我们这段引文呈现出一种写实与庄重杂糅相间的中等文体风格——这部小说的结局甚至是个悲剧。文体的混用令人赏心悦目，但它的组成要素，无论是写实还是悲剧的庄重，都有一种儿戏般的浅薄。写实的描述五彩缤纷，形形色色，生动而形象，其中不乏对最卑鄙的邪恶的描写，但语言表达始终温文尔雅，行文优美。作品中没有涉及任何问题，社会环境是一个既定的框架，被原封不动地照搬过来。

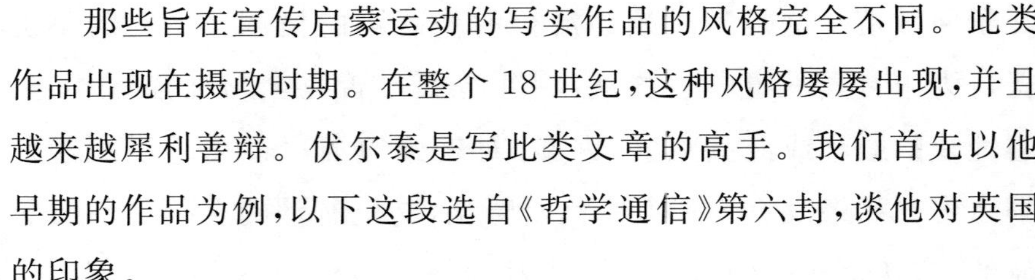

那些旨在宣传启蒙运动的写实作品的风格完全不同。此类作品出现在摄政时期。在整个 18 世纪，这种风格屡屡出现，并且越来越犀利善辩。伏尔泰是写此类文章的高手。我们首先以他早期的作品为例，以下这段选自《哲学通信》第六封，谈他对英国的印象。

> 进入比其他场所大得多的伦敦交易所，您能看到这里聚集了来自各国的“人类精英”的代表。在这里，犹太教徒、伊斯兰教徒和基督教徒友好相处，仿佛他们来自同一教派。他们只称那些破产的人为异教徒。在这里，长老会信徒信任浸礼派信徒，圣公会信徒会相信公谊会信徒的诺言。走出这一太平、自由的交易所之后，他们中间有些人会去犹太教堂，有
> 377 些人则去酒店小酌。有人以圣父的名义，通过耶稣圣灵受洗礼，有的让人给儿子割包皮，用希伯来语为孩子喃喃祈祷。另外一些人则去教堂，头戴高帽等待上帝赐予他们启示和灵

感。人人都心满意足，个个都随心所愿。*

作者并非有意用写实的手法描写伦敦交易所的场面。交易所内的情景我们只能略知一二。作者的意图更多的是为了表达某种思想。如果用最直白的话来说，意思就是："在个人利己主义驱动下的国际自由贸易活动对人类社会是有益的，它使人们联合起来从事共同的和平活动；而宗教信仰则是荒谬的，各种宗教都宣称自己是唯一正确的宗教，仅是宗教的五花八门及其毫无意义的教义和仪式就足以证明宗教的荒谬。但不管怎样，一国之内存在着多种不得不相互宽容的宗教，且不会造成大的危害，就可以将其视为无害的愚行。只是当它们彼此争斗或相互迫害时才祸患无穷。"不过，在对这一核心思想干巴巴的阐述中，有一种修辞手法我不能弃之不论，因为它早已包含在伏尔泰的构思之中，这就是令人惊异地把宗教与做生意加以对比，认为生意的实际地位和道德地位高于宗教。而作者把两者相提并论，好像它们处于同一个层次，是可按同样的观察视角进行评判的人类活动。这种手法不仅是一种大不敬，也是一种具体的对策，或者也可以说是在结构方式上所做的尝试，其中宗教仅凭这一对比就丧失了自身的精髓和价值，处于一种从一开始就显得十分荒唐可笑的位置。这是历代诡辩家和鼓动者成功运用的一种技巧，而伏尔泰则是精于此道的大师。正因为如此，当伏尔泰要展现生产活动的成就时，他既没有选择农场，也没有选择航运事务所或工厂企业，而是选

* 引文原文为法语。——译者

中了交易所，这里汇集着信仰不同、出身各异的人。

伏尔泰邀我们进入交易所的手法几乎是庄重的，作者称交易所是一个比王宫更值得尊重的场所，把到场者称作为人类谋利益的各国代表。接着，他详细介绍了交易所的来访者，先是观察他们在交易所内的活动，尔后又介绍了他们平时的私生活。在这个
378 过程中，作者两次强调了来访者不同的宗教信仰。只要这些人身在交易所内，宗教信仰的不同就毫无意义，它不影响交易，因此他才有机会巧妙地玩弄“infidèle”[异教徒]这一字眼。与争论不休的教徒聚会完全不同，交易所是和平自由的聚会场所。一旦离开此地，他们宗教信仰的分歧便显露无遗。刚才还是一个整体，仿佛是整个人类社会理想协作的象征，现在却分裂成许许多多互不相干、无法连接的断片。这一段的结尾对这一情形做了生动的描写：离开交易所的生意人各自散去，有的去了犹太教堂，有的去喝酒。二者句法上的同等处理表明两种打发时间的可能性具有同等价值。接着作者对三种不同教派的交易所来客作了刻画，他们是浸礼会信徒、犹太教徒和公谊会信徒。伏尔泰的描写强调每一类人的外部细节，这些细节完全不同，毫无联系，但每个细节都有各自的荒唐和可笑之处。这些提示并不是指犹太人或公谊会信徒真实的本质，也不是指他们各自信仰的基础和特殊形态，而是他们宗教仪式的外部现象，这在不谙此类宗教的人眼里尤其显得古怪和滑稽。这也是人们惯用的宣传手段的例子，与我们这个例子相比，这种手段当时用于更粗俗、更恶毒的文字中，我们可以称其为探照灯技法，就是在庞杂的事物中选取其一个侧面，对其聚光照明，把其他一切可以解释、引申和能够弥补被强调部分的东

西隐去不表。于是表面上陈述的是事实，所说的事无可置疑，但一切还是被歪曲了。因为真相须是整体的真相以及各个部分之间恰当的关系。读者，尤其是处于兴奋中的读者往往会中计，我们每个人都可以从最近的历史中找到足够的例子。这种伎俩在大多数情况下都很容易识破，只是在骚动的年代，民众和读者并不想认真追究此事。每当一种生活方式或社会制度已成颓势，或刚刚失去了民众的拥护和支持时，即使人们依稀感到煽动者的不实之词造成的不公诽谤，但仍会怀着施虐的快感接受它们。戈特弗里德·凯勒的中篇小说《塞尔德维拉的人们》讲述了一个不会笑的人的故事，对这种心态做了很好的描述。故事发生在瑞士的一次政治诽谤运动。当然，凯勒故事里讲的事情与我们所经历的 379
事情相比，犹如一条略显浑浊的清澈小溪对阵一片肮脏和血腥的海洋。凯勒以坦率和平静的口吻清晰地描述了事件的经过，不偏不倚，并没有想为那些不公正的做法开脱罪责，也没有把它当作一种更高形式的公理。不过，他似乎还是察觉到此类事件有其必然性，有时甚至是好事，因为“因一个不合法的理由或不真实的借口而导致国家发生变革，从而有了更多自由的情况远远不止一例”。凯勒是幸运的，他想象不出有哪一个国家的巨变没有带来更大的自由，而我们目睹的则与此相反。

伏尔泰以一个出人意料的转折收尾：人人都心满意足，个个都随心所愿。他以变魔术般的速度用三个精确的句子嘲讽了三种宗教或教派，而结尾的四句话也以同样的迅捷、惊人，诙谐地跃然纸上。这四句话意味深长，他们为什么都很满足？因为他们可以安生地做买卖赚钱，也可以继续不受干扰地从事宗教蠢行，既

不受人迫害，也不迫害别人。宽容万岁！宽容可以让每个人做自己的营生或消遣娱乐，无论这消遣是开怀畅饮，还是以任何一种荒谬可笑的方式敬神。

一开始就将解决问题的理想答案放在问题的提出之中，把可笑、荒谬或厌恶都放到对手身上加以浓墨重彩的描述的探照灯技巧，这是两种早在伏尔泰之前就已运用的写作方法。但伏尔泰有一种特定的、特别适合他自己的叙述方式。其独到之处首先在于他的行文节奏，在于对事态的发展所做出的快速、入木三分的概括和场景的迅速变换，把人们不习惯放在一起加以比较的事物出其不意地摆在一起：在这方面，伏尔泰几乎是举世无双，无与伦比。他的幽默诙谐大多隐含在这种速度之中。读一读他笔下妙趣横生的罗可可式小品，便会一目了然。比如下面这段：

当他来到吕泰斯附近的

夏朗德树林的一角，
发现了活泼可爱的玛丹小姐。
她步履轻盈，饰带将金发束成发辫，
透过短裙，白皙的纤腿在短裙中隐现。
罗贝尔走近她，惊羡那天使般的姿色，
她把手中大把的玫瑰和百合
分插进两只苹果形的花瓶里。
花瓶几乎将她遮掩，
红润的脸庞使花束也黯然失色。
年轻貌美的姑娘手挎一只篮子，

魅力十足地去市场出售黄油和鲜蛋。
罗贝尔先生目不转睛地望着她，激动万分，
跳下车来，真诚地拥抱她，
对她说："兜里有二十块大洋，
这是我的全部财产。
现在，我把我的心、
我的一切都献给您。"
"不胜荣幸。"玛丹回答道。*

这段引文选自一首晚期的叙事诗《取悦女人的妙诀》。骑士赞叹玛丹的美貌，对其印象的描写由远及近，层次分明。从中我们可以看出，该诗构思精巧细腻。诗的魅力主要在于节奏。若是描写拖沓，诗歌就失去了清新明快而变得平庸。节奏也决定了诗的机智和风趣。爱情的表白之所以滑稽风趣，正是因为开门见山，如此重大的事情，却寥寥数语，简短得惊人。与伏尔泰的所有作品一样，这里的节奏也是他哲学的一部分。伏尔泰在诗中用明快的节奏刻意挖掘他所理解的人类行为的根本动机，揭露其极端的物欲，而描写又不流于粗俗。在这个表现爱情的场景中，没有任何崇高和精神层面的东西，有的只是渴求肉欲和谋求利益。表达爱慕之情时，一开口便直言不讳地提到男欢女爱中的金钱交易问题，而描写却仍然显得优雅可爱、热情洋溢。谁都知道，就连罗贝尔和玛丹也十分清楚，"现在，我把我的心，我的一切都献给您"

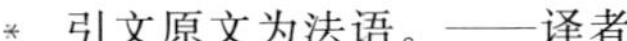

* 引文原文为法语。——译者

这句话只不过是希望得到片刻性欲满足的文雅表达方式。尽管如此，这些表达方式仍不失伏尔泰及其时代从古典主义（这里主要指拉封丹）那里继承下来的语言魅力与优雅，现在，伏尔泰用它们为说明和揭露物质主义服务。内容不同了，但古典主义的清新
381 明了和赏心悦目的风格没有变，它体现在每个字、每个短语以及每个语言节奏的运作之中。伏尔泰的独特风格是节奏迅捷，尽管他的描述大胆放肆，道德方面无所顾忌，尽管他运用了出其不意的修辞技巧，但这种快节奏却从未失去美学上的清纯。伏尔泰完全摆脱了半遮半掩的色情描写，由此也摆脱了我们以《玛侬·列斯戈》为例所试图分析的些许感伤主义。他那具有教育意义的揭露从不显得粗俗和笨拙，相反，他的文笔轻快，富有活力，赏心悦目。他的作品中没有那种文理不清，既破坏清晰的思维，又伤害纯真感情的风格。这种激情出现在 18 世纪下半叶的启蒙作品及革命文学中，19 世纪受到浪漫主义的影响得以发扬光大，到了近代则愈加泛滥。

与明快节奏相关的另一个写作手法是将一切问题简单化，这种手法大多作为宣传手段而被广泛运用。在伏尔泰的作品中，明快的节奏，甚至可以说是迅捷这一手法的用意是要把问题简单化。作者几乎每次都把存在的问题归结为一个互为反衬的对立结构。在令人眩晕、风趣而快速的叙述中（在此过程中，黑与白、理论与实践等均简单明了地成对峙之势）揭示矛盾对立的存在，从而将问题简单化。在我们关于伦敦交易所的引文中，可以看到这一手法的运用。作者果断、有倾向性地将生意与宗教这一对立的矛盾（一方是有用的，促进人们相互协作的矛盾，另一方是无用

的，使人们彼此分离的矛盾）作为存在的问题简单地展示在一个生动的画面上。此外，这段引文也以同样的手法简化了宽容与不容忍的对立。上面那个爱情小品中尽管谈不上有什么问题，却把事件的核心引向了一个简单明了的对立形态：快感与交易。我们还想再看一个例子。小说《老实人》[*]抨击了莱布尼茨所谓完美世界的形而上学乐观主义思想。莱布尼茨认为世界可谓尽善尽美。在小说的第八章，死里逃生的居内贡德小姐开始讲述自己自老实人被父亲逐出王宫后的遭遇：

> “他们把我父亲和哥哥抹了脖子，把我母亲割做几块。382
> 一个高大的保加利亚人，身长六尺，看我为了父母的惨死昏迷了，就把我强奸；这一下我可醒了，立刻神志清楚，大叫大嚷，拼命挣扎，口咬，手抓，恨不得挖掉那保加利亚高个子的眼睛；我不知道我父亲宫堡中发生的事原是常有的。那蛮子往我左腋下戳了一刀，至今还留着疤。”天真的老实人道：“哎哟！我倒很想瞧瞧这疤呢。”居内贡德回答：“等会给你瞧。先让我讲下去。”——“好，讲下去罢，”老实人说。“你会看到的，”居内贡德答道，“不过让我再接着讲。”“对，接着往下讲，”老实人说道。[**]

---

* 即1759年发表的《老实人或乐观主义》，这是伏尔泰最出色的哲理小说。——译者

** 伏尔泰：《老实人》，摘自傅雷中译本，见《法国中篇小说选（上）》，人民文学出版社，1988年，第190页。——译者

这些骇人的事件显得滑稽可笑，因为它们此起彼伏，厄运不断，被描写成上帝的安排，是普通常见的事，因此事件的恐怖程度与受害者的意愿形成喜剧性的对比。此外，结尾还插入一个有色情意味的噱头，把一个问题简化为明显的两个对立面，使它变成轶闻趣事，加之令人目不暇接的节奏，这些都成为整部小说的特点。厄运一个个接踵而来，还一再说厄运是必要、妥当和合理的，是与尽善尽美的世界相符的，这显然是荒谬的。于是，冷静的思考在笑声中被抛弃，被逗笑的读者从未察觉或难以察觉伏尔泰完全是在否定莱布尼茨的观点及其一切形而上学的世界大同思想。尤其像伏尔泰这样的消遣作品所拥有的读者，比他的哲学论敌们那些艰涩、非煞费苦心而不能读懂的作品的读者要多得多，甚至连大多数当代读者几乎都没有看出，伏尔泰构想的现实世界与一般生活经验完全不符，它只是因论战需要而臆造的。即使他们意识到这一点，也不以为然。老实人及其同伙频频遭遇灾祸，这样的频率在实际经验中是不可能看到的。从朗朗乾坤滚滚而降、莫名而混乱的灾厄，平白无故地使无辜、毫无防备的人们受难，这种情况也不会出现。这倒不禁使人想起滑稽戏或马戏团丑角的倒运和背时。除厄运超量堆积，大多数情况下与受害人没有任何内在联系的事实之外，伏尔泰还通过极度简化诱发事件的原因而伪造现实。在他为启蒙主义作宣传的写实作品中，所呈现的导致人
383 们各色命运的成因，通常是自然现象或偶然事件，如果涉及人的行为，则是人的本能、恶意，尤其是人的愚昧。伏尔泰从不探究人的命运、信仰及其活动产生的历史条件。这里指的不仅是个人的历史，而且也包括国家、宗教和整个人类社会的历史。如果说，在

我们所举的第一个例子（伦敦交易所）中，浸礼会、犹太教或公谊会是荒谬、愚蠢和偶然的话，那么，《老实人》中的出征队、招募、宗教迫害、贵族或教士的观点也同样是荒谬、愚蠢和偶然的。伏尔泰想当然地假设，凡是聪明人都不相信这些事件有一个内在规律，都不相信这些观点有其内在的合理性。他还说，从个人历史的角度看，任何人都可能遭遇与自然规律一样的命运，这是不争的事实。然而，他却丝毫没有考虑性格可能与命运有联系。有时伏尔泰喜欢罗列只能从自然现象的角度理解的一个个原因，而对道德或个人历史方面的原因却避而不谈。我们不妨读一读《老实人》第 4 章邦葛罗斯谈他如何染上梅毒的一段：

> ……咱们庄严的男爵夫人有个俊俏的侍女，叫做巴该德，你不是认识的吗？我在她怀中尝到的乐趣，赛过登天一般；乐趣产生的苦难却像堕入地狱一样，使我浑身上下受着毒刑。巴该德也害着这个病，说不定已经死了。巴该德的那件礼物，是一个方济各会神甫送的；他非常博学，把源流考证出来了：他的病是得之于一个老伯爵夫人，老伯爵夫人得之于一个骑兵上尉，骑兵上尉得之于一个侯爵夫人，侯爵夫人得之于一个侍从，侍从得之于一个耶稣会神甫，耶稣会神甫当修士的时候，直接得之于哥伦布的一个同伴……*

* 伏尔泰：《老实人》，摘自傅雷中译本，见《法国中篇小说选（上）》，人民文学出版社，1988 年，第 181－182 页。译文略有改动。——译者

这段描写只谈到事情发生的自然根源，在道德层面也只对神职人员（也包括他们的同性恋）的伤风败俗进行了讥讽，诙谐迅捷的描述，忽略和掩盖了催生这些性爱关系中所有个人生涯中的细枝末节，却又暗示了一种对事件发展的因果关系的特殊观念，这就是排斥道德自然本能而做出举动的个体因素，又消除了个体的特性和导致某种行为的特殊的内在与外在的原因。不过伏尔泰
384 很少像在我们这段引文以及《老实人》中走得这样远；总体而言，他是一位道德主义者，尤其在历史题材的作品中，也可以看到明确突出某些个性特征的人物形象。但他始终倾向于简化，其简化方式始终以健康、实用、具有启蒙时代的理性作为判断事物的唯一标准，这种理性是他生活的那个时代，而且是在他的协助下逐渐形成的。他只认真考虑物质和自然条件，而轻视并忽略历史和心理条件对人们生活的影响。这与启蒙时代占主导地位的积极与勇敢的思想观念有关。启蒙主义认为，人类社会应该摆脱一切违背理性进步的重负。显然这样的重负是指宗教、政治及经济现状，它们的形成是历史的，非理性的，是违背一切清醒理性的，是乱麻一团。不应该理解这样的现实并为其辩解，而应该对其进行揭露，这才是必要的。

伏尔泰再现的现实是为其本人的目标服务的。毋庸置疑，他的许多作品所涉及的日常现实丰富多彩，生动活泼。但这个现实并不完整，被有意简化，因此，虽然作品有着严肃的教育意图，却仍然显得轻率而浅薄。从文体高度来看，在启蒙时代的作品中占据主导地位的思想虽不如伏尔泰所表达的那么俏皮诙谐，但人的地位已有所降低；18 世纪以来，古典主义英雄人物被悲剧性拔高

的现象已经消失，甚至在伏尔泰的作品里，悲剧也都变得更为纷繁多彩，充满情趣，悲剧已失去了其主流地位；相反，中等文体的文学形式，如小说和叙事诗却蓬勃发展。此时，在悲剧与喜剧之间又多了一种感伤剧。时代对崇高失去了兴趣，现在需要的是优雅风趣、丰富且理性的情感和有益的东西，而这一切大多是用中等文体来表现的。就文体而言，《玛侬・列斯戈》的性感及情感描写与伏尔泰宣传启蒙主义的作品都属于中等文体。两部作品中出现的人物都不是脱离日常生活的英雄，而是置身于自己的中产阶级生活环境，依赖这一环境并在外表及内心上均被环境所左右 385
的人物。不可否认，这样的作品具有某些严肃的内容，而且伏尔泰作品所反映的思想也极为严肃，因此我们应当认识到，这样的作品与古典主义文学作品不同，又是一种杂糅的文体风格。不过，无论在反映日常现实方面，还是在严肃性方面，它都做得很不够，不够深入。因为写实的作品赏心悦目，始终受到追捧，所以文体混用在这一点上继承了古典主义的审美传统。它不愿探究人类悲剧的根源，避免纠缠历史事件；无论作品中的现实如何丰富多彩，充满情趣，但始终是一种泡影。在伏尔泰的作品中，那些只为启蒙思想服务的现实主义美景和幻象，发展成为这样一门艺术，以至于伏尔泰自己能够把他生命最后几年出现的衰老和生命终点的生物表象，当作一篇通俗哲学思考所做的风趣且亲切的序来使用。在这方面我要举一个例子，这是莱奥・施皮策曾分析过的例子（详见《罗曼语文体与文学研究》，马尔堡，1931 年，第 2 卷，第 238 - 240 页）。这个例子讲的是，当雕塑家皮加尔回到费尔内给主教制作半身胸像时，那位七十六岁、骨瘦如柴的主教正戴着尽

人皆知的干瘪面具给内克夫人*写信。信是这样写的：

> 致内克夫人
>
> 亲爱的内克夫人：
>
> 您好！每当村里的人们看到皮加尔展示他的艺术才华时，就会说："我们一定要仔细欣赏他的才华，这是很有趣的。"是这样的，夫人。您知道，所有的娱乐节目都能使人快乐，因此，我们常去看木偶戏，看圣一让灯塔，去巴黎歌剧院听歌剧，去做大弥散，也去参加葬礼。我的雕像将令哲学家们喜欢，也令伪君子和放荡者皱眉头，因为这对他们来说是一幅万物皆空图！**
>
> 但我的一切不是虚假的，我对朋友、尤其是对夫人您的感激之情毫无虚情假意。
>
> 请代我向内克先生致以亲切的问候！
>
> 1770 年 6 月 19 日于费尔内***

我提请读者注意施皮策那十分精辟的分析。他把这封信的每个表达语气都分析和解释得头头是道。我只想作一些补充，或者说，对这里指出的文体问题的特点作一简要说明。写这封信的契机，即写实性的逸闻趣事是虚构的，或者至少是为此目的根据

---

* 内克夫人(1739－1794)，银行家，路易十六时期的财政大臣雅克·内克之妻，所主持的沙龙为各界要人聚会之地。——译者

** 欧洲的一种表现万物皆空，画有头骨的静物画。——译者

*** 引文原文为法语。——译者

一件事改编的。1770 年的农民对病理解剖的了解并不比对雕塑的了解更多。皮加尔是何许人也，对此肯定有不少传言。对农民来说，给这位几十年来生活在他们中间的主教制作雕像肯定要比对一个刚刚去世的人进行解剖的想法简单得多。当然，不能完全排除这番话是农民当中某个没有多少文化、爱说俏皮话的人说 386
的。但我觉得，大多数遇到此类问题的人都会觉得，这个说俏皮话的人更可能就是伏尔泰本人。也许像我猜测的那样，是他自己装作一个说俏皮话的人，也许某种偶然的机遇也起了一些作用。总而言之，这里所说的是一种罕见的、过分尖锐和虚假的现实。这个现实首先而且只是用来说明伏尔泰津津乐道的东西：用亲切优美的语言表达的世俗哲理。这是个生动传神的例子。范例中作者用勇敢的启蒙精神将凡俗与神圣潇洒地混为一体；嘲讽自己的名望，挑衅般地影射敌人，将一切都归结为贤明这一根本主题，最后用虚情假意一词结束这封信。这个词充分展现了这位亲切和蔼、精神矍铄的老人以及整个深受他影响的 18 世纪的迷人风采。正如施皮策所言，以上这一切构成了一幅独一无二的图像，一张开明的洛可可明信片。更为独特的是，这组由人生哲理和感人肺腑的精神构成的画像此处与一则轶事相关，它让人想起年迈体衰、行将入木的身躯的生物性。而伏尔泰在处理这种题材时仍能做到风趣诙谐、令人愉悦，更显出其不同凡响。在这段引文中，可以看到许多东西并存：虚构的现实极不自然；完美的人际关系中语言热情洋溢，但又不失矜持；面对自己生命时的草率。因为他不想让自己抑郁伤感的情绪影响他人，这种草率又是一种高尚的爱心和伟大启蒙者的道德风范。这种道德风范可以用生命最

后的力量，饶有风趣且令人愉悦地表达一个见解。

我希望普列沃和伏尔泰作品的例子可以说明具有独特魅力而又极为肤浅的中等文体的所有基本特点。路易十四时代，现实和严肃这两种题材是严格分开的，而自 18 世纪以来二者又趋于融合。有些情况在分析后面的文章时一经比较便会更加明了。我现在还要谈一种文学类型，其特点是，现实性与严肃的观察视
387 角紧密相连。因此，在 17 世纪的法国，这类文学作品无需遵循文体分用的美学原则。这就是回忆录和日记。文艺复兴以来，在欧洲多个国家出现了此类引人入胜、有艺术价值的作品。17、18 世纪的君主专政时期，特别是在法国及深受其影响的国家，此类书籍的作者几乎清一色来自宫廷，很多人都出身于王公贵族家庭。作品的内容涉及政治、宫廷内部的尔虞我诈及最高统治阶层的生活。值得注意的是(参见圣伯夫的《月曜日丛谈》第 15 章第 425 页)，法国最有才华、风格最为独特、最著名的回忆录作家中，没有一位生活在路易十四统治时期，他们要么是路易十四前朝之人，如莱茨、拉罗什福科、塔尔芒·雷沃等人，要么是其后朝之人。在路易十四统治时期，以国王名字为代表的审美观占有绝对统治地位，道德主义转向普通的表现形式和内容，避免真实地再现当时的某些事件。不过，法国的回忆录文学在它的影响下此前早已存在。我们之所以在谈到 18 世纪上半叶的文学时才涉及回忆录，因为我们觉得，把回忆录文学中非常重要的作家路易·德·圣西门公爵划归在 18 世纪，比划归在 17 世纪作家中进行介绍更为合适。他生于 1675 年，1691 年进入宫廷供职。他很早，据他自己说是在 1694 年 7 月十九岁时，就开始记录他在日常生活中的所见

见闻，但真正动笔撰写回忆录却是很久以后的事。1723 年摄政王去世，圣西门离开宫廷隐居生活，这时他才开始撰写回忆录，并在此后三十二年的岁月里笔耕不辍。人们偶尔可以看到一些影射三四十年代的事件。这说明，作者 18 世纪中叶就已经开始撰写回忆录了；例如在 1700 年的回忆录中，圣西门谈到了普鲁士王国的建立，还提及了在短时间内先后发生的两件事，一是弗里德里希·威廉一世去世，一是其继任者登基。这表明，这两件事是圣西门于 1740 年 5 月过后不久记述的。大作家全集校勘本的出版者确信，《回忆录》是 1739 年到 1749 年之间完成的（根据《回忆 388
录》出版记录，第 41 卷第 442－444 页）。从时间上看，这部作品无疑应属于 18 世纪。困难的是如何将公爵的内心世界及其思想变化过程进行归类，因为此人没有可比性。对他的作品只需稍作了解便可看出，他的写作方式及其思想观点无论如何都不符合路易十四时代的标准。圣西门的写作方式不拘形式，不追求古典文学的和谐，与那几十年间盛行的远离现实、只求艺术的风气毫无共同之处。如果有什么能与之比较的话，它最多让人想起 17 世纪初的早期古典主义散文。就其思想观念而言，圣西门坚决反对集权专制主义，希望王国有一部等级制宪法，并期待获得更多的等级自由，尤其盼望上层贵族成为领导阶层。在宗教问题上，圣西门极为虔诚，可以肯定地说，他的虔诚是发自内心、没有偏见的。他反对以任何形式迫害和压制宗教信仰。他心目中的理想国是路易十三统治时期。毫无疑问，这是他对未来的一种误解，因为在路易十三时代，黎塞留已经建立了完整的专制制度，奠定了打击贵族的政治基础。让圣西门此时产生错觉的是他的家庭背景。

他出生时已年近七旬的父亲年轻时颇受路易十三重用，被国王封为公爵。圣西门是一位反专制主义者，如果说他的作品中涉及了上层贵族的尊严与作用（ducs et pairs）的话，那也是其观点偶尔会时空错位，有些躁狂症的味道。尽管如此，政治上他仍具有正常人的思维、正确的洞察力和敏锐的头脑。人们不应该忘记，在路易十四执政的后几十年间，宫廷中的几位重臣组成反对派，试图恢复过去的等级制度。人们把他们，尤其是那些官复原职的上层贵族，视作反对专制主义及其工具——国王的那些大臣，地道的奴才们——的强有力的推手。这种意图与务实、相对自由的和解政策，与内部管理、财政制度和宗教关系改革规划相结合。我们可以说，宫中反对派的这些主张是宗法等级制和自由主义的，它
389 的影响也反映在孟德斯鸠身上。圣西门与这些反对派交往密切，其中最重要的人物都是他的朋友；他支持他们的很多主张，圣西门的政治思想中既有路易十四以前的反动思潮，又有 18 世纪方兴未艾的自由主义思想。政治上他与路易十四毫无共同之处。从青年时代起，圣西门就是奥尔良公爵的朋友。路易十四死后，公爵摄政，圣西门作为摄政委员会的议员有着举足轻重的影响，不过他并不善于施加影响。显然，他不是一位政治家，他太清高，太正直，太热情，也太容易激动。也许宫廷生活和私下从事的创作活动使他完全丧失了参与实际政治生活的能力。即使此时，他也与时代格格不入。他既不愿参与，也不愿学习轻松时尚的赌博游戏。但这毕竟是 1694 年至 1723 年几十年间的事。圣西门先是在路易十四统治时期秘密从事反对专制主义活动，后来又参与奥尔良公爵的摄政，在此期间他的才华得以发挥；在他随后几十

年撰写的《回忆录》中，主要记述了这几十年间发生的事情。综上所述，我认为将他列入 18 世纪初期的人物最为合适。我们可以把圣西门看作启蒙运动初期一位具有贵族身份及自由主义改革思想、反对专制主义的特殊人物。

有关圣西门这位作家的特点及其写作风格已有多部论著。我认为，泰纳一篇论文的第四段对其作了恰如其分的评价。此段首先对 17 世纪作了综述，文字非常优美，但不全面，也未抓住要害（见《历史与批评文集》第 1 卷，第 188－190 页）。不过，评论家众口一词地称赞圣西门笔下栩栩如生的人物，与之相比，以往回忆录中即便是最成功、最著名的人物形象也黯然失色。在欧洲文学中，仅有极少数作家能够给读者展现如此众多人物的画卷，而且每个人物既有其独特性，又不失其完整性，每个人的生活都被交代得一清二楚，明明白白。圣西门并不杜撰虚构，他使用的是生活为他提供的任意的、未经挑选的素材，我们可以称之为日常生活素材，尽管这些素材仅仅来源于法国宫廷。书中所涉及的场 390
面恢宏，人物涉及三教九流，形象丰满生动。圣西门不诋毁任何事，也不蔑视任何人；写作成了他的嗜好，见什么写什么。这就给我们提出了问题，为分析他的写作风格找到了一个切入点。不过我们对他的分析还是建立在对范文的阐释上。在如此众多的材料中选出一篇合适的范文当然不容易，我们还是从较为浅显的文章谈起。

1711 年 4 月的一个夜晚，宫中被称为殿下或王储的路易十四唯一合法的儿子在他的默顿宫死于天花。而那天下午宫中还传说他的病情有所好转，凡尔赛宫的人们都以为危险已然过去，夜

里却传来他生命垂危的消息，宫中顿时大乱，谁都没有睡意，男男女女大都还穿着睡衣就从各自的房间跑了出来，他们聚集在临终者的两个儿子，勃艮第和贝里公爵及其夫人的身边。勃艮第公爵夫人离开了片刻，前去迎接从默顿宫乘车回来的国王，很快便带来了王储的死讯。许多人在突如其来的噩耗面前不知所措，他们的表情举止反映出各式各样的内心活动，这真是一个重要且难得的壮观场面。由于事情发生在夜里，也由于事发突然，这个场面显得更富有戏剧性。圣西门本来情绪亢奋，出于良知和礼节，他尽量控制着自己的情绪。为了法国，为了朋友，同时也为了自己，圣西门把王储的辞世看作是一个机遇，他尽情地享受着这一机遇，为撰写回忆录从中收集了大量的场景、人物、个人观察和分析的素材。此时此刻，矛盾和混乱层出不穷，震惊、绝望、慌乱、尴尬、窃喜等情绪兼而有之，死者的威严与荒诞的细节同时并存，所有这一切在他的回忆录中都得到了充分的体现。我们想从一个长达数页的叙述中节选一小段加以分析。这段描写的是国王的嫂子、奥尔良公爵的未亡人伊丽莎白·夏洛特，就是那位曾因写了好几封信而闻名的普法尔茨女人。圣西门描述了哭作一团的年轻王子和公主，也描写了那位悉心照料王子和公主、从容而精心地管理着公国事务的博维利埃公爵。他接下来写道（第 21 卷 35 页）：

> 又是身着庄重礼服的夫人喊叫着走了过来，她根本不知
> 391 道出了什么事就哭了起来，惹得在场的人也都跟着落泪。她
> 一个个地拥抱在场的人，使得宫中上下又一次哭声一片。深

更半夜，一位公主身着庄重的礼服跑过来，在一群未经修饰的女人中间嚎啕大哭，这一罕见的场面看起来就像一个化装舞会。

这个句子由四个并列成分构成，动词用的是过去时（arriva，inonda，fit retentir，et foournit）。前三个句子表现了一个连续动作，第四个句子则是一个长长的、对这个动作的总结性阐释。它强调了动作的意图与效果之间的矛盾，不过前面几个句子成分中已经包括了这层意思。句子以"又是身着庄重礼服的夫人"开始，人们期待着庄严、肃穆的状况发生，但"哭喊着走了过来"这几个字却给这种期待泼了一盆凉水。接下来是一个分词结构（ne sarhant），后面的句子成分里用的是 *inonda* …，及 *fit retentir* …。从句法上看，这组流畅的并列句中没有一个对比或限定，但句子的含义却完全相反。夫人既没有恰当的理由精心打扮，又没有理由号啕大哭；为号啕大哭而精心打扮是可笑的，再说她也没有理由哭号，因为王储及其左右与她本人及儿子的利益相左，这两派人物之间也毫无友谊可言。再者，她的行为方式反映出她矛盾的性格：她举止失态，情绪激动，号啕大哭表现出她的善意。此时此刻她忘却了一切个人恩怨，心中只有对噩耗的震惊和对丧家的同情。同时，她的举止也略显出德国式的呆板。在与公爵共同生活了几十年之后，她的感情表达方式与法国宫廷要求她作为王室成员应有的庄重体面仍相距甚远。尽管她的震惊是真诚的，悲痛是发自内心的，但她在进宫之前却穿了一套华丽的服装。所有这些描写都是对圣西门在书中另一处对这位公爵夫人介绍的绝妙补

充：她曾当着宫中上下人的面给了儿子一记耳光，因为儿子违背她的意愿，也违背了自己的意愿，同意与路易王的一位私生女结婚。在宫中她为人处世既刻板又孤傲，令人生厌。她曾愚蠢而鲁莽地与德·梅特侬夫人作对，结果使自己蒙羞。这些都极其符合
392 圣西门在她去世时对其所做的盖棺论定（第 41 卷 117 页）：

> 她强壮、勇敢，是个地地道道的德国人。她坦率、正直、善良、乐善好施，总之是个举止高雅的人。但谁要是得罪了她，她的心胸又极为狭窄。她离群索居，只在短暂的觐见时露面；平日里只与宫女们待在一起；她严厉、粗暴，反驳时伶牙俐齿，有时发起脾气来凶悍可怕，不管对谁都是如此。她不招人喜欢，虽然不乏才智，却不动脑筋；她不温柔，好嫉妒，正如人们所说，一旦涉及个人利益，她就会为一点小事大吵大闹。她有着瑞士男人的身材和粗鲁，却也能与人建立柔情脉脉、不容侵犯的友谊。

这段引文中词藻杂乱的堆砌、重复，句法上多处简略。从中可以看出，圣西门并不总是使用长句，或者说，他很少使用像描述公爵夫人夜间出场那样听起来冗长且规律平和的句子。他的构句视内容的需要而变换。圣西门自己曾说，被素材所吸引，适当注意使其还原于生活，以便作出很好的解释（41 卷 335 页）。在那场夜戏中，虽然对公爵夫人风风火火出场的回忆让他兴致勃发，却又不乏批判性的分析和对荒诞的渲染，二者均已融入那些激情洋溢的语句中。无论对公爵夫人那个夜晚表现的描述与对奥尔

良公爵夫人的定论存在多大差异，两篇文章仍有许多共同之处，其主要表现是情节简练、内容过繁。对人物和场景思如潮涌、充满细节的回忆，让这位撰写回忆录的圣西门公爵感到自己的笔几乎跟不上。显然圣西门完全相信，对整个回忆录来说，他所能记忆起的一切都是不可或缺的，并能将它们全部安插进去，而无需事先考虑取舍。他不是和风细雨地先把公爵夫人的出场讲完，然后再另起一段说明，第一，她没有理由悲伤；第二，此时此刻身着隆重的礼服也很不得体。这本来是两件并不相干的事情，但由于在回忆突然到来的公爵夫人时，它们同时浮现在他的脑海中，思绪万千的作者担心，如果按部就班地讲述，把某些事件推到以后再说，就会被忘掉，被记忆中出现的新画面、新想法排挤掉，因此 393
必须立刻把这些都塞进来；可这样一来，反倒化拙为巧了。作者发现，可以把这两件事放到一起讲述，因为两者都是举止不当，都是非理性的本能行为，都同样生动感人，因为它们充分展示了公爵夫人的性格。于是文章就成了现在的样子，前后关系不协调，却因此更令人信服，例如，“她根本不知道出了什么事就哭了起来”。这些穿插着各种内容、过于简略的句子就这样被疾笔而书，一挥而就。在圣西门的著作中，这种句子比比皆是，并且几乎全都是两种意思的组合，比如在提到哈尔雷院长时，他写道：“与他的交往总是令人拘束。”当提及德·诺瓦耶公爵时，他写道：“此人无所不知，言无不尽，满腹经纶，不过颇为肤浅……。”更有逻辑荒谬、意思却非常明确的句子，如“……为了让所有的人知道该如何行事，为了成为一个真正的（于尔森夫人）”；或“……此人有着多重性格，他本人比他所失去的声誉，比按照国王的楷模流芳百世

的声誉要可靠……”(写的是内廷大臣维拉尔,接下去也是一个典型的压缩句)。这种笔锋匆匆、一挥而就的情况也表现在作者刻画公爵夫人时历数她的性格特点方面。显然,圣西门没有事先对她的各种性格做一番归纳,甚至没有片刻宁静以避免在思想、用词和语调上的重复表达。有两个句子都以 elle étail 开始,这种表达方式后来他再也没有使用过。之所以这样做,只因时间仓促。他两次使用 au dernier point 这个表达方式,却产生了意想不到的修辞效果。他把两个极短的形容词(dure, rude)与一个长达九个音节的副词相连,接着又使用了一个新的、详细解释原因的(十四个音节)形容词,形容词后又加上一个与其结构完全不同,很短且不连贯的四个音节的 et sur quiconque;从下一个句子开始,他干脆一个接一个地堆砌名词。纵观整段内容,最让我惊奇的是结尾部分。我真的不清楚,评头论足止于何处,议论品行又始于何处;我也不明白,为什么在表达最令人信服,因其内心真诚而十分感人的矛盾时,圣西门找不到其他承前启后的连词,有那么多用语可供他选择,可他却偏偏忘不了“此外”(avec cela)这么一个毫无表现力的词,这是每个阅读圣西门作品的人都知道的。“她有着瑞士男人的身材和粗鲁……”,怎么能用这样的句子纪念一位女性啊!

以上这些情况让我们注意到,这两篇文章以及圣西门所有作品的另外一个特点:圣西门很少关注句子结构的条理,也不在乎
394 文章的内容是否谐调。他没有按照某种道德或美学规则,按照美与丑、贤与恶、肉体与灵魂的固定观念安排他的素材,而是把脑海中浮现的一切都依照原样写进一个个句子。圣西门确信,整体感

和清晰度会自然而然地呈现，因为他对所描写的人物有着总体印象，对所描述的特殊场景早已成竹在胸！在“有着瑞士男人的身材和粗鲁”(la figure et le rustre d'un Suisse)这句话里，粗鲁(rustre)一词已从对身体的描写演变成对品行的描写，并与后面的柔情脉脉、不容侵犯的友谊相连，其他类似的或更为严重的情况在他的作品中俯拾皆是。如在谈到王子殿下时，圣西门写道：“这位王子肥硕丰腴、令人敬畏，显出少有的矜持。”他对勃艮第公爵夫人曾作过精彩的描写。圣西门本人和所有认识公爵夫人的人都认为她很迷人。描写是这样开始的：“那是一张的确丑陋……从厚厚的嘴唇吐出的话尖酸刻薄……。”人们也许会以为，圣西门先写丑，然后再写美，或许瞬间他也有过这样的打算，却没有按自己本意做下去。在描写了“那两只会说话、世上最美丽的眼睛”之后……他接着写道：“嘴里没剩几颗牙齿，所有的牙都坏了，而她老是张着没牙的嘴巴开口说话，寻开心……。”接下来圣西门描写道：“胸部扁平，但值得赞赏的是脖子很长，上面长着一个甲状腺囊肿，其实对她来说并不显得难看……她个子很高，身材丰满，双肩瘦削，举止大方，五官端正，步履有如天仙，着实招人喜欢”(第22卷第280页)。这还不够，在谈到内廷大臣维拉尔时，圣西门写道：“他的个子很高，肤色黝黑，身材魁梧，上了年纪以后身体发福，但思维并不迟钝。他面部表情生动活泼，有着发自内心的坦诚，但有些疯癫。”谁会想到结尾是这样！对普鲁斯特以赞叹之情引用的段落及许多类似之处，人们不应按我们今天的文学认识水平去评论。今天，就连天分不高的记者，甚至广告词的作者都会把意想不到的东西加以组合。但人们应该从法国古典主义及后

古典主义道德美学的角度进行评论,对于什么可以组合,什么不
395 可以组合,早已有约定俗成的范畴,这是可能性与规范性的范畴,不允许有稍许偏离。了解这些情况之后,才能对圣西门的感受及其独特、无与伦比的表达方式给予肯定。

不按古典主义的和谐规则进行描述,却能从难以表述的真实中形成个人的和谐,要做到这一点,最重要的就是不断地把肉体和道德、外表和内在特征掺合在一起。描写一个人的外部特征,就能看出此人的性格特征,而对人物内心特征的描述也总少不了感性的表现形式,这两者常常在一句话或一幅画面上互相融合。我们上文分析过的那句“有着瑞士男人的身材和粗鲁”就是这种情形。虽然圣西门试图把外表与内心对立起来,但两者还是你中有我,我中有你。外表与内心的对立只是一个假象,只能使人对外表作出负面的解释。圣西门在叙述 1700 年的教区大会时写道,当那位大多数神职人员还不大熟悉的诺瓦耶出人意料地以巴黎红衣大主教的身份主持会议时,在场的神职人员都感到十分诧异。诺瓦耶其貌不扬,但学识渊博,才能出众,头脑清晰。圣西门描写道,他容光焕发,说起话来慢条斯理,带着大舌音 R 及鼻音,往往让别人把自己当作头脑简单的人,而他的纯朴无华总的来说是愚蠢的表现……(请注意这里的压缩);使人大吃一惊……。圣西门没有把此人的外表与内心对立起来,而是对整个人物做了一个具有道德含义的(容光焕发,纯朴无华)错误解释。当他作出正确的解释时,那些肤浅的研究者所作出的错误说明会和他本人的解释十分吻合。在他正确的解释中,也不乏有关精神和肉体、外表和内心特征的描写:凭借他的宝座和紫色披风,凭借他的声望

和仁厚的品德,以及他的虔诚和学识,他可以轻而易举地掌控局面。最后是对他的饮食习惯的描述。

每一次肉体与灵魂的交织都会深深地触及整体最深层次的东西,与此相联,并且与此密不可分的是当事人的政治和社会地位(宝座、紫色披风、声望、品德和学识,这些都处在一个层面),而 396
最终,每个人都作为整体融入法国宫廷政治历史的整个环境,因而,个人始终处于盘根错节的关系网之中,所有这一切就是这部作品的写作风格,而作者与这些人的私人关系也彰显无疑。书中没有虚构,没有编造,所有的内容都出自作者的耳闻目睹,这使圣西门的作品具有一种生活的深度。在这方面,甚至连几十年中以描写人物见长的莫里哀和拉布吕耶尔都望尘莫及。我们不妨读一篇人们不大熟知的人物描写,写的是圣西门的嫂子,洛尔日公爵夫人,她是一位曾经权倾一时,后来身败名裂的大臣的女儿。圣西门曾在一封信里(第 24 卷,第 275 - 277 页)称她为最亲爱的:

> 沙米亚尔的三女儿,洛尔日公爵夫人在 5 月的最后一天,即圣体瞻礼那一天因产下第二个儿子在巴黎去世,时年仅 28 岁。这是一位身材修长、面容姣好、有思想、素性纯真、超群的女子,是世界上最优秀的女人。她及时行乐,尤其喜欢冒险。她没有达官显贵子女的那种骄横和虚荣,但脾气怪癖。从小受到一群讨好她父亲的宫廷官员的追捧,加之母亲的放纵,她从未想过无论是法国还是国王会除掉她的父亲。她既没有责任感,又不懂规矩,甚至父亲的倒台也没能教会她什么,更没有减弱她对性事和赌事的乐趣。不过有一点,

她从不掩饰自己的行为。不修边幅，笨手笨脚，头发蓬乱，衣冠不整，这一切都挡不住她的优雅。她从不爱惜身体，花钱如流水，从不考虑有一天手头会拮据。虽然她已感到身体变得虚弱，胸部变得扁平，而且别人也告诉了她，但她无法控制自己，直到最后一次怀孕时，才停止了疯赌、狂买和彻夜不归。在这之前，每天夜里她都是横躺在马车里被拉回来的。别人问她何乐之有，她用几乎听不到的声音疲惫地回答说，她觉得很快乐。因此她过早地离开人世。她曾是拉·多芬娜夫人的朋友，知道她的许多私事。我与洛尔日公爵夫人关系也不错，但我曾告诉她，我不想成为她的丈夫。她很温柔，对求她帮忙的人都很客气。她的父母为此曾大伤脑筋。*

在这位“最亲爱的人”的肖像中，隐含着发自内心的爱慕之
397 情，人们几乎能感受到作者在回忆时眼含热泪。有哪一位当时或前朝的作家会把这样一位夫人写成可怜的小姑娘！对公爵夫人的描写以“一位身材修长的女人”开始，用“素性纯真、超群”加强语气，在“是世界上最优秀的女人”这个普通的表达方式之后加上“及时行乐”表示强调，她衣冠不整，生活无常，不爱惜身体，简言之，到了自我作践的地步，这是一幅描写得十分动人的画面。文章最后展现了这样一个场景：她横躺在马车里被拉回家时，还用微弱的声音说，她觉得很快乐。尽管如此，这段引文仍明确无误、冷静客观地描述了这样一株与众不同的植物得以生长的社会与

* 引文原文为法语。——译者

环境。直到 19 世纪末，甚至 20 世纪，人们才在欧洲文学中找到一个类似的音域，一个完全脱离传统和谐，直接从任意的表象信息深入到一个人生存环境的综合体。

我们还想举几个例子，它们对历史和政治状况讲解得更为详尽。1714 年，法国展开了争取反詹森教旨主义的上帝之子教皇训谕派的斗争。圣西门反对教皇训喻派，部分原因是他厌恶任何违心之举及一切宗教事务上的暴力行为，部分原因是他认为训谕中有关开除教籍的规定在政治上是很危险的。耶稣会士泰利耶是国王的告解神父，他千方百计想争取这一教派，希望圣西门支持他的事业，最后他请求圣西门能与自己不受干扰地会晤。这次会晤是在一个没有窗户，只用蜡烛照明的教堂后室（圣西门称之为“凌乱不堪的场所”）里举行的，而隔壁大厅里就有等候的客人，他们对那间封闭小屋里的情况一无所知。会谈很热烈，年迈的耶稣会士极其坦率地和盘托出了阴险毒辣的招安计划，试图用各种诡辩消除圣西门的顾虑。当他感到对方不赞同自己的计划时，便越发地激动起来。圣西门在前面一处（第 17 卷第 60 页）曾刻画过佩尔·泰利耶这个人物，其中一段他是这样描写的：

> 他的身体和他的头脑一样强壮，行为亦是如此，是个心狠手辣的人。……他外表具有欺骗性，本性藏而不露。当他
> 本性暴露时，令人惧怕。他苛求一切，却从不付出；当他认为 398
> 没有必要履行许过的诺言时，便以嘲弄的口吻来谈论，而且还猛烈地攻击那些听信这些话的人。他简直是一个恶魔……这种从未间断过的狂妄有一个惊人之处，就是他从未

> 给自己要求过什么，他既没有亲戚，也没有朋友，没有什么迫使他做什么，好像他生来就是干坏事的。他是人类的渣滓，而且他也从不掩饰这一点；他用暴力使那些最恭顺的教士畏惧……如果他站在树林边，一定会让人感到惊恐。他的表情阴险虚伪，令人生畏：两眼闪着灼光，不怀好意，谁见了都害怕。*

现在，两人在密室里面对面坐着（第 24 卷第 117 页）：

> 他坐在桌子对面，两根蜡烛之间，我们面对面，中间只有一张桌子的宽度。我刻意描绘了他那可怕的表情。突然我被看到的和听到的所震撼，他竟谈论起教士是做什么的：无论以其个人还是公众身份，一个教士都无法为他的家人做什么，也不可能用他的地位和权利为自己谋私利，甚至不可能比别人多一个苹果或多一杯酒；只有到了一定的年龄才可能与上帝会面；处心积虑的阴谋会把国家和教会置于水深火热之中，并会因为一些涉及莫利那学派声誉的问题而纠缠不休。他的城府，他所表现出的粗暴，所有这一切都令我迷茫。于是我打断他问道："我的上帝，您多大岁数了？"他是那么的惊讶，因为我全神贯注地看着他，他那种惊讶呈现在脸上，唤醒了我的意识……**

* 引文原文为法语。——译者

** 引文原文为法语。——译者

圣西门成功地掩饰了自己那不得体的问题并获悉，佩尔·泰利耶已经73岁了。这个场景极为清楚地表明，圣西门是如何应付对他不利的情况的。他完全凭直觉从“面对面”坐着的人身上感受到肉体与精神的统一，生活状况与人生经历的统一。这使他具备了一种寻根问底的力量，可以透过人物了解政治，其了解的深度有时就像上面这个例子的情况一样，使他的目光不去注意眼下现实的部分，而是去揭示更深刻、更普遍的道理。当他全神贯注地望着坐在对面的人时，已然忘记了两人争论的是“上帝之子教派”的某一教义。他看到了耶稣会最活跃的本质，除此之外还看到了任何一个有着严密组织的群体的本质。坐在他对面的人纵有洞察一切的敏锐目光，也几乎无法揣透这种感知方式。无论 399
是17世纪还是18世纪都未曾有过这般敏锐的目光。理智地说，那时人们过于肤浅，内心也过于谨慎，在他人面前过于胆怯，太顾及保持距离，以至于害怕揭示这样的道理。这段引文也说明，圣西门的深刻认识不是通过对思想及问题的理性分析获得的，而是通过他面对的任意一个感官现象所产生的、深入到生存内部的经验。相反（为了引用一个易于理解的例子）那位一流文人中的耶稣会士显然是按照上述的理性认知而被风格化了。

现在举最后一个例子。圣西门从小就非常了解后来成为摄政王的奥尔良公爵，十分赞赏此人的才智和能力。他在书中写道，公爵在他叔叔国王路易十四面前所处的地位令人不快，十分不利，这使他的性格变坏，消耗了他的精力，最后成了一个优柔寡断、言而无信、玩世不恭、放荡不羁的人。摄政王去世之前，圣西门就知道此人已来日无多。他在书中描述了自己这一看法的形

成过程。摄政王曾对于米埃尔公爵委以重任：

> 于米埃尔公爵希望我带他去凡尔赛宫当面感谢奥尔良公爵。奥尔良公爵当时正要在由地下室改装的储衣室里更衣。他坐在便桶上，旁边站着佣人和两三个宫廷大臣。我有些不安，因为我看见一个男人低着头，身着红色睡衣，表情迟钝。他肯定没有看见我走过来，是他的佣人告诉他的。他慢慢地转向我，几乎没有抬头，含混不清地问我是谁把我带来的，我告诉了他。我进来是要敦促他赶快更衣，不要让于米埃尔公爵等得太久；我吓得马上就离开了。在窗口，我叫住仆人西米亚那，告诉他我看见奥尔良公爵时的惊讶和不安。西米亚那则对我说，很长时间以来，公爵每天早上都是如此，今天也没有特别的迹象。我之所以感到吃惊，是因为我从来没有在这个时候看到过公爵；穿衣时他身体活动着，看不出他的衰老和呆滞。他穿上衣服就更看不出来了。奥尔良公爵满脸诧异地接受了于米埃尔公爵的谢意；不过，他原先对待每一个人是那么彬彬有礼，讲话是那么有分寸，而这次他只是简单地应付了一下。他这种状况让我思绪万千……（第41卷229页）。*

400 摄政王大解时，众多仆人和宫廷官员服侍在侧，甚至还接见一位身居要职的人物，对此人们不必感到惊讶。17世纪和18世

* 引文原文为法语。——译者

纪时，王公贵族身边几乎从不离人。当卢瓦在紧急关头闯进王宫去见国王，要阻止他公开宣布与曼特侬夫人结婚时，正巧遇到国王从恭桶起身系衣裤。圣西门在谈到勃艮第公爵夫人时曾写到，公爵夫人常常在这种时刻与好友说知心话。不过这些场景都没有上面那段引人入胜。在那些著名的文学作品中，至少在之前的文学作品中，大概没有一部作品紧张而悲伤地表现这样的主题。这篇文章做到了。圣西门看到衰老和濒临死亡的公爵时感到的震惊具有悲剧的沉重。画面在两个较长的句子（我看见一个男人……他慢慢地转向我……）里缓慢、逐渐并清晰地展开，围绕这个画面是三个描写环境、断断续续如激烈击打的短句（我有些不安，是他的佣人告诉他的，我告诉了他），写的都是公爵周围的人，他们试图打破公爵无精打采的情绪，但是徒劳的。圣西门用“我看见一个人”，——不是“我看见公爵”——开始描写这个场景，有两层意思。第一层意思是，圣西门起初没有认出或不相信眼前的人是公爵；第二层意思是，这个不幸的人几乎已经不再是奥尔良公爵，而“只不过还是”一个人罢了。第二个句子缓慢而细腻地描写了公爵吃力地转动头部，含混不清的话语，这种叙述风格在18世纪其他作品中大概从没有过，就是在19世纪，在龚古尔兄弟和左拉之前，也几乎找不到。

这绝不是毫无顾忌地展现日常的、丑恶的、按古典美学标准不体面的东西；这种极端的真实在其他作品中，甚至在17世纪或18世纪的作品中也都出现过。运用这种极端的真实是为了真正严肃地、深入到问题之中对人物进行描写，甚至超越了单纯从道德角度对人的描写，进入到我们人类本质的幽暗深处。每位读者

想必都会感到，坐在恭桶上的这个场景已经决定了奥尔良公爵的整个命运和悲剧。从文体上看，圣西门是描写各种现代和最现代
401 的人生观和再现生活的先驱。他善于在日常生活环境中捕捉人物，描写他们的出身、人际关系和资产、身体的各个部位，表情和说话的语气(Lauzun!)，以及他们的希望和忧虑。他时常把我们如今称之为人的遗传基因的东西用灵肉交织的方式表达出来。圣西门不蔑视任何东西，能准确无误地说明“环境”。他同时代的哪一位作家能够或愿意强调莫特玛尔家族那非同一般的思维方式和语言表达方式，而这些都一起出现在圣西门的作品中(如德·蒙特斯潘夫人、她的女儿奥尔良公爵夫人、德·卡斯特利夫人等)。描写这一切都是为了表现人的生活环境。圣西门所熟知的环境范围固然有限，他所讲述的事件全部发生在法国宫廷，但这个范围有着很大的一致性，几乎所有的事件好像事先都已做了总体安排；舞台也相当大，足以给人们提供足够的活动空间，给任何非选择性的日常生活事件提供可能性。我们曾在上文中指出，17、18 世纪的回忆录文学并不遵循日常的低等题材应与崇高的严肃题材分开这一美学原则；相反，回忆录文学经常暴露和展现以往被美化的王宫贵族及其宫廷生活。不过与其他人相比，圣西门走得更远。他的作品具有不同的内容，不同的声望。在其他作家的作品中，其中也包括那些颇有才华的作家，正是那些不加筛选的私人生活，囊括了所有生活细节。这些作品因其文献价值和地方色彩而受到人们的青睐。人们欣赏这些作品并非因其诱人的添加物，而是它们可能具有的创作质量。那些对整体环境进行概括的作品则很难做到这一点。在这些作品中，名人轶闻，玩弄权

术，宗教之争和纯个人行为等所占的比重过大，人们对那些似乎以分钟为单位所展现的、完全按作者个人的视野和品味挑选的政治事件不感兴趣。任何人都不会带着读莎士比亚和蒙田作品的兴趣去读莱茨的作品。我认为，人们热衷于用同样的尺度衡量圣西门，很容易把他的作品当作历史文化的文献资料。当然，他的著作也的确是历史文化文献，而且比其他类似作品更完美。与他人相比，圣西门要技高一筹，别具一格。其他作家刻画人物的艺术效果有限，他们的作品中名人轶事、个人行为过多，情节单调， 402
讲述的都是些微不足道的小事，而这些恰恰是圣西门的长处。之所以如此，原因在于他只通过任意一个未经挑选的人，乃至其个人或党派的荒唐行为，进入到人们生存的内部。

这与我们在本章开始分析的 18 世纪上半叶的文章中那种动人而肤浅的中等文体有着多么大的差别，与这些文章呈现给读者的真实——取悦读者，诱导享乐或为证明启蒙思想的存在而宣扬的真实——是何等的不同啊！尽管如此，圣西门还是属于他从事写作的 18 世纪，而不是 17 世纪。人们习惯把他看作是 17 世纪的作家，因为他描写了路易十四统治时期的宫廷生活，但那并不是 1660 年或 1670 年的宫廷，而是 17 世纪最后几十年的宫廷！他深度展现的这最后几十年在他写回忆录时早已成为历史。18 世纪上半叶并不缺乏这样的人物、思想和运动，他们虽然身处自己的那个时代，却似乎能预见到其后的发展。詹巴蒂斯塔·维柯比圣西门年长七岁，他的主要作品也比圣西门的著作发表得更早，可谁又会把维柯算在 17 世纪的作家之列呢！正如维柯反对笛卡尔学说一样，圣西门也反对伟大的国王路易十四，也和维柯一样，赞

赏他的对手并深受其影响。圣西门和维柯这两个截然不同的同代人之间还有许多其他的、表面上看不出的相同之处。两人有着同样的爱好，同样的思维方式，都在作品中追溯他们曾经生活但已然成为历史的时代；与同时代作家们优雅的行文、拘泥的文体不同，他们二人的作品看似杂乱无章，缺乏条理，但二人都有表达内心冲动的欲望。这使得他们的语言不同寻常，遂偶有强词夺理、言过其实之处，但与当时轻薄、讨巧的审美情趣大相径庭；尤其是，他们二人都预见到未来世界历史的发展进程，只是其中一人完全出于本能，因为他要表现自己那个时代的人，而另一个人
403 则通过推测；两人都坚定地反对当时那种理性的、反历史的思想，在描写人物时将其深深地植根于此人所生存的历史事件中。圣西门创作他的《回忆录》时，人们已经感受到历史主义思潮的萌动，然而圣西门本人并不具备历史主义意义上的历史理论基础知识。他所描写的个人事件仅局限在单个人物身上，看不到超越个人而又具个性化意义的历史力量。圣西门所理解的生动历史（他在《回忆录》第 1 卷第 5－6 页令人过目不忘的《开篇》对此作了解释）只不过是从心理上认识行为人的个性，了解从中产生的人与人之间的关系和矛盾；他表示，从逝去历史的意义上看，书写历史具有道德教育意义和启迪作用。不过，他生活的现实，那个让他施展才华、形态各异的现实，使得他书写的历史远远超出了道德和教育范畴。

第十七章　乐师米勒

第一幕

第一场

乐师家中的一个房间。米勒刚从椅子上站起来，把大提琴 404
搁在一边。米勒夫人还穿着睡衣靠桌子坐着喝咖啡。

米勒　(迅速地踱来踱去)再不能搞下去！事情严重起来了。我女儿和那个公子成了人家的话柄。我的家门就要倒霉。宰相也得到了风声。好——一刀两断，我不许这个贵公子再上我的门。

夫人　又不是你逗他上门来的——又不是你把你的女儿硬推到他身边去的。

米勒　没有逗他上门来——没有把女儿推到他身边去；谁会理会这个？——我本来是一家之主。我本来应该多管管我的女儿。我本来应该多给那个少校一点颜色看——或者立刻跑去找他的父亲大人，把一切事情告诉他。这个年轻的男爵只要一番叱骂就可以撵出去，我应该知道，一切过错都落在我这个琴师头上。

夫人　(啜了一口咖啡)笑话！废话！什么过错会落在你头上？谁能够奈何你？干你的本行去，能够找到多少学生都把他们纠合到一起吧。

米勒　可是，还是告诉我吧，事情究竟会有什么样的结果？——娶这个姑娘他是办不到的——结婚既然根本谈不上，只好做他的……——上帝在上！——早安！——这样说吧，当一个王孙公子东溜西荡，已经变成了老门槛，当他，鬼知道他怎样解决了一切问题的时候，我的这位饮客当然也不妨尝一尝河水。你要当心！你要当心！即使你每一个门洞都安上一只眼睛，每一个犄角都站上一个岗，他也会当你的面把她骗走，玩她一次，从此跑开，姑娘就一辈子挨人家笑骂，嫁不出去；或者还因为开始了这门营生，就索性干下去。

(拿拳头打击额头)耶稣基督啊！

夫人　上帝慈悲，保佑我们！

米勒　的确是需要保佑。这样一个花花公子难道还会留心别的事情么？——我们的姑娘是漂亮的——身材苗条——步履轻盈。至于脑袋里是什么样子，那是不在乎的。一般人看你们妇女总不管这方面，只有上帝才不肯忽略根基。还是让我用粗话把这段教训说完了吧——哧！他正像我的罗德尼一样，一闻到法国人的一股气味，就眼睛发亮，于是乎所有船帆都扯起来，一股劲儿冲过去——我却一点都不

去干涉他。人总是人，我是应该知道的啊！[*]

夫人……

席勒1782－1783年创作的市民悲剧《路易丝·米勒林》[**]的 405
开场戏发生在一个小市民，即一位乐师的起居室。导演提示中特别强调，坐在桌旁喝咖啡的米勒太太还穿着睡衣。剧中两个交谈者的表达方式与小市民家庭的室内气氛十分吻合。尤其是那位丈夫，此时怒气冲冲，冲动时说出的话生硬、粗鲁，夹杂着小市民的口头语，充分显示了他心地善良而又喜欢叫骂的天性。他虽然是搞音乐的，但还算不上什么“艺术家”，充其量是一个不错的乐师。即使用方言（施瓦本方言）表演这个角色，也不会走样。乐师是一位有感情、有理性的人，但思想观念却完全是小市民的。几行之后，在我们未摘录的第一场接下去的剧情中，这位乐师一想到自己的女儿因男爵的爱而变得骄傲起来，“最后，还要使我损失一个精明、正直的女婿，一个热心照顾我的利益的女婿”，[***]就无法在家里待下去。悲剧就发生在这样一个环境里。不仅米勒一家和秘书伍尔姆给此剧营造了小市民的气氛，而且整个矛盾冲突都是小市民式的。即便是两个贵族人物，宰相和他的儿子，也都没有丝毫的英雄气概，没有伟大的法国悲剧那种远离日常生活的

* 席勒:《阴谋与爱情》，译文摘自廖辅叔中译本，人民文学出版社，1978年，第3－4页。——译者

** 此剧后改名为《阴谋与爱情》。——译者

*** 席勒:《阴谋与爱情》，译文摘自廖辅叔中译本，人民文学出版社，1978年，第3－4页。——译者

超脱。宰相的儿子品行高尚，感情丰富，是个理想主义者；而他的父亲则凶暴专横，但也还有感情。这两个人物都不是法国古典主义意义上的崇高人物。此外，故事发生的地点——一个德意志小公国的官邸——实在是太狭小了。

席勒并不是将这样的故事发生地和冲突做悲剧处理的第一人。伤感的市民小说和市民悲剧（在前一章我们曾称之为感伤剧）在英国和法国早已有之。17 世纪，德国保存着基督教与世俗混杂的生活方式，此后法国古典主义的影响也未能将其完全消除，因而市民现实主义文学发展得迅猛异常。莎士比亚的影响与狄德罗、卢梭的影响在这里交汇，狭小、分裂的德国国情提供了许多动人的题材，出现了既富有感情、又具有狭隘的市民气息且颇具现实意义和革命倾向的作品。这种类型的首部德国戏剧是莱
406 辛青年时代受英国戏剧影响所创作的《萨拉·萨姆逊小姐》（1775）。这部戏虽然受英国的影响而产生，并且故事发生在英国，却没有丝毫的时代政治色彩；而莱辛 12 年后发表的《密娜·封·巴尔赫姆》的矛头则直指时代历史现实。歌德在《诗与真》（周年纪念版，第 23 章，第 80 页）第 2 部第 7 卷称莱辛这部戏剧是“第一部取材于重大现实生活的戏剧，具有特殊的时代内涵”，也指出了这部戏剧特殊的现实意义。对此今天的读者几乎不再关注，但在当时，作品的现实意义却为这部戏剧引起的轰动助了一臂之力：“普鲁士人与撒克逊人在这场七年战争中处于敌对的紧张状态”，这种“紧张状态在战争结束后也未能消除”，因此莱辛的作品“应该形象地”促使人们恢复人与人之间的和平。所以，尽管《密娜·封·巴尔赫姆》不是一部市民悲剧，而是一部喜剧，其内

容在结构、地点、女主角性格上的独立和主要人物，即两位贵族的出身都与悲剧不同，但它严肃的情感，朴素诚实的荣誉观和语言表达方式都是市民的，有时近乎平庸，因此，人们很容易觉得，这些贵族出身的主要人物乃至当时整个德国贵族，都生活在一种市民的家庭氛围中。毫无疑问，在上文提到的《诗与真》中，歌德的这番话完全正确（这部作品出版时，歌德正在莱比锡求学，他自己对此有着直接感受）。他说："这部作品成功地在文学和市民世界开创了一个视野更高、更重要的天地。在此之前，文学艺术曾长期在文学和市民领域徘徊。"然而，作品并未因为要以更高的视角向读者或听众展现时代历史而放弃表现普通、平凡以及人与人之间感情上近乎市民的东西。正是这两种氛围的直接结合才使得这部戏剧充满魅力。而《爱米丽娅·迦洛蒂》则以另外一种同样重要的方式表达了一种政治倾向。这出戏将市民悲剧的主要内容——诱骗一名贞洁的少女——与小诸侯国的专制主义政治现象联系在一起。不过《爱米丽娅·迦洛蒂》的时代政治色彩并不浓厚，并且不具有真正的革命性。故事不是发生在德国，而是发
生在意大利的一个公国。尽管剧本明确强调迦洛蒂家族没有头 407
衔和贵族称号，但他们所处的地位和行为举止都不像平民，尤其是父亲奥多阿多，其举手投足极具军人风范和贵族气质。

充满伤感、市民化的现实主义手法与理想政治和人权的真正结合，是在狂飙突进时期。那一时代的几乎所有作家，如歌德、海因里希·莱奥波德·瓦格纳、伦茨、莱泽维茨、克林格尔等，甚至连约翰·海因里希·福斯的作品中都有这一结合的印迹。时至今日，在那些仍能打动人心的作品中，《路易丝·米勒林》对于我

们研究的问题最为重要，因为它直接取材于现实，试图用这一特殊事件说明普遍的状况。在其他作品中，情感丰富、反映市民生活、粗俗或田园般宁静的现实主义，大多表现的是历史题材或充满奇幻、毫无政治倾向的人物题材，因而不会从根本上直接反映现实，而《路易丝·米勒林》这部作品却直接而大胆地表达了政治现实中的个体遭遇。现实环境和对现实、对革命政治的关注，使这部悲剧有别于莱辛的《爱米丽娅·迦洛蒂》，有别于我所熟悉的这一时期的其他市民戏剧。在席勒所处的时代，这部戏以文学形式真实再现了基本社会矛盾中的极端事件。

剧本开门见山直切现实环境：故事发生在德意志一个诸侯国，一位权势显赫的宰相的儿子追求一位出身小市民家庭的姑娘。他常去姑娘家，后来我们知道，他给那个姑娘写了不少情意缠绵的信，关心她的教育，送礼品给她。姑娘的母亲是个目光短浅的女人，她非常喜欢女儿这位风流儒雅的追求者，为他感到骄傲，因此看不到潜在的危险。而姑娘的父亲则意识到了这一点，他害怕和宰相发生冲突，担心女儿的名誉被毁，为她一生的幸福忧虑，因为“他是不会娶这个姑娘的”。他只会引诱她，然后“姑娘就一辈子挨人家的笑骂，嫁不出去，或者还因为开始了这营生，就索性干下去……”，健全而平庸的理智告诉他，这种事情会怎样收场。他一点都不怪少校，“人总是人”。但他爱自己的女儿，想要挽救她。他要去找宰相，把一切都告诉他，尽管这样做根本不符合他的个性。他本不屑干涉别人的爱情，只是这次危险太大了。
408 可这拚一死活的步骤未能实施，事态发展得过快。在下面一场戏中，米勒自己不得不承认，一切都为时已晚：他的女儿陷得太深了。

观众看到的这个世界，无论在空间上还是在道德上，都极其狭小。一个小市民的陋室，一个狭小的公国，正如人们常说的，小得骑马一小时就可以出境。道德上等级观念的束缚违反常情，极为恶劣。王室贵族可以为所欲为，但那不是高尚的自由，而是傲慢、腐败与虚伪；民众中盛行着愚昧的贞操观：一个姑娘以身相许，按现行社会制度却不能嫁给这个男人，这个姑娘就会被看作娼妓而遭到唾弃。现存的社会制度被臣民，甚至被路易丝本人都视为“普遍的、永恒的秩序”。迂腐的臣服观成为所有基督徒的义务，而那些达官显贵却从中牟取一己之私，尤其是那位宰相。这是一个卑鄙的暴君的缩影，尽管席勒力图赋予他堂堂的仪表和非凡的举止，但此人却不具备任何内在的气质，因为他的种种罪行和阴谋只是为了达到狭隘的个人目的，即获得并保住权势，可他却从未表示过要有所作为，或者说，他从未有过肩负重任的使命感。

剧中对米勒及其家人处境的描写具有悲剧性、真实感和时代感。至少人们能感觉到，市民的现实性和悲剧性首先不再只是轻描淡写地谈及社会生活的表面现象，以便塑造凄婉悲苦的个人命运，而是触及那个时代政治社会的深层。这似乎是通过个人命运反映整个时代现实的首次尝试。为了理解路易丝的悲剧命运，那时的观众必须具体地思考自己所处的社会制度。尽管如此，无论与中世纪寓意现实主义相比，还是与现代实用现实主义相比，人们都能感到，这部悲剧性的现实主义作品仍缺乏真正的和整体的真实。与其说《路易丝·米勒林》是一部真正的现实主义戏剧，还

不如说它是一部政治戏,甚至可以说是一部具有煽动性的戏剧。

可以肯定地说,这是一部政治剧。对此,H. A. 科尔夫*曾作过精辟的论述(参见《歌德时代的精神》,第1卷,第209-211页),
409 我将他的论述总结如下:尽管该剧主题与政治上的自由思想之间的联系不是必然的,只是偶然的,但它比任何一部剧都更像一把直刺封建专制制度心脏的匕首;它揭露了贵族暴力统治的种种罪行:臣民没有丝毫权力,任凭王公贵族及其宠臣和情妇随心所欲地摆布。故事情节的发展触目惊心,它让人们认识到,封建贵族的专制统治之所以存在,是被统治者的内心束缚和俯首帖耳的奴性使然,这就是对这种现象心理学上的解释。

这是无可争议的事实。遗憾的是,席勒知道应该反对什么,却不大清楚应该争取什么。从他的剧作中,人们很容易获得这样的印象,好像只要几个领袖人物不是酒肉之徒和流氓无赖,而是正人君子,那么万事皆吉。毫无疑问,这部戏剧产生了重大的政治影响,事实也证明了这一点。但正是剧中浓重的革命倾向削弱了现实主义的真实。我并不是说,那些专制小公国的生活现实比席勒反映的要好,但至少不是这个样子,而且也没有那么感伤。席勒创作《路易丝・米勒林》的时候,艺术功力欠缺,艺术创作还不够纯熟。这部戏的剧情犹如疾风暴雨,动人心弦,锋芒毕露,极具影响力。但如果仔细品味,这又是一部相当糟糕的作品。它是一位天才作家创作的,充满激情的叫座剧本。对一部严肃戏剧而言,这部戏的戏剧情节被精心设计了过多的阴险狡诈,让人常常

* 科尔夫(Hermann August Korff,1882-1963),德国文学理论家。——译者

产生不真实的感觉。为了让剧情持续发展，剧中的人物性格（除米勒外）只能被幼稚地刻画成非黑即白；他们表达的观点和作出的决定有时过于突然，其动机令人难以信服；人物对话往往慷慨激昂，饱含激情；有些对话本来想写得风趣、尖刻或高雅，却总是显得矫揉造作，难以理解，不少地方与作者的本意相反，显得滑稽可笑。我们不妨读一读米尔福特夫人和路易丝之间的那一大段对话（第 4 幕第 7 场），那里几乎每一句话都很造作。不过，席勒创作这部戏剧时的艺术鉴赏力并非是造成这部戏剧缺陷的主要原因，其不够真实的主要原因在于 18 世纪形成的市民悲剧这一类型本身。这种戏剧形式局限于个人和家庭生活，剧情感人、富于情感，这些都是该剧种不可或缺的要素。基于其营造的氛围和风格，市民悲剧与扩展社会舞台，涉及普遍的社会政治问题背道

而驰。然而，在政治和具有普遍意义的社会问题方面的突破，也 410

正是通过这种途径实现的。这一感人的、纯属个人的爱情誓约遭遇的不再是凶恶的亲戚、父母和监护人的反对，不再是来自个人道德方面的阻力，而是公开的敌人，是违反自然的等级社会制度。在前面几章中我们曾讲过，17 世纪伟大的法国古典主义时期，在那些取自日常现实生活，具有悲剧性的题材中，爱情达到至高无上的地位。随后，当社会风俗小说和感伤戏剧在西欧兴起之初，爱情题材又涉及世俗的生活现实，但同时失去了庄重，它的色情味道日益浓厚，但缠绵悱恻，感人肺腑。狂飙突进时期的革命者利用这种形式，遵循卢梭的思想轨迹，完全保留了这一题材的市民性、现实性和重情感的特征，重新赋予它至高无上的悲剧式的庄严：对任何一个人，在任何一个领域，爱情作为最自然、最直接

的东西而变得崇高。它要表现自然美德，其先决条件就要表现爱情最朴素、最纯洁的关系。面对赤裸裸的习惯势力，爱情自由就是不可转让、不可变卖的自然权利。

这样，在席勒的《路易丝·米勒林》中，爱情便成为政治革命的起点，成为具有政治倾向的现实主义起点。不过，仅有爱情故事的基础，作品还显得过于狭窄，而哀婉动人的风格也不适合塑造真实的现实，所以偶然性、个性和情感受到过多的关注。为了使矛盾冲突达到必要的尖锐程度，席勒只好按家庭感伤剧的模式，把宰相和伍尔姆刻画成十足的无赖。如果这两个人不是流氓无赖，如果宰相不是偏偏此时非要儿子与公爵的情妇联姻，那么悲剧就有可能避免，或者至少可以延缓悲剧的发生。有关公国的其他情况，我们只听到一些个别的、零散的、不大明了的单个事件。无论是有关卖到美洲充当炮灰的本国青年，还是费迪南和米尔福特夫人之间那大段的争论中所谈到的宫廷内部的情况（第 2 幕第 3 场），都令人毛骨悚然。陈述这些事情时的语气从始至终慷慨激昂，给人留下这样的印象，好像公爵和他的宫廷臣仆毫无
411 作为，只知道为自己纸醉金迷的生活搜刮民脂民膏。有关公国的内部矛盾、历史纠葛、公国的职能和统治者道德腐败的原因以及公国的实际状况，我们几乎一无所获。这不是现实，而是激情戏。它极其适于引发强烈的、情绪激昂的政治效果，而不是对时代现实的艺术阐释。即使在那些描述了真实情况和事件的地方，给人的印象也是一幅扭曲的画面，因为一旦脱离了事实的本源，它们就失去了内在本质，从而显得感情色彩过浓，倾向性过大。对认识社会结构也许最重要的主题——H. A. 科尔夫也强调过的——

是那些愚昧、浅薄、怀着扭曲的虔诚心的臣民认为，他们受压迫乃命中注定，而该剧对这一心理束缚的主题表现得不够清晰。由于缺乏内心的独立，路易丝放弃了逃走这条出路(第 3 幕第 4 场)，被费迪南误解。在发生了前面的一切之后，别人制造的阴谋使费迪南妒火中烧，并对路易丝起了疑心。这一点很不真实，它迅速转移了观众对路易丝拒绝逃走这一主题的关注。总之，路易丝被描写得那么令人怜惜，那么无辜，她的内心充满了那么高尚的情感，以至于观众不可能马上认识到她的局限性和软弱性，这只有研究路易丝和席勒的评论家能够认识到。路易丝在那场戏中的表现的确像一位富有自我牺牲精神的英雄，即使中了伍尔姆可笑骗局的圈套，还是显得那么“高大，令人敬佩”。

尽管如此，这部剧对我们的研究仍具有重要意义，因为在德国古典主义和浪漫派时期较为著名的作品中，它是唯一一部这一类型的剧目。在此后的歌德时代，再没有人以现实社会状况为基础，用悲剧形式表现当时中等市民阶层的生活环境。仅从文体风格上看，乐师米勒这个人物刻画得尤为成功。与女儿相比，他前后表现得更一致，也更自然。席勒本人和整个德国文学运动都回避明确的文体混用，回避深刻且具体表现政治和经济问题的当代现实主义。由莎士比亚倡导而受到青睐的文体混用几乎只出现在历史或抒情、梦幻的题材中。一旦涉及现实题材，它就只局限在极小的、非政治的范围内，无论用来表现宁静安逸，还是进行冷嘲热讽，都只针对个人。坚定的现实主义手法和用悲剧形式表现 412
时代问题从没有同时出现过。这一点更值得注意，或者也可以说更为自相矛盾，因为恰恰在 18 世纪下半叶，德国的思想运动奠定

了现代现实主义（我这里指的是最近被称为历史主义）的美学基础。

无论是历史题材还是现代题材，观察人类生活和人类社会的方法基本上是一样的。观察历史方法的变换必然会很快影响到对现实状况的观察。当人们认识到，评价各个时代及其社会不能按自己崇尚的理想模式，而应按它们各自的前提条件；当人们不再只是将诸如气候、土地等自然条件，而是将包括精神和历史条件视为前提条件；当人们意识到历史力量的作用，历史现象的不可比拟性及其内在的持续运动；当人们看到这些时代的生活单元，乃至每个生活单元都以整体出现，其本质体现在它们各自的表象中；当人们接受重大事件不是源于抽象或一般的认知这一理念；那么，他们就不会只在上层社会、重要事件或国家事件中寻找素材，而会在艺术、经济、物质和精神文化中寻找，就会深入到日常生活和百姓中去寻找，因为只有在那里，他们才能够抓住独特的、由内在力量驱动的东西，抓住具体且具有普遍和深刻意义的东西。因此，人们必然期望将这些认知运用于当代。这样，当代就表现为一个无与伦比、受内在力量推动而不断发展的时代，也就是说，成为历史长河的一段。这段历史的日常生活的深度及整个内部结构，无论是其形成过程还是发展方向，都会引起人们的兴趣。众所周知，上文所列举的这些认知汇成一种思想潮流，人们称之为历史主义，它在18世纪下半叶的德国得到长足发展。尽管此前在其他地方也曾有为历史主义做舆论准备，并对其形成产生过影响的思想潮流，历史主义本身却形成于歌德时代的德

413 国。对此我们无需在此赘述，因为关于这一点已有很多精辟的论

述。弗里德里希·迈内克*论历史主义起源的著作（慕尼黑和柏林，1936年），是我所知的最好、最成熟的论著。当时德国兴起反对法国古典主义和理性主义审美观的运动。运动中，源于崇高悲剧的远离现实，即我们称之为文体分离的现象已被克服，这不仅为悲剧类的历史现实主义，也为当代现实主义创造了基本前提。尽管如此，至少后者，即当代现实主义，并未得到充分发展，甚至歌德在青年时代以极其感性的事实，首开用文学形式表现历史题材的先河。而席勒后期的发展也重蹈文体分离的覆辙。席勒将理想与感性截然分开的二元气质逐渐被接受，不久，他对人的道德作用的兴趣，对道德基础上自由的兴趣，远远超过他对感性和历史特性的兴趣。

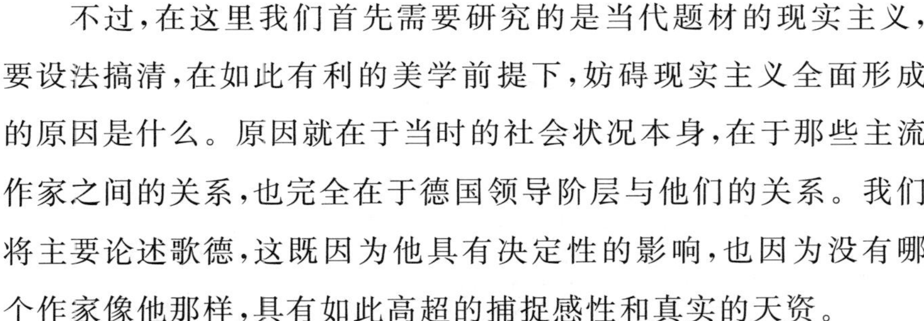

不过，在这里我们首先需要研究的是当代题材的现实主义，要设法搞清，在如此有利的美学前提下，妨碍现实主义全面形成的原因是什么。原因就在于当时的社会状况本身，在于那些主流作家之间的关系，也完全在于德国领导阶层与他们的关系。我们将主要论述歌德，这既因为他具有决定性的影响，也因为没有哪个作家像他那样，具有如此高超的捕捉感性和真实的天资。

德国当时的状况很难产生场面宏大的现实主义。社会形态不统一，政治上动荡不安，使整个国家延续着小邦林立、诸侯割据的混乱局面。在一个个小诸侯国里，某种虔诚的惬意和创造历史的感觉在一定程度上消弭了专制主义枷锁带来的束缚甚或窒息

* 弗里德里希·迈内克（Friedrich Meinecke，1862－1954），德国历史学家。——译者

感，这一切助长了投机风气，人们转向内心生活，国家闭关自守，地方贵族称王称霸。这些都不利于人们果断地抓住具有更多内在联系、领域更宽阔的具体和现实的东西。德国历史主义的起始阶段清晰地呈现出这种状况的痕迹，而历史主义就是在这种状况下形成的。尤斯图斯·莫泽尔*将其思想建立在探究一个极为有
414 限的区域，即奥斯纳布吕克主教堂议事会的历史发展上。赫尔德与之相反，他看到的是历史最普遍、最广泛，因此也最独特的东西，但他表述得很不具体，从他那里根本无法获得塑造真实的依据。在他们身上已经预示了德国历史主义保持很久的基本方向：一方面是地域性的民间传统主义，另一方面是不切实际地追求统一，二者对超时空精神，对存在变成现实的兴趣，远远大于对目前存在的、实际上是未来萌芽的东西。总体上看，这种状况在卡尔·马克思以前没有任何改变。之所以如此的主要原因在于，这个18世纪最后几十年外来的，实际是未来的东西，不可抗拒地即将来临，因而引起大多数德国精英的恐惧和反抗。法国革命以其强大的影响力经历了多次巨变，它不顾反动势力的围剿，孕育了一个崭新的社会制度，并以不可抗拒之势蓬勃发展，却遭遇到一个消极、抵触和逃避的德国。这不仅包括那些受到威胁、对法国革命抱有敌意的旧势力，也包括那些还很年轻的德国思想运动的先驱。在这里，我们遇到了歌德。

歌德与法国大革命，与拿破仑时代、解放战争和19世纪各种

---

* 尤斯图斯·莫泽尔（Justus Mösel，1720－1794），德国作家、历史学家及政治家。——译者

萌动思潮的关系是众所周知的。造成这些的原因在于他的旧资产阶级出身，他为自己选择的生活方式，他特殊的社会地位，广泛的兴趣和天性以及所受的教育。这种教育使他崇尚循序渐进，厌恶阴谋诡计和违背秩序的做法。这里我们不直接探讨歌德的政治态度，只有当他的政治态度决定他在文学作品中处理当代题材的方式时，我们才会间接地涉及。

在歌德的作品中，那些全部或部分、直接或间接描述法国大革命的著作有一个共同点，即从不涉及正在蓬勃发展的生力军。这些作品偶尔也会非常具体地涉及个别事件，反映移民和相关边疆区域及其他个人、家庭和群体的命运。但只要一涉及整个事 415
件，歌德就会通过那些处世哲理而转向大众化的道德说教，时而沮丧，时而快乐，或时而悲观。“一位积极肯干，富有创造性的英才（歌德在 1793 年的《编年史》中这样写道），一位具有真正爱国心、努力促进本国文学的人，在毫无预感什么会变得更好，什么会发生变化的情况下，当他对现有的一切被推翻感到恐惧时，人们应该原谅他。如果他由于这种影响向德国扩展，为疯狂、不体面的人夺取政权而恼怒时，人们应该帮助他”。正是这种“恼怒”的心态妨碍他用平和的遗传学方式研究社会的变革，而他曾用这种方法做过许多其他研究，没有谁能像他那样运用起来如此得心应手，仅靠这种方法他就能做出“预言”。迈内克在《论历史主义》（第 2 卷，第 579 页）一书中有一段精彩的论述。在谈到歌德捕捉历史方面的情况时他写道，歌德能从内部的推动力量看到历史的缓慢形成和发展，从典型中塑造个性，捕捉不可预见的命运之手对历史发展的影响等等。迈内克接着说，歌德虽然总能感受到历

史的普遍生活潮流，但他从中只捕捉那些可以用自己最独特的认识原则直接掌控的现象，因为他偏爱这些现象。由此歌德面对历史时的选择标准也就一目了然了。那部《佛罗伦萨状况简论》令人遗憾的结语（见本韦努托·切利尼译文附录）就提到了这些标准。歌德在那里写道：

> “假如（尊敬的）洛伦佐能够活得再长一些，并且现存的状况能够不断地、逐步地发展的话，佛罗伦萨的历史就会成为最美好的奇迹之一，只是在尘世的历史进程中，我们也许很少能有机会亲身经历美好前景的实现。”

不过，对迈内克的这段论述，有一点我不太明白。我觉得，假如歌德也曾偏爱过被他漠视的那段历史的话，他也能够“以自己独特的认识原则直接掌握”那段历史。而对那段历史的厌恶妨碍了他运用这些认知标准，所以，他很难理解这些现象。被他忽视或仅仅轻描淡写的社会斗争的动力及佛罗伦萨历史的经济基础
416 （我用此话来改写迈内克的意思），被他抨击为“一个管理不善、治安极差的残疾国家”的市民骚乱，都令他不快，所以他回避这些历史。或者，当不得不涉及此类事情时，他便由一位辩证的、悲观的观察者变成一位古典主义的道德主义者。我觉得，在这种时刻他感觉不到“历史的普遍生活潮流”。在他看来，“美好前景的实现”只存在于贵族高度文明的全盛时期。在这种文明中，举足轻重的个体可以不受干扰地施展自己的才能。此时，在他的脑海中浮现

的秩序观念很大程度上具有幸福论[*]的含义。歌德厌恶一切暴力——而暴力同样是历史生活潮流的一种结果——这说明，他仍然坚持认为暴力只是个征兆，是个人行为和道德问题。歌德的厌恶态度也能说明，他为什么认为那个充满阴谋诡计的名人轶闻式的项链事件[**]如此重要。其实这个故事只不过是统治阶层内部某种情况的征兆，它丝毫没有揭示历史力量在任何革命的紧要关头所发挥的作用；这说明，他很久以来都期待着能看到拿破仑这一重要人物的"结局"，从而以断然的、出人意料的方式揭开"这个谜"（见《出征法国记》结尾部分）；最后，我们从他众多的表述中列举一个极其鲜明有力的例子。歌德在《威廉·麦斯特的漫游年代》一书中谈到反对科学界"普遍存在的看法"时，写了下面这段话："国家和教会也许有理由宣称自己占有据统治地位；为了对付倔强的群众，为了维护秩序，他们可以采取任何手段；但是科学需要完全的绝对自由……"（《威廉·麦斯特的漫游年代》，第3卷，第14章）。[***] 他的这种态度与观点在这里对我们很重要。这段话不是直接，而是间接地表明了歌德的保守思想、贵族观念和仇视革命的态度。这种态度和观点清楚地说明，是它们妨碍了歌德

---

* 幸福论是一种伦理学说，也是一种哲学概念，认为幸福是人生的目的和道德的标准。——译者

** 项链事件是发生在1785－1786年间法国王宫的一件丑闻。德·拉·莫特伯爵夫人交给罗含红衣主教一封伪造的信件，谎称只要主教能帮玛丽·安托瓦内特王后获得一个钻石项链，就能重新获得王后的重用。罗含主教出具了高达160万法币的保金，将此项链亲手交给伯爵夫人。伯爵夫人后来将钻石一一卖到英国。此骗局败露之后，伯爵夫人被判终身监禁。项链丑闻使法国宫廷的威风扫地。——译者

*** 歌德：《威廉·麦斯特的漫游年代》，摘自董问樵中译本《歌德文集》，上海译文出版社，1999年，第980页。——译者

用自己独特的遗传学、现实和感性的方法看待革命事件。他讨厌那些革命事件，不是设法理解革命，而是竭力摆脱它，并在道德伦理中找到了这种摆脱。对他而言，道德伦理既是一种抵制，又是一种令人愉悦的人生哲理。在歌德看来，“不管别人跟你说些什么”，革命事件都是要制服我们所有人的卑鄙无耻的强权之举。

417 同样，歌德那些描述当时的社会关系，展示建立在稳固的旧市民等级基础上人物命运的其他严肃作品，也大多不涉及那个时代政治、经济的深层运动。书中对地点和时间常常只做泛泛的说明，以致人们觉得对个别情况还能说出个一二，而一旦涉及整个政治、经济状况，便情况不明，分辨不清了。最写实的作品当属《威廉·麦斯特的学习年代》。歌德在《编年史》(1795)中写道，雅可比在谈到这部著作时说，它所描写的是“现实，而且还是下等社会的现实，这并不让人振奋”。而吸引其他同时代人和后人的恰恰是作品所反映的这个现实。尽管如此，这一现实的范围也是极其狭小的。小说没有涉及政治或政治经济的具体情况，也几乎没有反映当时社会阶层的剧烈变革。当然，书中曾提到那场变革，那是一群上流社会的人针对大革命的动荡要采取防范措施，由于“现在聪明的办法是，只在一个地方保有产业，只把自己的钱投放到一个地方”，* 所以他们分散到世界各地，到处攫取财产，“一旦发生一场政治革命，这人或那人完全从他的产业中被赶走了”** 的

* 歌德:《威廉·麦斯特的学习年代》，摘自董问樵中译本《歌德文集》，上海译文出版社，1999 年，538 页。——译者

** 同上。——译者

情况，“我们彼此之间就互相保证我们的生活（第 8 卷，第 7 章）。”* 仅从小说的情节来看，这个防范措施几乎无法理解，因为书中其他地方，尤其是前几卷，人们丝毫没有察觉到一场政治社会动荡，为此而有理由采取在那个时代非同一般的防范措施。展现在读者眼前的是处于永远静止状态的市民等级社会。如果读一读有关威廉的父亲、祖父和朋友维尔纳的父亲以及关于他们的生活习惯，他们的收藏、生意和世界观的篇章，就会以为，那是一个非常平静，只会因世代更迭而发生异常缓慢变化的社会。年轻的威廉在给朋友维尔纳的信中解释了自己要当演员的原因，而信中所描写的那个等级制度看起来是何等的完美无缺、不可动摇啊。信是这样写的（第 5 卷，第 3 章）：

> ……我不知道外国的情形如何，不过在德国只有贵族才受到一种确切普遍的，如果我可以这样说，就是人格的培养。一个市民可以作出贡献，至多是培养他的思想；随便他怎么作，然而他的人格失去了。……
>
> 如果说，贵族在平常生活中漫无限制，人们可以让他当 418
> 上国王或者类似王侯的角色，那么，他就可以本着沉着的确信出现在他的同侪面前；他到处都可以向前闯，而市民只有规规矩矩墨守在给他划定的界线之内，不敢擅自越雷池一步。市民不能问：你是什么？而只能问：你有什么？有哪些

* 歌德：《威廉·麦斯特的学习年代》，摘自董问樵中译本《歌德文集》，上海译文出版社，1999 年，538 页。——译者

认识，哪些经验，哪些能力，多少财产？如果说，贵族通过个人的表现，就付出了一切，那么，市民通过他的人格却什么也付不出，而且也不应当付出什么。贵族可以而且应当表现；市民只能实有，如果他想表现什么，那只是可笑或无聊的。贵族应当办事，施加影响，市民则应当实干和苦干；市民应当培养个别才能，使其可供使用，而且先要假定他的行为互不协调，而且也不许协调，因为他既然决定供某一种方式的使用，势必要忽略一切其他方面。

在这种差别上，既不能怪贵族蛮横，也不能怪市民懦弱，只有怪社会制度本身；至于这种制度将来是不是有所变化，变化些什么，我对此并不关心；得啦，我只实事求是地想到我自身，以及我怎样挽救自己，获得我必不可少的需要。

我现在正是对于我性格的那种和谐训练，怀着不可遏制的向往，而这种性格是我的出身不能给我的。……*

这是一段重要的自白。歌德也是等级社会制度下一个市民的儿子，也渴望培养自己的和谐气质。他的教育理念源于贵族的高贵、不分专业的普及教育和“要面子”的观念，尽管这种理念在他的笔下发展成对专业的全身心投入。像威廉·麦斯特一样，歌德也在寻找一条跳出市民阶层，完全个人化的道路，而无需关注是否有一天社会制度会发生变动，会发生什么变动。他找到了符

* 歌德：《威廉·麦斯特的学习年代》，摘自董问樵中译本《歌德文集》，上海译文出版社，1999 年，第 283—284 页。——译者

合自己愿望的路，那条路比威廉·麦斯特希望实现当演员的目标更快、更保险。他不顾父亲直觉上的疑虑，接受了魏玛公爵的委任，在那里为自己找到了一个独一无二，在极其狭小的环境里却包罗万象的职位——这是一个纯粹为他设置的职位。十七年后，当他从法国出征[*]归来时——在法国他强烈地感受到，“在这里，在今天，世界历史翻开了新的一页”——在特里尔收到母亲的一封信，信中告知他一位曾经当过陪审员的伯父死了（这样，他的近亲中再没有人任法兰克福的议员了）；人们让问问他，假如选他当 419
议员，他是否愿意接受这个职位。毫无疑问，他只能拒绝，因为他对自己的生活早就另有安排。读一读他对这件事的考虑和说明的理由（见《出征法国记》，特里尔，10 月 29 日）是很有启发的。最后几句话是这样的：

在这特别古怪的圈子里，我应该怎样显示我的能力和作用呢？为什么非要将自己造就成另外一个人？多年来，我已经习惯于做适合自己能力的工作，更确切地说，做那些几乎不受市政需求和目标约束的工作。是的，请允许我作这样的补充，如果真的只能接纳市民进议会的话，那么，我现在对那里的情况已如此陌生，完全可以被看成外地人……

《亲和力》所反映的社会背景比《威廉·麦斯特》更加静止不变。相反，在歌德的自传体著作中却展现出生动的时代运动，感性而逼真地描述了公众生活中千姿百态的场景、事件和状况。不

[*] 1792 年，奥地利、普鲁士与法国王朝流亡者联合进攻法国，企图推翻法国革命政权。歌德曾于 1792 年 8 月至 11 月出征法国。晚年时歌德出版了自传体的《出征法国记》。——译者

过，这些场景、事件和状况的变化无疑是歌德生活和成长道路的变化。而对于歌德来说，每一次变化的意义不在于变化本身，而在于这种变化成为叙述对象。歌德对生命遗传方面的真正兴趣表现在对于个人及他亲身参与的思想运动上，而对于社会情况，虽然他的描写常常生动而传神，但他所理解的社会现状是既成事实，一成不变的。

歌德从未生动地表现过他那个时代社会生活的现实，也从未将其作为正在形成的、未来结构的雏形加以描绘，这个结论没有变。他对 19 世纪的研究都只是一般性、评价式的研究，并且大多持怀疑和否定的态度。工业技术的发展和民众自觉参与社会生活意识的提高令他不快。他预见到精神生活的肤浅化，却看不到任何可以补偿这种损失的东西。政治上歌德还远离爱国主义，这是人所共知的。正是在那一时期，假如情况更顺利一些，这种爱国主义本来可以给德国社会带来统一。如果当时真是这样的话，
420 那么，德国为顺应欧洲和世界正在形成的新现实的准备过程，或许会变得平和许多，不安和暴力因素会少许多。歌德对德国的政治现状不满，但他缺乏激情，将德国现状视为既成事实而予以接受。在一篇论战文章中(《文学长裤党》[*]，周年纪念版，第 36 卷第 139 页)歌德解释道，作者只有“在本国历史中发现重大事件及其后果顺利地协调一致、引人注目时，才会出现经典的民族作品……”。而德国的情形不是这样，“请看一看我们(德国作家)过

---

* 长裤党(Sansculotte)是法国大革命时期贵族对激进共和主义者的蔑称。——译者

去和现在的环境，仔细察看一下德国作家得以形成的个人处境，人们会很容易发现，评价德国作家时应该采取的立场。在德国找不到一个用于作家聚会的社会生活教育中心，以便大家在那里能够按其所长，以同一种方式获得同一种意义上的深造。他们来自五湖四海，所受的教育千差万别，多数人各自为战，孤立无援，受到各种不同环境的影响……”。不过，歌德对这种情况的惋惜之情并非发自内心，因为就在这段话之前他曾说过：“德意志民族不该受到指责，说它地域狭小，政治上四分五裂。我们不希望出现可能使德国创作出经典之作的变革。”这尽管是歌德1795年的言论，但即使是后来，歌德大概也“不希望”出现能够造就“一个社会生活教育中心”的变革。

如果有谁希望歌德不是这个样子，那就太幼稚可笑了。他的直觉和爱好，他给自己创造的社会地位，给自己划定的工作范畴，都已成为他的一部分，缺一不可，否则就会破坏对他的整体认识。但是，回顾迄今所发生的一切，人们仍禁不住做这样的设想，假如歌德能够凭借他的感知力、高超的生活技巧和远见卓识以及逐渐形成的对现代生活结构的认识，将更多的爱好和意愿倾注到创作中，那将会对德国文学和社会产生怎样的影响啊。

现实主义的分裂和局限同样也表现在比歌德年轻的同代人及后几代人身上。直到19世纪末，那些极其重要并试图严肃认真地反映当代社会的作品，几乎依旧充满幻想和田园诗般的意境，或者至少局限在狭小的区域内。这些作品展示的经济、社会 421
和政治画面都是静止不变的。那些风格迥异的著名作家无一例外，如让·保罗、E. T. A. 霍夫曼、耶雷米亚斯·戈特黑尔夫、阿达尔贝特·施蒂夫特、黑贝尔、施托姆等。冯塔纳作品中的社会现实几乎没有触及社会深层，而戈特弗里德·凯勒作品中反映的政治运动是纯瑞士的。也许克莱斯特和后来的毕希纳本可以带来一场变革，但命运却没有给他们自由施展才华的机会，而且他们都是英年早逝。

第十八章　德·拉默尔府邸

于连·索莱尔是司汤达的小说《红与黑》(1830)的主人公，这 422
是一个野心勃勃、热情奔放的年轻人，出身于弗郎什—贡德一个小市民家庭。他原先在贝桑松市的神学院学神学，几经周折来到巴黎，给地位显赫的德·拉默尔侯爵先生当秘书，并取得了他的信任。侯爵的女儿玛蒂尔德是位 19 岁的姑娘，她才思敏捷，娇生惯养，富于幻想，傲慢自大，已开始对自己的处境和周围的一切感到厌倦。玛蒂尔德爱上了父亲的“侍从”，对这种狂热恋情的描写，是司汤达令人赞叹的杰作。小说中有多处场景为这一恋情做铺垫，描写了玛蒂尔德如何开始对于连产生兴趣，下面是下卷第 4 章的一段，描写的就是这样一个场面：

一天早晨，神甫和于连在侯爵的图书馆里处理那桩没完没了的福利莱诉讼案。

“先生”于连突然说，“每天和侯爵和夫人一起吃晚饭，这是我的一个义务呢，还是人家对我的一种厚爱?”

“这是莫大的荣幸!”神甫生气地说，“院士 N. 先生十五年来一直百般讨好，却从未能替他的侄子唐博先生争到过。”

“对我来说，先生，这却是我的职务中最难以忍受的部分。我在神学院里也没有这么厌倦。我有几次看见连德·

拉默尔小姐都在打哈欠，她倒是应该对她们家的朋友的殷勤习以为常的。我真怕睡着了。求求您，让他们允许我到哪一家无名小店里吃四十个苏一顿的晚饭吧。”

神甫是个真正的暴发户，对和大贵人共进晚餐这种荣幸非常看重。正当他竭力让于连懂得这种感情时，一阵轻微的声音传来，他们转过头。于连看见德·拉默尔小姐在听，他脸红了。她来找一本书，什么都听到了。她对于连有几分敬意。“此人不是生来下跪的”，她想，“不像这个老神甫。天主！他真丑。”

晚饭时，于连不敢看德·拉默尔小姐，她却亲切地和他说话。那一天人很多，她要他留下。……*

如前所述，这个场景是为一个热烈而又极其悲壮的爱情纠葛
423 做铺垫的。这里我们不去探讨它的作用及其在心理学上的价值，这些不是我们研究的内容。我们应该知道的是，假如人们对特定的历史时刻，即法国七月革命前夕的政治形势、社会阶层以及经济关系等等没有详尽的了解，便几乎无法理解这一场景。为此小说有一个（出版商加的）副标题“1830 年历史纪实”。于连所抱怨的无聊是他在这个上层贵族家庭的饭桌旁和沙龙聚会上感受到的。这不是通常的无聊，不是由于聚会者碰巧都呆板木讷而使人感到的无聊，他们中不乏消息灵通、才思敏捷的人，甚至还有头面

* 摘自郭宏安译《红与黑》，广西师范大学出版社，2002 年，第 257－258 页。——译者

人物。这家的主人也聪慧明达，和蔼可亲。这种无聊其实是复辟时期特有的一种政治和意识形态现象。17 世纪的这类沙龙其实很有趣味，到了 18 世纪更是如此。但是，波旁王朝政府利用并不充裕的资金，企图恢复早已过时并受到各种事件重创的旧制度，在官方和领导层的追随者中造成一种不折不扣、因循守旧的氛围，人们的思想和言论受到限制。在这样的环境中，沙龙聚会者的聪明才智无法发挥，良好的愿望无法实现。在沙龙，人们不准谈论那些人人都感兴趣的话题，如国家政治和宗教问题，所以那些贤达人士宁可缄默不语。这与 18 世纪那些著名沙龙的勇敢精神是多么的不同！当然，那些沙龙聚会者做梦也没有想到这些议论会给自己的生存带来危险。现在人们认识到了这些危险，害怕 1793 年的灾难重演，生活笼罩在恐惧之中。由于意识到自己不再相信所支持的事业，意识到这个事业在每次公开论战时都注定要失败，所以人们宁愿只谈天气和音乐，或者只聊聊宫廷中的轶闻趣事。人们不得不与资产阶级的新贵和好摆绅士派头的腐败人物为伍。正是这些厚颜无耻、利欲熏心、为自己的不义之财担惊受怕的人，彻底败坏了社会风气。关于无聊这个话题就说这么多。

不过，我们只有从当时的政治社会形势出发才能够理解于连 424
的反应，理解他和前神学院院长比拉神甫在德·拉默尔侯爵府邸生活的事实。从少年时代起，于连那热情奔放、富于幻想的性格就使他对革命和卢梭的伟大思想产生兴趣，对拿破仑时代的重大事件感到振奋。从那时起，他对拿破仑垮台后统治阶层的褊狭虚伪和营私舞弊深为反感、倍加蔑视。他耽于幻想，踌躇满志，权力

欲极强。朋友富凯推荐的中小资产阶级的小康生活无法让他满足。当他看到,一个小资产阶级出身的人只有通过至高无上的教会才能达到统治者的地位,就有意把自己伪装起来。假如不是他政治上真实的个人感受,不是他热情率真的禀性,在关键时刻暴露,他那横溢的才智本来足以使他获得一个辉煌的神职生涯。自负让他在侯爵家的沙龙里向从前的老师和保护人比拉神甫吐露了自己的心声。侯爵家聚会者身上所表现出的精神自由中,如果没有掺杂精神上的自负和内心的优越感是不可想象的,而这种自负和优越感与一位年轻的神职人员和德·拉默尔家的被保护人于连的身份却不大相称(在这种特殊情况下,他的坦率不会对他造成伤害,因为比拉神甫是他的朋友。而于连的话给偶然偷听者玛蒂尔德小姐留下的印象出乎他的意料和担心)。小说中神甫被描写成一个地地道道的暴发户,能在一位大人物家中进餐让他倍感荣幸,因此他不同意于连的看法。司汤达本来可以说明神甫否定的原因,即明知是邪恶,却盲目屈从世间的邪恶,这是刻板的詹森派教徒典型的处事态度,比拉神甫就是一个詹森教徒。从小说的前几章我们了解到,他在贝桑松神学院当院长时,由于奉行詹森教旨,严明虔诚,不搞阴谋,受到过许多刁难和迫害,因为外省的教会都受耶稣会势力的控制。比拉神甫的对手是颇有势力的主教代理弗里莱尔神甫,他曾对德·拉默尔侯爵提出诉讼,侯爵请比拉神甫当自己的代理人,对他的聪明才智与正派的为人大为
425 赏识。为了使比拉神甫摆脱在贝桑松难以忍受的困境,德·拉莫尔侯爵在巴黎给他谋得一个神甫职位。不久,又将神甫的得意门生于连·索莱尔接到家中作私人秘书。

这些出场人物的性格、行为举止和彼此之间的关系都与当时的历史状况密不可分。能如此详尽、真实地把时代历史政治与社会环境编织到故事情节之中,这在以往的任何一部小说、任何一部文学作品中都未曾有过,如果有的话,也只在极具鲜明的政治-讽刺性文章中出现过。将一位社会底层人物(像这里的于连·索莱尔)的悲惨一生,自始至终、完全彻底地置于具体的时代背景中讲述,这是一种全新的、极其重要的现象。从社会学角度看,于连·索莱尔的其他生活圈子——他父亲家、维莱市市长德·莱纳侯爵府邸、贝桑松神学院——都像德·拉默尔府邸一样,明显地受到不同的历史时刻的影响。脱离复辟时期这一特殊的历史环境,要刻画出小说中的这些次要人物,如老神父谢朗,或兵站站长、行乞的瓦勒诺,是不可想象的。用同样的、自己时代的事件作背景,也可以在司汤达的其他小说中找到。在《阿尔芒斯》中,时代背景交代得还不够完善,范围过于狭小。而在他后来的作品中,无论是《帕尔玛修道院》,还是《吕西安·娄凡》,时代背景得到充分的展现。当然,《帕尔玛修道院》的故事展现了一个受现代文明影响不大的场所,因此这部作品倒像是一部历史小说。《吕西安·娄凡》写于路易·菲力普时代,是司汤达未完成的遗作。在他呈现给我们的作品构架中,时代的政治色彩过于浓重,不能与情节发展很好地融为一体,与主题相比,时代政治介绍得过于详尽。不过,如若司汤达能够最终完成这部作品的话,也许他会将这两者有机地结合在一起。最后还有自传体作品,虽然自传体作品具有情绪化、变化无常的"以自我为中心"的特点,但与卢梭或歌德的同类作品相比,司汤达的自传体作品与当时的政治、社会、

426 经济联系得更紧密，更具体，也显得更自觉，更重要。人们感到，那个伟大、真实的历史时代对司汤达的纠缠与他们完全不同。卢梭没有赶上那个时代，而歌德则懂得与时代保持距离，甚至也可以说，他的思想与时代格格不入。

这同时也表明，什么情况才会使生活在那个时代、那一刻的一个人能够创作出以时代为背景的具有现代悲剧性的现实主义作品。那就是由广大人民群众自觉参加，其影响波及并震撼整个欧洲的现代史上第一次伟大运动——法国革命。与激烈程度及群众动员程度毫不逊色的宗教改革运动相比，法国大革命的传播速度更快，在群众中的影响更大，实际生活变化的范围更广。因为此时交通工具和通讯技术的进步及革命发展趋势本身所形成的基础教育的推广，可以更快、方向更为一致地动员人民群众；每个人都更快、更自觉、更均衡地受到同种思想和同样事件的影响。在欧洲，人们开始关注世俗社会，不仅关注历史事件本身，也关注对事件的认识。此后，这一进程迅速发展，它预示着全人类的生活将更为统一，甚至从某种意义上说，这种统一已经实现。这种发展动摇或削弱了所有迄今为止被认为天经地义的生存秩序和结构；变革的节奏迫使人们不断地调整心态，努力去适应。但这种努力极其艰难，因而产生了深刻的适应危机。想要对自己的现实生活和在人类社会中的地位作出解释的人，必须具有比过去更加宽泛的现实生活基础和更加广阔的生存环境。不断认识到，他生活其中的这个社会的基础没有一刻是稳固的，并由于各种各样的动荡而发生变化。

人们不禁会问，文学领域第一次现代现实主义意识何以在来

自格勒诺布尔的亨利·贝尔*身上形成？贝尔——司汤达天资聪
颖，富有活力，他有主见，有胆识，但算不上伟人。他常常果断而
独特地表达思想，但其思维是跳跃式的，随意的，尽管张扬、大胆， 427
但缺乏内在的自信和联系。他天性中存在着不稳定因素：总体上看，他务实、坦诚，偶尔会幼稚地藏而不露；他时而能冷静地克制自己，放弃自己的欲望；时而缺乏自信，表现出伤感的虚荣；这种变化无常的性格令人难以接受。他的语言表现力新颖独特，令人难忘，但语气急促且不规律，并非每每成功，很少完整地把握并写好主题。但正因为他是这样一个人，他把自己托付给机遇，各种各样的事情激动着他，将他抛向四方，赋予他一种非同一般、出人意料的命运；他生活的环境塑造了他，使他不得不以一种前所未有的方式分析现实。

法国大革命爆发之际，司汤达还是个 6 岁的孩子。当他离开家乡格勒诺布尔，离开他那旧资产阶级反动家庭来到巴黎时，只有 16 岁。他的家庭当时还很富有，对新的局势感到悲观和不满。司汤达到达巴黎时，政变刚刚发生不久。他的一位亲戚皮埃尔·达律是首席执行官的一位颇有影响的同僚。几经犹豫和中断之后，司汤达在拿破仑的行政部门青云直上。他曾随拿破仑大军转战欧洲，成长为一位男子汉，一位极其儒雅的社交界名人；显然，他也是一位称职的行政官员，一位值得信赖、冷静从容的组织者，即便在危急关头，也能应付自如。拿破仑的垮台也让司汤达丢了饭碗，此时他 32 岁。他生涯中最初的、积极活跃的、成功辉煌的

* 司汤达原名为马里-亨利·贝尔。——译者

阶段已成过去。此后，他丢了工作，找不到适合自己的位置。只要他有足够的钱，只要后拿破仑时期多疑的行政当局不反对他的逗留，他想去哪儿都可以。可是，他的经济状况却越来越糟。1821 年，梅特涅政府的警察把他从最初的落脚地米兰驱逐出境。他来到巴黎，在那里生活了九年，没有工作，孤身一人，生活拮据。七月革命以后，朋友们给他在驻外机构谋到一个职位。由于奥地利人拒绝给他签发到的里雅斯特[*]的领事证书，他只得前往港口小城奇维塔韦基亚[**]任领事。他在那里的生活单调无聊，有时去
428 罗马旅行的时间过长，便会受到刁难。不过，只要他的资助人还在外交部长的位子上，他每年都可以去巴黎度假。最终，他在奇维塔韦基亚身染重病，又获准回巴黎度假。1842 年，他在巴黎大街上中风发作，去世时尚不足六十岁。这就是他的后半生。在这个时期，司汤达获得了才华横溢、行为古怪、政治上和道德上均不可靠的名声；也是在这个时期，他开始了文学创作。最初，他的作品涉及音乐，爱情，意大利及其艺术，直到他 43 岁时，才在巴黎发表了第一部小说，当时正值浪漫主义运动的鼎盛时期（他曾以自己的方式参与其中）。

司汤达的生平简历表明，当他“在逃生的小舟”上寻找一个避风港湾时，发现自己的小船已经没有一个合适且可靠的港湾可以停靠；尽管他精力充沛，锐气不减，但毕竟以过不惑之年，过去的辉煌已成为历史。他孑然一身，穷困潦倒，清醒地意识到自己已

---

* 意大利城市名。

** 意大利城市名。

无家可归。回顾自己的一生，司汤达这才开始现实主义文学作品的创作。此时他才意识到身边的社会环境问题。在此之前，他一直自得地认为自己与众不同，而这种感觉此刻无疑成为他急需厘清的对象，并最终成为他文学创作的主题。司汤达之所以从事现实主义文学创作，是由于他在后拿破仑时代不得志。他清醒地意识到自己不属于这个社会，在这个社会已无立锥之地。当然，在现存社会中的不得志和无归属感是卢梭式的浪漫主义，司汤达很可能在青年时代就已经具有这种精神，他的天性中就有这样的气质；青年时代的经历可能只是加强了他顺应他那代人所谓的生活风气的兴趣。另一方面，他的青年时代自传体回忆录《昂利·布吕拉尔传》直到30年代才完成。我们必须考虑到，司汤达从自己后来发展的角度，从1832年的角度，过分强调了这类特立独行的主题。可以肯定的是，他特立独行的主题和观点以及对待社会成问题的态度，与卢梭及其早期浪漫派追随者作品中所反映的类似现象完全不同。

与卢梭相反，司汤达有兴趣，也有能力从事实践活动，追求现 429
实生活的感官享受。他从一开始就不回避客观现实，也没有全盘否定它，而是想方设法把握现实，并且最初也取得了成功。他渴望物质上的成功与享受，钦佩活力和驾驭生活的能力，甚至连他钟爱的梦幻（沉寂的幸福）都要比那些独步漫游者的遐想更性感，更形象，也更强烈地依赖人类社会和人类的创造（奇马罗萨*、莫扎特、莎士比亚、意大利艺术）。只有当他的成功和享受开始滑

* 奇马罗萨（Domenico Cimarosa 1740－1801），意大利作曲家。——译者

坡，当现实环境使他面临生存危机时，他才意识到当时的社会问题，社会问题也才成为他表述的对象。卢梭在他生活的社会里找不到方向，这个社会在他有生之年从未发生过重大变动。他在其中青云直上，却没有感到更幸福，也没有与这个社会相处得更融洽，而生活本身似乎也是一成不变的。相比之下，当一次又一次的社会动荡震撼社会基础时，司汤达依然生活着。一次动荡使他脱离了日常的、为他那个阶层的人预先设计好的生活轨道，使他和许多同他一样的人经历了事先无法想象的冒险、经历、责任、自我考验，体验了自由与被统治的滋味；另一次动荡又将他抛回到新的日常生活之中，他感到这种生活比从前的更无聊、更愚蠢、更乏味。而最有趣的是即便这种生活也没能维持多久，新的动荡即将来临，它们时有发生，尽管不像以前那样暴力。由于司汤达的兴趣来自生活的体验，所以，他的兴趣不是一个可能的社会制度，而是现存社会制度的变动。他总是从现在的角度展望时代的发展。生活方式及生活时尚会不断发生变化，这个想法主宰着他的思想，但他更大的希望是，1880 年或 1930 年，“我将在读者中找到我的知音！”这里我想举几个例子。当他谈到拉布吕耶尔的“精神”时（见《昂利·布吕拉尔传》，第 30 章），就十分清楚，这种精神形式自 1789 年以来就已经失去了作用：“这种对于感觉到它的人如此珍贵的精神不能持续多久。当包括不同社会阶层的各种人物间的关系发生变化时，这种精神就会像捕鱼一样，几天就会过去，两百年之后会消失得更快。”《一位自私者的回忆录》就包含着这样大量的时代展望，其中大多的确是有预见性的。他曾预言
430 （第 7 章，结尾部分），“人们读到这些不经之谈之日”，便是他们普

遍认为统治阶级要对盗贼和杀人凶手所犯下的罪行承担责任之时。在第九章的开篇，司汤达忧心忡忡地写道，如果上苍赋予他还算合理的寿命，让他活到八十或九十岁，那么，他所有小心翼翼、战战兢兢发表的惊人之语，在他死后十年将变得平淡无奇。在接下来的一章里，司汤达谈到了自己的一位朋友，说此人为了获得一个“诚实的贫民妇女”的垂青，支付了五百法郎的高昂代价。他还解释性地补充说，1832 年的五百法郎，到 1872 年大概相当于一千法郎——也就是说，到那时已是他讲此番话后的四十年，而他去世也已三十年了。翻过短短的几页，书中还有一个同样有趣的句子，不过由于表达得不连贯，句子的意思无法理解。司汤达说，讲一个年轻女子的坏话，这样做是不恰当的，因为这番话很可能在他死后十年被印成文字。然后他接着说：“我估计，再过二十年，所有细微的差别将发生变化，读者只会看到整体。而我笔端的这个主体究竟在哪里？这是必须要研究的。”为了解读这句话，我想说明，如果我的理解是正确的话，masses 这个词在德语中大概可以译为“粗线条”。也就是说，司汤达担心，在他死后二十年，生活的变化会大得使语言表达上的细微差别令人难以理解，这样一来，读者便只能看到他叙述的粗线条了。“但是，我笔端的‘粗线条’究竟在哪里？”

我们还可以列举其他许多类似的段落，但没有必要，因为在他的描述中，对于时代的展望随处可见。司汤达在他的现实主义作品中，处处讲述的都是他所遇到的现实本身，“是我偶尔从大街上捕捉到的”。这段引语几行之后，他又说，他不选择那些他努力了解的人。蒙田早已运用的这个方法是最好的，这样就可以排除

自己在构思时的随意性，使自己完全服从于客观现实。不过，没有持续不断地把现实与发生不久的巨大变化相联系，不去探询未来即将出现的变化，人们就无法表现这个现实。这就是他所面临的现实。在司汤达的作品中，所有的人物形象和人物行为都是在
431 政治和社会变动的基础上展现的。为了搞清这意味着什么，我们不妨把他和革命前的18世纪最著名的现实主义作家，例如勒萨日[*]或普列沃神甫[**]、杰出的亨利·菲尔丁[***]或哥尔德史密斯[****]做一番比较。不妨想一想，比起伏尔泰、卢梭、席勒青年时代的现实主义作品来，司汤达参与当时真实事件有多么详细，多么深入。与圣西门相比，他的基础有多么广阔。他读过圣西门当时现存的许多作品，不过是很不完整的版本。现代严肃的现实主义只能把人物置于具体的、不断发展变化着的政治、社会和经济的总体现实之中，就像现在任何一部小说或电影所做的那样。从这个意义上讲，司汤达是现代严肃的现实主义文学的创始人。

尽管如此，司汤达把发生的事件编嵌到自己的作品中，在叙述时也注意事件之间的相互联系，但他的这种思想还谈不上受到历史主义的影响。在司汤达生活的时代，历史主义已传入法国，但对司汤达所起的作用微乎其微。因此，我们在前几页虽然提到了时代的观点，提到了司汤达始终意识到时代的变化和动荡，但

---

* 勒萨日（Alannin/Rene Lesage，1668－1747），法国作家。——译者

** 普列沃神甫（L'Abbe Antoine-Francois Prevost d'Exitel，1697－1763），法国小说家。——译者

*** 亨利·菲尔丁（Henry Fielding，1707－1754），英国小说家、剧作家。——译者

**** 哥尔德史密斯（Oliver Goldsmith，1730－1774），英国诗人、剧作家、小说家。——译者

并没有说他能够理解事物的发展变化。描述司汤达对社会现象的内心态度并不是件易事。他一心要了解社会现象的每一个细枝末节,极其准确地塑造每一个环境的特殊结构。他既没有对合理制度(哪些总体因素能够对社会生活起决定性作用)作出设想,也没有勾勒理想社会的模式;但在单个事件的描述上,他采用的完全是古典的伦理心理学意义上的“人物内心分析法”,而不注重研究和了解历史动力;在他的作品中有理性主义、经验主义和感性的主题,却几乎没有浪漫主义的历史主义。玛蒂尔德·德·拉默尔及其家庭对自己的出身感到骄傲,她本人对一位16世纪因谋反而被处决的先辈崇拜至极。司汤达从社会学和心理学的角度把上述情况作为自己叙述的主要内容,但并没有从生物遗传学的角度,按浪漫派作家的思想去理解贵族的本质和作用。司汤达对专制主义、宗教信仰、教会派别和等级特权的看法与一般的启蒙主义者没有太大的差异,也就是说,他把它们视为迷信、欺骗和阴谋的大杂烩。在他的情节布局中(除情欲外),精心策划的阴谋起着决定性的作用。然而,书中几乎没有表现制造阴谋的历史动力。这一切当然可以从他民主共和的政治态度中得到解释。仅 432
这一点就足以使他免受浪漫派历史主义的影响。此外,他对诸如夏多布里昂*的夸张手法也极为反感(也不喜欢卢梭的夸张手法。青年时代他曾经喜爱过卢梭的作品,但后来对其渐渐失去了兴趣了)。另一方面,司汤达也对他认为更接近他的社会阶层提出了

* 夏多布里昂(François-Rene de chateaubriand, 1768 - 1848),法国18 - 19世纪的作家、政治家、外交家、法兰西学院院士。——译者

尖锐批评，丝毫没有浪漫派在提到“民众”这个词时所具有的那种感情色彩。从事实际工作，以诚实方式挣钱的市民阶级使他感到无聊透顶。他对美国共和党人的道德感到恐惧。尽管他非常实事求是，但仍为旧制度社会文化的没落感到惋惜。的确，在《昂利·布吕拉尔传》第30章，他这样写道，“社会缺乏一种精神支柱，每个人都将其全部精力投入到能给自己带来一定社会地位的职业”。起决定性作用的已不再是出身，也不再是精神或一个“诚实人”的自我教育，而是工作能力。这不是司汤达—多米尼克能够生存和呼吸的世界，尽管司汤达和他小说中的人物也可以工作，也很能干——如果需要的话。但人们怎么可以持之以恒地认真对待诸如事务性的工作呢！爱情、音乐、激情、阴谋、英雄行为，这才是值得追求的生活……司汤达是旧制度时代一个大资产阶级贵族家庭的儿子，他不愿意，也不可能成为19世纪的资产阶级。他自己一再强调：“我的观点在青年时代就已经是共和派的，但我的家庭却遗传给我贵族的本能”（《布吕拉尔传》，第14章）；“自革命以来，戏剧观众变得愚昧无知”（《布吕拉尔传》，第22章）；“我本人（在1821年）是自由主义者，但我认为自由主义者过于幼稚”（《一位利己主义者的回忆》，第6章）；与外省一位大商人聊天会使我一整天头脑迟钝，很不愉快（《一位利己主义者的回忆》第6章等处）。类似的，有时也暗示自己身体状况的言论（大自然赋予我一个女人敏锐的神经和敏感的肌肤《布吕拉尔传》，第32章）不胜枚举。司汤达偶尔也会萌生强烈的社会主义思想，认为1811年在“真正需要斗争的东部”阶层中找到（《布吕拉尔传》，第2章），而这不只是针对1811年的情况而言。但是他觉得群众的气味和喧闹难以忍受，尽管他的作品一般来说在表现现实时无所顾忌，但书中既没有浪漫主义的“民族性”的人民，也没有社会 433
主义意义上的大众，有的只是诸如士兵、老爷们的佣人以及咖啡屋小姐那样的陪衬人物。司汤达偏爱具有地方特色或民族特色的题材，如描述巴黎与外省的差异、法国人与意大利人的不同，或描写英国人的性格等等，常常是一语中的，并且写的都是自己的所见所闻，只是有时描述不够连贯，显得片面。虽然描写的都是他所观察到的细节部分，而不是像孟德斯鸠作品那样列举一般的制度形式，所以，人们不会从历史或遗传学角度解释这些细节，它们只是用来满足民众津津乐道的道德说教和猎奇心理，或许可以称之为地方道德主义。为了具体理解我们这里所说的意思，不妨读一读司汤达 1817 年 1 月 1 日和 4 日在罗马、那不勒斯和佛罗伦萨的讲话。他很少把个人视为历史环境的产物，能够对环境产生影响。他认为人只是构成历史环境的一粒原子，似乎是偶然才被抛进他所生活的环境之中；环境对个人来说或多或少是一种阻力，而不是与他有着有机联系、促进其发展的温床。除此之外，司汤达对人的理解总体上看是唯物的，感性的。对此《昂利·布吕拉尔传》（第 26 章）中有一段精彩的说明，“我把一个人的性格称作他追逐幸福的行为方式。说得再清楚一些（不过也许说明不了什么）就是，一个人的性格就是此人道德习惯的全部”。即便是较高层次的人也只能在精神、艺术、情欲或荣誉中去找寻幸福。在司汤达那里，这种幸福所具有的感性色彩和尘世色彩远比浪漫派作家强烈得多。他对小市民的精明，对正在形成的资产阶级典型人物的厌恶的描写也可以具有浪漫派的风格，但一位浪漫派作家

却不大可能以下面这样的话语结束自己对赚钱的厌恶之情的描述:“我很少有这样的乐趣,几乎一辈子都在做使我快乐的事情”(《布吕拉尔传》,第 32 章)。虽然他竭尽全力总算实现了自身的精神追求和自由,但他对精神和自由的理解还完全停留在 18 世纪革命之前的水平上。为了自由,他不得不付出贫困和孤独的代价。至于精神方面,他自己痛苦,也伤害了别人,他“有一种制造恐惧的快感”(《布吕拉尔传》,第 6 章)。在精神层面上,司汤达没有了伏尔泰时代的那种自信,无论是社会生活还是其中特别重要的部分——与女人的性关系——司汤达都不能像旧时代达官贵
434 人那样应付自如了。为了掩饰自己对一位没能占有的女人的情欲,他甚至说,只有如此方能才情满怀。“十年来,数不尽的恐惧事实上成了我生活的主要内容”(《一位利己主义者的回忆》,第 1 章)。这些性格使他像是一位生不逢时、试图回归旧时代生活方式的晚辈。他性格中的其他方面,如他现实主义表现力中的那种无所顾忌的客观性,在平庸的理性环境中勇于坚持己见的精神以及其他性格因素都说明,他是后来出现的某些思想方法和生活方式的先驱。然而,在他的感受和经验中,他所生活的时代现实又总是一种阻力。正因为如此,司汤达的现实主义与他的生存状况联系得如此决绝,如此紧密,尽管他并不大懂得人类历史的起源与发展,或对此知之甚少,也就是说,他不是从历史的角度出发写作的。司汤达——这匹“容易受惊的马”——的现实主义是他为坚持己见而进行斗争的产物。这表明,与大多数后来的现实主义作品相比,司汤达的伟大现实主义小说更接近悲剧传统的高大、威武的风范——与巴尔扎克或福楼拜笔下的人物相比,于连·索

莱尔更像个“英雄”。

当然，正如我们上文已经提及的——司汤达在另一方面，即在反对划分现实主义与悲剧风格的界线方面支持同时代的浪漫派作家，甚至远远超过了他们，因为他更坚定，更真诚，所以他能在1822年以新文学流派一员的身份崭露头角。众所周知，古典美学风格不允许在悲剧性、严肃性的作品中出现唯物的现实主义。这一原则在18世纪已有所松动，对此我们已在前两章中作过论述，在法国，这种松动甚至在18世纪上半叶已经出现。狄德罗18世纪下半叶的作品在这方面表现得尤为明显。他不仅在理论上，而且在实践上推行一种中等的文体风格，不过仍未超出市民感伤剧的形式。在小说方面，尤其在《拉摩的侄儿》一书中，他很严肃地展现了中等社会阶层，而不是下层社会民众的日常生活。不过这种严肃性让人记起更多的是启蒙时期的道德说教和讽刺意味，而不是19世纪的现实主义。卢梭本人及其著作清晰地显示出后来的发展变化。正如迈内克在他的《论历史主义》— 435
书（第2卷，第390页）中所言，卢梭“无需全面地思索历史，仅凭其揭示自己那无与伦比的个性，也可以帮助别人唤醒个人的新感受”。迈内克在这里说的是历史的思索，现实主义也可以表达类似的观点。卢梭并不是真正地讲求客观实际，他对素材，尤其对自己的生活，表现出强烈的辩护和道德批判的兴趣，对事物的评价完全取决于他的天赋人权的基本原则，因而社会现实不能直接成为他的表现对象。尽管如此，对于那些比他更注重反映当下现实的作家来说，他那部试图描述个人生活在时代生活中实际状况的《忏悔录》仍具有重要的示范作用。卢梭从政治角度对田园般

自然概念的探讨，对严肃的现实主义所产生的间接影响也许更为重要。这种政治化为塑造生活创作了一幅理想的画面，所产生的心理暗示作用是众人皆知的；人们以为可以立即将理想付诸实现。这幅理想画面与当下已成为历史的现实截然相反，理想画面难以实现的结果表现得越清楚，这种对比的反差便越强烈，越具悲剧色彩。通过这种方式，实际存在的历史现实就会以前所未有的方式，变成更具体、更贴近的问题。

卢梭去世后的最初几十年，巨大的失望情绪的影响在法国早期浪漫主义时期截然相反，尤其是在那些最重要的作家作品中，表现出一种回避时代现实的倾向。现实主义作品在法国大革命、法兰西帝国以及复辟时期都很缺乏。早期浪漫派小说中的主人公时常会对参与时代生活流露出一种近乎病态的反感情绪。对卢梭而言，他所崇尚的自然和他所遭遇的历史现实之间的矛盾是悲剧性的。不过，正是这种矛盾唤醒了他为维护自然进行斗争。当法国大革命和拿破仑开创了一个崭新的局面时，卢梭已不在人世。但这种新局面绝不是卢梭意义上的自然状态，而又是一种历史盘根错节的局面。而深受卢梭思想及其理想影响的下一代，克
436 胜了历史现实的阻力。正是他们中受卢梭影响最大的那些人，在彻底摧毁了他们希望的新世界里感到无所适从。他们要么反对这个新世界，要么对它避而远之，只保留了卢梭性格中内心分裂、逃避社会的倾向和避世离俗、独来独往的要求；卢梭性格的另一面，即他的革命性和战斗性则被他们丧失殆尽。在法国，精神生活的统一和文学所发挥的绝对影响遭到破坏，这样的外部环境加剧了逃避现实的发展。从法国革命的爆发到拿破仑倒台，几乎没

有一部有影响的文学作品不带有逃避时代现实的特征，这种情形在1820年以后的浪漫派团体中更加普遍，塞南古的作品表现得尤为突出和全面。正是塞南古消极的性格反映出大部分早期浪漫主义作家与他们那个时代的社会关系，成为比启蒙时代更为严重的问题。卢梭运动及其所经受的巨大失望，是产生现代现实观的一个先决条件。卢梭极力用人的自然状态反对现存的、成为历史的生活现实，从而使这种现实变为具体的问题。直到18世纪，那种将生活描述为没有问题、没有发展变化的文风才失去其价值。

浪漫主义在德国和英国早已形成，比法国的历史主义和个人主义倾向早很多。法国的浪漫主义在1820年之后得到充分发展，这就是人所共知的文体混用原则。它原本是维克多·雨果和他的朋友们为他们的运动而提出的战斗号召。文体混用在内容处理和文学语言上与古典主义可谓是泾渭分明。不过，雨果将崇高与怪诞这两种风格文体混用，使得他在语言修辞中的对比过于尖锐。崇高与怪诞是文体的两个极端，二者都没有考虑真实性。事实上，雨果也无意明确无误地刻画当时的现实。无论是历史素材还是当代素材，他都极为鲜明地突出崇高与怪诞，或者强调其他道德和美学上的差异，使其针锋相对。尽管这种方式可以产生强烈的效果——因为雨果的表达强劲有力，撼人心魄——但它不 437
可信，它所再现的人类生活也不真实。

浪漫派的另一位作家巴尔扎克具有同样非凡的创作才华，更加贴近生活。他视表现时代生活为己任，与司汤达同为现代现实主义的创始人。巴尔扎克比司汤达小16岁，但他最初几部独具

特色的小说却与司汤达的著作几乎同时出版，都发表于 1830 年前后。为了说明巴尔扎克的叙述方式，我们先以公寓老板娘伏盖太太这个人物形象为例，这是巴尔扎克 1834 年完成的小说《高老头》开篇中的人物。此前作者对公寓所在区域、公寓本身和公寓一层的两个房间作了非常细致的描写。这一切都给人以一种极其穷酸、破旧不堪、臭气熏天的强烈印象。对于物质匮乏的描写使人联想到道德环境的龌龊。在描述了餐室的布局之后，公寓老板娘本人终于出场了：

> 这间屋子最有光彩的时间是早上 7 点左右，伏盖太太的猫赶在主人之前，先行出现，它跳上食器柜，把好几罐盖着碟子的牛奶闻嗅一番，呼啊呼啊的做它的早课。不久寡妇出现了，网纱做的便帽下面，露出一圈歪歪斜斜的假头发，懒洋洋的趿着愁眉苦脸的软鞋。她的憔悴而多肉的脸，中央耸起一个鹦鹉嘴般的鼻子，滚圆的小手，像教堂的耗子一般胖胖的身材，膨脝饱满而颠颠耸耸的乳房，一切都跟这寒酸气十足而暗里蹲着冒险家的饭厅调和。她闻着室内暖烘烘的臭味，一点不觉得难受，她的面貌像秋季初霜一样新鲜，眼睛四周布满皱纹，表情可以从舞女那样的满面笑容，一变而为债主那样的竖起眉毛，板起面孔。总之她整个的人品足以说明公寓的内容，正如公寓可以暗示她的人品。监狱少不了牢头禁卒，你想象中决不能有此无彼。这个小妇人的没有血色的肥胖，便是这种生活的结果，好像传染病是医院气息的产物。罩裙底下露出毛线编成的衬裙，罩裙又是用旧衣衫改的，棉

> 絮从开裂的布缝中钻出来；这些衣衫就是客室，饭厅，和小园的缩影，同时也泄露了厨房的内容与房客的流品。她一出现，舞台面就完全了。五十岁左右的伏盖太太跟一切饱经忧患的女人一样。无精打采的眼睛，假惺惺的神气像一个会假装恼怒，以便敲竹杠的媒婆，而且她也存心不择手段的讨便宜，倘若世界上还有什么乔治或皮什格吕可以出卖，她是决 438
> 计要出卖的。[*] 房客们却说她骨子里是个好人，他们听见她同他们一样咳嗽，哼哼，便相信她真穷。伏盖先生当初是怎么样的人，她从无一字提及。他怎样丢了家私的呢？她回答说是遭了厄运。他对她不好，只留给她一双眼睛好落眼泪，这所屋子好过活，还有给了她不必同情别人灾祸的权力，因为她说，她什么苦难都受尽了。[**]

老板娘的画像和她清晨出现在饭厅联系在一起，这是她发挥核心作用的地方。小说首先描写的是一只跳上食品柜的猫，然后才写她的出现，这使得老板娘这个人物有点像个巫婆。接着，作者开始对她本人进行了细致的描写，期间，一个主题多次出现，这就是老板娘这个人物与其目前所处的餐厅位置，与她掌管的公寓及其生活浑然一体；简言之，是人物与我们(巴尔扎克有时也称为环境)之间的统一。这种统一给人以极强烈的印象：首先，她那张

---

* 乔治与皮什格吕均系法国大革命时代人物，因阴谋推翻拿破仑而被处死刑。——傅雷注

** 译文摘自傅雷译《高老头》，《巴尔扎克全集》第 5 卷，第 9－10 页。人民文学出版社，1986 年。——译者

憔悴的脸，胖胖的身材，她身上和衣服上脏兮兮、暖烘烘的味道，那令人生厌的性感部位与她毫不觉得难受的室内臭气是那么协调一致；接着，在描写她的面部表情时，这一协调主题具有更多的道德意味，作者更加强调人物与环境之间的互换关系，“她整个的人品足以说明公寓的内容，正如公寓可以暗示她的人品”。用监狱里的牢头禁卒做比喻也是对人与环境关系的强调。随后，作者用医学术语说明，伏盖太太“没有血色的肥胖”是她生活的写照，就像传染病是医院气息的产物一样。接着，小说又对她的衬裙作了评价，说它是公寓各种房间的大杂烩，它泄露了厨房饭食的味道，预示了房客的品位。这条衬裙一时成了环境的象征。然后巴尔扎克对所有这一切再一次总结道：“她一出现，舞台面就完全了。”人们根本不需要期待有什么样的早餐，来的是什么样的客人，看到老板娘这个人物，一切便都不言自明了。各种各样的统一主题的重复出现似乎并不是事先精心安排的。同样，巴尔扎克在描述伏盖太太出场时，似乎也没有系统的计划，提及的物品顺序——便帽、发式、拖鞋、脸、手及身体，接着又一次提到脸、眼睛、
439 肥胖的身体、衬裙等等——丝毫没有布局安排，也没有区别衣服和身体，身体特征与道德含义之间的界限。就我们至此所看到的整个描述，需要读者依靠自己的想象力，依靠曾经见过类似的人和环境的记忆图像进行复制。巴尔扎克对“风格统一”的环境（其中也包括人在内）这一命题论证得并不清楚，人物与环境的统一只是作为直接在感官上造成刺激的客观事实来展现的，没有论据，是纯粹的诱导。在“滚圆的小手，像教堂的耗子一般胖胖的身材……一切都跟这寒酸气十足的……饭厅调和。她闻着室内暖

烘烘的臭味……”，这些句子中，风格一致的论点及其所包含的一切是已知的先决条件（例如家具和服饰的社会伦理意义，通过现有的环境因素就可以确定那些尚未见到的其他环境因素等）。而提及的监狱和传染病不是论据，也不是论证的先兆，只是一个诱导性的比喻。文章没有谋篇布局，缺乏条理，加之情理之中的疏漏，这些都是巴尔扎克急于创作的结果。然而，这种结果不是偶然的，而是他本人着迷于那些影响强烈的画面所致。人与环境一致的主题对巴尔扎克本人产生了强烈的震撼力，因为在他看来，构成环境的物与人常常具有第二种意义，一种不同于理性，又比它更重要的意义。我们不妨用“妖魔般的”这个形容词来说明这第二种意义。餐室里摆放的是破旧寒酸的家具和用品，虽然难以让人产生幻想，却并不影响人们作出理智的判断。“暗里蹲着冒险家”——这是一种比喻，就像在平凡的日常生活中充斥着一股子妖气，刹那间映入人们眼帘的不是肥胖滚圆、衣衫不整的寡妇，而是一只老鼠。这里涉及的是某个特定生活空间的统一，它使人感到，恶魔和有机生命的一体化表象是通过诱导和感性的描写展现的。

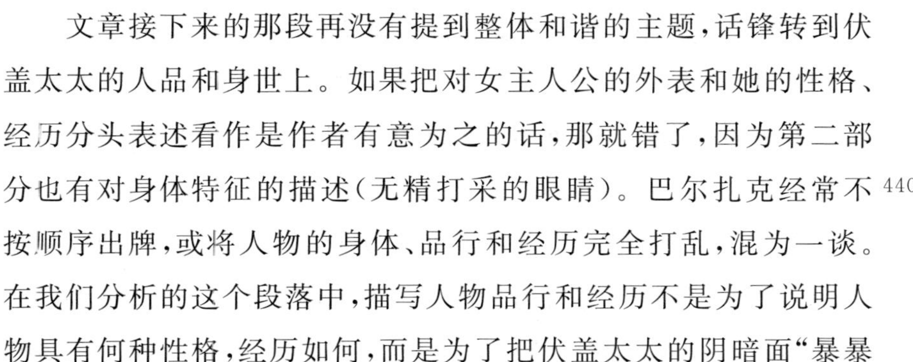

文章接下来的那段再没有提到整体和谐的主题，话锋转到伏盖太太的人品和身世上。如果把对女主人公的外表和她的性格、经历分头表述看作是作者有意为之的话，那就错了，因为第二部
分也有对身体特征的描述（无精打采的眼睛）。巴尔扎克经常不 440
按顺序出牌，或将人物的身体、品行和经历完全打乱，混为一谈。在我们分析的这个段落中，描写人物品行和经历不是为了说明人物具有何种性格，经历如何，而是为了把伏盖太太的阴暗面“暴暴

光”，即暴露这个人物低俗、平庸的妖魔相。这位五十岁的公寓老板娘跟一切饱经忧患(qui ont eu des malheurs)(请注意这里的复数!)的女人一样；巴尔扎克对她过去的经历未做任何说明，而是运用了自由间接引语这一修辞手法，部分地重复了伏盖太太自己在回答别人关切的询问时所惯用的那种毫无具体内容、怨天尤人的空洞的套话。这里，巴尔扎克又一次使用了令人疑惑、未加说明的复数：她去世的丈夫“遭了厄运”(dans les malheurs)，失去了财产；这和几页之后另一位同样令人疑惑的寡妇谈到她死去的丈夫时所说的话如出一辙。寡妇的丈夫曾是位伯爵，当过将军。她说丈夫战死在了“沙场上”(les champs de bataille)。伏盖太太的这番话很符合她那恶魔般卑鄙的品格；她看上去骨子里是个好人(bonne femme au fond)，好像很穷，但正如下文所提到的，却有一笔可观的财产。为了改变自己的命运，她什么卑鄙下流的事情都干得出来。这种以一己私利为目的的卑劣和狭隘，这种愚蠢、狡诈和潜藏的生命力交织在一起，又一次给人留下了面目狰狞、可憎可恶的印象，人们不禁又会联想到一只老鼠或其他可怕的、令人生厌的动物的比喻。可见，第二段的描述是对第一段的补充：在第一段里，伏盖太太被描绘成在她掌控的生活空间中人与物的协调组合，随后的第二段，则对她那深藏不露的卑鄙本性做了进一步的说明，这种本性必定要在可以想见的生活空间发挥作用。

像这段文字一样，巴尔扎克在他所有的作品中感受到了那些环境，那就是生物与魔力为一体、千形万态的环境，并试图将这种感受传达给读者。像司汤达一样，巴尔扎克不仅以严肃的态度讲述了人物的命运，把人物放在具体确定的历史和社会框架中，而且认为人物和环境的联系也是必要的。对他而言，任何生活空间都具有道德、感性氛围，它弥漫在自然界，房间里，笼罩在家具、器皿、服饰上，也表现在人们的身体、品格、交往、思想、工作和命运中，而一般的历史环境又以涵盖各个生活空间的总体氛围的形式
出现。值得注意的是，巴尔扎克对中等阶层和小市民阶层以及外 441
省情况的描写绘声绘色，入木三分，而对上流社会的描写则往往过于偏激，不真实，有时甚至违背了自己的意愿，显得滑稽可笑。在其他作品中，巴尔扎克也没能摆脱戏剧性的夸张。不过，这种手法在描写下层和中等阶层的环境时，很少损害作品整体的真实性，但在表现生活的高度，也包括精神生活的高度时，巴尔扎克就不能创造出真实的生活氛围了。

巴尔扎克对环境的真实再现是他所生活的那个时代的产物，其本身是环境的一部分，是环境的产物，是一种类似浪漫主义的精神形态。这种精神形态开始强烈并感性地意识到过去时代的环境统一，它发现了中世纪和文艺复兴时期以及异国文化历史上（例如西班牙、东方国家）的独特风格，也促进了对本时代各种氛围独特的有机理解。环境历史主义和环境写实主义密不可分；米什莱*和巴尔扎克都受到同一种思潮的影响。正是法国 1789 年至 1815 年间发生的事件及其在随后几十年间的影响，使现实主义在法国得到最早、最有力的发展。国家政治、文化的统一，让其

---

* 米什莱（Jules Michelet 1798－1874），法国历史学家。获查理曼学院文学博士学位，曾任国家档案馆历史部主任、法兰西学院教授。——译者

在这方面比德国领先了一大步。尽管法国的现状变化多端，但可以作为整体来把握。与浪漫派对生活空间整体环境的感受相比，浪漫派的另一种倾向对现代现实主义的发展也作出了很大贡献，这就是本书经常谈到的文体混用。它使任何阶层的人，诸如于连·索莱尔、高老头和伏盖太太等人，连同他们具体的日常生活琐事，都成为严肃文学表现的对象。

我觉得，这种一般性的考量是有说服力的，但要更详细地描述支配巴尔扎克独特表达方式的观念就困难多了。巴尔扎克自己对此有过许多说明，而且这些说明也的确提供了不少线索，但它们杂乱无章，自相矛盾。巴尔扎克的才思如此敏捷，想象力如

442 此丰富，却不能厘清自己思想上各种不同的基本概念，减少在表达思想时那种虽然能使人产生联想，但让人不知所云的画面和比喻，尤其是不能对自己潮涌般的灵感保持批判态度。他所有思想上的论述虽不乏真知灼见，但结论却总是大而无当，使人不由得想起他的同代人雨果。而要对他的现实主义艺术手法作出解释，恰恰需要我们仔细分辨其中汇集了哪些艺术流派。

受若弗鲁瓦·圣伊莱尔*理论的影响，巴尔扎克在《人间喜剧》（1842 年出版）的前言中，以一个动物世界和人类社会的比较开始阐释自己的作品。他认为有机生物中有一个典型的统一原则，在他看来，植物（及动物）的机体中有一个统一的安排；巴尔扎克在这里提到了其他神秘派作家、哲学家和生物学家（斯威登堡、

* 弗鲁瓦·圣伊莱尔（Saint-Hilaire, Etienne Geoffroy de, 1772－1844），法国杰出的脊椎动物专家。——译者

圣马丁、莱布尼茨、布丰、博内、尼德姆等人)的学说,最后作了如下的表述:

> 造物主只采用了唯一的一种模式来创造一切有机生物。动物是一种本原,只为适应它所处的生长环境而采取自己的外在形式,或更确切地说,各自不同的外在形式。*

这个原则很快被运用到人类社会:

> 社会(La Société,首字母大写,前面的"自然"[Nature]两字也是大写)不也是根据人类进行活动的不同环境,将人类划分成各种各样的人,就像动物学把动物划分成许许多多类别一样么?**

接着,巴尔扎克比较了士兵、工人、官员、律师、游民、学者、政治家、商人、水手、诗人、穷汉及神甫之间,以及他们与狼、狮、驴、乌鸦、鲨鱼等动物之间的区别。

从上述文字中首先可以看出,巴尔扎克试图用生物学的类比法解释他对人类社会的看法(人的类型因其所处环境的差异而不同)。这里,环境一词第一次有了社会学意义,并且意义非同凡响(看来是泰纳借用了巴尔扎克的这个词),这是巴尔扎克从若弗鲁

---

* 引文原文为法语,译文摘自丁世中译《人间喜剧》前言,见《巴尔扎克全集》,第1卷,第3页。人民文学出版社,1984年。——译者

** 同上。——译者

瓦·圣伊莱尔那里学到的,而后者是把物理学转换成生物学;现
443 在,生物学又有了社会学的意义。从巴尔扎克前言中提到的那些人名可以看出,浮现在巴尔扎克脑海中的生物体系既神秘,又抽象,却充满活力。不过模式概念,即“动物”或“人”的原理,绝不是从内在层面考虑的,而像是真正的柏拉图理念。不同的种类和类型仅仅是“外在形式”。此外,这种形式本身(如士兵、工人,或狮、驴等的外表)是固定不变的,它不因自己内部的历史发展而变化。巴尔扎克在小说中实际上运用了“环境”这个概念,但从前言来看,他似乎对这一概念的意义不甚明了。在巴尔扎克之前,虽然“环境”一词没有出现,但就其社会意义而言,“环境”这个东西早已存在。孟德斯鸠对环境的印象是显而易见的。不过,他更关注自然环境的条件(如气候、土壤),而不太重视人类历史形成的环境。他竭力把各种各样的环境构想成静止不动的模式概念,每个概念都可以运用与之相适合的立宪和立法模式。巴尔扎克则相反,他更热衷他周围环境历史的、不断变化的结构要素。没有哪位读者会自己产生像他在前言里所说的那种想法,即至关重要的是原型“人”,或者类型(“士兵”、“商人”等)。人们看到的是具体的、有着自身心灵发展历程的个人,是从固有的历史、社会、身体诸多环境中产生并不断变化着的单个人,人们看到的不是“士兵”,而是在拿破仑垮台之后被免职的那位堕落而又爱冒险的上校,即伊苏屯的勃里杜(《搅水女人》中的人物)。

当然,巴尔扎克在对动物和人类社会的不同作出大胆的比较之后,还想尽力搞清社会不同于自然的特殊之处。他认为这种特殊性首先表现在人类生活的纷繁复杂,人类习俗的千殊万类。其

次，动物界不存在一个种类演变为另一种类的可能，而在人类社会中，这种可能性是存在的(杂货商……确实当上了法兰西贵族院议员，贵族有时却沦落到社会的底层)[*]。此外，各类人等还可以交配成婚(商贩的妻子或有不亚于王后的风韵……，可是在社会中，女人并不总是男人的雌属)[**]。巴尔扎克还提到，雌性动物和 444
雄性动物相处很少有戏剧性的爱情冲突发生，而人与人之间的智力也是千差万别。他得出的结论是："社会情境有一些巧合，是自然界所不会有的；因为社会情境是自然界加社会"[***]。无论这段话多么含混，多么空泛，无论巴尔扎克从假核心出发进行的比较使他自己感到多么痛苦，但前言中有种直觉的历史观(积习、衣着、言谈、住所，其相互间的差异却很大，并且随着文明的发展而加剧)[****]，其中也不乏一些充满活力的东西(虽说某些学者不承认生活的洪流将兽性转移到了人性当中……[*****])。巴尔扎克没有谈到人与人之间相互理解的特殊能力，也没有指责人类缺乏理解动物的能力。相反，他指出，与人相比，动物的社会及内心生活极其简单，这是客观事实。只是在这段话的结尾，巴尔扎克才提到了这些认识的主观特性："……但就每种动物的习惯来说，那就不

* 摘自丁世中译《人间喜剧》前言，见《巴尔扎克全集》，第1卷，第4页。人民文学出版社，1984年。——译者

** 同上书，第3页。——译者

*** 同上。——译者

**** 同上书，第5页。——译者

***** 同上书，第4页。——译者

免总是雷同近似，至少在我们看来是这样。”*

巴尔扎克从生物界谈到了人类历史。接着，他对流行的历史写作类型提出了批评，指责他们迄今为止全都忽略了风俗史。他写到，书写风俗史是他给自己提出的任务。在他提出批评时，并没有谈到18世纪以来别人在民俗史方面所做的种种尝试（如伏尔泰）。同样，他也没有对自己和某些前辈的风俗描写的不同之处进行分析，只提到了佩特罗尼乌斯这位作家。在谈到任务的艰巨性（一台角色多达三四千人的社会戏剧）时，巴尔扎克觉得自己很受瓦尔特·司各特小说的鼓舞。前言的这一部分使我们这些读者徜徉在浪漫的历史主义天地间。此外，其中产生效应、富于想象的遣词造句也影响了巴尔扎克清晰明了地表达思想，如“faire concurrence à l'Etat－Civil”就十分令人费解，而“偶然是世上最伟大的小说家”这句话至少也应该加上评论才能表现作者的历史观。尽管如此，巴尔扎克在前言里还是把几个重要的典型主题论述得十分清楚：首先，他认为风俗小说就是哲学意义上的历史。在其他作品中，他也极力坚持这样的观点，即自己的工作就是书写历史，关于这一点，我们后面还会谈到。其次，巴尔扎克对这类作品的各种文体风格和文体高度给予了肯定；最后，他打算超越瓦尔特·司各特，创作一部汇集他所有小说、展现19世纪法
445 国社会生活全貌的鸿篇巨制，巴尔扎克称其为历史著作。

然而，巴尔扎克的计划还不止于此，他还要研究“产生这类社

* 摘自丁世中译《人间喜剧》前言，《巴尔扎克全集》，第1卷，第4页。人民文学出版社，1984年。——译者

会效果的各种原因或一种原因”。其次，如果他至少能够找到这种“社会动力”，那么，他最后也要“思索一下自然法则，推敲一下各类社会对永恒的准则、对真和美有哪些背离，又有哪些接近的地方”。* 这里我们不想讨论，巴尔扎克在叙述之外从没有理论阐述，因此，只能用小说的形式实现自己的理论构想的问题。我们感兴趣的是，查证巴尔扎克不满足风俗小说的“内在”哲学，而这种不满促使他在多次生物学和历史学的研究后，使用古典主义的模型概念（“永恒的准则：真和美”），而事实上这些范畴在他自己的小说中再也没能派上用场。

的确，在巴尔扎克的作品中，生物、历史和传统道德的主题随处可见。他很喜欢进行生物学上的比较；从生物学和动物学，再到种种社会现象，直至“剖析人的灵魂”。在我们前面分析过的巴尔扎克那段文章中，将社会环境比作是产生传染病的臭气，而在《高老头》的另一处，当谈到那位受奢侈生活的影响和诱惑而不能自拔的拉斯蒂涅时，巴尔扎克写道：其狂热正如雌枣树的花萼，拼命吸收富有生殖力的花粉。我们无需一一列举历史主题，因为历史主义的个人环境精神正是他全部作品的灵魂。但是，为了证明巴尔扎克始终具有的历史意识，我想至少摘录他作品中的一段。这段出自外省小说《老姑娘》；其中讲到住在阿朗松的两个中年男子，一位是典型的前朝遗少，另一位是个一事无成、大发革命财的人：

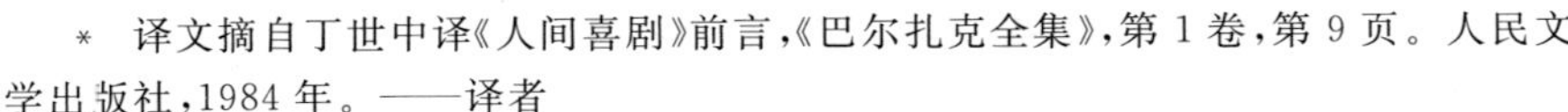

* 译文摘自丁世中译《人间喜剧》前言，《巴尔扎克全集》，第 1 卷，第 9 页。人民文学出版社，1984 年。——译者

时代给穿越时代的人打上深深的烙印。这两个人物以他们的容貌、言谈、思想和装束所点染的历史色调完全不同，印证了这句格言确是真理。*

在这部小说的另一处，巴尔扎克谈到了阿朗松的一幢公馆所代表
446 的原型，这不是那种没有历史的抽象原型，而是法国大部分地区资产阶级家庭住宅的原形。巴尔扎克在前面曾描述过这所房子具有浓郁的地方特色，因而，它在这部作品中的地位非同一般，因为它有助于人们理解当地的习俗，也足以代表某些观念。在巴尔扎克的作品里，虽然不乏含糊不清和夸大其词之处，但其中生物和历史的部分却连接得天衣无缝，因为这两部分具有浪漫、活跃的特点，而这一特点时常演变为浪漫主义的神秘与魔力。在这两种情境中，人们可以感受到非理性"力量"的作用。与此相反，古典主义的道德教义却常常像是异物，这突出表现在巴尔扎克偏爱带有普遍道德教义的格言警句。逐条细品，这些格言警句偶尔颇为俏皮风趣，但大多数过于空泛，有时甚至毫无才智。如果这些名言警句发展成冗长的阐述，就成了德语粗话中所谓的"胡诌"。在此我想列举《高老头》中几句短小的道德格言：

女人要有幸福才有诗意，正如穿扮齐整才显得漂亮。——不知道这两条路线是永远连不到一起的。——男

* 译文摘自袁树仁译《老姑娘》，《巴尔扎克全集》，第 8 卷，第 307 页。人民文学出版，1987 年。——译者

> 人天生的情感，不是因为能随时保护弱者而感到骄傲吗？——直到你认识巴黎之后，才知道大家说的并不是事实，而事实是大家不说的——归根结蒂，我们优美的感情不就是意志的再现么？[*]

像这样的格言，人们至少可以说，它们所做的一般性概括大多数是不值得的。它们是瞬间突发的念头，时而贴切，时而荒诞，并不总是富于情趣。巴尔扎克立志做个传统的道德主义者，他的作品有时颇有拉布吕耶尔[**]之风（如《高老头》中有一个地方描写拉斯蒂涅收到家里寄来的钱时，对占有金钱在肉体和精神上所产生的作用）。但这种描写既不符合巴尔扎克的风格，也不符合他的气质。巴尔扎克根本不想进行道德说教的时候，也是他的文章写得最精彩的时候。比如在《老姑娘》中，当说到科尔蒙小姐时，巴尔扎克写道：她自己很腼腆，却猜想不到别人的腼腆。

关于巴尔扎克逐步形成的整个计划，他自己还发表过其他许
多有趣的见解，尤其是在他作出最终计划安排的阶段，即在 1834
年前后的通信中这类例子很多。这些反应自我剖析的信件突出 447
了三个主题。在一封写给汉斯卡伯爵的信中（1834 年 10 月 26
日，见《国外书简》，巴黎，1899 年，第 200—206 页），他写道（第
205 页）：

---

[*] 译文摘自傅雷译《高老头》，《巴尔扎克全集》，第 5 卷，第 14 页。人民文学出版社，1986 年。——译者

[**] 拉布吕耶尔（Jean de la Bruyere，1645－1696），法国作家，法国写讽刺作品的道德家。——译者

> 一切社会效应习俗研究不会忘记生活环境、面貌、男人和女人的性格、生活方式、职业、社会等级、法语地区，也不会忘记在童年、成年和暮年，在政治、司法及战争中发生的任何事情。
>
> 此外，一笔一画描绘出的人类史，各行各业形成的社会史，这就是基础。这将不是想象的事实，而是到处发生的事情。*

我所说的三个主题，有两个一目了然，一是有意创作一部包罗生活万象、百科全书式的作品，其中生活的各个方面都是不可或缺的；二是这部生活百科全书具有任意性和真实性，即随处可见，到处发生的事情。第三个主题表现在“历史”一词上。这个“人类史”或“社会史”根本不是通常意义上的“历史”，不是对所发生的事件过程进行学术研究，而是进行相对自由的虚构，不是history，而是fiction（英文表达得特别清楚）。总而言之，写的不是过去，而是当代，最多是过去几年或几十年的事情。如果巴尔扎克把对19世纪风俗的研究称作历史的话——司汤达也曾给小说《红与黑》起过类似的副标题“19世纪历史纪实”——那么这就意味着，第一，巴尔扎克把虚构的艺术创作理解为对历史的阐释，甚至理解为历史哲学，这一点从《前言》中可以看得出来；第二，他把当代理解为历史，把当前看作历史正在发生的事情。尽管他塑造

* 引文原文为法语。——译者

的人物和环境具有强烈的时代特征，但事实上它们始终被作为历史事件和历史动力中的现象加以展示的。只需读一读巴尔扎克对葛朗台（《欧也妮·葛朗台》）财富积累过程的描述，或对杜·布斯吉耶（《老姑娘》）及高老头生涯的描写，便会清楚地看到，在司汤达和巴尔扎克出道之前，还没有这般明确、细微的描写，而巴尔扎克在人与历史的有机联系方面远远超过了司汤达。这样的见解和实践是彻底的历史主义。

现在让我们再回到第二个主题——这将不是想象的事实，而 448
是到处发生的事情。这说明，虚构不是胡思乱想，而是源于无处不在的真实生活。面对这个上演着所有平庸、现实、丑恶和卑劣的怪异时代，巴尔扎克的态度与司汤达相似：那就是以严肃的、甚至悲剧的手法，真实地再现普通人物的内心世界。这是自古典主义审美观盛行以来从未有过的事情，即使在此之前，也不会用这种具体的、限定历史并针对人类社会进行自我辩解的方式。自法国古典主义尤其是专制主义以来，对日常真实生活的描写不仅变得更狭窄、更直白，对它的看法似乎也彻底摈弃了悲剧性和沉重感，对此我们曾在前面的几章中作过探讨。人们可以把现实题材编写成具有讽刺意味或道德说教的滑稽戏；而某些特定的、局限于当代现实的题材最多可以运用中等文体高度写成伤感动人的作品；超出这个高度是不可以的。即便是表现中等社会阶层的现实生活，也只能用低级文体。才华横溢的大作家亨利·菲尔丁的作品涉及大量的道德、审美和社会问题，他在叙述时总是保持一种讽刺和道德说教的腔调，他借汤姆·琼斯（第 14 卷，第 1 章）的口吻说道："我正在写的小说，属于喜剧类型。"

正如我们在司汤达和巴尔扎克作品中看到的，人类生存中具有悲剧色彩的严肃问题进入现实主义。毫无疑问，这与浪漫主义所主张的、用莎士比亚反对拉辛这一流行口号所代表的文体混用运动密不可分。司汤达与巴尔扎克将严肃性与日常生活现实混合在一起，我认为，这种混合方式要比维克多·雨果等人试图将高雅与荒诞相结合的手法更彻底、更真实，也更重要。

新的观念和被改编成严肃的、难以解决的和不幸的新型题材，影响了逐步形成的严肃文体，或者也可以称之为高级文体。无论古罗马还是基督教；无论莎士比亚还是拉辛，他们阐释并表
449 现的文体高度都不能简单地套用在这些新型题材上；这首先表现在严肃态度的方式上有几分不自信。

司汤达的现实主义源于他与自己所蔑视的现实的抗争，在他的观念中还残留着许多 18 世纪直觉的东西，他创作的主人公身上还闪现着诸如罗密欧、唐璜、瓦尔蒙特(《危险的关系》中的人物)和圣普诺克斯等人物形象的痕迹，而活在司汤达心中的首先是拿破仑的形象。小说人物的思想感情与其生活的时代格格不入，这些人只能以鄙视的心理屈身俯就拿破仑倒台后现实中的阴谋权术。虽然作品中不断掺入按旧时的观点具有喜剧特点的主题，但对司汤达来说，一个他对其倾注悲剧性同情，并希望读者也有同感的人物，必须是一位真正的英雄，必须具备伟大而且一往无前的思想和感情。在司汤达的作品中，独立高尚的心灵、奔放自由的激情，颇具贵族的高贵和游戏人生的气质，而这一点，与其说属于 19 世纪的资产阶级，倒不如说属于生活在旧制度中的人。

巴尔扎克让他的主人公深深地潜入时代潮流，同时丧失了之

前公认的悲剧标准和界线，他还不具备后来才形成的客观、严肃地面对当代现实的能力。巴尔扎克把每一个人间纠葛，无论它多么平淡无奇，都夸大其词地看成不幸，把任何一种欲望都视为伟大的激情；随时会给任意一个倒霉蛋贴上英雄或圣人的标签；如果是个女人，就把她喻为天使或圣母；把每个精力旺盛的坏人，甚至每一个阴险的人都进行妖魔化。把可怜的高里奥老头称为“父亲身份的基督”。这不仅与巴尔扎克骚动不安、热情奔放和温柔平和的性格相一致，也符合他浪漫的生活方式，即去感受无处不在的神秘力量，并把它戏剧性地表现出来。

在这方面，50 年代的新一代作家出现了大倒退。福楼拜作品中的现实主义变得不偏不倚、毫无个性、就事论事。我在早前“日常生活中的严肃模仿”的研究中，曾从这个角度对《包法利夫人》中的一段进行了分析。我想在这里对其中的几页稍作修改和压缩后加以引用，因为这几页的观点恰好与我现在的思路一致，而且由于文章发表的地点和时间（伊斯坦布尔，1937 年），大概许多 450
读者也没有看到我的这篇文章。我分析的这段在《包法利夫人》的第 1 卷，第 9 章，引文如下：

> 但是她特别忍受不了的，是吃晚餐的时候，楼下的餐厅这么小，火炉冒烟，门嘎吱响，墙壁渗水，地面潮湿；人生的辛酸仿佛都盛在她的盘子里了，闻到肉汤的气味，她灵魂的深处却泛起了一阵阵的恶心。夏尔吃的时间太长，她就一点一点地啃榛子，或者支着胳膊肘，用刀尖在漆布上划着一道道

条纹。*

这一段是描写艾玛·包法利厌烦托斯泰特生活的高潮。长久以来,包法利夫人住在极其偏远的外省,守着一个平庸乏味的丈夫,过着索然无味、没有爱情的生活。她一直期待着发生点什么事情,能够给她的生活带来新的转机。她甚至为此做好了准备,将自己和房子收拾干净,仿佛她理应得到并配得上这个命运的转机似的。当这一转机迟迟没有出现时,她便感到不安和绝望。福楼拜多次描写了艾玛此时对所处的生活环境的感受。当她看不到脱离这个环境的希望时,只能感到生活空虚,前景暗淡,走投无路。上面摘录的这一段是对她绝望心情的出色描写。小说接下来描写道,包法利夫人什么家务事都不做,也懒于梳妆打扮并开始小病不断。丈夫以为妻子不适应这里的气候,最终决定离开托斯泰特。

这一段表现的是丈夫和妻子一起吃饭的画面。但这个画面不是为其本身而存在,而是为所要表达的主题——艾玛的绝望——服务的,因此并不是被直接展示在读者面前的。我们看到,这边的桌旁坐着两个人,那边站着观察他们两人的读者。而读者首先看到的是之前对艾玛的大段描述,我们通过她才看到这个画面。读者直接看到的只是艾玛的心理状态,通过对她内心感受的描写,直接看到餐桌旁吃饭的情景。这段的开头几句话,“但是她特别忍受不了的,是吃晚餐的时候……”点出了主题,接下来

---

* 译文摘自许渊冲译《包法利夫人》,第 46 页,译林出版社,2000 年。——译者

的一切都只不过是对这一主题的详细说明。不仅 dans 和 avec 带起的地点状语是对“她特别忍受不了”的几个具体情况的解释，而 451 且随后讲到饭菜引起她恶心的那个句子，按照含义和节奏顺序，也是为主题服务的。接下来的句子是“夏尔吃的时间太长”，从语法上看这是个新句子，节奏上是个新动作，只为再一次强调主题，是表现主题的另外一种方式；夏尔吃得很香，艾玛却感到厌烦。紧接着又是对她神经质般绝望动作的描写。这些句子将二者加以对比，才有了真正的含义。一无所知、只顾吃饭的丈夫显得很滑稽，活像个幽灵。而让艾玛“无法忍受”的主要原因，其实是他的坐相和吃相，因为在她看来——据此读者也会认为——那些所有让人产生绝望的东西，那毫无生气的一切，都和他有关，都是他造成的：住在穷乡僻壤，吃着粗茶淡饭，桌子没有台布。倘若他换个样子，那么一切就不会是现在这样了。

这就是说，读者所看到的不是简单展示的一幅画面，他首先看到的是艾玛，然后通过艾玛才看到了这些情况。然而，它不像某些自传体小说，或此后出版的其他类似作品那样，只是简单地再现艾玛内心的感受。虽说照亮画面的光线来自艾玛，但她本人也是这幅画面的一部分，就在画面中。这个人物让我们想起第二章彼德罗尼乌斯那个故事中的叙述者，只不过福楼拜运用的是另外的写作手法。这里的叙述者不是艾玛，而是作者。“火炉冒烟，门嘎吱响，墙壁渗水，地面潮湿”，这一切艾玛或许感受到了并看到，但不会如此简洁的表达。“她觉得人生的辛酸仿佛都盛在她的盘子里了”，艾玛或许有这样的感受，但如果她想表达这种感受，也不会这样说。她的谈吐不可能如此辛辣，自我总结时不可

能如此清醒和坦诚，尽管这些话指的不是福楼拜的生活，而只是艾玛的生活；福楼拜只不过用老道的语言，将艾玛提供的素材主观地表达出来。艾玛若能说出这样的话，就不是现在的艾玛了，她也就长大成熟，从而也挽救了自己。不过，正是仅凭明确的主观存在关系，靠自己的感受，她不仅在看，而且自己作为观看者而被围观。我们读到后面这一段（第 2 卷，第 12 章，大约在第 2 页）
452 “再和夏尔待在一起，就觉得丈夫特别讨厌，指甲特别方方正正，头脑特别笨拙，举止特别粗俗……”* 时，也许会思考片刻，这个独特的排列是积蓄的情绪，是它们导致艾玛每次都因对丈夫的反感而发脾气，是她自己道出这番似乎发自内心的话，也就是说，是个“自由间接引语”。但这是个错觉。尽管这的确是几个引起艾玛反感的实例，但它们都是由作家经过周密计划安排的，而不是她的全部情绪，因为她的感受要比这多得多，乱得多；除了上面提到的原因之外，艾玛还在丈夫的身体、举止和衣着上看到了令她厌恶的东西。她不仅看到，还夹杂着各种各样的回忆。其间她听到他在说什么，触摸到他的手，感觉到他的气息，看到他老在眼前晃来晃去。他脾气不错，但目光短浅，孤陋寡闻，令人生厌等等。这是一大堆含混不清的印象，轮廓清晰的只是结果，即对他的厌恶之情，而这一点她必须隐藏在心里。福楼拜敏锐地捕捉各种印象，从中选出三个，看似是信手拈来，其实却是从夏尔身体、精神和行为方式三个方面提取的典型。作者把这三个印象安排得像是艾玛相继受到的三个精神打击。这无论如何都不是自然主义

* 摘自许渊冲译《包法利夫人》，第 134 页，译文出版社，2000 年。——译者

的意识再现。真实的精神打击每次根本不是这样完成的。这是作者那只梳理的手，对人物杂乱无章的内心状态——“厌恶夏尔·包法利”——做了完整的概括。当然，对内心状态的概括所采取的标准不是来自外部，而是源于状态自身的素材。整理好那些必须要用的东西，以便把这种状态不掺杂任何杂质地转化为语言。

如果我们把福楼拜这种叙事方式与司汤达和巴尔扎克的叙事方式做一番比较，那么首先要说的是，福楼拜的现代现实主义也有两个重要的特征，首先也是严肃地对待来自社会底层，来自外省小市民阶层的现实生活（有关其严肃性的特点，我们以后再谈）；其次，这里的日常生活也被精确而深刻地嵌入当时特定的历史时期（得到资产阶级支持的君主政体时期），这一点虽然不像司汤达和巴尔扎克作品那么明显，却也不难认清。与以往所有的现实主义相比，在这两个基本特点上，三位作者有着共同之处，不 453
过，福楼拜对待表述对象的态度与另外两位作家完全不同。在司汤达和巴尔扎克的作品中，我们经常读到作者对书中人物及事件的看法，尤其是巴尔扎克，在叙述的同时总是加以评论，时而感动，时而冷嘲热讽，抑或道德说教，抑或发表对历史或经济的看法。我们也经常听到书中人物本人的所思所想，其表达方式是作者将自己置于人物的处境。这两种情况在福楼拜的小说中几乎不存在。作者不表明对事或人的看法；如果人物发表评论，也不会表现出作者个人的观点，或者试图让读者认同人物的看法。我们虽然听到作者在说，但他并未发表个人观点，也不做任何评论。他的角色仅限于选择那些事件，将它们转换成语言；作者相信，如

果能够成功将每个事件简洁、完整地表达清楚，那么，它完全可以比任何补充意见或评论更好、更全面地说明自己和相关人物。福楼拜的艺术风格正是建立在充分相信负责、可靠和细腻地利用语言的真实这个信念之上的。

这是法国悠久和典型的文学传统。在布瓦洛关于用词得当所产生魅力的诗句（赞马莱伯：选词得当，便有力量）中，就包含了这个意思。拉布吕耶尔也发表过类似的见解。沃韦纳格曾经说过："表达中那些明显的错误绝不会自行消失"……与沃韦纳格相比，福楼拜对语言的信任程度有过之而无不及。他认为，语言表达本身能够表现事件的真实性。福楼拜是个有思想、有觉悟的作家，在法国具有非同寻常的艺术鉴赏力。在他的信件中，尤其是1852年至1854年创作《包法利夫人》期间所写的信件中（《书信集》增补版，1927年第3卷），有许多关于艺术意图的独到见解。这些论述归根结底是神秘主义的，但在实践中，它们像真正的神秘主义一样，是基于理性、经验和学科基础，义无反顾地践行现实题材的理论。而现实是使这个题材（"通过神秘的化学原理"）发
454 生变化，并结出语言的硕果。各种各样的题材以这种方式完全占据作者的心田，他忘掉自己，他的心只为体会他人的心而存在。一旦作者通过极大的耐心使自己达到这种境界，完美的语言表达方式就会自然而然地产生，完全可以感人且公正地表现任意一个题材。和上帝一样，人们看到的是事物真实的本质，除此之外，还有一种同样基于认知神秘现实而形成的文体混用观点。根据这种观点，世间万物是上苍独创的艺术品，没有高低贵贱之分；现实主义艺术家应模仿世界万物的创造方式；在上苍面前，每个题材

本质上都蕴含着严肃性和喜剧性、威严性和卑贱性。当它们被准确无误地描述出来时，与它们相匹配的文体高度也是准确无误的；这既不需要有关文体高度的一般理论将各种题材按其尊卑划分等级，也不需要作者在描述后做任何分析评论，以便读者更好地理解和正确地归纳；这一切都必须是在描述主题时自行发生的。

显然这种观点与卢梭倡导、此后盛行的那种言过其辞、炫耀个人情感并将其视为准则的观念截然相反。把福楼拜的“只有在感受别人的心时，我们的心才会善良”和卢梭的《忏悔录》开篇的一句话“我洞悉自己，也了解他人”作一比较分析，就能够淋漓尽致地展现这种态度的转变过程。不过，从他的通信集中也可以清晰地看出，福楼拜如何艰难而又竭尽全力确立了这个信念。伟大的题材和自由奔放的创造性想象，对他具有强大的吸引力。他从这个角度，完全用浪漫主义的眼光审视莎士比亚、塞万提斯和雨果。他偶尔抱怨自己那狭窄的小市民题材，这种题材迫使他在文体上付出费心劳神的工作（用简单准确的方法说明普遍事物），这种情况有时竟然使他说出与自己基本观点背道而驰的话来：……“即使尽了最大努力，也只能做到还算说得过去，并且正因为这个原因，永远也不可能达到完美。一想到这些，就感到苦恼”（《包法利夫人》）。此外，福楼拜也像 19 世纪其他许多伟大的艺术家一 455
样，憎恨自己生活的时代；他以极其敏锐的目光看到存在的问题和潜在的危机；看到国家内部混乱，宗教信仰缺失，个性逐渐丧失和腐朽折中的历史主义以及空话盛行等现象，却看不到解决问题的办法和出路。狂热的艺术神秘主义几乎是他极力紧抓不舍的

宗教替代品；耿直的性格也常令他郁郁寡欢，心胸变得狭小，脾气暴躁，变得神经质。这偶尔会伤及对题材公允和神圣的仁爱。不过我们分析过的那段文字并没有受到福楼拜性格中这些缺陷的影响，它能够让我们清晰地看到他所追求的艺术效果。

这段文字描写的是丈夫和妻子在吃饭，这是人们可以想见的最寻常的生活场景；在以往的文学作品中，这样的场景只会是轶闻趣事、田园生活或讽刺作品的一部分。在这里，它展现的是一幅不愉快的画面，并且不是暂时的，稍纵即逝，而是长期的，自始至终伴随艾玛·包法利一生的烦恼。虽然后来接二连三地发生了许多事情，其中也有爱情故事，但任何人都不会把吃饭这个场景看作一个爱情故事的引子，更不会把《包法利夫人》看作一部爱情小说。小说描写的是一个毫无希望的人生，我们分析的这一段只是其中的一部分，但它已经囊括了小说的全部内容。在这个场景中，没有发生什么特别的事情，在此之前也没有出现什么了不起的情况。这是一个反复出现的夫妻共同进餐的任意一个生活瞬间。两个人既不吵闹，也看不出他们之间有任何明显的冲突。艾玛感到极度绝望，但这种绝望不是由某个特定的不幸造成的；这里并没有具体谈到她失去了什么，想得到什么。虽然她有很多愿望，但都模糊不清：时尚、爱情、丰富多彩的生活；这种并不具体的绝望心情一直存在，但过去没有人想到在文学作品中严肃地表现它。如此笼统、抽象并完全因个人处境而导致的悲剧——如果可以称之为悲剧的话——直到被浪漫主义用文学形式表现出来；而福楼拜很可能是表现那些文化程度不高、社会地位低下人群的第一人。可以肯定的是，福楼拜是第一个直接描写这类人物心理

状态的人。什么都没发生，但正因为如此，才使人产生沉重的压 456
抑感，以为会发生什么事情。我们已经看到，福楼拜是如何实现这一点的。他用语言把艾玛看到房间、饭菜和丈夫时各种滋生烦恼的杂乱印象整理成密集的直言。他一般也很少讲述使情节向前快速推进的事件，只是把平淡的日常生活中的空虚描写得令人压抑、厌恶和乏味，使人想入非非，心灰意冷，产生可悲的恐惧。通过这些画面，可以看到一个普通人那灰暗无望的命运正在慢慢走向毁灭的尽头。

环境本身包含着对环境的阐释。夫妻二人坐在饭桌旁，丈夫对妻子的心理活动一无所知。他们之间没有什么联系，甚至连一次争吵、一次交谈或一次公开的冲突都没有。每个人都蜗居在自己的世界里：妻子身处绝望中，但仍怀着朦朦胧胧的渴望，而丈夫满足于自己迂腐的市侩生活，因此两人都倍感孤独；他们没有共同的志趣，甚至没有为此而值得孤独的个人爱好，因为每个人都生活在一个愚蠢、虚假的世界里。这个世界与他们所处的现实格格不入，所以两个人都与生活的良机失之交臂。书中几乎所有的人都与这两人的情况一样。小说中很多普通人物都有他们各自平凡且愚昧的人生，是充满幻想和惯性、欲望和口号的人生。人人独往独来，谁都不理解他人，也不能帮助他人明白事理。人们没有同一个世界。因为只有当大多数人找到通往属于自己的、为自己所独有的现实的道路时，这个现实才是所有人的真正的、共同的现实。只有那时，人们才会有同一个世界。也许很多人可以在一起共事或娱乐，但这种聚会奏不出共同的音响。它变得不正当，可笑，令人尴尬，并且充满误解和虚荣、谎言和愚蠢的仇恨。

不过，究竟什么是人生，即“聪明的人生”，福楼拜从未跟我们谈起过。他作品中的人世全是脱离现实的愚蠢行为，因此也就不可能找到真正的现实；不过，真正的现实是存在的，它在作者的语言文
457 字里。作者通过毫不掩饰的讲述，用语言揭露这些愚蠢的行为。这就是说，语言有一个检验愚蠢行为的标准，因此它也参与到“聪明人”往常在这部作品中从未显露的现实中。

正如福楼拜的另一部现实主义小说《情感教育》中的“主角”弗雷德里克·莫罗一样，《包法利夫人》的主人公艾玛·包法利也深陷虚伪的现实，蠢人的现实。那么，福楼拜刻画这些人物的方式如何服从传统意义上“悲剧”和“喜剧”的类型呢？毋庸置疑，作者对艾玛的生存状态做了深入发掘，以往那些诸如“感人”、“讽刺”或“具有教育意义”的中间类型，也不适用这部作品。而读者常常被艾玛的命运打动，产生类似悲剧的同情。但艾玛并不是一位真正的悲剧式人物。作者用语言表现艾玛生活中的乏味、幼稚和混乱，揭示她深陷这种生活本身的不幸（人生……盘子里了）。这种方式避免人们产生真正不幸的想法；作者和读者绝不会像感受悲剧主人公身上发生的情况那样，对艾玛的处境感同身受。人们对她始终是品头论足，谴责她身陷其中的整个世界。但艾玛也不是个滑稽人物，这是肯定的，尽管福楼拜并没有搞什么“理解心理学”，而是让事实说话，使人们深刻理解艾玛命中注定的困境。相比从前，福楼拜此时对他那个时代生活现实的态度和文风发生了变化。也与司汤达和巴尔扎克这两人的态度和文风大相径庭。我们权且称之为“实事求是的认真态度”。这样说明一部文学作品的文体风格，听起来有点怪。深入探究一个人生活中遇到的情

欲与困境，而自己却处之泰然，或者至少是不露声色。这种实事求是的认真态度是人们对一位神职人员、教育工作者或心理学家，而不是对一位艺术家的期待。但是这些人要做具体的工作，而福楼拜并没有这种意图。他要通过他“没有呐喊，没有激动，只有沉思的目光盯着前方”的姿态，迫使语音传递他所看到的事物真相：“风格自身就是一种观察事物的绝对方式”(《书信录》第 2 卷，第 346 页)。当然，通过这种方式最终也会达到针砭时弊和教育的目的，尽管福楼拜坚持艺术家只是艺术家，人们不应害怕把这些话讲出来。对福楼拜的研究越深入，人们看得就越清晰，在 458
他的现实主义文学作品中包含了多少对 19 世纪市民文化中存在的问题和空洞无物的认识，那些通信中的很多段落证实了这一点。巴尔扎克对社会事件的妖魔化，在他的作品中却绝对找不到；生活不再是喧闹的，亢奋的；生活在缓慢而迟钝地流逝。在福楼拜看来，那些平庸的时代事件的本质不是跌宕起伏的情节运动和激情，不是妖魔化的人和力，而是延展的状态。表面上看，这种状态的运动只是空转，隐于其下的是另外一种运动，它几乎无法察觉，却无处不在，持续不断，因此，看起来相对稳定的政治、经济和社会基础，却是危机四伏。福楼拜觉得所有事件几乎没有变化；但事实表明，利用连贯的具象化手法，他不仅善于在单个的事件中(如我们所举的例子)，而且在整个时代的画卷中，促使人产生类似潜在威胁的想法：这是一个愚蠢到无可救药、装满炸药的时代。

由于文体风格严肃客观，以事实说话，所以情节展开自然，且按各自的价值排列在读者面前，或悲剧，或喜剧，多数情况下是不

令人生厌的二者兼而有之。福楼拜藉此克服了浪漫派在处理当代题材时所表现出的激烈和波动。他的艺术观明显受到早期实证主义的影响，尽管他原本很贬低孔德。由于实事求是才能够继续发展，对此我们将在后面几章中论述。此外，后辈人中很少有人能够像福楼拜那样，以明确和负责的态度担起描述当代现实的任务；当然，后辈中也不乏比他更率直、更冲动、更富才情的作家。

严肃地处理日常生活的现实，一方面让生活在社会底层的广大民众凸显为表现生存问题的对象，另一方面将任意一个普通的人和事置于时代总进程这一历史发展的大背景下，这就是我们认
459 为的当代现实主义基础。叙事小说具有的整合、再现多种因素的灵活多样的形式逐渐被接受，也是顺理成章的事。如果我们所见属实的话，那么可以说，法国对 19 世纪现代现实主义的形成和发展起了重要作用。德国的情况我们已在上一章的结尾部分作了阐述。现实主义在英国的发展虽然与法国基本相同，但进展较为平缓，循序渐进，而且也没有出现 1780 年至 1830 年的明显断层。它形成得更早，保持传统形式和观察问题的角度更长久，直至维多利亚时代后期。在菲尔丁的艺术作品里（《汤姆·琼斯》出版于 1749 年），整个生活的当代现实主义要比同一时期法国小说中的现实主义强烈得多；尽管其中也有时代背景的变化，但整部作品远离严肃的问题和基本的生存问题，所以更具有道德主义色彩；另一方面，狄更斯发表于 19 世纪 30 年代的作品虽然具有强烈的社会情感，浓重、震撼的“环境”氛围，但人们几乎感受不到政治历

史背景的变动；而萨克雷*则将《名利场》中的事件非常具体地安排到时代历史之中（滑铁卢之战前后），但总的来说，作品半带嘲讽、半带感情所维护的道德观从 18 世纪以来就没有什么变化。遗憾的是，我们不得不放弃对现代俄国现实主义（果戈理的《死魂灵》发表于 1842 年，小说《外套》早已在 1835 年出版）哪怕只是泛泛的论述；如果不能阅读小说的原文，就无法达到我们的目的，因此我们只能谈一谈果戈理后来所起的作用了。

* 威廉・梅克比斯・萨克雷（William Makepeac Thackera，1811－1863），英国小说家。——译者

460

第十九章　翟米妮·拉赛特

1846年，埃德蒙·德·龚古尔和朱尔·德·龚古尔兄弟发表了长篇小说《翟米妮·拉赛特》，它描写了一位女仆的风流艳事并逐步走向毁灭的故事。他们为这部小说写了下面的序言：

我们必须因向公众奉献此书而向他们表示歉意，也必须为他们将在书中看到的东西向其发出警告。

公众喜欢虚构的小说，而这部小说是一部真实的小说。

公众喜欢虚构出来的步入上流社会的书籍，而这部书则来自街头巷尾。

公众喜欢下流庸俗的作品，妓女的回忆录，夫妻私生活的忏悔，色情书画，书商在橱窗中陈列的撩起裙子的丑陋形象。他们即将读到的东西既严肃又纯洁。他们别指望看到那些袒胸露背的照片，他们所要探讨的是爱情。

公众还喜欢无害的、令人快慰的读物，结局完美的奇遇，既不妨碍消化又不打扰宁静的想象。这部以忧伤和疯狂消遣为其特色的书，就是为打破他们的习惯和损害他们的身心健康而写的。

我们为什么写了这部书呢？仅仅是为了冒犯公众和亵渎他们的癖好吗？

不是。

生活在19世纪有普选权、民主和自由的时代，我们思忖被称作“贱民阶层”的人是否无权阅读小说，是否应该禁止生活在社会底层的平民百姓阅读文学作品和受作家的蔑视，而这些作家迄今却对公众所持心理三缄其口。对作家和读者来说，在我们生活的平等年代里，是否有卑贱的阶级，过分卑贱的厄运，制作粗制滥造的戏剧，不那么高雅的恐惧造成的灾难。我们十分好奇地想知道，悲剧，这种被遗忘的文学形式和已过时的社会传统形式是否已经彻底消亡。在一个没有等级，没有势均力敌的贵族阶级的国度里，贫穷的小人物在表达利益、感情和怜悯时，是否同不幸的大人物和富人一样高声疾呼。总之，下层人的眼泪能否像上层人的一样催人泪下。

这些思考曾使我们敢于在1861年出版《修女菲洛梅娜》这部微不足道的小说。如今，它们又促使我们出版了《翟米妮·拉赛特》这部作品。

现在，即使这部书遭到中伤也无关紧要。今天小说已发展壮大，它开始成为文学研究和社会调查的一种严肃、充满
激情、栩栩如生的伟大形式。通过分析和心理研究，它成了 461
当代的道德教育史。今天，小说自身要求科学的研究和义务，要求自由和坦诚。它要寻找艺术和真理，要表现值得让巴黎的有钱人勿忘的苦难，要让世人看到善男信女有勇气看到的东西。人类的痛苦是现实的，活生生的，它教授仁慈。但愿小说有这样一种信念——过去的世纪用广泛、博大的名

字称呼它——人道主义；它有此意识就足够了：它的权利就在于此。*

序言中与读者展开的激烈论战，我们想一会儿再谈。我们首先探讨后面几段中（以“生活在19世纪”这句话开始）表明的艺术宗旨。该宗旨与我们所理解的文体混用完全一致，是基于政治社会的考虑。龚古尔兄弟说过，我们生活在一个有普选权、民主和自由的时代（应该指出的是，他们并不一定认同这些制度和现象），如今仍不能用文学形式严肃地表现所谓的下层民众，在文学中保留与我们的社会形态不再相称的贵族至上，是毫无道理的。必须承认，就文学表现而言，不存在过于低级的悲剧形式。“对小说所拥有的权利”这段话的意思是，小说理所当然是悲剧最适宜的文学表现形式。后面的一句“我们产生了好奇”则表明，真正的现实主义小说承袭了古典悲剧的传统。最后一段用激扬的文字对小说这种艺术形式在现代社会的作用做了总结，其中包含一个特殊的、具有科学性的主题。这个主题虽然已在巴尔扎克的作品中有所体现，但在此处却更富活力，更具纲领性：小说这种形式会广泛流传并产生影响。它是文学研究和社会调查的严肃、激情且生动的形式（请注意“学习探讨”，尤其是“调查研究”这些词）；通过它的分析和心理研究，小说将成为“现代道德史”，它承担起科
462 学的方法和责任，因而有权享有科学的权力和自由。真正认真对待任何一个题材，哪怕是最低级的，即极端的文体混用，就是用社

* 引文原文为法文。——译者

会政治及科学论证进行说明。作者将小说创作比作科学研究，而且毫无疑问也想到了生物实验的方法。我们受到实证主义科学热潮最初几十年的影响，每一位脑力劳动者都不遗余力地掌握各种试验方法，只要他有意寻找新的、适应时代潮流的方法和内容。在这方面，龚古尔兄弟站在最前列，站在最前列似乎是他们的使命。不过序言的结尾部分却转向道德、博爱和人道主义的说教，这种转变并不符合现代思想。这其中有许多渊源完全不同的主题：文中影射的那些应该记得别人苦难的“欢乐的巴黎”和“上流社会的人们”，属于19世纪中叶的情感社会主义；昔日的王后们收留体弱久病的人，让自己的孩子们知道这些人的存在，使人想起中世纪的基督教；最后出现了启蒙运动的人文主义宗教。由此一来，这篇演说的结尾变成了折衷主义，显得有些随意。

然而，无论人们如何评价这篇序言的每一个主题，如何评价龚古尔兄弟叙述其本意的方式，毋庸置疑，他们是正确的，而且历史发展早就对他们做出了有利的裁决。在19世纪最早出现的批判现实主义大师司汤达、巴尔扎克和福楼拜的作品中，几乎还没有出现过下层社会的民众，即真正的平民百姓。而有平民百姓的地方，却不是表现他们本身，不是表现他们自己的生活，而是居高临下的俯视他们。在福楼拜的小说中（顺便提一句，他的《淳朴的心》比《翟米妮·拉赛特》晚出版十年，所以本序言发表时，除《包法利夫人》中农民促进会颁奖的场景外，几乎再没有其他涉及百姓生活的事），大部分平民角色都是仆人或配角。但司汤达和巴尔扎克所开创的现实主义文体混用不会放过第四等级，它必须跟随政治社会发展的步伐，囊括那个时代文化的整个现实。尽管资

产阶级在当时的文化中占统治地位，但人民大众已越来越清楚地
463 意识到自身的作用和力量，正在迅猛壮大起来。因此，整个下层
民众的各个部分必须成为创作对象，被吸收进严肃的现实主义文学中。龚古尔兄弟是对的，他们也证实了这一点，现实主义艺术的发展表明了这一点。

无论在政治上还是在文学上，第四等级权力的首批代表几乎都不属于第四等级，而属于资产阶级，远离政治社会主义的龚古尔兄弟也不例外。不仅出身、行为举止和生活方式，而且他们的观点、焦虑和直觉，均属半贵族的大资产阶级。此外，他们思维敏捷，才华横溢，毕生致力于寻觅感性艺术的印记。与他人相比，他们是完完全全、地地道道的唯美主义和折衷主义文学家，是第四等级的开路先锋，尽管他们只是将第四等级作为文学素材的开路先锋，这已经令人惊异了。是什么把他们和第四等级的人联系在一起的呢？他们对第四等级的生活、问题和感受究竟有什么了解？难道真的只是社会和审美的正义感促使他们敢于做这种实验吗？回答这个问题并不难，答案可以从龚古尔兄弟的书目里找到。他们创作了大量的小说，几乎全都源于他们的体验和观察。除下层平民生活外，小说还涉及大资产阶级、都市黑社会以及各种类型的艺术家圈子，所涉猎的内容稀奇古怪，非同寻常，常常带有病态。他们还写了很多书，内容涉及旅游、同时代艺术家、18 世纪妇女和艺术以及日本艺术；此外还有他们生活的镜子——日记。仅这些书目就足以说明他们的选材原则：他们是那些具有珍贵或新奇价值的感官印象的收集者和描述者。由于职业的原因，他们发现或重新发现了审美体验，尤其是病态的审美体验；这种

体验可以满足厌倦惯常事物的高品味鉴赏力。出于这种考虑，下层平民题材始终吸引着他们。埃德蒙·德·龚古尔本人曾在1871年12月3日的日记中精辟地讲到这一点：

> 可为什么……选择这样的环境？因为当一种文明被忘却时，只有在社会底层才保持着事物、人、语言和所有一切的特性……还为什么？或许因为我是一个出身高贵的文人，而 464
> 出身卑贱的平民百姓对我来说有一种诱惑力——一种无人知晓、尚未被发现的群体的诱惑——是旅行家们要去寻觅的颇具异国情调的东西……*

他们只有在感情冲动时，才能理解民众，除此之外他们就做不到。这样一来，人民大众所有功能性的重要因素，他们的工作和现代社会中的地位以及他们内部活跃的、指向未来的政治、社会和道德活动，也随之被取消。《翟米妮·拉赛特》这部小说所描写的又是一位女仆，即资产阶级的附属品。这表明，用艺术形式严肃地表现第四等级的使命并没有从其实质上得到理解和把握。这个题材吸引他们的完全是另外的东西，是丑陋、令人厌恶、病态的感官刺激。当然，在这方面龚古尔兄弟并非独创，也不是首创，因为波德莱尔的《恶之花》早已于1857年出版。不过，龚古尔兄弟大概是将这种素材写进小说的第一人。受一位老女仆奇特的性爱经历吸引，他们根据老人去世后理解到的真实故事创作了这

* 引文原文为法文。——译者

部小说。他们(不仅是他们)以出人意料的方式,将下层民众的介入与对丑陋、令人厌恶和病态的感性描写的需求连接起来。这种需求远远超出客观需要,没有典型性和代表性。它反映了作者激烈顽强地与各种形式被理想化和美化的高雅文体的抗衡。虽然高雅文体这一形式早已没落,但仍然支配着读者的一般鉴赏力,其渊源是古典主义还是浪漫主义则无关紧要。作者同时反对把文学(乃至艺术)当作惬意的休闲活动,是对把文学的目的理解为“讲述”(prodesse)和“娱乐”(delectare)的彻底颠覆。下面让我们看一下序言的第一部分,和读者的论战。

争论令人惊叹。对我们这些生活在1945年的人来说,争论也许没有什么了不起,因为从那时至今,我们从作家那里已经听到许多类似的、甚至更难听的言论。不过,如果我们想想更早的时代,那么,对本书读者如此肆无忌惮的辱骂实在是一种令人瞠目的现象。作家是一个生产者,读者是他的客户。换个角度看,也可以将他们之间的关系另做表述。我们可以把作家看作教育
465 者、引路人和代言人,有时还可以把他们看作预言者。但这一切暂且不论,从经济角度看这种关系,可能更有道理,龚古尔兄弟也承认这一点。尽管他们家境殷实,并不一定靠写作为生,但仍然非常关心自己的书能否获得成功,关心书的销售情况。一个生产者怎能如此放肆地谩骂自己的客户呢!在作家靠王宫贵族养活的数百年间,这种语气完全是不可想象的。19世纪60年代,作家只敢对那些匿名的、身份不明的读者这样做。很显然,作家已经估计到这样的序言必然会引起轩然大波,因为对他的作品来说,最严重的威胁不是抗议,不是恶意中伤,甚至不是来自官方的压

制——所有这些虽然会引发不快，造成拖延和个人的尴尬，但并非不可克服，反而常常会增加作品的知名度——对一部艺术作品最严重的危险莫过于无人问津。

龚古尔兄弟指责读者说，他们的品味很差，很迂腐：喜欢虚假、庸俗的风雅，下流淫秽、惬意消遣的读物，喜欢皆大欢喜的结局，读者不需要发自内心的激动。简言之，龚古尔兄弟责怪读者喜欢那些我们称之为俗不可耐的东西。现在，他们取而代之，给读者提供了一部取材于街头真实故事的小说，其严肃而纯正的内容表现了病态的爱情。小说将破坏读者的习惯，危及他们的身心健康。序言通篇充满挑衅口吻。很明显，两位作家早就意识到，他们与普通读者之间的审美观有着多么大的差距；他们确信自己是正确的，所以竭力要将读者从安逸舒适的状态中驱赶出来；他们还不无苦恼地承认，不相信自己的努力会取得巨大成功。

序言的争论是个标志，它反映了 19 世纪公众与几乎所有重要诗人、作家、画家、雕塑家和音乐家之间的关系。当然，这种关系不仅限于法国，但在法国形成得最早，表现得最突出。可以断定的是，除了个别人，19 世纪后期的重要艺术家都曾遭遇公众的 466
不理解、敌视或漠不关心。只有经过长期不断的奋斗，他们才获得了普遍认可，有些艺术家在死后才得到承认，许多人在有生之年只获得小范围的承认。相反，我们可以看到，19 世纪，尤其是 19 世纪后半叶和 20 世纪初，同样除个别人以外，那些轻而易举很快得到普遍认可的艺术家，都未产生过真正而持久的影响。鉴于这一经验，许多评论家和艺术家确信，正是这部重要且独特的新作品使还不适应其表达方式的读者先是感到迷茫和不知所措，然

后渐渐才适应这种新的表达方式，这是必然的。在过去的时代，这种现象从未以如此普遍，如此激烈的形式出现过。尽管外界对伟大艺术家的承认常因其不幸的境遇或遭人嫉妒而受到影响，尽管人们时常把他们与我们今天觉得根本不值一提的对手相提并论，但在最有利的传播技术下，一般来说，平庸的作品几乎总是比优秀的作品受欢迎。面对普通读者，几乎所有伟大的艺术家各因其禀赋不同，或受到怨恨和蔑视，或对这一切干脆置之不理，这是19 世纪的一个特点。早在浪漫派时期，这种情形就已开始形成，随后越来越糟。19 世纪末，有几位伟大诗人，他们的所作所为表明，他们从一开始就没指望得到广泛流传和普遍认可。

对这种现象的解释首先在于，19 世纪初，随着有阅读能力的人数急剧并持续增长，鉴赏力变得粗俗；精神堕落，情感修养下降，不讲究生活与表达方式。我们在前面提到过，司汤达曾为此感到惋惜。鉴赏水平迅速下降的另一个原因是，出版商和报业老板通过商业化运作方式，利用庞大的读者需求，其中大多数业主
467 (不是全部)采取最便捷轻松的赚钱途径，即提供迎合读者口味，甚至比他们的需求还要过分的东西。那么这些有阅读能力的公众是谁呢？他们大多数是因教育的广泛普及而快速增长的、有阅读能力和读书愿望的城市市民阶层，即“资产阶级”(bourgeoise)，其愚昧虚伪、傲慢怯懦和懒于思考的本性，从浪漫主义时期就不断受到文人墨客及艺术家、批评家的诟病。我们能如此简单地认同这种评价吗？难道对 19 世纪的经济、科技和文化付出巨大艰辛和进行过大胆探索的不正是这个资产阶级吗？难道不也正是从这些人当中涌现出了革命运动的领导者吗？不正是这些领导

人首先认识到那个文明中固有的危机、危害和腐败的根源吗？19世纪的中等资产阶级也参与到当时异常喧嚣的生活和工作中。与那些饱食终日、不知辛劳和时间紧迫是何滋味、在“旧制度”中充当文学作品读者的精英们相比，他们的生活动荡得多，日子过得辛苦得多。与过去时代相比，资产阶级的人身安全和财产受到较好保护，他们拥有更多的晋升机会。可是在残酷的竞争中，获取和保护财富，充分利用各种晋升机会，适应飞速变化的情况，所有这一切都使他们的体力和脑力不断承受着过去时代未曾有过的重负。从巴尔扎克的小说《金色眼睛的姑娘》开篇对那些既充满幻想、又讲求实际的巴黎人的描写中，人们可以想见，在七月王朝初期，那里的生活是何等的耗费精力。因此，这些人期望并要求文学和整个艺术能使人放松身心，必要时轻而易举地陶醉。反对多数知名作家对他们提出的（用龚古尔兄弟极具表现力的话说）“忧伤并疯狂消遣”的要求，也就不足为怪了。

除此之外，还有其他一些因素。在法国，宗教影响受到的冲击比其他地方更深刻。政治机构不断更迭，人心涣散；启蒙运动和法国大革命时期的伟大思想昙花一现，转眼就成了空洞的口
号，导致利己主义者的激烈争斗。由于自由职业被视为社会普遍 468
富裕与进步的自然与自我调节的条件，所以这种争斗是合法的。但自我调节并没有起到公正地满足需求的作用。决定个人或整个阶层成败与否的不仅是才智和勤奋，还有起步条件、人际关系和偶然机遇，很多时候还取决于能否做到为富不仁。尽管世道从未公平过，但人们不会像以前那样，把不公正解释成命中注定而予以接受。道德缺失早已存在，但经济活动的浪潮如此强大，单

纯的道德约束对此根本无能为力。经济快速增长与社会道德不断缺失齐头并进，威胁经济发展和资产阶级社会的真正危险逐渐显露出来，这就是强权争夺市场和正在组织起来的第四等级的威胁。巨大的危机开始酝酿，我们已经历过它的爆发，今后还将不断经历。对主要危险根源作出综合分析及正确评估的人在 19 世纪寥寥无几，在政治家中更是凤毛麟角，他们大多还停留在思想方法和愿景中，不可能理解经济和人类的基本情况。

以上我们尽可能简要地介绍了在新时期清楚认识并且经常描述的情况，以便为评价文学艺术在资产阶级文化，尤其在 19 世纪法国文化中所起的作用奠定基础。文学艺术对我们后来认识到的这些重要问题感兴趣吗？它能够理解这些问题吗？面对这些危机它是否感到了一种责任？对于浪漫派时期的最重要人物维克多·雨果和巴尔扎克，我们对这些问题只能作出肯定的回答。他们克服了逃避现实的浪漫主义倾向(参看前面第 435 页)，因为这种倾向不适合他们的恢宏气度，而且巴尔扎克所具有的针砭时弊的直觉也令人敬佩。然而，到了 50 年代才开始发表作品
469 的下一代，情形就大不一样了。当时出现了一种文艺观，认为文学绝不应干预具体的时代事件，应回避一切道德、政治或其他具体推动人类活动的思潮；文学的唯一任务是满足文体要求。这种观念要求用感官的力量表现各种题材，无论是外部现象还是内心情感，抑或作者的想象力，莫不如此，而且形式要新颖，不落俗套，要能够体现作者的个性。此外，这种观点否认文学题材有任何高低之分的等级差别，认为艺术的价值，即完美独特的艺术表现力的价值应完全以此为标准。因此，以任何形式参与世界观的争论

都会声誉扫地，因为这种参与似乎只能使文学艺术流于俗套、空话连篇。如果引用两个出自古希腊罗马传说的概念“讲述”和“娱乐”，那么文学的作用就应被全盘否定，因为人们马上会联想到讲求实际的效益或枯燥无味的说教。龚古尔在 1866 年 2 月 8 日的一篇日记中写道，“要找一部可带来功利的文学作品是十分可笑的”。据传，马莱伯曾说过，一位好诗人不比一位好保龄球运动员更有用。然而，人们绝不像他那样谦虚，相反，文学艺术变成了绝对价值，嬗变为像宗教一样的文化保护对象。于是，愉悦受到如此高的礼遇，以致“愉悦”(delectatio)这个词和这个地位显得不再相称，尽管这个词最初只是表达一种感官的享受。看来使用这个词降低了文学的档次，因为它所说明的是过于通俗且唾手可得的东西。

这里描述的几位浪漫派晚期作家所持的观念，极大地影响了 1820 年左右出生的那代人，如勒孔特·德·李勒、波德莱尔、福楼拜、龚古尔兄弟等。此后，尽管他们每个人的观念不断变化，直到那个世纪的后半叶，仍占据统治地位，包括以审美的眼光搜集印象，到由于全身心投入该信念及其艺术结构而导致的破坏性的自我折磨等所有层面。这种信念源于最杰出的作家对当时的文化与社会所产生的厌恶。当厌恶与茫然交织在一起时，就会驱使作家更加逃避一切时代问题。他们自己与资产阶级社会本来就有 470
不解之缘。按其出身和所受教育，他们属于那个阶级；享有该社会所获得的娴熟、自由的表达能力。但在这个社会中，他们也许只能找到为数有限的读者和崇拜者；但是也找到了无限的创作和实践的乐趣。这种乐趣为每一种文学思潮，即使是最怪异的文学

思潮，找到了赞助人和出版商。人们经常强调的“艺术家”和“资产阶级”之间的对立不应给人造成这样的印象，以为19世纪文学和艺术的基础不是资产阶级。其实根本就不存在其他的基础，因为第四等级此时只是刚刚意识到自己在政治和经济上的地位，他们还没有丝毫独立的艺术鉴赏力，其审美需求是小市民式的。那些孤傲不群、才气过人、因此不肯提供广受欢迎的大众畅销读物的作家处于进退两难的尴尬境地。一方面是对资产阶级社会本能的厌恶，另一方面又身陷其中而不能自拔，同时他们还享有近乎混乱的言论自由、选材自由和发挥个人在生活方式和表达方式方面特长的自由。这些人极力把自己封闭在唯美主义的文体中，其作品回避一切现实问题。

陷入此种境地的也有文体混用的现实主义文学。正如《翟米妮·拉赛特》这部作品所暴露的，当现实主义假托要反映社会现实问题时，更是不折不扣地大搞唯美主义。只要仔细研究一下小说的内容就会发现，作家写作的动力不是出于对社会问题、而是对美学问题的关注。小说抨击的不是社会制度的核心，而是描写了该社会制度边缘奇特而个别的现象。龚古尔兄弟要表现的是丑陋与病态的美学魅力。尽管如此，我们也绝不应该否认他们撰写及出版《翟米妮·拉赛特》时所做的这项大胆实验的价值。他们的先驱作用为启发和鼓舞那些没有陷入纯美学的人作出了贡献。令人惊异而又不可否认的事实是，正是那些追求全新的审美印象的人发现了丑陋和病态的魅力，他们为把第四等级写进严肃的现实主义作品起了决定性的促进作用。这种情况在世纪末的左拉或德国自然主义作家中是显而易见的。

几乎与埃德蒙·德·龚古尔同龄的福楼拜，也属于孤独的唯 471
美主义作家。他也许是这些人中唯一一位最彻底的唯美主义者，只要生活不是间接或直接为文体服务，他就会苦行僧般地放弃个人生活。在前面一章中，我们曾尝试描述他那可与神秘主义意念理论相提并论的艺术观念；我们还试图说明，他如何通过锲而不舍的努力和挖掘，深入到事物的客观存在中，让人们看到现实问题，尽管他并没有对这些问题表明自己的态度。他在文学创作的鼎盛时期获得了此后再没有过的成功。搞唯美主义，把对现实的观察仅仅当作文学表述的对象，这在福楼拜和大多数有同样思想的同代人那里并不总是成功的。如果把司汤达或巴尔扎克小说中的世界和福楼拜或龚古尔兄弟展现的世界作一比较，就会感到后者的世界尽管印象丰富多彩，却仍然显得极为狭窄和小气。在福楼拜的信函和龚古尔的日记中，纯洁廉正的艺术道德、丰富顿悟的印象、细腻的感性文化令人钦佩；但同时，由于我们今天的目光不同于二三十年前，在阅读这类作品时，我们会感到狭隘和压抑。这些作品充满了真实和智慧，但缺乏幽默和内心平静。即使艺术品味极高，印象极其丰富，纯文学作品还是会限制人们的判断力，使生活贫乏，有时会扭曲人们观察现象的目光。当作家对喧嚣的政治、经济活动不屑一顾，只是把生活看作文学对象，清高而苦恼地回避重大现实问题，以便每天重新开始（这常常是很辛苦的）自己的唯美主义创作时，他们仍然会被不计其数的具体琐事所搅扰：同出版商和评论家发生的不快，对想争取的读者产生的怨恨，作家与读者之间缺乏共同的情感和思想基础等。此外，他们偶尔也会手头拮据，或因精神长期过度疲劳而为自己的健康

忧虑不已。不过,由于他们总的来说过着富裕的资产阶级生活,住得舒适,吃的是美味佳肴,追求一切高级的感官享受,加之他们的生存从未受到过重大的冲击和威胁,所以,尽管他们智慧过人,
472 对艺术无比执着,但还是给人以既独特又狭隘的整体印象。他们是以自我为中心、为其唯美主义的舒适安逸担忧、被种种烦恼所累而神经质并躁动不安的大资产阶级,只是这种情况下的躁动不安被称作“文学”。

爱弥尔·左拉和龚古尔兄弟比福楼拜那代人小二十岁。左拉与那些人有联系,受到他们的影响和提携,与他们有很多相似之处。左拉似乎也患有神经衰弱,只是出身贫寒,缺乏家族传统,感情粗犷,是位出类拔萃的唯美主义作家。为了尽可能清楚地说明问题,我们再来看一段文字。这是从描写法国北部一个矿区生活的小说《萌芽》(1888)中节选的一段,是小说第三部第二章的结尾。6 月的一个星期六是主保节。矿区的工人们来到一家酒馆,整个下午都在喝酒,打保龄球,观看各种表演。这天晚上以一场舞会结束。这场“欢乐舞会”在肥胖但仍很风流的五十岁的德喜儿寡妇的舞厅里举行。最后,当那些已经不年轻的女人带着幼小的孩子也加入其中时,舞会已经持续了好几个小时。

十点钟了,大家还都待着不走。一些妇女陆续来找丈夫,把他们拖回家去。她们后面跟着成群结队的孩子,母亲们再也没有什么拘束,掏出像燕麦一样长的金栗色大乳房喂孩子,弄的娃娃们的胖脸上尽是奶水。那些已会走路的孩子也灌了一肚子的啤酒,爬在桌子底下撒尿,丝毫不觉脸红。

这里简直是一个涨潮的啤酒海，德喜儿寡妇的大酒桶整个打开了，啤酒把人们的肚子灌得鼓鼓的，鼻子、眼睛以及其他地方，到处都是啤酒。大家摩肩擦膝地紧紧坐在一起，感到很开心。人们不停地张开大嘴欢笑着，嘴角都要咧到耳朵根上。舞厅里闷热得像火炉一样，几乎快要把人烤熟了。于是大家脱掉衣服，裸露的身子在烟斗的浓烟中变成黄褐色。唯一的麻烦是出去小便，不时有一个姑娘站起来，走到院子里面的水井旁边，撩起裙子蹲一会儿再回来。纸花串下面跳舞的人满脸是汗，谁也看不清谁，徒工们就乘机敢于用屁股去拱倒推车女工。但是，当一个轻浮的姑娘被一个小伙子压在身上倒下去的时候，喇叭就疯狂地吹着，盖过他们的声音，跳舞的人用脚踩踏他们，仿佛整个舞厅坍下来压在他们身上一样。

一个人从旁边走过，顺便告诉皮埃隆说，他的女儿丽迪
横躺在大门口的人行道上。她分喝了刚才偷来的那瓶酒以 473
后就醉倒了，皮埃隆只好把她抱走，这时，让兰和贝伯还能挺住，远远地跟随着，觉得这事很可笑。这件事成了散会的信号，一家一家地走出了欢乐舞厅，马赫一家和勒瓦克一家决定回矿工村去。这时，长命老和老穆克也离开了蒙苏，每个人像梦游神似的蹒跚走着，一直默默地回忆各自的往事。人们一起回家，最后一次穿过两旁是炸锅和酒馆的节日市场；炸锅冷却了，最后几杯啤酒像小河一般从酒馆一直流到街心。天空仍然酝酿着一场暴风雨。当人们离开那如同白昼的明亮屋子，走进了漆黑的田野时，到处是笑声，业已成熟的

麦田里传出呼呼的喘气声，这一夜，想必又要造出许多孩子。人们一群一伙地，陆陆续续回到矿工村。勒瓦克也好，马赫家也好，晚饭都吃得不大香甜，马赫一家吃完早上留下的兔肉就睡下了。

艾蒂安又把沙瓦尔领到拉赛纳那里去喝酒。

"我同意，"沙瓦尔听艾蒂安对他讲明互助基金的事情以后说，"你只管放手干吧，真是好样的！"

艾蒂安眼里露出狂喜的神色，大声说：

"好，让我们同心协力地干吧……你看着，为了正义，我要牺牲一切，把姑娘和酒都撇在一边。只有一件事时刻激励着我的心，那就是我们将来要把资产阶级统统消灭掉。"*

这是左拉19世纪30年代出版的作品之一，它也像其他作品一样，刚一出版便引起一片哗然，遭到人们的唾弃。但小说也受到不少人的高度赞扬。左拉的许多小说一经发表便达到很高的印数，并引发一场声势浩大的支持或反对其艺术合理性的运动。不了解这些情况的人，或只读过此处摘录左拉文章第一段的人，初看会以为这是自然主义的文学表现形式，人们早在佛兰德绘画，尤其是17世纪荷兰绘画中认识了这种风格。这只不过是下层民众纵酒宴乐、狂欢乱舞的场面，在鲁本斯**或约尔丹***，在布

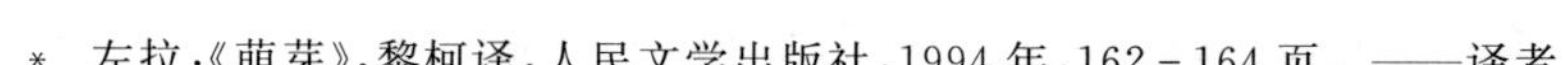

* 左拉：《萌芽》，黎柯译，人民文学出版社，1994年，162－164页。——译者

** 鲁本斯(Pete Paul Rubens，1577－1640)，佛兰德画家，对欧洲绘画的发展有重大影响。——译者

*** 约尔丹(Jacob Jordaens，1593—1678)，佛兰德画家。——译者

劳威尔或奥斯塔德的作品中都可以看到或想象得到。尽管这里饮酒狂欢的人不是农夫，而是产业工人，因而存在着效果上的差别，即讲述或阅读那些极其粗俗的细节描写比看一幅画所产生的效果更强烈，更令人不快。这是效果上存在的差别，不是本质的差别。我们或许还可以补充说明，左拉显然意在着力表现下层民众狂欢场面这一“文学绘画”的纯感观效果。这段引文明显透露出他的才华受到绘画的启发，例如对肉体的描写“……母亲们……掏出像燕麦口袋一样长的金栗色大乳房……”；接下来还 474
有“……裸露的身子在烟斗的浓烟中变成黄褐色”；小河般流淌的啤酒、满脸是汗，谁也看不清谁、张开大嘴欢笑等也都变成了视觉印象；此外听觉及其他感官效果也被调动起来。简言之，人们瞬间会以为，眼前的场景极其低级和疯狂，是粗野的胡闹。尤其是这一段的结尾，咆哮的喇叭声和疯狂的舞蹈盖过并淹没一对跌倒的青年男女，这一段描写的场景怪诞不经，放荡形骸，与种种可笑的场面十分契合。

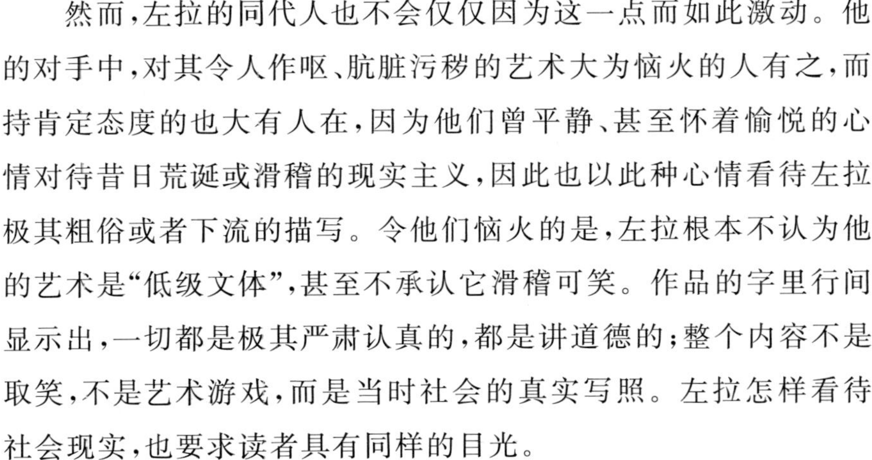

然而，左拉的同代人也不会仅仅因为这一点而如此激动。他的对手中，对其令人作呕、肮脏污秽的艺术大为恼火的人有之，而持肯定态度的也大有人在，因为他们曾平静、甚至怀着愉悦的心情对待昔日荒诞或滑稽的现实主义，因此也以此种心情看待左拉极其粗俗或者下流的描写。令他们恼火的是，左拉根本不认为他的艺术是“低级文体”，甚至不承认它滑稽可笑。作品的字里行间显示出，一切都是极其严肃认真的，都是讲道德的；整个内容不是取笑，不是艺术游戏，而是当时社会的真实写照。左拉怎样看待社会现实，也要求读者具有同样的目光。

在引文的第一段，人们几乎还感受不到这一点，最多只会对近乎记录式的客观叙述感到诧异。在所有感性记忆中，这种客观的叙述包含某些枯燥、露骨甚至残忍的东西，任何一位只求滑稽或荒诞效果的作家都不会这么写。第一句“十点钟了，大家还都待着不走”，这在一个荒诞的下层民众狂欢时是不可思议的。为什么要事先交代狂欢的尾声？对于只求轻松或荒诞的艺术目标而言，这显得过于清醒。狂欢为什么这么早结束？这么早就结束会是怎样的狂欢？这些来自矿山的人们，清晨五点钟就得起床，有些人甚至四点钟……。当人们此刻感到诧异时，又有很多其他情况引起人们的注意。狂欢就应该喝个痛快，即便是下层民众也不例外。此处也有不少饮料，不过却显得不够档次，不能让人酩酊大醉，因为只有啤酒。这一切表明，这些人的欢乐是何等的凄凉和可怜。

文章的真实意图在描写动身回家的第二段表现得尤为明显。
475 有人看见矿工皮埃隆的女儿丽迪喝醉了酒，倒在酒吧门前的大街上睡着了。丽迪是个十二岁的女孩，正和邻居的几个同龄男孩让兰和贝伯闲逛。三个孩子都在矿区当推车工。他们是过早堕落的孩子，尤其是诡诈刁钻的让兰。是他挑唆那两个人在一个主保节售货摊上偷了一瓶杜松子酒，然后三人一起把酒喝了个精光。可对一个女孩子来说，量太大了，只好让父亲抱着回家。两个男孩远远地跟在后面，“觉得这事很可笑……”。与此同时，邻居马赫一家和勒瓦克一家也起身回家，其中还有两位退休的老矿工，长命老和老穆克。像往常一样，二人一起度过了这个节日，虽然还不到六十岁，但已是他们那代人中最后健在的人了；他们形容枯槁，反应迟钝，只能在矿上喂马。有空时他们总爱泡在一起，也

不说什么话。两人又一次穿过渐渐冷落的节日市场，返回他们居住的矿工村。当他们将那一排排闪烁着灯光的房子甩在身后，进入空旷的田野时，从成熟的、黑黢黢的庄稼地里传出笑声和呼哧呼哧的喘息声。今夜又要造出许多孩子了。最后他们回到家中，迷迷糊糊地吃了中午留给晚上的剩饭。

此时，那两个年轻人又去了另外一家酒馆。因为一个姑娘，他俩的关系本来有些紧张，但今天他们有重要的事情商量。艾蒂安计划筹建一个工人互助基金，想争取沙瓦尔的支持。这样，一旦罢工，工人们不至于一无所靠，沙瓦尔同意了。受革命欲望的驱使，并借着酒劲，他们不计前嫌（不过时间不长），怀着对资产阶级的共同仇恨走到了一起。

可怜而粗俗的欢乐，未老先衰，透支生命，无节制的性生活，同生活条件相比，孩子生得过多，因为做爱是唯一免费的娱乐。而在这些现象背后，在最坚定和最睿智的人那里，是即将爆发的革命仇恨，这些就是这段引文的主题。它们被冷酷、无情地直观化，毫不忌讳最直白的语言和最丑陋的事件。这种文体艺术完全
摒弃了传统意义上追求令人愉悦的效果，被用来表现令人不快、 476
压抑和绝望的真相。不过，这个真相也同时号召人们行动起来，进行一场社会变革。这里不再像龚古尔兄弟的作品那样，只为表现丑陋事物对感官的刺激，而是为了反映那个时代的社会核心问题，反映工业资本家和工人阶级之间的斗争，这一点毋庸置疑。“为艺术而艺术”的原则已经过时。人们可以说，左拉同样感受到了丑恶和可憎对感官的强烈刺激，并且他在作品里也把这种刺激表现得淋漓尽致；人们也可以责怪他，说他那种有点粗犷的、具有

暴力倾向的想象力使得他夸大其词、恣意简化，使得他的心理描写过于唯物。但这一切都不重要。左拉认真对待文体混用，超越上一代人的唯美现实主义，是那个世纪为数不多、就时代的重大问题创作自己作品的作家之一。在这一点上，只有巴尔扎克可与之比肩，只是在巴尔扎克创作的时候，很多事情还没有发展到那一步，或者说左拉认识到的东西，巴尔扎克当时还不可能认识到。如果说左拉夸张，那么可以说，他夸张得恰到好处；如果说他喜欢表现丑陋，那么，他的这种癖好取得了丰硕成果。时间已经过去半个多世纪。在这半个世纪的最后几十年，我们经历了种种连左拉自己做梦都没有料到的事情。但《萌芽》今天依然是一部令人敬畏的作品，具有重大意义，尤其是它的现实意义完全没有丧失。其中有些地方理应成为经典，值得一读，因为它以简洁明快的手法，典范地塑造了第四等级在时代转折（我们现在仍处在其中）初期的处境和他们的觉醒。此时我想到第 3 部第 3 章描写在老矿工马赫家晚上聊天的情景。人们先是抱怨矿工村的小房太拥挤，不利于健康，无益于风化，接下来是这样的：

> “那还用说，”马赫回答说，“要是我们的钱多一点，就会更舒服一些……不管怎么说，大家挤在一块儿对谁也没有好处，只会使男的酗酒，姑娘怀肚子。”
>
> 于是，一家子就此谈起来，人人发表自己的意见，屋子里本来已经充满煎洋葱的味道，加上煤油灯的气味，空气更加
> 477 污浊了。是的，生活真不是好受的。人们像牛马一样劳动，所干的活跟从前用来惩罚犯人的苦役一样，许多人把命丢在

那里，但是就是这样干了一天，晚上回到家里也吃不上一口肉。当然，人们多少还是有一点吃的，只是少得可怜，仅仅不致饿死而已，并且人人债台高筑，一天到晚有债主追逼着，就像自己的面包是偷来的一样。每逢星期天，大家累得只顾睡觉。唯一的快乐就是喝酒，或者是跟自己的老婆一起造孩子；然而，啤酒将使你的肚子过于肥胖，孩子将会不理你。不，不，这种生活真不是好受的。

这时，马赫老婆也插嘴说：

“最糟糕的是，人们自己认为这种情况不可能改变，不是吗？……年轻的时候总想着将来会幸福，盼望这个盼望那个；随后，仍然是受苦，还是跳不出穷人圈去……我呀，我绝不想损害任何人，可是，这种不公正也常常使我气愤。”

一阵沉默。大家在这关闭着的天地中，感到说不上来的憋闷，这时才喘了一口气。如果老爷爷长命老也在场的话，只有他一个人表示惊讶。因为在他那个时代，人们并不这样伤脑筋；生在煤里，就得挖煤，除此以外，谁也没有别的要求；现在却吹来了这样一股风，弄得矿工们异想天开。

“什么也别埋怨，”他嘟囔说，“一杯好啤酒就是一杯好啤酒……资本家们差不多都是坏蛋，可是资本家总是要有的，这不是事实吗？在这方面伤脑筋一点儿用也没有。”这下子艾蒂安激动起来。怎么，难道不许工人思考么！嗯！正因为现在工人懂得思考了，事情才快要改变。在老爷爷那个时代……*

* 左拉：《萌芽》，黎柯译，第 167 - 168 页，人民文学出版社，1994 年。——译者

这并不是一次特定的闲聊，而只是每天晚上马赫一家在他们的房客艾蒂安·郎蒂埃的影响下进行的许多谈话中的一例，因此用的是过去时。从麻木的逆来顺受到逐渐意识到自己处境的缓慢过程，萌发的希望和计划的产生，几代人所持的不同态度，加之昏暗、简陋、烟气腾腾的房间和挤在一起的人，以及简洁通俗的话语，这一切构成了一幅早期社会主义时期工人阶级的典型画面，今天人们大概再也不会认真讨论这个题材所具有的世界历史意义了。如何界定这样一部作品的文体高度呢？毫无疑问，小说描写的是历史大悲剧，是“谦卑”和“崇高”的混合物，从内容上看，后者占主导地位。马赫所说的“要是我们的钱多一点，就会更舒服一些”，或者“只会使男的酗酒，姑娘怀肚子”，使用了高雅文体，更
478 不要说马赫妻子说的话。这是一条自布瓦洛以来漫长的道路，他只能想到极其低俗的闹剧里那些滑稽可笑的民众。左拉知道这些人怎样思想，怎样说话；他也熟悉矿山开采技术的每个细节，了解工人各阶层和资方的心理，知道核心领导的职能，对资本家群体之间的争斗、资本家与政府间合作了如指掌，并且他还了解军队。他不仅创作了表现产业工人的小说，还想像巴尔扎克一样，囊括（第二帝国）时代的整个生活，只是比巴尔扎克更讲求方法，作品的内容更加翔实：巴黎的市民和农民，剧院、商店和股市，都出现在他的作品中。左拉处处内行，样样精通，随时随地研究社会结构与技术。他的系列长篇小说《卢贡一马卡尔家族》中蕴含着令人难以置信的智慧，他也为此付出了大量心血。左拉描写的社会现象我们已屡见不鲜，在他之后也有许多人创作了类似的作

品，人们可以在任何一篇现代报导中找到类似马赫一家的情景，但左拉毕竟是这类作品的创始人，类似的风格和身份在他的作品中俯拾皆是。在左拉之前，是否有人像他那样见过简陋的出租房屋，见过《小酒店》第 2 章中描写的那种出租屋呢？恐怕没有人。此外，他所描写的不是他看到的画面，而是一个才来巴黎不久、等在酒店门口的年轻洗衣女工的印象。我觉得这几页写得也很精彩。左拉错误的人类构想以及有限的天赋是显而易见的，但这无损于其作品的艺术价值和道德教育意义，尤其是历史意义。我愿意相信，我们距离他生活的那个时代及其存在的问题越遥远，他所塑造的人物形象就会越高大，更何况他是最后一位伟大的法国现实主义作家。在他生命的最后十年，"反自然主义"的势力已经非常强大，此外，就其精力和勇气以及把握时代生活的脉搏和气息而言，无人能出其右。

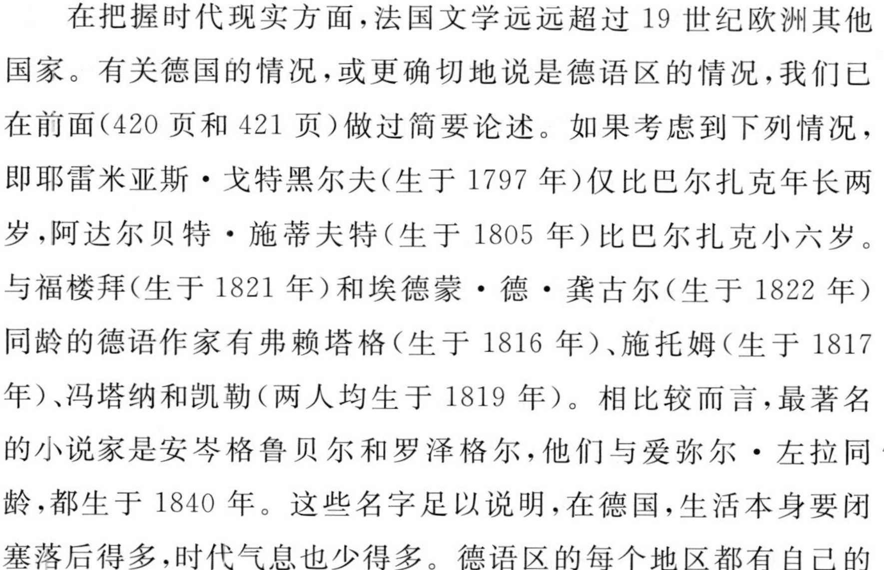

在把握时代现实方面，法国文学远远超过 19 世纪欧洲其他国家。有关德国的情况，或更确切地说是德语区的情况，我们已在前面（420 页和 421 页）做过简要论述。如果考虑到下列情况，即耶雷米亚斯·戈特黑尔夫（生于 1797 年）仅比巴尔扎克年长两岁，阿达尔贝特·施蒂夫特（生于 1805 年）比巴尔扎克小六岁。与福楼拜（生于 1821 年）和埃德蒙·德·龚古尔（生于 1822 年）同龄的德语作家有弗赖塔格（生于 1816 年）、施托姆（生于 1817 年）、冯塔纳和凯勒（两人均生于 1819 年）。相比较而言，最著名的小说家是安岑格鲁贝尔和罗泽格尔，他们与爱弥尔·左拉同 479
龄，都生于 1840 年。这些名字足以说明，在德国，生活本身要闭塞落后得多，时代气息也少得多。德语区的每个地区都有自己的

特点,但没有一个地方能够意识到现代生活,意识到可以把正在酝酿的发展变成具体的文学形象。即使在 1871 年以后,这一意识觉醒得也很缓慢,或者说至少用了很长时间,它才在反映时代现实的文学中得到有力的表现。德语区现实生活本身的个性、特殊性及其传统比法国更加根深蒂固;那里没有共同民族的、取材于现代的、像法国文学中对整个欧洲社会命运进行分析的现实主义的题材。几乎所有激烈批评自己祖国现状的德语作家都受到法国社会生活的影响,但在这些人之中,却找不出一位伟大的现实主义文学天才。深陷偏乡僻壤那根深蒂固的传统中而不能自拔,是那些着手刻画自己时代现实生活的著名德语作家身上的通病。无论是抒情的、浪漫的、让·保罗式的,还是旧式的、明显小市民的,或者二者兼而有之的传统文体,都使得在法国早已形成且彻底的文体混用在德国长期无法实行。直到 19 世纪末,这种文体混用才在激烈的争论中获得承认。其中最优秀的德语作家对生活所表现出的由衷的虔诚,对人的职业淳朴的见解,在法国是看不到的。与巴尔扎克、福楼拜或者左拉相比,施蒂夫特或凯勒能够给予读者一种更纯真、更真挚的感受。再没有比埃德蒙·德·龚古尔 1871 年在第四册日记中的言论更不公正的了(不过也许可以这样解释,这是一位遭受德法战争种种事件沉重打击的法国人苦涩心情的自然流露)。他轻蔑地否认德国人的一切人文精神,不无感慨地说:要是他们既没有小说也没有戏剧该多好啊!不过,这一时期最优秀的德语作品均未受到世界关注;从整体风格上看,也不会被埃德蒙·德·龚古尔这种人理解。

有些数据能够给我们提供一个概貌,让我们从 40 年代开始。

1843 年，黑贝尔发表了这个时期最著名的现实主义悲剧《玛利 480
亚·玛格达莱娜》；而施蒂夫特大约同时崭露头角（《素描集》，第一卷，1844 年；《晚来的夏日》，1857 年），稍年长的哥特黑尔夫的著名小说也在这十年间产生。随后施托姆登上文坛（《茵梦湖》，1852 年），不过他的创作成熟期还要晚许多年，紧随其后的是凯勒（《绿衣亨利》，1855 年初版；《塞尔特维拉的人们》上部，1856 年）、弗赖塔格（《责任和权利》，1855 年）、拉贝（《麻雀巷编年史》，1856 年；《饥饿牧师》，1864 年）。在帝国建立前后的几十年里，尽管当时的现实主义文学没有独特新颖的建树，但至少产生了现代习俗小说，其代表人物弗里德里希·施皮尔哈根在当时直至 90 年代都备受人们喜爱，而今天则被彻底遗忘了。在这几十年间，从语言到内容直至审美情趣不断衰落，只有少数几位老一辈作家，尤其是凯勒，创作出了有影响、有分量的文学作品。直到 1880 年以后，当时已年过六旬的冯塔纳才真正成为表现现实主义题材的大师。我觉得，他的名望虽然远不及哥特黑尔夫、施蒂夫特和凯勒，但他那深邃、亲切的艺术让我们拥有一幅反映他那个时代最好的社会画卷。此外，我们还可以把他的艺术看作向更加自由开放、更多反映世道常情的现实主义文学的过渡，尽管故事内容局限在柏林和奥得河以东地区。1890 年前后，外国文学思潮的影响蜂拥而入，一个旨在表现当代德国现实的自然主义文学流派应运而生，其最著名的人物是戏剧家豪普特曼。他创作的《织工》、《獭皮》、《车夫亨舍尔》还属于 19 世纪。第一部伟大的现实主义小说是托马斯·曼 1901 年发表的《布登勃洛克一家》，它已经属于新世纪。尽管形式独特，但其文体与 19 世纪法国现实主义作家的

作品毫无二致。必须指出的是，与前面提及的任何一位法国大家相比，豪普特曼，甚至连创作初期的托马斯·曼，都更热衷于表现家乡下西里西亚山区和吕贝克的风土人情。

在法国，欧洲现实主义文学正逐步形成，而从耶雷米亚斯·哥特黑尔夫到特奥多尔·施托姆这些 1840 年至 1890 年间的作家，却没有人完整并统一地表现出这一文学形式的主要特征。这就是我们在前几章所分析的，以不断发展的历史为基础，严肃地表现自己时代平凡的社会现实。具有优秀牧师传统的哥特黑尔
481 夫体魄强健，踏实肯干，从不回避任何现实问题；而塑造了木匠安东这一形象和女儿那铅一般沉重悲剧的黑贝尔，则年轻、压抑、很有城府。这两位有着本质区别的作家的共同点是，他们描写的事件历史背景似乎是静止不动的。哥特黑尔夫笔下的伯尔比特农庄仿佛已经平静地度过了数百年，除了岁月和人物的变迁，好像还要在这般宁静中再过上数百年；在《玛利亚·马格达莱娜》中，那令人窒息、迂腐透顶的小市民道德观念似乎也没有丝毫改变。此外，黑贝尔没有像席勒处理乐师米勒那样，让自己的人物用通俗的语言讲话，没有把人物局限在某个区域内，而只说明故事发生地是“一个中等城市”。弗·台·菲舍尔在谈到黑贝尔的戏剧语言时曾经指出，没有哪个市民阶层的妇女和木匠会这么讲话。除了不够通俗以外，他的语言还有许多拘谨但富有诗意的激情，常常显得那么不自然，却给人心灵如此强烈的震撼，仿佛是塞涅卡悲剧变调为小市民悲剧。类似的问题也出现在一位具有完全不同风格的作家阿达贝尔特·施蒂夫特的作品之中。他同样赋予一种朴素、纯净、高雅的风格，因此在他的作品中找不到一句粗

俗、风趣或通俗的话，他用轻柔、纯净、略显含蓄的儒雅语言表现粗俗及平庸的事物。与此紧密相关的是，他塑造的人物也生活在一个历久不变的世界里。从当时历史活动和现代社会制度中凸显的所有事物，政治、贸易、金钱、职业活动（无论是农业还是手工业）——所有这一切他都用简洁、高雅，但又极普通、极含蓄审慎的用语委婉地表达出来，以求自己和读者不受丑陋、龌龊的纷繁世界的侵扰。戈特弗里德·凯勒的作品政治色彩要强很多，现代意味也浓厚些，但反映的现实却仅限于瑞士这一特殊而狭小的范围。凯勒生活在那个民主、自由的乐观主义世界里，他作品中的人物在那里还可以不受侵害地自由寻找自己的出路。而在我们今天看来，这个世界仿佛只是一个远古时代的童话。除此之外，凯勒始终保持着一种半认真半严肃的笔调，而他天性中最吸引人的地方，是独特而快活的开朗达观，就连最反常、最令人痛恨的现象也能成为他善意揶揄的对象。

帝国的建立使节节胜利的战争达到顶峰，而这些战争给道德 482
和艺术造成了最为严重的后果。在社会和文学生活中，那种高雅而脱离现代现实生活的恬静景色没能持续多久。被文学界接受的现代主义，按德国传统是有失身份和虚伪的；它对自己的虚伪和现实中存在的问题视而不见。当然也有一些作家的眼睛是雪亮的，例如当时已经年迈的菲舍尔，其次是瑞士人雅各布·布克哈特，而最主要的人物是尼采。他最初也表现出那个在法国（参看第 465—467 页）早就被关注的作者与读者之间的矛盾，但尼采不是反映当代现实的现实主义作家。从 1870 年到 1890 年，在这几位小说或戏剧作者的作品中，似乎没有一个有分量、有影响的

新人物，没有一个人能够严肃地、创造性地表现时代生活的结构。只在年迈的冯塔纳的作品中，也仅在其 1890 年以后创作完成的最后几部最优秀的小说中，表现时代的真正现实主义才初露端倪。不过这个开端并没有得到充分发展，因为他还是没有超出那种和蔼可亲、时而乐观、时而无奈的半认真的闲聊语气。这样批评他或许是不公正、不厚道的，因为他从未像巴尔扎克和左拉那样，要做自己时代彻底的批判现实主义作家。恰恰相反，当人们谈起他那一代人的严肃现实主义时，他是唯一被提及的名字，这已经是他的荣耀了。

19 世纪下半叶，在欧洲西部和南部的其他国家，现实主义都没有像法国那样独树一帜，取得丰硕成果，甚至在有着著名现实主义小说作家的英国也并无累累的硕果。维多利亚时期社会生活发展平稳，时代背景变化较小，而英国大部分小说的故事就发生在这样的背景中。传统、宗教、伦理的主题形成一种平衡力量，使得那里的现实主义缺乏法国那种鲜明的形式。当然，法国的影响是很重要的，尤其是 19 世纪末。

此时，也就是从 80 年代以来，斯堪的纳维亚国家，尤其是俄
483 罗斯的现实主义文学在欧洲社会已崭露头角。斯堪的纳维亚作家中影响最大的是挪威戏剧家亨利克·易卜生。他的社会戏剧很有倾向性，其矛头直指资产阶级上层社会僵化、束缚和虚伪的道德生活。尽管这些戏剧的故事情节都发生在挪威，并且讲述的是地地道道的挪威状况，但反映的也是中欧资产阶级的问题。易卜生精湛的戏剧手法，鲜明的戏剧情节以及对人物入木三分的刻画，尤其是所塑造的几个妇女形象，深深地吸引了观众。易卜生

的影响非常大，尤其是在德国。1890 年，德国的自然主义运动把左拉和易卜生尊崇为大师；在最好的剧院里，完美地上演了易卜生的剧目；就连当时德国进行的重大戏剧改革也都与他的名字有关。自 1914 年资产阶级的社会地位发生彻底变化以来，尤其在巨大的世界危机冲击下，易卜生的戏剧所反映的问题失去了现实意义，这时人们才清楚地看到，他的艺术是多么具有针对性，是如何煞费苦心臆想出来的。尽管如此，他赋予严肃的市民戏剧一种风格的历史功绩将永载史册，因为自 18 世纪伤感戏剧提出的任务直到在他那里才真正得以完成。此后，资产阶级变得面目全非。这是他的不幸，但这也许正是他的一点功劳。

俄国作家产生的影响更深远、更重要。虽然果戈理在欧洲没有产生什么影响，但与福楼拜和埃德蒙·德·龚古尔交情很深的屠格涅夫，获得的荣誉总体而言远大于他所产生的影响。托尔斯泰和陀思妥耶夫斯基在 80 年代开始走红。在龚古尔 1887 年以后的日记中，人们找到了他们的名字和有关他们的论述。而对这两位作家，尤其是对陀思妥耶夫斯基的理解似乎是慢慢形成的。而后者的作品被翻译成德文已是 20 世纪的事了。这里我们无法对俄罗斯作家逐一介绍，对他们的渊源和前提进行阐释，并探讨他们各自在俄罗斯文学中的作用。我们只能论述他们对观察和描述现实的欧洲风格产生的影响。

俄国人似乎一开始就有以严肃的方式理解和表现日常琐事的契机；一个将低等级文学范畴彻底排除在严肃的文学处理之外的古典主义审美观，似乎在俄国从未能获得稳固的基础。在研究 484
直至 19 世纪乃至其下半叶才达到顶峰的俄国现实主义的同时，

我们注意到，它是建立在任何一个人都有其造物尊严的基督教旧宗法观念上，无论这个人来自哪个阶层，处在何种境地。与现代西欧现实主义相比，俄国现实主义的基础更接近古基督教现实主义。那个开明、活跃，在经济和思想上已上升到主导地位，同时又是所有现代文化，尤其是现代现实主义基础的资产阶级似乎在俄国从未出现过，至少在小说中看不到，在托尔斯泰和陀思妥耶夫斯基的小说中也没有。有的是上层贵族，不同等级和富裕程度各异的贵族地主，各级官员和神父，此外还有小市民和农民，即形形色色的平民百姓。而位于中间的那些家财万贯的大资产阶级和富商们，大都还分散在形形色色的行会中，至少他们的生活方式和思想观念完全是旧宗法式的。人们不妨想一想陀思妥耶夫斯基的小说《卡拉马佐夫兄弟》中的商人萨姆索诺夫，或者《白痴》中的那所房子和罗高辛一家。这些人物与中欧和西欧开明的资产阶级毫无相似之处。书中有来自不同社会阶层的大批改革者、叛逆者和密谋者，他们的反抗形式虽然各不相同，但都与基督教旧宗法世界有着密不可分的联系，只能通过痛苦的暴力摆脱这个社会。

在西方读者看来，俄罗斯文学的另一个显著特点，是这个幅员辽阔的国家里的人及其生活方式的统一。这显然是一种自发的、或者源远流长的整个俄罗斯的统一，因此在小说中说明每个故事的发生地便常显多余。不仅如此，就连地域风貌也比欧洲任何一个其他国家要统一得多。在文学作品中，人们能够明确看出，莫斯科和彼得堡这两个首都的不同特征，除此以外，对其他城市、地区及省份则很少有具体的说明。果戈理的《死魂灵》或他的著名喜剧《审计员》的故事发生地是“一个行政区”，“一个小城

市”；陀思妥耶夫斯基的《魔鬼》和《卡拉马佐夫兄弟》的情形也完 485
全一样。地主、官员、商人、神职人员、小市民、农民等人物都像是清一色的“俄罗斯”式，很少注重语言表达方式的独特风格。即便某个地方表现出语言差别，也不是地域方言，而是个体的或社会团体的语言差别特点（如在下层平民中流行的“O”的发音），或是那些生活在俄国的少数民族（犹太人、波兰人、德国人、乌克兰人）的语言特点。虽然存在着等级差别，但只要讲述的是从一出生就信奉东正教的真正的俄罗斯人，那他们似乎就在整个国家里组成了一个旧宗法制的大家庭。类似情形在19世纪的其他地方也可以看到，例如在德国的个别地区，但没有一个地方的情况如此明显，尤其是没有一个地方有这么广阔的民族区域。在这个广袤的国度里，似乎到处都吹拂着同样的俄罗斯家乡之风。

这个大一统的民族大家庭与同时代的欧洲社会的首要区别在于，在俄国几乎不存在开明的、有自我意识的、工作井井有条的资产阶级。19世纪，在这个民族大家庭内占主流的是剧烈的内心活动。这一点可以在文学作品中清楚地看到。欧洲其他国家的文学作品也表现了这个时代剧烈的内心活动，尤其是法国文学，但它具有不同的特点。俄罗斯现实主义文学显示的这一内心活动的主要特征是，被描述人物的经历无任何前提，无任何限制，充满激情。这是西方读者首先获得的最强烈印象。这种印象大都来自陀思妥耶夫斯基，当然也来自托尔斯泰和其他作家。俄国人似乎一直保持着这种直接感受的传统，这在19世纪的西方国家很少见到。生活、道德或精神上的一个强烈刺激会惊动他们的本能深处，瞬间使他们从平静祥和，有时几乎是无欲的生活陷入极度的纵欲，实际生活如此，精神

生活也同样如此。俄罗斯人的性格、行为、思想和感受的波动似乎比欧洲其他地方的人大得多。这也让我们想起在本书开头几章中
486 探讨的基督教现实主义。令人诧异的是，爱与恨、屈辱的献身与兽性的残忍、炽热的真诚与无耻的享乐、虔诚的幼稚与极端的玩世不恭交替变化，而这种交替变化常常发生在同一个人身上，而且没有过渡，发生得激烈而突然，这一点在陀思妥耶夫斯基身上表现得尤为突出，不过其他作家也不例外。每一次的变化都使人筋疲力尽，他们的语言和行为暴露出其内心深处的混乱。西方人虽然也有这种情况，但由于合乎科学的冷静和审美以及讲体面而羞于表现自己的情绪。当这些伟大的俄罗斯人，特别是陀思妥耶夫斯基，蜚声中西欧的时候，读者从他们的身上感受到精神力量的跨度和直抒情怀的表现力，就像一份仿佛能让现实主义与悲剧完美融合的告白。

最后还有一点需要说明。如果有人问，究竟是什么引发了19世纪俄罗斯文坛剧烈的内心活动呢？答案是这样的：首先是现代欧洲，尤其是德国和法国的生活与精神模式渗入到俄国，猛烈地冲击着俄国社会，尽管这个社会风雨飘摇，但依然非常独立和顽强，尤其是对此没有丝毫准备。由于道德和现实的原因，与现代欧洲文化的冲突在所难免。而俄国还没有经历此时欧洲走过的准备阶段，因此这种冲突便显得紧张而混乱。如果我们注意一下托尔斯泰或者陀思妥耶夫斯基对此的反映，就可以清楚地看到，无论是接受还是拒绝欧洲风格，这种冲突都显得那么疯狂、激烈和绝对。选择人们探讨的这些思想和体系很偶然，很随意，随后只得出这样的结论。没有在与其他思想和体系的比较中进行检验，就得出丰富多彩的精神生产或多或少都作出贡献这样的结

论，立刻成为绝对的真理，不论对与错，也不论是让人明了的道理
还是胡说八道。于是，恢弘的反体系理论被临时拼凑起来，仅用
寥寥数语，仅按某种特定的、往往是错误百出的观点就对形形色
色、因历史的积淀难以综述的种种现象作出评价，对“西方文化”、
自由主义、社会主义和天主教等作出评价；处处都关乎那些“最 487
终”的道德、宗教和社会问题。伊万·卡拉马佐夫所讲的那句话
最具代表性，它也是《卡拉马佐夫兄弟》这部伟大小说的基本主
题：没有上帝和永恒就不可能有道德，承认罪过是跳出一个恶人
境地的必然且理性的出路。在“要么全部，要么全无”这个句子
中，极端的狂热介入思维，既浅薄又令人叫绝。不过，19 世纪俄国
对欧洲文化的研究不仅对俄国具有重要意义，尽管这种研究常常
显得混乱，浅薄，由于信息不足而缺乏说服力，观点上存在错误、
偏见和狂热，却对欧洲腐朽和潜藏的危机有着极其可靠的直觉。
在这方面，托尔斯泰在欧洲的影响巨大，而陀思妥耶夫斯基的影
响更是超过他。如果说第一次世界大战前十年，当道德危机在很
多方面（也包括现实主义文学）不断加剧，人们预感到灾难即将来
临时，俄罗斯现实主义作家的影响就对此作出了重大贡献。

488

第二十章　棕色的长筒袜

“如果明天天气不好，”兰姆西太太抬眼瞥了一下从窗前走过的威廉·班克斯和莉莉·布里斯科，“那我们就改天去”。莉莉的迷人之处就在她的眼睛，别看她小脸苍白，还有皱纹，但这双弯弯的中国人的眼睛总能吸引英俊男子的目光，她心想。“好了，站起来让我量量你的腿”，她说。他们迟早都要去灯塔，她必须看看自己正织的袜子是否需要加长一两英寸。

兰姆西太太脸上露出微笑，因为她脑海里闪出一个绝妙的念头——威廉和莉莉应该结婚——她拿起还带着两只毛衣针的混色长筒袜，比着詹姆斯的腿量了起来。

“亲爱的，站着别动，”她说。出于嫉妒，詹姆斯不情愿为那个灯塔管理人的小男孩被人像量具似地摆布，他故意动个不停。可他这么做，她怎么能知道袜子是太长还是太短呢？

她向上望望——是哪个恶魔控制了她这个最小、最受宠的孩子？——望着屋子，望着椅子，兰姆西太太不由想到，真像安德鲁前些日子说过的，这些沙发的确太破旧了，里面的填充物散落得满地都是。她问自己，在房子肯定漏水，只有一个老妇照看的整个冬天，难道就应该买些好沙发任凭它们在这儿损坏吗？没关系：房租才2.5便士；孩子们喜欢这所房子；它可以使自己的丈夫退避千里，或者更准确地说，远离他的图书馆、他的讲座、他的学生三百英里；房里有供来访者住的客房。床垫、宿营床、在伦敦过时的旧桌椅——在这儿都不算赖；有一、两幅画，还有书。书，她想，自己以书为伴。可她从来没有时间读书。天呀！甚至送给她本人，上面有诗人亲笔题赠“谨献给心想事成的她……”，“祝海伦幸福常在……”的那些书，她也从未读过。克鲁姆的《论思想》和贝茨的《论波利尼西亚原始习俗》（“亲爱的，站着别动，”她说）——都不能送给灯塔管理人。她设想，在某个时候，这所房子会变得破旧不堪而必须修缮。要是能教会孩子们擦干净自己的脚，不要到海滩上乱跑——情形就会好得多。螃蟹，如果安德鲁真想解剖它们，她只能允许；如果贾斯珀认为可以用海藻做汤，谁也无法阻止；还有罗斯的玩意儿——贝壳、芦苇、石子；这些都是别人以各种不同方式送给他们，她的孩子们的，结果整个房子，从地板到天花板都成了这个样
子。她一边拿袜子比着詹姆斯的腿，一边叹息着。东西一年 489
比一年破旧。床垫在褪色，墙纸在剥落，甚至连墙纸上的玫瑰都看不出来了。要是房子的每扇门老开着，恐怕整个苏格兰就找不到会修门栓的锁匠了，东西肯定会损坏。在画框边上搭一条绿色开司米围巾管什么用？不出两周，画框还不照样变成豌豆汤色。令她气恼的是门，每扇门都开着。她听见，过厅的门开着；客厅的门开着；听起来似乎卧室的门也开着；落地窗肯定开着，那是她自己打开的。窗户应该打开，门

应该关上——这么简单不过的事情，她们怎么就记不住呢？她晚上要去姑娘们的房间，察看一下她们是不是像封炉子一样把门窗关得死死的。但玛丽的房间不用看，这个瑞士姑娘宁可不洗澡也不愿没有新鲜空气。她说过，“家乡的山多美啊”。昨天晚上，她眼含热泪望着窗外说：“山多美啊。”兰姆西太太知道，玛丽的父亲将长眠在那里，他的离去将使她们失去父爱。对她的训导和示范（怎样模仿法国妇女的伸曲手法收拾床铺，打开窗户）都得格外平和。她说着说着，就像一只小鸟飞越阳光后悄无声息地收拢翅膀，羽翼的蓝色从亮青变成淡紫。因为没话可说，她就默默地站在那儿。她的父亲患了喉癌。兰姆西太太搜寻着记忆——她想着这姑娘站在那儿，说“家乡的山多美啊”时的样子，想不起来，一点也想不起来。她一阵恼火，厉声对詹姆斯说：“站好，别烦人，”要让他知道此刻自己的严厉是认真的。他伸直了腿，她量了量。

袜子太短，至少短了半英寸，即使考虑到索利的小男孩发育得不如詹姆斯也还是太短。

“太短了，”她说，“真的太短了。”

从没有人看上去如此悲伤。仿佛从明媚的阳光下坠入漆黑的竖井深处，痛苦，绝望，近乎崩溃，泪水盈眶，慢慢地淌了出来，继而涕泪涟涟，最终归于平静。从没有人看上去如此悲伤。

人们说，容貌比什么都重要。这句话背后隐含着什么——她的美丽，她的风度？在他们结婚前一周，不是传说她丈夫去世了，那些听到传闻的人不是还向从前的情人打听过她吗？或许什么意思都没有？除了她赖以生存的出众美貌，难道她就别无是处，可以任人侵扰吗？尽管在亲昵时她完全可以说出自己的所知、所感、所体验的性欲亢奋，道出爱的渴望和欲望失落的细枝末节，可她从来没有说过。她总是沉默寡言。不过她知道——她与生俱来就什么都知道。她的纯真能够洞穿那些虚伪的美男子。她头脑单纯得像一块石头垂直下落，像鸟儿准确飞落。她的单纯无形中赋予她这种率直、情绪不加掩饰的真实，令人感到愉悦，轻松和踏实——也许这只是表面现象。

“上苍造就了凡夫俗子，也造就了一切，”虽然兰姆西太 490
太只是告诉班克斯先生关于火车班次的事，但听到她电话里的声音，班克斯先生还是非常激动。他急切地说，“就像她塑造了你的一切一样。”他在电话的这端想着她的模样，长得像希腊人，蓝眼睛，高鼻梁。这样与一个女人通电话似乎极不妥当。赐人美丽与欢乐的三女神似乎联手用长着常春花的草地创作了这张美丽绝伦的脸庞。对了，他要在尤斯顿赶十点半的火车。

“可她还不如一个孩子，意识不到自己的美丽。”班克斯先生说，他挂上电话，穿过房间，去看工人在他房后建造的旅馆有什么进展。他望着抹在尚未完工的墙壁上的搅拌物，想着兰姆西夫人。他苦思冥想，总觉得有什么不协调的东西破坏了她脸庞的和谐。她匆忙戴上猎鹿人的帽子，穿着高筒套靴跑过草地，从危难中救出一个孩子。因此，如果仅仅想着她的美丽，那么就必须记住，只有活动的东西，有生命的东西

> (正如他所看到的,工人们正在用砖块搭建一个小木板房),才能构成这幅画面;如果只把她视为一个女人,那么想她时肯定会出现一些不同寻常的怪念头;要不然就会设想她高雅的外表下一定隐藏着一些秘不示人的欲望。可她似乎对自己的美丽和男人们所谈论的美丽感到厌烦,她只想同其他人一样普普通通。他想不清楚,实在想不清楚。他得工作去了。
>
> 兰姆西太太织着棕色毛袜,她的头与镀金画框、搭在画框边上的绿围巾以及米开朗琪罗的亲笔画融在一起,显得很可笑。那条已经粗糙的绿围巾,是兰姆西太太前不久按自己的方式熨平的。她捧起詹姆斯的头,亲了亲小儿子的前额说:"咱们还是重找一幅图片来剪吧。"*

这段故事出自弗吉尼亚·伍尔夫发表于1927年的小说《到灯塔去》的第1章第5节。小说人物所处的位置几乎完全可以从这段引文看出。在这部小说中,人物的位置除了这种开场白或引言的形式以外,别的地方都没有系统地说明。为了便于读者理解下面的分析,也为了更清晰地强调前几章中的重要主题——这里只稍加暗示——我还是想对所引章节开头的人物位置作一综述。

兰姆西太太是伦敦一位著名哲学教授的夫人。她美丽动人,但已不再年轻;她和六岁的小儿子詹姆斯待在一所宽敞别墅的窗
491 边。这幢位于赫布里底群岛的别墅,教授已租用多年。除兰姆西

* 引文原文为英文。——译者

夫妇、他们的八个孩子和仆人外，这幢房子里还住着和来往着不少熟悉的客人，其中有著名的植物学家威廉·班克斯，他是一位年迈的鳏夫，还有女画家莉莉·布里斯科，这两人刚刚从窗边走过。詹姆斯坐在地板上，正从一本带插图的商品目录中剪图片。他的母亲刚才答应他，如果天气好，明天和他一起乘帆船到灯塔去，詹姆斯早就期待着这次旅行。他们给看守灯塔的人准备了各种礼物，其中就有送给灯塔管理人男孩的那双袜子。得知出游的消息，詹姆斯欣喜若狂，而父亲一句刺耳的评论“明天天不好”，让他的喜悦一扫而光；其中一位客人还有些不怀好意地强调天气不好，并根据气象观察作了补充说明。因此等其他人离开房间后，兰姆西太太便对詹姆斯讲了我们引文开头的那些安慰话。

兰姆西太太与詹姆斯之间的外在活动——量袜子——构成这段引文的统一。说完那些安慰的话（如果明天天气不好，那我们就改天去），她就让詹姆斯站起来，好在他的腿上比试送给灯塔管理人儿子的袜子。接下来，她有些心不在焉地说，詹姆斯应该站好别动，因为这个孩子焦躁不安地站着，可能是出于妒忌而执拗，或许还处在刚刚经历的失望阴影里。数行之后，她又以更严厉的语气重复了“站好”这一告诫。詹姆斯老实了。兰姆西太太量了一下，发现袜子还短很多。中间一段很长的过渡之后，这件事以兰姆西太太亲吻儿子的额头（藉此抵消了她第二次告诫“站好别动”的严厉）以及邀请儿子一起找一张新图片来剪而进入尾声。引文也至此结束。

在这个微不足道的事件中，不断地插入了其他成分，不过，这些成分并没有打断事件的进展，但讲述它们所花的时间要比事件

本身持续的时间长得多。插入的主要是心理活动，即人物意识里进行的活动；这里既有参与外在活动的人，也有未参与的人，甚至
492 还有此刻根本不在场的人——人们和班克斯先生。与此同时，还有发生在其他地点和时间的次要的外部活动，如电话交谈，施工等，这些都是为第三者的意识活动所作的铺垫。让我们仔细分析一下。

兰姆西太太的头几句话曾两次被打断：第一次是被映入眼帘的景象（威廉·班克斯和莉莉·布里斯科从窗前一起走过）所打断。接着，在几句描写外部活动的话之后，又被从窗前走过的两人留在她内心的印象打断：莉莉那双中国人眼睛的魅力，这并非是每个男人都注意到的。随着那句话说完，她的意识也在量袜子上停留了片刻：我们迟早要去灯塔的，所以我得看看袜子是否够长。这里闪过因看到莉莉那双中国人的眼睛而产生的念头（威廉和莉莉应该结婚），这是一个绝妙的主意，她很乐意促成这桩婚事。她微笑着开始量袜子，但对母亲又使性子又撒娇的孩子却不停地晃动，她怎么能看到袜子长度是否合适呢？她的詹姆斯，她最小的儿子，她的宝贝到底怎么了？她抬眼望去，目光落在那间屋子上——于是一段长长的插入开始了。她的思绪从大儿子安德鲁前不久说过的破沙发——里面的填充物散落在地上——转到她身边的人和物上；破旧的家具，但在这里却还是满好的；夏季别墅的种种优点；它便宜，对孩子们和她的丈夫有好处；很容易就能用几件旧家具布置停当，加上画和书籍。书籍，她已好久没有时间读它们了，甚至包括别人题词送给她的那些书（此时灯塔在她的脑海中闪现，总不能把做学问的书籍往灯塔那儿送吧，比如

散乱堆放在这里的书)。随后她又想到了房子:假如住在这里的孩子们稍稍当心点就好了;当然了,安德鲁会拿来他要解剖的螃蟹,其他的孩子也要采集海草、贝壳、石子,她必须允许他们做这些。孩子们各有各的天分,不过当然了,这幢房子也就这么越来越破了(在这里,插入中断片刻,兰姆西太太拿着袜子在詹姆斯腿上比划着);所有的东西都坏了。如果房门不总是开着就好了。现在所有的东西,包括搭在画框上的开司米围巾都坏了。所有的
门都是开着的,此刻又是如此。她仔细听着,是的,它们全都开 493
着。楼梯平台的窗子也开着,那是她自己打开的。窗子应该开着,而门应该关上;为什么没人能记住呢?如果夜里到姑娘们的房间去,所有的窗子都关得紧紧的。只有那位瑞士女仆总让窗子开着。她需要新鲜空气。昨天,她眼泪汪汪地看着窗外说:我们家乡那边的山多美啊!兰姆西太太知道,在那边的“家里”,这姑娘的父亲已病入膏肓。兰姆西太太刚刚教过她怎样铺床,怎么开窗。她唠唠叨叨地说着,责备着,接着就默不作声了(宛如那只穿越阳光归巢时收拢翅膀的鸟儿)。她沉默不语,因为此时已无话可说。玛丽的父亲得了喉癌。当她想回忆那个姑娘站在那儿说“我们家乡那边的山多美啊”时,却怎么也想不起来了。这时她心里涌起一股哀怨(对无情的、毫无意义的生活的哀怨,但她还是竭尽全力生活下去,她努力支撑着,使生活有保障);这种哀怨的发泄表现在外在动作上;插入突然终止(哀怨大概只持续了几秒钟,刚才她还为班克斯先生与莉莉·布里斯科该结婚的念头而微笑),于是她厉声对詹姆斯说:站好别动,别这么不懂事。

这是第一段大段的插入。第二个大段的插入在量完袜子,发

现它还短很多之后开始。它从主题为“从没有人看上去如此悲伤”的那段开始。

这一段里是谁在说话？是谁注视着兰姆西太太，并作出了“从没有人看上去如此悲伤”的断言，又是谁满腹狐疑地暗中说出这些猜测：是谁在说（也许）在暗处形成并滚落下来的泪珠，是谁在说汩汩汇入的泪珠后又止住了泪水？这间屋子窗前只有兰姆西太太和詹姆斯；不可能是他们俩，同样也不会是在下一段开始说话的“人们”(people)，那么大概是作家自己。不过果真如此的话，这位作家可不像一个熟悉自己作品人物的人——此处是指兰姆西太太——，不像一个能凭借自己的所知，客观、自信地描写兰姆西太太的性格和各种心理状态的人。弗吉尼亚·伍尔夫写了

494 这一段。她也没有用语法或印刷符号来表明这是第三者的所言或所思。我们只好假设这一段包含她自己的直接表述。不过伍尔夫似乎没有想到，自己就是那位作者，所以肯定知道她书中人物的情形。不管是谁，此处说话的人就像一个只对兰姆西太太有印象的人，这个人注视着她的脸，主观地谈论着对她的印象，将信将疑地解释着这种印象。“从没有人看上去如此悲伤”并不是客观的论证，而是对某个人在看到兰姆西太太面庞时受到震撼的近乎超现实的描述。接下来似乎不是人类，而是“天地之间的神灵”在讲话，这是能够深入人的内心深处、知其然却不知其所以然的无名神灵。它们所有的答复都不肯定；这可以同后面（第2章第2节）一处描写相对应。在那段描述中，“离开风一般躯体的某种神灵”于深夜悄无声息地掠过沉睡的房子，令人感到“疑惑和惊异”。无论怎样，这些都不是（此处也不是）作者对自己书中众多人物中

的某个人物的客观表述。这里没有一个人了如指掌，一切都只是猜测，是某人投向另一个使他迷惑不解的人的目光。

接下来的一段继续对兰姆西太太的面部表情进行猜测和讨论，但是调子有所降低，从诗一般的超现实转为实际的尘世。这里也引入了一位说话人："人们说。"人们不禁要问，在她那超凡美貌的背后，是否隐藏着对过去生活中某一不幸的记忆。对此有种种传闻。不过那些传闻或许是假的？从她本人那里人们一无所获；谈话一旦涉及此类事情，她就沉默不语。但即使她没有听到此类传闻，也仍然无所不知。她单纯的天性和正派的举止能够准确无误地猜中事情的真相，令人产生——也许是错误的——喜悦，一种轻松和救助的感觉。

这里说话的始终是那个"人们"吗？人们对此难免产生怀疑。因为对于"人们的话"来说，最后几句话听起来过于亲密，引人深思；紧接着突如其来地插进一位全新的说话人，一个新的场景和另外一个时间点。我们看到，班克斯先生通过电话与兰姆西太太交谈。她打电话告诉他一条火车路线，显然是约好了一起去旅 495
行。有关眼泪那一段将我们的视线从兰姆西太太和詹姆斯坐在窗户旁边的那间屋子带到一个不能确定的、超现实的地方；在有关传闻的段落有一个具体的尘世间的地方，但没有详细说明。现在我们位于一个非常确切的地点，不过它远离那幢夏季别墅；我们在伦敦，在班克斯先生的住所。我们不知道具体的时间（"有一次"[once]），但显然这次电话交谈是很久以前的事，大概是去岛上别墅度假的好多年以前。而班克斯先生在电话里说的，正好与上一段相连；前面讲到瑞士姑娘的情形，兰姆西太太美丽的脸庞

流露出的忧伤，人们对她的揣测以及她给人的印象等，人们从中似乎得出结论(但依然是不客观的，而是对某个人在某个时刻的印象)：自然界鲜有用来塑造像她这等人的陶土。班克斯先生真的在电话里对她讲了这些话吗？或者他只不过想说，听到她那深深打动他的声音，觉得同一位如此美貌、宛如希腊女神般的女人在电话里交谈，是多么不可思议的事情？这些话在引号里面，所以人们本当认为，他确实说了这些话。可事实肯定并非如此，因为他下面独白中的头几句也在引号里面。不管怎样，他很快恢复了常态，冷静地答道，他十点半将在尤斯顿火车站上车。

然而，他内心的激动仍久久不能平静。当他挂了电话，穿过房间走向窗口，观看对面一个新建筑施工的进展情况时——显然这是他惯常而独特的放松和活动脑筋的方式——他还在想着兰姆西太太。在她身上总有一些异样的、与她的美貌不相称的东西(像刚才打电话时所想的)，她对自己的美丽毫不知晓，或者她只是像个孩子；她的装束，她的举止时常流露出这一点。她一直处于生活的现实中，而该现实与她面部的和谐格格不入。班克斯先生试图以自己的方式解释她身上的这些矛盾，并且提出几种推测，却无法确定。思考的同时，他还在观看着新建筑的施工。最
496 后他放弃了这一尝试，以一个讲求科学工作方法的人所具有的那种焦急、果断而又客观的态度，抛开这个无法解决的“兰姆西太太”问题。他没有办法(重复两次“他想不清楚”隐喻了他的急欲解脱)。他得去工作。

第二个长时间的中断至此结束，我们又被带回兰姆西太太和詹姆斯所在的房间。外部事件以亲吻詹姆斯的额头和重新回到

剪画片场面结束。但这里也不仅仅是外部的变化，在这之前已离开的故事发生地重又出现，它出现得突然，没有一点过渡，好像人们根本就没离开过它，而长时间的中断只是某个人（谁?）投向时空深处的一瞥。与此相反，主题（兰姆西太太、她的美貌、她性格上的谜团、她的绝对存在始终在相对的、令人生疑的和相对于她的美貌不太相称的生活中运动）又将前一个中断的最后部分，即班克斯先生毫无结果的思索，直接与我们所看到的兰姆西太太现在的位置连接在一起："她的头与镀金相框……显得很可笑。"又是些不协调的东西（something incongruous）包围着她。而她给小儿子的吻，对他说的话，虽然是一种非常清纯的生活馈赠，詹姆斯当作最自然、最简单的真实而接受的生活馈赠，却由于无法解开的谜而显得沉重。

从我们对这段引文的分析可以看出一些文体的特点，下面我试着对此加以说明。

这里，作者作为客观事物的叙述者几乎完全隐去；而所讲述的一切简直像小说人物意识的映象。如果说小说提到了那所房子或者那位瑞士女仆，但那并不是弗吉尼亚·伍尔夫凭借自己的创造性想象力呈现给我们的客观认知，而是兰姆西太太在一个特定时间内的所思所想。同样，弗吉尼亚·伍尔夫也没有给我们介绍她对兰姆西太太性格的认识，她介绍的是兰姆西太太性格的映象及其对小说中不同人物、对那些对滴一泪水进行猜测的"无名神灵"以及对那些揣测她的人和对班克斯先生等人的影响。在我们的这段引文中，这种手法的运用使人感到，好像根本不存在从小说外部观察小说内部人物和事件的视角，也不存在一个不同 497

于书中人物内心所想的客观事实。我们最多在简短地说明外部框架事件中看到残留的客观事实，如“兰姆西太太抬眼瞥了……说道”，或者“虽然只是告诉班克斯先生……但听到她电话里的声音……”等等。“兰姆西太太织着她的棕色毛袜……”的最后一段也可以算作残留的客观事实，不过还是有些疑义。作者对事情的经过描述得很客观，但从他描述时的语气可以看出，作者不是从知情人的视角，而是用猜度、询问的目光审视兰姆西太太。他只是小说以外的人物，这个人物会在描述的场景中看到兰姆西太太并听到她所说的那些相关的话。

有人在句法上对这部小说和其他同时代作家作品中再现人物所思所想的写作手法进行分析和论述，并给其中一些写作手法命名，如“自由间接引语”（erlebte Rede）或“内心独白”（innerer Monolog）。不过这些文体形式，尤其是自由间接引语，早就在文学中使用，只是当时的艺术意图与这里不同罢了；此外还有在句法上几乎无法理解的其他可能的方法，被用来模糊和淡化客观存在的、作家准确把握的真实印象，甚至使之消失；或者不是在形式上，而在语气及内容的关联上做文章的方法，例如在这段引文里，作者自己有时会以一个怀疑、询问和找寻者的身份出现，有意给人造成这样的印象，好像他对书中人物的真实情况并不比人物本人或读者知道得多。这一切其实是作者对待他所描绘的社会现实的态度问题；那些客观、准确无误地解释故事情节、事态及人物性格的作者，他们的态度决定了其展现的社会现实截然不同；以前大多数作者都是这样做的，歌德或凯勒，狄更斯或梅瑞狄斯，巴尔扎克或左拉，他们都以各自确切的认知告诉我们，他们书中的

人物都做了些什么，他们有何想法，有何感受，告诉我们应该如何解读作品的情节和思想；他们对人物的性格了如指掌。当然，以前也时常发生这样的情形，即作者会告诉我们一部长篇小说或短篇小说中人物的主观想法，有时甚至用的是非自由间接引语，更常用的是内心独白，当然大多数情况下有一句引导语，诸如“他觉得……”，或者“此时他觉得……”，或类似的句子。但在这种情况 498
下，几乎无人尝试过再现人的印象变化所引起的意识漫游和游戏——例如我们引文中的兰姆西太太和班克斯先生就属这种情况——人物的内心活动均以理性的方式表达出来，总是局限在所讲述的事件或所描述的状态中，如前面第 450 页至 452 页所阐释的包法利夫人的情况。更重要的是，作家因其对事实真相的了解始终保持统辖和主导的地位。此外在很早以前，尤其是 19 世纪末以来，就有了叙事作品。总体而言，这些作品试图给我们留下对现实常常采取的极端个人主义、主观主义和偏离主线的印象。显然它们并不力求，或者没有能力介绍一些有关现实的、具有普遍意义和客观的东西。这类作品时而采用自叙体小说的形式，但有时也不用；后一种情况我以于斯曼的小说《反乎常理》为例。不过它与现代派、与弗吉尼亚·伍尔夫这段引文所描写的事件有着本质上的区别，尽管伍尔夫的这篇小说是受《反乎常理》的影响完成的。弗吉尼亚·伍尔夫写作方式中至关重要的，不是仅描写一个人的意识，而是描写不断变换的、多个人的意识，在我们这段引文中有兰姆西太太、众人和班克斯先生，期间詹姆斯只出现了片刻，还有沉浸在回忆中的瑞士女仆和那个揣测眼泪的无名氏。从这么多的主体中可以推断，人们打算探究一个客体的真相，这里

是要探究“真实的”兰姆西太太。虽然兰姆西太太是个谜，而且这个谜原则上会持续保持下去，但她被各种各样针对她的意识内容（也包括她自己的在内）包围，人们试图通过人的认知途径和表现途径可以做到的那样，从不同侧面了解她。借助由形形色色的人（在不同的时间）获得的许多主观印象来接近真实客观现实的意图，对于这里所运用的现代方法很重要：这与一个人的主观主义有本质的区别。单个人的主观印象只让唯一一个，而且往往是非
499 同一般的人发言，并且只承认他对现实的看法。从文学史上看，单个人描述的主观意识当然与多个人的综合描述有着密切联系，因为多个人的综合意识描述由单个人的意识产生。有的作品，特别是在马塞尔·普鲁斯特的长篇小说中，这两者互相交杂，因此人们可以观察到这一产生过程。关于普鲁斯特，我们下面还会谈到。

对时间的处理是与我们上面所谈的“多人的意识表述”有着密切和必要联系的另一个文体特征，这一点在我们这段引文中也可以观察到。人们早就注意到，在现代叙事文学作品中，时间的处理有着独到之处。关于这方面已经出版过多部研究著作；人们曾特别尝试将这里所出现的现象与同时代的哲学学说或哲学流派联系起来，这无疑是正确的，并且也有益于对两者共性的理解。我们中的很多人对此感兴趣并打算做这件事情。我们首先想对前面这段引文的手法进行分析。前面我们已经说过，量袜长的过程以及量袜子时说话的时间比一位不愿漏掉任何信息的专注的读者读这段文字所需时间要短得多——即便假设在量袜长与吻孩子额头之间有一个短暂的间歇。但是讲述的时间并非全部用

在量袜长这一过程本身——讲述这个过程所需时间很短，而且用在好几次中断上；其中插入了两个离题的说明，它们与（框型结构小说的）框架事件历经的时间好像完全不同。第一个插入描写了兰姆西太太量袜子时的内心活动（确切地说，是插在第一次随口提醒詹姆斯和第二次厉声警告詹姆斯站好之间）。时间上它属于（框型结构小说的）框架事件，只不过对它的描述比量袜长要多出好几秒甚至好几分钟，因为意识活动的过程往往比语言再现它要快得多，假如想让第三方明白——这正是此处的用意。兰姆西太太心里想什么，其实本身没有什么神秘，那些几乎都是她日常生活中很正常的想象，下面才隐藏着她的秘密，仅仅在思绪从开着 500
的窗户跳到瑞士女仆说话的那一刻，秘密才被揭开一角。总之，这里的意识镜像要比其他作家（如詹姆斯·乔伊斯）在这种情况下的处理手法更容易理解。兰姆西太太意识中出现的一连串的想象朴素而寻常，因而也就十分重要；这些联想展现了兰姆西太太那无与伦比的美貌与每天所要面对的全部生活关系，她的美貌既展现在其中，同时也埋没在其中。当然，在以往的各个时代，也有作家花费时间和笔墨告诉读者，他们的人物在某一个特定时刻会想些什么，但他们几乎不会为此选取如兰姆西太太抬眼时，眼光无意中落在家具上这种偶然动作；他们也想不到再现意识中那种自然而随意的浮想；最后一点，他们也不会在两个时间靠得如此近的外部行为之间插入整段的内心活动，比如两次提醒詹姆斯站好，同时主人公正要将还未织好的袜子往孩子腿上比划；这样一来，短暂的外部活动与穿越整个生活世界、梦一般丰富的意识活动之间的反差突显出来。与过去时代相比，这是一种不同寻

常、令人称奇的写作方式，其典型的新特征是：引起意识活动的偶然原因；自然甚至可以说以自然主义方式对意识过程的再现有不受任何意图限制，不受任何特定思维指挥的自由；突出“外在活动”时间和“内心活动”时间的对比。通过这三个特征透露出作家的创作理念：与以前的现实主义作品相比，他更加放任任何真实的偶然性。当然，即便作家对真实的素材进行筛选整理，以相应的风格表达其内容，也不是以理性的方式进行的，其目的并不是要有条不紊地厘清事件外部的相关联系。在弗吉尼亚·伍尔夫的作品中，外部事情已不再占有主导地位，它们的作用是引发内心活动并加以阐释。而在以往乃至当今的很多作品中，内心活动主要用于对重要的外部事件作铺垫并说明其发生的原因。这一
501 点也表现在外部诱因的任意性和偶然性中（例如抬眼向上看，因为詹姆斯的腿不停地动），它诱发更重要的内心活动。

第二个插入与框架故事之间的时间关系完全是另外一种形式：其内容（关于眼泪、人们对兰姆西太太的揣测、与班克斯先生通电话以及班克斯先生观看旅馆新建筑施工时的思绪等段落）从时间上讲并不是框架故事的一部分，从地点上看也同样不是。这段文字中有其他时间和其他地点，与本书第一章所讲的奥德修斯伤疤来历的那段离题叙述的方式是一样的。不过从结构上来看，两者又完全不同。在荷马作品里，那段关于伤疤来历的离题叙述与欧律克勒娅的手碰到的伤疤紧密相连，虽说触摸到伤疤的瞬间极具戏剧性的紧张气氛，但此时还是立刻插入了另一个清楚的、明确的现时叙述的事件，好像就是为了阻止戏剧性高潮的出现，让人暂时忘却那个洗脚的场景。而弗吉尼亚·伍尔夫的这个段

落根本就谈不上什么紧张气氛；这里没有出现任何具有戏剧性意义的重大事件，讲的就是袜子的长度。这段离题的叙述与兰姆西太太的面部表情相关：从没有人看上去如此悲伤。接下去是好几处离题的叙述，一共有三处，三处离题叙述的时间不同、地点各异，地点和时间的具体性也不尽相同。第一处时间及地点十分模糊，第二处已经明确许多，而第三处相对而言则十分明确；不过从时间上看，在这三个离题的叙述中，没有一个像奥德修斯青年时代连续发生的故事那样精确，因为连电话是什么时候打的都叙述得很模糊。这样一来，离开窗台的动作比伤疤插曲中地点和时间的变化更隐蔽、更缓慢。关于眼泪的那一段，读者可能会产生是否曾经有过时间地点变化的疑问：这里说话的可能是无名的神灵，他们钻进房间，目光注视着兰姆西太太；在第二段，人当然不可能进到她的房间里，这段再现的是人们对兰姆西太太的议论，他们的目光仍然注视着兰姆西太太，不过不是此时此地，在夏季别墅的窗前，但注视的依然是带着同样表情的同一张脸；在第三部分，兰姆西太太的脸看不到了（因为班克斯先生在和兰姆西太太打电话），但班克斯先生的心里有一双眼睛，她的脸依然萦绕在 502
他的脑海里，因此这个主题（破解兰姆西太太），甚至在问题被提出的那一刻（她量袜长时的面部表情）从未在读者的记忆中消失。作为外部事件，离题叙述的这三个部分之间没有任何联系；与讲述奥德修斯青年时代如何留下伤疤的插曲不同，它们前后没有什么共同的以及外部的联系；这三个部分的联系仅仅是都把注视的目光投向兰姆西太太，投向光彩照人的美貌背后那位神秘、忧伤的兰姆西太太，投向说袜子还太短的兰姆西太太。通过它们共同

的方向，这三个本来迥然各异的部分才有了联系；不过这种联系是紧密的，不必再采用奥德修斯伤疤插曲那样独立的现在时。它们只是用来解释从没有人看上去如此悲伤这句话，用来编织这个主题，即使在它们结束之后还在继续编织——这个主题从来没有变换过；而欧律克勒娅认出奥德修斯的场景却因插入了伤疤来历的故事而中断，分为两个部分。将两个外部事件，两个都用现在时叙述的事件划分得如此清楚的情况在我们这段引文中没有出现；尽管作为外部事件的框架故事（量袜长）是个无足轻重的小事，但在插入的叙述中，这件小事引发的兰姆西太太面部表情的画面始终保持着现时性；插入部分不过是这幅仿佛向时间的深处展开的画面背景；它和兰姆西太太的目光不经意地落在室内陈设时所引发的第一个插入一样，都是画面向意识深处展开。

如此看来，这两个插入并不像初看起来差异那么大。第一个插入按照时间（和地点）是在框架故事的范围内发生的，所以并不那么重要。而第二个插入引出了另外的时间和地点。第二个插入的时间和地点并不是孤立的，它们只是用来多声部地处理那幅引发框架故事的画面。正如第一个插入的内在时间一样，它们只是某个（当然没有指明）旁观者的思想活动。他在描述的那一刻会看着兰姆西太太，在他对此人未解之谜的苦思冥想中包含着第三者（人们、班克斯先生等）对兰姆西太太的所言或所想的种种回
503 忆。这两个插入都试图探索更纯正、更深层、甚至更真实的现实——而引发它的事件似乎纯属偶然，并且没有什么内容——至于在两个插入中仅仅使用意识成分，即运用内在时间或同时运用外在时间的转换，这一点并不重要。第一个插入的意识活动就包

括好几个时间和地点的转换,尤其是瑞士女仆的场景。重要的是,一个并不重要的外部事件引发了一连串的想象和联想,这些联想脱离目前的外部事件,在时间的深处自由驰骋,正如一篇朴实的文章,在评论它时才显露出真正的意蕴,或者一个普通的音乐主题在演奏时才显示出其本来的内涵。在这个过程中,时间的处理和前面提到的“多人意识表述”之间存在的密切关系也就一清二楚了,这就是意识的联想并不受引起联想的外部事件的现时性的约束。我们这段引文表明,弗吉尼亚·伍尔夫写作手法的独特之处在于,由作者直接告诉我们,并作为确切无疑的事实出现的当时表象的客观事实,即量袜子,只是一个诱因(即使很可能不完全是个偶然的诱因);重要的是由它引发,不是直接,而是在镜像中看到,以及不受诱发框架事件的现实约束的东西。

在这里,人们不禁想起马塞尔·普鲁斯特的那本小说。马塞尔·普鲁斯特是第一个自始至终以这种手法写作的人。他的创作方式局限在通过回忆找回失去的现实,而诱因则是一个看似微不足道且偶然的事件。这个过程被多次描述,并且很细腻,直到《追忆似水年华》的第二卷问世才形成了艺术理论;但第一次给人留下深刻印象的是《在斯万家那边》的第一段:一个寒冷的冬夜,一块在茶水里浸泡过的马德莱娜点心(petite Madeleine)的味道引起讲述者内心一阵——但起初不明确——欣喜;他急切地不断试图找出这种喜悦的类型和原因。他发现,这种欣喜若狂的心情源于重新寻获的感觉:重新找到小甜饼在茶水里浸泡后的那种味
道。当他还是个小男孩的时候,只要星期天走进姑妈的房间,给 504
她道早安,姑妈就会给他一块这样的小点心。姑妈住在那所坐落

在古老的贡布雷小城的房子里，几乎一直卧床不起。他和父母在那所房子里度过了夏季的几个月。在这个重新找回的记忆中，又出现了他童年的世界，这个世界比任何一个已经历过的现实更纯正，更真切，于是他开始了叙述。在普鲁斯特的作品里，讲述者始终是第一人称的“我”，这个“我”并非一个从外部进行观察的作者，而是一个被融入故事情节，由于天性中特有的风趣而非常犀利的主体人物；这样一来，人们就可以把普鲁斯特的小说归入上文所说的单人主观主义作品的范畴。这种归类并没有什么错，但还不够；这样做并没有把握住普鲁斯特小说的结构；他的小说不像于斯曼的《反乎常理》，或克努特·汉姆生的《牧羊神》，没有表现出观察现实的个人目光。普鲁斯特的目标是事件的客观性和本质：他试图通过自己意识引领实现这一目标，但不是任意一个当下意识，而是记忆意识的引领。当那些记忆意识早已遗忘而又囿于其中的状况，作为现实被记忆起来时，过去的现实就会浮现在记忆意识里，以一种与个人的主观感受完全不同的方式，查看和梳理它的内容。回忆以往的真实时，这种回忆不再局限于真实发生时的状态，而是将回忆的内容归纳整理为完全不为个人主观意识所左右的东西；它摆脱了曾经的真实，摆脱了过去种种变换着的局限。回忆的意识有不同的层次，不同的内容，并将不同的回忆层次进行对比，使回忆层次脱离外部的时间顺序，脱离其仿佛每次都会有的狭隘的、受现实制约的意义；而现代的关于内在时间的概念与新柏拉图主义的一个观点不谋而合，新柏拉图主义认为，创作对象的真正原形存在于艺术家的灵魂之中，存在于身为创作对象，却要作为旁观者摆脱这个身份，直面自己过去的艺

术家的灵魂之中。

我想援引普鲁斯特小说中的一小段来说明这一点。这段讲述的是叙述者童年时代的一个片段，它位于该书第1部第1卷的结尾部分。对于回顾记忆意识的层次安排来说，这当然是一个不可多得、明确无误的例子。书中这样的例子并非俯拾皆是；在小说的其他地方，必须对素材的安排、书中众多人物的出现、消失及 505
再次出现、对各类现时性事件及意识内容的交叉进行分析，才能让小说的结构清晰地显现出来。不过任何一位普鲁斯特的读者都会向我们承认，在我们这个例子里，不加评论、不用分析就能辨认出整部作品的写作手法。情况是这样的：叙述者那时还是个孩子。一天晚上，他上床睡觉时，母亲正陪一位客人吃晚饭，所以不能到他身边，给他一个吻，道一声晚安。因为没有得到母亲惯常的吻，他无法入睡。他非常恼火，于是决定不睡，等客人走后，母亲上床睡觉时，在门口拦住她。这可是天大的罪过，因为父母会通过严厉的管教纠正这样的行为；他必须做好心理准备，接受一次严厉的惩罚，也许被赶出家门，送到寄宿学校去。可是满足片刻需要的要求压倒了对后果的担心。可意想不到的情况出现了：往日非常严厉、独断、情绪无常的父亲跟在母亲身后上楼来。他看到孩子，被他脸上的绝望神情所感动，于是劝妻子今夜就在孩子房里睡，给他一个安慰。接下来是这样的：

我还不能够感谢父亲；他凡是听到他称之为感情用事的话，只会恼怒。我不敢有所表示；他还没有走开，已经在我们跟前显得那么高大，他穿着一身白色睡袍，头上缠着淡紫和

> 粉红两色的印度开司米头巾；自从得了头痛病之后，他睡觉总以此缠头。他的动作就像斯万先生送给我的那幅版画中的亚伯拉罕，那幅版画是根据拍诺索·戈索里的原作复制的，画中亚伯拉罕要萨拉狠心舍弃以撒。这已经是多年前的事了。当年烛光渐升的那面楼梯旁的大墙早已荡然无存。有许多当年我以为能在心中长存不衰的东西也都残破不堪，而新的事物继而兴起，衍生出我当年意料不到的新的悲欢；同样，旧的事物都变得难以理解了。我的父亲也早已不会再对我的母亲说："陪他去吧。"出现这种时刻的可能性对于我来说已一去不复返。但是，不久前，每当我侧耳倾听，我居然还能听到我当年的哭泣声。当着父亲的面我总竭力忍着，等到与母亲单独在一起时我才忍不住地哭出声来。事实上这种哭泣始终没有停止过；只因为现在我周围的生活比较沉寂，才使我又听到了它，好比修道院的钟声白天被市井的嘈杂所掩盖，人们误以为钟声已停，直到晚上万籁俱寂时才又遐迩可闻。*

506 通过时间透视，这里可以窥见在记忆意识中记录下的事件象征性的时间性。詹姆斯·乔伊斯的《尤利西斯》中的这种象征性更明显，更系统，当然也更扑朔迷离。《尤利西斯》可能是多重意识印象以及各种时间层次的手法运用得最彻底的一部作品。显

---

* 普鲁斯特：《追忆似水年华》，摘自李桓基中译本，第1部第1卷，第23—24页，译林出版社，2005年。——译者

然，这部小说针对的是“每一个人”这个主题的象征性组合。欧洲描写内心故事的所有大主题都包含在这部作品中，虽然它描写的是特定的个体，一个具体确定的现在时（都柏林，1904 年 6 月 16 日）。对于敏感的读者来说，这本书可以产生强烈的直接影响；当然，要真正地理解也并非易事，因为不断纠缠在一起的主题，丰富的语言和概念，从各种关系的角度玩弄语言和概念的游戏，一再产生却又从未得到解答的疑虑，在这许多貌似随意的背后究竟隐藏着何种秩序，所有这一切都对读者的学识和耐心提出了很高的要求。

只有少数几位作家能像前面所分析的作家那样，在作品中自始至终运用意识镜像及时间的多层次表述。不过，它的影响却几乎随处可见，不久前，甚至出现在高品位读者往往不大重视的作家的作品中。有些作家找到了他们自己的方法，或曾进行过种种尝试，以便让他们选为题材的现实在变换的灯光和层面中显现，或者为了更多的视角而放弃这个位置，无论它看起来是客观描述的还是单纯主观描述的位置。无论是看上去客观的叙述地点，还是纯主观的叙述地点；这些人中有不少是早已形成自己独特风格的老一辈大师，他们在创作的成熟时期，在第一次世界大战前后的年代里，受到这种潮流的影响，他们中的每个人都以自己的方式寻找脱离外部现实的途径，以便更广泛、更深入地解释现实；托马斯·曼就是一个例证。自从发表了《魔山》之后，他在丝毫没有放弃自己的基调（作品中作家本人始终以讲述者、评论者或客观描述者的口气和读者说话）的情况下，更多地运用了时间的变换和事件的象征性时间性手法。而与托马斯·曼完全不同的另一位作家安德烈·纪德在《伪币制造者》中不断变换着已经发生了

诸多事件的地点，甚至用浪漫反讽的手法让小说与小说的发生史
507 相互交织；克努特·汉姆生是另一位完全不同的作家，写作风格也简单得多。在小说《大地的生长》中，他通过音域消除了使用直接引语和自由间接引语的小说人物的言论与作家报道之间的界限，所以人们从不能完全肯定，听到的是否是置身小说之外的作家的声音。那些话好像出自书中众多人物中的某个人之口，抑或某个路过这里并看到事情经过的人之口。最后在这里还要提一下与题材种类有关的独特之处；现代小说关注的往往不是一个或少数几个命运相关的人，甚至不涉及事件过程中的相互关系；很多人物或事件的片段时常被松散地拼凑在一起，致使读者抓不住特定事件的线索。有些小说竭力追述的环境完全由断断续续的事件组成，人物走马灯似的变换，有时已消失的人物又重新登场。人们喜欢推测说，在后一种情况中，作家有意将各种电影结构用于小说创作，但这很可能是一条歧路。电影所能做到的空间和时间的压缩——比如通过短短几秒钟的画面，展现一个分布在各地的民众，一座大城市、一支军队、一场战争、一个国家的位置——仅靠话语或书写的文字本身，永远无法企及这种效果。叙事作品在地点和时间的表述方面有很多自由，即便人们不大严格地遵守古典的三一律，但比起拍成电影的戏剧还是具有更大的自由。在较早的文学时期，小说从未有过像最近几十年的这种自由，充其量在浪漫主义时期，尤其在德国的浪漫主义时期，有过一些自由的苗头，不过德国浪漫派并不受真实素材的限制；不过同时，小说也从电影手法中前所未有地意识到自己在地点和时间上的局限性，这种局限是小说的工具即语音所造成的；结果是，与从前相

比，关系颠倒了过来，电影戏剧在表现事物的时间地点结构方面，反而比小说有了更多的可能性。

这里所说的介于两次世界大战期间的写实主义小说的特
点——多个人物的意识描述、时间层次、外部事件之间的松散联 508
系、叙述地点的变换等——都互为联系，很难把它们单独分开。在我们看来，这些特点表明了作家，同时表明了读者的某种努力、倾向和需求。这些努力、倾向和需求是多样性的，有时显得互相矛盾，尽管如此，它们还是构成了一个整体，因此在进行分析性表述时，人们始终处在稍不留意就会从这边滑到那边的危险之中。

让我们从弗吉尼亚·伍尔夫这段引文中最醒目的倾向开始说起吧。这个倾向表现在琐碎的、信手拈来的事情上，如量袜长、与女仆断断续续的谈话以及打电话。在这里，既没有出现什么大的变动，也没有出现外在的生活转折点或是灾难性的事件。在《到灯塔去》这篇小说中，即便出现这类事件，也只是匆匆地一笔带过，没有任何铺垫，也没有前因后果，只是顺便提及，仿佛只是为了给人们提供一个信息而已。这同一种倾向也表现在彼此之间迥然各异的其他作家身上，如普鲁斯特或汉姆生。比如在托马斯·曼的《布登勃洛克一家》中，小说的构架还是按时间顺序排列的，与布登勃洛克家族有关的外部重大事件。福楼拜在很多方面都走在他人前面，他的笔锋会长久地停留在对情节的推动几乎不起作用的、不大重要的事件及日常情景的描述上，但在《包法利夫人》（在《布法与白居谢》中又会怎样呢？）中，福楼拜仍然运用了按时间顺序连续不断，逐步接近局部危机的手法，最后使人感受到小说已接近了悲惨的结局。这种手法支配着这部作品的布局。

可是现在，叙述的重点改变了；许多作家为了描写对于外部命运的转折来说微不足道的小事件而描写它们，或者更确切地说，作者把这种描写作为展现主题的引子，作为用透视法深入一种环境、一种内心活动或时间背景的引子；他们放弃了在讲述人物故事时一定要全面介绍外部事件、按时间顺序着重描写重大的外部命运转折的写作手法。詹姆斯·乔伊斯的大部头小说是一部百科全书式的作品，它是都柏林、爱尔兰的一面镜子，也是欧洲及其千余年的一面镜子。这部小说的框架是一位中学教师和一位报纸广告推销员极普通的一天，描写的是这两个人不到二十四小时的生活，它与弗吉尼亚·伍尔夫的《到灯塔去》相似，后者写的是
509 相隔甚远的两天中的部分事件，不过这里必须指出的是，小说也与但丁的《神曲》有相似之处。普鲁斯特写了不同时代中的几天和几个小时，而涉及小说人物外部命运的变化却只是偶尔被提及。作者或用回顾，或用预示的手法进行描述，其目的并不在于表述这些外部命运的变化；读者往往需要自己记忆补充并设想这种变化；如前面的引文在谈到瑞士女仆父亲去世时，运用的就是偶尔提及、暗示以及预示的方法，这是一个很好的例子。这种叙述重心的变化表达了信任的变化：人们忽略了重大的外部转折点和厄运，认为它们对事物所起的决定性作用减少了；相反人们相信，信手拈来的生活事件中，任何时候都包含着命运的全部内容，而这是可以表述的；人们更相信从日常事件中获得的综合印象，而不大相信按时间顺序从头至尾叙述，不漏掉任何外部大事，犹如强调事件的节点一样突显重大命运转折的做法。我们可以把现代作家的这种手法与一些现代哲学家的手法进行对比。这些

哲学家认为，通过对《哈姆雷特》、《菲德拉》或《浮士德》的少数几
个地方的诠释，可以比听一个系统的、按时间顺序介绍其生平和
作品的讲座获得更多、更重要的关于莎士比亚、拉辛或歌德的印
象；人们甚至可以把本书的研究当作一个例子。我永远也写不出
欧洲现实主义史之类的著作；那样的话，我会淹没在海洋中，就不
得不加入划分不同时期并将每位作家逐一归入相应时期的毫无
出路的讨论中，尤其是要界定现实主义这一概念；另外为了完善
起见，我还必须研究那些我只是一知半解的现象，那么，为此我必
须从书本里获取相关的知识，而我相信，这是一种不正确的获取
和应用知识的方式；而引导我进行研究和写作的主题将会完全淹
没在大量的信息说明中。这些信息早已为人们所熟知，并可以在
专业书籍中查找到。相反，我倒是觉得应该顺着几个在无意中逐 510
渐梳理出的主题写下去，用我在从事语言工作中所熟悉的大量生
动文章来验证它们，这样的方法才是有益、可行的；因为我相信，
如果我的认识是准确的，那么现实再现历史的基本主题便可以在
任意一篇写实的文本中得到印证。我们再回过头看一看现代作
家，他们更喜欢充分利用几个小时或几天之内的任意普通事件，
而不愿按时间顺序全面描述一个外部事件的整个过程，这些现代
作家会（多多少少有意识地）想到，在外部事件的整个过程中，不
可能做到既面面俱到，又突出本质；他们也不会对作品的对象，即
生活，进行整理，因为生活本身并没有什么头绪。谁若从头至尾
叙述一个人的整个一生，或是从头至尾讲述一个持续较长时间的
事件，都会任意地取舍或孤立地描述；无论在哪一刻，生活都已开
始，无论在哪一刻，生活都在继续前行；无论在哪一刻，被讲述的

人物身上所发生的事情都要远远超过此刻所能讲述的事情。然而，人们希望能够较为全面地讲述少数几个人在几分钟、几个小时，或最多几天之内所遇到的事情；这里也有梳理和解释生活的问题，但这是生活自己的事情；也就是说，这种梳理是那些被描写的人物自己所做的事情；这种梳理和解释都在人物的意识中，在他们的思想中，也隐蔽在他们的言行中；因为我们每个人都处在不断表达和解释的过程中，即我们自己就是这个过程的对象：我们过去、现在和未来的生活，我们周围的环境，我们生活的世界等，我们都在试图对这一切不断地进行解释、梳理，以便获得事物的整体形象。当然，这个整体形象也要根据我们的需要、我们的意愿及我们的可能吸收新近涌现出的经验，不断地发生着或快或慢、或剧烈或缓慢的变化。这就是我们在这里探讨的现代作家试图在每个时刻所做的整理和解释，这不是一种而是多种整理和解释，不论是对多个人还是对同一个人，在不同时刻的整理和解释都是如此。于是，纵横交错、互为补充和互相矛盾中就产生了一种类似于对世界的综合认识的东西，或者至少可以说，读者可以提出综合解释的要求。

在这里，我们又要说到多元意识镜像这个话题了。这一写作
511 方法只能是逐渐形成的，并且恰恰是在第一次世界大战期间和战后十几年间形成的，这很容易理解。自 16 世纪以来，人们的视野日益开阔，人们的经验、知识、思想及生活方式日益丰富，这一切在 19 世纪加快了速度，自 20 世纪初以来更是飞速发展，致使人们每时每刻不仅做，而且大量地做综合客观的解析实验。这些快速的变化使人们产生了更大的迷茫，因为作为一个整体，这些变

化的全貌是无法看到的；这种变化同时发生在科学、技术及经济诸多领域，以至于谁也不能，哪怕是在其中某个领域起主导作用的人也不能全面预见或评价每次出现的新情况。这些变化对各地产生的影响不尽相同，因而同一个民族的不同阶层以及不同民族之间水平的差别，即使不是越来越大，至少也是可以感觉到的；宣传活动的扩大以及人们在日益变得狭小的地球上相互靠近，让人们认识到现存的生活状况和观念上的差异。通过这些新的变化，调动起或被支持、或被胁迫的兴趣和生活方式。在这世界的各个角落都发生了适应性危机，这种危机越积越多，形成大的危机，最后导致我们至今仍未度过的劫难。在欧洲，纷繁多样的生活方式及追求的互相冲撞产生了剧烈运动，它不仅动摇了宗教、哲学、道德及经济观念——这些观念属于古老的遗产，它们从前虽然历经劫难，却通过慢慢的适应和改良仍一直保持着重要的权威地位——而且也动摇了 18 世纪及 19 世纪上半叶的启蒙运动、民主主义及自由主义的革命思想，甚至在高度发展的资本主义中产生的新兴社会主义革命力量也都面临着分裂和分化的危险；由于存在着无数互相争斗的派别，存在着各个派别与受非社会主义意识形态的影响，由于这些派别的大多数在第一次世界大战中内心的屈服行为，最后，也由于这些派别中最激进分子转而投靠其 512
最极端对手的阵营，这些革命力量失去了整体性及其与其他派别的明确界线。除此之外，宗派林立，有的以名作家、哲学家及学者为核心，他们中的大多数都一知半解，善和稀泥，水平低下。人们试图靠拢某一宗派，用一个万能方子去解决所有的问题，靠巨大的内部力量促成团体的形成，排斥一切不顺从和不适应的人。这

种做法的影响如此之大，以至于当法西斯在许多欧洲文化古国扩张蔓延并吸收小宗派势力时，在很多人那里几乎都不需要动用什么外部力量。

19 世纪，甚至 20 世纪初，在这些国家占主流的是可以明确表述和得到公认的共同的思想和感情，因此一个写实作家在梳理现实时便有了可靠的标准；他至少能够在变化的时代背景下辨明方向，能够比较清楚地区分各种矛盾的思想或生活方式。当然，长期以来，这样做越来越困难了；福楼拜（提及此名只是为了论证现实主义作家）就曾饱尝缺乏行之有效的作家行为准则之苦，而后来日益流行的毫无顾忌地强调主观主义视角的倾向则是另外一种现象。第一次世界大战期间及其战后，充斥着无数不稳定思想及生活方式、孕育着灾难的动荡的欧洲，一些因其本能及判断力而著称的作家找到了一种写作方法，能够把现实分解成多样性的、可作出各种解释的意识镜像。因此，在这个时期出现这一写作方法是不难理解的。

然而，这一写作手法并不仅仅是迷茫、不知所措的，不仅是我们这个日没图穷的世界的一面镜子。尽管许多作品可以说明这一点；在所有这类作品中，都有一种世界末日的气氛，尤其是《尤利西斯》。书中充满嘲讽、欧洲传统的爱恨情仇制造的混乱，有鲜明的、令人痛心的玩世不恭，也有隐晦的象征手法——即使对此书分析得再详细，也几乎不会再发掘出什么其他东西，只能看出书中多元母题交叠，却不知此书的意图何在，意义何在。其他运用多元意识镜像的小说也大都会给读者一种毫无出路的感觉；书中显现出一种迷茫或模糊不清的东西，有些作家对描述的现实也

常常表现出一种敌意；有不少地方远离实际的生活愿望，或乐于 513
描述生活最原始的形态；用文化创造的最细腻的语言风格表现对文化的敌视，有时作品还有一种愤懑、激进的破坏欲。所有这一切的共同之处是含义模糊不清；同样难以界定的还有隐晦的象征意义，它也存在于同一时代其他艺术种类中。

不过，这里还有一些与此完全不同的东西。让我们再看一看开始提到的那段引文。文中笼罩着淡淡的日薄西山的悲凉气氛；我们不知道兰姆西太太到底出了什么事情，从一片神秘中只透露出她的美丽和生命力的悲凉和徒然。如果我们通读了整部小说，那么留在我们脑海中的仍然只是兰姆西太太那种只能意会不能言传的谜一样的东西，我们只能猜测那个计划已久，而多年之后才实现的灯塔之行的相关事件究竟意味着什么。猜出莉莉·布里斯科那个结尾的幻象，那个让她一笔即可挥就自己画作的幻象内容是什么。这部作品充满了善意和真诚的爱，也充满了以女性方式表达的讽刺、无形的悲伤和对生活的质疑，它是为数不多的此类作品之一。但是，书中的每件事情，如量袜子的长度，获得何等的现实深度啊！这里展现的是这个事件的范围及其与其他事件的联系，它们在此之前几乎无人知晓，无人看到，无人注意。而这对于我们的真实生活来说的确很重要。《到灯塔去》所运用的手法，可以说在这类作品里俯拾皆是。当然这并不是说，所有的作品都有同样的内心观察力，都有同样杰出的手笔。这种手法就是：把描写的重心放到随意什么事情上，叙述这件事并不是为了有计划地对整个情节进行安排，而是描写这个动作本身；同时表现全新的和非同寻常的东西，即作家无意中捕获的任意一个瞬间

所有的真实和生活的深度。在这个瞬间所发生的一切，无论外部事件，还是内心活动，虽然涉及的完全是生活在此瞬间的人本身，但由此也涉及人类基本的和共性的东西；正是这种随意的瞬间才相对独立于有争议的、动摇不定的秩序——人们为其争斗，因其绝望的秩序，这个随意性瞬间以日常生活的形式在这个秩序的下面流逝。这种瞬间运用得越多，我们生活中的基本共性的东西就会越明显；作为这种随意的瞬间的对象被描述的人越多、越不同、
514 越普通，那么其共性起的作用就会越大。从这种无意的、深入的表述中，人们一定可以推断，在这些斗争的背后，如今人们生活和思维方式的差异大大缩小了。各个阶层的人及其不同的生活方式已经互相融合，现在没有什么异国他乡的民族了；一个世纪前，(梅里美作品中)科西嘉或西班牙人还具有异国情调，可今天这个词恐怕连用到赛珍珠笔下的中国农民身上也完全不合适。在这些斗争的内部，并且也由于这些斗争所起的作用，正在产生一种经济和文化的平衡；这个平衡还要经历漫长的道路，世界上的人们才能够实现共同生活。不过，这个目标已经可以看到；最明显、最具体的表现，就是现在能够在任意一个生活瞬间对不同的人进行无意的、准确的、内心和外部的描写。如此看来，这个曾导致外部情况分解、意识镜像和时间层次的复杂分化过程正朝着十分简单解决问题的方向发展。虽然历经重重危险和劫难，我们这个时代仍具有丰厚的生活内容和无与伦比的历史地位。对于那些赞美和热爱这个时代的人来说，也许这样的解决方式过于简单。但他们只是少数人，并且我估计，除了一些最初的迹象以外，他们中几乎没有人能够有幸经历即将到来的统一和简化过程。

结　　语 515

本书论述的是用文学描述对真实进行诠释或“摹仿”，对此我早已构思多年。它本来是柏拉图在《理想国》第十卷中提出的问题，他把摹仿放在真理之后的第三位，我又联想到但丁提出的在喜剧中表现真正现实的要求。然而，在研究欧洲文学中对于人类活动的不断变化着的诠释方式的过程中，我的兴趣范围变得越来越小，越来越精细，从而逐渐形成了一些我想尽力遵循的主导思想。

第一个主导思想涉及的是文学表述有文体高低之分的古典学说，这一学说后来被所有古典主义流派重新倡导。我逐渐搞清楚了，19 世纪初在法国形成的现代现实主义是一种美学现象，它彻底摆脱了这一学说；对于后来文学摹仿生活的真实来说，它比当时浪漫派所宣称的高雅风格与怪诞滑稽的混合更完美、更重要。司汤达和巴尔扎克将日常生活中的随意性人物限制在当时的环境之中，把他们作为严肃的、问题型的、甚至是悲剧性描述的对象，由此突破了文体有高低之分的古典文学规则。按照这个规则，日常及实际的真实只能限定在低等或中等文体之中，即它在文学中的地位或者是荒诞滑稽的角色，或者是惬意、轻松、五彩缤纷、优雅完美的娱乐消遣。由此，司汤达和巴尔扎克结束了长期以来（即自 18 世纪风俗小说及伤感剧，更明确地说自狂飙突进以

来)即在酝酿之中的发展——他们为现代写实主义开辟了道路,自此,现代写实主义顺应了我们不断变化和更加宽广的生活现实,拓展了越来越多的表现形式。

在作出如此思考的同时,我不由得产生了这样的认识,即 19 世纪初反对文体有高低之分的古典学说的革命不可能是第一次
516 革命;浪漫派和现实主义者当时所拆毁的障碍是 16 世纪末及 17 世纪才由古典文学的严格模仿学派建立起来的。在此之前,在整个中世纪以及文艺复兴时期,也曾存在过一种严肃的写实主义;当时在诗歌及造型艺术中有可能在反映严肃重大的事件时描述日常生活的真实;文体有高低之分的学说并没有得到普遍推行。无论中世纪的写实主义与现代写实主义有多大的不同,在这个根本的观点上,他们的认识是一致的。于是就清楚了,中世纪的艺术思想是如何成形的,对古典理论的第一次冲击是何时及如何完成的:那就是耶稣基督的故事,它毫无顾忌地将日常的真实与最高级、最崇高的悲剧混在一起,从而超越了古典文体规则。

不过,如果把对文体分有高低的学说的两次突破加以比较的话,就会立刻明了,这两次突破发生的条件全然不同,所取得的结果也完全不同。古典时代晚期及中世纪教会文学对于现实的看法与现代写实主义完全不能同日而语。通过描述早期基督教观察方式的独特之处来归纳本质,把所有可归入这方面的现象都概括进来,做到这一点是很困难的。通过对 figura[喻象]这个词的词义变化的研究,我将古典时代晚期及中世纪基督教会的真实观称之为 figural,从而找到了一个我自己十分满意的解决办法。这个词表达的意思我已在本书中多次解释过(如第 74、75 页),对此

最详尽的表述是在《喻象》一文中(此研究成果已刊登在我最近出版的《但丁研究》一书中,收入《伊斯坦布尔文集》第 5 辑,伊斯坦布尔,1944 年,目前在伯尔尼出版)。对这一经过思考的观点来说,世界上所发生的事件,不管它在何地何时的具体真实情况如何,都不仅仅意味着该事件本身,同时也意味着该事件预示或证实性重复的其他事件;事件间的关联主要不是被看作时间或因果的发展,而是被看作上帝安排中的整体性,这个整体的各个环节及其不同的反映就是全部发生的事件;而这些事件在尘世上彼此间的直接联系是微不足道的。对于写实的诠释来说,对这种联系的认识有时完全可以忽略不计。

本书的研究就建立在这三个互为关联的思想之上,这些思想赋予本源问题以形式,当然也为其划定了较为具体的限制。这项 517
研究可能还包括很多其他主题和问题,在处理大量历史现象时每次都会遇到主题和问题,不过它们中的大多数都与我的各种想法有着某种联系,起码在书中会一再涉及这些主题或问题。

关于方法问题我已在前面(第 509/510 页)提到过了。对写实主义历史作出系统而全面的介绍不仅不可能,而且也不符合本书的意旨;在主导思想的作用之下,本书探讨的对象已有了十分明确的界定,本书研究的不再是写实主义,而是研究在处理写实题材时严肃性、问题性或悲剧性的尺度和方式:因而那些纯属滑稽的、毫无疑问属于低等文体范畴的作品便被排除在外了;它们只是在它被当作相反的例子时才偶尔被提及,同样,一些高雅的、与现实主义毫不相干的作品有时也被作为相反的例子引用。在写书的过程中,我避免对"具有严肃风格及特点的写实作品"的范畴进行理论阐述及系统描述，因为这样的题材从未被单独处理过，哪怕单独当作一种类型的题材也未曾有过；如果要进行理论性阐述的话，那么在本书的一开始就得煞费苦心地讲一番会使所有读者都感到吃力的概念（因为连“写实”这个概念都没有明确的定义），那样的话，我很可能非得要讲上一大套不同寻常的、晦涩难懂的专业术语才行。我运用的方法是，为每个时期选几段文字，用它们来验证我的思想，这种方法可以直奔主题，这样，读者在接触到一种理论之前就会觉出要谈的是什么问题。

这种诠释文字的方法给诠释者作出判断留有一些余地：诠释者可以进行选择，按照自己的喜好确定自己的重点。不过他的所言所议应在文章中查有实据。毫无疑问，我的诠释也遵循着某一特定意图；不过这种意图是逐渐成形的，是在把玩文章的过程中形成的，并且我一直按文章的思路进行分析；所用的大多数文章都是信手拈来，挑选时基本凭偶然所遇和一时的兴致，而不是靠精确的意图。在进行此类研究中我注重的不是规则，而是错综交织和互相补充的倾向和潮流；我并不只给读者展现狭义上为我的
518 意图服务的东西，相反，我总是努力做到对多样性给以足够的重视，使我的表达具有伸缩性。

本书每章都处理一个时期，有时一个时期相对来说较短，有半个世纪，有时也长得多；时期之间常有空缺之处，就是说，有的时期没有经过处理，比如古代，我将这个时期作为本书的引言部分，又比如中世纪早期也没有处理，因为这个时期留下来的东西很少。本来在这之后也可以再加进几章关于英国、德国和西班牙的分析文章的；我本来很想更为详细地探讨黄金时代，也很想就

17 世纪德国现实主义一章做些专门的补充。可是那样做的困难非常之大；我总归要分析三千年间的文学作品，因而我经常不得不离开自己本来的研究领域罗曼语文学。此外，这项研究是战争时期在伊斯坦布尔写成的。这里没有对欧洲研究来说资料齐全的图书馆；国际联系中断；因此我不得不放弃几乎所有的报章杂志，放弃大多数新的研究成果，有时甚至不得不放弃所选文章的可靠的修订本。因此很可能，或者甚至可以说，肯定会出现这样的情况，即本来应该考虑到的东西被遗漏了，也可能有时我的观点被新的研究所驳斥或被修改。但愿在这种可能的情况之下，产生的错误没有涉及主导思想的核心问题。缺乏专业书籍及杂志也影响到本书没有加写注释；除了引文以外，我摘录的其他材料相对来说较少，这较少的引文很容易插入阐述之中。另外，本书之所以能够付梓，很可能要归功于缺少一个大的专业图书馆这一情况；要是我当时能够清楚地了解对这众多的题材已经做过的研究工作的话，也许我就不会去写这本书了。

以上就是所有我想对读者说的话。剩下该做的事情就是寻找他，也就是寻找读者了。但愿我的研究能够找到它的读者；愿他们中既有我那些尚健在的老朋友，也有对此书感兴趣的所有其他人；但愿我的研究能够使那些对我们西方历史仍保留着热爱之情、而不是对它进行破坏的人重又聚首。

索　引

（本索引所标页码为原版页码，参见中文本边码）

附录:《摹仿论》附论*

埃里希·奥尔巴赫 著
扬·M. 齐奥尔科夫斯基 英译

《摹仿论》出版六年多了。相关评论不计其数,其中有很多长篇大论。可以料想,这本书可能引发的绝大多数批评意见已经悉数在焉。故此,我现在想说点什么,回应其中某些观点。只能是某些:这么多评论者,而且绝大多数学识广博、情理通达,要对他们所提供的每一项有教益的、有意思的内容作出应有的肯定,那是根本不可能的。我选择了一些深得我心的论题——要么是我有必要予以承认,要么是我认为,不得不针对某些误解,为我的观点作出辩护。

我曾经期望,针对此书思路提出的最严肃的异议将来自古典语文学方面,因为在我的书里,古代文学首先是作为反例来处理的。遵照对基本主题的申明,我势必要表明古代文学未曾具备的东西。由此造成的片面性有可能干扰甚或冒犯某位身为古代文学语文学者的读者,这种情况可能得到缓减,却不可能完全避免。令我深感欣慰的是,奥托·雷根博根(Otto Regenbogen,1891 -

---

* 本文最初发表于 *Romanische Forschungen* 65(1953)1-18。

1966)[①]和路德维希·埃德尔施泰因(Ludwig Edelstein,1902－1965)[②]这两位古典语文学家所作的评论,他们对此书的总体意图所提出的异议,都相当通达,而且体贴周到。

这两种评论有很多共同点:两者都试图辩驳或削弱我关于古代现实主义之局限性的观点,它们都提供了相反的例证,而且,它们都围绕同一个段落展开争论(《摹仿论》,第38－39页),我在那段文字里讲到了古代历史编纂学的局限性。此外,雷根博根的评论尤为全面(对我来说极有意思),它对我对荷马和奥古斯丁的处理提出了批评。[③]

首先,我必须在此承认,全书第一章过于强调了荷马缺乏张力和“前景化”(“foregrounding”)的话题。总体而言,我自己对这一章也不太满意。我赞同雷根博根所说的很多论点,特别是在其评论的第12、13页;这第一章本该处理古希腊其他文本(把荷马本人,埃斯库罗斯,或许还有赫西俄德,甚至6世纪的艺术放在一起来考虑),其中时常可见一些极其接近于存在主义现实主义的东西。要是那样的话,可以说将会给此书增添一个全新的维度,进入远古时期,而我退而却步了。我一度想过让荷马这一章半途而废。就我的目的而言,此书从基督诞生前后开始也够了。但是,事实证明,难以找到一个合适的引论,能够像荷马这一章那样

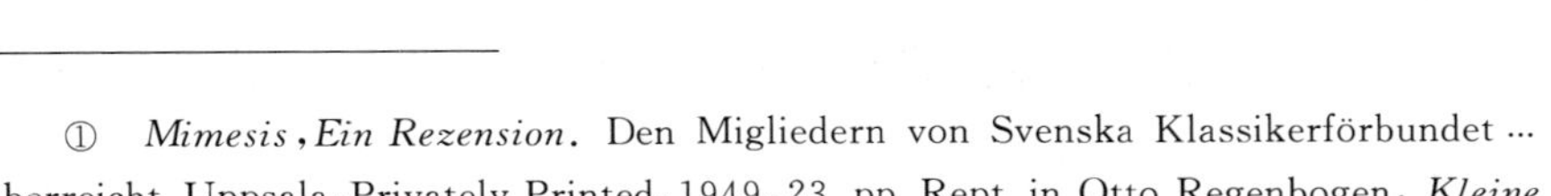

① *Mimesis, Ein Rezension*. Den Migliedern von Svenska Klassikerförbundet … überreicht. Uppsala: Privately Printed, 1949, 23. pp. Rept. in Otto Regenbogen, *Kleine Schriften* ed. Franz Dirlmeier(Munich: C. H. Beck, 1961), pp. 600－617.

② 《现代语言评论》,55(1950),426－431。

③ 在此我不拟深入讨论有关奥古斯丁的诸问题;该刊[*Romanische Forschungen*, 64(1952)309ff.]在同期已另刊文研究。

清晰而有效地提出问题。所以我把它留在那里，比初稿稍加缓和。在我看来，有必要强调在全书语境中举足轻重、已经深思熟虑的论题，即使这一论题是以一种片面的方式提出来的。但是，我在此特意强调其陈述上的片面性，乃时不时地会有读者偏偏特别夸奖这第一章之故。

也许，在第二章，我应该克制一点对于古代历史编纂学的评论；也许当初原本有可能避开这些错综复杂的问题。对于本书这项工作来说，明智的做法是把自己限定在对推演个人想法所绝对必须的内容上；在处理像古代历史写作这样一个涵盖广阔的问题时，总是难以选择措辞，以便充分表达现象的整体性所具有的某种特性——比如，在这里，就是希罗多德、修昔底德、波利比乌斯以及后来的历史学家。举例来说，希罗多德不在我的专业术语理解之列（从修辞学和道德主义来说），即便有人理解“道德主义”（moralistically）——相对于“历史主义”（historically）而言——在我的思想语境里的含义。但是，我无法作出更多让步。在修订佩特罗尼乌斯这一章之后的十年来，我对于古代和现代历史学之间，在问题的陈述和观念的形成方面的差异所持的观点变得更为强烈。要是在此加以解释就会突破本文的框架；如同加洛林王朝某位作者常说的那样，*vita comite*［“要是我活得够长”］①，我会再次回到这个话题。然而，我要提醒读者，我并非把修昔底德或塔

① ［在加洛林王朝的诗歌里经常出现 *vita comes* 和 *vita comitante* 这两个短语：参见 Otto Schumann, *Lateinisches Hexameter-Lexikon. Dichterisches Formelgut von Ennius bis zum Archipoeta*, vol. 5（Munich：Monumenta Germaniae Historica，1982），p. 680。］

西佗跟现代某些像他们那样的人物相比(要找到像他们那样的人就够难的!),而是跟一个现代(虽然非常杰出)的历史学教授相比——而这只是为了表明,用于问题的陈述和观念的形成的基础已经发生了什么样的变化。[①] 我也要提醒读者,仅仅一个半世纪以来,当代对于历史的透视法的(perspectival)、“历史主义的”(“historicist”)考察已经有了长足进展。最后,我要申明,古代历史写作的“局限”并未包含任何否定的价值判断。完全相反。古代历史写作通过仅限于小圈子人的行为与彼此争斗而得以形成其统一性,戏剧性,可塑性和人性,已经变得不可企及了。

至于古代文学晚期(譬如说“后苏格拉底”时代)的“风格分化”,我从一开始就对自己的论据颇为自信。不过,我还是非常满意地拜读了我的评论者提出的一些反例,他们是一些古典语文学家。埃德尔施泰因援引阿里斯托芬的主张,说他所致力的是严肃的意图,还有柏拉图、克拉提努斯也是如此,西塞罗的言论,也都趋于同一方向。他提起了中期喜剧和米南德(在分析现实主义时,是否应该把后者排除在外?);他说到了米利都寓言,忒奥克里托斯和赫伦达斯(我从未声称:他们应该从我所考虑的范畴排除出去,因为他们都是用诗体写作!),还有默剧和诙谐短诗;后来他还谈及色诺芬的《经济论》。只要有人无视我所意指的现实主义概念,他们就能举出诸如此类的反例,并且因此认定,我要把整个古代现实主义的特征形容为“杂耍”或“嘲讽”。然而,我没那个意

① [奥尔巴赫对比了古代作者和米歇尔·伊万诺夫维奇·罗斯托夫采夫(1870-1952)的自我表现和思考。(《摹仿论》,第39页)]

思，也没那么干过。我把有别于古代严肃的、有问题的或悲剧性的称为现实主义，我把它设定为“道德主义”的对立面。也许，我要是称之为“存在主义现实主义”会更好一些，但是，我有些犹豫，不愿用这么一个过于当代的词汇来形容遥远过去的现象。在我看来，我所意指的内容完全可以从有关彼得的段落和我的分析中［《摹仿论》，第 40 - 49 页］，以明确无误的、甚或强烈的清晰度推导出来。但雷根博根也提到了色诺芬（《经济论》和《回忆苏格拉底》），其中“对日常生活的描绘根本就不是呈现为漫画式的或田园牧歌式的”。难道雷根博根相信，这些“严肃的”现实主义的例子跟彼得的诱惑所包含的内容有什么关涉，而且，它们预示甚或宣告了其间所表明的，文体感中的世界一历史的变革？而埃德尔施泰因在其评论收尾处写道：“然而，在我看来，需要强调，（古代和现代观念之间）不仅有差异，也有相似。”诚哉斯言。这在我眼里一清二楚，简直是天经地义的，譬如，早期基督教就可以视为古代晚期的产物。我读过很多重要的研究报告，都是从这个角度来写的，它们让我获益匪浅。在《摹仿论》里，我也明确或含蓄地考虑到了这种方法。但是，我的主题给予我的任务是截然不同的：我必须展示的不是过渡，而是完全的变革。

时隔良久，直到此书面世六年之后，E. R. 库尔提乌斯（Ernst Robert Curtius，1886 - 1956）才发表了他的反对意见。他在书里看到一种理论结构，试图从中提取出某些命题然后驳倒它们。但这本书没有什么理论结构，它旨在提供一种观点，而把它结合在一起的那些灵活、变通的思想或观念无法用单个的、孤立的习语来领会或证谬。稍后我会再谈。首先，这里必须研讨库尔提乌斯的反驳意见的细节。他把文体分用和混用的法则(这是基于三种古代风格类型的观念)以及古代晚期和中世纪的基督教徒对于现实的形象观念法则视为此书的主题。库尔提乌斯曾在该刊讨论了三种风格的法则(*Romanische Forschungen* 64[1952]57ff.)。[①] 他一开始就列举了留存至今的关于风格类型的各种专家意见,从《赫伦尼乌斯修辞术》到班贝格的迈因哈德(11 世纪),最终得出结论,“古代文体分用的规则跟奥尔巴赫描述的有所不同,既不那么统一,也不那么绝对”。把专家意见汇集起来是有用的,[②]但这丝

① 在那里偶尔说到的问题,埃德尔施泰因和雷根博根也有所涉及,这里就不再讨论了。“质朴、严肃、冷静”的赫西俄德与四福音书的现实主义无涉,这是一目了然的。不是只有那些脱离语境、可以这样那样解释的词语才是重要的问题。

② 一些相关评论:我没有看到有哪里提到庞托斯的赫拉克利德斯(Heracleides of Pontos)——因斐洛德谟斯(Philodemos)得以流传——关于三种类型的诗歌理论,如克里斯蒂安·詹森(Christian Jensen)所言,这被认为是贺拉斯的来源之一。(“Herakleides vom Pontos bei Philodern und Horaz”, *Sitzungsberichte der Preussischen Akademie der Wissenschaften* [Berlin: Akademie der Wissenschaften, 1936], Phil.-Hist. Klass 23, pp. 292ff; pp. 304ff,论三种类型)——一部重要著作,我是通过库尔提乌斯才知道的(*European Literature and the Latin Middle Ages*, p. 439,注 14)。

prepon 这个概念最初不是出现在忒奥弗拉斯图(Theophrastus),在亚里士多德那里(《修辞学》,3. 2. 1404b)就有了。

“品味”和“简洁”是对西塞罗(《论演说家》23. 79)的 *elegantia* 和 *munditia* 的翻译,但是也许过于笼统;这与修辞癖意义上的语言之纯粹有关,如其下文所言,“sermo purus erit et latinus”[语言要用纯粹的拉丁语]。对比昆体良(Quintilian, 8. 3. 87)还有西塞罗本人的很多段落,譬如库尔提乌斯后来引用的那一段, *De opitmo genere oratorum* 4。关于 *elegantia* 的重要性,参见 George Lincoln Hendrickson, “The Origin and Meaning of the Ancient Characters of Style”, *American Journal of Philology* 26(1905) 249 - 290; on *elegantia*, pp. 263 - 264。我希望稍后再讨论一些中世纪材料。

说到方法,值得注意的也许还有:收集修辞专家意见是用来阐明情况的一种多少有些死心眼的方法。真实的、活生生的观念的图景只有通过研究一些名词术语才能获得,比如, *altus*, *gravis*, *sublimis* *suavis*, *dulcis*, *subtilis*, *planus*, *tenuis*, *privtus*, *humilis*, *remissus*, *pedester*, *comicus*, 等等,这个工作现在可以仰赖于 *Thesaurus Linguae Latinae* [Leipzig: B. G. Teubner, 1900 -]。

毫无助于对《摹仿论》的批评。《摹仿论》意在探讨这一论题本身的历史，而不是对它的专家意见；要写后一方面的内容，仅凭我在伊斯坦布尔所能利用的材料，是根本不可能的。而“文体分用/文体混用”这一对概念是我书里的命题之一，而且在全书二十章纵论《创世记》到弗吉尼亚·伍尔夫的论述中，始终具有同等的重要性。因此，它并不顺应专家意见的转变。它只是跟我在1940年前后形成的某一种想法有关。尤其是，《摹仿论》中提出的现实主义观念，在此之前——甚至，在当时的另一种环境下，很少有人讨论。它与“中世纪的玩笑和认真”或“厨房幽默”毫无关系。[①] 顺便说一句，目前还能看到的古代对于这三种文体的意见（大多与演讲术有关）很少谈到现实主义。

这完全是另一个问题：我这两个概念是否足以涵盖传统，是否恰当，以及，文体分用是否确属古代文体感的一种特有因素。在其文章的最后两页（见第60页的注释3），库尔提乌斯也试图就此提出异议，尤其是他认为：

> 1. 我赞同把古代喜剧归属低级文体的命题。[②] 推测起来，我被误导到这个结果，是由于但丁在《论俗语》（*De vulgari eloquentia*）2.4和《书信》（*Epistola*）10.10中的叙

---

① ［这两个短语直接指称 *European Literature and the Latin Middle Ages* 一个附录的标题和副标题。在处理这两个短语乃至所有参考资料时，我遵从的是英译本：*European Literature and the Latin Middle Ages*, trans. Willard R. Trask, Bollingen Series 36(Princeton, New Jersey: Princeton University Press, 1953; rept, 1990)。］

② 作为证据（库尔提乌斯不无讽刺地如是说，但不准确），我引用了蒙田。要是我引用了，还不会错成那样。毕竟，蒙田是从罗马一路过来的。

述。但[按照库尔提乌斯的观点]这一理论第一次浮出水面,按佩吉特·汤因比(Paget Toynbee,1855 - 1932)的论证(*Dante Studies and Researches* [London: Methuen and Co.,1902]p. 103),是在比萨的乌古希奥尼[Uguccione of Pisa,通常以其拉丁名字为人所知,即育古齐奥(Hugutio)](约1200)。

2. 我大体上同意,古代理论在风格类型(the types of style)和诗歌体裁(the genres of poetry)之间存在着一种有意识的对应。而这[在库尔提乌斯说来]是错误的。在《论最优秀的演说家》(*De optimo genere oratorum*)开头,西塞罗否认了风格类型和诗歌体裁之间的等同。诗歌体裁之间没有过渡,而文体类型之间一定有过渡。库尔提乌斯逐字引用:"*oratorem genere non divido, optimum enim quaero*"[我不给演说家划分档次,因为我寻求最好的演说家]。这可以说是否认了风格的分化。在《论雄辩术原理》(*Instituto oratoria*)10.2.22 中,昆体良照这意思重演了西塞罗的思路。

我完全赞同,没有什么关于诗歌体裁归属问题的"论题"为风格的高度设立了标准。但确定无疑的是,悲剧总是被认定为高级风格,[1]而喜剧——即使从剧中的人物来说也是——属于中等或

① 库尔提乌斯应该记得他引用过的段落,来自威廉·施密德(Wilhelm Schmid),*Geschichte der griechischen Literature*, vol. 1/2(Munich:C. H. Beck,1934),p. 85。

低等风格，[①]到了布瓦洛还是这么认为（顺便说一句，但丁也这么看，见于前引《论俗语》）。佩吉特·汤因比小心审慎，没有宣称但丁对喜剧的描述最初是由乌古希奥尼披露的。他只是称但丁的直接来源是参考了乌古希奥尼。出于某种让我无法理解的原因，库尔提乌斯同样引用了 A. 菲利普·麦克马洪（A. Philip McMahon），后者甚至参考了比乌古希奥尼更早的来源：帕皮亚斯（Papias）和伊西多尔（Isidore），（"Seven Questions on Aristotelian Definitions of Tragedy and Comedy", *Harvard Studies in Classical Philology*, 40 [1929]97－198）。难以理解，《欧洲文学和拉丁中世纪》（*European Literature and the Latin Middle Ages*）的作者怎么会相信，乌古希奥尼或乌古希奥尼曾经利用过的另一位中世纪作家，建立了一种新的喜剧定义。归根到底，乌古希奥尼和但丁的定义源自我们所知道的最古老的定义之一，就是忒奥弗拉斯图（Theophrastus）的定义，这一定义最具影响力。它在普拉基都斯（Placidus）的评注里（5—6 世纪：*Placidus liber glossarum. Glossaria reliqua*, ed. Georg Goetz, Corpus *glossariorum Latinorum* 5[Leipzig: B. G. Teubner, 1894], p. 56）陈述如下："Comoedia est quae res privatarum et humilium personarum comprehendit, non tam alto ut tragoedia stilo, sed mediocri et dulci."［"喜剧所包含的是普通下层人物的故事，其风格不

① 老式喜剧（Old Comedy，即阿里斯托芬式的喜剧）在古代理论中的特殊处境（库尔提乌斯为此援引了 Quintilian 10. 1. 65），是我长期关注的一个论题，因为它在 16 世纪直至 18 世纪的但丁评论中发挥作用，在维柯那里也是。但是，《摹仿论》并未涉及。

像悲剧那么高贵,而是低级的,令人愉快的。"]尽管 *privatarum et humilium* 是指低级风格,这个评注把喜剧列入中等风格,主要动力来自米南德和泰伦斯(*Terence*)。喜剧与悲剧形成了根本的、永恒的对比。对泰伦斯的一条注解(*Scholia Terentiana*, ed. Friedrich H. Schlee,[Leipzig:B. G. Teubner,1893],p. 163,1. 12)把喜剧算在较低的风格:"comoedia villanus cantus,ut qui sit affinis cotidianae locutioni"["喜剧是较低级的诗,用日常语言吟唱的诗"]。注意乌古希奥尼与但丁的一致:这是古代晚期的传统主题![1] 为什么库尔修斯拒绝引用贺拉斯的说法(《诗艺》第 93 - 98 页),而那是但丁的真正来源,他还引用过它?因为如果引用贺拉斯就必须涉及 *lexis* ["语言"]和 *prepon* ["适当(使部分的特性从属于整体,即得体)"]。但是,风格类型的法则无非是表达了对一种结合了 *lexis* [语言]和 *prepon* [得体]的风格的期待。从其最早的起点开始,甚至早在亚里士多德那里, *prepon* 一直就是风格类型的基本原则。

这是争论的核心。我从未宣称诗歌体裁与风格类型之间有什么明确的联系。除了悲剧,维吉尔或卢奇安风格的史诗,以及另一方面,除了各种形式的卑微的现实主义,高下之分并非一成不变。但是,我提出了风格的分化,这是基于 *prepon* 而言的,一

① 一些附加的、经常被引用的证据:Seneca, *Epist*. 100. 10;Donatus, *Commentum Terrnti*, ed. Paul Wessner (Leipzig:B. G. Teubner,1902 - 1908),passim(e. g., *Adelphoe* 638, *Hecyra* 611); *Anthologia latina*, ed. Franz Buecheler and Alexander Riese,vol. 1/2(Leipzig:B. G. Teubner,1894 - 1926),nos. 664 and 664a;Ausonius, *Opuscula*, ed. Rudolf Peiper(Leipzig:B. G. Teubner,1886),p. 412,no. 367,Ⅱ. 2 - 3。

种层级的表现形式对应于一种层级的主题。任何违背这一原则的做法都是 *cacozelia*［“风格的做作”］。（“aut magnarum rerum humilis dictio aut minimarum oratio tumens”［“要么是用卑微的措辞来谈论宏伟的主题，要么是用虚夸的言语来谈论微不足道的话题”］：Marius Plotius Sacerdos, *Artes grammaticae*, in Heinrich Keil, ed. *Grammatici latini*, vol. 6［Leipzig：B. G. Teubner, 1874］, p. 455, Ⅱ. 12－13）。库尔提乌斯对古典语文学的这种老生常谈所作的争论是基于对文本的误读。他误把风格类型的混合或风格高度的层次，混同于西塞罗的要求，即理想的演说家必须全盘掌握它们。后者出现于他所征引的西塞罗和昆体良的段落，但在那里没有任何对文体分用的异议。西塞罗要求全盘掌握的风格高度的所有层次只来自演说家，而不是来自诗人，这跟《摹仿论》所探讨的主题（高级风格和日常现实主义的区分）只有非常细微的联系，但是，我在这里简要陈述西塞罗的想法。西塞罗认为——这与实际情形相符——诗有各种类型，其中有一种崇高的诗，即悲剧或史诗，在所有情况下都胜于喜剧。[①] 在每一种作品中，个别诗人（西塞罗说的是荷马和米南德）脱颖而出，可谓行家里手。相反，在大多数情况下，在同样一场法庭或政治演讲中，可以有一个动机（motivation）应用于许多层面；不过，这并不是说这样的应用必定是同时发生的，而是交替按照某个目的作出相应的变换（*docere*［呈示］，*delectare*［取悦］，*commovere*［感动］）。西

① 在行文中，西塞罗（昆体良也一样）为风格分化给出了一个准确的表述：“in tragoedia comicum vitiosum est, et in comoedia turpe tragicum”［“在悲剧中，喜剧因素是错误；而在喜剧中，悲剧因素是粗鄙”］。

塞罗和昆体良从未教人应该用高级风格呈现(*docere*)事实,或者,用就事论事的低级风格刺激或煽动听众。这似乎意味着在演讲术里应该摒弃风格的区分,在他们看来,风格的区分毋宁说是*cacozelia*[风格的做作]或*tapeinosis*[风格的低下]。顺便说一句,一位比西塞罗和昆体良更大的权威就是这样——或者,看来是这么回事——对诗人的要求与他们对演讲者的要求是一样的。在柏拉图《会饮篇》的结尾,黎明时分,很多人都已经睡了,苏格拉底对阿伽通和阿里斯托芬——他们两个还在跟他喝酒,不过也已经半梦半醒——解释说,一个人必须知道怎样创作悲剧,也知道该如何创作喜剧。

我相信,谁都可以确信我关于古代文体分用的观念,不用担心会被误导。这个观念不是随便得来的。

我的第二个"论题",关于基督教的现实观的形象表现(figularism),库尔提乌斯在另一个地方作出了简单的"批驳"——用他自己的话来说。他的批驳是针对我论"喻象"的文章(首发于*Archivum Romanicum* 22[1938],重刊于*Neue Dantestudien*, Istanbuler Schriften, no. 5[Istanbul, 1944]),[①]它多少有些不相干地出现在他论古斯塔夫·格勒贝尔的著作(*Zeitschrift für romanische Philologie* 67(1951)276 - 277)的一个脚注里,这个脚

① 现在由弗兰克(Francke)在伯尔尼重印。[《喻象》有英文本,拉尔夫·曼海姆译,Erich Auerbach, *Scenes from the Drama of European Literature*: *Six Essays* (New York: Meridian Books, Inc., 1959; rept. Gloucester, Mass: Peter Smith, 1973), pp. 11 - 76。]

注实际上是由一系列书籍和文章的题目构成的。他指责我未曾考虑这些作品所包含的研究结果，要不然的话，我的论题倒还值得讨论。在他列出的著作中，只能找出让·达尼埃卢[Jean Daniélou, 1905－1974]和鲁道夫·卡尔·布尔特曼[Rodolf Karl Bultmann, 1884－1976]的两部著作是专门对类型学所作的神学研究，而这类著作近来已经变得数不胜数。所有这些著作都在"形象"一文很久之后，而上述两部专业著作则在《摹仿论》四年之后才出版。再者，我在伊斯坦布尔也无从得到它们。① 同样令人吃惊的是，库尔提乌斯针对我提出的证据中有布尔特曼的著作，而后者参考了我的著作。② 然而更重要的是，关于类型学的神学著述——包括库尔提乌斯的和其他更晚近的作者的著述——并

① 比较《摹仿论》第557页。我能够写作关于 *figura* 和 *passio* 的文章，因为加拉塔圣彼得大教堂的多米尼加修道院的阁楼图书室里有一整套米涅(Migne)神父编辑的《文集》。修道院的图书室不是公开的，但是教皇代表龙卡利大人(现为巴黎的教廷大使和主教)慷慨容许我使用。[奥尔巴赫称之为龙卡利大人的安杰洛·朱塞佩·龙卡利(Angelo Giuseppe Roncalli)生于1881年，他从1934年至1944年是土耳其和希腊的教皇代表，后来被提升至一个新的，也是艰难的职责，成为被占领的巴黎的教廷大使。1953年册封为主教。后来，1958年，推选为教皇，即教皇约翰二十三世(Pope John XXIII)。第二次梵蒂冈会议(1962－1965)是他最为著名的成就。他逝于1963年6月3日。]

② "Usprung und Sinn der Typologie als hermeneutischer Method", in *Pro regno, pro sanctuario: een bundel studies en bijdragen van vrienden en vereerders bij de zestsigste verjaardag van Prof. Dr. G. Van der Leeuw*, ed. W. J. Kooiman and J. M. Van Veen (Nijkerk: G. F. Callenbach, 1950), pp. 89－100, also in *Theologische Literaturzeitung* (1950) 205ff. 我与布尔特曼交往逾二十年，只因战争而中断。我从他的忠告得益良多，有如近来获益于埃里希·丁克勒(Erich Dinkler)。

为了提到对此问题的一种天主教观点，不妨比较 William F. Lynch in *Thought* (New York) 25(1951)44－47。

未给我任何理由去改变我实质性的观点。[①] 这是因为(此外还有别的原因)他们的著述绝大多数只关注个别文献的来源问题以及时代划分,以及有限定的时间段,而我则致力于我从十七年前就开始探索的一系列主题,从保罗一直延伸至17世纪。

库尔提乌斯以类型学讽喻法所理解的东西真是高深莫测,我

① 我想借此机会与本刊的读者作个交流,他们当中的大多数都不是神学家。我的阐述中有两个要点可能会引起争论,它们都与基督教初期阶段有关。

1. 在我所阐述的基督教类型学的开端,保罗的作用也许强调得过于排他了。当然,中世纪的人是在我视野之内的。比较此类表现,譬如"St. Paul Grinding the Corn of the Doctrine of the Prophets in His Mill" on a captial in Vezelay, in Joan Evans, *Cluniac Art of the Romanesque Period* (Cambridge: Cambridge University Press, 1950), fig. 175b。苏杰院长让人把同样的表现和下列诗句描在圣丹尼斯教堂的窗户上(Erwin Panofsky, Abbot Suger on the Abbey Church of St.-Denis and Its Art Treasures[Princeton, New Jersey: Princeton University Press, 1946]; 2d. Ed. By Gerda Panofsky-Soergel[Princeton, New Jersey: Princeton University Press, 1979], pp. 74–75):

Tollis agendo mclam de furfure, Paule, farinam.
  Mosaicae legis intima nota facis.
Fit de tot granis verus sine furfure panis,
  Perpetuusque cibus noster et angelicus.
[保罗,你在作坊磨出面粉,扬去糠麸,
  正如你昭示摩西律法的至深精义。
真正的面包来自各种谷物,不含杂质,
  那是我们和天使们的永恒的食物。]

在同一面窗户上,还有一幅是表现从摩西的脸上揭开面罩,伴着两行格言:

Quod Moyses velat, Christi doctrina revelat;
  Denudant legem, qui spoilant Moysen。
[摩西的掩饰揭示了基督的教义;
  掠夺摩西的人脱落了神圣律法。]

2. 再者,最近时常出现一些专业著述,倾向于把奥利金(Origen)视为类型学的重要人物,而我把他算在抽象寓意的阐释者之列。这是有关类型学概念的一个决定性的问题。我相信我是对的,无需改变我的观点,但是,我必须把澄清这一问题的工作留给神学家们。

被认为克制自己不去了解。毕竟,类型学讽喻法是我所钻研的对象。究竟是如此称呼,还是称之为形象说明,是不相干的。我从"喻象"一词的语义史开始探索,从这一事实中,自然而然地产生了我最初的术语。我广泛谈论了这个术语在古代晚期和中世纪的起伏消长。我最初选择的术语非常实用,而且在传统上延续久远,以致在米涅神父的《拉丁教父集》索引第二卷还可以见到各自独立的 *Index figurarum* 和 *Index de allegoriis* 条目。① 但是,只要对抽象的/讽喻的和真实的/预言的这两种解释方法作出明确的区分,这个术语其实无关紧要。

我经常听到这种指责,说我把形象原则或类型学原则的意义扩大到了不太合适的地步,即便如此,除了库尔提乌斯之外,我还没有从哪位中世纪学家或历史神学家那里听到这种指责。不幸的是,库尔提乌斯对此学科涉足甚少;同等水平的早期中世纪研究者拥有大量经验——不仅有礼拜仪礼学者和圣歌作者,还有康拉德·布尔达赫(Konrad Burdach,1859-1936)或卡尔·施特雷克尔(Karl Strecker,1861-1945)这样的人物,他们对于沙蒂永的瓦尔特(Walter of Chatillon)诗的注释是一座类型学知识宝库。在当代人中,除了一些艺术史家之外,适合提名举例的是康托罗维奇(Ernst H. Kantorowicz,1895-1963)②。类型学的作用肯定

① [参见 *Patrologiae cu sus completus*;*series latina*, ed. J. P. Migne, 221 vols. (Paris:J. P. Migne,1844-1864)。]

② [进一步研究,参见 Yakov Malkie,"Ernst H. Kantorowicz", in *On Four Modern Humanist*:*Hofmannsthal*,*Gundolf*,*Curtius*,*Kantorowicz*, ed. Arthur R. Evans, Jr. (Princeton,New Jersey:Princeton University Press,1970),pp. 146-219。]

在于其作为中世纪的表现结构的一个现象的重要和持久,同样也可以视为关于形式和内容的古代修辞学主题(*topoi*)的流风余绪。它日益增强了我的一个信念,这个信念是通过与相关专家的讨论而建立起来的:类型学是《圣经》诗歌和赞美诗中真正生气勃勃的要素,包括古代晚期和中世纪几乎整个基督教文学乃至基督教艺术,从古代石棺时代到中世纪结束——有时更往后。在政治上,在很多个世纪里,想要建立或否定某个政权的时候,它也发挥了重要作用。库尔提乌斯综合研究中世纪这么一个宏大的学科,他当然有理由把自己限定在让他特别感兴趣的某些观点之中,但是,必须重视他对于(最广义上的)讽喻问题的忽视和处理不当。就此而论,我已经申明了库尔提乌斯的主张是误导人的,实质上是不正确的:"在他对于宗教文本的研究中,奥古斯丁坚持沉迷于研究古物以及讽喻化的阐释方法,马克洛比乌斯(Macrobius)曾经把这种方法运用于西塞罗和维吉尔。"(*European Literature and the Latin Middle Ages*, p. 74)[①]相反,库尔提乌斯把我的观点归因于亨利·伊雷内·马罗(Henri Irénée Marrou)论奥古斯丁一书的第三部分第五章。这一章的题目是"《圣经》和颓废文人"(La Bible et les lettrés de la décadence)。但是,关于奥古斯丁的解经,人们从奥古斯丁那里比从马罗那里能够得到更好的启示。他对此问题的姿态促使他过度拔高了古代晚期的博学对奥古斯丁所产生的影响,尽管这种影响本身是不容置疑的。不过,

① [特拉斯克(Trask)把奥尔巴赫引用的德语短语"antiquarisch spielenden"翻译成"沉迷于古物研究",失去了带有游戏意味的细微差别。]

就是在他这本重要、但片面而并非总是具有洞见的书里，马罗没有、也不愿意使用像库尔提乌斯那样的表述。后来他出版了此书的一个增补本，题为《圣奥古斯丁和古代文化的终结：〈勘订〉》（*Saint Augustin et la fin de la culture antique*：*Retractio*，Paris：E. De Bocard，1949）。在第646页可以读到："如果其中有某一章不够充分，让我如今深感遗憾，那么，说实话，它就是我斗胆以'《圣经》和颓废文人'为题的那一章。"

很多评论者或褒或贬曾经指出此书有这样那样的倾向，但这些倾向都跟我不相干：有人说这本书的方法是社会学的，甚至其中的倾向也是社会主义倾向的；它对中世纪给予了太多的关注，但也有相反的意见，说它是反中世纪、反基督教的；有人说它整个儿是亲罗曼语族的，尤其是亲法国的，忽视了德国，而且对德国文学不够公正，但是，也有爱国的读者祝贺我所发布的评论，认为《希尔德布兰特之歌》和《尼伯龙根之歌》中的悲剧比《罗兰之歌》更加深刻；还有一位评论者根据《罗兰之歌》那一章的第一段得出结论说，我是一位开明的和平主义者。

在此我只想深入讨论其中的一个问题，即这本书与德国文学和文化的关系，事实上，首先是因为这样就能消除一个误解。世界历史造成了这一误解，使得在我处境中的任何一个人如果不伤害到某人的感情，很难谈论这个话题。无论如何，我只能冒这个风险。

拉丁语材料在《摹仿论》中占有数量优势，这不仅是由于我是一个天主教徒这一事实，毋宁说，这首先是因为，在大多数历史阶段,较之其他语言比如德语,罗曼语族文学在欧洲更具有代表性。在12、13世纪,法兰西毫无疑问占据领先地位;在14、15世纪,意大利取而代之;到了17世纪,法兰西再度领先,并且在18世纪绝大部分时间乃至19世纪的一部分时间保持领先,19世纪的那段时间正好是现代现实主义的兴起和发展阶段(就像在绘画方面那样)。要是从我选择的材料中读出某种根深蒂固的偏爱或厌恶,那可就错了——同样错误的是,在偶尔针对19世纪德国文学景观的某种局限性所表达的遗憾或批评中看到疏远或厌恶。相反的意见倒可能会更准确。那种批评出自对错过了给欧洲历史提供另一个方向的可能性的惋惜。对于《摹仿论》中提出的问题来说,伟大的法国小说家具有重要意义,我对他们非常钦佩,赞美不已。但是,要是为了愉悦和消遣,我宁可阅读歌德、斯蒂夫特和凯勒。

有人说,我从现代法国现实主义中得出了我的文体混用的概念,事实上,那可以从《摹仿论》的"结语"推断出来。然而,这种安排在编年上是个误导。我最初是在基督的故事中意识到风格突变的主题,那是20世纪20年代我研究但丁期间;有人在《但丁:世俗世界的诗人》(*Dante als Dichter der irdischen Welt*,1928年底出版)的第18-23页发现了这个主题。[①] 此书面世之后不久,我开始在马尔堡教书,教学活动让我回到法语;而我在担任图书管理员的那些年里都把它忽略了,那时候我在研究维柯和但

① [英译本是 Ralph Manheim, *Dante*, *Poet of the Secular World* (Chicago: University of Chicago Press, 1961)。]

丁。[①] 在马尔堡准备一个系列演讲时，我产生了一个想法，就是应该以相应的形式提出现代现实主义的原则；这个想法后来发表在1933年和1937年刊登的两篇文章里。[②]

不过问题还有另一个方面：《摹仿论》试图理解欧洲；但是，这是一本德国的书，不仅从语言上来说是如此。任何人，只要对各国人文学科的结构有所了解，就会立即看到这一点。《摹仿论》源自德国的心智史(intellectual history)和语文学的主题和方法；与其他任何传统相比，只有在德国浪漫主义和黑格尔的传统中，它才能得到更好的理解。如果不是我青年时代在德国的耳濡目染，这本书是绝不可能完成的。[③]

常有人说，我的概念化过程(conceptualization)并非毫无歧义，而我用于形成有机范畴的一些表述有待更加清晰的界定。确

① [1922年通过国家考试(*Staatsexamen*)之后，奥尔巴赫接受了图书馆学的训练。从1924年到1929年，他作为图书馆员供职于柏林的普鲁士国家图书馆。他于1924年完成了维柯《新科学》的节译，于1927年合译了贝纳德托・克罗齐(Benedetto Croce)对维柯的一部介绍性的研究著作，又于1929年完成了他自己的一本关于但丁的书，然后，奥尔巴赫转到马尔堡的大学图书馆。1920年，他被授予马尔堡大学的罗曼语族语文学教授。]

② "Romantik und Realismus", in *Neue Jahrbücher für Wissenschaft und Jugendbildung* 9(1933) 143ff. ,and"Uber die ernste Nachahmung des Alltäglichen", in *Travaux du Séminaire de Philologie Romane*, vol. 1(Istanbul: Istanbul Üniversitesi Edebiyat Fakültesi, 1937),262ff.

③ 一篇不甚友好也令人不快的评论开头就说《摹仿论》得到了大量讨论和赞扬，尤其是在国外[德语国家之外]。它给人留下了一个错误的印象。在我迄今为止所见到的评论和其他各种评价中，超过半数是在德国和讲德语的瑞士；而其余的来自国外的评论中，又有将近半数(主要是在美国)的作者年轻时是在德国并在德国接受教育。此外，则来自斯堪的纳维亚、荷兰、比利时、西班牙语国家，以及土耳其。引起我注意的评论只有少数来自法国，没有一篇来自英国。

实,我未曾界定这些术语,事实上,我甚至并不坚持一直使用它们。这是有意识的,有系统的。我为准确性而付出的努力与个别的、具体的对象有关。相反,凡是用于比较、编排或区分现象的普遍性的术语就应该是灵活、有弹性的;它应该尽可能适用于就事论事,与之保持一致,它也只能在语境中就事论事地加以理解。在知识史中,没有什么同一性、对法则的严格遵循和抽象的、简化的概念篡改或破坏了现象。必须以这样的方式进行整理,就是允许个别现象自由存在、展开。要是可能的话,我就根本不使用任何概括性表述,而只纯粹呈现一系列具体细节,来向读者表明想法。可是,那是不可能的。因此,我用了一些大量使用的术语,譬如现实主义、道德主义;而我的主题迫使我甚至引入了两个很少使用的词:文体分用和文体混用。我非常清楚,所有这些术语,尤其是那些大量使用的词语,既说明了一切,又什么都没说;它们只有在语境中,实际上在特定的语境中获得它们的意义。显然,那些术语并不总是弄得明白。几乎所有的误解,无一例外,都是由于读者恰好有可能让概念的构架脱离了语境,只是(迂腐地)死扣字面意义;于是——举个未曾提到的例子来说——他就会与我针锋相对,认为《费德尔》比《包法利夫人》更为现实主义。一个好的作者必须以这样的方式写作,他要让别人从文本中推断出他想要表达的意思。这并不容易。以前,我相信,人们能够构想出词汇和搭配,比用常用词汇和搭配更准确地理解历史性知识的普遍意义。我尝试着使用了"大众唯心论"、"情感辩证法"(Karl Vossler, 1872 - 1949)以及"对日常生活的严肃模仿"这些术语。但是,那只会导致新的误解,更有甚者,听起来自命不凡而且迂

腐。正是在我们的主题的性质中,我们的普遍概念是难以区分,无法确定的。譬如,经典、文艺复兴、风格主义、巴洛克、启蒙运动、浪漫主义、现实主义、象征主义等等,这些概念中的绝大多数,最初标志某个文学时期或群体,但是后来的使用范围远胜于此;相应地,它们的价值就在于在读者或听众中引导出一些观念,有助于他们理解特定语境中的含义。它们并不精确。如果想要界定它们,甚或只是把构成它们的那些特性收集完整而且没有自相矛盾,也绝不会达到预想的结果——尽管它们通常挺有意思,因为有人在争议中提出了一种新的观点,从而丰富了我们观念。在我看来,人们必须谨防把严格的科学视为我们的模式,而我们的准确性与特殊性相关。过去两个世纪以来历史技艺的进步,除了发掘新材料,在个别研究中大大改进研究方法,以及形成一种使得历史技艺的假设和观点有可能符合不同时代和文化的富有洞察力的判断之外,首先是致力于历史发现,并且,把对外来现象的每一种绝对评价都视为非历史性的、一知半解的而予以摒弃。这种历史透视主义(historical perspectivism)是由前浪漫派和浪漫派批评建立起来的;然后,它通过洞察大量前所未知或未被注意的发展、影响和关系,从而变得非常精致且更加复杂。如果有人采用分类学方法,运用明确设定的秩序概念,就不可能把复合交叉的各个方面综合起来,形成一个综合体,使之真正切合于主题。

还有人提出了另一个异议:我的表述过于受时间限制,过于受制于当下。我那也是有意为之。我试图让自己完全熟悉《摹仿论》所处理的诸多题材和时期。我蓄意挥霍时间,不仅研究了于此书目标有直接重要意义的现象,而且广泛阅读了各个时期的材料。但到了最后,我问道:究竟如何看待欧洲的背景?除了就在当下,尤其是由观察者的个人出身、经历和教育所决定的当下,今天的任何人都不可能从其他任何地方来看待这一背景。有意识的时间限定好过无意识的时间限定。人们在很多博学的著作里,可以发现某种客观性,就在这种客观性中,从每一个词语,每一个修辞性的华丽辞藻,每一个段落中,现代的判断和偏见(通常还不是今天的,而是昨天或前天的)呼之欲出,而作者对此毫无知觉。《摹仿论》是一本完全具有自觉意识的书,是由一个特定的人,在一个特定的情形中,在20世纪40年代初写成的。

(朱生坚 译)

译后记

上世纪末，中国社会科学院外文所的史忠义先生向我们几位从事德语教学的教师推荐了埃里希·奥尔巴赫的《摹仿论》一书。这部经典之作在西方学术界有着广泛的影响。我们在翻译过程中深切体会到，读懂此书并非如我们想象的那样容易，而要将其译为明白顺畅的文字更非易事。当年翻译时寝食难安、书到用时方恨少的窘境至今仍历历在目。

翻译本书时最大的困难和问题在于译者自身的局限。本书译者“文革”中或忙于在陕北窑洞大学接受再教育，或忙于在东北插队落户，忘记了自身的充实与充电，因而“文化断层”的现象自然也反映到我们身上，以我们的条件和水平翻译这部巨著时常有力不从心之感是可以想见的；其次，原著作品分析中有多种语言的引文，对此我们采用的办法是，抱着“拿来主义”的态度直接引用现有的中文译文，找不到现成的译文时，则求助于有关语种的教师；最令人生畏的拉丁语引文是请在国外留学的学生找人将其译为德语，我们再转译为中文的，因此译文在许多地方不够准确，甚至可能出错；最后，这部鸿篇巨制是三人分译的，译本对原作的内涵、特色及整体把握均有不足。可见，想要识别这块美玉的真面目，只能精雕细刻，不能刀劈斧砍，更不能囫囵吞枣，慢工出细活这个道理是我们事后才体会到的。

感谢商务印书馆再版《摹仿论》，这给了我们一次修正、补过的机会，更要感谢本书的责任编辑认真负责的工作态度和提出的宝贵意见。但愿再版的《摹仿论》中，令译者脸红、愧对读者之处少些。

译者认为，对于一部具有广泛而深远影响的西方学术经典著作而言，仅有一个中译本是远远不够的，这个译本只不过是一块“引玉”的砖头。愿对这本著作熟悉的有志有为者能为读者奉献出更好的译作，从而使奥尔巴赫的这部名著也能在中国找到更多的知音。

本书的第 1 至 7 章、15 章及结语为吴麟绶译，第 8 至 14 章为周新建译，第 16 至 19 章为高艳婷译，第 20 章为吴麟绶、高艳婷合译。原书未加注释，译者为方便我国读者了解书中涉及的有关人名，借用《辞海》等工具书加入了少量注释，特此声明。

吴麟绶

2014 年 3 月 23 日

图书在版编目(CIP)数据

摹仿论:西方文学中现实的再现 /(德)埃里希·奥尔巴赫著;吴麟绶,周新建,高艳婷译. —北京:商务印书馆,2017
(汉译世界学术名著丛书:120年纪念版:珍藏本)
ISBN 978-7-100-14879-5

Ⅰ.①摹… Ⅱ.①埃…②吴…③周…④高… Ⅲ.①外国文学—文学评论 Ⅳ.①I106

中国版本图书馆CIP数据核字(2017)第161201号

汉译世界学术名著丛书
(120年纪念版·珍藏本)
摹仿论
——西方文学中现实的再现
〔德〕埃里希·奥尔巴赫 著
吴麟绶 周新建 高艳婷 译

商务印书馆出版
(北京王府井大街36号 邮政编码100710)
商务印书馆发行
北京冠中印刷厂印刷
ISBN 978-7-100-14879-5

2017年12月第1版 开本710×1000 1/16
2017年12月北京第1次印刷 印张45¾
定价:230.00元